Handelsgesetzbuch

und

Wechselordnung

sowie

Nebengesetze und Auszug aus dem Bürgerlichen Gesetzbuche

Erläutert durch die Rechtsprechung des Reichsgerichts

von

Julius Basch †
Justizrat

Neu bearbeitet von

Walter Basch
Rechtsanwalt am Kammergericht und Notar in Berlin

Zehnte Auflage

Verlag von H. W. Müller, Berlin u. München 1931

Druck von Dr. F. P. Datterer & Cie., Freising-München.

Aus dem Vorwort zur 7. Auflage.

Bei der Bearbeitung der vorliegenden Auflage habe ich mich bemüht, aus der reichen Fülle des Materials das Wichtige auszusuchen, um Vollständigkeit zu erreichen, ohne den Umfang des als Handbuch gedachten Werkes zu sehr anschwellen zu lassen.

Mit Rücksicht darauf, daß das Bürgerliche Gesetzbuch im Handelsgesetzbuch mehrfach angeführt wird und daß manche, früher in diesem behandelten Rechtsinstitute (z. B. Kauf auf Probe) gar nicht mehr erwähnt und nur im Bürgerlichen Gesetzbuche behandelt werden, sind in einem Anhange eine große Zahl von Paragraphen desselben abgedruckt. Diesen Paragraphen habe ich zur besseren Übersicht kurze Inhaltsangaben beigefügt, auch die wichtigeren Entscheidungen des Reichsgerichts beigegeben; die Auffindung des in diesen Paragraphen enthaltenen Stoffes wird durch die im Register enthaltenen Stichworte erleichtert.

Bei dem Gebrauche des Buches wird es sich empfehlen, nicht nur die Bemerkungen zu dem gerade in Betracht kommenden Paragraphen zu lesen, sondern den ganzen Abschnitt, bei der Lehre vom Kauf und von den Verträgen auch die abgedruckten Paragraphen des Bürgerlichen Gesetzbuches zu berücksichtigen.

Berlin, im Januar 1911.

Julius Basch.

Vorwort zur 10. Auflage.

Seitdem der Verlag mich nach dem Tode des früheren Herausgebers mit der Fortführung des Werkes betraut hatte, ging mein Bestreben dahin, unter Wahrung der ursprünglichen Anlage des Buches seine praktische Brauchbarkeit zu erhalten und zu erhöhen. So sind in der vorliegenden Auflage eine Reihe von Entscheidungen, die teils überholt, teils von geringerer Bedeutung sind, fortgelassen und dafür neuere und wichtigere aufgeführt. Auch die Zahl der abgedruckten und erläuterten Bestimmungen des Bürgerlichen Gesetzbuchs ist erheblich vermehrt worden, weil gerade sie für das Verständnis des Handelsrechts von großer Bedeutung sind.

Die amtliche Sammlung des Reichsgerichts in Zivilsachen ist durchweg bis zum 128. Bande, teilweise auch bis zum 129. Bande, der während des Druckes erschien, benutzt worden.

Das bevorstehende neue Aktiengesetz wird nach Erscheinen als Nachtrag geliefert werden.

Berlin, im Januar 1931.

Walter Basch,
Rechtsanwalt und Notar.

Inhalt.

1. Handelsgesetzbuch vom 10. Mai 1897.

1. Buch. Handelsstand.

2. Buch. Handelsgesellschaften und stille Gesellschaft.

2. Buch. Handelsgesellschaften und stille Gesellschaft.

Verzeichnis der Abkürzungen.

AG = Ausführungsgesetz.
ALR = (preußisches) Allgemeines Landrecht.
Art. = Artikel.
BGB = Bürgerliches Gesetzbuch.
BGBl = Bundesgesetzblatt.
Bschl = Beschluß des Reichsgerichts (bzw. Reichsoberhandelsgerichts).
DNotZ = Zeitschrift des Deutschen Notarvereins.
EG = Einführungsgesetz.
Erk = Erkenntnis.
G = Gesetz.
GS = (preuß.) Gesetzsammlung.
GVG = Gerichtsverfassungsgesetz.
HGB = Handelsgesetzbuch.
JW = Juristische Wochenschrift.
K = Kaufmann, handelsrechtliche Rechtsprechung.
KGBl = Blätter für Rechtspflege im Bezirk des Kammergerichts.
Kl = Kläger.
KO = Konkursordnung.
OHG = Entscheidungen des Reichsoberhandelsgerichts.
OT = (preußisches) Obertribunal.
RG = Entscheidungen des Reichsgerichts in Zivilsachen.
RGBl = Reichsgesetzblatt.
Str. Arch. = Striethorst, Archiv für Rechtsfälle.
Vf = Verfügung.
W = Wechsel.
WO = Wechselordnung.
ZBl f. d. R. = Zentralblatt f. d. Deutsche Reich.
ZPO = Zivilprozeßordnung.

1. Handelsgesetzbuch.

Vom 10. Mai 1897[1]).

(RGBl S. 219.)

---

1. Buch. Handelsstand.

1. Abschnitt. Kaufleute.[2])

§ 1. Kaufmann im Sinne dieses Gesetzbuchs ist, wer[3]) ein Handelsgewerbe betreibt[4,5]).

Als Handelsgewerbe gilt jeder Gewerbebetrieb, der eine der nachstehend bezeichneten Arten von Geschäften zum Gegenstande hat:

1. die Anschaffung und Weiterveräußerung von beweglichen Sachen (Waren) oder Wertpapieren[6]), ohne Unterschied, ob die Waren

---

1) Nach Art. 1 EGzHGB (unten Nr. 2) in Kraft getreten am 1. I. 00. Vgl. auch Art. 2 desselben Ges. über Anwendung der Vorschriften des BGB in Handelssachen, Art. 3 über Verweisungen von Reichs- und Landesgesetzen auf das frühere HGB und Art. 15 über privatrechtliche Vorschriften der Landesgesetze.

2) Personen, auf welche § 1 zutrifft, sind Kaufleute, mögen sie im Handelsregister eingetragen sein oder nicht; Personen, auf welche § 2 zutrifft, werden erst mit der Eintragung Kaufleute, sind aber nicht verpflichtet, sich eintragen zu lassen; auf wen § 3 zutrifft, der kann sich eintragen lassen und wird alsdann Kaufmann.

3) Auch Ehefrauen mit oder ohne Genehmigung des Ehemannes; die Untersagung des Betriebes durch den Ehemann wirkt nur auf den Umfang der Haftung des Vermögens ein. Vgl. §§ 1405 ff. BGB.

4) Jemand ist nur so lange Kaufmann, als er ein Handelsgewerbe betreibt; sobald er aufhört, Handelsgeschäfte tatsächlich zu betreiben, hört er auf, Kaufmann zu sein. RG 13 151.

5) Notwendige Voraussetzung des gewerbsmäßigen Handelsbetriebes ist, daß der die Handelsgeschäfte Betreibende dem Publikum gegenüber als Geschäftsmann auftritt (wer also bei einem Bankier mit Wertpapieren spekuliert, ist deshalb noch kein Kaufmann), OHG 22 303, und daß der Betrieb als eine dauernde Einnahmequelle, als ein regelmäßiger im Gegensatze zu einem bloß gelegentlichen Betriebe statthat. OHG 14 113. Die Kaufmannseigenschaft einer Sparkasse ist von Fall zu Fall zu prüfen. RG 116 228.

6) Anteile einer Gesellschaft mit beschränkter Haftung sind weder Waren noch Wertpapiere. RG 80 102.

unverändert oder nach einer Bearbeitung oder Verarbeitung weiter veräußert werden;

2. die Übernahme der Bearbeitung oder Verarbeitung von Waren für andere, sofern der Betrieb über den Umfang des Handwerks hinausgeht[7]);
3. die Übernahme von Versicherungen gegen Prämie[8]);
4. die Bankier- und Geldwechslergeschäfte;
5. die Übernahme der Beförderung von Gütern oder Reisenden zur See, die Geschäfte der Frachtführer oder der zur Beförderung von Personen zu Lande oder auf Binnengewässern bestimmten Anstalten[9]) sowie die Geschäfte der Schleppschiffahrtsunternehmer;
6. die Geschäfte der Kommissionäre, der Spediteure oder der Lagerhalter;
7. die Geschäfte der Handlungsagenten oder der Handelsmäkler;
8. die Verlagsgeschäfte sowie die sonstigen Geschäfte des Buch- oder Kunsthandels[10]);
9. die Geschäfte der Druckereien, sofern ihr Betrieb über den Umfang des Handwerks hinausgeht.

§ 2. Ein gewerbliches Unternehmen, das nach Art und Umfang einen in kaufmännischer Weise[11, 12]) eingerichteten Geschäftsbetrieb erfor-

---

7) Über Handwerker siehe unten Note 18 zu § 4.

8) Vgl. hierzu das G v. 12. V. 01 über die privaten Versicherungsunternehmungen (RGBl 139). Es enthält außer einleitenden Vorschriften und Übergangsbestimmungen Bestimmungen über Zulassung zum Geschäftsbetriebe von Versicherungsunternehmungen, über Versicherungsvereine auf Gegenseitigkeit (auf welche nach § 16 die betreffs der Kaufleute im ersten und dritten Buche des HGB gegebenen Vorschriften mit Ausnahme der §§ 1—7 entsprechende Anwendung finden, soweit das Gesetz selbst nicht ein anderes bestimmt), über die Geschäftsführung und über die Beaufsichtigung der Versicherungsunternehmungen und über ausländische Versicherungsunternehmungen. Vgl. ferner das G v. 30. V. 08 über den Versicherungsvertrag (RGBl 263).

9) Der Staatsfiskus ist in bezug auf den Betrieb einer Staatseisenbahn Kaufmann. OHG 3 405, aber betreff Beförderung von Gütern durch die Postverwaltungen siehe § 452.

10) Gewerbsmäßig betriebener Selbstverlag ist Handelsgeschäft. RG 5 67.

11) Z. B. größere Leihbibliotheken, Annoncenexpeditionen, Patentbureaus, deren Betrieb eine kaufmännische Buchführung, Gebrauch einer Firma, Anstellung von kaufmännisch ausgebildeten Gehilfen erfordert.

12) Bei der Frage, ob ein Gewerbebetrieb nach Art und Umfang seiner konkreten Einrichtung zur Wahrung der Übersicht und Ordnung eine in kaufmännischer Weise eingerichtete Geschäftsführung erfordert, ist die Anschauung des Handelsverkehrs bei Betrachtung aller Umstände des Falles in ihrer Gesamtheit entscheidend. Vornehmlich ist

dert,[13]) gilt, auch wenn die Voraussetzungen des § 1 Abs. 2 nicht vorliegen, als Handelsgewerbe im Sinne dieses Gesetzbuchs, sofern die Firma des Unternehmers in das Handelsregister eingetragen worden ist.[14]) Der Unternehmer ist verpflichtet, die Eintragung nach den für die Eintragung kaufmännischer Firmen geltenden Vorschriften herbeizuführen.

§ 3. Auf den Betrieb der Land- und Forstwirtschaft finden die Vorschriften der §§ 1, 2 keine Anwendung.

Ist mit dem Betriebe der Land- oder Forstwirtschaft ein Unternehmen verbunden, das nur ein Nebengewerbe des land- oder forstwirtschaftlichen Betriebes darstellt, so findet auf dieses der § 2 mit der Maßgabe Anwendung, daß der Unternehmer berechtigt, aber nicht verpflichtet ist, die Eintragung in das Handelsregister herbeizuführen; werden in dem Nebengewerbe Geschäfte der im § 1 bezeichneten Art geschlossen, so gilt der Betrieb dessenungeachtet nur dann als Handelsgewerbe, wenn der Unternehmer von der Befugnis, seine Firma gemäß § 2 in das Handelsregister eintragen zu lassen, Gebrauch gemacht hat. Ist die Eintragung erfolgt, so findet eine Löschung der Firma nur nach den allgemeinen Vorschriften statt, welche für die Löschung kaufmännischer Firmen gelten.

§ 4.[15]) Die Vorschriften über die Firmen,[16]) die Handelsbücher und die Prokura[17]) finden auf Handwerker[18],[19]) sowie auf Personen, deren

---

im einzelnen zu prüfen: die Höhe des Betriebskapitals, des Umsatzes und Reingewinnes Art und Umfang des Warenbezuges, des jeweiligen Warenbestandes, des Wechselverkehrs, der Geschäftsräume, der Beschäftigung gewerblichen Hilfspersonals, Größe und Ausdehnung des Kundenkreises und des in Anspruch genommenen Kredits usw. RG, K 8 3.

13) Aus § 2 folgt, daß das Auftreten als Kaufmann nicht dazu macht. RG 89 163

14) Erst durch die Eintragung der Firma gilt das Unternehmen als Handelsgewerbe, vgl. oben Note 2.

15) Zu § 4 vgl. § 351 HGB: Die Vorschriften der §§ 348—350 finden auf die im § 4 bezeichneten Gewerbetreibenden keine Anwendung.

16) Der Name, unter dem der Minderkaufmann seine Geschäfte betreibt, ist keine Firma, auch nicht, wenn er sein Geschäft unter einem fremden ihm nicht zustehenden Namen betreibt. Wenn ein Minderkaufmann die Täuschung verursacht, daß er Vollkaufmann sei, so kann sich ein Tatbestand ergeben, der unter die §§ 123, 826 BGB fällt, er wird aber dadurch nicht Vollkaufmann. RG 55 83.

17) Nur diese Bestimmungen (über die Firmen, die Handelsbücher und die Prokura) und (nach § 351) die §§ 348—350 HGB finden keine Anwendung, sonst aber alle Bestimmungen des HGB.

18) Handwerker. A. Handwerker, welche von ihnen angeschaffte Sachen unverändert (z. B. Optiker) veräußern oder be- oder verarbeiten und weiter veräußern (z. B

Gewerbebetrieb nicht über den Umfang des Kleingewerbes[20], [21]) hinausgeht, keine Anwendung.

Durch eine Vereinigung zum Betrieb eines Gewerbes, auf welches die bezeichneten Vorschriften keine Anwendung finden, kann eine offene Handelsgesellschaft oder eine Kommanditgesellschaft nicht begründet werden.

Die Landesregierungen sind befugt, Bestimmungen zu erlassen, durch welche die Grenze des Kleingewerbes auf der Grundlage der nach dem Geschäftsumfange bemessenen Steuerpflicht oder in Ermangelung einer solchen Besteuerung nach anderen Merkmalen näher festgesetzt wird.

§ 5.[22]) Ist eine Firma im Handelsregister eingetragen, so kann gegenüber demjenigen, welcher sich auf die Eintragung beruft, nicht geltend gemacht werden, daß das unter der Firma betriebene Gewerbe kein Handelsgewerbe sei, oder daß es zu den im § 4 Abs. 1 bezeichneten Betrieben gehöre.[23])

Bäcker, Fleischer, Klempner), sind Kaufleute (§ 1 Ziffer 2) und zwar Minderkaufleute (§ 4); falls ihr Gewerbebetrieb jedoch so ins Große geht, daß ihre Handwerkereigenschaft gar nicht mehr in Betracht kommt (z. B. Großschlächter), Vollkaufleute.

B. Handwerker, welche Waren nur für andere be- oder verarbeiten (z. B. Buchbinder, Maurer, Stubenmaler), sind nicht Kaufleute; geht aber der Betrieb über den Umfang des Handwerkes hinaus, jedoch ohne den Umfang des Kleingewerbes zu überschreiten, so sind sie Minderkaufleute (§ 1 Ziffer 2 und § 4); wird auch dieser Umfang überschritten, so sind sie Vollkaufleute.

C. Handwerker, die neben dem Betriebe des Handwerks außerdem auch angeschaffte Sachen unverändert oder bearbeitet veräußern, z. B. Korbmacher, Uhrmacher, sind Kaufleute und zwar je nach dem Umfange des Betriebes Minder- oder Vollkaufleute.

19) Hinter „Handwerker" steht kein Komma; der Relativsatz hinter „Personen" bezieht sich nicht auch auf Handwerker.

20) Ob ein Kleingewerbe vorliegt, entscheidet sich nicht bloß nach dem Geschäftsumsatz, sondern auch nach der ganzen Art des Geschäftsbetriebes, z. B. der äußeren Einrichtung des Geschäftsbetriebes; beim Kleingewerbe finden die Vorschriften über Führung von Handelsbüchern keine Anwendung. RG, K 3 7 u. 9.

21) Nicht die Art des Geschäftes ist maßgebend, sondern ob die Art des Betriebes des Gewerbeunternehmens eine kaufmännische Einrichtung erforderlich macht. RG, K 4 5. Es ist nicht nur der Geschäftsumsatz, sondern auch die ganze Art des Gewerbebetriebes, also die Art der Herstellung der Arbeitserzeugnisse, die Arbeitsteilung und überhaupt die ganze Einrichtung des Geschäftsbetriebes in Betracht zu ziehen. RG, K 9 4.

22) In den §§ 5 und 15 ist der Grundsatz zum Ausdruck gebracht, daß ein Kaufmann, der eine Erklärung öffentlich abgibt, diese im Verkehr gegen sich gelten lassen muß. RG, K 3 8.

23) Diese Bestimmung gilt auch für Eintragungen, die aus der Zeit vor Inkraft-

§ 6. Die in betreff der Kaufleute gegebenen Vorschriften finden auch auf die Handelsgesellschaften Anwendung.

Die Rechte und Pflichten eines Vereins, dem das Gesetz ohne Rücksicht auf den Gegenstand des Unternehmens die Eigenschaft eines Kaufmanns beilegt, werden durch die Vorschrift des § 4 Abs. 1 nicht berührt.

§ 7. Durch die Vorschriften des öffentlichen Rechtes, nach welchen die Befugnis zum Gewerbebetrieb ausgeschlossen oder von gewissen Voraussetzungen abhängig gemacht ist, wird die Anwendung der die Kaufleute betreffenden Vorschriften dieses Gesetzbuchs nicht berührt.

2. Abschnitt. Handelsregister.[24 25])

§ 8. Das Handelsregister wird von den Gerichten geführt.

Vgl. Gesetz über die Angelegenheiten der freiwilligen Gerichtsbarkeit v. 17. V. 98 (RGBl 771):

§ 125. Für die Führung des Handelsregisters sind die Amtsgerichte zuständig.[26]) Durch Anordnung der Landesjustizverwaltung kann die Führung des Registers für mehrere Amtsgerichtsbezirke einem Amtsgericht übertragen werden.[27])

§ 128. Die Anmeldungen zur Eintragung in das Handelsregister sowie die zur Aufbewahrung bei dem Gerichte bestimmten Zeichnungen von Unterschriften können zum Protokolle des Gerichtsschreibers des Registergerichts erfolgen.

---

treten des neuen Rechtes (welches diesen Paragraph einführte) stammen. Die Bestimmung kann nicht nur von Dritten, die mit einer eingetragenen Firma in ein Vertragsverhältnis getreten sind, angerufen werden, sondern im Falle der Eintragung einer Gesellschaft auch von den eingetragenen Gesellschaftern selbst in ihrem Verhältnisse zueinander. RG 50 154.

24) Das Handelsregister ist nicht dazu bestimmt, die bloße Möglichkeit dereinst entstehender Verhältnisse anzukündigen oder gar jemandem für eine Firma das Recht der Ausschließung anderer, wie es § 30 gewährt, für den Fall künftiger Entschließung zu ihrem Gebrauche zu sichern. Nur Verhältnisse, welche bereits begründet sind oder mindestens mit der Anmeldung begründet werden, sollen als solche durch die Eintragung und deren Bekanntmachung kundgegeben werden. RG 22 58.

25) Die Handelsregister älteren Rechtes werden nur für die vor dem 1. I. 00 eingetragenen Firmen bis auf weiteres fortgeführt.

Das Handelsregister neueren Rechtes ist nicht bestimmt und geeignet, Vermerke über ehegüterrechtliche Verhältnisse von Kaufleuten aufzunehmen. Erkenntnisquelle in Ansehung güterrechtlicher Verhältnisse eines Ehegatten ist jetzt ausschließlich das Güterrechtsregister, gleichviel ob der Ehegatte Kaufmann ist oder nicht. RG 63 245 (248).

26) Zur Entscheidung über Beschwerden in Handelssachen ist die Kammer für Handelssachen, nicht die Zivilkammer zuständig. RG, K 4 9.

27) Eine Zusammenstellung der preußischen Firmenbezirke ist im JMBl 08 359 abgedruckt. Vf. v. 28. IX. 08.

§ 9. Die Einsicht des Handelsregisters sowie der zum Handelsregister eingereichten Schriftstücke ist jedem gestattet.

Von den Eintragungen kann eine Abschrift gefordert werden; das gleiche gilt in Ansehung der zum Handelsregister eingereichten Schriftstücke, sofern ein berechtigtes Interesse glaubhaft gemacht wird. Die Abschrift ist auf Verlangen zu beglaubigen.

Das Gericht hat auf Verlangen eine Bescheinigung darüber zu erteilen, daß bezüglich des Gegenstandes einer Eintragung weitere Eintragungen nicht vorhanden sind oder daß eine bestimmte Eintragung nicht erfolgt ist.

§ 10. Das Gericht hat die Eintragungen in das Handelsregister durch den Deutschen Reichsanzeiger und durch mindestens ein anderes Blatt bekannt zu machen. Soweit nicht das Gesetz ein anderes vorschreibt, werden die Eintragungen ihrem ganzen Inhalte nach veröffentlicht.

Mit dem Ablaufe des Tages, an welchem das letzte der die Bekanntmachung enthaltenden Blätter erschienen ist, gilt die Bekanntmachung als erfolgt.[28])

§ 11.[28a]) Das Gericht hat jährlich im Dezember die Blätter zu bezeichnen, in denen während des nächsten Jahres die im § 10 vorgesehenen Veröffentlichungen erfolgen sollen.

Wird das Handelsregister bei einem Gericht von mehreren Richtern geführt und einigen sich diese über die Bezeichnung der Blätter nicht, so wird die Bestimmung von dem im Rechtszug vorgesehenen Landgericht getroffen; ist bei diesem Landgericht eine Kammer für Handelssachen gebildet, so tritt diese an die Stelle der Zivilkammer.

§ 12. Die Anmeldungen zur Eintragung in das Handelsregister sowie die zur Aufbewahrung bei dem Gerichte bestimmten Zeichnungen von Unterschriften sind persönlich bei dem Gerichte zu bewirken oder in öffentlich beglaubigter[29]) Form einzureichen.

---

28) Die Landesjustizverwaltungen sind berechtigt, den Registerrichtern Anweisungen über die Art der „Bezeichnung" der für die Veröffentlichung der Eintragung in das Handelsregister bestimmten öffentlichen Blätter zu erteilen. RG 58 430. Bekanntgabe der Blätter findet nicht statt. RGBl 1924 S. 120, § 9.

28a) § 11 Abs. 2 ist durch Gesetz vom 4. Februar 1925 RGBl 1925 S. 9. eingefügt.

29) Die eigenhändige Vornahme der Zeichnung muß bekundet werden, die Beglaubigung der Anerkennung genügt nicht. RG 54 168. Die Einreichung beglaubigter Abschriften genügt soweit es sich nicht um aufzubewahrende Unterschriftzeichnungen handelt. Widerruf von Anmeldungen ist zulässig und formfrei. DNotZ 1925 S. 8.

Die gleiche Form ist für eine Vollmacht zur Anmeldung erforderlich. Rechtsnachfolger eines Beteiligten haben die Rechtsnachfolge soweit tunlich durch öffentliche Urkunden nachzuweisen.

§ 13. Soweit nicht in diesem Gesetzbuch ein anderes vorgeschrieben ist, sind die Eintragungen in das Handelsregister und die hierzu erforderlichen Anmeldungen und Zeichnungen von Unterschriften sowie die sonst vorgeschriebenen Einreichungen zum Handelsregister bei jedem Registergericht, in dessen Bezirke der Inhaber der Firma eine Zweigniederlassung[30, 31]) besitzt, in gleicher Weise wie bei dem Gerichte der Hauptniederlassung zu bewirken.

Eine Eintragung bei dem Gerichte der Zweigniederlassung findet nicht statt, bevor nachgewiesen ist, daß die Eintragung bei dem Gerichte der Hauptniederlassung geschehen ist.

Diese Vorschriften kommen auch zur Anwendung, wenn sich die Hauptniederlassung im Auslande befindet. Soweit nicht das ausländische Recht eine Abweichung erforderlich macht, haben die Anmeldungen, Zeichnungen und Eintragungen bei dem Gerichte der Zweigniederlassung in gleicher Weise zu geschehen, wie wenn sich die Hauptniederlassung im Inlande befände.

§ 14. Wer verpflichtet ist, eine Anmeldung, eine Zeichnung der Unterschrift oder eine Einrichtung von Schriftstücken zum Handelsregister vorzunehmen, ist hierzu von dem Registergerichte durch Ordnungsstrafen anzuhalten. Die einzelne Strafe darf den Betrag von dreihundert Mark[31a]) nicht übersteigen.[32])

§ 15.[33]) Solange eine in das Handelsregister einzutragende Tatsache nicht eingetragen und bekannt gemacht ist, kann sie von demjenigen, in

30) Eine Zweigniederlassung erfordert eine Geschäftsstelle, die der Hauptniederlassung gegenüber Selbständigkeit besitzt und nicht bloß in Ausnahmefällen und Sachen von untergeordneter Bedeutung selbständig handeln kann. RG, K 3 13.

31) Abgesonderte Veräußerung der Zweigniederlassung ist zulässig. Ebenso kann die Hauptniederlassung veräußert werden und der bisherige Inhaber die bisherige Zweigniederlassung mit der alten Firma fortführen, nur der etwaige Zusatz „Zweigniederlassung" ist zu löschen. RG 77 60.

31a) Durch die Verordnung über Vermögensstrafen und Bußen vom 6. Februar 1924 Art. II Abs. 2 (RGBl S. 45) ist die Höchstgrenze auf 1000 Goldmark erhöht.

32) Vgl. § 132 des G über die Angel. der freiw. Gerichtsbarkeit v. 17. V. 98.

33) Vgl. oben § 5, Noten 22 und 23.

dessen Angelegenheiten sie einzutragen war, einem Dritten nicht entgegengesetzt werden, es sei denn, daß sie diesem bekannt war.[34])

Ist die Tatsache eingetragen und bekannt gemacht worden, so muß ein Dritter sie gegen sich gelten lassen, es sei denn, daß er sie weder kannte noch kennen mußte.[35—39])

Für den Geschäftsverkehr mit einer in das Handelsregister eingetragenen Zweigniederlassung ist im Sinne dieser Vorschriften die Eintragung und Bekanntmachung durch das Gericht der Zweigniederlassung entscheidend.[39])

---

34) § 15 Abs. 1 betrifft nur die Fälle, in denen das HGB (oder das Gesetz betr. die Gesellschaften m. b. H.) die Eintragung einer Tatsache und ihre Bekanntmachung ausdrücklich vorschreibt. RG 78 363. § 15 gilt nicht für das Verhältnis der Aktionäre zur Aktiengesellschaft. RG 120 369. Die Vorschrift des § 15 gilt auch für eine nichteingetragene Gesellschaft. RG 127 99. Die Eintragung einer Firma beseitigt die ihr nach bürgerlichem Recht anhaftende materielle Unwirksamkeit nicht. RG 127 159.

35) Derjenige, in dessen Angelegenheiten die Eintragung und deren Bekanntmachung zu erfolgen hatte und erfolgt ist, muß die Tatsachen, auf die er sich gegenüber dem Dritten berufen darf, auch gegen sich gelten lassen, wenn dem Dritten nicht bekannt war, oder bekannt sein mußte, daß die Eintragung dem wahren Sachverhalt nicht entspreche. RG 50 428. Die Bezeichnung der Gesellschafter einer offenen Handelsgesellschaft gehört zu den „ins Handelsregister einzutragenden Tatsachen" im Sinne von § 15 Abs. 1 HGB. Läßt sich ein Dritter auf ein Rechtsgeschäft mit der durch einen fälschlich als Gesellschafter eingetragenen Nichtgesellschaft vertretenen Gesellschaft ein, so ist das Geschäft gegenüber der Gesellschaft gültig. RG 125 229.

36) Eine Eintragung im Handelsregister ist nur für denjenigen bindend, der die Eintragung selbst anerkennen muß; der Minderjährige, dessen Antrag der Genehmigung des zugrunde liegenden Geschäftes bedurft hätte, braucht dies nicht; hiervon wird der Volljährige nicht berührt, und er kann sich nicht darauf berufen, daß die Eintragung für einen anderen unverbindlich sei. RG 51 33 (37).

37) Die Erben eines offenen Handelsgesellschafters haften nicht aus Rechtsgeschäften, die der andere Gesellschafter nach der durch den Tod erfolgten Auflösung der Gesellschaft unter der alten Firma abgeschlossen hat, auch wenn die Auflösung nicht eingetragen war, wenn dem Gegenkontrahenten bekannt war, daß ihm unter der Firma nicht eine offene Handelsgesellschaft, sondern ein Einzelkaufmann gegenüberstand. RG 70 273.

38) Die Aufgabe eines unter einer im Handelsregister eingetragenen Firma betriebenen Gewerbes und die Einstellung jeder gewerblichen Tätigkeit ist eine ins Handelsregister einzutragende Tatsache (§ 31 Abs. 2 HGB). Ist diese Tatsache nicht eingetragen worden, so kann sie einem Dritten nicht entgegengesetzt werden, es sei denn, daß sie diesem bekannt war (§ 15 Abs. 1). Diesem gegenüber gilt der Eingetragene nach wie vor als Kaufmann und zwar als Vollkaufmann. RG 65 412.

39) § 15 gilt nicht für unerlaubte Handlungen außerhalb des eigentlichen Geschäfts-

§ 16. Ist durch eine rechtskräftige oder vollstreckbare Entscheidung des Prozeßgerichts die Verpflichtung zur Mitwirkung bei einer Anmeldung zum Handelsregister oder ein Rechtsverhältnis, bezüglich dessen eine Eintragung zu erfolgen hat, gegen einen von mehreren bei der Vornahme der Anmeldung Beteiligten festgestellt, so genügt zur Eintragung die Anmeldung der übrigen Beteiligten. Wird die Entscheidung, auf Grund deren die Eintragung erfolgt, aufgehoben, so ist dies auf Antrag eines der Beteiligten in das Handelsregister einzutragen.

Ist durch eine rechtskräftige oder vollstreckbare Entscheidung des Prozeßgerichts die Vornahme einer Eintragung für unzulässig erklärt, so darf die Eintragung nicht gegen den Widerspruch desjenigen erfolgen, welcher die Entscheidung erwirkt hat.

3. Abschnitt. Handelsfirma.*)

§ 17. Die Firma eines Kaufmanns ist der Name, unter dem er im Handel seine Geschäfte betreibt und die Unterschrift abgibt.[40–49])

verkehrs. RG 93 239; ob für solche innerhalb des Geschäftsverkehrs, läßt die Entscheidung auf Seite 244 unentschieden.

*) Über die Verpflichtung, die Firma und den Namen an Läden und Gast- und Schankwirtschaften anzubringen, siehe Art. 9 EGzHGB.

40) Das HGB kennt als Entstehungsgründe für das Firmenrecht außer einer Individualbetätigung, bei welcher von dem eigenen Namen Gebrauch gemacht wird, nur den Erwerb eines Geschäfts mit Firma durch Vertrag und durch Erbgang; damit ist der Erwerb der Firma durch Ersitzung ausgeschlossen. RG 25 16.

41) So wenig wie in seiner Entstehung ist das Firmenrecht in seinem Erlöschen durch die Eintragung bedingt. RG 29 66 (69). Ausgenommen sind die Fälle des § 2 und § 3.

42) Ein Einzelkaufmann kann mehrere selbständige Geschäfte unter besonderen Firmen betreiben, sich auch neben seinem Einzelkaufmannsgeschäft noch an einer offenen Handelsgesellschaft beteiligen. Die Geschäftsverbindlichkeiten der mehreren Firmen fallen nicht deshalb zusammen, weil der Inhaber für alle haftet. RG, R 9 11.

43) Ohne einen besonderen Rechtssatz würde ein Kaufmann auch in seinem Handelsbetriebe sich wirksam nur seines bürgerlichen Namens bedienen können. Das HGB gestattet, daß er sich eines mit seinem bürgerlichen Namen nicht übereinstimmenden Namens bediene. RG 9 104.

44) Zur Zeichnung der Firma genügt die Unterzeichnung derselben, ohne daß es der Beifügung des Namens des Zeichnenden bedarf. OHG 10 410.

45) Die namens einer Firma eingegangenen Geschäfte gelten als für den tatsächlichen Inhaber der Firma geschlossen, auch wenn dieser als Inhaber der Firma zurzeit nicht bekannt war. OHG 17 239.

Ein Kaufmann kann unter seiner Firma klagen[50—54]) und verklagt werden.

---

46) Rechtsakte, welche ein unter einer unzulässigen Firma eingetragener Kaufmann unter dieser Firma vorgenommen hat, sind gültig. OHG 22 71.

47) Ein Vertrag des Inhalts, daß jemand zwar sein eigenes Handelsgeschäft haben und betreiben, in diesem Geschäft aber gewisse Artikel unter einer ihm nicht zustehenden Firma vertreiben soll, ist nichtig. RG, K 4 18.

48) Es darf nicht vereinbart werden, daß jemand seinen Namen für das Geschäft eines anderen als Firma eintragen lasse. Ist es geschehen, so kann die Löschung erfolgen und der das Geschäft Betreibende zur Eintragung seines Namens angehalten werden. RG, K 4 18.

49) Für den rechtsgeschäftlichen Verkehr müssen die Zusätze, die auf ein Gesellschaftsverhältnis, eine Aktiengesellschaft usw. hinweisen, in den Abkürzungen in der Regel beibehalten werden; für den Zweck des Anbringens der Firma als Warenbezeichnung haben dagegen jene Zusätze in der Regel keine entscheidende Bedeutung. RG 56 417

50) Wird der Prozeßweg vom oder gegen den Kaufmann beschritten, so ist es zunächst eine Frage der Bezeichnung der Partei im Sinne des § 253 Abs. 2 Ziff. 1, ob der Kaufmann mit seinem bürgerlichen Namen oder seinem Handelsnamen, der Firma, genannt wird. Tritt der Kaufmann unter seinem bürgerlichen Namen auf, so kann bestritten werden, daß er der Träger dieses Namens sei, tritt er unter seinem Handelsnamen, der Firma, auf, daß er der Träger dieses Handelsnamens, der Inhaber der Firma sei. Nennt er die Firma und den bürgerlichen Namen, so kann das eine oder das andere oder beides bestritten werden. In jedem Falle handelt es sich um eine Identitätsfrage. Im Urkunden- und Wechselprozeß gehört die Bezeichnung der Partei nicht zu den klagebegründenden Tatsachen. Keine Prozeßordnung hat einen Paßzwang für das Betreten der Gerichtsschwelle begründet. Auch im Prozeßverkehr wird Betrug oder absichtliche Täuschung nicht vermutet. Jeder gilt zunächst als der, als den er sich vorstellt. Daß der mit seinem bürgerlichen Namen oder seiner Firma auftretende Kläger schon mit der Klage für den Fall einer etwaigen Bestreitung seines Handelsnamens einen Urkundennachweis desselben vorlege, kann ebensowenig gefordert werden, als daß er vorsichtshalber seinen bürgerlichen Namen mit dem Taufschein oder Geburtsregister-Auszuge schon in der Klageschrift belege. Die Prüfung und Bestreitung der Identität des Wechselgläubigers muß allerdings auch dem Wechselschuldner zugestanden werden. RG 41 407 (410).

51) Nach § 17 Abs. 2 kann ein Kaufmann unter seiner Firma klagen und verklagt werden. Ebenso kann nach § 124 eine offene Handelsgesellschaft und nach § 161 Abs. 2 eine Kommanditgesellschaft unter ihrer Firma klagen und verklagt werden. Mit Rücksicht auf die Zulässigkeit der Übertragung der Firma mit dem Geschäfte (§ 23) und der Fortführung der Firma auch bei Änderung ihrer Inhaber (§ 24) ergibt sich sonach, daß, wenn eine Klage einfach gegen eine Firma gerichtet wird — was das Gesetz gerade durch die Vorschrift des § 17 Abs. 2 zulassen wollte —, zunächst verborgen bleibt, wer eigentlich der Beklagte ist, ob ein Einzelkaufmann, eine offene Handelsgesellschaft oder eine Kommanditgesellschaft. Selbstverständlich aber ist die Klage gegen die Person oder die Personen gerichtet, die unter dieser Firma ihre Geschäfte betreiben und die Unter-

§ 18. Ein Kaufmann, der sein Geschäft ohne Gesellschafter oder nur mit einem stillen Gesellschafter betreibt, hat seinen Familiennamen mit mindestens einem ausgeschriebenen[54a]) Vornamen als Firma zu führen.[54b])

Der Firma darf kein Zusatz beigefügt werden,[55]) der ein Gesellschaftsverhältnis andeutet oder sonst geeignet ist, eine Täuschung über die Art oder den Umfang des Geschäfts oder die Verhältnisse des Geschäftsinhabers herbeizuführen. Zusätze, die zur Unterscheidung der Person oder des Geschäfts dienen, sind gestattet.[56], [56a])

---

schrift abgeben (§ 17 Abs. 1). Das Gericht weiß das nicht und auch der Kläger ist nicht genötigt sich darum zu bekümmern. RG 54 15 und 86 66. Dagegen: Wenn ein Einzelkaufmann unter seiner Firma klagt, ist gleichwohl nicht die Firma, sondern der Inhaber als Klagepartei zu bezeichnen. RG, K 6 11. Sehr treffend bemerkt Kaufmann 8 18: Eine Auffassung, daß die Klage angeben müsse, ob ein Einzelkaufmann klage usw., würde die Wohltat, welche § 17 Abs. 2 hat statuieren wollen, einfach beseitigen und zu großen Prozeßverzögerungen führen.

52) Auf Grund eines gegen eine Einzelfirma ergangenen Urteils kann der Firmeninhaber zur Leistung des Offenbarungseides geladen werden. K 9 13.

53) Das Urteil gegen eine Firma gilt gegen den Inhaber zur Zeit der Klageerhebung. Der Nachweis der Inhaberschaft kann, wenn nicht im Urteil enthalten, dem Vollstreckungsorgan gegenüber geführt werden. Beschl. des KG, KGBl 08 16. Eine Vollstreckungsklausel kann entsprechend berichtigt werden. 08 64.

54) Ist gegen einen Kaufmann N. N. geklagt, der vor Erhebung der Klage gestorben war, so ist anzunehmen, daß die Klage gegen die Firma N. N. gerichtet ist; Berichtigung und Bezeichnung der beklagten Person ist zulässig, ebenso wenn die Geschäftsform irrig angegeben war: offene Handelsgesellschaft statt Kommanditgesellschaft. OLG Dresden. K 4 19.

54a) Zulässig ist die abgekürzte Rufform des Vornamens (Willy statt Wilhelm). JW 1925 S. 1416 Nr. 2.

54b) § 18 Abs. 1 berechtigt zur Führung des Familiennamens auch bei Verwechslungsmöglichkeit im Sinne des § 16 UnlWettbG. RG 116 211.

55) Nicht verboten sind tatsächlich wahre Angaben, welche in der Form von Zusätzen zu der Namensfirma über die Art und den Umfang des Geschäfts oder die Verhältnisse des Geschäftsinhabers gemacht werden oder sonst zur Unterscheidung der Person oder des Geschäfts dienen; auch wenn ein anderer Geschäftsinhaber sich an demselben Ort befindet, auf dessen Geschäft die freigestellten Angaben gleichfalls zutreffen, mag er von der ihm zu Gebote stehenden Freiheit in diesen Beziehungen einen Zusatz zur Firma zu machen Gebrauch gemacht haben oder nicht. RG 54 183.

56) Es ist ein statthafter Zusatz, wenn ein Einzelkaufmann seine Firma in der Weise bezeichnet, daß er mit seinem Familiennamen denjenigen seiner Ehefrau verbindet. RG 16 60.

Ausnahmen von der Regel des § 18 (Firmenwahrheit) enthalten § 21 und § 22.

Art. 22 des EGzHGB: Die zur Zeit des Inkrafttretens des HGB im Handelsregister eingetragenen Firmen können weitergeführt werden, soweit sie nach den bisherigen Vorschriften geführt werden durften. ....

§ 19. Die Firma einer offenen Handelsgesellschaft hat den Namen wenigstens eines der Gesellschafter mit einem das Vorhandensein einer Gesellschaft andeutenden Zusatz oder die Namen aller Gesellschafter zu enthalten.

Die Firma einer Kommanditgesellschaft hat den Namen wenigstens eines persönlich haftenden Gesellschafters mit einem das Vorhandensein einer Gesellschaft andeutenden Zusatze zu enthalten.

Die Beifügung von Vornamen ist nicht erforderlich.

Die Namen anderer Personen als der persönlich haftenden Gesellschafter dürfen in die Firma einer offenen Handelsgesellschaft oder einer Kommanditgesellschaft nicht aufgenommen werden.

§ 20. Die Firma einer Aktiengesellschaft sowie die Firma einer Kommanditgesellschaft auf Aktien ist in der Regel von dem Gegenstande des Unternehmens zu entlehnen; die erstere Firma hat außerdem die Bezeichnung „Aktiengesellschaft", die letztere Firma die Bezeichnung „Kommanditgesellschaft auf Aktien" zu enthalten.

Vgl. hierzu **Art. 22 Abs. 2 des EGzHGB: Die Vorschriften des § 20 des Handelsgesetzbuchs über die in die Firma der Aktiengesellschaften und der Kommanditgesellschaften auf Aktien aufzunehmenden Bezeichnungen finden (jedoch) auf die bei dem Inkrafttreten des Handelsgesetzbuchs für eine solche Gesellschaft in das Handelsregister eingetragene Firma Anwendung, wenn die Firma aus Personennamen zusammengesetzt ist und nicht erkennen läßt, daß eine Aktiengesellschaft oder eine Kommanditgesellschaft auf Aktien die Inhaberin ist.**

§ 21. Wird ohne eine Änderung der Person der Name des Geschäftsinhabers oder der in der Firma enthaltene Name eines Gesellschafters geändert,[57]) so kann die bisherige Firma fortgeführt werden.

§ 22. Wer ein bestehendes Handelsgeschäft unter Lebenden oder von Todes wegen erwirbt, darf für das Geschäft die bisherige Firma mit oder ohne Beifügung eines das Nachfolgeverhältnis andeutenden Zusatzes[57a])

Es ist also nach wie vor aus der Firma nicht zu ersehen, ob eine offene Handelsgesellschaft oder ein Einzelkaufmann sie führt.

56a) § 18 Abs. 2 gilt für alle Firmen, auch Gesellschaften mit beschränkter Haftung RG 127 80.

57) Z. B. durch Verheiratung der Inhaberin.

57a) Andere Zusätze sind unzulässig, ebenso Weglassung oder Änderung von Zu-

fortführen, wenn der bisherige Geschäftsinhaber oder dessen Erben in die Fortführung der Firma ausdrücklich willigen.[58]) Die Verpflichtung einer Aktiengesellschaft oder einer Kommanditgesellschaft auf Aktien, die im § 20 vorgeschriebene Bezeichnung in ihre Firma aufzunehmen, wird hierdurch nicht berührt.[59—68])

---

sätzen. § 22 ist als Ausnahme gegenüber der Regel des § 18 nicht ausdehnend auszulegen. RG 96 197.

58) Befristungen wie auch andere Beschränkungen bei der Einwilligung in der Fortführung der Firma sind zulässig; mit dem Ende der Frist hört das Recht auf, eine weitere Übertragung der Firma ist unzulässig. RG 76 265.

Die Zustimmung des ursprünglichen Firmenträgers (des Gründers) hat das Registergericht nicht zu prüfen. Wegen Verletzung seines Namensrechtes kann er nach §§ 12, 823 Abs. 2 BGB vorgehen. RG 104 343.

59) § 22 schließt nicht aus, daß ein Einzelkaufmann die Firma einer Aktiengesellschaft zur eigenen Führung erwirbt; wenn diese Firma ihren Inhaber ausdrücklich als Aktiengesellschaft bezeichnet, so müßte der Erwerber wohl einen sein Nachfolgeverhältnis andeutenden Zusatz hinzufügen, um die Bedenken gegen die Fortführung zu heben. RG 15 110. Beim Übergang der Firma einer Kommanditgesellschaft mit beschränkter Haftung ist „Kommanditgesellschaft" fortzulassen. RG 104 343.

60) Zur Veräußerung eines Handelsgeschäftes im Sinne des § 22 HGB gehört keineswegs die Übertragung der sämtl. vorhandenen Aktiven und Passiven des Geschäftes. RG 9 81.

61) Wird bloß ein einzelner Geschäftszweig erworben, so kann der Erwerber — auch mit Zustimmung des Veräußerers — die Firma nicht annehmen und fortführen. RG 56 187.

62) Wenn das Geschäft, zu dessen Fortführung die Firma erworben ist, erlischt, darf die Firma nicht für ein neues Geschäft fortgeführt werden. RG 1 260.

63) Es ist unzulässig, daß jemand, welcher kein Handelsgeschäft betreibt seinen Namen als Firma lediglich zu dem Zwecke eintragen läßt, damit für das Handelsgeschäft eines anderen davon Gebrauch gemacht werden kann. RG 3 121.

64) Betreibt der Erwerber das Handelsgeschäft, mit welchem er die Firma übernommen hatte, überhaupt nicht sondern beginnt er statt dessen ein anderes, so kommt sein Recht auf die Führung der Firma in Wegfall. Wenn er dagegen den Umfang erweitert oder es auf andere Gegenstände erstreckt, ja sogar, wenn er es allmählich wesentlich umgestaltet, so ist unter der Voraussetzung, daß die Kontinuität des Betriebes gewahrt bleibt, die fernere Führung der Firma zulässig. RG 46 150.

65) Das Recht zur Führung einer Firma kann nicht auf Erwerb von einem Dritten gestützt werden, wenn dieser kein Recht auf die Firma hatte; auf den guten Glauben des Erwerbers kommt es nicht an. RG 25 6.

66) Wer ein Geschäft mit der Firma erworben hat, kann mangels besonderer Abrede dieses Geschäft mit der Firma wieder auf Dritte übertragen. RGK, 3 24.

67) Das Recht zur Führung der Firma kann nicht vom Konkursverwalter veräußert werden. RG 9 104, 58 169.

68) Für die Anwendbarkeit des § 22 ist Eintragung der Firma nicht Voraussetzung.

Wird ein Handelsgeschäft auf Grund eines Nießbrauchs, eines Pachtvertrags oder eines ähnlichen Verhältnisses übernommen, so finden diese Vorschriften entsprechende Anwendung.

§ 23. Die Firma kann nicht ohne das Handelsgeschäft, für welches sie geführt wird, veräußert werden.[68a])

§ 24. Wird jemand in ein bestehendes Handelsgeschäft als Gesellschafter aufgenommen oder tritt ein neuer Gesellschafter in eine Handelsgesellschaft ein oder scheidet aus einer solchen ein Gesellschafter aus, so kann ungeachtet dieser Veränderung die bisherige Firma fortgeführt werden.

Bei dem Ausscheiden eines Gesellschafters, dessen Name in der Firma enthalten ist, bedarf es zur Fortführung der Firma der ausdrücklichen Einwilligung des Gesellschafters oder seiner Erben.

§ 25. Wer[69]) ein unter Lebenden erworbenes[70]) Handelsgeschäft[71]) unter der bisherigen Firma[72]—[74]) mit oder ohne Beifügung eines das

---

Weder die Wirksamkeit der Einwilligung noch das Recht zur Fortführung der Firma ist von der Eintragung oder einer wider Willen des Berechtigten erfolgten Löschung abhängig. Der Erwerber kann vom Veräußerer Mitwirkung zur Anmeldung verlangen. RG 65 15.

68a) Ein Handelsgeschäft hört nicht schon unmittelbar mit der auf kürzere oder längere Zeit erfolgenden Einstellung des Gewerbebetriebes auf, sondern erst, wenn die wirtschaftlichen Grundlagen des Geschäftes untergegangen sind, sein Aufbau nach innen und außen zerstört ist. RG 110 424.

69) Die Anwendung des 25 ist auf Vollkaufleute zu beschränken. RG 55 83. (Vgl. oben Note 16 zu § 4 wegen der Minderkaufleute.)

70) Gegen denjenigen, der ein zur Konkursmasse gehöriges Handelsgeschäft von dem Konkursverwalter erworben hat und unter der bisherigen Firma fortführt, kann ein Konkursgläubiger die Haftung aus § 25 nicht geltend machen. RG 58 166.

71) Die Tatsache, daß ein Geschäftszweig durch den die Veräußerung bewirkenden Vertragsabschluß zu einem (selbständigen) Handelsgeschäft geworden ist, kann niemals das erste Erfordernis des § 25 erfüllen. RG 64 129 (132). (Dahingestellt ist geblieben, ob und unter welchen Voraussetzungen es zu einer anderen Entscheidung führen könnte, wenn ein veräußerter Geschäftsteil als Hauptzweig eines Handelsgeschäfts anzusehen ist.)

72) Die Voraussetzung ist eine rein formale, es muß Identität der Firma vorliegen. RG 50 116, 119. Wort- und buchstabentreue Gleichheit ist nicht erforderlich. RG 113 309.

73) Die Fortführung einer Firma mit dem Zusatz G. m. b. H. ist als eine Fortführung derselben Firma im Sinne des § 25 anzusehen. R 10 15.

74) Ein vereinzelter, gelegentlicher, durch besondere Umstände veranlaßter Gebrauch der bisherigen Firma ist keine Fortführung des Geschäfts unter der bisherigen Firma, es gehört dazu die dem Publikum gegenüber zu erkennen gegebene Willensmeinung, daß die alte Firma auch jetzt noch die Firma des auf den neuen Inhaber übergegangenen Handelsgeschäfts sein solle. RG 73 71.

Nachfolgeverhältnis andeutenden Zusatzes fortführt,[75]) haftet für alle im Betriebe des Geschäfts begründeten Verbindlichkeiten des früheren Inhabers.[76—81a]) Die in dem Betriebe begründeten Forderungen gelten den Schuldnern gegenüber als auf den Erwerber übergegangen, falls der bisherige Inhaber oder seine Erben in die Fortführung der Firma gewilligt haben.

Eine abweichende Vereinbarung ist einem Dritten gegenüber nur wirksam, wenn sie in das Handelsregister eingetragen und bekannt gemacht oder von dem Erwerber oder dem Veräußerer dem Dritten mitgeteilt worden ist.[82—86])

---

75) Dieser Begriff deckt sich mit der Bestimmung in § 345 Abs. 1 HGB, wonach alle Geschäfte eines Kaufmanns, die zum Betriebe seines Handelsgewerbes gehören, Handelsgeschäfte sind. Danach gehören zu ihnen nicht nur die einzelnen Abschlüsse im Betriebe, sondern alle geschäftlichen Beziehungen, die mit dem Betriebe in einem solchen Zusammenhang stehen, daß sie sich als Folge des betreffenden Gewerbebetriebes erweisen. RG **72** 435.

76) Unter den in § 25 Abs. 1 genannten „im Betriebe des Geschäfts begründeten Verbindlichkeiten" und unter dem gleichbedeutenden Ausdrucke „Geschäftsverbindlichkeiten" in Abs. 3 werden Verpflichtungen verstanden, die mit dem Geschäftsbetriebe in einer solchen engen inneren Verbindung stehen, daß sie als eine Folge dieses Geschäftsbetriebes erscheinen. RG **58** 21, z. B. Ansprüche aus Patentverletzungen. RG **15** 133; auch Wettbewerbsverbote. RG **96** 173, vgl. auch RG **102** 127.

77) Die Vorschrift erstreckt sich auch auf betagte und bedingte Verbindlichkeiten. Unerheblich ist weiter, ob der Erwerber von der Verbindlichkeit Kenntnis hatte, RG, K **10** 14, und ob der bisherige Geschäftsinhaber sie dem Erwerber als nicht bestehend bezeichnet hatte. RG **10** 15.

78) Die Haftung erstreckt sich nicht auf nichtige Verbindlichkeiten, einerlei ob der Übernehmende die Nichtigkeit kannte und ob der Gläubiger von der Gültigkeit seiner Forderung überzeugt sein durfte. RG **93** 228.

79) Die Gläubiger des früheren Inhabers erwerben sofort ein Forderungsrecht gegen den neuen Inhaber, ohne Annahme und Beitrittserklärung; der Gläubiger gewinnt den neuen Schuldner neben dem alten. Gleichgültig ist, ob der neue Erwerber die Forderung gekannt hat, wenn sie nur zu den Geschäftspassiven tatsächlich gehörte. OHG **8** 383.

80) Auch eine Bezugspflicht auf Grund der Beteiligung an einem Kartell trifft den Erwerber mit. RG **76** 10.

81) Der Gläubiger aus einem zweiseitigen Handelsgeschäft büßt dadurch allein, daß er an den, der ein Handelsgeschäft mit Aktiven und Passiven übernommen hat, die ihm obliegende Gegenleistung bewirkt, seine Ansprüche gegen den früheren Geschäftsinhaber nicht ein. RG, K **4** 69.

81a) Ein Kaufmann kann mehrere Geschäfte betreiben, das eine veräußern und das andere behalten, die Haftung für die Verbindlichkeiten kann völlig getrennt sein. RG **116** 284.

82) Für den Fall des § 25 ist § 15 Abs. 1 nicht anwendbar. Der Erwerber kann sich

Wird die Firma nicht fortgeführt, so haftet der Erwerber eines Handelsgeschäfts für die früheren Geschäftsverbindlichkeiten nur, wenn ein besonderer Verpflichtungsgrund vorliegt,[87]) insbesondere wenn die Übernahme der Verbindlichkeiten in handelsüblicher Weise von dem Erwerber bekannt gemacht worden ist.

§ 26. Ist der Erwerber des Handelsgeschäfts auf Grund der Fortführung der Firma oder auf Grund der im § 25 Abs. 3 bezeichneten Bekanntmachung für die früheren Geschäftsverbindlichkeiten haftbar, so verjähren die Ansprüche der Gläubiger gegen den früheren Inhaber mit dem Ablaufe von fünf Jahren, falls nicht nach den allgemeinen Vorschriften die Verjährung schon früher eintritt.

---

mangels Eintragung und Bekanntmachung der abweichenden Vereinbarung gemäß Abs. 2 nicht darauf berufen, daß die Vereinbarung des Haftungsausschlusses dem Dritten auf andere Weise bekannt geworden ist. RG, K 4 26.

83) Die Eintragung oder Mitteilung an den Gläubiger muß unverzüglich im Anschluß an die Geschäftsübernahme erfolgen, sonst ist sie wirkungslos. Rechtzeitige Anmeldung allein genügt nicht. RG 75 149.

84) Eine Eintragung und Bekanntmachung, die gegen die Folgen des § 25 Abs. 1 Schutz gewähren soll, muß so deutlich sein, daß der Dritte erkennen kann, die ihn betreffende Schuld oder Forderung sei nicht auf den Erwerber übergegangen. Eine Verweisung auf eine andere Stelle der Firmenakten muß unzweideutig sein und ihre Benutzung muß vollen Aufschluß gewähren. RGK, 2 24.

85) Ist ein Handelsgeschäft ohne Fortführung der Firma übernommen, so ist es zulässig, durch Bezugnahme auf ein bestimmtes Schriftstück die Grenze zu bestimmen, bis zu der der neue Erwerber den alten Gläubigern haften will. RG, K 3 30.

86) Eine der Wahrheit nicht entsprechende Mitteilung über Nichtübernahme der Geschäftsschulden ist ohne Wirkung. RG, K 10 15.

87) Die Vorschrift des § 25 läßt bei Übertragung eines Handelsgeschäfts durch Vertrag unter Lebenden dann eine gegenüber § 419 BGB erweiterte Haftung für die Schulden des Handelsgeschäftes mit dem ganzen Vermögen des Erwerbers eintreten, wenn die bisherige Firma fortgeführt wird; falls dies nicht geschiegt, soll (§ 25 Abs. 3) der Erwerber für die früheren Geschäftsverbindlichkeiten nur haften, wenn ein besonderer Verpflichtungsgrund vorliegt. Allein § 25 HGB und § 419 BGB decken sich nicht und schließen sich nicht aus. Letztere Bestimmung hat die Übertragung des Vermögens, des Vermögensganzen einer Person zur Voraussetzung, während das Handelsgeschäft des § 25 zwar auch einen Vermögensinbegriff, aber nicht immer das ganze Vermögen des Veräußerers darstellt. Insbesondere braucht und pflegt das Handelsgeschäft, das Geschäftsvermögen des Einzelkaufmanns, sein ganzes Vermögen nicht zu erschöpfen; dagegen liegt regelmäßig der Fall der §§ 311, 419 BGB vor, wenn eine juristische Person ihr Vermögen, das eben ein geschäftliches Zweckvermögen ist, veräußert (§ 303 HGB). Wenn dies zutrifft, verliert der Ausschluß der Haftung nach § 25 Abs. 3 HGB seine Voraussetzung; es liegt dann einer der besonderen Verpflichtungsgründe nach Abs. 3 des § 25 HGB vor, der diesen Ausschluß der Haftung des Erwerbers außer Kraft setzt. RG 69 284, 290.

Die Verjährung beginnt im Falle des § 25 Abs. 1 mit dem Ende des Tages, an welchem der neue Inhaber der Firma in das Handelsregister des Gerichts der Hauptniederlassung eingetragen worden ist, im Falle des § 25 Abs. 3 mit dem Ende des Tages, an welchem die Kundmachung der Übernahme stattgefunden hat. Konnte der Gläubiger die Leistung erst in einem späteren Zeitpunkte verlangen, so beginnt die Verjährung mit diesem Zeitpunkte.

§ 27. Wird ein zu einem Nachlasse gehörendes Handelsgeschäft von dem Erben fortgeführt, so finden auf die Haftung des Erben für die früheren Geschäftsverbindlichkeiten die Vorschriften des § 25 entsprechende Anwendung.[88])

Die unbeschränkte Haftung nach § 25 Abs. 1 tritt nicht ein, wenn die Fortführung des Geschäfts vor dem Ablaufe von drei Monaten nach dem Zeitpunkt, in welchem der Erbe von dem Anfalle der Erbschaft Kenntnis erlangt hat, eingestellt wird.[89]) Auf den Lauf der Frist finden die für die Verjährung geltenden Vorschriften des § 206 des Bürgerlichen Gesetzbuchs entsprechende Anwendung. Ist bei dem Ablaufe der drei Monate das Recht zur Ausschlagung der Erbschaft noch nicht verloren, so endigt die Frist nicht vor dem Ablaufe der Ausschlagungsfrist.

§ 28. Tritt jemand als persönlich haftender Gesellschafter oder als Kommanditist in das Geschäft eines Einzelkaufmanns ein, so haftet die Gesellschaft, auch wenn sie die frühere Firma nicht fortführt, für alle im Betriebe des Geschäfts entstandenen Verbindlichkeiten des früheren Geschäftsinhabers.[90]) Die in dem Betriebe begründeten Forderungen gelten den Schuldnern gegenüber als auf die Gesellschaft übergegangen.[90a])

---

88) § 780 Zivilprozeßordnung (Geltendmachung der beschränkten Erbenhaftung) ist nicht anwendbar, wenn die Erben nicht als solche, sondern nach § 27 HGB in Anspruch genommen werden. RG 88 218.

89) Dies geschieht nur durch völlige Aufgabe des Geschäfts oder der Firma: Übertragung des Geschäfts mit Firma ist Fortführung. RG 56 196.

90) Der Neueintretende haftet auch, wenn er den Gesellschaftsvertrag mit Erfolg anficht, außer, wenn der Gläubiger die Täuschung kannte oder kennen mußte. RG 76 441. Er haftet auch, wenn der Aufnehmende beim Abschluß des Gesellschaftsvertrags und bei der Anmeldung geschäftsunfähig war. RG 89 98.

90a) Das Versprechen einer Abfindung, welches der Inhaber einer Firma einem ausscheidenden stillen Gesellschafter gibt, erzeugt im Zweifel (vgl. § 344 Abs. 1) eine zum Geschäftsbetrieb gehörige Verpflichtung. RG 162 244.

Eine abweichende Vereinbarung ist einem Dritten gegenüber nur wirksam, wenn sie in das Handelsregister eingetragen und bekannt gemacht oder voneinem Gesellschafter dem Dritten mitgeteilt worden ist.[90b]

§ 29. Jeder Kaufmann ist verpflichtet, seine Firma und den Ort seiner Handelsniederlassung bei dem Gericht, in dessen Bezirke sich die Niederlassung befindet, zur Eintragung in das Handelsregister anzumelden; er hat seine Firma zur Aufbewahrung bei dem Gerichte zu zeichnen.[91]

§ 30. Jede neue Firma muß sich von allen an demselben Orte oder in derselben Gemeinde bereits bestehenden und in das Handelsregister eingetragenen Firmen deutlich unterscheiden.[91a—94]

Hat ein Kaufmann mit einem bereits eingetragenen Kaufmanne die gleichen Vornamen und den gleichen Familiennamen und will auch er sich dieser Namen als seiner Firma bedienen, so muß er der Firma einen Zusatz beifügen, durch den sie sich von der bereits eingetragenen Firma deutlich unterscheidet.

Besteht an dem Orte oder in der Gemeinde, wo eine Zweigniederlassung errichtet wird, bereits eine gleiche eingetragene Firma, so muß der Firma für die Zweigniederlassung ein der Vorschrift des Abs. 2 entsprechender Zusatz beigefügt werden.[94a]

90b) Die Mitteilung kann erst nach Abschluß des Gesellschaftsvertrages wirksam erfolgen. RG **102** 245.

91) Vgl. § 128 des G über die Angelegenh. der freiwill. Gerichtsbarkeit (oben zu § 8).

91a) Unerheblich ist, ob die ältere Firma keine Einwendungen erhebt. Die Bestimmung des § 30 Abs. 1 dient in erster Linie dem Schutze der Allgemeinheit. DNotZ 25 S. 14.

92) Eine Firma welche tatsächlich erloschen ist, wenn sie auch noch im Handelsregister eingetragen ist, kein Hindernis für die Eintragung einer neuen gleichlautenden Firma. RG **29** 69.

93) Der Zusatz „in Liquidation" ist kein hinreichendes Unterscheidungsmerkmal. RG **29** 66. Zusatz Aktiengesellschaft und Gesellschaft mit beschränkter Haftung ergeben hinreichende Firmenverschiedenheit, zu beachten ist aber § 16 UnlWettGes. DNotZ 1925 S. 14.

94) Relativ kleine Verschiedenheit, z. B. andere Stellung der in der Firma enthaltenen Anfangsbuchstaben der Vornamen genügt; C. F. Meyer und F. C. Meyer, C. Meyer und Carl Meyer unterscheiden sich genügend voneinander. RG **20** 71. Bei Sachfirmen sind strenge Anforderungen an die Verschiedenheit zu stellen. RG **100** 45. Anders verhält es sich mit Warenbezeichnungen, vgl. § 20 des G zum Schutz der Warenbezeichnungen v. 12. V. 94 (RGBl 441).

94a) Eine Handelsgesellschaft darf für die Zweigniederlassung keine besondere Firma führen. RG **113** 217.

Durch die Landesregierungen kann bestimmt werden, daß benachbarte Orte oder Gemeinden als ein Ort oder als eine Gemeinde im Sinne dieser Vorschriften anzusehen sind.[95])

§ 31. Eine Änderung der Firma oder ihrer Inhaber sowie die Verlegung der Niederlassung an einen anderen Ort ist nach den Vorschriften des § 29 zur Eintragung in das Handelsregister anzumelden.

Das gleiche gilt, wenn die Firma erlischt. Kann die Anmeldung des Erlöschens einer eingetragenen Firma durch die hierzu Verpflichteten nicht auf dem im § 14 bezeichneten Wege herbeigeführt werden, so hat das Gericht das Erlöschen von Amts wegen einzutragen.

§ 32. Wird über das Vermögen eines Kaufmanns der Konkurs eröffnet, so ist dies von Amts wegen in das Handelsregister einzutragen. Das gleiche gilt von der Aufhebung des Eröffnungsbeschlusses sowie von der Einstellung und Aufhebung des Konkurses. Eine öffentliche Bekanntmachung der Eintragungen findet nicht statt. Die Vorschriften des § 15 bleiben außer Anwendung.

§ 33. Eine juristische Person, deren Eintragung in das Handelsregister mit Rücksicht auf den Gegenstand oder auf die Art und den Umfang ihres Gewerbebetriebs zu erfolgen hat, ist von sämtlichen Mitgliedern des Vorstandes zur Eintragung anzumelden.

Der Anmeldung sind die Satzung der juristischen Person und die Urkunden über die Bestellung des Vorstandes in Urschrift oder in öffentlich beglaubigter Abschrift beizufügen. Bei der Anmeldung zum Handelsregister einer Zweigniederlassung bedarf es der Beifügung der Urkunden über die Bestellung des Vorstandes nicht.

Bei der Eintragung sind die Firma und der Sitz der juristischen Person, der Gegenstand des Unternehmens und die Mitglieder des Vorstandes anzugeben. Besondere Bestimmungen der Satzung über die Befugnis des Vorstandes zur Vertretung der juristischen Person oder über die Zeitdauer des Unternehmens sind gleichfalls einzutragen.

§ 34. Jede Änderung der nach § 33 Abs. 3 einzutragenden Tatsachen oder der Satzung, die Auflösung der juristischen Person, falls sie nicht die Folge der Eröffnung des Konkurses ist, sowie die Personen der Liqui-

95) Für Preußen Justiz-Ministerial-Verordnung v. 5. XI. 24.

datoren und die besonderen Bestimmungen über ihre Vertretungsbefugnis sind zur Eintragung in das Handelsregister anzumelden.

Bei der Eintragung einer Änderung der Satzung genügt, soweit nicht die Änderung die im § 33 Abs. 3 bezeichneten Angaben betrifft, die Bezugnahme auf die bei dem Gericht eingereichten Urkunden über die Änderung.

Die Anmeldung hat durch den Vorstand oder, sofern die Eintragung erst nach der Anmeldung der ersten Liquidatoren geschehen soll, durch die Liquidatoren zu erfolgen.

Die Eintragung gerichtlich bestellter Vorstandsmitglieder oder Liquidatoren geschieht von Amts wegen.

Im Falle des Konkurses finden die Vorschriften des § 32 Anwendung.

§ 35. Die Mitglieder des Vorstandes und die Liquidatoren einer juristischen Person haben ihre Unterschrift zur Aufbewahrung bei dem Gerichte zu zeichnen.[96])

§ 36. Ein Unternehmen des Reichs, eines Bundesstaats oder eines inländischen Kommunalverbandes braucht nicht in das Handelsregister eingetragen zu werden. Erfolgt die Anmeldung, so ist die Eintragung auf die Angabe der Firma sowie des Sitzes und des Gegenstandes des Unternehmens zu beschränken.

§ 37. Wer eine nach den Vorschriften dieses Abschnitts ihm nicht zustehende Firma[97],[98]) gebraucht,[99],[100],[1]) ist von dem Registergerichte zur Unterlassung des Gebrauchs[2]) der Firma durch Ordnungsstrafen anzuhalten. Die Höhe der Strafen bestimmt sich nach § 14 Satz 2.

Wer in seinen Rechten dadurch verletzt wird, daß ein anderer eine Firma unbefugt gebraucht, kann von diesem die Unterlassung des Ge-

96) Vgl. Note 29 oben zu § 12.

97) Kleine Abweichungen in Nebenpunkten z. B. in den Vornamen kommen nicht in Betracht. RG 37 59.

98) Erwerb der Firma in gutem Glauben an ihre Rechtsbeständigkeit schützt den Erwerber nicht. RG 82 166.

99) Anmeldung einer Firma zur Eintragung mit dem Erfolge der Eintragung stellt Gebrauch der Firma dar. RG 22 58, 80 437.

100) Betreiben eines Handelsgewerbes in einem Lokal, über welchem eine andere Firmenaufschrift steht, kann den Mißbrauch dieser Firma im Sinne des § 37 enthalten. OHG 14 184. RG 36 13.

1) § 37 trifft nicht jeden Gebrauch einer Firma, sondern nur denjenigen, welcher beim Handelsbetriebe im Sinne des § 17 stattfindet. RG 5 110.

2) Und Herbeiführung der Löschung im Handelsregister. RG 44 17.

brauchs der Firma verlangen.[3—13]) Ein nach sonstigen Vorschriften begründeter Anspruch auf Schadensersatz bleibt unberührt.

4. Abschnitt. Handelsbücher.[14])

§ 38. Jeder Kaufmann ist verpflichtet, Bücher zu führen und in

---

3) Die im Gesetz nicht ausdrücklich gewährte Klage auf Löschung ist zuzulassen. RG 37 59.

4) Die Prüfung des Registerrichters nach § 30 HGB schließt die Klage auf Unterlassung des Gebrauchs einer Firma auf Grund des § 16 des G gegen den unlauteren Wettbewerb nicht aus. RG 75 370.

5) Bei unbefugtem Gebrauch eines Familiennamens Unterlassungsklage aus § 12 BGB, bei firmenmäßigem Gebrauch auch aus § 3 HGB. RG 88 422.

6) Die Teilhaber einer Handelsgesellschaft können unter deren Firma gegen einen Dritten, welcher ihren Familiennamen unbefugt als Firma führt, klagen. RG 18 139. Auch die offene Handelsgesellschaft genießt Namensschutz. RG 114 93.

7) Es ist nicht zulässig, die teilweise weitergehenden Bestimmungen des § 12 BGB über das Namensrecht allgemein auf das Firmenrecht zu übertragen. Insbesondere kann der Inhaber einer Firma den Schutz des § 12 für einen Namen, den er nicht selbst trägt, der vielmehr nur in der von ihm geführten Firma vorkommt, nicht beanspruchen. RG 59 285. (Die vom Fabrikanten W., Inhaber der Firma Friedrich Herder, Abraham Sohn gegen den Fabrikanten M., der die Firma H. Herder führt, erhobene Klage auf Unterlassung dieser Firmenführung und Löschung im Register ist zurückgewiesen.)

8) Auf Unterlassung der Weiterführung kann nur klagen, wer in seinen Rechten, nicht bloß in seinen Interessen verletzt ist. Die Rechtsverletzung kann in Verletzung des Firmenrechts, des Namenrechts und eines jeden sonstigen Rechts bestehen. RG, K 3 33.

9) Eine Firma, auch eine fremde, kann als Warenzeichen eingetragen werden. Beide können nebeneinander bestehen, ihre Funktionen sind verschieden. Der Gebrauch ist kein unbefugter im Sinne des § 37 Abs. 2, wenn die Firma später als das Warenzeichen eingetragen ist. RG, K 4 30.

10) Unbefugter Gebrauch der Firma liegt nicht vor, wenn nicht die ganze Firma, sondern nur ein Teil derselben gebraucht wird. RG, K 1 8.

11) Für Firmenzusätze besteht ein besonderer firmenrechtlicher Schutz nicht; vom Standpunkt des Firmenrechts ist niemand behindert, den Zusatz zu wählen, den bereits eine in einer anderen Gemeinde bestehende Firma gebraucht. Gegen etwaigen Mißbrauch gewährt nicht das HGB, sondern § 16 des G gegen den Wettbewerb und § 14 des Warenzeichenges. Schutz. RG, K 3 33.

12) Der Klage des durch den Gebrauch einer Firma Verletzten steht es nicht entgegen, daß der Beklagte sich der Firma bereits bediente, ehe der Kläger den Handelsbetrieb eröffnete und für ihn die seinem Namen entsprechende Firma annahm. RG 25 1.

13) Zur Begründung der Klage aus § 37 bedarf es nicht der Darlegung eines besonderen Interesses, die Klage steht dem Berechtigten auch zu, wenn ihm durch den unbefugten Gebrauch der Firma ein Schaden nicht erwachsen ist. RG 19 21.

14) Die Strafbestimmungen für die Unterlassung der in diesem Abschnitt den Kaufleuten auferlegten Pflichten sind in den §§ 239, 240 KonkO enthalten.

diesen seine Handelsgeschäfte und die Lage seines Vermögens nach den Grundsätzen ordnungsmäßiger Buchführung ersichtlich zu machen.

Er ist verpflichtet, eine Abschrift (Kopie oder Abdruck) der abgesendeten Handelsbriefe zurückzubehalten und diese Abschriften sowie die empfangenen Handelsbriefe geordnet aufzubewahren.

§ 39. Jeder Kaufmann hat bei dem Beginne seines Handelsgewerbes seine Grundstücke, seine Forderungen und Schulden, den Betrag seines baren Geldes und seine sonstigen Vermögensgegenstände genau zu verzeichnen,[15]) dabei den Wert der einzelnen Vermögensgegenstände[16]) anzugeben und einen das Verhältnis des Vermögens und der Schulden darstellenden Abschluß zu machen.

Er hat demnächst für den Schluß eines jeden Geschäftsjahrs ein solches Inventar und eine solche Bilanz aufzustellen; die Dauer des Geschäftsjahrs darf zwölf Monate nicht überschreiten. Die Aufstellung des Inventars und die Bilanz ist innerhalb der einem ordnungsmäßigen Geschäftsgang entsprechenden Zeit zu bewirken.

Hat der Kaufmann ein Warenlager, bei dem nach der Beschaffenheit des Geschäfts die Aufnahme des Inventars nicht füglich in jedem Jahr geschehen kann, so genügt es, wenn sie alle zwei Jahre erfolgt. Die Verpflichtung zur jährlichen Aufstellung der Bilanz wird hiedurch nicht berührt.

§ 40. Die Bilanz[16a—19]) ist in Reichswährung aufzustellen.

Bei der Aufstellung des Inventars und der Bilanz sind sämtliche

---

15) Nur sein Vermögen, nicht das seiner Frau.

16) Wertpapiere müssen bei Abschluß des Geschäftsjahres in der Bilanz mit dem Werte angesetzt werden, welcher ihnen zu dieser Zeit nach dem Kursstande beizulegen ist. RGSt, K 4 30.

16a) Vgl. die Verordnung über Goldbilanzen v. 28. Dez. 1923 (RGBl S. 1253).

17) Es entspricht nicht einer richtigen Bilanz, die ausstehenden Forderungen trotz der aus der allgemeinen Beschaffenheit der Schuldverhältnisse, insbesondere der Dauer bis zur Abwicklung oder besonderer Abhängigkeit von Schuldnern in betreff ihrer Zahlungsfähigkeit von besonderen Konjunkturen, sich ergebenden Gefahren des Eintritts von Verlusten in unverkürztem Nennbetrage anzusetzen. Solche Verluste sind nicht deshalb, weil sie nur auf Grund allgemeiner Erwägungen vorausgesehen waren, als außergewöhnliche, unvorhergesehene anzusehen, welche die richtige Schätzung des Wertes des Vermögens nicht beeinflussen dürften; vielmehr muß der Kaufmann bei dem Wertsansatze auf diese Möglichkeiten Rücksicht nehmen. RG 22 158 (164).

18) Abgeschlossene, noch nicht ausgeführte Lieferungsverträge sind zu berücksichtigen; nach welchem Werte, ist nach den Verhältnissen des Falles zu beurteilen. OHG 24 71.

Vermögensgegenstände und Schulden nach dem Werte anzusetzen, der ihnen in dem Zeitpunkte beizulegen ist, für welchen die Aufstellung stattfindet.

Zweifelhafte Forderungen sind nach ihrem wahrscheinlichen Werte anzusetzen, uneinbringliche Forderungen abzuschreiben.

§ 41. Das Inventar und die Bilanz sind von dem Kaufmanne zu unterzeichnen. Sind mehrere persönlich haftende Gesellschafter vorhanden, so haben sie alle zu unterzeichnen.[19a]

Das Inventar und die Bilanz können in ein dazu bestimmtes Buch eingeschrieben oder jedesmal besonders aufgestellt werden. Im letzteren Falle sind sie zu sammeln und in zusammenhängender Reihenfolge geordnet aufzubewahren.

§ 42. Unberührt bleibt bei einem Unternehmen des Reichs, eines Bundesstaats oder eines inländischen Kommunalverbandes die Befugnis der Verwaltung, die Rechnungsabschlüsse in einer von den Vorschriften der §§ 39—41 abweichenden Weise vorzunehmen.

§ 43. Bei Führung der Handelsbücher und bei den sonst erforderlichen Aufzeichnungen hat sich der Kaufmann einer lebenden Sprache und der Schriftzeichen einer solchen zu bedienen.

Die Bücher sollen gebunden und Blatt für Blatt oder Seite für Seite mit fortlaufenden Zahlen versehen sein.

An Stellen, die der Regel nach zu beschreiben sind, dürfen keine leeren Zwischenräume gelassen werden. Der ursprüngliche Inhalt einer Eintragung darf nicht mittels Durchstreichens oder auf andere Weise unleserlich gemacht, es darf nichts radiert, auch dürfen solche Veränderungen nicht vorgenommen werden, deren Beschaffenheit es ungewiß läßt, ob sie bei der ursprünglichen Eintragung oder erst später gemacht worden sind.

§ 44. Die Kaufleute sind verpflichtet, ihre Handelsbücher bis zum Ablaufe von 10 Jahren, von dem Tage der darin vorgenommenen letzten Eintragung an gerechnet, aufzubewahren.

---

19) Die verkauften Warenvorräte sind mit dem Kaufpreis anzusetzen, wenn sie fertig sind, also keine Aufwendungen mehr erfordern, und an gute Kunden zu festen Preisen verkauft sind. RG 80 334.

19a) Der Prokurist einer Kommanditgesellschaft kann den persönlich haftenden Gesellschafter bei der Unterzeichnung der Bilanz nicht vertreten. Die Bilanz kann aber unter Umständen trotz fehlender Unterschrift als genehmigt gelten. RG 112 25.

Dasselbe gilt in Ansehung der empfangenen Handelsbriefe und der Abschriften der abgesendeten Handelsbriefe sowie in Ansehung der Inventare und Bilanzen.

§ 45. Im Laufe eines Rechtsstreits kann das Gericht auf Antrag oder von Amts wegen die Vorlegung der Handelsbücher[20—24]) einer Partei anordnen.

Die Vorschriften der Zivilprozeßordnung[25]) über die Verpflichtung des Prozeßgegners zur Vorlegung von Urkunden bleiben unberührt.

§ 46. Werden in einem Rechtsstreite Handelsbücher vorgelegt, so ist von ihrem Inhalte, soweit er den Streitpunkt betrifft, unter Zuziehung der Parteien Einsicht zu nehmen und geeignetenfalls ein Auszug zu fertigen. Der übrige Inhalt der Bücher ist dem Gericht insoweit offen zu legen, als es zur Prüfung ihrer ordnungsmäßigen Führung notwendig ist.

§ 47. Bei Vermögensauseinandersetzungen, insbesondere in Erbschafts-, Gütergemeinschafts- und Gesellschaftsteilungssachen, kann das Gericht die Vorlegung der Handelsbücher zur Kenntnisnahme von ihrem ganzen Inhalt anordnen.

5. Abschnitt. Prokura und Handlungsvollmacht.

§ 48. Die Prokura[26,27]) kann nur von dem Inhaber des Handelsgeschäfts oder seinem gesetzlichen Vertreter[27a]) und nur mittels ausdrücklicher Erklärung erteilt werden.[28—31])

---

20) Nicht bloß Bücher, die nach gesetzlicher Vorschrift von einem Kaufmann geführt werden müssen, sondern auch andere, die im Geschäftsbetriebe geführt worden sind; die Bücher werden nicht der Partei, vielmehr dem Richter vorgelegt; die Gegenpartei hat kein Recht auf Vorlegung. OHG 2 127.

21) § 45 bezieht sich nur auf die Handelsbücher eines Vollkaufmanns, nicht auf gewöhnliche Geschäftsbücher anderer Gewerbetreibenden. RG, K 4 32.

22) § 45 setzt voraus, daß Behauptungen aufgestellt sind, welche die Anordnung einer Beweisaufnahme rechtfertigen, gibt aber nicht dem Gericht die Befugnis, die Vorlegung der Bücher zu dem Zweck anzuordnen, daß der beweispflichtigen Partei Material zur Begründung ihrer Behauptung beschafft werde. RG, K 3 38.

23) Eine Partei ist zur Vorlegung von Handelsbüchern nur dann verpflichtet, wenn sie sich in deren Besitz befinden. RG, K 4 31.

24) § 45 gilt nicht nur für Handelssachen. (Ob die nachteiligen Folgen der Weigerung der Vorlegung sich nach § 427 ZPO bestimmen oder nach § 286 ZPO, ist nicht erörtert.) RG 69 20.

Die Erteilung kann an mehrere Personen gemeinschaftlich erfolgen (Gesamtprokura).[32],[33])

§ 49. Die Prokura ermächtigt zu allen Arten von gerichtlichen und außergerichtlichen Geschäften und Rechtshandlungen, die der Betrieb eines Handelsgewerbes mit sich bringt.[34])

Zur Veräußerung und Belastung von Grundstücken ist der Prokurist nur ermächtigt, wenn ihm diese Befugnis besonders erteilt ist.

§ 50. Eine Beschränkung des Umfanges der Prokura ist Dritten gegenüber unwirksam.[35])

---

25) Vgl. §§ 422ff. ZPO.

26) Die Prokura stellt sich Dritten gegenüber (allerdings) als eine sehr weitgehende Ermächtigung zur Vornahme von Rechtshandlungen dar, die vom Prinzipale nicht beschränkt werden kann, sie besagt aber nichts über die Stellung, welche der Prokurist bezüglich der Geschäftsführung im Verhältnisse zum Prinzipale einnimmt. Die Befugnis, geschäftliche Dispositionen zu treffen, kann dem Prokuristen ganz entzogen wie auch mehr oder minder eingeschränkt sein, er kann hierbei in größerer oder geringerer Abhängigkeit vom Prinzipale stehen, der Umfang der ihm durch das Gesetz gewährten Vollmacht wird dadurch nicht berührt. RG **30** 18.

27) Auf Erteilung der Prokura kann nicht geklagt werden. RG **27** 35.

27a) Erteilung der Prokura bedarf der Genehmigung des Vormundschaftsgerichtes. RG **127** 155.

28) Für eine in Liquidation befindliche Firma kann ein Prokurist nicht bestellt werden (ein solcher gilt dann als Handlungsbevollmächtigter mit allen Befugnissen eines Liquidators). OHG **13** 224; vgl. bei § 149.

29) Für eine Kommanditgesellschaft auf Aktien kann ein Prokurist bestellt werden (seitens der persönlich haftenden Mitglieder), und dieser kann die Gesellschaft auch gegenüber den Kommanditisten vertreten, z. B. OHG **9** 68.

30) Über Bestellung von Prokuristen bei Aktiengesellschaften siehe § 238, bei offenen Handelsgesellschaften § 116; bei Genossenschaften findet die Bestellung von Prokuristen oder von Handlungsbevollmächtigten zum gesamten Geschäftsbetriebe nicht statt, § 42 GenossenschaftsG v. 20. V. 98.

31) Zu vergleichen §§ 164 bis 166 BGB betreffs der Wirkung der von Vertretern und § 179 BGB bezüglich der von nicht berechtigten Vertretern abgegebenen Willenserklärungen.

32) Die Erteilung einer Prokura für eine Aktiengesellschaft in der Weise, daß der Prokurist nur in Verbindung mit einem Vorstandsmitgliede die Gesellschaft vertreten solle, ist zulässig. OHG **8** 337; vgl. § 232 Abs. 2.

33) Der Prokurist einer offenen Handelsges. kann in der Weise bestellt werden, daß er nur in Gemeinschaft mit einem vertretungsberechtigten Gesellschafter die Gesellschaft verpflichten kann. RG **40** 17.

34) Zum Verkauf des Handelsgeschäftes ist der Prokurist nicht befugt. OHG **23** 28.

35) Das Geschäft ist dem Prinzipal gegenüber nur dann nicht verbindlich, wenn die Vertretungsbefugnis mißbraucht wurde und der Dritte an der Arglist des Vertreters teil-

Dies gilt insbesondere von der Beschränkung, daß die Prokura nur für gewisse Geschäfte oder gewisse Arten von Geschäften oder nur unter gewissen Umständen oder für eine gewisse Zeit oder an einzelnen Orten ausgeübt werden soll.

Eine Beschränkung der Prokura auf den Betrieb einer von mehreren Niederlassungen des Geschäftsinhabers ist Dritten gegenüber nur wirksam, wenn die Niederlassungen unter verschiedenen Firmen betrieben werden. Eine Verschiedenheit der Firmen im Sinne dieser Vorschrift wird auch dadurch begründet, daß für eine Zweigniederlassung der Firma ein Zusatz beigefügt wird, der sie als Firma der Zweigniederlassung bezeichnet.

§ 51. Der Prokurist hat in der Weise zu zeichnen, daß er der Firma seinen Namen mit einem die Prokura andeutenden Zusatze beifügt.[36])

§ 52. Die Prokura ist ohne Rücksicht auf das der Erteilung zugrunde liegende Rechtsverhältnis jederzeit widerruflich, unbeschadet des Anspruchs auf die vertragsmäßige Vergütung.

Die Prokura ist nicht übertragbar.

Die Prokura erlischt nicht durch den Tod des Inhabers des Handelsgeschäfts.

§ 53. Die Erteilung der Prokura ist von dem Inhaber des Handelsgeschäfts zur Eintragung in das Handelsregister anzumelden.[37]) Ist die Prokura als Gesamtprokura erteilt, so muß auch dies zur Eintragung angemeldet werden.

Der Prokurist hat die Firma nebst seiner Namensunterschrift zur Aufbewahrung bei dem Gerichte zu zeichnen.

Das Erlöschen der Prokura ist in gleicher Weise wie die Erteilung zur Eintragung anzumelden.

§ 54. Ist jemand ohne Erteilung der Prokura zum Betrieb eines Handelsgewerbes oder zur Vornahme einer bestimmten zu einem Han-

---

genommen, d. h. absichtlich zum Nachteil des Prinzipals mit ihm zusammengewirkt hat. RG **9** 148.

36) §§ 51 und 57 enthalten nur Ordnungsvorschriften; wenn der Name der Firma geschrieben wird, gilt der Vertrag (ebenso, wenn sonst ein Bevollmächtigter nur den Namen des Machtgebers schreibt), auch wenn die Firma mit Beifügung des das Prokuraverhältnis andeutenden Vermerks p.p., aber ohne Beifügung des Namens des Prokuristen geschrieben wird. Diese Regel gilt auch bei Wechseln. OHG **18** 99.

37) Ist irrtümlich eine Person als Prokurist eingetragen worden, welche nicht als solche angemeldet worden, so haftet der Inhaber nicht. OHG **23** 285.

delsgewerbe gehörigen Art von Geschäften oder zur Vornahme einzelner zu einem Handelsgewerbe gehöriger Geschäfte ermächtigt,[38—41]) so erstreckt sich die Vollmacht (Handlungsvollmacht) auf alle Geschäfte und Rechtshandlungen, die der Betrieb eines derartigen Handelsgewerbes oder die Vornahme derartiger Geschäfte gewöhnlich mit sich bringt.[42],[43])

Zur Veräußerung oder Belastung von Grundstücken, zur Eingehung von Wechselverbindlichkeiten,[44]) zur Aufnahme von Darlehen und zur Prozeßführung ist der Handlungsbevollmächtigte nur ermächtigt, wenn ihm eine solche Befugnis besonders erteilt ist.[45],[46])

---

38) Gesamtprokura erhält nicht ohne weiteres Einzelhandlungsvollmacht. RG **90** 299.

39) Über die Vollmacht des Versicherungsagenten vgl. RG **86** 128, **88** 231.

40) Die Bestellung zum Bevollmächtigten braucht nicht ausdrücklich zu sein, sie kann stillschweigend (durch tatsächliche Übertragung der Geschäftsleitung) geschehen. OHG **12** 277. — Läßt es ein Kaufmann zu, daß jemand sich als Handlungsbevollmächtigter geriert, so ist darin in Ermangelung besonderer Umstände eine stillschweigende Bestellung desselben zum Handlungsbevollmächtigten zu finden. RG **1** 8. Wer einen Angestellten die Geschäftsbriefe, die Verhandlungen über den Abschluß von Geschäften betreffen, namens der Firma schreiben und unterzeichnen läßt, gibt damit kund, daß der Briefschreiber zur Führung dieser Verhandlungen berechtigt ist. RG **100** 49. Benutzt ein Angestellter ohne Handlungsvollmacht Postkarten mit gedruckter Firma des Inhabers, so ist dieser an ihren Inhalt gebunden, er kann nur gemäß § 119 BGB anfechten. RG **105** 185.

41) Die Begriffe „Handlungsbevollmächtigter" und „Handlungsgehilfe" schließen einander so wenig aus, daß vielmehr in der Regel dieselbe Person zugleich Handlungsbevollmächtigter und Handlungsgehilfe ist. Ersteres nach außen, letzteres gegenüber dem Prinzipal. OHG **7** 298.

42) Welchen Umfang eine Handlungsvollmacht mit Rücksicht auf das im Verkehr Gewöhnliche im Einzelfalle hat, ist eine — unter Umständen nach Einholung eines Sachverständigengutachtens zu entscheidende — Tatsache. RG, **R 4** 34.

43) Der Schalterbeamte einer Großbank ist zum Abschluß der üblichen Geschäfte mit den Kunden ermächtigt. RG **86** 89. Depositenkassen-Vorsteher einer Großbank in Berlin sind stillschweigend im allgemeinen zu bankmäßigen Geschäften ermächtigt. RG **118** 234.

44) Auch Giro, nicht nur Akzept. RG **117** 167.

45) Läßt der Inhaber Jahre hindurch wissentlich geschehen, daß ein Handlungsbevollmächtigter unter der Firma, in dem vom Bevollmächtigten geleiteten Betriebe Wechsel zeichnet, so liegt hierin Ermächtigung zur Wechselzeichnung. RG, **R 2** 32, **117**, 165. Als Erteilung einer Vollmacht zur Eingehung von Wechselverbindlichkeiten ist auch dauernde Einlösung von Wechseln anzusehen. RG **119** 204.

46) Generalvollmacht zur Vornahme „aller Rechtshandlungen ohne Ausnahme" ermächtigt zur Wechselzeichnung, jedenfalls wenn Vollmachtgeber und Bevollmächtigter Kaufleute sind. RG **76** 203. Auch eine Generalhandlungsvollmacht schließt nicht notwendig die Ermächtigung zur Eingehung von Wechselverbindlichkeiten in sich. RG **117** 165.

Sonstige Beschränkungen der Handlungsvollmacht braucht ein Dritter nur dann gegen sich gelten zu lassen, wenn er sie kannte oder kennen mußte.[47—49])

§ 55. Die Vorschriften des § 54 finden auch auf Handlungsbevollmächtigte Anwendung, die als Handlungsreisende[49—51]) zur Vornahme von Geschäften an Orten verwendet werden, an denen sich eine Niederlassung des Geschäftsinhabers nicht befindet.

Die Reisenden gelten insbesondere für ermächtigt, den Kaufpreis aus den von ihnen abgeschlossenen Verkäufen einzuziehen und dafür Zahlungsfristen zu bewilligen.

Die Anzeige von Mängeln einer Ware, die Erklärung, daß eine Ware zur Verfügung gestellt werde, sowie andere Erklärungen solcher Art können dem anwesenden Reisenden gegenüber abgegeben werden.

§ 56. Wer in einem Laden oder in einem offenen Warenlager angestellt ist,[52]) gilt als ermächtigt zu Verkäufen und Empfangnahmen,

47) Die Frage, ob ein Kaufmann einem seiner Angestellten Vollmacht zur Vornahme von Rechtsgeschäften erteilt hat, und der Umfang der Vollmacht muß nach dem in die äußere Erscheinung getretenen Verhalten des Kaufmanns beurteilt werden. RG **65** 292. Es kommt darauf an, wie das Verhalten des Vertretenen gegenüber den Handlungen des Vertreters von dem Dritten aufgefaßt werden mußte. RG **117** 165.

48) Der mit einem Handlungsbevollmächtigten Verhandelnde darf, wenn keine besonderen Verdachtsgründe vorliegen, ihm trauen hinsichtlich seiner wörtlich oder tatsächlich ausgesprochenen Angaben über den Umfang seiner Vollmacht; einen Mißbrauch seitens des Bevollmächtigten muß im Zweifel der Prinzipal vertreten. OHG **10** 142.

49) Der Vollmachtgeber muß Beschränkungen der Vollmacht, sei es allgemein, sei es dem betreffenden Kontrahenten kund machen; wenn er Waren, welche von dem Bevollmächtigten bestellt ihm zugesendet wurden, bezahlt, ohne zu erwähnen, daß der Bevollm. zu solchen Bestellungen nicht ermächtigt sei, so begründet dies Verhalten die Haftung für die vom Bevollm. abgeschlossenen Käufe. OHG **10** 143.

49a) In § 55 ist nichts darüber gesagt, ob der Reisende Abschlußvollmacht hat oder nicht, in dieser Beziehung richtet sich der Umfang seiner Vertretungsmacht nach dem in § 54 Bestimmten, hängt also davon ab, ob und in welchem Umfang er im allgemeinen zum Abschluß oder nur zur Vermittlung von Geschäften ermächtigt ist. RG **97** 1.

50) Auch die besondere finanzielle Tragweite eines Geschäfts kann es als außerhalb des von einem Handlungsreisenden verwalteten Geschäftskreises und damit außerhalb der Handlungsvollmacht des Reisenden liegend erscheinen lassen. RG **52** 89.

51) Der Reisende haftet dem Prinzipal für die durch verzögerte oder unvollständige oder unrichtige Mitteilung der Bedingungen eines von ihm abgeschlossenen Vertrages verursachten Schäden; dahin gehören auch die Kosten eines vom Prinzipal infolge jener unrichtigen Mitteilung unnötig angestrengten und verlorenen Prozesses. OHG **11** 93.

52) Ein Stand in einem Ausstellungsgebäude kann unter Umständen als Laden oder offenes Warenlager angesehen werden, wenn die Aussteller die Ausstellung zugleich als

die in einem derartigen Laden oder Warenlager gewöhnlich geschehen.

§ 57. Der Handlungsbevollmächtigte hat sich bei der Zeichnung jedes eine Prokura andeutenden Zusatzes zu enthalten; er hat mit einem das Vollmachtsverhältnis ausdrückenden Zusatze zu zeichnen.

§ 58. Der Handlungsbevollmächtigte kann ohne Zustimmung des Inhabers des Handelsgeschäfts seine Handlungsvollmacht auf einen anderen nicht übertragen.

6. Abschnitt.[53—55] Handlungsgehilfen und Handlungslehrlinge.

§ 59. Wer in einem Handelsgewerbe zur Leistung kaufmännischer Dienste gegen Entgelt angestellt ist (Handlungsgehilfe),[56—59] hat, soweit nicht besondere Vereinbarungen über die Art und den Umfang seiner Dienstleistungen oder über die ihm zukommende Vergütung getroffen sind, die dem Ortsgebrauch entsprechenden Dienste zu leisten

---

günstige Verkaufsgelegenheit betrachten und ihren Stand als offene Verkaufsstelle benutzen. RG 60 307. Das Geschäft braucht nicht im Laden selbst abgeschlossen zu werden, wenn es nur in ihm angebahnt war. Der Kontorist gilt nicht als angestellt im Sinne dieser Vorschrift, es sei denn, daß er mit Wissen und Willen des Geschäftsherrn auch im Laden tätig ist. RG 108 49. Der den Fernsprecher bedienende Angestellte ist nur befugt, Erklärungen entgegenzunehmen, nicht aber solche abzugeben. JW 1925 S 611 Nr. 15.

53) Soweit dieser Abschnitt nicht Bestimmungen trifft, finden die Vorschriften des BGB über den Dienstvertrag §§ 611 ff. Anwendung. Betreffs der Haftung des Prinzipals vgl. §§ 278, 831 BGB.

54) Zur Entscheidung von Streitigkeiten aus dem Dienst- oder Lehrverhältnisse zwischen Kaufleuten einerseits und ihren Handlungsgehilfen oder Handlungslehrlingen andererseits sind die Arbeitsgerichte, gemäß dem unter Nr. 4 abgedruckten G v. 23. XII. 26 zuständig.

55) Über die Begriffe Handlungsgehilfe und Handlungsbevollmächtigter vgl. § 54 Anm. 41.

56) Handlungsgehilfe ist nur derjenige Gewerbegehilfe, welcher einem Kaufmann bei dem Betriebe des Handelsgewerbes kaufmännische Dienste leistet, OHG 17 307, wie dieser Begriff im gewöhnlichen Leben verstanden wird; daß die Dienste im Betriebe des Handelsgewerbes geleistet werden, macht sie noch nicht zu kaufmännischen. RG 1 268.

57) Gehilfen, welche bei der Be- oder Verarbeitung der Ware durch technische Dienstleistung tätig sind, gehören nicht dazu, z. B. Koch eines Restaurateurs, OHG 10 298; ebenso nicht Kellner, auch nicht Oberkellner. OHG 24 270.

58) Der Handlungsgehilfe ist nicht Kaufmann. RG, K 3 1.

59) Wie jemand zugleich ein Handelsgeschäft und daneben ein von diesem unabhängiges Gewerbe betreiben kann, so kann jemand auch gleichzeitig in zwei Geschäften,

sowie die dem Ortsgebrauch entsprechende Vergütung zu beanspruchen. In Ermangelung eines Ortsgebrauchs gelten die den Umständen nach angemessenen Leistungen als vereinbart.

§ 60. Der Handlungsgehilfe darf ohne Einwilligung des Prinzipals weder ein Handelsgewerbe betreiben noch in dem Handelszweige[59a] des Prinzipals für eigene oder fremde Rechnung Geschäfte machen.

Die Einwilligung zum Betriebe eines Handelsgewerbes gilt als erteilt, wenn dem Prinzipal bei der Anstellung des Gehilfen bekannt ist, daß er das Gewerbe betreibt, und der Prinzipal die Aufgabe des Betriebs nicht ausdrücklich vereinbart.

§ 61. Verletzt der Handlungsgehilfe die ihm nach § 60 obliegende Verpflichtung,[60] so kann der Prinzipal Schadensersatz fordern;[61,62] er kann statt dessen verlangen, daß der Handlungsgehilfe die für eigene Rechnung gemachten Geschäfte als für Rechnung des Prinzipals eingegangen gelten lasse und die aus Geschäften für fremde Rechnung bezogene Vergütung herausgebe oder seinen Anspruch auf die Vergütung abtrete.

---

z. B. vormittags in dem Handelsgeschäft eines Kaufmanns, nachmittags in dem Gewerbebetrieb eines Nichtkaufmanns Dienste leisten; in letzterem Geschäft ist er Gewerbegehilfe, in ersterem Handlungsgehilfe. In Rechtsstreitigkeiten, die zu seiner Stellung im Handelsgeschäft in Beziehung stehen, untersteht er dem Kaufmannsgericht; in Rechtsstreitigkeiten aus seiner Stellung als Gewerbegehilfe dem Gewerbegerichte. Es macht darin auch keinen Unterschied, wenn die beiden Gewerbe von einer und derselben Person betrieben werden. Entscheidend ist dann, in welchem Gewerbe der Angestellte in der Hauptsache beschäftigt ist. RG **63** 200 (202).

59a) Es kommt darauf an, welchen Handelszweig der Prinzipal tatsächlich betreibt, nicht auf die abstrakt mögliche Art des Geschäftsbetriebes. RG **109** 356. Die Einwilligung kann auch stillschweigend gegeben werden, ist aber nicht ohne weiteres schon darin zu finden, daß der Prinzipal unter dem Einfluß der Zeitverhältnisse gegen mißbräuchliche Handlungen der Angestellten nicht in der Weise einschritt, wie unter normalen Verhältnissen geschehen wäre, z. B. Spekulieren von Bankangestellten in der Nachkriegszeit. Daselbst S. 357.

60) Auch wenn der Handlungsgehilfe mit dem Prinzipal selbst ohne dessen Wissen (unter fingiertem Namen) Geschäfte gemacht hat. RG **45** 31.

61) Der Prinzipal kann auf Grund des § 611 BGB für die Dauer des Dienstverhältnisses gegen den Handlungsgehilfen, der unbefugt in den Dienst eines Dritten tritt, auf Unterlassung der Leistung von Diensten für den anderen Prinzipal klagen. RG **67** 3.

62) Wenn der Handlungsgehilfe ohne Einwilligung des Prinzipals einer offenen Handelsgesellschaft beitritt, hat dieser keinen Anspruch auf Herausgabe des Gewinnes, den dieser aus den von der Gesellschaft abgeschlossenen Geschäften erzielt hat. RG **73** 423.

Die Ansprüche verjähren[63]) in drei Monaten von dem Zeitpunkt an, in welchem der Prinzipal Kenntnis von dem Abschlusse des Geschäfts erlangt; sie verjähren ohne Rücksicht auf diese Kenntnis in fünf Jahren von dem Abschlusse des Geschäfts an.

§ 62. Der Prinzipal ist verpflichtet, die Geschäftsräume und die für den Geschäftsbetrieb bestimmten Vorrichtungen und Gerätschaften so einzurichten und zu unterhalten, auch den Geschäftsbetrieb und die Arbeitszeit so zu regeln, daß der Handlungsgehilfe gegen eine Gefährdung seiner Gesundheit, soweit die Natur des Betriebs es gestattet, geschützt und die Aufrechterhaltung der guten Sitten und des Anstandes gesichert ist.

Ist der Handlungsgehilfe in die häusliche Gemeinschaft genommen, so hat der Prinzipal in Ansehung des Wohn- und Schlafraums, der Verpflegung sowie der Arbeits- und Erholungszeit diejenigen Einrichtungen und Anordnungen zu treffen, welche mit Rücksicht auf die Gesundheit, die Sittlichkeit und die Religion des Handlungsgehilfen erforderlich sind.

Erfüllt der Prinzipal die ihm in Ansehung des Lebens und der Gesundheit des Handlungsgehilfen obliegenden Verpflichtungen[64]) nicht, so finden auf seine Verpflichtung zum Schadensersatze die für unerlaubte Handlungen geltenden Vorschriften der §§ 842—846 des Bürgerlichen Gesetzbuchs entsprechende Anwendung.[65])

Die dem Prinzipal hiernach obliegenden Verpflichtungen können nicht im voraus durch Vertrag aufgehoben oder beschränkt werden.

§ 63. Wird der Handlungsgehilfe durch unverschuldetes Unglück an der Leistung der Dienste verhindert, so behält er seinen Anspruch auf Gehalt und Unterhalt, jedoch nicht über die Dauer von sechs Wochen hinaus.[66])

---

63) Die Verjährung kommt auch für den Anspruch auf Unterlassung eigenen Gewerbebetriebes zur Anwendung, die Frist läuft von dem Zeitpunkt ab, in dem der Prinzipal Kenntnis erhalten hat. RG **63** 252.

64) Die Pflichten des Prinzipals beziehen sich auch auf den Schutz gegen Gefahr für Leib und Le ben bei Bränden in den Geschäftsräumen. RG, R 4 42.

65) § 278 BGB (Verantwortlichkeit für gesetzliche Vertreter und Erfüllungsgehilfen) findet Anwendung. RG 77 410.

66) Der § 63 setzt das Bestehen des Vertrages voraus und stellt keineswegs den allgemeinen Satz auf, daß der Prinzipal seinem erkrankten Gehilfen sechs Wochen lang Gehalt und Unterhalt zu gewähren habe; sobald das Dienstverhältnis endigt, fällt de

Der Handlungsgehilfe ist nicht verpflichtet, sich den Betrag anrechnen zu lassen, der ihm für die Zeit der Verhinderung aus einer Kranken- und Unfallversicherung zukommt. Eine Vereinbarung, welcher dieser Vorschrift[67]) zuwiderläuft, ist nichtig.

§ 64. Die Zahlung des dem Handlungsgehilfen zukommenden Gehalts hat am Schlusse jedes Monats zu erfolgen. Eine Vereinbarung, nach der die Zahlung des Gehalts später erfolgen soll, ist nichtig.

§ 65. Ist bedungen, daß der Handlungsgehilfe für Geschäfte, die von ihm geschlossen oder vermittelt werden, Provision[68]) erhalten solle, so finden die für die Handlungsagenten geltenden Vorschriften des § 88 und des § 91 Satz 1 Anwendung.

§ 66. Das Dienstverhältnis zwischen dem Prinzipal und dem Handlungsgehilfen kann, wenn es für unbestimmte Zeit eingegangen ist, von jedem Teile für den Schluß eines Kalendervierteljahrs unter Einhaltung einer Kündigungsfrist von sechs Wochen gekündigt werden.[69])

§ 67. Wird durch Vertrag eine kürzere oder längere Kündigungsfrist bedungen, so muß sie für beide Teile gleich sein; sie darf nicht weniger als einen Monat betragen.

Die Kündigung kann nur für den Schluß eines Kalendermonats zugelassen werden.

Anspruch weg. Ob der Vertrag durch Ablauf der vereinbarten festbestimmten Vertragszeit, ob durch erfolgte Kündigung endet und ob dabei eine längere oder kürzere Kündigungsfrist vertragsmäßig ausgemacht ist, ist gleichgültig. RG 48 180.

67) Ob eine Vereinbarung, welche der Vorschrift des Abs. 1 zuwiderläuft, ebenfalls nichtig ist, ist bestritten; nach dem klaren Wortlaut des Gesetzes ist eine solche Vereinbarung nicht für nichtig erklärt; so widerspruchsvoll dies auch bei dem Verbot des Absatzes 2 scheinen mag, so gibt meiner Ansicht nach ein solcher Widerspruch nicht das Recht, eine wünschenswerte, jedoch nicht vorhandene Vorschrift für vorhanden zu erklären. RG, K 5 52: „Zu einer Korrektur des Gesetzes ist das Gericht nicht berufen.“ In dem KGBl 05 8 führt Jastrow aus, daß das Gesetz das Ausbedingen größeren, aber von vornherein in seiner Tragweite zu übersehenden Nachteils gestatten, dagegen des geringeren vom Handlungsgehilfen nicht sofort zu übersehenden verbieten will. Ebenso HGBl 11 73.

68) Die Zusicherung einer Quote des Reingewinns ändert in dem Dienstverhältnisse nichts; dem Kommis steht ein Einfluß oder eine Stimme bei der Leitung der Geschäfte nicht zu, und er muß den Anordnungen des Herrn Folge leisten, er darf zwar die Bilanz prüfen und dazu die Geschäftsbücher, Papiere und die Inventare einsehen, hat aber kein Recht darauf, daß ihm eine förmliche Rechnung gelegt werde. OHG 1 195.

69) Zu § 66 vgl. das Ges. v. 9. VII. 26 (RGBl S. 399) über die Fristen für die Kündigung von Angestellten:

Die Vorschriften des Abs. 1 finden auch in dem Falle Anwendung, wenn das Dienstverhältnis für bestimmte Zeit mit der Vereinbarung eingegangen wird, daß es in Ermangelung einer vor dem Ablaufe der Vertragszeit erfolgten Kündigung als verlängert gelten soll.

Eine Vereinbarung, die diesen Vorschriften zuwiderläuft, ist nichtig.[70])

§ 68. Die Vorschriften des § 67 finden keine Anwendung, wenn der Handlungsgehilfe einen Gehalt von mindestens 30 Millionen Mark[70a]) für das Jahr bezieht.

Gesetz über die Fristen für die Kündigung von Angestellten.
Vom 9. Juli 1926.
(RGBl 1926 I S. 399.)

§ 1. Die Vorschriften dieses Gesetzes finden Anwendung auf Angestellte, die nach § 1 des Versicherungsgesetzes für Angestellte versicherungspflichtig sind oder sein würden, wenn ihr Jahresarbeitsverdienst die Gehaltsgrenze nach § 3 des Versicherungsgesetzes für Angestellte nicht überstiege.

§ 2. Ein Arbeitgeber, der in der Regel mehr als zwei Angestellte, ausschließlich der Lehrlinge, beschäftigt, darf einem Angestellten, den er oder, im Falle einer Rechtsnachfolge er und seine Rechtsvorgänger mindestens fünf Jahre beschäftigt haben, nur mit mindestens drei Monaten Frist für den Schluß eines Kalendervierteljahrs kündigen. Die Kündigungsfrist erhöht sich nach einer Beschäftigungsdauer von acht Jahren auf vier Monate, nach einer Beschäftigungsdauer von zehn Jahren auf fünf Monate und nach einer Beschäftigungsdauer von zwölf Jahren auf sechs Monate. Bei der Berechnung der Beschäftigungsdauer werden Dienstjahre, die vor Vollendung des fünfundzwanzigsten Lebensjahrs liegen, nicht berücksichtigt.

Die nach Abs. 1 eintretende Verlängerung der Kündigungsfrist des Arbeitgebers gegenüber dem Angestellten berührt eine vertraglich bedungene Kündigungsfrist des Angestellten gegenüber dem Arbeitgeber nicht.

Unberührt bleiben die Bestimmungen über fristlose Kündigung.

§ 3. Kündigungen, die zwischen dem 15. Mai 1926 und dem Inkrafttreten dieses Gesetzes mit kürzerer als der im § 2 Abs. 1 vorgesehenen Frist ausgesprochen sind, gelten als mit dieser Frist erfolgt.

70) Die in Abs. 4 verordnete Nichtigkeit abweichender Vereinbarungen ergreift nur die zuungunsten des Handlungsgehilfen getroffenen Abreden. RG 68 317.

70a) Die Gehaltsgrenze ist geändert durch Verordnung vom 23. Okt. 1923 (RGBl S. 990), deren wesentlicher Inhalt lautet:

§ 1.

Die in den §§ 68 Abs. 1, 74a Abs. 2 Satz 1, 75b Satz 2 des Handelsgesetzbuchs und im § 133a, b Abs. 1 der Gewerbeordnung als Gehaltsgrenzen vorgesehenen festen Geldbeträge werden durch Grundzahlen (§ 2) ersetzt, die mit der jeweiligen Teuerungszahl (§ 3) vervielfacht werden.

§ 2.

Die Grundzahlen betragen

1. in den Fällen des § 68 des Handelsgesetzbuchs und des § 133a, b der Gewerbeordnung fünftausend Mark;

Sie bleiben ferner außer Anwendung, wenn der Handlungsgehilfe für eine außereuropäische Handelsniederlassung angenommen ist und nach dem Vertrage der Prinzipal für den Fall, daß er das Dienstverhältnis kündigt, die Kosten der Rückreise des Handlungsgehilfen zu tragen hat.

§ 69. Wird ein Handlungsgehilfe nur zu vorübergehender Aushilfe angenommen, so finden die Vorschriften des § 67 keine Anwendung, es sei denn, daß das Dienstverhältnis über die Zeit von drei Monaten hinaus fortgesetzt wird. Die Kündigungsfrist muß jedoch auch in einem solchen Falle für beide Teile gleich sein.

§ 70. Das Dienstverhältnis kann von jedem Teile ohne Einhaltung einer Kündigungsfrist gekündigt werden, wenn ein wichtiger Grund vorliegt.

---

2. im Falle des § 74a des Handelsgesetzbuchs fünfzehnhundert Mark;
3. im Falle des § 75b des Handelsgesetzbuchs achttausend Mark.

§ 3.

Als Teuerungszahl gilt die Reichsindexziffer für die Lebenshaltungskosten, die von dem Statistischen Reichsamt für die dem maßgebenden Zeitpunkt vorangegangene Kalenderwoche veröffentlicht ist. Die Teuerungszahlen werden auf volle Zehntausende nach unten abgerundet.

§ 4.

Die Verordnung tritt mit dem auf die Verkündung folgenden Tage in Kraft.

Die Vorschriften der §§ 1, 2, 3 finden auch auf die vor dem Inkrafttreten dieser Verordnung vereinbarten Kündigungsbedingungen und Wettbewerbsverbote Anwendung.

Kündigungen werden nach den bisherigen Vorschriften beurteilt, wenn sie vor dem Beginne des dem Inkrafttreten dieser Verordnung vorangegangenen Kalendermonats erklärt sind oder die Kündigungsfrist vor dem Inkrafttreten dieser Verordnung bereits abgelaufen war.

Die Wirksamkeit von Wettbewerbsverboten wird durch die Vorschrift des § 1 in Verbindung mit § 2 Ziffer 2 dieser Verordnung nicht berührt, falls sich der Prinzipal vor dem Ablauf von drei Monaten seit dem Inkrafttreten dieser Verordnung schriftlich erbietet, für die Zeit nach dem Inkrafttreten dieser Verordnung die dem Handlungsgehilfen zustehenden jährlichen vertragsmäßigen Leistungen auf einen durch Vervielfachung der Grundzahl von fünfzehnhundert Mark mit der Teuerungszahl errechneten Betrag sowie die im § 74 Abs. 2 des Handelsgesetzbuchs vorgeschriebene Entschädigung entsprechend zu erhöhen. Das gleiche gilt für die Vorschrift des § 1 in Verbindung mit § 2 Ziffer 3 der Verordnung, falls sich der Prinzipal innerhalb derselben Frist schriftlich erbietet, für die Zeit nach dem Inkrafttreten dieser Verordnung die jährlichen vertragsmäßigen Leistungen auf einen durch Vervielfachung der Grundzahl von achttausend Mark mit der Teuerungszahl errechneten Betrag zu erhöhen oder die im § 74 Abs. 2 des Handelsgesetzbuchs vorgeschriebene Entschädigung zu zahlen.

Wird die Kündigung durch vertragswidriges Verhalten des anderen Teiles veranlaßt, so ist dieser zum Ersatze des durch die Aufhebung des Dienstverhältnisses entstehenden Schadens verpflichtet.

§ 71. Als ein wichtiger Grund, der den Handlungsgehilfen zur Kündigung ohne Einhaltung einer Kündigungsfrist berechtigt,[71], [72]) ist es, sofern nicht besondere Umstände eine andere Beurteilung rechtfertigen, namentlich[73]) anzusehen:[74—76])

1. wenn der Handlungsgehilfe zur Fortsetzung seiner Dienste unfähig wird;
2. wenn der Prinzipal den Gehalt oder den gebührenden Unterhalt nicht gewährt;
3. wenn der Prinzipal den ihm nach § 62 obliegenden Verpflichtungen nachzukommen verweigert;
4. wenn sich der Prinzipal Tätlichkeiten, erhebliche Ehrverletzungen oder unsittliche Zumutungen gegen den Handlungsgehilfen zuschulden kommen läßt oder es verweigert, den Handlungsgehilfen gegen solche Handlungen eines anderen Angestellten oder eines Familienangehörigen des Prinzipals zu schützen.

§ 72. Als ein wichtiger Grund, der den Prinzipal zur Kündigung

---

71) Der Anspruch des Handlungsgehilfen auf Entschädigung besteht in der Forderung des Gehalts; den Einwand, daß der Schaden dadurch beseitigt sei, daß Kläger sich anderweiten Erwerb verschafft habe, muß der Beklagte (Geschäftsherr) dartun. OHG 17 220.

72) Um auf Gehaltszahlung klagen zu können, braucht der Kommis nach der Entlassung dem Prinzipal nicht erst seine ferneren Dienste anbieten. OHG. 2 284.

73) Die im § 71 angegebenen Gründe sind nur einzelne Beispiele, die dem richterlichen Ermessen einen Anhalt geben, nicht aber eine Grenze ziehen sollen. Leitend bleibt das Prinzip des § 70, daß das Ermessen des Richters nach den einzelnen Fällen entscheide. OHG 4 398.

74) Ob bei einem Dienst- resp. Handlungsgehilfen-Engagementsvertrage der Bedienstete das Dienstverhältnis dem Geschäftserwerber gegenüber fortsetzen muß, sofern der Erwerber das Geschäft unter früherer Firma im alten Umfang fortführt, muß nach der Lage des einzelnen Falles beurteilt werden. OHG 18 370 (374).

75) Dadurch allein, daß der Handlungsgehilfe nach der Übernahme des Geschäftes mit der Leistung seiner Dienste fortfährt, wird der Veräußerer von seiner Vertragsverpflichtung dem Gehilfen gegenüber noch nicht befreit. RG 36 50.

76) Eine Feststellungsklage des Prinzipals, daß er berechtigt sei, den Handlungsgehilfen vorzeitig zu entlassen, ist, solange die Entlassung nicht ausgesprochen ist, unzulässig. RG, K 3 49.

ohne Einhaltung einer Kündigungsfrist berechtigt,[77—82]) ist es, sofern nicht besondere Umstände eine andere Beurteilung rechtfertigen, namentlich anzusehen:

1. wenn der Handlungsgehilfe im Dienste untreu ist oder das Vertrauen mißbraucht oder die ihm nach § 60 obliegende Verpflichtung verletzt;
2. wenn er seinen Dienst während einer den Umständen nach erheblichen Zeit unbefugt verläßt oder sich beharrlich weigert, seinen Dienstverpflichtungen nachzukommen;
3. wenn er durch anhaltende Krankheit, durch eine längere Freiheitsstrafe oder Abwesenheit oder durch eine die Zeit von acht Wochen übersteigende militärische Dienstleistung an der Verrichtung seiner Dienste verhindert wird;
4. wenn er sich Tätlichkeiten oder erhebliche Ehrverletzungen gegen den Prinzipal oder dessen Vertreter zuschulden kommen läßt.

Erfolgt die Kündigung, weil der Handlungsgehilfe durch unverschuldetes Unglück längere Zeit an der Verrichtung seiner Dienste verhindert ist, so wird dadurch der im § 63 bezeichnete Anspruch des Gehilfen nicht berührt.

§ 73. Bei der Beendigung des Dienstverhältnisses kann der Hand-

---

77) Im Prozesse über die vorzeitige Entlassung dürfen Gründe geltend gemacht werden, welche bei der Entlassung nicht ausdrücklich angegeben worden sind, OHG 21 252, auch später erst dem Dienstherrn bekannt gewordene, sogar solche, die sich erst nach der Entlassung ereignet haben. RG 88 128.

78) In der Eröffnung des Konkurses über das Vermögen des technischen Direktors einer bedeutenden Fabrik kann ein Entlassungsgrund gefunden werden, OHG 18 24; ein Kommis, der sich verpflichtet hat, bei Aufnahme von Aufträgen solide zu Werke zu gehen, und Bestellungen als feste überschreibt, die keine solchen sind, darf entlassen werden. OHG 21 393.

79) Auch die wirtschaftlichen Folgen der fristlosen Kündigung sind zu berücksichtigen. RG 94 166.

80) Eine Kompensation mit gegenseitigem Verschulden kennt das Gesetz nicht. Ein Verschulden des Handlungsgehilfen ist nur insoweit für seine Rechte aus einem Verschulden des Prinzipals von Erheblichkeit, als etwa dadurch das Verschulden des Prinzipals entschuldigt und insoweit beseitigt wird. RG 56 372.

81) Ein entlassener Angestellter darf den Wiedereintritt ablehnen, wenn er ihm ohne Unbilligkeit nicht zugemutet werden kann. RG 4 49.

82) Der unzeitig entlassene Angestellte hat sich nur das anrechnen zu lassen, was er durch den Teil seiner Arbeitskraft, welchen er dem Dienstherrn zur Verfügung zu stellen hatte, erwirbt. RG, R 4 47.

lungsgehilfe ein schriftliches Zeugnis über die Art und Dauer der Beschäftigung fordern. Das Zeugnis ist auf Verlangen des Handlungsgehilfen auch auf die Führung und die Leistungen auszudehnen.

Auf Antrag des Handlungsgehilfen hat die Ortspolizeibehörde das Zeugnis kosten- und stempelfrei zu beglaubigen.

§ 74.[83]) Eine Vereinbarung zwischen dem Prinzipal und Handlungsgehilfen,[84]) die den Gehilfen für die Zeit nach Beendigung[85]) des Dienstverhältnisses in seiner gewerblichen Tätigkeit beschränkt (Wettbewerbverbot), bedarf der Schriftform und der Aushändigung einer vom Prinzipal unterzeichneten, die vereinbarten Bestimmungen enthaltenden Urkunde an den Gehilfen.

Das Wettbewerbverbot ist nur verbindlich, wenn sich der Prinzipal verpflichtet, für die Dauer des Verbots eine Entschädigung zu zahlen, die für jedes Jahr des Verbots mindestens die Hälfte der von dem Handlungsgehilfen zuletzt bezogenen vertragsmäßigen Leistungen erreicht.[86])

§ 74a. Das Wettbewerbverbot ist insoweit unverbindlich, als es nicht zum Schutze eines berechtigten geschäftlichen Interesses des Prinzipals dient. Es ist ferner unverbindlich, soweit es unter Berücksichtigung der gewährten Entschädigung nach Ort, Zeit oder Gegenstand eine unbillige Erschwerung des Fortkommens des Gehilfen enthält.[87],[88]) Das

---

83) An Stelle der früheren §§ 74, 75 und 76 Abs. 1 sind nach dem Gesetz vom 10. VI. 1914 (RGBl S. 209) die folgenden getreten.

84) Eine analoge Anwendung der für die Handlungsgehilfen gegebenen Bestimmungen auf das Konkurrenzverbot zwischen selbständigen Kaufleuten ist unstatthaft. RG, K 2 42. Die Bestimmungen sind dagegen auch anwendbar, wenn ein Kaufmann sein Handelsgeschäft veräußert und gleichzeitig zum Erwerber in ein Angestelltenverhältnis tritt. RG **101** 375.

85) § 74 ist nicht anwendbar auf einen Vertrag zwischen dem Kaufmann und dem Handlungsgehilfen, in welchem das Dienstverhältnis aufgelöst und dem Handlungsgehilfen ein Wettbewerbsverbot auferlegt wird. RG **67** 333.

86) Prinzip der bezahlten Karenzzeit.

87) Auch ein örtlich unbeschränktes Verbot kann doch gegenständlich derart begrenzt sein, daß die Erschwerung nicht unbillig erscheint. RG, K 4 51.

88) Eine unzulässig beschränkende Vereinbarung liegt auch vor, wenn die auferlegte Verpflichtung zur Geheimhaltung der Fabrikationsgeheimnisse des bisherigen Prinzipals die Erlangung einer anderen Stellung oder Gründung selbständiger Existenz wesentlich erschwert. RG, K 4 52.

Verbot kann nicht auf einen Zeitraum von mehr als zwei Jahren von der Beendigung des Dienstverhältnisses an erstreckt werden.[88a])

Das Verbot ist nichtig, wenn die dem Gehilfen zustehenden jährlichen vertragsmäßigen Leistungen den Betrag von 12 Millionen Mark[88b]) nicht übersteigen. Das gleiche gilt, wenn der Gehilfe zur Zeit des Abschlusses minderjährig ist oder wenn sich der Prinzipal die Erfüllung auf Ehrenwort oder unter ähnlichen Versicherungen versprechen läßt. Nichtig ist auch die Vereinbarung, durch die ein Dritter an Stelle des Gehilfen die Verpflichtung übernimmt, daß sich der Gehilfe nach der Beendigung des Dienstverhältnisses in seiner gewerblichen Tätigkeit beschränken werde.

Unberührt bleiben die Vorschriften des § 138 des BGB. über die Nichtigkeit von Rechtsgeschäften, die gegen die guten Sitten verstoßen.

§ 74b. Die nach § 74 Abs. 2 dem Handlungsgehilfen zu gewährende Entschädigung ist am Schlusse jedes Monats zu zahlen.

Soweit die dem Gehilfen zustehenden vertragsmäßigen Leistungen in einer Provision oder in anderen wechselnden Bezügen[88c]) bestehen, sind sie bei der Berechnung der Entschädigung nach dem Durchschnitt der letzten drei Jahre in Ansatz zu bringen. Hat die für die Bezüge bei der Beendigung des Dienstverhältnisses maßgebende Vertragsbestimmung noch nicht drei Jahre bestanden, so erfolgt der Ansatz nach dem Durchschnitt des Zeitraums, für den die Bestimmung in Kraft war.

Soweit Bezüge zum Ersatze besonderer Auslagen dienen sollen, die infolge der Dienstleistung entstehen, bleiben sie außer Ansatz.

§ 74c. Der Handlungsgehilfe muß sich auf die fällige Entschädigung anrechnen lassen, was er während des Zeitraums, für den die Entschädigung gezahlt wird, durch anderweite Verwertung seiner Arbeitskraft erwirbt oder zu erwerben böswillig unterläßt, soweit die Entschädigung unter Hinzurechnung dieses Betrags den Betrag der zuletzt von ihm bezogenen vertragsmäßigen Leistungen um mehr als ein Zehntel übersteigen würde. Ist der Gehilfe durch das Wettbewerbverbot gezwungen worden, seinen Wohnsitz zu verlegen, so tritt an die Stelle des Betrags von einem Zehntel der Betrag von einem Viertel. Für

---

88a) Längere Dauer bewirkt nicht die Nichtigkeit des ganzen Vertrages, das Verbot ist auf einen Zeitraum von 2 Jahren einzuschränken. RG 101 379.

88b) Vgl. Anm. 70a zu § 68.

88c) Gewinnbeteiligungen sind wechselnde Bezüge. RG 101 379.

die Dauer der Verbüßung einer Freiheitsstrafe kann der Gehilfe eine Entschädigung nicht verlangen.

Der Gehilfe ist verpflichtet, dem Prinzipal auf Erfordern über die Höhe seines Erwerbes Auskunft zu erteilen.

§ 75. Löst der Gehilfe das Dienstverhältnis gemäß den Vorschriften der §§ 70, 71 wegen vertragswidrigen Verhaltens des Prinzipals auf,[89],[90]) so wird das Wettbewerbverbot unwirksam, wenn der Gehilfe vor Ablauf eines Monats nach der Kündigung schriftlich erklärt, daß er sich an die Vereinbarung nicht gebunden erachte.

In gleicher Weise wird das Wettbewerbverbot unwirksam, wenn der Prinzipal das Dienstverhältnis kündigt, es sei denn, daß für die Kündigung ein erheblicher Anlaß in der Person des Gehilfen vorliegt oder daß sich der Prinzipal bei der Kündigung bereit erklärt,[91]) während der Dauer der Beschränkung dem Gehilfen die vollen zuletzt von ihm bezogenen vertragsmäßigen Leistungen zu gewähren.[91a]) Im letzteren Falle finden die Vorschriften des § 74b entsprechende Anwendung.

Löst der Prinzipal das Dienstverhältnis gemäß den Vorschriften der §§ 70, 72 wegen vertragswidrigen Verhaltens des Gehilfen auf, so hat der Gehilfe keinen Anspruch auf die Entschädigung.

§ 75a. Der Prinzipal kann vor der Beendigung des Dienstverhältnisses durch schriftliche Erklärung auf das Wettbewerbverbot mit der Wirkung verzichten, daß er mit Ablauf eines Jahres seit der Erklärung von der Verpflichtung zur Zahlung der Entschädigung frei wird.

§ 75b. Ist der Gehilfe für eine Tätigkeit außerhalb Europas angenommen, so ist die Verbindlichkeit des Wettbewerbverbots nicht davon abhängig, daß sich der Prinzipal zur Zahlung der im § 74 Abs. 2 vorgesehenen Entschädigung verpflichtet. Das gleiche gilt, wenn die dem

---

89) Diese Bestimmung ist nicht auf den Fall sofortigen Dienstaustritts ohne Kündigung beschränkt; es ist jedoch zu prüfen, ob nicht in dem Verbleiben im Dienste trotz Vorliegens eines Grundes zum sofortigen Austritt eine Verzeihung der Vertragswidrigkeit liegt. RG 56 372.

90) Vertragswidriges Verhalten kann auch ein solches sein, das sich nicht gegen Personen, Einkommen oder sonstige Interessen des Handlungsgehilfen unmittelbar richtet. RG 77 98.

91) Der Prinzipal muß sich sofort bei der Kündigung zur Fortzahlung des Gehalts verpflichten, wenn er die Fortwirkung des Wettbewerbsverbots herbeiführen will. RG 59 125.

91a) Keine Anrechnung anderen Verdienstes. RG 114 419.

Gehilfen zustehenden vertragsmäßigen Leistungen den Betrag von 42 Millionen Mark[91b]) für das Jahr übersteigen; auf die Berechnung des Betrags der Leistungen finden die Vorschriften des § 74b Abs. 2, 3 entsprechende Anwendung.

§ 75c. Hat der Handlungsgehilfe für den Fall, daß er die in der Vereinbarung übernommene Verpflichtung nicht erfüllt, eine Strafe versprochen, so kann der Prinzipal Ansprüche nur nach Maßgabe der Vorschriften des § 340 BGB. geltend machen.[92]) Die Vorschriften des Bürgerlichen Gesetzbuchs über die Herabsetzung einer unverhältnismäßig hohen Vertragsstrafe bleiben unberührt.[93])

Ist die Verbindlichkeit der Vereinbarung nicht davon abhängig, daß sich der Prinzipal zur Zahlung einer Entschädigung an den Gehilfen verpflichtet, so kann der Prinzipal, wenn sich der Gehilfe einer Vertragsstrafe der im Abs. 1 bezeichneten Art unterworfen hat, nur die verwirkte Strafe verlangen; der Anspruch auf Erfüllung oder auf Ersatz eines weiteren Schadens ist ausgeschlossen.

§ 75d. Auf eine Vereinbarung, durch die von den Vorschriften der §§ 74 bis 75c zum Nachteil des Handlungsgehilfen abgewichen wird, kann sich der Prinzipal nicht berufen. Das gilt auch von Vereinbarungen, die bezwecken, die gesetzlichen Vorschriften über das Mindestmaß der Entschädigung durch Verrechnungen oder auf sonstige Weise zu umgehen.

§ 75e. Die Entschädigung, die der Handlungsgehilfe auf Grund der Vorschriften der §§ 74 bis 75d für die Zeit nach der Beendigung des Dienstverhältnisses beanspruchen kann, gehört zu den Dienstbezügen im Sinne des § 61 Nr. 1 der Konkursordnung.

Der Anspruch auf Entschädigung kann zum Zwecke der Sicherstellung oder Befriedigung eines Gläubigers erst dann gepfändet werden, wenn der Tag, an dem sie zu entrichten war, abgelaufen ist, ohne daß der Gehilfe sie eingefordert hat. Die Pfändung ist jedoch zulässig, soweit die Entschädigung allein oder zusammen mit den in den §§ 1, 3 des Ges., betr. die Beschlagnahme des Arbeits- oder Dienstlohns, bezeichneten Bezügen die Summe von 1500 Mark für das Jahr übersteigt. Die Vor-

---

91b) Vgl. Anm. 70a zu § 68.

92) Daß der Kläger zurzeit kein Konkurrenzgeschäft besitzt, schließt ein Recht auf Beseitigung des vertragswidrigen Betriebes nicht aus; dies wäre nur der Fall, wenn der eigene Betrieb des Klägers dauernd ausgeschlossen sein würde. RG. R 1 15.

93) §§ 343ff. BGB.

schriften des § 2, des § 4 Nr. 2, 3 und des § 4a des bezeichneten Gesetzes finden entsprechende Anwendung.

§ 75f. Auf eine Vereinbarung, durch die sich ein Prinzipal einem anderen Prinzipal gegenüber verpflichtet, einen Handlungsgehilfen, der bei diesem im Dienste ist oder gewesen ist, nicht oder nur unter bestimmten Voraussetzungen anzustellen, findet die Vorschrift des § 152 Abs. 2 der Gewerbeordnung Anwendung.

§ 76. Die Vorschriften der §§ 60 bis 63, 75f gelten auch für Handlungslehrlinge, Vereinbarungen, durch die diese für die Zeit nach Beendigung des Lehr- oder Dienstverhältnisses in ihrer gewerblichen Tätigkeit beschränkt werden, sind nichtig.

Der Lehrherr ist verpflichtet, dafür zu sorgen, daß der Lehrling in den bei dem Betriebe des Geschäfts vorkommenden kaufmännischen Arbeiten unterwiesen wird; er hat die Ausbildung des Lehrlings entweder selbst oder durch einen geeigneten, ausdrücklich dazu bestimmten Vertreter zu leiten. Die Unterweisung hat in der durch den Zweck der Ausbildung gebotenen Reihenfolge und Ausdehnung zu geschehen.

Der Lehrherr darf dem Lehrlinge die zu seiner Ausbildung erforderliche Zeit und Gelegenheit durch Verwendung zu anderen Dienstleistungen nicht entziehen; auch hat er ihm die zum Besuche des Gottesdienstes an Sonntagen und Festtagen erforderliche Zeit und Gelegenheit zu gewähren. Er hat den Lehrling zur Arbeitsamkeit und zu guten Sitten anzuhalten.[93a)]

In betreff der Verpflichtung des Lehrherrn, dem Lehrlinge die zum Besuch einer Fortbildungsschule erforderliche Zeit zu gewähren, bewendet es bei den Vorschriften des § 120 der Gewerbeordnung.

§ 77. Die Dauer der Lehrzeit bestimmt sich nach dem Lehrvertrag, in Ermangelung vertragsmäßiger Festsetzung nach den örtlichen Verordnungen oder dem Ortsgebrauche.

Das Lehrverhältnis kann, sofern nicht eine längere Probezeit vereinbart ist, während des ersten Monats nach dem Beginne der Lehrzeit ohne Einhaltung einer Kündigungsfrist gekündigt werden. Eine Vereinbarung, nach der die Probezeit mehr als drei Monate betragen soll, ist nichtig.

93a) Bei Verletzung seiner Aufsichtspflicht haftet der Lehrherr gemäß § 832 BGB für den durch unerlaubte Handlung des Lehrlings angerichteten Schaden. RG 97 231.

Nach dem Ablaufe der Probezeit finden auf die Kündigung des Lehrverhältnisses die Vorschriften der §§ 70 bis 72 Anwendung. Als ein wichtiger Grund zur Kündigung durch den Lehrling ist es insbesondere auch anzusehen, wenn der Lehrherr seine Verpflichtungen gegen den Lehrling in einer dessen Gesundheit, Sittlichkeit oder Ausbildung gefährdenden Weise vernachlässigt.

Im Falle des Todes des Lehrherrn kann das Lehrverhältnis innerhalb eines Monats ohne Einhaltung einer Kündigungsfrist gekündigt werden.

§ 78. Wird von dem gesetzlichen Vertreter des Lehrlings oder, sofern dieser volljährig ist, von ihm selbst dem Lehrherrn die schriftliche Erklärung abgegeben, daß der Lehrling zu einem anderen Gewerbe oder zu einem anderen Berufe übergehen werde, so endigt, wenn nicht der Lehrling früher entlassen wird, das Lehrverhältnis nach dem Ablauf eines Monats.

Tritt der Lehrling der abgegebenen Erklärung zuwider vor dem Ablaufe von neun Monaten nach der Beendigung des Lehrverhältnisses in ein anderes Geschäft als Handlungslehrling oder als Handlungsgehilfe ein, so ist er dem Lehrherrn zum Ersatze des diesem durch die Beendigung des Lehrverhältnisses entstandenen Schadens verpflichtet. Mit ihm haftet als Gesamtschuldner der neue Lehrherr oder Prinzipal, sofern er von dem Sachverhalte Kenntnis hatte.

§ 79. Ansprüche wegen unbefugten Austritts aus der Lehre kann der Lehrherr gegen den Lehrling nur geltend machen, wenn der Lehrvertrag schriftlich geschlossen ist.

§ 80. Bei der Beendigung des Lehrverhältnisses hat der Lehrherr dem Lehrling ein schriftliches Zeugnis über die Dauer der Lehrzeit und die während dieser erworbenen Kenntnisse und Fähigkeiten sowie über sein Betragen auszustellen.

Auf Antrag des Lehrlings hat die Ortspolizeibehörde das Zeugnis kosten- und stempelfrei zu beglaubigen.

§ 81. Personen, die nicht im Besitze der bürgerlichen Ehrenrechte sind, dürfen Handlungslehrlinge weder halten noch sich mit der Anleitung von Handlungslehrlingen befassen. Der Lehrherr darf solche Personen zur Anleitung von Handlungslehrlingen nicht verwenden.

Die Entlassung von Handlungslehrlingen, welche diesem Verbote zuwider beschäftigt werden, kann von der Polizeibehörde erzwungen werden.

§ 82. Wer die ihm nach § 62 Abs. 1, 2 oder nach § 76 Abs. 2, 3 dem Lehrlinge gegenüber obliegenden Pflichten in einer dessen Gesundheit, Sittlichkeit oder Ausbildung gefährdenden Weise verletzt, wird mit Geldstrafe bis zu einhundertfünfzig Mark bestraft.

Die gleiche Strafe trifft denjenigen, welcher entgegen der Vorschrift des § 81 Handlungslehrlinge hält, ausbildet oder ausbilden läßt.

§ 82a.[94]) Auf Wettbewerbsverbote gegenüber Personen, die, ohne als Lehrlinge angenommen zu sein, zum Zwecke ihrer Ausbildung unentgeltlich mit kaufmännischen Diensten beschäftigt werden (Volontäre), finden die für Handlungsgehilfen geltenden Vorschriften insoweit Anwendung, als sie nicht auf das dem Gehilfen zustehende Entgelt Bezug nehmen.

§ 83. Hinsichtlich der Personen, welche in dem Betrieb eines Handelsgewerbes andere als kaufmännische Dienste leisten, bewendet es bei den für das Arbeitsverhältnis dieser Personen geltenden Vorschriften.

7. Abschnitt. Handlungsagenten.

§ 84. Wer, ohne als Handlungsgehilfe angestellt zu sein, ständig[95]) damit betraut ist, für das Handelsgewerbe eines anderen Geschäfte zu vermitteln oder im Namen des anderen[96]) abzuschließen (Handlungsagent), hat bei seinen Verrichtungen das Interesse des Geschäftsherrn mit der Sorgfalt eines ordentlichen Kaufmanns wahrzunehmen.[97—100 u. 1, 2])

---

94) Eingestellt durch Artikel 2 des G v. 10. VI. 14; oben Note 83.

95) Ständig im Gegensatz zu gelegentlicher Vermittlung vgl. § 354 HGB. Erforderlich ist ein auf die Dauer berechnetes Verhältnis zum Geschäftsherrn. RG 95 135.

96) Im Namen des Andern im Gegensatz zum Kommissionär vgl. § 383 HGB. Es gibt Kaufleute, die ständig damit betraut sind, im eigenen Namen für Rechnung eines andern Handelsgeschäfte abzuschließen. Diese sog. „Kommissionsagenten" unterscheiden sich, was die Stellung zum Geschäftsherrn betrifft, in nichts von den Handlungsagenten der in § 84 definierten Art. Der § 92 HGB ist analog auf sie anzuwenden. RG 69 369.

97) Der Agent muß auch die Kreditwürdigkeit der Abnehmer prüfen, insbesondere dann, wenn die Verkäufe auf Ziel abgeschlossen werden, dies gilt auch dann, wenn er

Er ist verpflichtet, dem Geschäftsherrn die erforderlichen Nachrichten zu geben, namentlich ihm von jedem Geschäftsabschluß unverzüglich Anzeige zu machen.

§ 85. Hat ein Handlungsagent, der nur mit der Vermittlung von Geschäften vertraut ist, ein Geschäft im Namen des Geschäftsherrn mit einem Dritten abgeschlossen, so gilt es als von dem Geschäftsherrn genehmigt, wenn dieser nicht unverzüglich, nachdem er von dem Abschlusse Kenntnis erlangt hat, dem Dritten gegenüber erklärt, daß er das Geschäft ablehne.[3, 3a])

---

nur Kaufofferten zu besorgen und seinem auswärtigen Hause mitzuteilen hat. OHG **22** 118 (122).

98) Der Prinzipal haftet für die durch seinen Agenten bei Anknüpfung der Geschäftsverbindung dem zugeführten Kunden über die Natur der abzuschließenden Geschäfte gemachten Mitteilungen; es kommt nicht in Betracht, ob der Agent dem Prinzipal Mitteilung von seinen Eröffnungen an die Kunden gemacht hat. RG **30** 29.

99) Aus der, wenn auch beschränkten, dem Agenten zukommenden Vertretungsmacht, welche durch die Bestellung des Agenten nach außen bekannt gegeben ist, folgt, daß der Geschäftsherr das von dem Agenten (in dem Rahmen der ihm zugewiesenen Handelstätigkeit) vermittelte Geschäft, wenn er daraus Rechte ableiten will, so gegen sich gelten lassen muß, wie es der Agent mit dem Kunden beredet hat. Eine Einschränkung ergibt sich aus der Natur der Sache, wie aus dem Grundsatze von Treu und Glauben im Rechtsverkehre: die Sache darf nicht so liegen, daß der dritte Kontrahent gewußt hat oder darüber nicht im Zweifel sein konnte, das von dem Agenten Erklärte stehe mit dem Willen des Geschäftsherrn im Widerspruch. RG **51** 147 (150).

100) Wenn ein Agent, welcher zwischen seinem Auftraggeber und einem Dritten ein Geschäft vermittelt, von diesem einen neuen Auftrag erhält, welcher zu jenem Geschäfte in Beziehung steht, also in den Kreis der Agenturgeschäfte fällt, und diesen Auftrag seinem ursprünglichen Auftraggeber (Prinzipal) mitteilt, so kann der Agent nicht als Bevollmächtigter des Dritten angesehen werden, sondern er hat bei Empfangnahme des neuen Auftrages und Übermittlung desselben an den Prinzipal als dessen Agent gehandelt. RG **12** 15.

1) Es besteht keine Vermutung dafür, daß der Agent zum Vertragsabschluß ermächtigt ist. RG. **K 1** 16.

2) Der Handlungsagent hat kein Recht auf ein Zeugnis. RG **87** 440.

3) Der § 85 stellt eine gesetzliche Vermutung der Genehmigung für den Fall auf, daß der Handlungsagent, der nur zu vermitteln, also Offerten nur entgegenzunehmen hatte und an seinen Geschäftsherrn zu befördern hat, unter Überschreitung dieser Vollmacht das Geschäft abschließt. RG **60** 189. Die Vermutung gilt aber nur, wenn der Geschäftsherr aus der Mitteilung des Agenten ersehen mußte, daß dieser seine Befugnisse überschritten hatte. RG **97** 2.

3a) Wenn der Agent unter Vorbehalt der Genehmigung durch den Geschäftsherrn abschließt, so wirkt die Genehmigung auf den Zeitpunkt des Abschlusses zurück. RG **113** 263.

§ 86. Zur Annahme von Zahlungen[4,5]) für den Geschäftsherrn sowie zur nachträglichen Bewilligung von Zahlungsfristen ist der Handlungsagent nur befugt, wenn ihm die Ermächtigung dazu besonders erteilt ist.

Die Anzeige von Mängeln einer Ware, die Erklärung, daß eine Ware zur Verfügung gestellt werde, sowie andere Erklärungen solcher Art können dem Handlungsagenten[5a]) gegenüber abgegeben werden.

§ 87. Ist der Handlungsagent als Handlungsreisender tätig, so finden die Vorschriften des § 55 Anwendung.

§ 88. Soweit nicht über die dem Handlungsagenten zu gewährende Vergütung ein anderes vereinbart ist, gebührt ihm eine Provision für jedes zur Ausführung gelangte Geschäft, welches durch seine Tätigkeit zustande gekommen ist.[6]) Besteht die Tätigkeit des Handlungsagenten in der Vermittlung oder Abschließung von Verkäufen, so ist im Zweifel der Anspruch auf die Provision erst nach dem Eingange der Zahlung und nur nach dem Verhältnisse des eingegangenen Betrags erworben.[6a])

Ist die Ausführung eines Geschäfts infolge des Verhaltens[7,8]) des

---

4) Daraus, daß der Verkäufer gegen eine vom Käufer an den Agenten geleistete Zahlung des Kaufpreises nicht protestiert, kann nicht ohne weiteres geschlossen werden, daß damit der Agent diesem Käufer gegenüber zum Inkasso bevollmächtigt worden sei. OHG 19 123.

5) Hat der Verkäufer Zahlungen, die an den Agenten geleistet wurden und von diesem ihm übersendet worden sind, geliefert, ohne zu erklären, daß der Agent zur Zahlungsempfangnahme nicht befugt sei, so muß er sich, wenn hierauf die Zahlung an den Agenten erfolgt, dieselbe entgegensetzen lassen. OHG 13 211.

5a) Auch gegenüber seinem kaufmännischen Angestellten. RG 102 295.

6) Hat der Agent Unteragenturen begründet, so hat er deshalb keinen Anspruch auf Provision über die Dauer seines Agenturverhältnisses hinaus. RG 78 256.

6a) Hat der Agent Provision vom Netto-Fakturenbetrag zu fordern, so steht sie ihm auch zu, wenn der Geschäftsherr Effekten in Zahlung nimmt und diese einen geringeren Erlös bringen. RG 121 125.

7) Unter diesem Verhalten ist ein solches zu verstehen, durch welches die Nichtausführung vom Geschäftsherrn verschuldet oder wenigstens in freier Entschließung herbeigeführt ist. Dahin gehört nicht ohne weiteres der Fall, wenn durch die Eröffnung des Konkurses die Nichtausführung der von Agenten vermittelten Geschäfte veranlaßt worden ist. RG 63 69.

8) Annahme zu großer Bestellungen seitens des Fabrikanten, die er dann nur zum Teil ausführen kann, ist an sich auf sein eigenes Verhalten zurückzuführen und insoweit von ihm selbst verschuldet. RG 74 167.

Geschäftsherrn ganz oder teilweise unterblieben,[9]) ohne daß hierfür wichtige Gründe in der Person desjenigen vorlagen, mit welchem das Geschäft abgeschlossen ist, so hat der Handlungsagent die volle Provision zu beanspruchen.[10])

Ist die Höhe der Provision nicht bestimmt, so ist die übliche Provision zu entrichten.

Die Abrechnung über die zu zahlenden Provisionen findet, soweit nicht ein anderes vereinbart ist, am Schlusse eines jeden Kalenderhalbjahres statt.

§ 89. Ist der Handlungsagent ausdrücklich für einen bestimmten Bezirk bestellt, so gebührt ihm die Provision im Zweifel auch für solche Geschäfte, welche in dem Bezirk ohne seine Mitwirkung durch den Geschäftsherrn oder für diesen geschlossen sind.[11])

§ 90. Für die im regelmäßigen Geschäftsbetrieb entstandenen Kosten und Auslagen kann der Handlungsagent in Ermangelung einer entgegenstehenden Vereinbarung oder eines abweichenden Handelsgebrauchs Ersatz nicht verlangen.

§ 91. Der Handlungsagent kann bei der Abrechnung mit dem Geschäftsherrn die Mitteilung eines Buchauszuges über die durch seine Tätigkeit zustande gekommenen Geschäfte fordern. Das gleiche Recht steht ihm in Ansehung solcher Geschäfte zu, für die ihm nach § 89 die Provision gebührt.[12—14])

---

9) Der Auftraggeber darf dem Agenten die Gelegenheit zum Abschluß von Geschäften und zum Verdienen der Provision nicht willkürlich entziehen, aber er braucht nicht mit Schaden oder doch ohne Gewinn lediglich im Interesse des Agenten Geschäfte zu machen. RG, R 4 57.

10) Das Vorhandensein wichtiger Gründe für die Nichtausführung des Geschäfts hat der Geschäftsherr zu beweisen. Dagegen muß der Agent beweisen, daß die Ausführung infolge des Verhaltens des Geschäftsherrn unterblieben sei. RG, R 7 87.

11) Bei ausdrücklicher Bestellung eines Agenten für einen bestimmten Platz ist das Recht auf ausschließliche Geschäftsvermittlung an diesem Orte als zugestanden zu verstehen und er hat Anspruch auf Provision für alle Geschäfte, die dort namens oder im Auftrage des Geschäftsherrn für dessen Rechnung gemacht werden. RG, R 4 59. Der Bezirksagent hat den Provisionsanspruch auch, wenn er durch Kriegsdienst an Ausübung einer Agententätigkeit gehindert wurde. RG 100 257.

12) Das Provisionsverhältnis nach § 91 berechtigt den Agenten nicht zur Einsicht der Handlungs- und Geschäftsbücher des Prinzipals, sondern nur dazu, die Mitteilung eines Buchauszuges über die durch seine Tätigkeit zustande gekommenen Geschäfte sowie über die, von welchen ihm nach § 89 Provision gebührt, zu fordern. RG, R 2 45.

13) Neben § 91 HGB besteht das Recht auf Büchereinsicht nach § 810 BGB, wenn die vorgelegten Buchauszüge nicht ordnungsmäßig waren. RG 87 10.

§ 92. Das Vertragsverhältnis zwischen dem Geschäftsherrn und dem Handlungsagenten kann, wenn es für unbestimmte Zeit eingegangen ist, von jedem Teile für den Schluß eines Kalendervierteljahrs unter Einhaltung einer Kündigungsfrist von sechs Wochen gekündigt werden.

Das Vertragsverhältnis kann von jedem Teile ohne Einhaltung einer Kündigungsfrist gekündigt werden, wenn ein wichtiger Grund vorliegt.[15—19])

8. Abschnitt. Handelsmäkler.[20],[21])

§ 93. Wer gewerbsmäßig für andere Personen, ohne von ihnen auf Grund eines Vertragsverhältnisses ständig damit betraut zu sein, die Vermittlung von Verträgen über Anschaffung oder Veräußerung von Waren oder Wertpapieren, über Versicherungen, Güterbeförderungen, Bodmerei, Schiffsmiete oder sonstige Gegenstände des Handelsverkehrs

---

14) Auch ein Generalvertreter, der nicht Bezirksagent ist, kann Auskunft fordern. RG 92 202.

15) Als ein wichtiger Grund zur Kündigung muß es gelten, wenn der Fabrikationsgegenstand, auf dessen Absatz sich der Agenturvertrag ausschließlich bezieht, von dem Fabrikanten dauernd in einer Beschaffenheit geliefert wird, die seine Tauglichkeit für den Zweck, dem er dienen soll und damit dessen Absatzfähigkeit aufhebt oder doch wesentlich beeinträchtigt. RG 65 86 (90).

16) Aus §§ 93, 133 HGB und 626, 723 BGB ergibt sich als allgemeiner Rechtsgrundsatz: Bei Rechtsverhältnissen von längerer Dauer, die ein persönliches Zusammenarbeiten und daher ein gutes Einvernehmen erfordern, kann aus wichtigem Grunde jederzeit gekündigt werden. RG 78 389.

17) Auch die wirtschaftlichen Folgen der fristlosen Kündigung sind zu berücksichtigen. RG 94 166.

18) Konkurs des Agenten beendet den Vertrag nicht, gibt aber dem Geschäftsherrn ein Recht zur sofortigen Kündigung. RG 78 94.

19) § 92 Abs. 2 schließt die Anwendung des § 326 BGB. aus. RG 92 158.

20) Das alte HGB bezeichnete nur die amtlich bestellten Vermittler für Handelsgeschäfte als Handelsmäkler (Art. 66). Das neue HGB spricht nur von privaten Handelsmäklern. Zu Verrichtungen, die nicht in der Vermittlung von Geschäften bestehen, wie zur Mitwirkung bei der Feststellung der Börsenkurse (Kursmäkler, vgl. § 30 des Börsen-Ges.), zur Vornahme öffentlicher Versteigerungen und Verkäufe (vgl. § 373 HGB), zur Vornahme gewisser Schätzungen usw. kann auch in Zukunft die öffentliche Bestellung von Handelsmäklern erfolgen. Durch welche Behörden oder sonstige öffentliche Organe die Auswahl und Bestellung der betreffenden Mäkler zu erfolgen hat, bestimmt sich nach den in den einzelnen Bundesstaaten geltenden Vorschriften. Über Unterschied zwischen Agent und Mäkler vgl. RG 95 134.

21) Auf die Handelsmäkler finden, soweit nicht die §§ 93ff. HGB anderes bestimmen,

übernimmt, hat die Rechte und Pflichten eines Handelsmäklers.[22—24])

Auf die Vermittlung anderer als der bezeichneten Geschäfte, insbesondere auf die Vermittlung von Geschäften über unbewegliche Sachen, finden, auch wenn die Vermittlung durch einen Handelsmäkler erfolgt, die Vorschriften dieses Abschnittes keine Anwendung.

§ 94. Der Handelsmäkler hat, sofern nicht die Parteien ihm dies erlassen oder der Ortsgebrauch mit Rücksicht auf die Gattung der Ware davon entbindet, unverzüglich nach dem Abschlusse[24a]) des Geschäfts jeder Partei eine von ihm unterzeichnete Schlußnote[25—26]) zuzustellen, welche die Parteien, den Gegenstand und die Bedingungen des Geschäfts, insbesondere bei Verkäufen von Waren oder Wertpapieren deren Gattung und Menge sowie den Preis und die Zeit der Lieferung enthält.

Bei Geschäften, die nicht sofort erfüllt werden sollen, ist die Schlußnote den Parteien zu ihrer Unterschrift zuzustellen und jeder Partei die von der anderen unterschriebene Schlußnote zu übersenden.

Verweigert eine Partei die Annahme oder Unterschrift der Schlußnote, so hat der Handelsmäkler davon der anderen Partei unverzüglich Anzeige zu machen.

§ 95. Nimmt eine Partei eine Schlußnote an, in der sich der Handelsmäkler die Bezeichnung der anderen Partei vorbehalten hat, so ist

---

die §§ 652 bis 656 BGB (welche für andere Mäkler maßgebend sind) Anwendung, so auch hinsichtlich der freien Widerruflichkeit des Auftrages. RG 109 209.

22) Auch Vermittlung von Bankkrediten für Hypotheken macht zum Handelsmäkler. RG 76 250.

22a) Über die Tätigkeit des Schiffsmaklers vgl. RG 97 217.

23) Der Vertrag wird erst perfekt, wenn der Auftraggeber sein Einverständnis mit dem ihm vom Mäkler bezeichneten Käufer erklärt hat. Ist dem Mäkler die Ware nur auf eine bestimmte Zeit an die Hand gegeben worden, so muß die Nennung des Käufers durch den Mäkler innerhalb dieser Frist erfolgen. OHG 7 115.

24) Geht der Vertrag nur auf den Nachweis eines Käufers, so ist es mit dem Auftrage an sich nicht unvereinbar, daß der Mäkler auch im Interesse des anderen Teiles tätig ist; insbesondere ist es nicht ohne weiteres vertragswidrig, wenn er dem Käufer noch andere Kaufobjekte in Vorschlag bringt. RG, R 2 45.

24a) Über den Zeitpunkt des Abschlusses des Geschäftes vgl. RG 104 366.

25) Eine Partei, die die Schlußnote ohne Widerrede empfängt, erklärt sich mit dem gesamten Inhalt derselben für einverstanden. RG 59 350, 123 99. Widerspruch gegenüber dem Makler genügt nicht. RG 105 206.

26) Die Schlußnote hat nicht formelle Beweiskraft. RG 90 168. Sie ist nur Beweismittel. RG 123 99.

sie an das Geschäft mit der Partei, welche ihr nachträglich bezeichnet wird, gebunden, es sei denn, daß gegen diese begründete Einwendungen zu erheben sind.

Die Bezeichnung der anderen Partei hat innerhalb der ortsüblichen Frist, in Ermangelung einer solchen innerhalb einer den Umständen nach angemessenen Frist zu erfolgen.

Unterbleibt die Bezeichnung oder sind gegen die bezeichnete Person oder Firma begründete Einwendungen zu erheben, so ist die Partei befugt, den Handelsmäkler auf die Erfüllung des Geschäfts in Anspruch zu nehmen.[26a] Der Anspruch ist ausgeschlossen, wenn sich die Partei auf die Aufforderung des Handelsmäklers nicht unverzüglich darüber erklärt, ob sie Erfüllung verlange.

§ 96. Der Handelsmäkler hat, sofern nicht die Parteien ihm dies erlassen oder der Ortsgebrauch mit Rücksicht auf die Gattung der Ware davon entbindet, von jeder durch seine Vermittlung nach Probe verkauften Ware die Probe, falls sie ihm übergeben ist, solange aufzubewahren, bis die Ware ohne Einwendung gegen ihre Beschaffenheit angenommen oder das Geschäft in anderer Weise erledigt wird. Er hat die Probe durch ein Zeichen kenntlich zu machen.

§ 97. Der Handelsmäkler gilt nicht als ermächtigt, eine Zahlung oder eine andere im Vertrage bedungene Leistung in Empfang zu nehmen.

§ 98. Der Handelsmäkler haftet jeder der beiden Parteien für den durch sein Verschulden entstehenden Schaden.

§ 99. Ist unter den Parteien nichts darüber vereinbart, wer den Mäklerlohn bezahlen soll, so ist er in Ermangelung eines abweichenden Ortsgebrauchs von jeder Partei zur Hälfte zu entrichten.

§ 100. Der Handelsmäkler ist verpflichtet, ein Tagebuch zu führen und in dieses alle abgeschlossenen Geschäfte täglich einzutragen. Die Eintragungen sind nach der Zeitfolge zu bewirken; sie haben die im § 94 Abs. 1 bezeichneten Angaben zu enthalten. Das Eingetragene ist von dem Handelsmäkler täglich zu unterzeichnen.

26a) Auch wenn keine Schlußnote ausgestellt und angenommen ist. RG 103 69. Die Vorschrift ist nicht anwendbar, wenn der Agent seine Geschäftsverbindungen geheim halten will und deshalb nach der Absicht der Parteien der ihm von vornherein bekannte Auftraggeber ungenannt bleiben soll. RG 97 262.

Die Vorschriften der §§ 43, 44 über die Einrichtung und Aufbewahrung der Handelsbücher finden auf das Tagebuch des Handelsmäklers Anwendung.

§ 101. Der Handelsmäkler ist verpflichtet, den Parteien jederzeit auf Verlangen Auszüge aus dem Tagebuche zu geben, die von ihm unterzeichnet sind und alles enthalten, was von ihm in Ansehung des vermittelten Geschäfts eingetragen ist.

§ 102. Im Laufe eines Rechtsstreits kann das Gericht auch ohne Antrag einer Partei die Vorlegung des Tagebuchs anordnen, um es mit der Schlußnote, den Auszügen oder anderen Beweismitteln zu vergleichen.

§ 103. Handelsmäkler, die den Vorschriften über die Führung und Aufbewahrung des Tagebuchs zuwiderhandeln, werden mit Geldstrafe bis eintausend Mark bestraft.

§ 104. Auf Personen, welche die Vermittlung von Warengeschäften im Kleinverkehr besorgen, finden die Vorschriften über Schlußnoten und Tagebücher keine Anwendung.

2. Buch.
Handelsgesellschaften und stille Gesellschaft.

1. Abschnitt. Offene Handelsgesellschaft.[27])

1. Titel. Errichtung der Gesellschaft.[28—30])

§ 105. Eine Gesellschaft, deren Zweck auf den Betrieb eines Handelsgewerbes[31]) unter gemeinschaftlicher Firma[32]) gerichtet ist, ist eine offene

---

27) Über den juristischen Charakter der offenen Handelsgesellschaft siehe unten Noten zu § 124.

28) Der Gesellschaftsvertrag unterliegt keiner Form; nur wenn ein Grundstück eingebracht wird, ist gerichtlicher oder notarieller Abschluß des Vertrages erforderlich, § 313 Satz 1 (§§ 125, 128) BGB. Ist jedoch die Auflassung erfolgt, wird der Vertrag gültig, § 313 Satz 2. RG **68** 262, **79** 304.

29) Ein Gesellschaftsvertrag zwecks Ankaufs von Grundstücken dritter und Weiterveräußerung mit Gewinn unterliegt nicht dem Formzwang des § 313 BGB (gerichtliche oder notarielle Beurkundung), auch wenn diese Grundstücke auf den Namen eines Gesellschafters eingetragen waren. RG, K 10 66. Überlassung eines Grundstückes zur Benutzung bedarf nicht der Form des § 313 BGB. RG **109** 383. Eigentum an Grundstücken gelangt in das Gesellschaftsvermögen nur durch Auflassung und Eintragung. Der

Handelsgesellschaft, wenn bei keinem der Gesellschafter die Haftung gegenüber den Gesellschaftsgläubigern beschränkt ist.[33,34])

Auf die offene Handelsgesellschaft finden, soweit nicht in diesem Abschnitt ein anderes vorgeschrieben ist, die Vorschriften des Bürgerlichen Gesetzbuchs[35]) über die Gesellschaft Anwendung.

§ 106. Die Gesellschaft ist bei dem Gericht, in dessen Bezirke sie ihren Sitz[36]) hat, zur Eintragung in das Handelsregister anzumelden.

Die Anmeldung hat zu enthalten:

1. den Namen, Vornamen, Stand und Wohnort jedes Gesellschafters;
2. die Firma der Gesellschaft und den Ort, wo sie ihren Sitz hat;
3. den Zeitpunkt, mit welchem die Gesellschaft begonnen hat.

§ 107. Wird die Firma einer Gesellschaft geändert oder der Sitz der Gesellschaft an einen anderen Ort verlegt oder tritt ein neuer Gesellschafter in die Gesellschaft ein, so ist dies ebenfalls zur Eintragung in das Handelsregister anzumelden.

Gesellschaftsvertrag bedarf der Form des § 313 BGB, wenn er eine Verpflichtung zur Übertragung des Eigentumes bewirken soll. JW 1925 S. 1750 Nr. 6.

30) Zur Entstehung der offenen Handelsgesellschaft genügt es, daß der Zweck der Ges. auf den Betrieb eines Handelsgeschäftes unter gemeinschaftlicher Firma gerichtet ist. Eröffnung des Betriebes ist nicht erforderlich. Bis zum Beginn der Tätigkeit sind auch die Vorschriften der §§ 320ff. BGB anwendbar. RG **112** 281.

31) Vereinigung zum Betriebe eines Kleingewerbes oder Handwerkes begründet keine Handelsgesellschaft, § 4 Abs. 2.

32) Wird das Handelsgewerbe nicht unter gemeinschaftlichem Namen betrieben, so liegt eine nach bürgerlichem Recht zu beurteilende Erwerbsgesellschaft vor. OHG **5** 386, RG **33** 127. Das Vorhandensein einer Gesellschaft hängt nicht von der Beobachtung der Vorschriften des HGB über die Firmen ab; es kann entgegen § 19 HGB eine Sachfirma gewählt sein: wird aber nur ein Personennamen ohne das Gesellschaftsverhältnis andeutenden Zusatz gewählt, so besteht keine gemeinschaftliche Firma, daher auch keine Gesellschaft. RG **82** 25.

33) Die nämlichen Personen können mehrere offene Handelsgesellschaften gründen. RG **16** 16; **43** 81. Eine offene Handelsgesellschaft kann nicht Mitglied einer anderen offenen Handelsgesellschaft sein. RG **36** 139. Eine Gesellschaft mit beschränkter Haftung kann Mitglied einer offenen Handelsgesellschaft sein. RG **105** 288. Die erforderliche Großhandelserlaubnis müssen alle Gesellschafter haben, nicht nur der Vertretungsberechtigte. RG **105** 288.

34) Eine offene Handelsgesellschaft besteht auch dann, wenn ein Gesellschafter im Innenverhältnis nicht an Gewinn und Verlust beteiligt ist. RG **90** 16.

35) Vgl. §§ 705ff. BGB (im Anhange).

36) Der Ort, an dem sich die Leitung des Geschäftsbetriebes befindet, vgl. § 17 ZPO.

§ 108. Die Anmeldungen sind von sämtlichen Gesellschaftern zu bewirken.[36a])

Die Gesellschafter, welche die Gesellschaft vertreten sollen, haben die Firma nebst ihrer Namensunterschrift zur Aufbewahrung bei dem Gerichte zu zeichnen.

2. Titel. Rechtsverhältnis der Gesellschafter untereinander.

§ 109.[37]) Das Rechtsverhältnis der Gesellschafter untereinander richtet sich zunächst nach dem Gesellschaftsvertrage; die Vorschriften der §§ 110 bis 122[38]) finden nur insoweit Anwendung, als nicht durch den Gesellschaftsvertrag ein anderes bestimmt ist.[38a])

§ 110. Macht der Gesellschafter in den Gesellschaftsangelegenheiten Aufwendungen, die er den Umständen nach für erforderlich halten darf, oder erleidet er unmittelbar durch seine Geschäftsführung oder aus Gefahren, die mit ihr untrennbar verbunden sind, Verluste, so ist ihm die Gesellschaft[39]) zum Ersatze verpflichtet.[40—42])

36a) Klage auf Mitwirkung bei der Anmeldung ist nicht berechtigt, wenn Auflösungsgründe aus § 133 vorliegen. RG 112 283.

37) § 109 ist nur für den zweiten Titel des Buches, nicht auch für den vierten maßgebend. Bezüglich der im vierten Titel enthaltenen Vorschriften ist im einzelnen Falle je nach dem Charakter derselben und etwaigen Andeutungen, die das Gesetz selbst enthält, zu prüfen, ob sie der öffentlichen Ordnung angehören oder nicht. RG 38 119.

38) Ebenso der nach § 105 Abs. 2 ergänzend eingreifenden Vorschriften des BGB (z. B. §§ 707, 708, 277).

38a) Zulässig ist eine Bestimmung im Gesellschaftsvertrage, die der Mehrheit der Gesellschafter die Entscheidung über die Aufnahme neuer Mitglieder überträgt. DNotZ 1925 S. 18.

39) Der Anspruch aus § 110 kann gegen die Gesellschaft während ihres Bestehens und bei der Liquidation geltend gemacht werden; eine persönliche Haftung der Gesellschafter besteht wegen einer solchen Gesellschaftsschuld nicht; wohl aber bei Forderungen eines Gesellschafters gegen die Gesellschaft, die ohne jede Beziehung zum Gesellschaftsvertrag entstanden sind. RG 59 143.

40) Ein Gesellschafter kann für Bemühungen im Betriebe der Gesellschaft eine Vergütung regelmäßig nur beanspruchen, wenn sie ausdrücklich oder stillschweigend bedungen ist (BGB §§ 713, 670). RG, R 2 49.

41) Hat ein Gesellschafter ohne Zustimmung seiner Mitgesellschafter mit Geldern der Gesellschaft Gegenstände für diese gekauft, so kann er gegen die Klage auf Rückzahlung nicht einwenden, daß er nur Zug um Zug gegen Rückgabe des gekauften Gegenstandes verpflichtet sei. RG, R 4 63.

42) Solange ein Gegenstand, den ein Gesellschafter im eigenen Namen, aber für

Aufgewendetes Geld hat die Gesellschaft von der Zeit der Aufwendung an zu verzinsen.[43])

§ 111. Ein Gesellschafter, der seine Geldeinlage nicht zur rechten Zeit einzahlt oder eingenommenes Gesellschaftsgeld nicht zur rechten Zeit an die Gesellschaftskasse abliefert oder unbefugt Geld aus der Gesellschaftskasse für sich entnimmt, hat Zinsen von dem Tage an zu entrichten, an welchem die Zahlung oder die Ablieferung hätte geschehen sollen oder die Herausnahme des Geldes erfolgt ist.

Die Geltendmachung eines weiteren Schadens ist nicht ausgeschlossen.

§ 112. Ein Gesellschafter darf ohne Einwilligung der anderen Gesellschafter weder in dem Handelszweige der Gesellschaft Geschäfte machen noch an einer anderen gleichartigen[44]) Handelsgesellschaft als persönlich haftender Gesellschafter teilnehmen.[45])

Die Einwilligung zur Teilnahme an einer anderen Gesellschaft gilt als erteilt, wenn den übrigen Gesellschaftern bei Eingehung der Gesellschaft bekannt ist, daß der Gesellschafter an einer anderen Gesellschaft als persönlich haftender Gesellschafter teilnimmt, und gleichwohl die Aufgabe dieser Beteiligung nicht ausdrücklich bedungen wird.

§ 113.[46]) Verletzt ein Gesellschafter die ihm nach § 112 obliegende Verpflichtung, so kann die Gesellschaft Schadensersatz fordern; sie kann statt dessen von dem Gesellschafter verlangen, daß er die für eigene Rechnung gemachten Geschäfte als für Rechnung der Gesellschaft eingegangen gelten lasse und die aus Geschäften für fremde Rechnung bezogene Vergütung herausgeben oder seinen Anspruch auf die Vergütung abtrete.

Über die Geltendmachung dieser Ansprüche beschließen die übrigen Gesellschafter.

Die Ansprüche verjähren in drei Monaten von dem Zeitpunkt an, in welchem die übrigen Gesellschafter von dem Abschlusse des Geschäfts oder von der Teilnahme des Gesellschafters an der anderen Gesellschaft

---

die Gesellschaft erworben hat, der Gesellschaft noch nicht herausgegeben ist, unterliegt er den Zugriffen der persönlichen Gläubiger des Gesellschafters. RG, R 4 67.

43) Mit fünf Prozent nach § 352 HGB.

44) „Gleichartig" im Geschäftszweig; die Rechtsform ist belanglos.

45) Die Vorschrift findet auf die Teilhaber einer aufgelösten Gesellschaft (für die Dauer der Liquidation) keine Anwendung. OHG 21 145.

46) Vgl. § 61 HGB.

Kenntnis erlangen; sie verjähren ohne Rücksicht auf diese Kenntnis in fünf Jahren von ihrer Entstehung an.

Das Recht der Gesellschafter, die Auflösung der Gesellschaft zu verlangen, wird durch diese Vorschriften nicht berührt.

§ 114. Zur Führung der Geschäfte der Gesellschaft sind alle Gesellschafter berechtigt und verpflichtet.[47, 47a])

Ist im Gesellschaftsvertrage die Geschäftsführung einem Gesellschafter oder mehreren Gesellschaftern übertragen, so sind die übrigen Gesellschafter von der Geschäftsführung ausgeschlossen.

§ 115. Steht die Geschäftsführung allen oder mehreren Gesellschaftern zu, so ist jeder von ihnen allein zu handeln berechtigt; widerspricht[48]) jedoch ein anderer geschäftsführender Gesellschafter der Vornahme einer Handlung, so muß[49, 49a]) diese unterbleiben.

Ist im Gesellschaftsvertrage bestimmt, daß die Gesellschafter, denen die Geschäftsführung zusteht, nur zusammen handeln können, so bedarf es für jedes Geschäft der Zustimmung aller geschäftsführenden Gesellschafter, es sei denn, daß Gefahr in Verzug ist.

§ 116. Die Befugnis zur Geschäftsführung erstreckt sich auf alle Handlungen, die der gewöhnliche Betrieb des Handelsgewerbes der Gesellschaft mit sich bringt.

Zur Vornahme von Handlungen, die darüber hinausgehen, ist ein Beschluß sämtlicher Gesellschafter erforderlich.

---

47) Die in §§ 114—117 geregelte Geschäftsführung bezieht sich auf das Verhältnis der Gesellschaft zueinander; die Vertretungsmacht Dritten gegenüber regeln §§ 125ff.

47a) Ist eine juristische Person Gesellschafter, so werden ihre Rechte durch ihre Vorstandsmitglieder ausgeübt. Gewillkürte Stellvertretung ist unzulässig. RG **123** 299.

48) Der Widerspruch darf auch gegen eine Reihe einzelner Geschäfte und gegen einzelne Gattungen von Geschäften im voraus erhoben werden, er darf sich aber nicht gegen die Geschäftsführung als solche richten. RG **84** 139.

49) Jeder geschäftsführende Gesellschafter hat volle Vertretungsmacht; was er tut, wird weder dadurch beeinträchtigt, daß ein Gesellschafter ihm darin widersprochen hat, noch dadurch, daß er dem Dritten gegenüber nachträglich widerspricht. Wenn aber der widersprechende Gesellschafter gegenwärtig ist und gleichzeitig dem Dritten seinen Widerspruch erklärt, heben sich die widersprechenden Erklärungen auf und es geschieht nichts. So auch, wenn die Handlung des einen Gesellschafters sich gegen den anderen Gesellschafter richtet und dieser widerspricht. RG **81** 95.

49a) Das Widerspruchsrecht wird durch Gefahr im Verzuge nicht berührt. RG **109** 60.

Zur Bestellung eines Prokuristen bedarf es der Zustimmung aller geschäftsführenden Gesellschafter, es sei denn, daß Gefahr im Verzug ist. Der Widerruf der Prokura kann von jedem der zur Erteilung oder zur Mitwirkung bei der Erteilung befugten Gesellschafter erfolgen.

§ 117. Die Befugnis zur Geschäftsführung kann einem Gesellschafter auf Antrag der übrigen Gesellschafter durch gerichtliche Entscheidung[50]) entzogen werden, wenn ein wichtiger Grund vorliegt; ein solcher Grund ist insbesondere grobe Pflichtverletzung oder Unfähigkeit zur ordnungsmäßigen Geschäftsführung.

§ 118. Ein Gesellschafter kann, auch wenn er von der Geschäftsführung ausgeschlossen ist, sich von den Angelegenheiten der Gesellschaft persönlich unterrichten, die Handelsbücher und die Papiere der Gesellschaft einsehen und sich aus ihnen eine Bilanz anfertigen.[51])

Eine dieses Recht ausschließende oder beschränkende Vereinbarung steht der Geltendmachung des Rechtes nicht entgegen, wenn Grund zu der Annahme unredlicher Geschäftsführung besteht.

§ 119. Für die von den Gesellschaftern zu fassenden Beschlüsse bedarf es der Zustimmung aller zur Mitwirkung bei der Beschlußfassung berufenen Gesellschafter.

Hat nach dem Gesellschaftsvertrage die Mehrheit der Stimmen zu entscheiden, so ist die Mehrheit im Zweifel nach der Zahl der Gesellschafter zu berechnen.[51a])

§ 120. Am Schlusse jedes Geschäftsjahres wird auf Grund der Bilanz der Gewinn oder der Verlust des Jahres ermittelt und für jeden Gesellschafter sein Anteil daran berechnet.

Der einem Gesellschafter zukommende Gewinn wird dem Kapitalanteile des Gesellschafters zugeschrieben; der auf einen Gesellschafter entfallende Verlust[52]) sowie das während des Geschäftsjahres auf den Kapitalanteil entnommene Geld wird davon abgeschrieben.

---

50) Abweichend von § 712 BGB ist gerichtliche Entscheidung nötig; einstweilige Verfügung genügt, auch Schiedsspruch. RG **22** 170, JW **09** 467.

51) Das Recht aus § 118 kann einem Dritten nicht abgetreten werden; der Anspruch auf Gewinnanteil ist abtretungsfähig, die Geltendmachung hängt aber von der vorherigen Feststellung der Höhe durch die Gesellschafter ab. RG, **R 3** 45.

51a) Die Bestimmung des Gesellschaftsvertrages, daß Stimmenmehrheit entscheidet, bezieht sich regelmäßig nur auf die Geschäftsführung, nicht aber auf die Auflösung der Gesellschaft und die Art der Auseinandersetzung der Gesellschafter. RG **114** 395.

52) Nach Auflösung der Gesellschaft steht, wenn das Kapital der Gesellschaft ver-

§ 121. Von dem Jahresgewinne gebührt jedem Gesellschafter zunächst ein Anteil in Höhe von vier vom Hundert seines Kapitalanteils. Reicht der Jahresgewinn hierzu nicht aus, so bestimmen sich die Anteile nach einem entsprechend niedrigeren Satze.

Bei der Berechnung des nach Abs. 1 einem Gesellschafter zukommenden Gewinnanteils werden Leistungen, die der Gesellschafter im Laufe des Geschäftsjahres als Einlage gemacht hat, nach dem Verhältnisse der seit der Leistung abgelaufenen Zeit berücksichtigt. Hat der Gesellschafter im Laufe des Geschäftsjahres Geld auf seinen Kapitalanteil entnommen, so werden die entnommenen Beträge nach dem Verhältnisse der bis zur Entnahme abgelaufenen Zeit berücksichtigt.

Derjenige Teil des Jahresgewinnes, welcher die nach den Abs. 1, 2 zu berechnenden Gewinnanteile übersteigt, sowie der Verlust eines Geschäftsjahrs wird unter die Gesellschafter nach Köpfen verteilt.

§ 122. Jeder Gesellschafter ist berechtigt, aus der Gesellschaftskasse Geld bis zum Betrage von vier vom Hundert seines für das letzte Geschäftsjahr festgestellten Kapitalanteils zu seinen Lasten zu erheben und, soweit es nicht zum offenbaren Schaden der Gesellschaft gereicht, auch die Auszahlung seines den bezeichneten Betrag übersteigenden Anteils am Gewinne des letzten Jahres zu verlangen.[53])

Im übrigen ist ein Gesellschafter nicht befugt, ohne Einwilligung der anderen Gesellschafter seinen Kapitalanteil zu mindern.

3. Titel. Rechtsverhältnis der Gesellschafter zu Dritten.

§ 123. Die Wirksamkeit der offenen Handelsgesellschaft tritt im Verhältnisse zu Dritten mit dem Zeitpunkt ein, in welchem die Gesellschaft in das Handelsregister eingetragen wird.

---

loren gegangen ist, dem Gesellschafter, der eine höhere Einlage geleistet hatte, in Ansehung des Mehrbetrages Anspruch auf Ersatz (gegen die andern Gesellschafter) nach dem Verhältnisse zu, in welchem der Verlust getragen werden soll; die Zahlung darf auch, wenn noch ungedeckte Forderungen von Gesellschaftsgläubigern vorhanden sind, bereits vor Berichtigung dieser Forderungen verlangt werden. RG **40** 29.

53) Wenn ein Gesellschafter unbefugterweise Gelder für sich aus der Gesellschaftskasse entnimmt, so entsteht hierdurch eine Forderung der Gesellschaft gegen ihn. Entnimmt er Gelder innerhalb der Schranken des § 122, so ist er zur Rückzahlung derselben nicht verpflichtet. Die entnommenen Beträge werden ihm zwar zur Last geschrieben, aber es geschieht dies nur zum Zweck der Berechnung am Schluß des Geschäftsjahres, er erscheint zwar äußerlich als Gesellschaftsschuldner, ist es aber in Wahrheit nicht. RG **3** 59.

Beginnt die Gesellschaft ihre Geschäfte schon vor der Eintragung,[54,55]) so tritt die Wirksamkeit mit dem Zeitpunkte des Geschäftsbeginns ein, soweit nicht aus dem § 2 sich ein anderes ergibt.

Eine Vereinbarung, daß die Gesellschaft erst mit einem späteren Zeitpunkt ihren Anfang nehmen soll, ist Dritten gegenüber unwirksam.

§ 124. Die offene Handelsgesellschaft kann unter ihrer Firma Rechte erwerben[56—60]) und Verbindlichkeiten eingehen, Eigentum und andere dingliche Rechte an Grundstücken erwerben, vor Gericht klagen[61,62]) und verklagt werden.[63—65])

---

54) Der Geschäftsbeginn muß dem Willen aller Gesellschafter entsprechen; einmaliges Wechselakzept genügt. OHG **12** 410. Das Gesellschaftsverhältnis muß nach außen kundgetan sein. OHG **7** 143.

55) In der bloßen Fortsetzung eines Handelsgeschäfts durch die Erben des verstorbenen Inhabers der Firma unter der bisherigen Firma und unter Bestellung eines der Erben zum Vertreter der Firma liegt noch nicht der Abschluß einer Handelsgesellschaft; dazu gehört, daß die gemeinsame Betreibung des ererbten Geschäfts entweder auf längere oder auf unbestimmte Zeit verabredet oder tatsächlich auf länger, als zur Abwicklung und Auseinandersetzung betreffs der Erbschaft erforderlich ist, fortgesetzt wird. OHG **11** 101.

56) Die offene Handelsgesellschaft ist keine juristische Person, aber nähert sich ihr. Die vereinigten Gesellschafter sind zwar Träger des Gesellschaftsvermögens, dieses ist aber ein selbständiges Sondervermögen, an dem eine Gemeinschaft zur gesamten Hand besteht. Es setzt sich zusammen aus den Einlagen und Beiträgen der Gesellschaft und den von der Gesellschaft unter ihrer Firma erworbenen Sachen und Rechten. Ein Gesellschafter kann über seinen Anteil am Gesellschaftsvermögen oder an den einzelnen dazu gehörenden Gegenständen auch mit Zustimmung der übrigen Gesellschafter nicht verfügen (vgl. § 719 BGB). RG **56** 432; **61** 72; **65** 225; **83** 109; **84** 110; **95** 311; **106** 141.

57) Erwirbt ein Gesellschafter von der Gesellschaft zu ihrem Vermögen gehörige Gegenstände, so steht er ihr nicht als Gesellschafter, sondern als Dritter gegenüber. RG **56** 430; **61** 72; RG, **K 2** 50.

58) Auch nach Auflösung der Gesellschaft bleibt das Gesellschaftsvermögen während der Liquidation erhalten. RG **54** 78.

59) Ein mit einer Gesellschaft geschlossener Vertrag kann nicht durch Lieferung an einen Gesellschafter allein erfüllt werden. RG **83** 109. Ein Gesellschafter kann nicht auf Leistung an die Gesellschaft klagen. RG **86** 72.

60) Gehören Grundstücke zum Gesellschaftsvermögen, so unterliegt der Eintritt eines neuen Gesellschafters nicht der Form des § 313 BGB. RG **82** 160.

61) Die offene Handelsgesellschaft ist parteifähig. RG **86** 65.

62) Wenn eine Gesellschaft im Prozesse als Partei auftritt, brauchen nicht die einzelnen Gesellschafter genannt zu werden, ein Wechsel derselben während des Prozesses ist für diesen unerheblich; Parteieide leisten die vertretungsberechtigten Gesellschafter. OHG **9** 16.

63) Die Klage gegen eine offene Handelsges. ist rechtlich verschieden von der Klage gegen den einen Gesellschafter; Umwandlung der einen Klage in die andere ist unstatt-

Zur Zwangsvollstreckung in das Gesellschaftsvermögen ist ein gegen die Gesellschaft[66]) gerichteter vollstreckbarer Schuldtitel erforderlich.

§ 125. Zur Vertretung der Gesellschaft ist jeder Gesellschafter ermächtigt, wenn er nicht durch den Gesellschaftsvertrag von der Vertretung ausgeschlossen ist.

Im Gesellschaftsvertrage kann bestimmt werden, daß alle oder mehrere Gesellschafter nur in Gemeinschaft zur Vertretung der Gesellschaft ermächtigt sein sollen (Gesamtvertretung)[67]). Die zur Gesamtvertretung berechtigten Gesellschafter können einzelne von ihnen zur Vornahme bestimmter Geschäfte oder bestimmter Arten von Geschäften ermächtigen.[68]) Ist der Gesellschaft gegenüber eine Willenserklärung abzugeben, so genügt die Abgabe gegenüber einem der zur Mitwirkung bei der Vertretung befugten Gesellschafter.[69])

Im Gesellschaftsvertrage kann bestimmt werden, daß die Gesellschafter, wenn nicht mehrere zusammen handeln, nur in Gemeinschaft mit einem Prokuristen zur Vertretung der Gesellschaft ermächtigt sein

---

hafte Klageänderung. RG 36 139. Die nachträgliche Erweiterung der gegen eine offene Handelsges. allein gerichteten Klage auf ihre Inhaber ist mit deren Zustimmung zulässig. RGBl 05 96. Hört die Ges. während des Rechtsstreites zu bestehen auf, — nach beendeter oder ohne Liquidation —, so bleibt der Prozeß ohne weiteres für oder gegen die früheren Gesellschafter anhängig. War die Ges. verklagt, so müssen die früheren Gesellschafter, gegen die die Klage aus § 128 fortgesetzt wird, noch in diesem Prozeß ihre persönlichen Einwendungen vorbringen. RG 46 39; 64 80; 127 100.

64) Als Kläger sind die früheren Gesellschafter notwendige Streitgenossen. RG, K 1 17; 2 50; nicht aber allgemein als Beklagte. RG 91 413.

65) Wenn ein Gesellschafter bei dem Betriebe des Handelsgewerbes eine Handlung, welche nach den Lebensverhältnissen zum Betriebe gehört, derartig im Namen der offenen Handelsges. ausführt, daß dadurch der Vermögensrechtskreis einer anderen Person verletzt wird, haftet die Gesellschaft für den Schaden. RG 20 196.

66) Es genügt nicht ein Titel gegen sämtliche Gesellschafter; anders bei der Gesellschaft des Bürgerlichen Rechts (§ 736 ZPO). Zweckmäßig — im Hinblick auf § 129 Abs. 4 — und zulässig ist die Verbindung der Klage gegen die Gesellschaft und gegen die einzelnen Gesellschafter. RG 49 344.

67) Ein Gesellschafter kann allein vertretungsberechtigt sein, der andere nur mit ihm zusammen. RG 90 91.

68) Auch für formbedürftige Geschäfte. Die Ermächtigung bedarf keiner Form. RG 81 328; 116 118.

69) Bei Zustellungen an die Gesellschaft genügt die Zustellung an einen Gesamtvertreter. Auch Wechselproteste können gegen einen Gesamtvertreter erhoben werden. RG 53 227.

sollen. Die Vorschriften des Abs. 2 Satz 2, 3 finden in diesem Falle entsprechende Anwendung.

Der Ausschluß eines Gesellschafters von der Vertretung, die Anordnung einer Gesamtvertretung oder eine gemäß Abs. 3 Satz 1 getroffene Bestimmung sowie jede Änderung in der Vertretungsmacht eines Gesellschafters ist von sämtlichen Gesellschaftern zur Eintragung in das Handelsregister anzumelden.[70])

§ 126. Die Vertretungsmacht der Gesellschafter erstreckt sich auf alle gerichtlichen[71]) und außergerichtlichen Geschäfte[72—76]) und Rechtshand-

---

70) Eine eingetragene Gesamtvertretung kann durch tatsächliche Überlassung eines Geschäftszweiges zu alleiniger Ausübung an einen Gesellschafter außer Kraft gesetzt werden; ein Dritter darf dies aus der fortgesetzten Ausführung der von dem einen Gesellschafter geschlossenen Geschäfte durch die Gesellschaft folgern. RG **5** 16; **34** 6.

71) Gesetzliche Vertreter im Sinne der §§ 473, 476, 477 ZPO sind nur die vertretungsberechtigten Teilnehmer einer offenen Handelsgesellschaft. RG, K **4** 68.

72) Auch wenn das betreffende Geschäft kein Handelsgeschäft ist oder außerhalb des Betriebes des Handelsgewerbes der Firma liegt. RG **26** 18.

73) Es besteht keine gesetzliche Vermutung dafür, daß ein Teilhaber einer offenen Gesellschaft bei Abschließung eines Handelsgeschäftes als Vertreter der Gesellschaft handele, OHG **18** 226, aber auch keine für das Gegenteil, sondern es entscheiden stets die Umstände des einzelnen Falles. OHG **22** 60, RG **28** 118. Es ist aber regelmäßig anzunehmen, daß, wer mit einem Kaufmann kontrahiert, ohne zu wissen, ob dieser ein Geschäft als Einzelkaufmann oder als Teilhaber einer offenen Handelsges. betreibt, mit dem Inhaber des Geschäfts abschließen will. RG **30** 77.

74) Die Verpflichtung der Gesellschaft ist nicht von der Zeichnung ihrer Firma, sondern nur von dem Willen des zu ihrer Vertretung befugten Gesellschafters für sie zu kontrahieren bedingt und dieser Wille kann auch dann als ausgedrückt gelten, wenn der Gesellschafter nur mit seinem Namen unterschreibt. RG **28** 119. Jedoch ist zur Verpflichtung der Gesellschaft aus Wechseln oder anderen Formalakten die Zeichnung der Gesellschaftsfirma erforderlich, OHG **12** 173; es genügt hierzu also nicht, wenn ein Gesellschafter mit seinem Namen unterschreibt und diesen mit dem Zusatz „in Firma" den Namen der Gesellschaft lediglich beifügt. OHG **14** 201.

75) Die Genehmigung zu einem ohne Vertretungsmacht im Namen eines anderen abgeschlossenen Vertrages (§ 177 Satz 1 BGB) bedarf nach § 182 Abs. 2 BGB nicht der für das Rechtsgeschäft selbst bestimmten Form und wirkt nach § 184 Abs. 1 auf den Zeitpunkt der Vornahme des Rechtsgeschäfts zurück. RG **63** 96. Ob der Gesellschafter mit sich selbst als Vertreter der Gesellschaft kontrahieren kann, bestimmt § 181 BGB.

76) Bei arglistigem Zusammenwirken des Gesellschafters mit einem Dritten wird die Gesellschaft aus dem Geschäfte nicht verpflichtet. Es genügt aber nicht, daß der Dritte nur weiß, daß der Gesellschafter in seinem Privatinteresse handelt, vielmehr muß ihm die Kenntnis des Mißbrauchs der Vertretungsmacht und der beabsichtigten Schädigung der Gesellschaft nachgewiesen werden. OHG **7** 403; **9** 429. RG **58** 358. RG, K **4** 68.

lungen[77, 78]) einschließlich der Veräußerung und Belastung von Grundstücken sowie der Erteilung und des Widerrufs einer Prokura.

Eine Beschränkung des Umfanges der Vertretungsmacht ist Dritten gegenüber unwirksam;[79]) dies gilt insbesondere von der Beschränkung, daß sich die Vertretung nur auf gewisse Geschäfte oder Arten von Geschäften erstrecken oder daß sie nur unter gewissen Umständen oder für eine gewisse Zeit oder an einzelnen Orten stattfinden soll.

In betreff der Beschränkung auf den Betrieb einer von mehreren Niederlassungen der Gesellschaft finden die Vorschriften des § 50 Abs. 3 entsprechende Anwendung.

§ 127. Die Vertretungsmacht kann einem Gesellschafter[80]) auf Antrag der übrigen Gesellschafter durch gerichtliche Entscheidung[81]) entzogen werden, wenn ein wichtiger Grund vorliegt; ein solcher Grund ist insbesondere grobe Pflichtverletzung oder Unfähigkeit zur ordnungsmäßigen Vertretung der Gesellschaft.

§ 128. Die Gesellschafter haften für die Verbindlichkeit der Gesellschaft den Gläubigern als Gesamtschuldner persönlich.[82—83a]) Eine entgegenstehende Vereinbarung ist Dritten gegenüber unwirksam.

---

77) Die Vertretungsmacht umfaßt nicht den Vertrag über die Aufnahme eines neuen Gesellschafters. Dies ist Abänderung des Gesellschaftsvertrages. RG 91 451.

78) Die offene Handelsges. (und neben ihr als Gesamtschuldner die einzelnen Gesellschafter, RG, K 10 70) haftet für alle solche Delikte und sonstigen außervertraglichen zum Schadensersatz verpflichtende Handlungen des Gesellschafters, die im inneren Zusammenhang mit dem Geschäftsbetriebe der Gesellschaft betrieben werden, auch im Bereiche von Nichthandelsgeschäften, welche die Ges. außer Handelsgeschäften betreibt. RG 17 93; 20 196; 32 32; 46 18; 64 81. Z. B. Patentverletzungen, RG 15 121.

79) Auch wenn der Dritte die Beschränkung kennt, außer bei Kollusionen. RG 57 391; vgl. oben Note 76.

80) Auch dem letzten noch zur Vertretung befugten. RG 74 298.

81) Auch durch einstweilige Verfügung. K 10 71 (Kammergericht).

82) Das Urteil, welches in einem mit der offenen Handelsges. geführten Prozeß über das Bestehen oder Nichtbestehen einer Gesellschaftsschuld ergeht, hat, insoweit es sich um die Feststellung der Gesellschaftsschuld handelt, auch Rechtskraftwirkung gegen und für die einzelnen Gesellschafter. RG 49 341. Gesellschafter und Gesellschaft sind notwendige Streitgenossen, wenn die Verteidigung nicht auseinanderfällt. RG 123 154.

83) Jeder Gesellschafter kann mit der Gesellschaft Rechtsgeschäfte schließen und auf Grund derselben ihr Gläubiger oder Schuldner werden; derartige Forderungen darf er mit der Klage aus dem betr. Rechtsgeschäfte (Kauf, Mietvertrag, Darlehn usw.) einklagen, er klagt alsdann nicht auf Grund des Gesellschaftsverhältnisses (mit der actio pro socio), sondern macht den Gesellschafter in Gemäßheit der §§ 110, 128 für die Verbindlichkeiten

§ 129. Wird ein Gesellschafter wegen einer Verbindlichkeit der Gesellschaft in Anspruch genommen, so kann er Einwendungen, die nicht in seiner Person begründet sind, nur insoweit geltend machen, als sie von der Gesellschaft erhoben werden können.[89])

Der Gesellschafter kann die Befriedigung des Gläubigers verweigern, solange der Gesellschaft das Recht zusteht, das ihrer Verbindlichkeit zugrunde liegende Rechtsgeschäft anzufechten.[90])

---

der Gesellschaft haftbar; der Bekl. kann Einwendungen aus dem bestehenden Gesellschaftsverhältnisse ableiten, insbes. die: der Kläger könne die an sich begründete solidarische Haftbarkeit für die Verbindlichkeit der Gesellschaft nicht geltend machen, weil er in der nämlichen Weise hierfür haftbar sei, sonach was er von dem Bekl. über dessen Schuldanteil hinaus erhalte, wieder herausgeben müsse. RG **36** 60 (63). Diese Grundsätze finden auch auf Forderungen, die ein Gesellschafter gegen die Gesellschaft aus § 110 hat, Anwendung. RG **59** 143.

84) Eine offene Handelsges. kann wegen einer Gesellschaftsforderung mit der Privatforderung eines Gesellschafters an den Gesellschaftsgläubiger aufrechnen, wenn der Gesellschafter zustimmt. Wird aber ein Gesellschafter wegen einer Privatschuld verklagt, so kann er nicht mit einer der Gesellschaft gegen den Gläubiger zustehenden Forderung aufrechnen, auch wenn die Gesellschaft zustimmt. RG **51** 86.

85) Der Erfüllungsort der Verbindlichkeit der Gesellschaft ist als solcher auch Erfüllungsort für die in § 128 vorgesehenen Verbindlichkeiten der einzelnen Gesellschafter; die gegen die letzteren gerichtete Klage hat die Erfüllung eines Vertrages zum Gegenstande. RG **22** 44.

86) Vgl. auch §§ 421 ff. BGB über die Gesamtschuld.

87) Der ausgeschiedene Gesellschafter haftet nur für die während seiner Zugehörigkeit zur Gesellschaft bereits entstandenen Schulden; die Vorschrift in § 740 BGB, daß Abwicklungsgeschäfte noch für seine Rechnung gehen, gilt nur für das Verhältnis der Gesellschafter untereinander. Ist für eine Schuld ein Wechsel gegeben, so haftet der Ausgeschiedene für den Wechsel, wenn die Schuld bereits zu jener Zeit bestanden hat. RG, **K 3** 71. Er haftet nicht für die Forderung aus einem Mietvertrage, der vor seinem Ausscheiden geschlossen war und nach diesem stillschweigend verlängert worden ist, über die ursprüngliche Dauer hinaus. RG **86** 60; **125** 418.

88) Hat eine offene Handelsges. sich verpflichtet, für ihr Geschäft den Bedarf an gewissen Waren von dem anderen Kontrahenten zu beziehen, so ist der ausscheidende Gesellschafter nicht verpflichtet, für ein von ihm allein betriebenes Geschäft jenem Vertrage gemäß zu handeln. RG, **K 3** 70.

88a) § 128 gilt nicht für Ansprüche eines Gesellschafters aus dem Gesellschaftsverhältnis. RG **120** 137.

89) Der einzeln verklagte Gesellschafter kann sich darauf berufen, daß die Klage gegen die Gesellschaft abgewiesen ist (exceptio rei iudicatae). RG **5** 69. Scheidet ein Gesellschafter während des gegen die Gesellschaft schwebenden Rechtsstreites aus ihr aus, so schafft das Urteil doch Rechtskraft ihm gegenüber. RG **102** 303.

90) Dem Gesellschafter steht nur eine aufschiebende Einrede (§ 202 Abs. 2 BGB) zu.

Die gleiche Befugnis hat der Gesellschafter, solange sich der Gläubiger durch Aufrechnung gegen eine fällige Forderung der Gesellschaft befriedigen kann.[90])

Aus einem gegen die Gesellschaft gerichteten vollstreckbaren Schuldtitel findet die Zwangsvollstreckung gegen die Gesellschafter nicht statt.

§ 130. Wer in eine bestehende Gesellschaft[91]) eintritt, haftet gleich den anderen Gesellschaftern nach Maßgabe der §§ 128, 129 für die vor seinem Eintritte begründeten Verbindlichkeiten der Gesellschaft, ohne Unterschied, ob die Firma eine Änderung leidet oder nicht.[92])

Eine entgegenstehende Vereinbarung ist Dritten gegenüber unwirksam.

4. Titel. Auflösung der Gesellschaft und Ausscheiden von Gesellschaftern.

§ 131. Die offene Handelsgesellschaft wird aufgelöst:[93],[94])

1. durch den Ablauf der Zeit, für welche sie eingegangen ist;
2. durch Beschluß der Gesellschafter;[95],[96])
3. durch die Eröffnung des Konkurses über das Vermögen der Gesellschaft;

---

91) Über die Haftung bei Eintritt in das Geschäft eines Einzelkaufmanns siehe § 28; vgl. auch Noten 77 und 78 zu § 25.

92) Der Eintritt wird wirksam, ohne daß die Eintragung des Eingetretenen in das Handelsregister erfolgt ist oder seine Geschäftstätigkeit begonnen hat, wenn nur die rechtl. Wirksamkeit der Handelsgesellschaft nach § 123 begonnen hatte. OHG 17 354.

93) Mit der Auflösung der Gesellschaft hört nur die produktive Seite der Gesellschaft und die Vertretungsbefugnis der bisherigen Gesellschafter auf. Dagegen bleibt die Gesellschaft selbst noch bis zur Verteilung ihres Vermögens unter die Gläubiger und Gesellschafter erhalten. RG 16 1; 28 132.

94) Ist eine Handelsgesellschaft aufgelöst und die Firma gelöscht, so nimmt zwar die Post mit Recht an, daß Sendungen unter der Aufschrift der Firma als unbestellbar zu behandeln sind. Gleichwohl kann ein Gesellschafter verpflichtet sein zu gestatten, daß solche Sendungen an den anderen ausgehändigt werden, z. B. wenn dieser das bisher der Gesellschaft gehörige Geschäft weiter betreibt. RG, K 4 71.

95) Im Gesellschaftsvertrage darf bestimmt werden, daß durch einen Mehrheitsbeschluß der Gesellschafter die Auflösung und Liquidation schon in einem früheren Zeitpunkte als dem im Vertrage festgesetzten herbeigeführt werden kann, ebenso daß das Gesellschaftsvermögen auf eine neue Gesellschaft übertragen werden kann und daß die dieser nicht beitretenden Gesellschafter nur ihren Anteil am Gesellschaftsvermögen nach der letzten Bilanz erhalten. RG, K 1 19.

96) Eine offene Handelsges. kann unter Wahrung ihrer Identität in eine Kommanditges. und eine solche in eine Handelsges. umgewandelt werden. RG, K 4 71.

4. durch den Tod eines Gesellschafters, sofern nicht aus dem Gesellschaftsvertrage sich ein anderes ergibt;[97])
5. durch die Eröffnung des Konkurses über das Vermögen eines Gesellschafters;
6. durch Kündigung[98—100, 1]) und durch gerichtliche Entscheidung.

§ 132. Die Kündigung eines Gesellschafters kann, wenn die Gesellschaft für unbestimmte Zeit eingegangen ist, nur für den Schluß eines Geschäftsjahres erfolgen; sie muß mindestens sechs Monate vor diesem Zeitpunkte stattfinden.

§ 133. Auf Antrag eines Gesellschafters kann[1a]) die Auflösung der Gesellschaft vor dem Ablaufe der für ihre Dauer bestimmten Zeit oder bei einer für unbestimmte Zeit eingegangenen Gesellschaft ohne Kündigung durch gerichtliche[2]) Entscheidung ausgesprochen werden, wenn ein wichtiger Grund vorliegt.[3, 4])

Ein solcher Grund ist insbesondere vorhanden, wenn ein anderer Gesellschafter eine ihm nach dem Gesellschaftsvertrag obliegende wesent-

97) Die Gesellschaft gilt einem Dritten gegenüber als aufgelöst an dem Tage, an welchem er den Tod des Gesellschafters erfahren hat, wenn nicht vertragsmäßig Fortbestand derselben vereinbart war. OHG **19** 21.

98) Die Kündigung muß an die Gesellschafter, nicht an die Firma geschehen (es genügt aber, wenn die an die Firma gerichtete Kündigung zur Kenntnis sämtlicher Gesellschafter gebracht wird). RG **21** 93.

99) Es kann festgesetzt sein, daß die Kündigung vor Erreichung eines gewissen Zweckes ausgeschlossen oder nur unter bestimmten Voraussetzungen zulässig sein soll, es darf aber nicht die Kündigungsbefugnis ganz aufgehoben werden. RG **21** 93.

100) Stirbt ein Gesellschafter im Laufe der Kündigungsfrist, so verliert die Kündigung ihre auflösende Kraft; es treten die Folgen des Todes ein. RG **93** 54.

1) Der Gesellschaftsvertrag kann einem Gesellschafter das Recht einräumen, die Anteile der anderen zu erwerben. Dieses Recht ist mit dem Anteile des Gesellschafters abtretbar. RG **92** 164. — Ob das Recht auch ohne den Anteil des Gesellschafters abgetreten werden kann, läßt diese Entscheidung unentschieden, die Frage dürfte zu verneinen sein.

1a) kann = muß. RG **122** 314 (unter Aufgabe der Auffassung **105** 378).

2) Auch durch ein Schiedsgericht. RG **71** 255. Die Rechte aus §§ 133, 140 können nur durch Klage oder Widerklage geltend gemacht werden, nicht durch Einwendung. RG **112** 282.

3) Durch Aufkündigung wird der Antrag auf Ausschließung nicht beseitigt. OHG **6** 113.

4) Auch ein Grund, der in der Person des die Auflösung verlangenden Gesellschafters liegt, kann als Auflösungsgrund im Sinne des § 133 angesehen werden. RG, K **1** 19. Ein wichtiger Grund kann auch darin liegen, daß ein Gesellschafter seine Rechte nicht selbst auszuüben vermag. RG **105** 377.

liche Verpflichtung vorsätzlich oder aus grober Fahrlässigkeit verletzt oder wenn die Erfüllung einer solchen Verpflichtung unmöglich wird.[5—8])

Eine Vereinbarung, durch welche das Recht des Gesellschafters, die Auflösung der Gesellschaft zu verlangen, ausgeschlossen oder diesen Vorschriften zuwider beschränkt wird, ist nichtig.[9])

§ 134. Eine Gesellschaft, die für die Lebenszeit eines Gesellschafters eingegangen ist oder nach dem Ablaufe der für ihre Dauer bestimmten Zeit stillschweigend fortgesetzt wird, steht im Sinne der Vorschriften der §§ 132, 133 einer für unbestimmte Zeit eingegangenen Gesellschaft gleich.

§ 135. Hat ein Privatgläubiger eines Gesellschafters, nachdem innerhalb der letzten sechs Monate eine Zwangsvollstreckung in das bewegliche Vermögen des Gesellschafters ohne Erfolg versucht ist, auf Grund eines nicht bloß vorläufig vollstreckbaren Schuldtitels die Pfändung und Überweisung des Anspruchs auf dasjenige erwirkt, was dem Gesellschafter bei der Auseinandersetzung zukommt,[10]) so kann er die Gesellschaft ohne Rücksicht darauf, ob sie für bestimmte oder unbestimmte Zeit eingegangen ist, sechs Monate vor dem Ende des Geschäftsjahres für diesen Zeitpunkt kündigen.[11])

§ 136. Wird die Gesellschaft in anderer Weise als durch Kündigung aufgelöst, so gilt die Befugnis eines Gesellschafters zur Geschäftsführung

---

5) Unverzügliche Geltendmachung des Rechts auf Ausschluß ist nicht vorgeschrieben. RG, R 1 19.

6) Der Gesellschafter, der durch schuldhaftes Verhalten Anlaß zur Kündigung gibt, haftet dem andern für den Schaden, der diesem durch vorzeitige Beendigung der Gesellschaft entsteht. RG 89 398.

7) Es kommt nicht darauf an, ob eine Benachteiligung der Firma beabsichtigt war oder eingetreten ist; die Girierung eines Privatwechsels mit der Gesellschaftsfirma ist ein Mißbrauch. OHG 20 265.

8) Das Recht schaffende Urteil aus § 133 wirkt erst mit der Rechtskraft. RG 123 153.

9) Diese Vorschrift findet auch auf bereits vor 1900 entstandene Gesellschaften Anwendung. RG 71 255.

10) Vgl. §§ 717, 719 BGB, § 859 ZPO. — Die Pfändung des Auseinandersetzungsguthabens verschafft dem Gläubiger nicht etwa die Stellung eines Gesellschafters, sondern dient lediglich zur Herbeiführung der Kündigung und Auseinandersetzung. RG 60 131. Der Gläubiger (und der Zessionar) hat kein Recht auf Beteiligung an der Auseinandersetzung, sondern nur einen Anspruch auf das, was dem Gesellschafter dabei zukommt. RG 90 19; 95 232.

11) Vgl. §§ 141, 142 Abs. 2.

zu seinen Gunsten gleichwohl als fortbestehend, bis er von der Auflösung Kenntnis erlangt oder die Auflösung kennen muß.

§ 137. Wird die Gesellschaft durch den Tod eines Gesellschafters aufgelöst, so hat der Erbe des verstorbenen Gesellschafters den übrigen Gesellschaftern den Tod unverzüglich anzuzeigen und bei Gefahr im Verzuge die von seinem Erblasser zu besorgenden Geschäfte fortzuführen, bis die übrigen Gesellschafter in Gemeinschaft mit ihm anderweit Fürsorge treffen können. Die übrigen Gesellschafter sind in gleicher Weise zur einstweiligen Fortführung der von ihnen zu besorgenden Geschäfte verpflichtet. Die Gesellschaft gilt insoweit als fortbestehend.

Die Vorschriften des Abs. 1 Satz 2, 3 finden auch im Falle der Auflösung der Gesellschaft durch die Eröffnung des Konkurses über das Vermögen eines Gesellschafters Anwendung.

§ 138. Ist im Gesellschaftsvertrage bestimmt, daß, wenn ein Gesellschafter kündigt oder stirbt oder wenn der Konkurs über sein Vermögen eröffnet wird, die Gesellschaft unter den übrigen Gesellschaftern fortbestehen soll, so scheidet mit dem Zeitpunkt, in welchem mangels einer solchen Bestimmung die Gesellschaft aufgelöst werden würde, der Gesellschafter, in dessen Person das Ereignis eintritt, aus der Gesellschaft aus.[11a])

§ 139. Ist im Gesellschaftsvertrage bestimmt, daß im Falle des Todes eines Gesellschafters die Gesellschaft mit dessen Erben fortgesetzt werden soll, so kann jeder Erbe sein Verbleiben in der Gesellschaft davon abhängig machen, daß ihm unter Belassung des bisherigen Gewinnanteils die Stellung eines Kommanditisten[12]) eingeräumt und der auf ihn fallende Teil der Einlage des Erblassers als seine Kommanditeinlage anerkannt wird.

Nehmen die übrigen Gesellschafter einen dahin gehenden Antrag des Erben nicht an, so ist dieser befugt, ohne Einhaltung einer Kündigungsfrist sein Ausscheiden aus der Gesellschaft zu erklären.

Die bezeichneten Rechte können von dem Erben nur innerhalb einer Frist von drei Monaten nach dem Zeitpunkt, in welchem er von dem An-

---

11a) Rechtsbeziehungen zwischen dem Gesamtvermögen der Gesellschafter und dem Privatvermögen des einzelnen Gesellschafters sind nicht ausgeschlossen. Solche nicht auf dem Gesellschaftsverhältnis, sondern auf besonderen Rechtsgeschäften beruhenden Ansprüche können durchgeführt werden außerhalb des nach § 138 durch das Ausscheiden eines Gesellschafters veranlaßten Auseinandersetzungsverfahrens. RG 118 298.

12) Wegen der Anmeldung vgl. § 162 Abs. 3.

falle der Erbschaft Kenntnis erlangt hat, geltend gemacht werden. Auf den Lauf der Frist finden die für die Verjährung geltenden Vorschriften des § 206 des Bürgerlichen Gesetzbuchs entsprechende Anwendung. Ist bei dem Ablaufe der drei Monate das Recht zur Ausschlagung der Erbschaft noch nicht verloren, so endigt die Frist nicht vor dem Ablaufe der Ausschlagungsfrist.

Scheidet innerhalb der Frist des Abs. 3 der Erbe aus der Gesellschaft aus oder wird innerhalb der Frist die Gesellschaft aufgelöst oder dem Erben die Stellung eines Kommanditisten eingeräumt, so haftet er für die bis dahin entstandenen Gesellschaftsschulden nur nach Maßgabe der die Haftung des Erben für die Nachlaßverbindlichkeiten betreffenden Vorschriften des bürgerlichen Rechtes.

Der Gesellschaftsvertrag kann die Anwendung der Vorschriften der Abs. 1 bis 4 nicht ausschließen; es kann jedoch für den Fall, daß der Erbe sein Verbleiben in der Gesellschaft von der Einräumung der Stellung eines Kommanditisten abhängig macht, sein Gewinnanteil anders als der des Erblassers bestimmt werden.

§ 140. Tritt in der Person[12a]) eines Gesellschafters ein Umstand ein, der nach § 133 für die übrigen[13]) Gesellschafter das Recht begründet, die Auflösung der Gesellschaft zu verlangen, so kann vom Gericht[14]) anstatt der Auflösung die Ausschließung dieses Gesellschafters aus der Gesellschaft ausgesprochen werden, sofern die übrigen Gesellschafter dies beantragen.[15])

Für die Auseinandersetzung zwischen der Gesellschaft und dem ausgeschlossenen Gesellschafter ist die Vermögenslage der Gesellschaft in dem

---

12a) Die Ausschließung der Erben eines Gesellschafters kann nicht gefordert werden, wenn der das Verlangen rechtfertigende Grund in der Person des verstorbenen Gesellschafters lag. RG **108** 388.

13) Die übrigen Gesellschafter heißt „alle übrigen Gesellschafter". RG **122** 315.

14) Die im Gesellschaftsvertrage getroffene Bestimmung, daß ein Gesellschafter durch einstimmigen Beschluß der übrigen ausgeschlossen werden darf, ist rechtsunwirksam. RG **38** 119. Die Rechte der vertragstreuen Gesellschafter können durch den Gesellschaftsvertrag zwar gemindert, aber nicht erweitert werden. RG **109** 82.

15) Während der Liquidation kann ein Gesellschafter nicht ausgeschlossen werden. RG **74** 62. Zulässig ist die Fortführung der Klage, wenn die Liquidation im Laufe des Rechtsstreites eintritt. RG **102** 376. In dem Antrage auf Ausschließung ist nicht der Antrag auf Auflösung enthalten. RG **24** 136.

Zeitpunkte maßgebend, in welchem die Klage auf Ausschließung erhoben ist.[15a, 16])

§ 141. Macht ein Privatgläubiger eines Gesellschafters von dem ihm nach § 135 zustehenden Rechte Gebrauch, so können die übrigen Gesellschafter auf Grund eines von ihnen gefaßten Beschlusses dem Gläubiger erklären, daß die Gesellschaft unter ihnen fortbestehen solle. In diesem Falle scheidet der betreffende Gesellschafter mit dem Ende des Geschäftsjahres aus der Gesellschaft aus.

Diese Vorschriften finden im Falle der Eröffnung des Konkurses über das Vermögen eines Gesellschafters mit der Maßgabe Anwendung, daß die Erklärung gegenüber dem Konkursverwalter zu erfolgen hat und daß der Gemeinschuldner mit dem Zeitpunkte der Eröffnung des Konkurses als aus der Gesellschaft ausgeschieden gilt.

§ 142. Sind nur zwei Gesellschafter vorhanden, so kann, wenn in der Person des einen von ihnen die Voraussetzungen vorliegen, unter welchen bei einer größeren Zahl von Gesellschaftern seine Ausschließung aus der Gesellschaft zulässig sein würde, der andere Gesellschafter auf seinen Antrag vom Gerichte für berechtigt erklärt werden, das Geschäft ohne Liquidation mit Aktiven und Passiven zu übernehmen.[16a])

Macht[17]) bei einer aus zwei Gesellschaftern bestehenden Gesellschaft ein Privatgläubiger des einen Gesellschafters von der ihm nach § 135 zustehenden Befugnis Gebrauch oder wird über das Vermögen des einen

---

15a) Der Zeitpunkt der Klageerhebung ist auch dann maßgebend, wenn nachträglich andere Gründe geltend gemacht werden, auf welche hin das Gericht die Ausschließung ausspricht. RG 101 245.

16) Diese Vorschrift ist analog anzuwenden, wenn der eine Gesellschafter mit Zustimmung des anderen ausscheidet und der andere das Geschäft mit Aktiven und Passiven übernimmt. Der Ausscheidende nimmt (gemäß § 740 BGB) an dem Gewinne und Verluste teil, welcher sich aus den zur Zeit seines Ausscheidens schwebenden Geschäften ergibt, falls die Gesellschafter nicht eine andere Vereinbarung für die Auseinandersetzung treffen. RG 56 16.

16a) Die Übernahme vollzieht sich ohne weiteres mit der Rechtskraft des Urteils. Für die Auseinandersetzung ist § 140 Abs. 2 maßgebend. RG 101 244. Bei vereinbarter Übernahme ist § 142 Abs. 3 analog anwendbar. Auflassung der Gesellschaftsgrundstücke ist nicht erforderlich, wenn ein Gesellschafter das ganze Geschäft mit Aktiven und Passiven übernimmt. JW 1925 S. 1750 Nr. 6.

17) Diese Bestimmung findet auch auf Gesellschaften Anwendung, die vor dem 1. I. 00 begründet sind. RG 65 379.

Gesellschafters der Konkurs eröffnet, so ist der andere Gesellschafter berechtigt, das Geschäft in der bezeichneten Weise zu übernehmen.

Auf die Auseinandersetzung finden die für den Fall des Ausscheidens eines Gesellschafters aus der Gesellschaft geltenden Vorschriften entsprechende Anwendung.[18])

§ 143. Die Auflösung der Gesellschaft ist, wenn sie nicht infolge der Eröffnung des Konkurses über das Vermögen der Gesellschaft eintritt, von sämtlichen Gesellschaftern zur Eintragung in das Handelsregister anzumelden.

Das gleiche gilt von dem Ausscheiden eines Gesellschafters aus der Gesellschaft.

Ist anzunehmen, daß der Tod eines Gesellschafters die Auflösung oder das Ausscheiden zur Folge gehabt hat, so kann, auch ohne daß die Erben bei der Anmeldung mitwirken, die Eintragung erfolgen, soweit einer solchen Mitwirkung besondere Hindernisse entgegenstehen.

§ 144. Ist die Gesellschaft durch die Eröffnung des Konkurses über ihr Vermögen aufgelöst, der Konkurs aber nach Abschluß eines Zwangsvergleiches aufgehoben oder auf Antrag des Gemeinschuldners eingestellt, so können die Gesellschafter die Fortsetzung der Gesellschaft beschließen.

Die Fortsetzung ist von sämtlichen Gesellschaftern zur Eintragung in das Handelsregister anzumelden.

5. Titel. Liquidation der Gesellschaft.

§ 145. Nach der Auflösung der Gesellschaft findet die Liquidation statt, sofern nicht eine andere Art der Auseinandersetzung von den Gesellschaftern vereinbart oder über das Vermögen der Gesellschaft der Konkurs eröffnet ist.[19])

---

18) Ein Recht auf Fortführung der Gesellschafts*firma* gewährt § 142 Abs. 2 dem zur Geschäftsübernahme berechtigten Gesellschafter nicht. Die Vorschrift des § 24 HGB wird durch § 142 in keiner Weise berührt. RG **65** 379.

19) Wenn Aktivvermögen nicht vorhanden ist und die Einlagen voll geleistet waren, die Parteien also nach § 707 BGB den Liquidatoren neue Mittel nicht zur Verfügung zu stellen brauchen, kann eine Liquidation nicht eingeleitet werden. RG **40** 29. Im Laufe der Liquidation kann die Gesellschaft sich durch einstimmigen Beschluß der Gesellschafter in eine produktive zurückverwandeln. RG **106** 66; **118** 339.

Ist die Gesellschaft durch Kündigung des Gläubigers eines Gesellschafters oder durch die Eröffnung des Konkurses über das Vermögen eines Gesellschafters aufgelöst, so kann die Liquidation nur mit Zustimmung des Gläubigers oder des Konkursverwalters unterbleiben.

§ 146. Die Liquidation erfolgt, sofern sie nicht durch Beschluß der Gesellschafter oder durch den Gesellschaftsvertrag einzelnen Gesellschaftern oder anderen Personen übertragen ist, durch sämtliche Gesellschafter als Liquidatoren.[20, 21]) Mehrere Erben eines Gesellschafters haben einen gemeinsamen Vertreter zu bestellen.

Auf Antrag eines Beteiligten kann aus wichtigen Gründen die Ernennung von Liquidatoren durch das Gericht[22]) erfolgen, in dessen Bezirke die Gesellschaft ihren Sitz hat; das Gericht kann in einem solchen Falle Personen zu Liquidatoren ernennen, die nicht zu den Gesellschaftern gehören. Als Beteiligter gilt außer den Gesellschaftern im Falle des § 135 auch der Gläubiger, durch den die Kündigung erfolgt ist.

Ist über das Vermögen eines Gesellschafters der Konkurs eröffnet, so tritt der Konkursverwalter an die Stelle des Gesellschafters.

§ 147. Die Abberufung von Liquidatoren geschieht durch einstimmigen Beschluß[23, 24]) der nach § 146 Abs. 2, 3 Beteiligten; sie kann auf Antrag eines Beteiligten aus wichtigen Gründen auch durch das Gericht erfolgen.[25])

§ 148. Die Liquidatoren sind von sämtlichen Gesellschaftern zur Eintragung in das Handelsregister anzumelden. Das gleiche gilt von jeder Änderung in den Personen der Liquidatoren oder in ihrer Ver-

---

20) Änderung des Beschlusses, durch den ein Gesellschafter zum Liquidator bestellt ist, durch die übrigen ist unzulässig. OHG 20 11.

21) Der Liquidator ist alleiniger Vertreter der Gesellschaft während der Liquidation, vgl. § 149.

22) Das Amtsgericht, nach § 145 des G über die Angeleg. der freiw. Gerichtsbarkeit, v. 17. V. 98.

23) Ein bisheriges Mitglied einer aufgelösten Gesellschaft kann von seiner Funktion als Mitliquidator nicht schon deshalb abgerufen werden, weil er als ihr Schuldner wegen einer bedeutenden Summe verklagt, dadurch das Vertrauen zu ihm erschüttert sei und weil er nicht am Sitz der Gesellschaft wohne. OHG 9 30.

24) Ein kontraktlicher Verzicht der Gesellschafter auf das Recht der Abberufung hindert diese nicht. OHG 23 324.

25) Der Richter ist nicht befugt, in den Betrieb einzelner Geschäfte einer in Liquidation befindlichen Handelsgesellschaft einzugreifen. RG 12 32.

tretungsmacht. Im Falle des Todes eines Gesellschafters kann, wenn anzunehmen ist, daß die Anmeldung den Tatsachen entspricht, die Eintragung erfolgen, auch ohne daß die Erben bei der Anmeldung mitwirken, soweit einer solchen Mitwirkung besondere Hindernisse entgegenstehen.

Die Eintragung gerichtlich bestellter Liquidatoren sowie die Eintragung der gerichtlichen Abberufung von Liquidatoren geschieht von Amts wegen.

Die Liquidatoren haben die Firma nebst ihrer Namensunterschrift zur Aufbewahrung bei dem Gerichte zu zeichnen.

§ 149. Die Liquidatoren haben die laufenden Geschäfte zu beendigen, die Forderungen einzuziehen, das übrige Vermögen in Geld umzusetzen und die Gläubiger zu befriedigen; zur Beendigung schwebender Geschäfte können sie auch neue Geschäfte eingehen.[26—30]) Die Liquidatoren vertreten innerhalb ihres Geschäftskreises die Gesellschaft gerichtlich und außergerichtlich.[31—34])

---

26) Während der Liquidation können die Gesellschaftsgläubiger die einzelnen Gesellschafter persönlich wegen der Gesellschaftsverbindlichkeiten in Anspruch nehmen. OHG 5 386.

27) Auch während der Liquidation kann ein Gesellschafter, der nicht Liquidator ist, Ansprüche aus dem Gesellschaftsverhältnis gegen die andern geltend machen (actio pro socio). RG 90 302; 91 36.

28) Zur Abwicklung der geschäftlichen Beziehungen ist auch Eingehung eines neuen Geschäfts zulässig, das sonst außerhalb der Aufgabe der Liquidation liegt. RG 44 80.

29) Zum Akzept eines Wechsels ist der Liquidator nur dann ermächtigt, wenn die Voraussetzung vorliegt, daß zur Beendigung schwebender Geschäfte das neue einzugehen ist; daß diese Voraussetzung vorliege, braucht nicht in der Klage angeführt zu werden, sondern es kann abgewartet werden, daß die Rechtsbeständigkeit der Forderung auf Grund jener Bestimmung bestritten wird. OHG 21 307; dann aber muß der Nachweis geführt werden, daß der Wechsel zur Beendigung schwebender Geschäfte bestimmt oder daß Kl. dies anzunehmen trotz Erfüllung obliegender Erkundigungspflicht berechtigt war. OHG 13 224. — Fällt die Barzahlung eines Teiles der Wechselschuld und die Ausstellung eines neuen Wechsels über den Rest der ursprünglichen Wechselsumme zeitlich zusammen, so wird die Ausstellung des neuen Wechsels ohne weiteres als Abwicklungsgeschäft behandelt werden dürfen, solange nicht der Liquidator oder die in Anspruch genommenen Mitglieder der Gesellschaft Umstände darlegen und nachweisen, welche den Zusammenhang zwischen dem alten und neuen Geschäfte ausschließen. RG 4 65; 60 31.

30) Der Liquidator einer Handelsgesellschaft kann einen von ihm in eigenem Namen auf die Gesellschaft gezogenen Wechsel in seiner Eigenschaft als Liquidator akzeptieren und gegen die Gesellschaft einklagen. RG 7 119. Wohl nicht unbedenklich!

31) Eine Liquidationsgesellschaft kann nicht nur keinen Prokuristen mehr bestellen,

§ 150. Sind mehrere Liquidatoren vorhanden, so können sie die zur Liquidation gehörenden Handlungen nur in Gemeinschaft vornehmen,[35]) sofern nicht bestimmt ist, daß sie einzeln handeln können; eine solche Bestimmung ist in das Handelsregister einzutragen.

Durch die Vorschrift des Abs. 1 wird nicht ausgeschlossen, daß die Liquidatoren einzelne von ihnen zur Vornahme bestimmter Geschäfte oder bestimmter Arten von Geschäften ermächtigen.[35a]) Ist der Gesellschaft gegenüber eine Willenserklärung abzugeben, so findet die Vorschrift des § 125 Abs. 2 Satz 3 entsprechende Anwendung.

§ 151. Eine Beschränkung des Umfanges der Befugnisse der Liquidatoren ist Dritten gegenüber unwirksam.[36])

§ 152. Gegenüber den nach § 146 Abs. 2, 3 Beteiligten haben die Liquidatoren, auch wenn sie vom Gerichte bestellt sind, den Anordnungen Folge zu leisten, welche die Beteiligten in betreff der Geschäftsführung einstimmig beschließen.

§ 153. Die Liquidatoren haben ihre Unterschrift in der Weise abzugeben, daß sie der bisherigen, als Liquidationsfirma zu bezeichnenden Firma ihren Namen beifügen.[37])

---

sondern auch keinen mehr haben, vielmehr nur noch Handlungsbevollmächtigte mit der sich aus § 149 ergebenden Abgrenzung der Befugnisse. Daher verwandelt sich auch der früher bestellte Prokurist einer Handelsgesellschaft mit dem Eintritte der Liquidation in einen Handlungsbevollmächtigten solcher Art. RG 72 119.

32) Der Liquidator darf die vertragsmäßig von den Gesellschaftern zu machenden Einlagen einziehen, nicht aber über die vereinbarten Beiträge hinaus die zur Befriedigung der Gläubiger nötigen Mittel verlangen. OHG 25 158. — Auch von dritten Personen, welche Einschüsse versprochen haben, darf der Liquidator diese verlangen, jedoch dann nicht wenn das Versprechen des Dritten nur für den Fall des Fortbestehens der Gesellschaft gegeben ist. RG 4 66.

33) Der Liquidator hat die Parteieide zu leisten. OHG 10 356.

34) In einem Prozesse, in welchem die Gesellschaft in Liquidation, vertreten durch die Liquidatoren, als Prozeßpartei streitet, darf einer der Gesellschafter, auch wenn er nicht Liquidator ist, nicht als Zeuge vernommen werden. RG 17 365.

35) Sind drei Liquidatoren vorhanden, so kann nicht der eine gegen die Firma, vertreten durch die beiden anderen, Klage erheben, es muß vielmehr zunächst ein dritter Liquidator bestellt werden. RG, K 1 19.

35a) Formlose an den zu Ermächtigenden zu richtende Zustimmungserklärung genügt. RG 116 118.

36) Vgl. § 126 Note 76 und 79.

37) Nur Ordnungsvorschrift. OHG 9 215.

§ 154. Die Liquidatoren haben bei dem Beginne sowie bei der Beendigung der Liquidation eine Bilanz[38]) aufzustellen.

§ 155. Das nach Berichtigung der Schulden verbleibende Vermögen der Gesellschaft ist von den Liquidatoren nach dem Verhältnisse der Kapitalanteile, wie sie sich auf Grund der Schlußbilanz ergeben, unter die Gesellschafter zu verteilen.[39], [40])

Das während der Liquidation entbehrliche Geld wird vorläufig verteilt.[41]) Zur Deckung noch nicht fälliger oder streitiger Verbindlichkeiten sowie zur Sicherung der den Gesellschaftern bei der Schlußverteilung zukommenden Beträge ist das Erforderliche zurückzubehalten. Die Vorschriften des § 122 Abs. 1 finden während der Liquidation keine Anwendung.

Entsteht über die Verteilung des Gesellschaftsvermögens Streit unter den Gesellschaftern,[42]) so haben die Liquidatoren die Verteilung bis zur Entscheidung des Streites auszusetzen.

§ 156. Bis zur Beendigung der Liquidation kommen in bezug auf das Rechtsverhältnis der bisherigen Gesellschafter untereinander sowie der Gesellschaft zu Dritten[43]) die Vorschriften des zweiten und dritten Titels zur Anwendung, soweit sich nicht aus dem gegenwärtigen Titel oder aus dem Zwecke der Liquidation ein anderes ergibt.

§ 157. Nach der Beendigung der Liquidation ist das Erlöschen der Firma von den Liquidatoren zur Eintragung in das Handelsregister anzumelden.

---

38) In der Auflösungsbilanz ist auch der Geschäftswert (Firmenwert) zu berücksichtigen. RG 94 106.

39) Jeder Gesellschafter kann von den Liquidatoren den Nachweis des Vermögensbestandes der Gesellschaft und die Auszahlung seines Anteils verlangen. OHG 3 336; RG 47 16.

40) Während der Liquidation kann ein Gesellschafter, der nicht Liquidator ist, von dem ausgeschiedenen Liquidator, der nicht Gesellschafter ist, nicht allein Rechnungslegung fordern; dies können nur alle Gesellschafter zusammen oder der neue Liquidator. RG 91 34.

41) Die Gesellschafter können die sämtlichen Liquidatoren auf vorläufige Verteilung überflüssiger Gelder verklagen, sie können auch gegen einzelne Liquidatoren auf Mitwirkung zur Verteilung klagen, auch der einzelne Gesellschafter kann klagen, daß die Liquidatoren die Verteilung herbeiführen oder daß die widersprechenden oder säumigen Liquidatoren ihre Zustimmung zur Verteilung erklären. RG, R 1 19.

42) Die Streitigkeiten müssen die Gesellschafter selbst, nicht die Liquidatoren zur gerichtlichen Entscheidung bringen. OHG 5 391.

43) Die Haftung der Gesellschafter aus § 128 erstreckt sich auch auf die durch die Liquidatoren innerhalb ihrer Vertretungsmacht neubegründeten Verbindlichkeiten. RG 72 120.

Die Bücher und Papiere der aufgelösten Gesellschaft werden einem der Gesellschafter oder einem Dritten in Verwahrung gegeben.[44]) Der Gesellschafter oder der Dritte wird in Ermangelung einer Verständigung durch das Gericht*) bestimmt, in dessen Bezirke die Gesellschaft ihren Sitz hat.

Die Gesellschafter und deren Erben behalten das Recht auf Einsicht und Benutzung der Bücher.

§ 158. Vereinbaren die Gesellschafter statt der Liquidation eine andere Art der Auseinandersetzung, so finden, solange noch ungeteiltes Gesellschaftsvermögen vorhanden ist, im Verhältnisse zu Dritten die für die Liquidation geltenden Vorschriften entsprechende Anwendung.

6. Titel. Verjährung.[45])

§ 159. Die Ansprüche gegen einen Gesellschafter aus Verbindlichkeiten der Gesellschaft[46—50]) verjähren in fünf Jahren nach der Auf-

---

44) Diese Bestimmung greift nur Platz, wenn die Gesellschaft durch Liquidation beendet ist. Übernimmt ein Gesellschafter ohne Liquidation das Geschäft mit Aktiven und Passiven, indem er dem anderen eine Abfindungssumme zahlt, so gehen die Geschäftsbücher mit den Aktiven auf ihn als Alleineigentum über. RG, K 1 20.

*) Das Amtsgericht, nach § 145 G über die Angeleg. der freiw. Gerichtsb. v. 17.V.98.

45) Die allgemeinen Vorschriften über die Verjährung befinden sich im BGB §§ 194 ff.

46) Die Verjährung schützt die Gesellschafter nur als solche, nicht aber sofern noch ein besonderer anderer Verpflichtungsgrund vorliegt. RG 10 42. Ist die Eintragung einer offenen Handelsges. nur zum Schein herbeigeführt worden, so findet § 159 keine Anwendung. RG 55 151.

47) Die Verjährung erstreckt sich nicht auf Ansprüche, welche die einzelnen Gesellschafter gegeneinander auf Grund des Gesellschaftsvertrages geltend zu machen berechtigt sind, wozu auch die auf § 110 zu gründenden Ansprüche gehören; die Verjährungseinrede steht also den Ansprüchen einzelner Teilhaber nur insoweit entgegen, als die Gesellschafter nicht in ihrer Eigenschaft als solche, sondern als Dritte Ansprüche erworben haben. OHG 8 246.

48) Der Anspruch eines ausgeschiedenen Gesellschafters gegen die von den übrigen Gesellschaftern fortgesetzte Gesellschaft auf Auszahlung des Wertes seines Gesellschaftsanteils der Verjährung des § 159. RG 7 93.

49) Der Empfänger, der einen Wechsel einer Handelsgesellschaft ohne Verfalltag erhalten hat, darf nicht mehr nach Auflösung der Gesellschaft und Eintragung der Auflösung in das Handelsregister dem Wechsel einen Verfalltag geben, der in die Zeit nach Ablauf der Verjährungsfrist des § 159 fällt. RG 58 186.

50) Wenn durch die Feststellung im Gesellschaftskonkurse an Stelle einer früheren kürzeren die dreißigjährige Verjährung des § 218 BGB tritt, so berührt diese nachträgliche Veränderung die Gesellschafter nicht. RG 70 323; 74 63.

lösung der Gesellschaft oder nach dem Ausscheiden des Gesellschafters, sofern nicht der Anspruch gegen die Gesellschaft einer kürzeren Verjährung unterliegt.

Die Verjährung beginnt mit dem Ende des Tages, an welchem die Auflösung der Gesellschaft oder das Ausscheiden des Gesellschafters in das Handelsregister des für den Sitz der Gesellschaft zuständigen Gerichts eingetragen wird.

Wird der Anspruch des Gläubigers gegen die Gesellschaft erst nach der Eintragung fällig, so beginnt die Verjährung mit dem Zeitpunkte der Fälligkeit.

§ 160. Die Unterbrechung der Verjährung gegenüber der aufgelösten Gesellschaft wirkt auch gegenüber den Gesellschaftern, welche der Gesellschaft zur Zeit der Auflösung angehört haben.

2. Abschnitt. Kommanditgesellschaft.[51],[52])

§ 161. Eine Gesellschaft, deren Zweck auf den Betrieb eines Handelsgewerbes unter gemeinschaftlicher Firma gerichtet ist, ist eine Kommanditgesellschaft, wenn bei einem oder bei einigen von den Gesellschaftern die Haftung gegenüber den Gesellschaftsgläubigern auf den Betrag einer bestimmten Vermögenseinlage beschränkt ist (Kommanditisten),[52a]) während bei dem anderen Teile der Gesellschafter eine Beschränkung der Haftung nicht stattfindet (persönlich haftende Gesellschafter).[53])

Soweit nicht in diesem Abschnitt ein anderes vorgeschrieben ist, finden auf die Kommanditgesellschaft die für die offene Handelsgesellschaft geltenden Vorschriften Anwendung.[53a])

---

51) Die gewöhnliche Kommanditgesellschaft hat grundsätzlich dieselbe rechtliche Natur wie die Handelsgesellschaft. In Prozessen der Gesellschaft sind auch die Kommanditisten Partei und können nicht als Zeugen vernommen werden. RG 22 398.

52) Parteieide sind nur von den persönlich haftenden Gesellschaftern zu leisten. OHG 15 6. Ein gegen die Kommanditgesellschaft begonnener Prozeß kann nach ihrer Auflösung gegen die persönlich haftenden Gesellschafter und die Kommanditisten fortgesetzt werden. RG 64 80.

52a) Kommanditist kann nur eine physische oder juristische Person sein oder eine Handelsgesellschaft, die unter ihrer Firma Rechte erwerben und Verbindlichkeiten eingehen kann. Nach dem Tode des Kommanditisten kann jedoch die Erbengemeinschaft in das Handelsregister eingetragen werden. RG 123 369.

53) Der Komplementar haftet solidarisch neben der Gesellschaft. OHG 24 166. Eine Gesellschaft mit beschränkter Haftung kann persönlich haftender Gesellschafter sein. RG 105 101.

53a) Wenn dem Kommanditisten durch den Gesellschaftsvertrag die Geschäfts-

§ 162. Die Anmeldung der Gesellschaft hat außer den im § 106 Abs 2. vorgesehenen Angaben die Bezeichnung der Kommanditisten und den Betrag der Einlage eines jeden von ihnen zu enthalten.

Bei der Bekanntmachung der Eintragung ist nur die Zahl der Kommanditisten anzugeben; der Name, der Stand und der Wohnort der Kommanditisten sowie der Betrag ihrer Einlagen werden nicht bekannt gemacht.

Diese Vorschriften finden im Falle des Eintritts[54]) eines Kommanditisten in eine bestehende Handelsgesellschaft und im Falle des Ausscheidens eines Kommanditisten aus einer Kommanditgesellschaft entsprechende Anwendung.

§ 163. Für das Verhältnis der Gesellschafter untereinander gelten in Ermangelung abweichender Bestimmungen des Gesellschaftsvertrags die besonderen Vorschriften der §§ 164 bis 169.

§ 164. Die Kommanditisten sind von der Führung der Geschäfte der Gesellschaft ausgeschlossen; sie können einer Handlung der persönlich haftenden Gesellschafter nicht widersprechen, es sei denn, daß die Handlung über den gewöhnlichen Betrieb des Handelsgewerbes der Gesellschaft hinausgeht. Die Vorschriften des § 116 Abs. 3 bleiben unberührt.[55—57])

§ 165. Die §§ 112, 113 finden auf die Kommanditisten keine Anwendung.

§ 166. Der Kommanditist ist berechtigt, die abschriftliche Mitteilung der jährlichen Bilanz zu verlangen und ihre Richtigkeit unter Einsicht der Bücher und Papiere zu prüfen.

---

führung eingeräumt ist, kann die Entziehung nach dem Grundsatz des § 117 nur durch gerichtliche Entscheidung erfolgen. RG 110 421.

54) Ein neuer Gesellschafter kann nur mit Zustimmung sämtlicher Beteiligten, auch der Kommanditisten beitreten. RG 54 161; 128 176.

55) § 164 enthält kein zwingendes Recht; er gilt nur, wenn und insoweit der Gesellschaftsvertrag nichts Abweichendes bestimmt. Durch Vereinbarung kann die Geschäftsführung ganz oder teilweise den Kommanditisten übertragen werden. RG 31 72.

56) Der alleinige persönlich haftende Gesellschafter ist trotz vertraglicher Ausschließung von der Geschäftsführung der alleinige gesetzliche Vertreter der Kommanditges. und kann als solcher Dritten gegenüber eine Person ermächtigen, im Namen der Gesellschaft Verbindlichkeiten zu übernehmen. RG, K 6 67.

57) Dem einzigen persönlich haftenden Gesellschafter kann Vertretung und Geschäftsführung durch das Gericht entzogen werden. Der Kommanditist kann dann nach § 142 Übernahme des Geschäftes beanspruchen. RG 82 362.

Die im § 118 dem von der Geschäftsführung ausgeschlossenen Gesellschafter eingeräumten weiteren Rechte stehen dem Kommanditisten nicht zu.

Auf Antrag eines Kommanditisten kann das Gericht,*) wenn wichtige Gründe vorliegen, die Mitteilung einer Bilanz oder sonstiger Aufklärungen sowie die Vorlegung der Bücher und Papiere jederzeit anordnen.

§ 167. Die Vorschriften des § 120 über die Berechnung des Gewinns oder Verlustes gelten auch für den Kommanditisten.

Jedoch wird der einem Kommanditisten zukommende Gewinn seinem Kapitalanteile nur solange zugeschrieben, als dieser den Betrag der bedungenen Einlage nicht erreicht.

An dem Verluste nimmt der Kommanditist nur bis zum Betrage seines Kapitalanteils und seiner noch rückständigen Einlage teil.

§ 168. Die Anteile der Gesellschafter am Gewinne bestimmen sich, soweit der Gewinn den Betrag von vier vom Hundert der Kapitalanteile nicht übersteigt, nach den Vorschriften des § 121 Abs. 1, 2.

In Ansehung des Gewinns, welcher diesen Betrag übersteigt, sowie in Ansehung des Verlustes gilt, soweit nicht ein anderes vereinbart ist, ein den Umständen nach angemessenes Verhältnis der Anteile als bedungen.

§ 169. Der § 122 findet auf den Kommanditisten keine Anwendung. Dieser hat nur Anspruch auf Auszahlung des ihm zukommenden Gewinns; er kann auch die Auszahlung des Gewinns nicht fordern, solange sein Kapitalantrag durch Verlust unter den auf die bedungene Einlage geleisteten Betrag herabgemindert ist oder durch die Auszahlung unter diesen Betrag herabgemindert werden würde.

Der Kommanditist ist nicht verpflichtet, den bezogenen Gewinn wegen späterer Verluste zurückzuzahlen.

§ 170.[58]) Der Kommanditist ist zur Vertretung der Gesellschaft nicht ermächtigt.

---

*) Das Amtsgericht nach § 145 G über die Angeleg. der freiw. Gerichtsb. vom 17. V. 98.

58) Die Vorschrift des § 170, daß der persönlich haftende Gesellschafter nach außen unbeschränkt zur Vertretung der Gesellschaft befugt ist, ist zwingend. RG 81 79.

§ 171. Der Kommanditist haftet den Gläubigern der Gesellschaft bis zur Höhe seiner Einlage unmittelbar; die Haftung ist ausgeschlossen, soweit die Einlage geleistet ist.[59—61])

Ist über das Vermögen der Gesellschaft der Konkurs eröffnet, so wird während der Dauer des Verfahrens das den Gesellschaftsgläubigern nach Abs. 1 zustehende Recht durch den Konkursverwalter ausgeübt.[62—64])

§ 172. Im Verhältnisse zu den Gläubigern der Gesellschaft wird nach der Eintragung in das Handelsregister die Einlage eines Kommanditisten durch den in der Eintragung angegebenen Betrag bestimmt.

Auf eine nicht eingetragene Erhöhung der aus dem Handelsregister

---

59) Die Haftung fällt insoweit weg, als der Kommanditist nachweist, daß das Empfangene bereits zur Befriedigung von Gesellschaftsgläubigern verwendet worden ist. RG 2 48.

60) Die mit dem Willen der Kommanditisten erfolgte Eintragung des Gesellschaftsvertrages in das Handelsregister gilt eine von ihnen öffentlich abgegebene Erklärung, daß sie mit dem persönlich haftenden Gesellschafter eine Kommanditgesellschaft eingegangen seien und für die Verbindlichkeit der Gesellschaft bis zum Belaufe der in der Eintragung angegebenen Einlage haften wollen; sie hat zur Folge, daß sie bis zum Belaufe der noch nicht geleisteten Einlage für sämtliche Schulden aufkommen müssen, die nach der Eintragung als Schuld der Gesellschaft entstanden sind. Zu diesen Schulden gehören sämtliche unter der Firma der Gesellschaft oder für dieselbe eingegangene Verbindlichkeiten, gleichviel ob sie für den im Gesellschaftsvertrage bezeichneten Zweck der Gesellschaft erwachsen sind oder nicht; es ist also auch gleichgültig, daß der persönlich haftende Gesellschafter solche Geschäfte zu eigenen Zwecken eingegangen ist. RG, K 4 75.

61) Als geleistet gilt die Einlage den Gesellschaftsgläubigern gegenüber nur, wenn und soweit ein der im Handelsregister eingetragenen Geldsumme entsprechender Betrag in barem Gelde oder sonstigem Wert der Gesellschaft wirklich zugeflossen ist. Nach denselben Grundsätzen ist die Frage zu beantworten, ob der Kommanditist eine ihm gegen die Gesellschaft zustehende Forderung gegen die Forderung der Gesellschaftsgläubiger aus § 171 HGB aufrechnen kann. Die Aufrechnung ist zulässig, sofern und soweit dafür, daß die Gesellschaft Schuldnerin des Kommanditisten wurde, ein Vermögenswert ihr zugeflossen ist. RG 63 265.

62) Nach der Eröffnung des Konkurses kann die Einlagepflicht nur durch Einzahlung in die Konkursmasse erfüllt werden. RG 37 86.

63) Gegen den auf Zahlung der Einlage klagenden Konkursverwalter kann der Kommanditist sich nicht darauf berufen, daß der Gesellschaftsvertrag nichtig sei. Der Konkursverwalter macht das den Gläubigern nach § 171 Abs. 1 zustehende Gläubigerrecht geltend; für den Inhalt dieses Rechtes ist nicht der Gesellschaftsvertrag, sondern die Eintragung im Handelsregister maßgebend. RG 51 37.

64) Dem Konkursverwalter kann von dem Kommanditisten der Einwand entgegengesetzt werden, daß die geforderte Zahlung zur Deckung der Schulden, für welche die Einlage haftet, nicht erforderlich sei. RG, K 3 77.

ersichtlichen Einlage können sich die Gläubiger nur berufen, wenn die Erhöhung in handelsüblicher Weise kundgemacht oder ihnen in anderer Weise von der Gesellschaft mitgeteilt worden ist.

Eine Vereinbarung der Gesellschafter, durch die einem Kommanditisten die Einlage erlassen oder gestundet wird, ist den Gläubigern gegenüber unwirksam.

Soweit die Einlage eines Kommanditisten zurückbezahlt wird, gilt sie den Gläubigern gegenüber als nicht geleistet. Das gleiche gilt, soweit ein Kommanditist Gewinnanteile entnimmt, während sein Kapitalanteil durch Verlust unter den Betrag der geleisteten Einlage herabgemindert ist, oder soweit durch die Entnahme der Kapitalanteil unter den bezeichneten Betrag herabgemindert wird.

Was ein Kommanditist auf Grund einer im guten Glauben errichteten Bilanz in gutem Glauben als Gewinn bezieht, ist er in keinem Falle zurückzuzahlen verpflichtet.

§ 173. Wer in eine bestehende Handelsgesellschaft als Kommanditist eintritt, haftet nach Maßgabe der §§ 171, 172 für die vor seinem Eintritt begründeten Verbindlichkeiten der Gesellschaft, ohne Unterschied, ob die Firma eine Änderung erleidet oder nicht.

Eine entgegenstehende Vereinbarung ist Dritten gegenüber unwirksam.

§ 174. Eine Herabsetzung der Einlage eines Kommanditisten ist, solange sie nicht in das Handelsregister des Gerichts, in dessen Bezirke die Gesellschaft ihren Sitz hat, eingetragen ist, den Gläubigern gegenüber unwirksam; Gläubiger, deren Forderungen zur Zeit der Eintragung begründet waren, brauchen die Herabsetzung nicht gegen sich gelten zu lassen.

§ 175. Die Erhöhung sowie die Herabsetzung einer Einlage ist durch die sämtlichen Gesellschafter zur Eintragung in das Handelsregister anzumelden. Die Bekanntmachung der Eintragung erfolgt gemäß § 162 Abs. 2. Auf die Eintragung in das Handelsregister des Sitzes der Gesellschaft finden die Vorschriften des § 14 keine Anwendung.

§ 176.[65]) Hat die Gesellschaft ihre Geschäfte begonnen, bevor sie in das Handelsregister des Gerichts, in dessen Bezirke sie ihren Sitz hat,

65) Der Kommanditist haftet im Falle des § 176 gleich einem persönlichen Gesellschafter auch für diejenigen Schulden, welche der Gesellschaft aus der Übernahme eines

eingetragen ist, so haftet jeder Kommanditist, der dem Geschäftsbeginne zugestimmt hat, für die bis zur Eintragung[66]) begründeten Verbindlichkeiten der Gesellschaft gleich einem persönlich haftender Gesellschafter, es sei denn, daß seine Beteiligung als Kommanditist dem Gläubiger bekannt war.[67]) Diese Vorschrift kommt nicht zur Anwendung, soweit sich aus dem § 2 ein anderes ergibt.

Tritt ein Kommanditist in eine bestehende Handelsgesellschaft ein, so findet die Vorschrift des Abs. 1 Satz 1 für die in der Zeit zwischen seinem Eintritt und dessen Eintragung in das Handelsregister begründeten Verbindlichkeiten der Gesellschaft entsprechende Anwendung.

§ 177. Der Tod eines Kommanditisten hat die Auflösung der Gesellschaft nicht zur Folge.[67a])

3. Abschnitt. Aktiengesellschaft.[68])

1. Titel. Allgemeine Vorschriften.

§ 178. Die sämtlichen Gesellschafter der Aktiengesellschaft[69]) sind mit Einlagen auf das in Aktien zerlegte Grundkapital der Gesellschaft beteiligt, ohne persönlich für deren Verbindlichkeiten zu haften.

Geschäfts mit Aktiven und Passiven und ferner daraus erwachsen, daß aus Abschlüssen geliefert wird, die vor der Begründung der Kommanditgesellschaft erfolgt sind. RG R 3 78. Über die Beweisführung vgl. RG 128 182.

66) Nur die Eintragung, nicht die Anmeldung entscheidet in diesem Falle; wird die Gesellschaft richtig angemeldet, irrtümlich aber als offene Handelsgesellschaft eingetragen, so haftet der Kommanditist unbeschränkt. OHG 23 280.

67) Die Wissenschaft des Dritten braucht sich nicht auf die Höhe der Vermögenseinlage zu erstrecken. RG 12 135.

67a) Der Tod des einzigen Komplementärs löst die Gesellschaft auf. Durch Aufnahme eines Dritten als neuen Komplementärs kann die zwischen den Erben des alten Komplementärs und den Kommanditisten bestehende Abwicklungsgesellschaft in die alte Kommanditgesellschaft zurückverwandelt werden. RG 106 63. Nach dem Grundsatz des § 177 müssen sich die Gesellschafter, falls der Gesellschaftsvertrag nichts anderes bestimmt, den Eintritt der Erben des Kommanditisten als Mitgesellschafter gefallen lassen. Dies gilt auch für den Fall der Verschmelzung zweier Aktiengesellschaften. RG 123 294.

68) Für die Aktiengesellschaft entscheidet nicht (wie bei der offenen Handelsgesellschaft, der Gesellschaft m. b. H. und der Genossenschaft) an erster Stelle der Gesellschaftsvertrag, vielmehr das Gesetz; der Gesellschaftsvertrag nur insoweit, als das Gesetz auf ihn verweist, ihm abändernde oder ergänzende Bestimmungen überläßt. RG 65 91.

69) Eine Aktienges. ist (nach § 22 BGB und Art. 2 EGzHGB) als Verein im Sinne des § 31 BGB anzusehen und haftet deshalb für unerlaubte Handlungen ihres Vorstandes RG, R 4 84.

§ 179. Die Aktien sind unteilbar.

Sie können auf den Inhaber oder auf Namen lauten.

Aktien, die vor der vollen Leistung des Nennbetrags oder, falls der Ausgabepreis höher ist, vor der vollen Leistung dieses Betrags ausgegeben werden, dürfen nicht auf die Inhaber lauten. Das gleiche gilt von Anteilscheinen, die den Aktionären vor der Ausgabe der Aktien ausgestellt werden (Interimsscheine).[70])

Werden auf Namen lautende Aktien vor der vollen Leistung der Einzahlungen ausgegeben, so ist der Betrag der geleisteten Einzahlungen in den Urkunden anzugeben.

§ 180. Die Aktien müssen auf einen Betrag von mindestens 100 Reichsmark gestellt werden.[71])

Für ein gemeinnütziges Unternehmen kann im Falle eines besonderen örtlichen Bedürfnisses der Bundesrat die Ausgabe von Aktien, die auf Namen lauten, zu einem geringeren, jedoch mindestens 20 Reichsmark erreichenden Betrage zulassen. Die gleiche Genehmigung kann erteilt werden, wenn für ein Unternehmen das Reich, ein Bundesstaat oder ein Kommunalverband oder eine sonstige öffentliche Körperschaft auf die Aktien einen bestimmten Ertrag bedingungslos und ohne Zeitbeschränkung gewährleistet hat.

Auf Namen lautende Aktien, deren Übertragung an die Zustimmung der Gesellschaft gebunden ist, dürfen auf einen Betrag von weniger als einhundert, jedoch nicht von weniger als zwanzig Reichsmark gestellt werden.

Im Falle des Abs. 2 soll die erteilte Genehmigung, im Falle des Abs. 3 sollen die Beschränkungen, denen nach § 222 Abs. 4 die Aktionäre in Ansehung der Übertragung ihrer Rechte unterliegen, in den Aktien ersichtlich gemacht werden.[72])

Diese Vorschriften gelten auch für Interimsscheine.

---

70) Der Begriff des Interimsscheins erfordert, daß die Ausstellung einer endgültigen Beurkundung vorgesehen und den Aktionären ein, wenn auch nur bedingtes Recht auf Erteilung einer solchen eingeräumt ist. Ohne Beurkundung des Anteilsrechts ist der Begriff des Interimsscheins nicht erfüllt, insbes. stellt eine bloße Quittung über Einzahlungen einen solchen nicht dar. RG, K 2 60.

71) Sonst nichtig nach § 209. Die Mindestbeträge sind entsprechend der Verordnung über Goldbilanzen v. 28. XII. 23 (RGBl S. 1255) eingesetzt.

72) Nur Sollvorschrift. Fehlen der Beschränkungen in der Aktienurkunde machen die Beschränkungen nicht ungültig. RG 82 72.

§ 181. Zur Unterzeichnung von Aktien und Interimsscheinen genügt eine im Wege der mechanischen Vervielfältigung hergestellte Namensunterschrift. Die Gültigkeit der Unterzeichnung kann durch eine in die Urkunde aufgenommene Bestimmung von der Beobachtung einer besonderen Form abhängig gemacht werden.

§ 182. Der Inhalt des Gesellschaftsvertrags muß von mindestens fünf Personen, welche Aktien übernehmen,[73]) in gerichtlicher oder notarieller Verhandlung festgestellt werden.[73a]) In der Verhandlung ist der Betrag und, wenn verschiedene Gattungen von Aktien ausgegeben werden, die Gattung, der von jedem übernommenen Aktien anzugeben.

Der Gesellschaftsvertrag muß bestimmen:

1. die Firma und den Sitz[74]) der Gesellschaft;
2. den Gegenstand des Unternehmens;[75])
3. die Höhe des Grundkapitals*) und der einzelnen Aktien;
4. die Art der Bestellung und Zusammensetzung des Vorstandes;[75a])
5. die Form, in der die Berufung der Generalversammlung der Aktionäre geschieht;
6. die Form, in der die von der Gesellschaft ausgehenden Bekanntmachungen erfolgen.

Bekanntmachungen, die durch öffentliche Blätter erfolgen sollen,

---

73) Strohmänner sind im Sinne des Handelsgesetzes ebenso wahre Zeichner, wie die Personen, welche die Aktien für sich erwarben. RG 84 31.

73a) Auch der Vorvertrag. RG 106 174.

74) Nur dieser Ort hat für die Rechtsverhältnisse der Aktiengesellschaft in bürgerlich-rechtlicher und in öffentlichrechtlicher Beziehung die gleiche allgemeine Bedeutung wie der Wohnsitz für die Rechtsverhältnisse der natürlichen Person, wenn auch die Verwaltung an einem anderen Ort geführt wird. RG 59 106.

75) Die Frage, ob und inwieweit die Bezeichnung des Unternehmens im Gesellschaftsvertrage eine bestimmte, in gewissen Beziehungen individualisierende sein muß, ist in der Literatur sowohl für die Aktiengesellschaft wie für die Gesellschaft mit beschränkter Haftung eine bestrittene. Für die Gesellschaft (m.b. H.) genügt es, wenn in dem Gesellschaftsvertrag außer einzelnen besonders genannten Zweigen kaufmännischer Tätigkeit auch der Betrieb von anderen kaufmännischen Geschäften allgemein als Gegenstand des Unternehmens angegeben ist. RG 62 96. Das gleiche gilt jedenfalls auch für die Aktiengesellschaft.

*) Nach der Verordnung über Goldbilanzen v. 28. Dez. 1923 (RGBl S. 1255) muß das Grundkapital mindestens 50000 Reichsmark betragen.

75a) Die Satzung kann diese Rechte unter Ausschluß der Generalversammlung dem Aufsichtsrat übertragen. Eine Abweichung ist dann nur unter den Formen der Satzungsänderung zulässig. RG 117 207.

sind in den Deutschen Reichsanzeiger einzurücken. Andere Blätter außer diesem bestimmt der Gesellschaftsvertrag.

§ 183. Ist im Gesellschaftsvertrage nichts darüber bestimmt, ob die Aktien auf den Inhaber oder auf Namen lauten sollen, so sind sie auf Namen zu stellen.

Im Gesellschaftsvertrage kann bestimmt werden, daß auf Verlangen des Aktionärs die Umwandlung seiner auf Namen lautenden Aktie in eine Inhaberaktie oder umgekehrt stattzufinden hat.

§ 184. Für einen geringeren als den Nennbetrag dürfen Aktien nicht ausgegeben werden.

Die Ausgabe für einen höheren Betrag ist statthaft, wenn sie im Gesellschaftsvertrage zugelassen ist.

§ 185. Im Gesellschaftsvertrage können für einzelne Gattungen von Aktien verschiedene Rechte, insbesondere in betreff der Verteilung des Gewinns oder des Gesellschaftsvermögens, festgesetzt werden.[76])

§ 186. Jeder zugunsten einzelner Aktionäre bedungene besondere Vorteil muß im Gesellschaftsvertrag unter Bezeichnung des Berechtigten festgesetzt werden.

Werden auf das Grundkapital von Aktionären Einlagen gemacht, die nicht durch Barzahlung zu leisten sind, oder werden vorhandene oder herzustellende Anlagen oder sonstige Vermögensgegenstände von der zu errichtenden Gesellschaft übernommen, so müssen der Gegenstand der Einlage oder der Übernahme, die Person, von welcher die Gesellschaft den Gegenstand erwirbt, und der Betrag der für die Einlage zu gewährenden Aktien oder die für den übernommenen Gegenstand zu gewährende Vergütung im Gesellschaftsvertrage festgesetzt werden.[77—78a])

---

76) Die Schaffung von Vorzugsaktien mit mehrfachem Stimmrecht ist nicht sittenwidrig, wenn die Sittenwidrigkeit nicht aus besonderen Umständen hervorgeht. RG **113** 16. Schutzaktien sind keine besondere Gattung von Aktien. Sie sind zulässig, wenn der Beschluß über ihre Schaffung nicht gegen die guten Sitten verstößt. RG **113** 191; **119** 252.

77) Die Vorschrift des § 186 setzt nicht formgerechte Verträge voraus. RG **121** 102.

78) § 186 umfaßt nicht nur die Bestimmungen des Gesellschaftsvertrages, sondern das ganze Gründervorbringen in der Anmeldung der Gesellschaft zum Handelsregister. RG **127** 193.

78a) Bei Beobachtung der vorgeschriebenen Form, aber auch nur unter dieser Voraussetzung, können bereits vor der rechtlichen Entstehung der Aktienges. als solcher (der Eintragung im Handelsregister) Verträge über entgeltlichen Erwerb von Gegen-

Von dieſen Feſtſetzungen geſondert iſt der Geſamtaufwand, welcher zu Laſten der Geſellſchaft an Aktionäre oder andere als Entſchädigung oder Belohnung für die Gründung oder deren Vorbereitung gewährt wird, im Geſellſchaftsvertrage feſtzuſetzen.

Jedes Abkommen über die vorbezeichneten Gegenſtände, welches nicht die vorgeſchriebene Feſtſetzung im Geſellſchaftsvertrage gefunden hat, iſt der Geſellſchaft gegenüber unwirkſam.[79])

§ 187. Die Aktionäre, welche den Geſellſchaftsvertrag feſtgeſtellt haben oder andere als durch Barzahlung zu leiſtende Einlagen machen, gelten als die Gründer der Geſellſchaft.

§ 188. Übernehmen die Gründer[79a]) alle Aktien,[80]) ſo gilt mit der Übernahme der Aktien die Geſellſchaft als errichtet.[81])

Soweit die Übernahme nicht ſchon bei der Feſtſtellung des Geſellſchaftsvertrags erfolgt, kann ſie in einer beſonderen gerichtlichen oder notariellen Verhandlung unter Angabe der Beträge, welche die einzelnen Gründer noch übernehmen, bewirkt werden.

§ 189. Übernehmen die Gründer nicht alle Aktien, ſo hat der Errichtung der Geſellſchaft die Zeichnung[82,83]) der übrigen Aktien vorherzugehen.

Die Zeichnung erfolgt durch ſchriftliche Erklärung, aus der die Beteiligung nach der Anzahl und, falls verſchiedene Aktien ausgegeben werden, nach dem Betrag oder der Gattung der Aktien hervorgehen muß.

ſtänden mit irgendwelchen Perſonen, auch den Gründern, mit bindender Wirkung für die künftige Geſellſchaft geſchloſſen werden. RG, R 4 77.

79) Unwirkſam = nichtig. Heilung nur durch Satzungsänderung, nicht gemäß § 207. RG **121** 103.

79a) **Über Gründerbezugsrecht vgl. RG 109 90.**

80) „Simultangründung" — § 189 „Sukzeſſivgründung".

81) Errichtung iſt nicht gleichbedeutend mit Entſtehung der Aktiengeſ., welche die Eintragung zur Vorausſetzung hat. RG **21** 250; vgl. § 200.

82) Die Aktienzeichnung verpflichtet den Zeichner bedingungslos nach dem Inhalt des Zeichnungsſcheins der Geſellſchaft gegenüber; etwaige Vereinbarungen der Zeichner untereinander oder mit Dritten kommen für das Rechtsverhältnis zwiſchen Zeichner und Geſellſchaft nicht in Betracht. Anfechtung der Zeichnungserklärung wegen Irrtums, Drohung oder argliſtiger Täuſchung oder Berufung auf Schein oder mangelnde Ernſtlichkeit gemäß §§ 117 ff. BGB iſt (auch bei Kapitalserhöhung) ausgeſchloſſen. RG **28** 75; **54** 129; **57** 297; **82** 377; **83** 264; **118** 271.

83) Die Aktienzeichnung iſt kein gegenſeitiger Vertrag. Die Aktienrechte entſtehen mit der Geſellſchaft ſelbſt, mit ihrer Eintragung in das Handelsregiſter. In dem Augenblicke, in dem die Geſellſchaft ins Leben tritt, iſt die Verpflichtung zur Gewährung der

Die Erklärung (Zeichnungsschein) soll doppelt ausgestellt werden; sie hat zu enthalten:

1. den der Tag der Feststellung des Gesellschaftsvertrags, die im § 182 Abs. 2 und im § 186 vorgesehenen Festsetzungen, und, wenn mehrere Gattungen von Aktien mit verschiedener Berechtigung ausgegeben werden, den Gesamtbetrag einer jeden;
2. den Namen, Stand und Wohnort der Gründer;
3. den Betrag, für welchen die Ausgabe der Aktie stattfindet, und den Betrag der festgesetzten Einzahlungen;
4. den Zeitpunkt, in welchem die Zeichnung unverbindlich wird, sofern nicht bis dahin die Errichtung der Gesellschaft beschlossen ist.

Zeichnungsscheine, welche diesen Inhalt nicht vollständig haben oder außer dem unter Nr. 4 bezeichneten Vorbehalte Beschränkungen in der Verpflichtung des Zeichners enthalten, sind nichtig.[84]) Erfolgt ungeachtet eines hiernach nichtigen oder wegen verspäteter Errichtung der Gesellschaft unverbindlichen Zeichnungsscheins die Eintragung der Gesellschaft in das Handelsregister, so ist der Zeichner, wenn er auf Grund einer dem Abs. 2 entsprechenden Erklärung in der Generalversammlung, die zur Beschlußfassung über die Errichtung der Gesellschaft berufen wird, stimmt oder später als Aktionär Rechte ausübt oder Verpflichtungen erfüllt, der Gesellschaft wie aus einem gültigen Zeichnungsscheine verpflichtet.

Jede nicht in dem Zeichnungsschein enthaltene Beschränkung ist der Gesellschaft gegenüber unwirksam.[85])

§ 190. Übernehmen die Gründer alle Aktien, so haben sie gleichzeitig mit der Errichtung der Gesellschaft oder in einer besonderen gerichtlichen oder notariellen Verhandlung den ersten Aufsichtsrat der Gesellschaft zu bestellen.

Übernehmen die Gründer nicht alle Aktien, so haben sie nach der

---

Aktienrechte kraft Gesetzes erfüllt. Die Aktienurkunden, auf deren Aushändigung allerdings die Aktionäre ein Recht haben, dienen nur zur Legitimation. RG 79 177.

84) Ein Zeichnungsschein, der statt der Anzahl der gezeichneten Aktien den Gesamtbetrag der übernommenen Geldeinlage enthält, ist gültig. RG 85 284.

85) Die Verbindlichkeit aus der Zeichnung kann durch Aufrechnung mit der Forderung des Aktionärs oder eines Dritten nur dann getilgt werden, wenn diese Forderung aus einem mit der Aktienzeichnung nicht in Verbindung stehenden Geschäft herrührt. RG, R 4 78.

Zeichnung des Grundkapitals eine Generalversammlung zur Wahl des Aufsichtsrats zu berufen.

Diese Vorschriften finden auch auf die Bestellung des ersten Vorstandes Anwendung, sofern nicht nach dem Gesellschaftsvertrage die Bestellung in anderer Weise als durch Wahl der Generalversammlung zu geschehen hat.

§ 191. Die Gründer haben im Falle des § 186 Abs. 2 in einer schriftlichen Erklärung[86]) die wesentlichen Umstände darzulegen, von welchen die Angemessenheit der für die eingelegten oder übernommenen Gegenstände gewährten Beträge abhängt.

Sie haben hierbei die vorausgegangenen Rechtsgeschäfte, die auf den Erwerb durch die Gesellschaft hingezielt haben, ferner die Erwerbs- und Herstellungspreise aus den letzten beiden Jahren und im Falle des Überganges eines Unternehmens auf die Gesellschaft die Betriebserträgnisse aus den letzten beiden Geschäftsjahren anzugeben.

§ 192. Die Mitglieder des Vorstandes und des Aufsichtsrats haben den Hergang der Gründung zu prüfen.

Gehört ein Mitglied des Vorstandes oder des Aufsichtsrats zu den Gründern oder hat sich ein Mitglied einen besonderen Vorteil oder für die Gründung oder deren Vorbereitung eine Entschädigung oder Belohnung ausbedungen oder liegt ein Fall des § 186 Abs. 2 vor, so hat außerdem eine Prüfung durch besondere Revisoren stattzufinden.

Die Revisoren werden durch das für die Vertretung des Handelsstandes berufene Organ, in Ermangelung eines solchen durch das Gericht*) bestellt, in dessen Bezirke die Gesellschaft ihren Sitz hat.

§ 193. Die Prüfung hat sich insbesondere auf die Richtigkeit und Vollständigkeit der Angaben zu erstrecken, die in Ansehung der Zeichnung und Einzahlung des Grundkapitals sowie in Ansehung der im § 186 vorgesehenen Festsetzungen von den Gründern gemacht sind. Der Inhalt der im § 191 bestimmten Erklärung ist auch in der Richtung zu prüfen, ob bezüglich der Angemessenheit der für die eingelegten oder übernommenen Gegenstände gewährten Beiträge Bedenken obwalten.

Über die Prüfung ist unter Darlegung der im Abs. 1 bezeichneten Umstände schriftlich Bericht zu erstatten.

---

86) „Gründerbericht".

*) Das Amtsgericht, nach § 145 des G über die Angeleg. der freiw. Gerichtsb. v. 17. V. 98.

Sind die Revisoren durch das für die Vertretung des Handelsstandes berufene Organ bestellt, so haben sie diesem ein Exemplar des Berichts einzureichen. Die Einsicht des eingereichten Berichts ist jedem gestattet.

§ 194. Ergeben sich zwischen den im § 192 Abs. 2, 3 bezeichneten Revisoren und den Gründern Meinungsverschiedenheiten über den Umfang der von den Gründern zu gewährenden Aufklärungen und Nachweise, so entscheidet endgültig diejenige Stelle, von welcher die Revisoren ernannt sind. Solange sich die Gründer weigern, der Entscheidung nachzukommen, unterbleibt die Erstattung des Prüfungsberichts.

Die Revisoren haben Anspruch auf Ersatz angemessener barer Auslagen und auf Vergütung für ihre Tätigkeit. Die Auslagen und die Vergütung werden durch die im Absatz 1 bezeichnete Stelle festgesetzt.

§ 195. Die Gesellschaft ist bei dem Gericht, in dessen Bezirke sie ihren Sitz hat, von sämtlichen Gründern und Mitgliedern des Vorstandes und des Aufsichtsrats zur Eintragung in das Handelsregister anzumelden.

Der Anmeldung sind beizufügen:

1. Der Gesellschaftsvertrag und die im § 182 Abs. 1 und im § 188 Abs. 2 bezeichneten Verhandlungen;
2. im Falle des § 186 die Verträge, welche den dort bezeichneten Festsetzungen zugrunde liegen oder zu ihrer Ausführung geschlossen sind, die im § 191 vorgesehene Erklärung und eine Berechnung des der Gesellschaft zur Last fallenden Gründungsaufwandes, in der die Vergütungen nach Art und Höhe und die Empfänger einzeln aufzuführen sind;
3. wenn nicht alle Aktien von den Gründern übernommen sind, zum Nachweise der Zeichnung des Grundkapitals die Duplikate der Zeichnungsscheine und ein von den Gründern unterschriebenes Verzeichnis aller Aktionäre, welches die auf jeden entfallenden Aktien sowie die auf die letzteren geschehenen Einzahlungen angibt;
4. die Urkunden über die Bestellung des Vorstandes und des Aufsichtsrats;
5. die gemäß § 193 Abs. 2 erstatteten Berichte nebst ihren urkundlichen Grundlagen sowie im Falle des § 193 Abs. 3 die Bescheinigung, daß der Prüfungsbericht der Revisoren bei dem zur Vertretung des Handelsstandes berufenen Organe eingereicht ist;
6. wenn der Gegenstand des Unternehmens der staatlichen Genehmi-

gung bedarf, sowie in den Fällen des § 180 Abs. 2 die Genehmigungsurkunde.

In der Anmeldung ist die Erklärung abzugeben, daß auf jede Aktie, soweit nicht andere als durch Barzahlung zu leistende Einlagen bedungen sind, der eingeforderte Betrag bar eingezahlt und im Besitze des Vorstandes ist. Der Betrag, zu welchem die Aktien ausgegeben werden, und der hierauf bar eingezahlte Betrag sind anzugeben; dieser muß mindestens ein Vierteil des Nennbetrags und im Falle der Ausgabe von Aktien für einen höheren als den Nennbetrag auch den Mehrbetrag umfassen. Als Barzahlung gilt nur die Zahlung in deutschem Gelde, in Reichskassenscheinen sowie in gesetzlich zugelassenen Noten deutscher Banken.[87])

Die Mitglieder des Vorstandes haben ihre Namensunterschrift zur Aufbewahrung bei dem Gerichte zu zeichnen.

Die der Anmeldung beigefügten Schriftstücke werden bei dem Gericht in Urschrift oder in beglaubigter Abschrift aufbewahrt.

§ 196. Haben die Gründer nicht alle Aktien übernommen,[88]) so beruft das im § 195 bezeichnete Gericht eine Generalversammlung der in dem Verzeichnis aufgeführten Aktionäre zur Beschlußfassung über die Errichtung der Gesellschaft.

Die Versammlung findet unter der Leitung des Gerichts statt.

Der Vorstand und der Aufsichtsrat haben sich über die Ergebnisse der ihnen in Ansehung der Gründung obliegenden Prüfung auf Grund der im § 193 Abs. 2 bezeichneten Berichte und ihrer urkundlichen Grundlagen zu erklären. Jedes Mitglied des Vorstandes und des Aufsichtsrats kann bis zur Beschlußfassung die Unterzeichnung der Anmeldung zurückziehen.

Die der Errichtung der Gesellschaft zustimmende Mehrheit muß mindestens ein Vierteil aller in dem Verzeichnis aufgeführten Aktionäre umfassen; der Betrag ihrer Anteile muß mindestens ein Vierteil des gesamten Grundkapitals darstellen. Auch wenn diese Mehrheit erreicht wird, gilt die Errichtung als abgelehnt, sofern hinsichtlich eines Teiles der Aktionäre die Voraussetzungen des § 186 vorliegen und sich die Mehr-

---

87) Jede Verrechnung ist unzulässig. RG 94 62. Nach der Verordnung zur Erleichterung der Einzahlung auf Aktien vom 24. Mai 1917 (RGBl S. 431) genügt auch bestätigter Reichsbankscheck oder Gutschrift auf Reichsbank- oder Postscheckkonto.

88) „Sukzessivgründung". § 189.

heit der von anderen Aktionären abgegebenen Stimmen gegen die Errichtung erklärt.

Die Zustimmung aller erschienenen Aktionäre ist erforderlich, wenn die im § 182 Abs. 2 Nr. 1 bis 4, im § 183, im § 184 Abs. 2 sowie die im § 185 bezeichneten Bestimmungen des Gesellschaftsvertrags abgeändert oder die im § 186 vorgesehenen Festsetzungen zu Lasten der Gesellschaft erweitert werden sollen. Dasselbe gilt, wenn die Dauer der Gesellschaft über die im Gesellschaftsvertrage bestimmte Zeit verlängert oder die im Gesellschaftsvertrage für Beschlüsse der Generalversammlung vorgesehenen erschwerenden Erfordernisse beseitigt werden sollen.

Die Beschlußfassung ist zu vertagen, wenn es von den Aktionären mit einfacher Stimmenmehrheit verlangt wird.

§ 197. Soweit nicht in den §§ 190, 196 ein anderes bestimmt ist, finden auf die Berufung und Beschlußfassung der vor der Eintragung der Gesellschaft stattfindenden Generalversammlungen die Vorschriften entsprechende Anwendung, welche für die Gesellschaft nach der Eintragung maßgebend sind.

§ 198. Bei der Eintragung der Gesellschaft in das Handelsregister sind die Firma und der Sitz der Gesellschaft, der Gegenstand des Unternehmens, die Höhe des Grundkapitals, der Tag der Feststellung des Gesellschaftsvertrages und die Mitglieder des Vorstandes anzugeben.

Enthält der Gesellschaftsvertrag besondere Bestimmungen über die Zeitdauer der Gesellschaft oder über die Befugnis der Mitglieder des Vorstandes oder der Liquidatoren zur Vertretung der Gesellschaft, so sind auch diese Bestimmungen einzutragen.

§ 199. In die Veröffentlichung, durch welche die Eintragung bekannt gemacht wird, sind außer dem Inhalte der Eintragung aufzunehmen:

1. die sonstigen im § 182 Abs. 2, 3 und in den §§ 183, 185, 186 bezeichneten Festsetzungen;
2. der Betrag, zu welchem die Aktien ausgegeben werden;
3. der Name, Stand und Wohnort der Gründer und die Angabe, ob sie die sämtlichen Aktien übernommen haben;
4. der Name, Stand und Wohnort der Mitglieder des ersten Aufsichtsrats.

Zugleich ist bekannt zu machen, daß von den mit der Anmeldung der Gesellschaft eingereichten Schriftstücken, insbesondere von dem Prüfungsberichte des Vorstandes, des Aufsichtsrats und der Revisoren, bei dem Gericht Einsicht genommen werden kann. Im Falle des § 193 Abs. 3 ist ferner bekannt zu machen, daß von dem Prüfungsberichte der Revisoren auch bei dem zur Vertretung des Handelsstandes berufenen Organ Einsicht genommen werden kann.

§ 200. Vor der Eintragung in das Handelsregister des Sitzes der Gesellschaft besteht die Aktiengesellschaft als solche nicht.[89]) Wird vorher im Namen der Gesellschaft gehandelt, so haftet der Handelnde persönlich; handeln mehrere, so haften sie als Gesamtschuldner.[90], [91])

Die Anteilsrechte können vor der Eintragung der Gesellschaft in das Handelsregister mit Wirksamkeit gegenüber der Gesellschaft nicht übertragen, Aktien oder Interimsscheine können vorher nicht ausgegeben werden.[92])

§ 201. Die Anmeldung der Gesellschaft zur Eintragung in das Handelsregister eines Gerichts, in dessen Bezirke sie eine Zweigniederlassung besitzt, ist durch sämtliche Mitglieder des Vorstandes zu bewirken.

Der Anmeldung ist der Gesellschaftsvertrag in Urschrift oder in öffentlich beglaubigter Abschrift beizufügen; die Vorschriften des § 195 Abs. 2, 3 finden keine Anwendung.

Die Eintragung hat die im § 198 bezeichneten Angaben zu enthalten.

In die Veröffentlichung, durch welche die Eintragung bekannt gemacht, sind außer dem Inhalte der Eintragung auch die sonstigen im

---

89) Über vor Entstehung der Aktienges. für die künftige Gesellschaft begründete Rechte und Verbindlichkeiten s. § 186 Note 78a.

90) Handelnde sind nicht nur diejenigen, welche mit dem Dritten kontrahiert haben, sondern auch diejenigen an der Gesellschaft beteiligten Personen (Gründer und Aktienzeichner), die der Eingehung der Geschäfte mit dem Dritten zustimmten. RG 55 302 § 200 Abs. 1 ist anwendbar, auch wenn die Aktienges. nur im Keim vorhanden ist. RG 122 174.

91) Auch wenn der Dritte beim Abschluß des Vertrages vom Fehlen der Eintragung Kenntnis hatte. RG 47 1; 70 298; 72 403. § 200 Abs. 1 Satz 2 enthält kein zwingendes Recht. Ausschluß der Haftung der Handelnden durch Vertrag — auch stillschweigend — ist zulässig. Der Handelnde wird aber nicht schon ohne weiteres von der Haftung befreit, wenn die Aktienges. nach ihrer Eintragung in das Handelsregister den Vertrag genehmigt. Bei Dauerverträgen kommt aber regelmäßig nach dem Willen der Parteien die Haftung durch Genehmigung in Fortfall. Dieser Wille ist auch nach der Verkehrsauffassung als mutmaßlich vorhanden anzunehmen. RG 116 73.

92) Vgl. § 209 Abs. 2 und die Strafbestimmung des § 314 Nr. 3. § 200 Abs. 2 bezieht sich nicht auf ein schuldrechtliches Verpflichtungsgeschäft. RG 123 404.

§ 182 Abs. 2, 3 und in den §§ 183, 185 bezeichneten Festsetzungen aufzunehmen. Erfolgt die Eintragung innerhalb der ersten zwei Jahre, nachdem die Gesellschaft in das Handelsregister ihres Sitzes eingetragen worden ist, so sind alle im § 199 bezeichneten Angaben zu veröffentlichen; in diesem Falle ist der Anmeldung ein Exemplar der für den Sitz der Gesellschaft ergangenen gerichtlichen Bekanntmachung beizufügen.

Befindet sich der Sitz der Gesellschaft im Auslande, so ist das Bestehen der Aktiengesellschaft als solcher und, sofern der Gegenstand des Unternehmens oder die Zulassung zum Gewerbebetrieb im Inlande der staatlichen Genehmigung bedarf, auch diese mit der Anmeldung nachzuweisen. Die Angaben, deren öffentliche Bekanntmachung nach Abs. 4 zu erfolgen hat, sind in die Anmeldung aufzunehmen.

§ 202. Der Gesellschaft sind die Gründer[93]) für die Richtigkeit und Vollständigkeit der Angaben, welche sie in Ansehung der Zeichnung und Einzahlung des Grundkapitals sowie in Ansehung der im § 186 vorgesehenen Festsetzungen zum Zwecke der Eintragung der Gesellschaft in das Handelsregister machen, als Gesamtschuldner verhaftet; sie haben, unbeschadet der Verpflichtung zum Ersatze des sonst etwa entstehenden Schadens, insbesondere einen an der Zeichnung des Grundkapitals fehlenden Betrag zu übernehmen, fehlende Einzahlungen zu leisten und eine Vergütung, die nicht unter den zu bezeichnenden Gründungsaufwand aufgenommen ist, zu ersetzen. Wird die Gesellschaft von Gründern durch Einlagen oder Übernahmen der im § 186 bezeichneten Art böslicherweise geschädigt, so sind ihr alle Gründer für den Ersatz des entstehenden Schadens als Gesamtschuldner verpflichtet.

Von dieser Verbindlichkeit ist ein Gründer befreit, wenn er die Unrichtigkeit oder Unvollständigkeit der Angabe oder die bösliche Schädigung weder kannte noch bei Anwendung der Sorgfalt eines ordentlichen Geschäftsmanns kennen mußte.

Entsteht durch Zahlungsunfähigkeit eines Aktionärs der Gesellschaft ein Ausfall, so sind ihr die Gründer, welche die Beteiligung des Aktionärs in Kenntnis seiner Zahlungsunfähigkeit angenommen haben, als Gesamtschuldner zum Ersatze verpflichtet.

---

93) Die in § 202 geregelte zivilrechtliche (und die in § 313 geordnete strafrechtliche Verantwortlichkeit der Gründer tritt auch bei unrichtigen oder unvollständigen Angaben des Gründerberichtes ein. RG 26 37.

Mit den Gründern sind der Gesellschaft zum Schadensersatz als Gesamtschuldner verpflichtet:

1. wenn eine Vergütung nicht unter den zu bezeichnenden Gründungsaufwand aufgenommen ist, der Empfänger, welcher zur Zeit des Empfanges wußte oder nach den Umständen annehmen mußte, daß die Verheimlichung beabsichtigt oder erfolgt war, und jeder Dritte, welcher zur Verheimlichung wissentlich mitgewirkt hat;
2. im Falle einer böslichen Schädigung durch Einlagen oder Übernahmen jeder Dritte, welcher zu dieser Schädigung wissentlich mitgewirkt hat.

§ 203. Wer vor der Eintragung der Gesellschaft in das Handelsregister oder in den ersten zwei Jahren nach der Eintragung eine öffentliche Ankündigung der Aktien erläßt, um sie in den Verkehr einzuführen, ist der Gesellschaft im Falle der Unrichtigkeit oder Unvollständigkeit von Angaben, welche die Gründer in Ansehung der Zeichnung oder Einzahlung des Grundkapitals oder in Ansehung der im § 186 vorgesehenen Festsetzungen zum Zwecke der Eintragung der Gesellschaft in das Handelsregister machen, sowie im Falle einer böslichen Schädigung der Gesellschaft durch Einlagen oder Übernahmen für den Ersatz des ihr daraus entstehenden Schadens mit den im § 202 bezeichneten Personen als Gesamtschuldner verhaftet, wenn er die Unrichtigkeit oder Unvollständigkeit der Angaben oder die bösliche Schädigung kannte oder bei Anwendung der Sorgfalt eines ordentlichen Geschäftsmannes kennen mußte.

§ 204. Mitglieder des Vorstandes und des Aufsichtsrats, die bei der ihnen durch die §§ 192, 194 auferlegten Prüfung die Sorgfalt eines ordentlichen Geschäftsmannes außer acht lassen, haften der Gesellschaft als Gesamtschuldner für den ihr daraus entstehenden Schaden, soweit der Ersatz des Schadens von den nach den §§ 202, 203 verpflichteten Personen nicht zu erlangen ist.

§ 205. Vergleiche oder Verzichtleistungen, welche die der Gesellschaft aus der Gründung zustehenden Ansprüche gegen die nach den §§ 202 bis 204 verpflichteten Personen betreffen, sind erst nach dem Ablaufe von fünf Jahren seit der Eintragung der Gesellschaft in das Handelsregister und nur mit Zustimmung der Generalversammlung zulässig; sie sind unzulässig, soweit in der Versammlung eine Minderheit, deren

Anteile den fünften Teil des Grundkapitals darstellen, Widerspruch erhebt. Die zeitliche Beschränkung findet keine Anwendung, sofern sich der Verpflichtete im Falle der Zahlungsunfähigkeit zur Abwendung oder Beseitigung des Konkursverfahrens mit seinen Gläubigern vergleicht.

§ 206. Die Ansprüche der Gesellschaft gegen die nach den §§ 202 bis 204 verpflichteten Personen verjähren in fünf Jahren von der Eintragung der Gesellschaft in das Handelsregister an.

§ 207. Verträge der Gesellschaft, nach denen sie vorhandene oder herzustellende Anlagen, die dauernd zu ihrem Geschäftsbetriebe bestimmt sind, oder unbewegliche Gegenstände für eine den zehnten Teil des Grundkapitals übersteigende Vergütung erwerben soll, bedürfen zu ihrer Wirksamkeit der Zustimmung der Generalversammlung, falls sie vor dem Ablaufe von zwei Jahren seit der Eintragung der Gesellschaft in das Handelsregister geschlossen werden.

Vor der Beschlußfassung hat der Aufsichtsrat den Vertrag zu prüfen und über die Ergebnisse seiner Prüfung schriftlich Bericht zu erstatten.

Der Beschluß, durch welchen dem Vertrage die Zustimmung erteilt wird, bedarf einer Mehrheit, die mindestens drei Vierteile des bei der Beschlußfassung vertretenen Grundkapitals umfaßt. Wird der Vertrag im ersten Jahre nach der Eintragung der Gesellschaft in das Handelsregister geschlossen, so müssen außerdem die Anteile der zustimmenden Mehrheit mindestens ein Vierteil des gesamten Grundkapitals darstellen.[93a)]

Nach erfolgter Zustimmung der Generalversammlung hat der Vorstand den Vertrag in Urschrift oder in öffentlich beglaubigter Abschrift mit dem Berichte des Aufsichtsrats nebst dessen urkundlichen Grundlagen zum Handelsregister einzureichen. Zum Handelsregister einer Zweigniederlassung findet die Einreichung nicht statt.

Bildet der Erwerb von Grundstücken den Gegenstand des Unternehmens, so finden auf einen solchen Erwerb die Vorschriften der Abs. 1 bis 4 keine Anwendung. Das gleiche gilt für den Erwerb von Grundstücken im Wege der Zwangsversteigerung.

§ 208. Erwirbt die Gesellschaft vor dem Ablaufe der im § 207 Abs. 1 bezeichneten Frist Vermögensgegenstände in Ausführung einer vor ihrer

---

93a) Erforderlich ist bewußte Prüfung der Verträge durch die Generalversammlung. RG 121 104.

Eintragung in das Handelsregister von Gründern getroffenen Vereinbarung, so kommen in betreff der Rechte der Gesellschaft auf Entschädigung und in betreff der ersatzpflichtigen Personen die Vorschriften der §§ 202, 205, 206 zur Anwendung.

§ 209. Aktien oder Interimsscheine, die auf einen geringeren als den nach § 180 zulässigen Betrag gestellt werden, sind nichtig. Die Ausgeber haften den Besitzern für den durch die Ausgabe verursachten Schaden als Gesamtschuldner.

Das gleiche gilt im Falle der Ausgabe von Interimsscheinen, die auf den Inhaber lauten, sowie im Falle der Ausgabe von Aktien oder Interimsscheinen vor der Eintragung der Gesellschaft in das Handelsregister.[94])

2. Titel. Rechtsverhältnisse der Gesellschaft und der Gesellschafter.

§ 210. Die Aktiengesellschaft als solche hat selbständig ihre Rechte und Pflichten; sie kann Eigentum und andere dingliche Rechte an Grundstücken erwerben, vor Gericht klagen und verklagt werden.[95])

Die Aktiengesellschaft gilt als Handelsgesellschaft, auch wenn der Gegenstand des Unternehmens nicht in dem Betrieb eines Handelsgewerbes besteht.

§ 211. Die Verpflichtung des Aktionärs zur Leistung von Kapitaleinlagen wird durch den Nennbetrag der Aktie und, falls der Ausgabepreis höher ist, durch diesen begrenzt.[95a])

§ 212. Neben den Kapitaleinlagen kann im Gesellschaftsvertrage den Aktionären die Verpflichtung zu wiederkehrenden,[96]) nicht in Geld bestehenden Leistungen auferlegt werden, sofern die Übertragung der

---

94) Abs. 2 kann nur dahin verstanden werden, daß die vor Eintragung der Aktienges. in das Handelsregister ausgegebenen Aktien solange nichtig sein sollen, als die Aktienges. noch nicht in das Handelsregister eingetragen ist und daher als solche nicht besteht. Daher haften die Ausgeber nur für den Schaden, der durch die verfrühte Ausgabe angerichtet ist. RG 10 66.

95) Vertretung im Prozesse regelt § 231 Abs. 1. Vorstandsmitglieder können nicht Zeugen sein, wohl aber Aktionäre. RG 2 400; JW 99 673.

95 a) Für Papiermark Nennbeträge vgl. RG 113 156; 119 170; 120 371.

96) Insbesondere die Rübenlieferungen für Zuckerfabriken. Ist die Verpflichtung nicht schon im ursprünglichen Gesellschaftsvertrage festgelegt, so kann sie nachträglich mit Zustimmung sämtlicher von ihr betroffener Aktionäre begründet werden (vgl. § 276).

Anteilsrechte an die Zustimmung der Gesellschaft gebunden ist[97]) Die Verpflichtung und der Umfang der Leistungen müssen aus den Aktien oder Interimsscheinen zu ersehen sein.[98])

Im Gesellschaftsvertrage können für den Fall, daß die Verpflichtung nicht oder nicht gehörig erfüllt wird, Vertragsstrafen festgesetzt werden.

Im Gesellschaftsvertrage kann bestimmt werden, daß die Gesellschaft die Zustimmung zur Übertragung der Anteilsrechte nur aus wichtigen Gründen verweigern darf.

§ 213. Die Aktionäre können ihre Einlagen nicht zurückfordern;[99, 100, 1]) sie haben, solange die Gesellschaft besteht, nur Anspruch auf den Reingewinn, soweit dieser nicht nach dem Gesetz oder dem Gesellschaftsvertrage von der Verteilung ausgeschlossen ist.[2—9])

---

97) Nach dem Begriffe der Aktienges., wie das Gesetz sie gestaltet hat, erschöpft sich die Verpflichtung des Aktionärs in vermögensrechtlichen Leistungen. Die Person des Aktionärs, seine persönliche Leistung, seine persönliche Qualifikation tritt ganz zurück: nicht die Person zählt, sondern die Aktie, die vermögensrechtliche Beteiligung. Auf die Vereinigung von Personen zu gemeinsamer Tätigkeit für einen bestimmten, individuellen, nur von bestimmten Einzelpersonen zu erreichenden oder nur solchen dienenden Zweck ist die Aktienges. vom Gesetz nicht angelegt. Dafür stellt das Gesetz andere Gesellschaftsformen zur Verfügung. Die Bestimmung des Statutes, daß ein Aktionär ausgeschlossen werden kann, wenn er aufhört, Mitglied des Bundes der Landwirte (oder eines studentischen Korps) zu sein, ist ungültig. RG **49** 77.

98) Auch bei Nichterwähnung der Leistungen in der Aktienurkunde ist der erste Aktionär an sie gebunden, nicht aber der gutgläubige Erwerber. RG **82** 73.

99) Der einzelne Aktionär kann den Schaden, welcher ihm gerade durch seine Beteiligung an der Gesellschaft erwächst, niemals von der Gesellschaft selbst ersetzt verlangen. Es bleibt dem durch das Verhalten der Gesellschaftsorgane getäuschten Aktionär nur übrig, die Rechte, welche ihm in Angelegenheiten der Gesellschaft zustehen, nach Maßgabe der §§ 250, 254 ff., 266 ff. HGB zu verfolgen oder die Mitglieder der Gesellschaftsorgane persönlich wegen des ihm zugefügten Schadens in Anspruch zu nehmen, falls ein besonderer Rechtsanspruch hierfür besteht. RG **54** 128; **72** 295; **77** 12.

100) Die Aktienges. kann sich dem Aktionär gegenüber nicht verpflichten, die Aktien, wenn auch unter bestimmten Voraussetzungen, gegen Entgelt wieder abzunehmen. RG **77** 73.

1) Zurückforderung der Einlage eines Aktionärs ist auch bei Auflösung, namentlich Konkurs der Aktienges. unzulässig. RG **81** 412.

2) Das Anteilsrecht des Aktionärs beschränkt sich während des Bestehens der Gesellschaft auf den obligatorischen Anspruch auf Anteil am Reingewinn und auf das Stimmrecht in der Generalversammlung. RG **29** 5.

3) Der Anspruch des Aktionärs auf einen verhältnismäßigen Anteil am Reingewinn, auf die Dividende, ist ein obligatorischer gegen die Gesellschaft. Er entsteht als solcher, wenn die Dividende nach Maßgabe des Statutes festgestellt ist. Der Dividenden-

§ 214. Die Anteile am Gewinne bestimmen sich nach dem Verhältnisse der Aktienbeträge.

Sind die Einzahlungen nicht auf alle Aktien in demselben Verhältnisse geleistet, so erhalten die Aktionäre aus dem verteilbaren Gewinne vorweg einen Betrag von vier vom Hundert der geleisteten Einzahlungen; reicht der Jahresgewinn hierzu nicht aus, so bestimmt sich der Betrag nach einem entsprechend niedrigeren Satze. Einzahlungen, die im Laufe des Geschäftsjahrs zu leisten waren, werden nach dem Verhältnisse der

---

schein begründet kein weiteres Recht, als dem Aktionär selbst zusteht, und wird auch mit ihm kein anderes oder weitergehendes Recht übertragen. Daher wirkt jede statutenmäßige Änderung, welcher der Aktionär sich zu unterwerfen hat, auch auf den Inhaber des Dividendenscheines, andererseits sind Änderungen am Inhalte des Dividendenscheines dann nicht mehr zulässig, wenn durch Festsetzung der Dividende das Gläubigerrecht nach Maßgabe der im Scheine enthaltenen Bestimmungen entstanden ist. RG 22 113.

4) Anfechtung eines abweichenden Beschlusses ist nicht erforderlich; der Aktionär kann wegen seiner Ansprüche auf die festgestellte Dividende ohne Berücksichtigung des entgegenstehenden Beschlusses der Generalversammlung Klage erheben. RG **37** 62.

5) Bei Aktien mit selbständigem Nachbezugsrecht erwächst durch die Feststellung des Gewinnausfalles für ein bestimmtes Geschäftsjahr ein Forderungsrecht. Der Inhaber des betreffenden Dividendenscheines wird Gläubiger der Gesellschaft. RG **82** 141.

6) Der Beschluß der Generalversammlung über Jahresbilanz und Gewinnverteilung unterliegt bei Verletzung des Gesetzes oder des Statutes der Anfechtung. RG **40** 36.

7) Der Anspruch aus dem Dividendenschein erlischt, wenn der Schein nicht binnen vier Jahren vorgelegt wird. Erfolgt die Vorlegung, so verjährt der Anspruch in zwei Jahren vom Ende der Vorlegungsfrist an (vgl. § 801 BGB).

8) Der Dividendenschein ist auch ohne die Aktie veräußerlich. Übertragen wird jedoch nur das in dem Schein verbriefte Gläubigerrecht auf die festgesetzte Dividende, nicht hingegen die — dem Aktionär verbleibenden — gesellschaftlichen Rechte auf Mitwirkung bei Feststellung der Dividende oder zur Anfechtung des Beschlusses über die Gewinnverteilung. RG **14** 170; **15** 99.

9) Mit dem Ausdrucke Genußschein ist ein feststehender Begriff nicht verbunden, er dient zur Bezeichnung von Urkunden verschiedenen rechtlichen Charakters. RG **30** 16. Seine Bedeutung hängt von dem Inhalt der beurkundeten Rechte ab. Dieser ist daher in jedem einzelnen Falle nach der Sachlage und dem Zweck der Ausstellung des Scheins zu ermitteln. Genußscheine, die den Darlehnsgebern neben den Schuldverschreibungen mit der Zusicherung bestimmter Bezüge vom Reingewinn und der Liquidationsmasse gegeben werden, sind Beurkundungen von Gläubigerrechten, die ohne die Rechte aus dem Darlehen übertragbar sind und von der Generalversammlung ohne Zustimmung des Inhabers des Genußscheins nicht geändert werden können. RG **30** 16; **49** 10; **K 2** 60. Der Inhaber eines Genußscheins kann Beschlüsse der Generalversammlung nicht nach § 271 anfechten. RG **105** 239. Vgl. auch § 12 der VO über Goldbilanzen v. 28. Dez. 1923 (RGBl S. 1254).

Zeit berücksichtigt, welche seit dem für die Leistung bestimmten Zeitpunkte verstrichen ist.

Im Gesellschaftsvertrage kann eine andere Art der Gewinnverteilung vorgesehen werden.

§ 215. Zinsen von bestimmter Höhe dürfen für die Aktionäre weder bedungen noch ausbezahlt werden; es darf nur dasjenige unter sie verteilt werden, was sich nach der jährlichen Bilanz als Reingewinn ergibt.[10]

Für den Zeitraum, welchen die Vorbereitung des Unternehmens bis zum Anfange des vollen Betriebs erfordert, können den Aktionären Zinsen von bestimmter Höhe bedungen werden; der Gesellschaftsvertrag muß den Zeitpunkt bezeichnen, in welchem die Entrichtung von Zinsen spätestens aufhört.[11])

§ 216. Für wiederkehrende Leistungen, zu denen die Aktionäre nach dem Gesellschaftsvertrage neben den Kapitaleinlagen verpflichtet sind, darf eine den Wert der Leistungen nicht übersteigende Vergütung ohne Rücksicht darauf bezahlt werden, ob die jährliche Bilanz einen Reingewinn ergibt.

§ 217. Die Aktionäre haften für die Verbindlichkeiten der Gesellschaft, soweit sie den Vorschriften dieses Gesetzbuchs entgegen Zahlungen von der Gesellschaft empfangen haben. Was ein Aktionär in gutem Glauben als Gewinnanteil oder als Zinsen bezogen hat, ist er in keinem Falle zurückzuzahlen verpflichtet.[12])

Ist über das Vermögen der Gesellschaft der Konkurs eröffnet, so wird während der Dauer des Verfahrens das den Gesellschaftsgläubigern gegen die Aktionäre zustehende Recht durch den Konkursverwalter ausgeübt.

---

10) Das Verbot will allgemein die Möglichkeit ausschließen, daß durch einen Vertrag, der nicht Teil des Gesellschaftsvertrages ist, die Anrechte eines Einzelaktionärs an dem zu verteilenden Gewinn in der vom Gesetz verbotenen Weise abgeändert werden, daß also die Stellung dieses Aktionärs innerhalb der Aktiengesellschaft in diesem die Rechte der anderen Aktionäre erheblich berührenden Punkte wesentlich abgeändert wird. Darum wird jeder Vertrag eines Einzelaktionärs mit der Aktiengesellschaft von dem Verbote getroffen. RG **72** 30. Vorauszahlung auf die erhoffte Dividende während des Geschäftsjahres ist unzulässig. RG **107** 168.

11) Auch bei Kapitalserhöhung sind Bauzinsen zulässig. RG **77** 259.

12) § 217 Abs. 1 Satz 2 regelt nicht nur das Verhältnis des Aktionärs zu einem Gläubiger der Aktienges., sondern auch zu dieser selbst. RG **77** 90.

Die nach diesen Vorschriften begründeten Ansprüche verjähren in fünf Jahren vom Empfange der Zahlung an.

§ 218. Ein Aktionär, der den auf die Aktie eingeforderten Betrag nicht zur rechten Zeit einzahlt,[13]) hat Zinsen von dem Tage an zu entrichten, an welchem die Zahlung hätte geschehen sollen. Die Geltendmachung eines weiteren Schadens ist nicht ausgeschlossen.

Im Gesellschaftsvertrage können für den Fall, daß die Einzahlung nicht rechtzeitig erfolgt, Vertragsstrafen festgesetzt werden.

Ist im Gesellschaftsvertrage nicht ein anderes bestimmt, so hat die Aufforderung zur Einzahlung in der Weise zu geschehen, in welcher die Bekanntmachungen der Gesellschaft nach dem Gesellschaftsvertrag erfolgen.

§ 219. Erfolgt die Einzahlung nicht rechtzeitig, so kann den säumigen Aktionären für die Zahlung eine Frist mit der Androhung bestimmt werden, daß sie nach dem Ablaufe der Frist ihres Anteilsrechts und der geleisteten Einzahlungen verlustig erklärt werden.

Die Aufforderung muß dreimal in den im § 182 Abs. 3 bezeichneten Blättern (Gesellschaftsblättern) bekannt gemacht werden; die erste Bekanntmachung muß mindestens drei Monate, die letzte Bekanntmachung mindestens einen Monat vor dem Ablaufe der für die Einzahlung gesetzten Nachfrist erfolgen. Sind die Anteilsrechte nicht ohne Zustimmung der Gesellschaft übertragbar, so genügt an Stelle der öffentlichen Bekanntmachungen der einmalige Erlaß besonderer Aufforderungen an die säumigen Aktionäre; in diesen Aufforderungen muß eine Nachfrist gewährt werden, die mindestens einen Monat von dem Empfange der Aufforderung an beträgt.

Zahlt der Aktionär den auf die Aktie zu leistenden Betrag ungeachtet der Aufforderung nicht ein, so ist er seines Anteilsrechts und der geleisteten Einzahlungen zugunsten der Gesellschaft verlustig zu erklären.[14])

---

13) Ein Aktionär kann sich gegenüber der Klage auf Einzahlung nicht darauf berufen, daß diese nicht von allen Aktionären eingefordert wird. Die Kaduzierung nach § 219 dagegen muß gleichzeitig gegen alle säumigen Aktionäre erfolgen. RG 85 366.

14) Die Ausschlußerklärung kann angefochten werden; erfolgt die Ungültigkeitserklärung derselben, so bleibt die in den Händen dritter gutgläubiger Erwerber befindliche neue Urkunde gültig; der zu Unrecht ausgeschlossene Gesellschafter hat eine Schadensersatzklage; er kann auch (vorher) den Antrag auf Erlaß einer einstw. Verfügung zum Zwecke der Einstellung des Ausschlußverfahrens stellen. RG 27 50.

Die Erklärung erfolgt mittelst Bekanntmachung in den Gesellschaftsblättern.

An Stelle der bisherigen Urkunde ist eine neue auszugeben, die außer den früher geleisteten Teilzahlungen den eingeforderten Betrag zu umfassen hat. Wegen des Ausfalls, den die Gesellschaft an diesem Betrag oder an den später eingeforderten Beträgen erleidet, bleibt ihr der ausgeschlossene Aktionär verhaftet.

§ 220. Soweit der ausgeschlossene Aktionär den eingeforderten Betrag nicht zahlt, ist dafür der Gesellschaft der letzte und jeder frühere in dem Aktienbuche verzeichnete Rechtsvorgänger verhaftet, ein früherer Rechtsvorgänger, soweit die Zahlung von dessen Rechtsnachfolger nicht zu erlangen ist. Dies wird vermutet, wenn von dem letzteren die Zahlung nicht bis zum Ablaufe von einem Monate geleistet wird, nachdem an ihn die Zahlungsaufforderung und an dem Rechtsvorgänger die Benachrichtigung von dieser erfolgt ist. Der Rechtsvorgänger erhält gegen Zahlung des rückständigen Betrags die neu auszugebende Urkunde.

Die Haftpflicht des Rechtsvorgängers ist auf die innerhalb der Frist von zwei Jahren auf die Aktien eingeforderten Beträge beschränkt. Die Frist beginnt mit dem Tage, an welchem die Übertragung des Anteilsrechts zum Aktienbuche der Gesellschaft angemeldet wird.

Ist die Zahlung des rückständigen Betrags von Rechtsvorgängern nicht zu erlangen, so kann die Gesellschaft das Anteilsrecht zum Börsenpreis und in Ermangelung eines solchen durch öffentliche Versteigerung verkaufen.

§ 221. Die Aktionäre und deren Rechtsvorgänger können von den in den §§ 211, 220 bezeichneten Leistungen nicht befreit werden. Sie können gegen diese Leistungen eine Forderung an die Gesellschaft nicht aufrechnen.[15, 15a]

§ 222. Auf Namen lautende Aktien sind mit genauer Bezeichnung des Inhabers nach Namen, Wohnort und Stand in das Aktienbuch der Gesellschaft einzutragen.

---

15) Auch Aufrechnung seitens der Aktienges. ist unzulässig, wenn die Gegenforderung des Zeichners mit der Einlageforderung nicht gleichwertig ist. RG **94** 63.

15a) Zulässig ist die Abtretung der Forderung der Aktienges. auf Einzahlung der noch ausstehenden Kapitaleinlage. RG **102** 386. Aber nur gegen angemessenes Entgelt, sonst nichtig. RG **124** 383.

Sie können, soweit nicht der Gesellschaftsvertrag ein anderes bestimmt, ohne Zustimmung der Gesellschaft auf andere übertragen werden.

Die Übertragung kann durch Indossament geschehen.[16]) In betreff der Form des Indossaments, in betreff der Legitimation des Inhabers und in betreff seiner Verpflichtung zur Herausgabe finden die Vorschriften der Artikel 11 bis 13, des Artikels 36 Satz 1 bis 4 und des Artikels 74 der Wechselordnung entsprechende Anwendung.

Zur Übertragung von Aktien, die gemäß § 180 Abs. 3 auf einen Betrag von weniger als 20 Reichsmark gestellt sind, ist die Zustimmung des Aufsichtsrats und der Generalversammlung erforderlich.[17]) Die Übertragung dieser Aktien kann nur mittelst einer die Person des Erwerbers bezeichnenden, gerichtlich oder notariell beglaubigten Erklärung erfolgen.

§ 223. Geht eine auf Namen lautende Aktie auf einen anderen über, so ist dies unter Vorlegung der Aktie und des Nachweises des Überganges bei der Gesellschaft anzumelden und im Aktienbuche zu vermerken.

Die Echtheit der auf der Aktie befindlichen Indossamente oder die Abtretungserklärungen zu prüfen, ist die Gesellschaft nicht verpflichtet.

Im Verhältnisse zu der Gesellschaft gilt nur derjenige als Aktionär, welcher als solcher im Aktienbuche verzeichnet ist.[18—21a])

16) Auch Aktien, über welche Aktienurkunden noch nicht ausgestellt sind, können veräußert werden und zwar durch formlosen Abtretungsvertrag. Die Eintragung in das Aktienbuch hat nicht rechtsbegründende Wirkung. RG **79** 162; **86** 155. Die Legitimationsübertragung von Aktien zur Ausübung des Stimmrechtes in der Generalversammlung, d. h. die Überlassung der Aktien an einen Dritten mit der Ermächtigung, das Stimmrecht im eigenen Namen auszuüben, ist in feststehender Rechtsprechung anerkannt. RG **118** 331.

17) Ohne diese Zustimmung ist die Übertragung nicht nur der Gesellschaft gegenüber unverbindlich, sondern überhaupt nichtig. RG **41** 5. Die Zustimmungen sind nur für die Übertragung, aber nicht für das schuldrechtliche Veräußerungsgeschäft erforderlich. RG **123** 283.

18) Der auf seinen Antrag eingetragene Erwerber darf gegen den Anspruch der Gesellschaft auf die statutenmäßige Einzahlung nicht einwenden, die Übertragung der Aktien sei ohne Beobachtung der Vorschriften in § 222 Abs. 4 erfolgt, RG **41** 17, auch nicht, daß er von seinem Vormanne betrogen sei. RG **72** 294. Der Einwand des Eingetragenen, er sei nicht mehr Aktionär oder er sei es nie gewesen, ist unstatthaft. RG **86** 159. Zulässig ist aber der Einwand, die Eintragung beruhe auf falscher Grundlage, weil er ihr nicht zugestimmt habe oder seine Zustimmung nichtig sei. RG **92** 318.

19) Die Aktiengesellschaft kann aber einwenden, die Eintragung sei ungültig. RG **86** 160. Die Eintragung im Aktienbuch hat keine rechtsbegründende Wirkung. RG **123** 282.

§ 224. Die Vorschriften der §§ 222, 223 finden auch auf die Eintragung der Interimsscheine und deren Übergang auf andere Anwendung.

§ 225. Steht eine Aktie mehreren Mitberechtigten zu, so können sie die Rechte aus der Aktie nur durch einen gemeinschaftlichen Vertreter ausüben.

Für die auf die Aktie zu bewirkenden Leistungen haften sie als Gesamtschuldner.

Hat die Gesellschaft eine Willenserklärung dem Aktionär gegenüber abzugeben, so genügt, falls ein gemeinschaftlicher Vertreter der Mitberechtigten nicht vorhanden ist, die Abgabe der Erklärung gegenüber einem Mitberechtigten. Auf mehrere Erben eines Aktionärs findet diese Vorschrift nur in Ansehung von Willenserklärungen Anwendung, die nach dem Ablauf eines Monats seit dem Anfalle der Erbschaft abgegeben werden.

§ 226. Die Aktiengesellschaft soll eigene Aktien im regelmäßigen Geschäftsbetriebe, sofern nicht eine Kommission zum Einkauf ausgeführt wird, weder erwerben noch zum Pfande nehmen.[22])

Eigene Interimsscheine kann sie im regelmäßigen Geschäftsbetrieb auch in Ausführung einer Einkaufskommission weder erwerben noch zum Pfande nehmen. Das gleiche gilt von eigenen Aktien, auf welche

---

20) Die Aktienges. kann gegen den neuen Aktionär vor Eintragung des Überganges Ansprüche aus dem Gesellschaftsverhältnis geltend machen. RG 79 162 (Verurteilung zum Anbau und zur Lieferung von Zuckerrüben).

21) § 223 Abs. 3 bezieht sich auf den Fall eines Aktienumtausches zur Durchführung der Fusion. RG 77 277.

21a) Der nicht mehr eingetragene Aktionär kann nicht von der Aktienges. Wiedereintragung wegen Mängel des Übertragungsgeschäftes fordern. RG 123, 285.

22) Es ist gleichwohl eine Erfahrung des täglichen Lebens und entspricht dem Verkehrsbedürfnis, daß Aktienbanken mit ihren eigenen Aktien handeln, d. h. sie kaufen und verkaufen. Für diese Verkäufe gelten die allgemeinen Grundsätze, auch wenn sie in ihrer Rückwirkung für den Vermögensbestand der Aktiengesellschaft einer völligen oder teilweisen Rückzahlung der Einlage des Aktionärs gleichkommen. Der Aktionär steht in diesen Fällen der Gesellschaft überall in seiner Eigenschaft als Gläubiger gegenüber und die Gesellschaft kann seine sich daraus ergebenden Rechte nicht dadurch beseitigen oder unwirksam machen, daß sie geltend macht, er sei zugleich ihr Gesellschafter. RG 71 97 (100). (Ein Aktionär, der durch unrichtige Angaben im Prospekt zum Ankauf von Aktien veranlaßt war, hatte den Vermögensschaden von der Gesellschaft selbst verlangt.)

der Nennbetrag oder, falls der Ausgabepreis höher ist, dieser noch nicht voll geleistet ist.

§ 227. Die Einziehung (Amortisation) von Aktien kann nur erfolgen, wenn sie im Gesellschaftsvertrag angeordnet oder gestattet ist. Die Bestimmung muß in dem ursprünglichen Gesellschaftsvertrag oder durch eine vor der Zeichnung der Aktien bewirkte Änderung des Gesellschaftsvertrags getroffen sein, es sei denn, daß die Einziehung nicht mittelst Auslosung, Kündigung oder in ähnlicher Weise, sondern mittelst Ankaufs der Aktien geschehen soll.

Jede Art der Einziehung darf, sofern sie nicht nach den für die Herabsetzung des Grundkapitals maßgebenden Vorschriften stattfindet, nur aus dem nach der jährlichen Bilanz verfügbaren Gewinn erfolgen.

§ 228. Ist eine Aktie oder ein Interimsschein abhanden gekommen oder vernichtet, so kann die Urkunde, wenn nicht das Gegenteil darin bestimmt ist, im Wege des Aufgebotsverfahrens für kraftlos erklärt werden. Die Vorschriften des § 799 Abs. 2 und des § 800 des Bürgerlichen Gesetzbuchs finden entsprechende Anwendung.

Sind Gewinnanteilscheine[23]) auf den Inhaber ausgegeben, so erlischt mit der Kraftloserklärung der Aktie oder des Interimsscheins auch der Anspruch aus den noch nicht fälligen Gewinnanteilscheinen.

§ 229. Ist eine Aktie oder ein Interimsschein infolge einer Beschädigung oder einer Verunstaltung zum Umlaufe nicht mehr geeignet, so kann der Berechtigte, sofern der wesentliche Inhalt und die Unterscheidungsmerkmale der Urkunde noch mit Sicherheit erkennbar sind, von der Gesellschaft die Erteilung einer neuen Urkunde gegen Aushändigung der beschädigten oder verunstalteten verlangen. Die Kosten hat er zu tragen und vorzuschießen.

§ 230. Neue Gewinnanteilscheine dürfen an den Inhaber des Erneuerungsscheins nicht ausgegeben werden, wenn der Besitzer der Aktie oder des Interimsscheins der Ausgabe widersprochen hat. Die Scheine sind in diesem Falle dem Besitzer der Aktie oder des Interimsscheins auszuhändigen, wenn er die Haupturkunde vorlegt.

---

23) Gewinnanteilscheine sind selbständig ohne die Aktie veräußerlich, sie sind Träger des Gewinnanteilsrechtes. RG 77 335.

3. Titel. Verfassung und Geschäftsführung.

§ 231. Die Aktiengesellschaft wird durch den Vorstand[24,24a]) gerichtlich und außergerichtlich vertreten.

Der Vorstand kann aus einer oder mehreren Personen bestehen.

Die Bestellung zum Mitgliede des Vorstandes ist jederzeit widerruflich, unbeschadet des Anspruchs auf die vertragsmäßige Vergütung.

§ 232. Zu Willenserklärungen, insbesondere zur Zeichnung des Vorstandes für die Gesellschaft, bedarf es der Mitwirkung sämtlicher Mitglieder des Vorstandes, sofern nicht im Gesellschaftsvertrag ein anderes bestimmt ist. Der Vorstand kann jedoch einzelne Mitglieder zur Vornahme bestimmter Geschäfte oder bestimmter Arten von Geschäften ermächtigen.[25,26]) Ist eine Willenserklärung der Gesellschaft gegenüber abzugeben, so genügt die Abgabe gegenüber einem Mitgliede des Vorstandes.

Steht nicht jedem einzelnen Vorstandsmitgliede die selbständige Vertretung der Gesellschaft nach dem Gesellschaftsvertrage zu, so kann durch diesen bestimmt werden, daß die Vorstandsmitglieder, wenn nicht mehrere zusammen handeln, in Gemeinschaft mit einem Prokuristen zur Vertretung der Gesellschaft befugt sein sollen. Auch kann durch den Gesellschaftsvertrag der Aufsichtsrat ermächtigt werden, einzelnen Mitgliedern des Vorstandes die Befugnis zu erteilen, die Gesellschaft allein oder in Gemeinschaft mit einem Prokuristen zu vertreten. Die Vorschriften des Abs. 1 Satz 2, 3 finden in diesen Fällen entsprechende Anwendung.

§ 233. Der Vorstand hat in der Weise zu zeichnen, daß die Zeich-

24) Ist eine Aktiengesellschaft Partei, so muß im Urteilskopf angegeben werden, welche einzelnen Personen — ausweislich der vorzulegenden beglaubigten Abschriften des Handelsregisters — den Vorstand der Aktiengesellschaft bilden, die Angabe „vertreten durch ihren Vorstand" genügt nicht. RG, K 8 93. Der Vorstand vertritt die A.G. auch gegenüber der Klage auf Entlastung seitens der Aufsichtsratsmitglieder. RG 114 398.

24a) Die Vorstandsmitglieder haben wegen ihrer Bezüge regelmäßig kein Vorrecht im Konkurse. RG 120 300.

25) Auch für formbedürftige Geschäfte. Die Ermächtigung bedarf keiner Form. RG 81 328. Vgl. auch RG 116 118.

26) Der kollektive Willensentschluß kann sich auch dadurch äußern, daß die Geschäftsbesorgung durch ein einzelnes Vorstandsmitglied von den übrigen Mitgliedern „fortgesetzt geduldet" wird; die konkreten Verhältnisse entscheiden. RG, K 1 24.

nenden zu der Firma der Gesellschaft oder zu der Benennung des Vorstandes ihre Namensunterschrift hinzufügen.

§ 234. Jede Änderung des Vorstandes oder der Vertretungsbefugnis eines Vorstandsmitgliedes sowie eine auf Grund des § 232 Abs. 2 Satz 2 von dem Aufsichtsrate getroffene Anordnung ist durch den Vorstand zur Eintragung in das Handelsregister anzumelden.

Der Anmeldung ist eine öffentlich beglaubigte Abschrift der Urkunden über die Änderung oder Anordnung beizufügen Diese Vorschrift findet auf die Anmeldung zum Handelsregister einer Zweigniederlassung keine Anwendung.

Die Vorstandsmitglieder haben ihre Unterschrift zur Aufbewahrung bei dem Gerichte zu zeichnen.

§ 235. Der Vorstand ist der Gesellschaft gegenüber verpflichtet, die Beschränkungen einzuhalten, welche im Gesellschaftsvertrag oder durch Beschlüsse der Generalversammlung für den Umfang seiner Befugnis, die Gesellschaft zu vertreten, festgesetzt sind.

Dritten[27]) gegenüber ist eine Beschränkung der Vertretungsbefugnis des Vorstandes unwirksam. Dies gilt insbesondere für den Fall, daß die Vertretung sich nur auf gewisse Geschäfte oder Arten von Geschäften erstrecken oder nur unter gewissen Umständen oder für eine gewisse Zeit oder an einzelnen Orten stattfinden soll oder daß für einzelne Geschäfte die Zustimmung der Generalversammlung, des Aufsichtsrats oder eines anderen Organs der Gesellschaft erfordert wird.[28, 28a])

§ 236. Die Mitglieder des Vorstandes dürfen ohne Einwilligung der Gesellschaft weder ein Handelsgewerbe betreiben noch in dem Handelszweige der Gesellschaft für eigene oder fremde Rechnung Geschäfte machen, auch nicht an einer anderen Handelsgesellschaft als persönlich haftende Gesellschafter teilnehmen. Die Einwilligung wird durch dasjenige Organ der Gesellschaft erteilt, welchem die Bestellung des Vorstandes obliegt.

---

27) Auch Aktionäre sind Dritte, wenn sie der Aktiengef. Darlehen geben. RG 81 21.

28) Der technische Betriebsleiter einer Aktiengef. ist ihr Willensorgan in bezug auf den gewerbetechnischen Betrieb, er vertritt sie in dem ihm zugewiesenen Geschäftskreise, sie ist für seine Handlungen und Versäumnisse verantwortlich. RG 57 38 (42).

28a) Beschränkungen des Vorstandes durch Satzung oder Weisungen der Generalversammlung haben nach außen keine Wirkung Die Vertretungsbefugnis des Vorstandes wird nicht begrenzt durch den satzungsmäßigen Zweck des Unternehmens, RG. 115 249.

Verletzt ein Vorstandsmitglied die ihm nach Abs. 1 obliegende Verpflichtung, so kann die Gesellschaft Schadensersatz fordern; sie kann statt dessen von dem Mitgliede verlangen, daß es die für eigene Rechnung gemachten Geschäfte als für Rechnung der Gesellschaft eingegangen gelten lasse und die aus Geschäften für fremde Rechnung bezogene Vergütung herausgebe oder seinen Anspruch auf die Vergütung abtrete.

Die Ansprüche der Gesellschaft verjähren in drei Monaten von dem Zeitpunkt an, in welchem die übrigen Vorstandsmitglieder und der Aufsichtsrat von dem Abschlusse des Geschäfts oder von der Teilnahme des Vorstandsmitgliedes an der anderen Gesellschaft Kenntnis erlangen; sie verjähren ohne Rücksicht auf diese Kenntnis in fünf Jahren von ihrer Entstehung an.

§ 237. Wird den Mitgliedern des Vorstandes ein Anteil am Jahresgewinne gewährt, so ist der Anteil von dem nach Vornahme sämtlicher Abschreibungen und Rücklagen verbleibenden Reingewinne zu berechnen.[29])

§ 238. Sofern nicht durch den Gesellschaftsvertrag oder durch Beschluß der Generalversammlung ein anderes bestimmt ist, darf der Vorstand einen Prokuristen nur mit Zustimmung des Aufsichtsrats bestellen.[29a]) Diese Beschränkung hat Dritten gegenüber keine Wirkung.

§ 239. Der Vorstand hat Sorge dafür zu tragen, daß die erforderlichen Bücher der Gesellschaft geführt werden.

§ 240.*) Erreicht der Verlust, der sich bei der Aufstellung der Jahresbilanz oder einer Zwischenbilanz ergibt, die Hälfte des Grundkapitals, so hat der Vorstand unverzüglich die Generalversammlung zu berufen und dieser davon Anzeige zu machen.

---

29) § 237 ist zwingendes Recht Der Vorstand muß sich alle Abschreibungen und Rücklagen gefallen lassen, die die Generalversammlung nach § 260 beschließt, auch wenn sie satzungswidrig sind RG 83 322; 91 316 Alle von der Gesellschaft zu entrichtenden Steuern sind Unkosten und abzuziehen, bevor von einem Gewinn die Rede sein kann. RG 101 384.

29a) Der Registerrichter hat die Zustimmung des Aufsichtsrates nicht zu prüfen. JW 1925 S 268 Nr. 4.

*) § 240 findet nach der Verordnung über Goldbilanzen v. 28. Dez. 1923 (RGBl S. 1255) keine Anwendung wegen einer Überschuldung, die sich bei Aufstellung der Goldmarkeröffnungsbilanz ergibt, solange die Frist für die Umstellung läuft. — Absatz 2 ist durch das Gesetz vom 25. III. 1930 (RGBl I S 93) über die Pflicht zum Antrag auf Eröffnung des Konkurses oder des gerichtlichen Vergleichsverfahrens geändert.

Wird die Gesellschaft zahlungsunfähig, so hat der Vorstand ohne schuldhaftes Zögern spätestens aber zwei Wochen nach Eintritt der Zahlungsunfähigkeit, die Eröffnung des Konkursverfahrens oder die Eröffnung des gerichtlichen Vergleichsverfahrens zu beantragen; entsprechendes gilt, wenn sich bei der Aufstellung der Jahresbilanz oder einer Zwischenbilanz ergibt, daß das Vermögen nicht mehr die Schulden deckt. Eine schuldhafte Verzögerung des Antrages liegt nicht vor, wenn der Vorstand die Eröffnung des gerichtlichen Vergleichsverfahrens mit der Sorgfalt eines ordentlichen Geschäftsmannes betreibt.

§ 241. Die Mitglieder des Vorstandes haben bei ihrer Geschäftsführung die Sorgfalt eines ordentlichen Geschäftsmanns anzuwenden.[30])

Mitglieder, die ihre Obliegenheiten verletzen, haften der Gesellschaft als Gesamtschuldner für den daraus entstehenden Schaden.[31])

Insbesondere sind sie zum Ersatze verpflichtet, wenn entgegen den Vorschriften dieses Gesetzbuchs:

1. Einlagen an die Aktionäre zurückgezahlt,
2. den Aktionären Zinsen oder Gewinnanteile gezahlt,
3. eigene Aktien oder Interimsscheine der Gesellschaft erworben, zum Pfande genommen oder eingezogen,
4. Aktien vor der vollen Leistung des Nennbetrags oder, falls der Ausgabepreis höher ist, vor der vollen Leistung dieses Betrags ausgegeben werden,
5. die Verteilung des Gesellschaftsvermögens oder eine teilweise Zurückzahlung des Grundkapitals erfolgt,

*6. Zahlungen geleistet werden, nachdem die Zahlungsunfähigkeit der Gesellschaft eingetreten ist oder ihre Überschuldung sich ergeben hat. Dies gilt nicht von Zahlungen, die auch nach diesem Zeitpunkt mit der Sorgfalt eines ordentlichen Geschäftsmanns vereinbar sind.

In den Fällen des Abs. 3 kann der Ersatzanspruch auch von den Gläubigern der Gesellschaft, soweit sie von dieser ihre Befriedigung nicht

---

30) Vorstand und Aufsichtsrat einer Aktienges müssen sich vor Ergreifung wichtiger kostspieliger und riskanter Unternehmungen der Einwilligung der Generalversammlung versichern, sonst handeln sie auf ihre eigene Gefahr. RG, R 4 95.

31) Die §§ 241 und 249 begründen nur Ansprüche der Gesellschaft, nicht der Aktionäre, sie sind keine Schutzgesetze zugunsten der Aktionäre im Sinne des § 823 Abs 2 BGB. RG 115 296.

*) Ziffer 6 geändert durch das Ges. v. 25. III. 1930 (siehe S. 104).

erlangen können, geltend gemacht werden.[32]) Die Ersatzpflicht wird ihnen gegenüber weder durch einen Verzicht der Gesellschaft noch dadurch aufgehoben, daß die Handlung auf einem Beschlusse der Generalversammlung beruht.

Die Ansprüche auf Grund dieser Vorschriften verjähren in fünf Jahren.

§ 242. Die für die Mitglieder des Vorstandes geltenden Vorschriften finden auch auf die Stellvertreter von Mitgliedern Anwendung.

§ 243. Der Aufsichtsrat[33,34]) besteht, sofern nicht der Gesellschaftsvertrag eine höhere Zahl festsetzt, aus drei von der Generalversammlung zu wählenden Mitgliedern.

Die Wahl des ersten Aufsichtsrats gilt für die Zeit bis zur Beendigung der ersten Generalversammlung, welche nach dem Ablauf eines Jahres seit der Eintragung der Gesellschaft in das Handelsregister zur Beschlußfassung über die Jahresbilanz abgehalten wird.[35])

Später kann der Aufsichtsrat nicht für eine längere Zeit als bis zur Beendigung derjenigen Generalversammlung gewählt werden, welche über die Bilanz für das vierte Geschäftsjahr nach der Ernennung beschließt; das Geschäftsjahr, in welchem die Ernennung erfolgt, wird hierbei nicht mitgerechnet.

Die Bestellung zum Mitgliede des Aufsichtsrats kann auch vor dem Ablaufe des Zeitraums, für den das Mitglied gewählt ist, durch die Generalversammlung widerrufen werden.[36]) Sofern nicht der Gesellschaftsvertrag ein anderes bestimmt, bedarf der Beschluß einer Mehr-

---

32) Während der Dauer des Konkursverfahrens kann das den Gesellschaftsgläubigern zustehende Recht nur durch den Konkursverwalter geltend gemacht werden; lehnt dieser die Verfolgung der Regreßansprüche ab, so sind auch die Gläubiger an der Verfolgung gehindert. RG 74 428.

33) Der Aufsichtsrat einer Aktiengesellschaft ist nicht selbst wiederum eine Gesellschaft oder gar eine selbständige Rechtspersönlichkeit. Er ist eine Mehrheit von Personen, die in ihrer Gesamtheit nichts anderes sind als eines der Organe der Gesellschaft. RG 75 309.

34) Das Amt des Aufsichtsrates endet nicht mit dem Konkurs über die Aktienges. Der Konkursverwalter hat nicht das Recht, ihn zu kündigen, er hat aber keinen Anspruch auf Vergütung. RG 81 336.

35) Der Abs. 2 hindert nicht, daß infolge Änderung des Gesellschaftsvertrages die Zuwahl von Aufsichtsratsmitgliedern in den ersten Aufsichtsrat erfolge. RG 24 54.

36) Mit dem Widerruf entfällt die Vergütung. — Bei Verschmelzung nach § 306 fällt die Vergütung des Aufsichtsrates der aufgelösten Gesellschaft weg. RG 81 153.

heit, die mindestens drei Vierteile des bei der Beschlußfassung vertretenen Grundkapitals umfaßt.[36a])

§ 244. Jede Änderung in den Personen der Mitglieder des Aufsichtsrats ist von dem Vorstand unverzüglich in den Gesellschaftsblättern bekannt zu machen. Der Vorstand hat die Bekanntmachung zum Handelsregister einzureichen.

§ 245. Erhalten die Mitglieder des Aufsichtsrats für ihre Tätigkeit eine Vergütung, die in einem Anteil am Jahresgewinne besteht, so ist der Anteil von dem Reingewinne zu berechnen, welcher nach Vornahme sämtlicher Abschreibungen und Rücklagen sowie nach Abzug eines für die Aktionäre bestimmten Betrags von mindestens vier vom Hundert des eingezahlten Grundkapitals verbleibt.

Ist die den Mitgliedern des Aufsichtsrats zukommende Vergütung im Gesellschaftsvertrage festgesetzt, so kann eine Abänderung des Gesellschaftsvertrags, durch welche die Vergütung herabgesetzt wird, von der Generalversammlung mit einfacher Stimmenmehrheit beschlossen werden.

Den Mitgliedern des ersten Aufsichtsrats kann eine Vergütung für ihre Tätigkeit nur durch einen Beschluß der Generalversammlung bewilligt werden. Der Beschluß kann nicht früher als in derjenigen Generalversammlung gefaßt werden, mit deren Beendigung die Zeit, für welche der erste Aufsichtsrat gewählt ist, abläuft.

§ 246. Der Aufsichtsrat[37]) hat die Geschäftsführung der Gesellschaft in allen Zweigen der Verwaltung zu überwachen[38]) und sich zu dem Zwecke von dem Gange der Angelegenheiten der Gesellschaft zu unterrichten. Er kann jederzeit über diese Angelegenheiten Berichterstattung von dem Vorstande verlangen und selbst oder durch einzelne von ihm

36a) Geringere Mehrheit genügt auch beim Vorliegen wichtiger Gründe nicht. RG 104 186.

37) Zur Beschlußfassung genügt es, wenn nur ein Mitglied des Aufsichtsrates erschienen ist. RG 82 388.

38) Der Aufsichtsrat hat den Vorstand bei seiner Geschäftsführung nur zu überwachen nud kann nur mittels der Generalvers. einen zwingenden Einfluß auf den Vorstand ausüben. Die Genehmigung eines vom Vorstande abgeschlossenen Veräußerungsgeschäfts durch den Aufsichtsrat wirkt daher nicht als Entlastung für den Vorstand. RG, K 1 25. Überträgt der Aufsichtsrat einzelne Verrichtungen einzelnen seiner Mitglieder, so müssen die übrigen doch das Ergebnis, soweit es erforderlich erscheint, nachprüfen. RG 93 340.

zu bestimmende Mitglieder die Bücher und Schriften der Gesellschaft einsehen sowie den Bestand der Gesellschaftskasse und die Bestände an Wertpapieren und Waren untersuchen. Er hat die Jahresrechnungen, die Bilanzen und die Vorschläge zur Gewinnverteilung zu prüfen und darüber der Generalversammlung Bericht zu erstatten.

Er hat eine Generalversammlung zu berufen, wenn dies im Interesse der Gesellschaft erforderlich ist.[39])

Weitere Obliegenheiten des Aufsichtsrats werden durch den Gesellschaftsvertrag bestimmt.

Die Mitglieder des Aufsichtsrats können die Ausübung ihrer Obliegenheiten nicht anderen übertragen.

§ 247. Der Aufsichtsrat ist befugt, die Gesellschaft bei der Vornahme von Rechtsgeschäften mit den Vorstandsmitgliedern zu vertreten und gegen die letzteren die von der Generalversammlung beschlossenen Rechtsstreitigkeiten zu führen.

Handelt es sich um die Verantwortlichkeit der Mitglieder des Aufsichtsrats, so kann dieser ohne und selbst gegen den Beschluß der Generalversammlung gegen die Mitglieder des Vorstandes klagen.

§ 248. Die Mitglieder des Aufsichtsrats können nicht zugleich Mitglieder des Vorstandes oder dauernd Stellvertreter von Vorstandsmitgliedern sein, auch nicht als Beamte die Geschäfte der Gesellschaft führen.

Nur für einen im voraus begrenzten Zeitraum kann der Aufsichtsrat einzelne seiner Mitglieder zu Stellvertretern von behinderten Mitgliedern des Vorstandes bestellen; während dieses Zeitraums und bis zur Entlastung des Vertreters darf der letztere eine Tätigkeit als Mitglied des Aufsichtsrats nicht ausüben. Auf die in solcher Weise bestellten Vertreter finden die Vorschriften des § 236 keine Anwendung.

Scheiden aus dem Vorstande Mitglieder aus, so können sie nicht vor der Entlastung in den Aufsichtsrat gewählt werden.

§ 249. Die Mitglieder des Aufsichtsrats haben bei der Erfüllung ihrer Obliegenheiten die Sorgfalt eines ordentlichen Geschäftsmanns anzuwenden.

Mitglieder, die ihre Obliegenheiten verletzen, haften der Gesellschaft

---

39) Vgl. Note 30 zu § 241 und Note 50 zu § 253 sowie RG 117 211.

mit den Vorstandsmitgliedern als Gesamtschuldner für den daraus entstehenden Schaden.[40])

Insbesondere sind sie zum Ersatze verpflichtet, wenn mit ihrem Wissen und ohne ihr Einschreiten die im § 241 Abs. 3 bezeichneten Handlungen vorgenommen werden. Auf die Geltendmachung des Ersatzanspruchs finden die Vorschriften des § 241 Abs. 4 Anwendung.

Die Ansprüche auf Grund der Vorschriften der Abs. 1 bis 3 verjähren in fünf Jahren.

§ 250. Die Rechte, welche den Aktionären in den Angelegenheiten der Gesellschaft, insbesondere in bezug auf die Führung der Geschäfte zustehen, werden durch Beschlußfassung in der Generalversammlung ausgeübt.[41—42a])

§ 251. Die Beschlüsse der Generalversammlung bedürfen der Mehrheit der abgegebenen[43]) Stimmen (einfache Stimmenmehrheit), soweit nicht durch das Gesetz oder den Gesellschaftsvertrag eine größere Mehrheit oder sonstige Erfordernisse vorgeschrieben sind.

Für Wahlen können im Gesellschaftsvertrag andere Bestimmungen getroffen werden.

§ 252. Jede Aktie gewährt das Stimmrecht.[44,45]) Das Stimmrecht wird nach den Aktienbeträgen ausgeübt. Der Gesellschaftsvertrag kann

40) Unrichtige Berichterstattung begründet solidarische Haftung aller Aufsichtsratsmitglieder. RGSt. 1 27.

41) Das Teilnahmerecht umfaßt auch die Ausübung des Stimmrechtes. Ausschluß des Stimmrechtes läßt im übrigen das Recht zur Teilnahme an der Generalversammlung unberührt. RG 112 111.

42) Soweit die Zuständigkeit der Organe der A.G. — Vorstand, Aufsichtsrat Generalversammlung — gesetzlich geregelt ist, stehen sie gleichberechtigt nebeneinander. Die Generalversammlung kann nicht Obliegenheiten der anderen Organe an sich ziehen. Dies gilt auch für Regelung der Zuständigkeit durch die Satzung. Abweichung von dieser Regelung ist Satzungsänderung. RG 117 206.

42a) Die Generalvers. kann zwar der Diskussion gewisse Grenzen ziehen, den Schluß der Debatte beschließen, unter Umständen auch von vornherein die Redezeit für die einzelnen Redner einschränken. Die Grenzen dürfen aber nicht so eng gezogen werden, daß eine sachgemäße Erörterung unmöglich gemacht wird. RG 36 24.

43) Die Aktien, deren Inhaber anwesend ist, aber nicht mitstimmt, werden nicht berücksichtigt. — Anwesenheit eines einzigen Aktionärs genügt. RG 82 388. Unzulässig ist eine Bestimmung im Gesellschaftsvertrage, daß nur männliche Aktionäre persönliches Stimmrecht haben. RG 55 41. Wegen Legitimationsübertragung vgl. § 222 Note 16.

44) Ein Aktionär mit mehrfachem Aktienbesitz kann nur einheitlich stimmen. Sonst ist die Stimmabgabe ungültig. RG 118 69.

45) Entziehung des Stimmrechtes ist nicht zulässig, weil die Aktien nicht voll bezahlt

für den Fall, daß ein Aktionär mehrere Aktien besitzt, die Ausübung des Stimmrechts durch Festsetzung eines Höchstbetrages oder von Abstufungen beschränken. Werden mehrere Gattungen von Aktien ausgegeben, so kann der Gesellschaftsvertrag den Aktien der einen Gattung ein höheres Stimmrecht beilegen als den Aktien einer anderen Gattung.

Das Stimmrecht kann durch einen Bevollmächtigten[46]) ausgeübt werden. Für die Vollmacht ist die schriftliche Form erforderlich[46a]) und genügend; die Vollmacht bleibt in der Verwahrung der Gesellschaft.

Wer durch die Beschlußfassung entlastet oder von einer Verpflichtung befreit werden soll, hat hierbei kein Stimmrecht und darf ein solches auch nicht für andere ausüben. Dasselbe gilt von einer Beschlußfassung, welche die Vornahme eines Rechtsgeschäfts mit einem Aktionär oder die Einleitung oder Erledigung eines Rechtsstreits zwischen ihm und der Gesellschaft betrifft.[47],[48])

Im übrigen richten sich die Bedingungen und die Form der Ausübung des Stimmrechts nach dem Gesellschaftsvertrage.

§ 253. Die Generalversammlung wird durch den Vorstand berufen,

---

sind, der Aktionär strafbare Handlungen gegen die Aktienges. begangen hat, sich verpflichtet hat, das Stimmrecht nur nach Weisungen des Aufsichtsrates zu führen. Der Aktionär ist bei Ausübung des Stimmrechtes völlig frei. Eine Abweichung ist nur auf Grund des § 226 BGB (Schikaneverbot) möglich. RG **119** 387.

46) Zulässig ist die Bestimmung, daß der Bevollmächtigte, durch welchen das Stimmrecht ausgeübt werden soll, ein Aktionär sein müsse. RG **55** 41.

46a) Nicht genügend ist die schriftliche Erklärung eines Bankkunden, in welcher er sein Einverständnis mit den Geschäftsbedingungen der Bank erklärt, wenn diese die Ermächtigung zur Vertretung von Aktien enthalten. RG **105** 292.

47) Ein Aktionär darf sich selbst in den Aufsichtsrat wählen. RG **60** 172. Auch in den Vorstand. RG **74** 278. Über den Widerruf seiner Bestellung als Aufsichtsratsmitglied darf er mitstimmen, RG **81** 37; ob er auch über seine Abberufung als Vorstandsmitglied mitstimmen darf, verneint RG **75** 237 jedenfalls dann, wenn es sich gleichzeitig um einen Rechtsstreit zwischen ihm und der Gesellschaft handelt. Eine offene Handelsgesellschaft kann bei der Entlastung des Aufsichtsrates mitstimmen, wenn ihre Gesellschafter ihm angehören. RG **112** 382. Wenn es sich um die Entlastung der Verwaltung wegen eines vom Vorstande schon gültig abgeschlossenen Rechtsgeschäftes handelt, kann der Vertragsgegner mitstimmen, aber nicht der Vorstand und auch nicht die Aufsichtsratsmitglieder, soweit es sich um ihre Entlastung handelt. RG **115** 250. Beteiligung von Tochtergesellschaften, deren sämtliche Aktien sich in den Händen derselben Muttergesellschaft befinden, bei Abstimmung über Abschluß eines Vertrages mit der Muttergesellschaft ist zulässig. RG **103** 64; **115** 253 gegen **108** 41.

48) Ablösung von Genußscheinen ist eine innere Angelegenheit der Aktienges., nicht

soweit nicht nach dem Gesetz oder dem Gesellschaftsvertrag auch andere Personen dazu befugt sind.[49])

Die Generalversammlung ist, außer den im Gesetz oder im Gesellschaftsvertrag ausdrücklich bestimmten Fällen, zu berufen, wenn das Interesse der Gesellschaft es erfordert.[50])

§ 254. Die Generalversammlung ist zu berufen, wenn Aktionäre deren Anteile zusammen den zwanzigsten Teil des Grundkapitals erreichen, die Berufung schriftlich unter Angabe des Zweckes und der Gründe verlangen. Ist in dem Gesellschaftsvertrage das Recht, die Berufung der Generalversammlung zu verlangen, an den Besitz eines geringeren Anteils am Grundkapitale geknüpft, so hat es hierbei sein Bewenden.

In gleicher Weise haben die Aktionäre das Recht, zu verlangen, daß Gegenstände zur Beschlußfassung einer Generalversammlung angekündigt werden.

Wird dem Verlangen weder durch den Vorstand noch durch den Aufsichtsrat entsprochen, so kann das Gericht*) des Sitzes der Gesellschaft die Aktionäre, welche das Verlangen gestellt haben, zur Berufung der Generalversammlung oder zur Ankündigung des Gegenstandes ermächtigen. Zugleich kann das Gericht über die Führung des Vorsitzes in der Versammlung Bestimmung treffen. Auf die Ermächtigung muß bei der Berufung oder Ankündigung Bezug genommen werden.

Die Generalversammlung beschließt darüber, ob die entstandenen Kosten von der Gesellschaft getragen werden sollen.

§ 255. Die Berufung der Generalversammlung hat in der durch den Gesellschaftsvertrag bestimmten Weise mindestens zwei Wochen vor

---

Rechtsgeschäft mit einem Dritten. Aktionäre, die zugleich Genußscheine besitzen, können in der Generalversammlung mitstimmen. RG. **115**, 302.

49) Wenn das Statut nicht anderes bestimmt, muß die Generalvers. an den Ort berufen werden, wo sich der Sitz der Gesellschaft befindet. RG **44** 8.

50) Aus § 253 und § 246 Abs. 2 ergibt sich, daß die Mitglieder des Vorstandes ihren Pflichten zuwiderhandeln, wenn sie den Abschluß eines Rechtsgeschäftes, sofern die Befragung der Generalvers. ausführbar ist, ohne dieselbe vornehmen, und daß sie der Gesellschaft schadensersatzpflichtig sind, wenn aus dem Geschäfte der Gesellschaft ein Schaden erwächst, es sei denn, daß sie erweisen, auch die Generalvers. würde die Vornahme des Geschäftes beschlossen haben. RG **35** 87.

*) Das Amtsgericht, nach § 145 des G über die Angeleg. der freiw. Gerichtsb. v. 17. V. 98.

dem Tage der Versammlung zu erfolgen. Der Tag der Berufung und der Tag der Generalversammlung sind hierbei nicht mitzurechnen.

Ist im Gesellschaftsvertrage die Ausübung des Stimmrechts davon abhängig gemacht, daß die Aktien bis zu einem bestimmten Zeitpunkte vor der Generalversammlung hinterlegt werden, so ist die Frist derart zu bemessen, daß für die Hinterlegung[50a] mindestens zwei Wochen frei bleiben. In diesem Falle genügt auch die Hinterlegung bei einem Notar.

Ist im Gesellschaftsvertrage eine Bestimmung der im Abs. 2 bezeichneten Art nicht getroffen, so müssen die Anmeldungen zur Teilnahme an der Generalversammlung zugelassen werden, wenn sie nicht später als am dritten Tage vor der Versammlung erfolgen.

§ 256. Der Zweck der Generalversammlung soll bei der Berufung bekannt gemacht werden. Jedem Aktionär ist auf Verlangen eine Abschrift der Anträge zu erteilen.[51]

Über Gegenstände, deren Verhandlung nicht ordnungsmäßig mindestens eine Woche vor dem Tage der Generalversammlung angekündigt ist, können Beschlüsse nicht gefaßt werden; ist für die Beschlußfassung nach den Vorschriften dieses Gesetzbuchs oder des Gesellschaftsvertrags die einfache Stimmenmehrheit nicht ausreichend, so muß die Ankündigung mindestens zwei Wochen vor dem Tage der Generalversammlung erfolgen. An die Stelle des Tages der Generalversammlung tritt, falls die Ausübung des Stimmrechts von der Hinterlegung der Aktien abhängig ist, der Tag, bis zu dessen Ablaufe die Hinterlegung zu geschehen hat.

Zur Beschlußfassung über den in der Generalversammlung gestellten Antrag auf Berufung einer außerordentlichen Generalversammlung sowie zur Stellung von Anträgen und zu Verhandlungen ohne Beschlußfassung bedarf es der Ankündigung nicht.

50a) Der Begriff Hinterlegung deckt sich mit dem Begriff der Verwahrung nach §§ 688 ff. BGB und erfordert die tatsächliche Übergabe an den Verwahrer. Mittelbarer Besitz genügt nicht. Es stellt aber einen Verstoß gegen die guten Sitten dar, wenn ein solcher formeller Mangel plötzlich benutzt wird, um einen großen Teil der Aktionäre von der Mitwirkung bei der Beschlußfassung auszuschließen. RG **112** 113.

51) Schon allein durch die Ankündigung einer Beschlußfassung über die Erhöhung des Grundkapitals wird kundgetan, daß auch die Art der Aktienausgabe in den Bereich der Verhandlung falle. RG **67** 106; **108** 325 (vgl. auch § 282 Note 99—100a). Über Amendements vgl. RG **87** 155. Abschrift der Anträge, nicht nur der Tagesordnung ist zu erteilen. RG **103** 7.

§ 257. Jeder Aktionär, der eine Aktie bei der Gesellschaft hinterlegt, kann verlangen, daß ihm die Berufung der Generalversammlung und die Gegenstände der Verhandlung, sobald deren öffentliche Bekanntmachung erfolgt, durch eingeschriebenen Brief besonders mitgeteilt werden. Die gleiche Mitteilung kann er über die in der Generalversammlung gefaßten Beschlüsse verlangen.

§ 258. In der Generalversammlung ist ein Verzeichnis der erschienenen Aktionäre oder Vertreter von Aktionären mit Angabe ihres Namens und Wohnorts sowie des Betrags der von jedem vertretenen Aktien aufzustellen. Das Verzeichnis ist vor der ersten Abstimmung zur Einsicht auszulegen; es ist von dem Vorsitzenden zu unterzeichnen.[51a)]

§ 259. Jeder Beschluß[51b)] der Generalversammlung bedarf zu seiner Gültigkeit der Beurkundung[52)] durch ein über die Verhandlung gerichtlich oder notariell aufgenommenes Protokoll.

In dem Protokolle sind der Ort und der Tag der Verhandlung, der Name des Richters oder Notars sowie die Art und das Ergebnis der Beschlußfassungen anzugeben.

Das nach § 258 aufgestellte Verzeichnis der Teilnehmer an der Generalversammlung sowie die Belege über die ordnungsmäßige Berufung sind dem Protokolle beizufügen. Die Beifügung der Belege über die Berufung der Generalversammlung kann unterbleiben, wenn die Belege unter Angabe ihres Inhalts in dem Protokoll aufgeführt werden.

Das Protokoll muß von dem Richter oder Notar vollzogen werden. Die Zuziehung von Zeugen ist nicht erforderlich.[53)]

Eine öffentlich beglaubigte Abschrift des Protokolls ist unverzüglich

---

51a) Verstoß gegen § 258 bewirkt Nichtigkeit. Unzulässig ist die Niederschrift des Aktionärverzeichnisses auf einem vom Vorsitzenden in blanco unterschriebenen Bogen. RG 114 205.

51b) Bei falscher Stimmenzählung ist Anfechtungsklage erforderlich. Es kann nicht mit der Feststellungsklage auf Grund anderer Zählung Feststellung eines anderen Ergebnisses begehrt werden. Aber die Anfechtungsklage kann zur Feststellung des richtigen Ergebnisses führen. RG 122 107.

52) Ein Beschluß über Unterbrechung der Generalversammlung braucht nicht beurkundet zu werden. RG 81 331.

53) Es genügt die Wahrung der in § 259 vorgeschriebenen Formen, wenn auch das Statut weitere Formvorschriften festsetzt. RG 65 91. Die Formen des § 259 sind auch bei Einmanngesellschaften erforderlich. RG 110 230.

nach der Generalversammlung von dem Vorstande zum Handelsregister einzureichen.

§ 260. Die Generalversammlung beschließt über die Genehmigung der Jahresbilanz und die Gewinnverteilung[54],[55]) sowie über Entlastung des Vorstandes und des Aufsichtsrats.[56—59])

Der Vorstand hat in den ersten drei Monaten des Geschäftsjahrs für das verflossene Geschäftsjahr eine Bilanz, eine Gewinn- und Verlustrechnung sowie einen den Vermögensstand und die Verhältnisse der Gesellschaft entwickelnden Bericht dem Aufsichtsrat und mit dessen Bemerkungen der Generalversammlung vorzulegen.[59a]) Im Gesellschafts-

54) Die Vertagung der Verhandlung über die Genehmigung der Bilanz schließt notwendig die Vertagung der Verhandlung wie über die Gewinnverteilung, so auch über die Entlastung der Verwaltungsorgane der Gesellschaft in sich, sofern nicht etwa die Vertagung ledtglich wegen einer solchen Bilanzbemängelung erfolgt, von der es ohne weiteres klar ist, daß sie die Gewinnverteilung nicht beeinflußt oder die Geschäftsführung unberührt läßt. Wo dies der Fall ist, wird es nicht für gesetzwidrig zu erachten sein, wenn ungeachtet der Vertagung über die Gewinnverteilung oder über die Entlastung beschlossen wird. RG **44** 70.

55) Begrenzung der Gewinnverteilung nach dem Ermessen eines Dritten kann unter Umständen zulässig sein. RG **83** 383.

56) Die Entlastung darf nicht aus Willkür verweigert werden. Klage auf Entlastung gegen die Gesellschaft ist zulässig. RG **89** 396.

57) Die von der Generalvers. dem Vorstand und Aufsichtsrat erteilte Entlastung erstreckt sich nur auf die aus den gemachten Vorlagen erkennbaren Pflichtverletzungen. RG, K **4** 88.

58) Es ist zulässig, durch Generalversammlungsbeschluß einzelne Mitglieder des Vorstandes oder Aufsichtsrats zu entlasten, andere zur Verantwortung zu ziehen. RG **65** 241.

59) Zwar gereicht an sich jeder Verzicht auf begründete Regreßansprüche gegen zahlungsfähige Mitglieder des Vorstandes und des Aufsichtsrats zum Nachteil der Aktiengesellschaft. Es ist indes nicht zu bezweifeln, daß ein solcher Entlastungsbeschluß dadurch allein grundsätzlich noch nicht gegen das Gesetz verstößt und zwar auch dann, wenn die Schuldner gegen das Statut gefehlt haben. Gegen das Statut würde aber eine solche Entlastung nur verstoßen, wenn in dem Statute bestimmt wäre, daß auf solche Regreßansprüche nicht verzichtet werden dürfe. Ein solcher Beschluß kann gegen das Gesetz verstoßen. Dies ist dann anzunehmen, wenn die Mehrheit der Aktionäre bei der Beschlußfassung in einer gegen die guten Sitten verstoßenden Weise vorsätzlich zum Nachteile der Aktiengesellschaft oder der Minderheit gehandelt hat. RG **68** 317.

59a) Der Gewinnverteilungsvorschlag braucht nicht vorgelegt und gemäß § 263 Abs. 1 ausgelegt zu werden. Eine nachträgliche Abänderung bedarf auch dann nicht der Auslegung, wenn der ursprüngliche Vorschlag ausgelegt war. Die Aktionäre müssen immer damit rechnen, daß der ausgelegte Vorschlag vor oder während der Generalversammlung noch geändert wird. RG **101** 279.

vertrag kann eine andere Frist, jedoch nicht über die Dauer von sechs Monaten hinaus, bestimmt werden.

§ 261. Für die Aufstellung der Bilanz kommen die Vorschriften des § 40 mit folgenden Maßgaben zur Anwendung:[60])

1. Wertpapiere und Waren, die einen Börsen- oder Marktpreis haben, dürfen höchstens zu dem Börsen- oder Marktpreise des Zeitpunktes, für welchen die Bilanz aufgestellt wird, sofern dieser Preis jedoch den Anschaffungs- oder Herstellungspreis übersteigt, höchstens zu dem letzteren angesetzt werden;*)
2. andere Vermögensgegenstände sind höchstens zu dem Anschaffungs- oder Herstellungspreis anzusetzen;[61])
3. Anlagen und sonstige Gegenstände, die nicht zur Weiterveräußerung, vielmehr dauernd zum Geschäftsbetriebe der Gesellschaft bestimmt sind, dürfen ohne Rücksicht auf einen geringeren Wert zu dem Anschaffungs- oder Herstellungspreis angesetzt werden, sofern ein der Abnutzung gleichkommender Betrag in Abzug gebracht oder ein ihr entsprechender Erneuerungsfonds in Ansatz gebracht wird;[62])

60) Die Einsetzung eines Aktivums unter falscher Bezeichnung kann ein Verstoß gegen § 261 sein. RG 83 174.

*) Vgl. § 4 der VO über Goldbilanzen v. 28. XII. 23 (RGBl S. 1253).

61) Diese Vorschriften über die Höchstgrenzen enthalten ein gesetzliches, im öffentlichen Interesse gegebenes Gebot, über welches sich weder der Gesellschaftsvertrag noch der Generalversammlungsbeschluß hinwegsetzen können (§ 134 BGB), Zuwiderhandlungen sind nichtig, ohne daß es einer Anfechtung nach § 271 bedürfte. Es ist (also) zwingendes Recht, daß der Bewertungsgrundsatz der Nr. 3 des § 261 nicht mißachtet wird, es dürfen danach nicht die Anschaffungs- oder Herstellungspreise von Anlagen und Betriebsgegenständen ohne Berücksichtigung der Abnutzung in der Bilanz erscheinen. Über den infolge der Abnutzung abzuschreibenden Betrag, also über das Verhältnis der durch die Abnutzung bewirkten Wertsverminderung zum Anschaffungs- oder Herstellungspreise, entscheidet gemäß § 260 die Generalversammlung; hat sie eine Bilanz mit zu geringen Abschreibungen genehmigt, so verfährt sie wirtschaftlich unrichtig, verletzt aber keine Rechtsgrundsätze, die Aktionäre können nicht mit der Behauptung gehört werden, die Bewertung der Generalversammlung sei materiell unrichtig. Für den anderen Fall, wenn durch übermäßige Abschreibung der Anspruch des Aktionärs auf die Dividende geschädigt würde, ist eine Anfechtung gemäß § 271 nur zuzulassen, wenn eine Arglist nachzuweisen ist oder wenn die Bilanz als eine willkürliche, nach kaufmännischen Grundsätzen offenbar irrtümliche erscheint. RG 72 33. Vgl. auch RG 105 44. Offenbare Willkür der Schätzung kann absolute Nichtigkeit des Beschlusses herbeiführen. RG 120 367.

62) Aufwendungen zur Verbesserung von Betriebsgegenständen sind Nr. 3 zu unterstellen. RG 81 175.

4. die Kosten der Errichtung und Verwaltung dürfen nicht als Aktiva in die Bilanz eingesetzt werden;
5. der Betrag des Grundkapitals und der Betrag eines jeden Reserve- und Erneuerungsfonds sind unter die Passiva*) aufzunehmen;
6. der aus der Vergleichung sämtlicher Aktiva und sämtlicher Passiva sich ergebende Gewinn oder Verlust muß am Schlusse der Bilanz besonders angegeben werden.

§ 262. Zur Deckung eines aus der Bilanz sich ergebenden Verlustes ist ein Reservefonds zu bilden. In diesen ist einzustellen:
1. von dem jährlichen Reingewinne mindestens der zwanzigste Teil so lange, als der Reservefonds den zehnten oder den im Gesellschaftsvertrage bestimmten höheren Teil[63]) des Grundkapitals nicht überschreitet;
2. der Betrag, welcher bei der Errichtung der Gesellschaft oder bei der Erhöhung des Grundkapitals durch Ausgabe der Aktien für einen höheren als den Nennbetrag über diesen und über den Betrag der durch die Ausgabe der Aktien entstehenden Kosten hinaus erzielt wird;
3. der Betrag von Zuzahlungen, die ohne Erhöhung des Grundkapitals von Aktionären gegen Gewährung von Vorzugsrechten für ihre Aktien geleistet werden, soweit nicht eine Verwendung dieser Zahlungen zu außerordentlichen Abschreibungen oder zur Deckung außerordentlicher Verluste beschlossen wird.[64—66])

---

*) Vgl. das Gesetz über die Bilanzierung wertbeständiger Schulden v. 17. XII. 23 (RGBl S. 1233).

63) Ist durch den Gesellschaftsvertrag der Reservefonds auf höher als den zehnten Teil des Grundkapitals bestimmt, so darf durch Änderung des Gesellschaftsvertrages der überschießende Betrag zu anderen Zwecken bestimmt werden. RG **28** 45.

64) Keine bloße Sollvorschrift, Verletzung begründet die Anfechtungsklage. RG **90** 206.

65) Aus dieser Bestimmung ist zu entnehmen, daß das Gesetz die Schaffung von Vorzugsaktien ohne Kapitalserhöhung gegen Zuzahlung gestattet und hierfür keine anderen Erfordernisse aufstellt, als diejenigen, die für Abänderung des Gesellschaftsvertrages im allgemeinen gelten. RG **52** 228.

66) Zusammenlegung nicht zuzahlender Aktien ist nur in dem Maße zulässig als dem Betrage der unterbliebenen Zahlung entspricht. Maßgebend ist der Nennbetrag. RG **80** 86.

§ 263. Die im § 260 Abs. 2 bezeichneten Vorlagen sind mindestens während der letzten zwei Wochen vor dem Tage der Generalversammlung in dem Geschäftsraume der Gesellschaft zur Einsicht der Aktionäre auszulegen.

Auf Verlangen ist jedem Aktionär spätestens zwei Wochen vor dem Tage der Generalversammlung eine Abschrift der Bilanz, der Gewinn- und Verlustrechnung, der Bemerkungen des Aufsichtsrats und des Geschäftsberichts zu erteilen.

An die Stelle des Tages der Generalversammlung tritt, falls die Ausübung des Stimmrechts von der Hinterlegung der Aktien abhängig ist, der Tag, bis zu dessen Ablauf die Hinterlegung zu geschehen hat.

§ 264. Die Verhandlung über die Genehmigung der Bilanz ist zu vertagen, wenn dies in der Generalversammlung mit einfacher Stimmenmehrheit beschlossen oder von einer Minderheit, deren Anteile den zehnten Teil des Grundkapitals erreichen, verlangt wird, auf Verlangen der Minderheit jedoch nur, soweit von ihr bestimmte Ansätze der Bilanz bemängelt werden.[67])

Ist die Verhandlung auf Verlangen der Minderheit vertagt, so kann von dieser eine erneute Vertagung nur gefordert werden, wenn über die in der früheren Verhandlung bemängelten Ansätze der Bilanz die erforderliche Aufklärung nicht erteilt worden ist.

§ 265. Nach der Genehmigung durch die Generalversammlung ist die Bilanz[68]) sowie die Gewinn- und Verlustrechnung unverzüglich durch den Vorstand in den Gesellschaftsblättern bekannt zu machen.

Die Bekanntmachung sowie der im § 260 bezeichnete Geschäftsbericht nebst den Bemerkungen des Aufsichtsrats ist zum Handelsregister einzureichen. Zum Handelsregister einer Zweigniederlassung findet die Einreichung nicht statt.

§ 266. Die Generalversammlung kann mit einfacher Stimmenmehrheit die Bestellung von Revisoren zur Prüfung der Bilanz oder zur

67) Recht auf Vertagung auch dann, wenn die Geschäftsführung hinsichtlich eines Postens bemängelt wird. RG 90 206.

68) Ist die Bilanz statutenmäßig festgestellt, so können die tantiemeberechtigten Angestellten sich gegenüber der Gesellschaft auf sie berufen. RG 11 160.

Prüfung von Vorgängen bei der Gründung oder der Geschäftsführung beschließen.

Ist in der Generalversammlung ein Antrag auf Bestellung von Revisoren zur Prüfung eines Vorganges bei der Gründung oder eines nicht länger als zwei Jahre zurückliegenden Vorganges bei der Geschäftsführung abgelehnt worden, so können auf Antrag von Aktionären, deren Anteile zusammen den zehnten Teil des Grundkapitals erreichen, Revisoren durch das Gericht,*) in dessen Bezirke die Gesellschaft ihren Sitz hat, ernannt werden.

Dem Antrag ist nur stattzugeben, wenn glaubhaft gemacht wird, daß bei dem Vorgang Unredlichkeiten oder grobe Verletzungen des Gesetzes oder des Gesellschaftsvertrags stattgefunden haben. Die Antragsteller haben die Aktien bis zur Entscheidung über den Antrag zu hinterlegen und glaubhaft zu machen, daß sie seit mindestens sechs Monaten, von der Generalversammlung zurückgerechnet, Besitzer der Aktien sind.

Vor der Ernennung sind der Vorstand und der Aufsichtsrat zu hören. Die Ernennung kann auf Verlangen von einer nach freiem Ermessen zu bestimmenden Sicherheitsleistung abhängig gemacht werden.

§ 267. Der Vorstand hat in den Fällen des § 266 den Revisoren die Einsicht der Bücher und Schriften der Gesellschaft und die Untersuchung des Bestandes der Gesellschaftskasse sowie der Bestände an Wertpapieren und Waren zu gestatten.

Der Bericht über das Ergebnis der Prüfung ist von den Revisoren unverzüglich dem Handelsregister einzureichen und von dem Vorstande bei der Berufung der nächsten Generalversammlung als Gegenstand der Beschlußfassung anzukündigen. Zum Handelsregister einer Zweigniederlassung findet die Einreichung des Berichts nicht statt.

Im Falle des § 266 Abs. 2 beschließt die Generalversammlung, ob die entstandenen Kosten von der Gesellschaft zu tragen sind. Wird der Antrag auf Ernennung von Revisoren durch das Gericht zurückgewiesen oder erweist er sich nach dem Ergebnisse der Prüfung als unbegründet, so sind die Aktionäre, welchen eine bösliche Handlungsweise zur Last fällt, für einen der Gesellschaft durch den Antrag entstehenden Schaden als Gesamtschuldner haftbar.

---

*) Das Amtsgericht, nach § 145 des G über die Angeleg. der freiw. Gerichtsb. v. 17. V. 98.

§ 268. Die Ansprüche der Gesellschaft aus der Gründung gegen die nach den §§ 202 bis 204, 208 verpflichteten Personen oder aus der Geschäftsführung gegen die Mitglieder des Vorstandes und des Aufsichtsrats müssen geltend gemacht werden, wenn es in der Generalversammlung mit einfacher Stimmenmehrheit beschlossen oder von einer Minderheit, deren Anteile den zehnten Teil des Grundkapitals erreichen, verlangt wird.

Zur Führung des Rechtsstreits kann[68a]) die Generalversammlung besondere Vertreter wählen.[69],[70]) Ist die Geltendmachung des Anspruchs von der Minderheit verlangt, so können die von dieser bezeichneten Personen durch das Gericht*) des Sitzes der Gesellschaft als deren Vertreter zur Führung des Rechtsstreits bestellt werden. Im übrigen bewendet es bei den Vorschriften des § 247; diese kommen auch dann zur Anwendung, wenn die Geltendmachung des Anspruchs von der Minderheit verlangt ist.

§ 269. Die Geltendmachung eines Anspruchs auf Verlangen der Minderheit muß binnen drei Monaten von dem Tage der Generalversammlung an erfolgen. Der Klage ist das Protokoll der Generalversammlung, soweit es die Geltendmachung des Anspruchs betrifft, in öffentlich beglaubigter Abschrift beizufügen.

Die Minderheit hat eine den zehnten Teil des Grundkapitals der Gesellschaft erreichende Anzahl von Aktien für die Dauer des Rechtsstreits zu hinterlegen; es ist glaubhaft zu machen, daß sich die Aktien seit mindestens sechs Monaten, von der Generalversammlung zurückgerechnet, im Besitze der die Minderheit bildenden Aktionäre befinden.

Dem Beklagten ist auf Verlangen wegen der ihm drohenden Nachteile von der Minderheit eine nach freiem Ermessen des Gerichts zu bestimmende Sicherheit zu leisten. Die Vorschriften der Zivilprozeßordnung über die Festsetzung einer Frist zur Sicherheitsleistung und über die Folgen einer Versäumung der Frist finden Anwendung.

68a) Zunächst ist aber der Vorstand zur Führung des Rechtsstreites legitimiert. RG 114 399.

69) Die Vertretungsmacht der besonders bestellten Vertreter erlischt nicht durch Liquidation der Gesellschaft. RG 84 301.

70) Die Sondervertreter haben einen eigenen Anspruch gegen die Gesellschaft (vertreten durch den Vorstand) auf Vorlegung der Geschäftsbücher und Papiere. RG 83 252.

*) Das Amtsgericht, nach § 145 des G über die Angel. der freiw. Gerichtsbarkeit v. 17. V. 98.

Die Minderheit ist der Gesellschaft gegenüber verpflichtet, die Kosten des Rechtsstreits zu tragen.[71])

Für den Schaden, der dem Beklagten durch eine unbegründete Klage entsteht, haften ihm die Aktionäre, welchen eine bösliche Handlungsweise zur Last fällt, als Gesamtschuldner.

§ 270. Bezüglich eines Anspruchs, dessen Geltendmachung die Minderheit auf Grund der Vorschrift des § 268 Abs. 1 verlangt hat, ist ein Verzicht oder ein Vergleich der Gesellschaft nur dann zulässig, wenn von den die Minderheit bildenden Aktionären so viele zustimmen, daß die Aktien der übrigen nicht mehr den zehnten Teil des Grundkapitals darstellen.

§ 271. Ein Beschluß der Generalversammlung kann wegen Verletzung des Gesetzes oder des Gesellschaftsvertrags im Wege der Klage angefochten werden.[72—77])

Die Klage muß binnen einem Monat[78—81]) erhoben werden.

---

71) Sie muß auch den von der Gesellschaft eingezogenen Gerichtsgebührenvorschuß alsbald erstatten. RG 73 78.

72) Nach § 144 Abs. 2 des G über die Angelegenheiten der freiw. Gerichtsbarkeit v. 17. V. 98 kann ein in das Handelsregister eingetragener Beschluß der Generalvers. gemäß §§ 142, 143 dieses G als nichtig gelöscht werden, wenn er durch seinen Inhalt zwingende Vorschriften des G verletzt und seine Beseitigung im öffentl. Interesse erforderlich erscheint.

73) Nicht erforderlich ist es, daß der Beschluß auf der Gesetz- oder Statutenverletzung beruht. RG 90 206. Jedoch sind Verstöße gegen wesentliche Formvorschriften unschädlich, wenn sie den angefochtenen Beschluß zweifellos nicht beeinflußt haben. RG 103 6; 105 374.

74) Die Anfechtungsklage setzt Gesetz- oder Satzungswidrigkeit voraus; es genügt nicht, daß der Beschluß mit einem von der Gesellschaft geschlossenen Vertrage in Widerspruch steht. RG 83 380.

75) Ein Aktionär, welcher einen Beschluß der Generalversammlung anficht, ist nicht genötigt, alle folgenden Beschlüsse, welche die Gültigkeit des angefochtenen zur Voraussetzung haben, anzufechten. RG 64 228. Vgl. Note 83a.

76) Der einzelne Aktionär hat kein Recht auf Beantwortung seiner Fragen; er muß einen dahingehenden Beschluß der Generalversammlung herbeiführen. Der ablehnende Beschluß kann nach § 271 anfechtbar, aber auch nach § 138 BGB nichtig sein, aber nur beim Vorliegen besonderer Gründe. RG 82 186.

77) Hat der Aktionär auch dem Beschlusse zugestimmt, so ist er doch an ihn nicht gebunden, wenn er dem Wesen der Aktienges. widerspricht. RG 21 151.

78) Nur Beschlüsse, bei denen es sich um Gegenstände handelt, die dem Verfügungsrecht der Generalversammlung unterliegen, werden durch Nichtanfechtung innerhalb der

Zur Anfechtung befugt ist jeder in der Generalversammlung erschienene Aktionär, sofern er gegen den Beschluß Widerspruch zum Protokoll erklärt hat,[82—84a]) und jeder nicht erschienene Aktionär, sofern er zu der Generalversammlung unberechtigterweise nicht zugelassen worden ist oder sofern er die Anfechtung darauf gründet, daß die Berufung der Versammlung oder die Ankündigung des Gegenstandes der

---

Frist des § 271 Abs. 2 gültig, nicht aber Beschlüsse, die Sonderrechte der Aktionäre betreffen oder gegen bindende Vorschriften des Gesetzes verstoßen, RG **36** 134; **68** 263.

79) Die Klage mit der Begründung, die Generalversammlung habe ihre Zuständigkeit überschritten und die Rechte des Klägers in unzulässiger Weise geschmälert, ist nicht an die Frist gebunden. RG **80** 85. Neben der Klage aus § 271 ist auch die Klage auf Feststellung der Nichtigkeit gegeben, wenn gegen zwingende, in erster Linie im öffentlichen Interesse gegebene Vorschriften verstoßen ist, auf deren Einhaltung die Aktionäre nicht verzichten können. RG **115** 383; **120** 31 und 366. Arglistige Täuschung der Aktionäre durch die Verwaltung über die Tragweite der zu fassenden Beschlüsse rechtfertigt aber nur die Anfechtung. RG **115** 383.

80) Nicht nur die Erhebung, sondern auch die Begründung der Klage ist an die Frist gebunden. Nach deren Ablauf kann eine Berichtigung oder Ergänzung, aber nicht eine Begründung auf Verletzungen ganz anderer Art erfolgen. Die Bestimmungen der ZPO über Zulässigkeit der Klageänderung kommen der Vorschrift des § 271 Abs. 2 gegenüber nicht in Betracht, da diese dem öffentlichen Recht angehört. RG **91** 323.

81) Wann der Aktionär Kenntnis von dem Beschlusse erhält, ist gleichgültig. RG **66** 128.

82) Ein Widerspruch gegen den Beschluß der Generalversammlung kann schon vor der Beschlußfassung erklärt werden. RG, K **4** 91.

83) Widerspruch gegen die Abstimmung genügt, er braucht nicht nach Feststellung des Ergebnisses wiederholt zu werden. Begründung des Widerspruches ist nicht vorgeschrieben; daher können auch in der Anfechtungsklage alle Gründe geltend gemacht werden, selbst wenn sie bei der Begründung des Widerspruches nicht vorgebracht sind. RG **20** 140. Nachweis des Interesses ist nicht erforderlich. RG **122** 108.

83a) Zum Grundsatz der „Bilanzkontinuität" vgl. RG **105** 42. Will der Aktionär eine andere Bilanzaufstellung erzwingen, so muß er in der Generalversammlung die Bilanz über den Genehmigungsbeschluß beanstanden. RG **105** 46. Vgl. Note 75.

84) Wenn einzelne Beschlüsse der Generalvers. als gesetz- oder satzungswidrig angefochten werden sollen, ist erforderlich, daß der Widerspruch gegen die betreffenden Beschlüsse in der Generalvers. zu Protokoll erklärt ist. Ein allgemeiner Protest gegen alle Beschlüsse reicht in diesem Falle nicht aus. Wird jedoch die Berufung der Versammlung als nicht gehörig erfolgt angegriffen, so ist nicht neben dem allgemeinen Proteste gegen die Abhaltung der Generalvers. noch ein besonderer Widerspruch gegen die einzelnen von ihr gefaßten Beschlüsse erforderlich. RG **30** 51.

84a) Die Durchführung der Klage wird durch Durchführung des angefochtenen Beschlusses nicht gehindert, auch nicht durch seine Eintragung in das Handelsregister. RG **124** 290.

Beschlußfassung nicht gehörig erfolgt sei. Eine Anfechtung, die darauf gegründet wird, daß durch den Beschluß Abschreibungen oder Rücklagen über das nach dem Gesetz oder nach dem Gesellschaftsvertrage statthafte Maß hinaus angeordnet seien,[85]) ist nur zulässig, wenn die Anteile des Aktionärs oder der Aktionäre, welche die Anfechtungsklage erheben, den zwanzigsten Teil des Grundkapitals erreichen.[85a])

Außerdem ist der Vorstand und, sofern der Beschluß eine Maßregel zum Gegenstande hat, durch deren Ausführung sich die Mitglieder des Vorstandes und des Aufsichtsrats strafbar oder den Gläubigern der Gesellschaft haftbar machen würden, jedes Mitglied des Vorstandes und des Aufsichtsrats zur Anfechtung befugt.

§ 272. Die Klage ist gegen die Gesellschaft[86]) zu richten. Die Gesellschaft wird durch den Vorstand, sofern dieser nicht selbst klagt, und durch den Aufsichtsrat vertreten.

Zuständig für die Klage ist ausschließlich das Landgericht, in dessen Bezirke die Gesellschaft ihren Sitz hat. Die mündliche Verhandlung erfolgt nicht vor dem Ablaufe der im § 271 Abs. 2 bezeichneten Frist. Mehrere Anfechtungsprozesse sind zur gleichzeitigen Verhandlung und Entscheidung zu verbinden.

Das Gericht kann auf Verlangen anordnen, daß der Gesellschaft wegen der ihr drohenden Nachteile von dem klagenden Aktionär Sicherheit zu leisten ist. Art und Höhe der Sicherheit bestimmt das Gericht nach freiem Ermessen. Die Vorschriften der Zivilprozeßordnung über die Festsetzung einer Frist zur Sicherheitsleistung und über die Folgen der Versäumung der Frist finden Anwendung.

Die Erhebung der Klage und der Termin zur mündlichen Verhandlung sind unverzüglich von dem Vorstand in den Gesellschaftsblättern bekannt zu machen.

§ 273. Soweit der Beschluß durch rechtskräftiges Urteil für nichtig erklärt ist, wirkt das Urteil auch für und gegen die Aktionäre, die nicht

---

85) Über Anfechtung wegen zu geringer oder zu hoher Abschreibungen siehe Note 61 zu § 261.

85a) Mindestkapital auch dann nötig, wenn der Vorwurf der Willkür gegen die Abschreibung erhoben wird. RG 105 40.

86) Nicht gegen den Konkursverwalter. RG 76 244. Zustellung an je ein Mitglied und des Aufsichtsrates genügt nach § 171 Abs. 3 ZPO. RG 107, 164.

Partei sind.[87,88]) Das Urteil ist von dem Vorstand unverzüglich zum Handelsregister einzureichen.[88a]) War der Beschluß in das Handelsregister eingetragen, so ist auch das Urteil einzutragen; die Eintragung des Urteils ist in gleicher Weise wie die des Beschlusses zu veröffentlichen.

Für einen durch unbegründete Anfechtung des Beschlusses der Gesellschaft entstehenden Schaden haften ihr die Kläger, welchen eine bösliche Handlungsweise zur Last fällt, als Gesamtschuldner.

4. Titel. Abänderungen des Gesellschaftsvertrags.

§ 274. Eine Abänderung des Gesellschaftsvertrags kann nur durch die Generalversammlung beschlossen werden.[89—93]) Die Vornahme von Änderungen, die nur die Fassung betreffen, kann durch Beschluß der Generalversammlung dem Aufsichtsrat übertragen werden.

---

87) Die ausdehnende Wirkung der Rechtskraft des Urteils tritt lediglich bei Entscheidungen ein, welche zugunsten des Klägers ergehen, und erst mit dem Zeitpunkte der Rechtskraft. RG **24** 427.

88) Der Richter hat sich nicht auf die rein negative Tätigkeit der Aufhebung des gesetzwidrigen Beschlusses zu beschränken, sondern positiv die Grenzlinien zu bezeichnen, innerhalb deren der Beschluß aufrecht erhalten werden kann. RG **64** 258, 261.

88a) Die Einreichung ist durch den Registerrichter gemäß § 14 zu erzwingen. Ein privatrechtlicher Löschungsanspruch des obsiegenden Aktionärs besteht nicht. RG **108** 44.

89) Der Beschluß bewirkt eine Änderung noch nicht, enthält vielmehr nur die Willensäußerung, daß solche Änderung bewirkt werden soll und das Gebot an die zuständigen Gesellschaftsorgane, durch entsprechende Anmeldung des Beschlusses das für solche Änderung Erforderliche vorzunehmen. RG **24** 54 (59).

90) Eine Abänderung des Gegenstandes des Unternehmens liegt nicht bloß in der Beseitigung des bisherigen Gegenstandes, sondern auch in der Hinzufügung neuer die statutarischen Grenzen überschreitenden Gegenstände. RG. **R 4** 92.

91) Es können einer einzelnen Gattung von Aktionären besondere dieser Gattung zustehende Rechte entzogen, nicht jedoch ihr außerdem allgemeine Rechte genommen werden, die den anderen Gattungen von Aktionären verbleiben sollen. RG **41** 97.

92) Die Generalversammlung ist nicht befugt: 1. die Überlassung des Betriebes der Aktiengesellschaft an einen anderen gegen eine den Aktionären zu zahlende Dividende von jährlich gleichem Betrage, 2. die Einsetzung eines von den Beschlüssen der Gesellschaft unabhängigen, durch einen anderen zu besetzenden Vorstand, 3. die Verpfändung des Gesellschaftsvermögens für eine fremde Schuld zu beschließen. RG **3** 123.

93) Wenn eine in Deutschland bestehende Aktiengesellsch. ihren Sitz in das Ausland verlegt, so hat der Beschluß der Verlegung des Sitzes ins Ausland dieselben Wirkungen wie der einer Auflösung der Gesellsch. und es tritt Liquidation ein; es kann jedoch durch Statut bestimmt werden, daß eine Verteilung des Vermögens nicht erfolgen, sondern dasselbe auf die Gesellsch. im Ausland übergehen solle. RG **7** 68.

In der nach § 256 Abs. 1, 2 zu bewirkenden Ankündigung soll die beabsichtigte Änderung des Gesellschaftsvertrags nach ihrem wesentlichen Inhalt erkennbar gemacht werden.[94])

§ 275. In Ermangelung einer anderen Bestimmung des Gesellschaftsvertrags bedürfen die im § 274 Abs. 1 bezeichneten Beschlüsse der Generalversammlung einer Mehrheit, die mindestens drei Vierteile des bei der Beschlußfassung vertretenen Grundkapitals umfaßt.[94a])

Für eine Abänderung des Gegenstandes des Unternehmens muß diese Mehrheit erreicht sein; der Gesellschaftsvertrag kann noch andere Erfordernisse aufstellen.

Soll das bisherige Verhältnis mehrerer Gattungen von Aktien mit verschiedener Berechtigung[95]) zum Nachteil einer Gattung geändert werden, so bedarf es neben dem Beschlusse der Generalversammlung eines in gesonderter Abstimmung gefaßten Beschlusses der benachteiligten Aktionäre; auf diese Beschlußfassung findet die Vorschrift des Abs. 1 Anwendung. Die Beschlußfassung der benachteiligten Aktionäre kann nur stattfinden, wenn sie gemäß § 256 Abs. 2 ausdrücklich unter den Zwecken der Generalversammlung angekündigt worden ist.

§ 276. Eine Verpflichtung der Aktionäre zu Leistungen der im § 212 bezeichneten Art kann, sofern sie nicht in dem ursprünglichen Gesellschaftsvertrage vorgesehen ist, nur mit Zustimmung[96]) sämtlicher von der Verpflichtung betroffenen Aktionäre begründet werden.[96a])

§ 277. Die Abänderung des Gesellschaftsvertrags ist zur Eintragung in das Handelsregister anzumelden. Soweit sich nicht aus den nachfolgenden Vorschriften ein anderes ergibt, ist die Anmeldung durch den Vorstand zu bewirken.

Bei der Eintragung genügt, soweit nicht die Abänderung die im § 198 bezeichneten Angaben betrifft, die Bezugnahme auf die bei dem Gericht

---

94) § 274 Abs. 2 enthält nicht lediglich eine Ordnungsvorschrift, eine Verletzung des Paragraphen hat die Anfechtbarkeit nach § 271 Abs. 2 und demnach eintretendenfalls die Nichtigkeit (§ 273 Abs. 1) der betreffenden Beschlüsse zur Folge. RG **68** 233; **110** 199.

94a) Es kommt auf das Kapital an, nicht bloß auf die Stimmenzahl. RG **125** 356.

95) Aktien mit Rübenlieferungspflicht und solche ohne diese Pflicht sind Aktien mit verschiedener Berechtigung. RG **80** 95.

96) Die Zustimmung kann auch außerhalb einer Generalversammlung der Aktionäre erfolgen und kann in formloser Weise erteilt werden. RG **68** 265.

96a) Auch Erhöhung von Vertragsstrafen ist nur mit Zustimmung aller Aktionäre möglich. RG **121** 241.

eingereichten Urkunden über die Abänderung. Die öffentliche Bekanntmachung findet in betreff aller Bestimmungen statt, auf welche sich die in den §§ 199, 201 vorgeschriebenen Veröffentlichungen beziehen.

Die Abänderung hat keine Wirkung, bevor sie bei dem Gericht, in dessen Bezirke die Gesellschaft ihren Sitz hat, in das Handelsregister eingetragen worden ist.

§ 278. Eine Erhöhung des Grundkapitals durch Ausgabe neuer Aktien soll nicht vor der vollen Einzahlung des bisherigen Kapitals erfolgen. Für Versicherungsgesellschaften kann im Gesellschaftsvertrag ein anderes bestimmt werden. Durch Rückstände, die auf einen verhältnismäßig unerheblichen Teil der eingeforderten Einzahlung verblieben sind, wird die Erhöhung des Grundkapitals nicht gehindert.

Sind mehrere Gattungen von Aktien mit verschiedener Berechtigung vorhanden, so bedarf es neben dem Beschlusse der Generalversammlung eines in gesonderter Abstimmung gefaßten Beschlusses der Aktionäre jeder Gattung; auf diese Beschlußfassung finden die Vorschriften des § 275 Abs. 1, Abs. 3 Satz 2 Anwendung.[97])

Sollen die auf die Kapitalserhöhung entfallenden neuen Aktien für einen höheren als den Nennbetrag ausgegeben werden, so ist der Mindestbetrag, unter dem die Ausgabe nicht erfolgen soll, in dem Beschluß über die Erhöhung des Grundkapitals festzusetzen.

§ 279. Wird auf das erhöhte Grundkapital eine Einlage gemacht, die nicht durch Barzahlung zu leisten ist, oder wird auf eine Einlage eine Vergütung für Vermögensgegenstände angerechnet, welche die Gesellschaft übernimmt, so müssen der Gegenstand der Einlage oder der Übernahme, die Person, von welcher die Gesellschaft den Gegenstand erwirbt, und der Betrag der für die Einlage zu gewährenden Aktien oder die für den übernommenen Gegenstand zu gewährende Vergütung in dem Beschluß über die Erhöhung des Grundkapitals festgesetzt werden.

Jedes Abkommen dieser Art, welches nicht die vorgeschriebene Festsetzung in dem Beschlusse der Generalversammlung gefunden hat, ist der Gesellschaft gegenüber unwirksam. Die Vorschriften der §§ 207, 208 bleiben unberührt.

---

97) Verstoß gegen § 278 Abs. 2 macht den Beschluß nicht nichtig, sondern anfechtbar nach § 271; die Aktionäre, deren Sonderrechte verletzt sind, können diese auch ohne Anfechtung geltend machen. RG 79 115.

§ 280. Der Beschluß über die Erhöhung des Grundkapitals ist von sämtlichen Mitgliedern des Vorstandes und des Aufsichtsrats zur Eintragung in das Handelsregister anzumelden.

In der Anmeldung ist die Versicherung abzugeben, daß das bisherige Grundkapital eingezahlt ist oder, soweit die Einzahlung nicht stattgefunden hat, daß darauf weitere als die in der Anmeldung bezeichneten Beträge nicht rückständig sind.

§ 281. Die Zeichnung der neuen Aktien geschieht mittelst Zeichnungsscheins. Der Zeichnungsschein soll doppelt ausgestellt werden; er hat außer den im § 189 Abs. 2 bezeichneten Angaben zu enthalten:

1. den Tag, an welchem der Beschluß über die Erhöhung des Grundkapitals gefaßt ist;
2. den Betrag, für welchen die Ausgabe der Aktien stattfindet, und den Betrag der festgesetzten Einzahlungen;
3. die im § 279 vorgesehenen Festsetzungen und, wenn mehrere Gattungen von Aktien mit verschiedener Berechtigung ausgegeben werden, den Gesamtbetrag einer jeden;
4. den Zeitpunkt, in welchem die Zeichnung unverbindlich wird, sofern nicht bis dahin die erfolgte Erhöhung des Grundkapitals in das Handelsregister eingetragen ist.

Die Vorschriften des § 189 Abs. 4, 5 finden mit der Maßgabe entsprechende Anwendung, daß an die Stelle der Eintragung der Gesellschaft in das Handelsregister die Eintragung der erfolgten Erhöhung[98]) des Grundkapitals tritt.

§ 282. Jedem Aktionär muß auf sein Verlangen ein seinem Anteil an dem bisherigen Grundkapital entsprechender Teil der neuen Aktien zugeteilt werden, soweit nicht in dem Beschluß über die Erhöhung des Grundkapitals ein anderes bestimmt ist.[99], [100], [100a], [1])

---

98) Das heißt die Ausführung der beschlossenen Erhöhung, nicht irgendeiner anderen (nachträglich beschlossenen geringeren) Erhöhung, mag auch diese eingetragen sein. RG 55 65.

99) Das Gesetz sieht die Bestimmung über die von der Regel abweichende Unterbringung der neuen Aktien nicht als einen besonderen Beschluß an, sondern als einen Bestandteil des Beschlusses über die Erhöhung des Grundkapitals. RG 67 106. Vgl. § 256 Note 51.

100) Ein Recht auf die Zuteilung neuer Aktien ist dem Aktionär nur mit der Beschränkung gegeben, daß die Generalversammlung nichts Gegenteiliges beschließt. RG 68 245; 118 71.

Der Betrag, zu welchem die neuen Aktien an die Aktionäre ausgegeben werden, ist von dem Vorstand in den Gesellschaftsblättern zu veröffentlichen. In der Veröffentlichung kann eine Frist für die Ausübung des Bezugsrechts bestimmt werden; die Frist muß mindestens zwei Wochen betragen.

§ 283. Eine Zusicherung von Rechten auf den Bezug neu auszugebender Aktien kann nur unter Vorbehalt des im § 282 bezeichneten Rechtes der Aktionäre erfolgen.[1a])

Eine Zusicherung, die vor dem Beschlusse über die Erhöhung des Grundkapitals geschieht, ist der Gesellschaft gegenüber unwirksam.

§ 284. Die erfolgte Erhöhung des Grundkapitals ist von sämtlichen Mitgliedern des Vorstandes und des Aufsichtsrats zur Eintragung in das Handelsregister anzumelden.

Der Anmeldung sind beizufügen:

1. die Duplikate der Zeichnungsscheine und ein von den Mitgliedern des Vorstandes unterschriebenes Verzeichnis der Zeichner, welches die auf jeden entfallenden Aktien sowie die auf die letzteren geschehenen Einzahlungen angibt;
2. im Falle des § 279 die Verträge, welche den dort bezeichneten Festsetzungen zugrunde liegen oder zu ihrer Ausführung geschlossen sind;
3. eine Berechnung der für die Gesellschaft durch die Ausgabe der neuen Aktien entstehenden Kosten;
4. wenn die Erhöhung des Grundkapitals mit Rücksicht auf den Gegenstand des Unternehmens der staatlichen Genehmigung bedarf, sowie in den Fällen des § 180 Abs. 2 die Genehmigungsurkunde.

Die Vorschriften des § 195 Abs. 3 finden Anwendung.

100a) Ausschluß des Bezugsrechts verstößt nicht gegen die guten Sitten. RG 105 375. Der Ausschluß ist nicht zulässig, wenn er gegen das Gebot einer billigen und gerechten Behandlung der Aktionäre verstößt. RG 108 43. Dagegen: RG 118 71, welche Entscheidung den Ausschluß nur dann für unzulässig erachtet, wenn der Generalversammlungsbeschluß gegen die allgemeinen Schranken der §§ 138, 226, 826 BGB verstößt.

1) Ein Aktienbezugsrecht ist seiner Natur nach als ein reiner Vermögensanspruch vererblich und übertragbar, sofern es nicht vertragsmäßig auf die Person des Berechtigten beschränkt ist. RG, K 2 70.

1a) Zum früheren Recht vgl. EG Art. 28 und RG 57 239.

Die der Anmeldung beigefügten Schriftstücke werden bei dem Gericht in Urschrift oder in beglaubigter Abschrift aufbewahrt.

In die Veröffentlichung, durch welche die Eintragung bekannt gemacht wird, ist auch der Betrag, zu welchem die Aktien ausgegeben werden, aufzunehmen.

§ 285. Die Anmeldung und Eintragung der erfolgten Erhöhung des Grundkapitals kann mit der Anmeldung und Eintragung des Beschlusses über die Erhöhung verbunden werden.

§ 286. Bei einem Gericht, in dessen Bezirke die Gesellschaft eine Zweigniederlassung hat, sind die in den §§ 280, 284 bezeichneten Anmeldungen zur Eintragung in das Handelsregister durch den Vorstand zu bewirken. Die Vorschrift des § 284 Abs. 5 findet Anwendung; die Vorschriften des § 280 Abs. 2 und des § 284 Abs. 2 und 4 bleiben außer Anwendung.

§ 287. Bevor die erfolgte Erhöhung des Grundkapitals in das Handelsregister eingetragen ist, können Aktien und Interimsscheine auf das zu erhöhende Kapital nicht ausgegeben werden.

Die Anteilsrechte an dem zu erhöhenden Kapitale können vor diesem Zeitpunkte mit Wirksamkeit gegenüber der Gesellschaft nicht übertragen werden.

§ 288. Eine Herabsetzung des Grundkapitals kann nur mit einer Mehrheit beschlossen werden, die mindestens drei Vierteile des bei der Beschlußfassung vertretenen Grundkapitals umfaßt. Der Gesellschaftsvertrag kann noch andere Erfordernisse aufstellen.

Durch den Beschluß muß zugleich festgesetzt werden, zu welchem Zwecke die Herabsetzung stattfindet, insbesondere, ob sie zur teilweisen Rückzahlung des Grundkapitals an die Aktionäre erfolgt, und in welcher Weise die Maßregel auszuführen ist.[2])

Sind mehrere Gattungen von Aktien mit verschiedener Berechtigung vorhanden, so bedarf es neben dem Beschlusse der Generalversammlung eines in gesonderter Abstimmung gefaßten Beschlusses der Aktionäre jeder

---

2) Die Generalversammlung ist nicht befugt, ihre Rechte auf andere insbesondere auf den Vorstand oder den Aufsichtsrat zu übertragen, sie muß selbst die Art der Verminderung — Zusammenlegung von Aktien, Abstempelung auf einen geringeren Betrag mit oder ohne Barzahlung, Rückkauf usw. — und die zur Durchführung erforderlichen Maßregeln, z. B. Ankauf im Markte, Bestimmung des zu bewilligenden Maximalpreises usw., beschließen. RG 26 132.

Gattung; auf die Beschlußfassung finden die Vorschriften des Abs. 1 und des § 275 Abs. 3 Satz 2 Anwendung.

§ 289. Der Beschluß über die Herabsetzung des Grundkapitals ist von sämtlichen Mitgliedern des Vorstandes zur Eintragung in das Handelsregister anzumelden.

Der Vorstand hat unter Hinweis auf die beschlossene Herabsetzung des Grundkapitals nach der Eintragung des Beschlusses die Gläubiger der Gesellschaft aufzufordern, ihre Ansprüche anzumelden. Die Aufforderung ist dreimal in den Gesellschaftsblättern zu veröffentlichen. Bekannte Gläubiger sind durch besondere Mitteilung zur Anmeldung aufzufordern.

Den Gläubigern, deren Forderungen vor der letzten öffentlichen Aufforderung begründet sind, ist Befriedigung zu gewähren[3]) oder Sicherheit zu leisten, sofern sie sich zu diesem Zwecke melden.

Zahlungen an die Aktionäre dürfen auf Grund der Herabsetzung des Grundkapitals erst erfolgen, nachdem seit dem Tage, an welchem die im Abs. 2 vorgeschriebene öffentliche Aufforderung zum dritten Male stattgefunden hat, ein Jahr verstrichen ist und nachdem die Gläubiger, die sich gemeldet haben, befriedigt oder sichergestellt worden sind. Eine durch die Herabsetzung bezweckte Befreiung der Aktionäre von der Verpflichtung zur Leistung von Einlagen auf die Aktien tritt nicht vor dem bezeichneten Zeitpunkt in Wirksamkeit.

§ 290. Ist zur Ausführung der Herabsetzung des Grundkapitals eine Verminderung der Zahl der Aktien durch Umtausch, Stempelung oder durch ein ähnliches Verfahren vorgesehen, so kann die Gesellschaft die Aktien, welche trotz erfolgter Aufforderung nicht bei ihr eingereicht sind, für kraftlos erklären. Das gleiche gilt in Ansehung eingereichter Aktien, welche die zum Ersatze durch neue Aktien erforderliche Zahl nicht erreichen und der Gesellschaft nicht zur Verwertung für Rechnung der Beteiligten zur Verfügung gestellt sind.

Die Aufforderung zur Einreichung der Aktien hat die Androhung der Kraftloserklärung zu enthalten. Die Kraftloserklärung kann nur erfolgen, wenn die Aufforderung nach Maßgabe des § 219 Abs. 2 be-

3) Diese Bestimmung findet auf ausländische Aktiengesellschaften, welche im Inlande eine Zweigniederlassung haben, keine Anwendung. RG 73 366.

kannt gemacht ist; sie geschieht mittelst Bekanntmachung in den Gesellschaftsblättern.

Die an Stelle der für kraftlos erklärten Aktien auszugebenden neuen Aktien sind für Rechnung der Beteiligten durch die Gesellschaft zum Börsenpreis und in Ermangelung eines solchen durch öffentliche Versteigerung zu verkaufen. Der Erlös ist den Beteiligten auszuzahlen oder, sofern die Berechtigung zur Hinterlegung vorhanden ist, zu hinterlegen.

§ 291. Die erfolgte Herabsetzung des Grundkapitals ist von sämtlichen Mitgliedern des Vorstandes zur Eintragung in das Handelsregister anzumelden.

5. Titel. Auflösung und Nichtigkeit der Gesellschaft.[4], [5])

§ 292. Die Aktiengesellschaft wird aufgelöst:

1. durch den Ablauf der im Gesellschaftsvertrage bestimmten Zeit;
2. durch Beschluß der Generalversammlung; der Beschluß bedarf einer Mehrheit, die mindestens drei Vierteile des bei der Beschlußfassung vertretenen Grundkapitals umfaßt; der Gesellschaftsvertrag kann noch andere Erfordernisse aufstellen;
3. durch die Eröffnung des Konkurses über das Vermögen der Gesellschaft.

Die Vorschriften dieses Titels kommen auch zur Anwendung, wenn die Auflösung einer Aktiengesellschaft aus anderen Gründen erfolgt.

§ 293. Die Auflösung der Gesellschaft ist außer dem Falle des Konkurses durch den Vorstand zur Eintragung in das Handelsregister anzumelden.

---

4) Die Auflösung schlechthin bringt noch nicht die von der Aktiengesellschaft geschlossenen Verträge, die auf Dauer bestimmte Leistungen zum Gegenstande haben, zur Auflösung. Es ist vielmehr nach Maßgabe des in Betracht kommenden Vertrages in bezug auf die Art der darin festgesetzten Leistungen und ihre wirtschaftliche Bedeutung für die Beteiligten zu prüfen, ob die Leistungen oder ihre Annahme wegen der in den Verhältnissen der Aktienges. durch den Eintritt in den Liquidationszustand eintretenden Veränderung entweder überhaupt oder doch in der durch den Vertrag ihnen zugewiesenen Bedeutung und Zweckbestimmung unmöglich werden. RG **24** 70. (Danach läßt sich durchaus nicht allgemein annehmen, daß mit der Auflösung der Aktienges. alle von ihr geschlossenen Dienstverträge von selbst aufgelöst würden.)

5) Die Organe einer Aktienges., insbesondere die Generalversammlung bleiben auch noch während der Liquidation für die Zwecke und bis zur Beendigung derselben, soweit es sich mit dem Wesen der Liquidation verträgt, in Wirksamkeit. RG **3** 54.

§ 294. Nach der Auflösung der Gesellschaft findet die Liquidation statt, sofern nicht über das Vermögen der Gesellschaft der Konkurs eröffnet ist.

Bis zur Beendigung der Liquidation kommen die Vorschriften der vorausgehenden Titel zur Anwendung, soweit sich nicht aus diesem Titel oder aus dem Zwecke der Liquidation ein anderes ergibt.

§ 295. Die Liquidation geschieht durch die Mitglieder des Vorstandes als Liquidatoren, sofern nicht durch den Gesellschaftsvertrag oder durch Beschluß der Generalversammlung andere Personen dazu bestimmt werden.

Auf Antrag des Aufsichtsrats oder von Aktionären, deren Anteile zusammen den zwanzigsten Teil des Grundkapitals erreichen, kann aus wichtigen Gründen die Ernennung von Liquidatoren durch das Gericht erfolgen, in dessen Bezirke die Gesellschaft ihren Sitz hat. Die Aktionäre haben bei Stellung des Antrags glaubhaft zu machen, daß sie seit mindestens sechs Monaten Besitzer der Aktien sind.

Die Abberufung von Liquidatoren kann durch das Gericht unter denselben Voraussetzungen wie die Bestellung stattfinden. Liquidatoren, die nicht vom Gericht*) ernannt sind, können durch die Generalversammlung auch vor dem Ablaufe des Zeitraums, für welchen sie bestellt sind, abberufen werden.

§ 296. Die ersten Liquidatoren sind durch den Vorstand, jede Änderung in den Personen der Liquidatoren ist durch die Liquidatoren zur Eintragung in das Handelsregister anzumelden. Ist bei der Bestellung der Liquidatoren eine Bestimmung über ihre Vertretungsbefugnis getroffen, so ist auch diese Bestimmung zur Eintragung anzumelden.

Der Anmeldung ist eine öffentlich beglaubigte Abschrift der Urkunden über die Bestellung oder Änderung beizufügen; diese Vorschrift findet auf die Anmeldung zum Handelsregister einer Zweigniederlassung keine Anwendung.

Die Eintragung der gerichtlichen Ernennung oder Abberufung von Liquidatoren geschieht von Amts wegen.

Die Liquidatoren haben die Firma nebst ihrer Namensunterschrift zur Aufbewahrung bei dem Gerichte zu zeichnen.

*) Das Amtsgericht, nach § 115 des G über die Angel. der freiw. Gerichtsbarkeit v. 17. V. 98.

§ 297. Die Liquidatoren haben unter Hinweis auf die Auflösung der Gesellschaft die Gläubiger der Gesellschaft aufzufordern, ihre Ansprüche anzumelden. Die Aufforderung ist dreimal in den Gesellschaftsblättern zu veröffentlichen.

§ 298. Der Geschäftskreis der Liquidatoren sowie die Form, in welcher sie die Firma zu zeichnen haben, bestimmt sich nach den Vorschriften der §§ 149, 151, 153.

*) Ergibt sich die Zahlungsunfähigkeit der aufgelösten Gesellschaft, so haben die Liquidatoren die Eröffnung des Konkursverfahrens zu beantragen; dasselbe gilt, wenn sich bei der Aufstellung der Jahresbilanz oder einer Zwischenbilanz ergibt, daß das Vermögen nicht mehr die Schulden deckt.

Im übrigen haben die Liquidatoren innerhalb ihres Geschäftskreises die Rechte und Pflichten des Vorstandes; sie unterliegen gleich diesem der Überwachung durch den Aufsichtsrat.[6])

In Ansehung der Mitwirkung sämtlicher Liquidatoren bei Willenserklärungen für die Gesellschaft findet die Vorschrift des § 232 Abs. 1 Satz 1 nur insoweit Anwendung, als nicht für die Liquidatoren im Gesellschaftsvertrag oder bei ihrer Ernennung ein anderes bestimmt ist.

Eine Bestellung von Prokuristen findet nicht statt. Die Vorschriften des § 236 bleiben außer Anwendung.

§ 299. Die Liquidatoren haben für den Beginn der Liquidation und weiterhin für den Schluß jeden Jahres eine Bilanz aufzustellen; das bisherige Geschäftsjahr der Gesellschaft kann beibehalten werden.

Die Vorschriften der §§ 260, 263 bis 267 mit Ausnahme derjenigen über die Gewinnverteilung finden Anwendung; die Vorschriften der §§ 261, 262 bleiben außer Anwendung.

§ 300. Das nach der Berichtigung der Schulden verbleibende Vermögen der Gesellschaft wird unter die Aktionäre verteilt.[7])

---

*) § 298 Abs. 2 ist neu eingefügt durch das Ges. v. 25. III. 30.

6) Eine Statutenbestimmung, welche die Liquidatoren hindern würde, die Gesellschaftsaktiva, zu denen auch die Ansprüche gegen die Aktienzeichner gehören, flüssig zu machen, enthält eine unwirksame Einschränkung. Der Liquidator kann in dieser Hinsicht nicht an die Zustimmung des Aufsichtsrats gebunden oder von einer Einforderung der ausständigen Beträge durch den Aufsichtsrat abhängig gemacht werden. RG 45 153.

7) Die Generalversammlung kann mit einfacher Stimmenmehrheit beschließen, daß Bestandteile der Liquidationsmasse nicht versilbert, sondern in Natur unter die Aktionäre verteilt werden sollen. RG 62 56.

Die Verteilung erfolgt nach dem Verhältnisse der Aktienbeträge, sofern nicht mehrere Gattungen von Aktien mit verschiedener Berechtigung vorhanden sind.

Sind die Einzahlungen nicht auf alle Aktien in demselben Verhältnisse geleistet, so werden die auf das Grundkapital geleisteten Einzahlungen erstattet und ein Überschuß nach dem Verhältnisse der Aktienbeträge verteilt. Reicht das vorhandene Vermögen zur Erstattung der Einzahlungen nicht aus, so haben die Aktionäre den Verlust nach dem Verhältnisse der Aktienbeträge zu tragen; die noch ausstehenden Einzahlungen sind, soweit es hierzu erforderlich ist, einzuziehen.

§ 301. Die Verteilung des Vermögens darf nur erfolgen, wenn seit dem Tage, an welchem die im § 297 vorgeschriebene öffentliche Aufforderung an die Gläubiger zum dritten Male stattgefunden hat, ein Jahr verstrichen ist.[7a)]

Meldet sich ein bekannter Gläubiger nicht, so ist der geschuldete Betrag, wenn die Berechtigung zur Hinterlegung vorhanden ist, für den Gläubiger zu hinterlegen.

Ist die Berichtigung einer Verbindlichkeit zurzeit nicht ausführbar oder ist eine Verbindlichkeit streitig, so darf die Verteilung des Vermögens erfolgen, wenn dem Gläubiger Sicherheit geleistet ist.

§ 302. Ist die Liquidation beendigt und die Schlußrechnung gelegt,[8)] so haben die Liquidatoren das Erlöschen der Gesellschaftsfirma zur Eintragung in das Handelsregister anzumelden.

Die Bücher und Papiere der Gesellschaft sind an einem von dem Gerichte*) des Sitzes der Gesellschaft zu bestimmenden sicheren Orte zur Aufbewahrung auf die Dauer von zehn Jahren zu hinterlegen.

Die Aktionäre und die Gläubiger können zur Einsicht der Bücher und Papiere von dem Gericht*) ermächtigt werden.

Stellt sich nachträglich noch weiteres der Verteilung unterliegendes Vermögen heraus, so hat auf Antrag eines Beteiligten das Gericht*)

7a) Beim Unterbleiben der Veröffentlichung gemäß Note 5a beginnt der Lauf des Sperrjahres mit dem Tage, an dem die Auflösung der Gesellschaft durch das Registergericht bekanntgemacht ist.

8) Die Generalversammlung darf die Entlastung der Liquidatoren ohne Legung einer Schlußrechnung gegen den Widerspruch auch nur eines einzelnen Aktionärs nicht beschließen. RG 24 57.

*) Das Amtsgericht, nach § 145 des G über die Angel. der freiw. Gerichtsbarkeit v. 17. V. 98.

des Sitzes der Gesellschaft die bisherigen Liquidatoren erneut zu bestellen oder andere Liquidatoren zu berufen.

§ 303. Eine Verwertung des Gesellschaftsvermögens durch Veräußerung des Vermögens[9]) im ganzen ist nur auf Grund eines Beschlusses der Generalversammlung zulässig. Der Beschluß bedarf einer Mehrheit, die mindestens drei Vierteile des bei der Beschlußfassung vertretenen Grundkapitals umfaßt;[10]) der Gesellschaftsvertrag kann noch andere Erfordernisse aufstellen.

Der Beschluß hat die Auflösung der Gesellschaft zur Folge, sofern diese nicht bereits aufgelöst war.

Die Vorschriften der §§ 294 bis 302 kommen mit der Maßgabe zur Anwendung, daß die Liquidatoren zu denjenigen Geschäften und Rechtshandlungen befugt sind, welche die Ausführung der beschlossenen Maßregel mit sich bringt. Die Ausantwortung des Vermögens an den Übernehmer darf nur unter Beobachtung der für die Verteilung unter die Aktionäre nach den §§ 297, 301 geltenden Vorschriften stattfinden.

§ 304. Wird das Vermögen einer Aktiengesellschaft als Ganzes von dem Reiche, einem Bundesstaat oder einem inländischen Kommunalverband übernommen, so kann zugleich vereinbart werden, daß die Liquidation unterbleiben soll.

Die im § 303 Abs. 1 vorgesehene Zustimmung der Generalversammlung ist auch für eine solche Vereinbarung erforderlich.

Der Vorstand hat den Beschluß der Generalversammlung zugleich mit der Auflösung der Gesellschaft zur Eintragung in das Handelsregister anzumelden; der Anmeldung ist der mit dem Übernehmer abgeschlossene Vertrag in Urschrift oder in öffentlich beglaubigter Abschrift beizufügen.

Der Beschluß hat keine Wirkung, bevor die Eintragung bei dem Gericht, in dessen Bezirke sich der Sitz der Gesellschaft befindet, stattgefunden hat.

Mit der Eintragung des Beschlusses gilt der Übergang des Vermögens der Gesellschaft einschließlich der Schulden als erfolgt; die Firma der Gesellschaft erlischt.

---

9) Der Übernehmer des ganzen Vermögens einer Aktiengesellschaft haftet auch für nicht mitübernommene Schulden der Gesellschaft. RG 71 377.

10) Bei einfacher Mehrheit ist der Beschluß nicht nichtig, sondern nur anfechtbar. RG 75 242. — Die Entscheidung erscheint recht zweifelhaft.

§ 305. Wird das Vermögen einer Aktiengesellschaft als Ganzes an eine andere Aktiengesellschaft oder an eine Kommanditgesellschaft auf Aktien gegen Gewährung von Aktien der übernehmenden Gesellschaft übertragen, so bleiben bei der Erhöhung des Grundkapitals der übernehmenden Gesellschaft die Vorschriften des § 278 Abs. 1, des § 280 Abs. 2, der §§ 281, 282, des § 283 Abs. 1 sowie des § 284 Abs. 2 Nr. 1 und Abs. 3 außer Anwendung.

Der Anmeldung der erfolgten Erhöhung des Grundkapitals zum Handelsregister ist der von der Generalversammlung der aufgelösten Gesellschaft genehmigte Vertrag über die Vermögensübertragung in Urschrift oder in öffentlich beglaubigter Abschrift beizufügen.

Auf den Umtausch der Aktien der aufgelösten Gesellschaft finden die Vorschriften des § 290 Anwendung.

§ 306. Ist im Falle des § 305 vereinbart, daß eine Liquidation des Vermögens der aufgelösten Gesellschaft nicht stattfinden soll, so finden die Vorschriften des § 304 entsprechende Anwendung; außerdem gelten die folgenden besonderen Vorschriften.

Das Vermögen der aufgelösten Gesellschaft ist durch die übernehmende Gesellschaft getrennt zu verwalten.[11])

Der bisherige Gerichtsstand der aufgelösten Gesellschaft bleibt bis zur Vereinigung der Vermögen der beiden Gesellschaften bestehen.

Bis zu demselben Zeitpunkte gilt im Verhältnisse der Gläubiger der aufgelösten Gesellschaft zu der übernehmenden Gesellschaft und deren übrigen Gläubigern das übernommene Vermögen noch als Vermögen der aufgelösten Gesellschaft.[12])

Die Vereinigung der beiden Vermögen darf erst erfolgen, nachdem die Gläubiger der aufgelösten Gesellschaft von der anderen Gesellschaft nach Maßgabe des § 297 zur Anmeldung ihrer Forderungen aufgefordert worden sind, und nur unter Beobachtung der nach § 301 für die Verteilung des Vermögens unter die Aktionäre geltenden Vorschriften.

Die Mitglieder des Vorstandes und des Aufsichtsrats der übernehmenden Gesellschaft sind den Gläubigern der aufgelösten Gesellschaft für die Ausführung der getrennten Verwaltung als Gesamtschuldner verant-

---

11) Der Übergang des Vermögens tritt sofort mit der Eintragung des Beschlusses ein. RG 84 246.

12) Das mit Mitteln des Sondervermögens Erworbene fällt in das Sondervermögen. RG 87 430.

wortlich, die Mitglieder des Aufsichtsrats jedoch nur, soweit eine Vereinigung der Vermögen beider Gesellschaften mit ihrem Wissen und ohne ihr Einschreiten erfolgt.

§ 307. Ist eine Aktiengesellschaft zum Zwecke der Veräußerung ihres Vermögens im ganzen oder zum Zwecke der Umwandlung in eine andere Gesellschaft aufgelöst worden, so kann, wenn der beabsichtigte Zweck nicht erreicht wird, die Generalversammlung die Fortsetzung der Gesellschaft beschließen.

Das gleiche gilt in dem Falle, daß die Gesellschaft durch die Eröffnung des Konkurses aufgelöst, der Konkurs aber nach Abschluß eines Zwangsvergleichs aufgehoben oder auf Antrag des Gemeinschuldners eingestellt worden ist.

Die Fortsetzung der Gesellschaft ist von dem Vorstande zur Eintragung in das Handelsregister anzumelden.

§ 308. Ist die Firma einer Aktiengesellschaft durch den Übergang ihres Vermögens auf eine andere Gesellschaft oder juristische Person ohne vorgängige Liquidation erloschen, so ist eine Anfechtung[12a]) des den Übergang betreffenden Beschlusses der Generalversammlung gegen die Rechtsnachfolgerin der aufgelösten Gesellschaft zu richten.

§ 309.*) Enthält der Gesellschaftsvertrag nicht die nach § 182 Abs. 2 wesentlichen Bestimmungen oder ist eine dieser Bestimmungen nichtig, so kann jeder Gesellschafter und jedes Mitglied des Vorstandes und des Aufsichtsrats im Wege der Klage beantragen, daß die Gesellschaft für nichtig erklärt werde. Die Vorschriften der §§ 272, 273 finden entsprechende Anwendung.[12b])

§ 310. Ein Mangel, der die Bestimmungen über die Firma oder den Sitz der Gesellschaft, den Gegenstand des Unternehmens, die Bestellung oder Zusammensetzung des Vorstandes, die Form der Bekanntmachungen der Gesellschaft oder die Form der Berufung der Generalversammlung

---

12a) ebenso auch die Klage auf Feststellung der Nichtigkeit. RG 115 381.

*) Nach § 144 des G über die Angel. der freiw. Gerichtsbark. v. 17. V. 98 kann eine in das Handelsregister eingetragene Aktienges. oder Kommanditges. auf Aktien gemäß den Vorschriften der §§ 142, 143 dieses Gesetzes von Amts wegen als nichtig gelöscht werden, wenn die Voraussetzungen vorliegen, unter denen nach den §§ 309, 310 HGB die Nichtigkeitsklage erhoben werden kann.

12b) § 309 regelt die Nichtigkeitsgründe abschließend. Andere Mängel des Gründungsvorganges ergeben keine Nichtigkeit. RG 114 80.

betrifft, kann durch einen den Vorschriften dieses Gesetzbuches über eine Änderung des Gesellschaftsvertrags entsprechenden Beschluß der Generalversammlung geheilt werden. Die Berufung der Generalversammlung erfolgt, wenn der Mangel die Bestimmungen über die Form der Berufung betrifft, durch Einrückung in diejenigen Blätter, welche für die Bekanntmachungen der Eintragungen in das Handelsregister des Sitzes der Gesellschaft bestimmt sind.

§ 311. Ist die Nichtigkeit einer Gesellschaft in das Handelsregister eingetragen, so finden zum Zwecke der Abwicklung ihrer Verhältnisse die für den Fall der Auflösung geltenden Vorschriften entsprechende Anwendung.

Die Wirksamkeit der im Namen der Gesellschaft mit Dritten vorgenommenen Rechtsgeschäfte wird durch die Nichtigkeit nicht berührt.

Die Gesellschafter haben die versprochenen Einzahlungen zu leisten, soweit es zur Erfüllung der eingegangenen Verbindlichkeiten erforderlich ist.

6. Titel. Strafvorschriften.

§ 312. Mitglieder des Vorstandes oder des Aufsichtsrats oder Liquidatoren werden, wenn sie absichtlich zum Nachteile der Gesellschaft handeln, mit Gefängnis und zugleich mit Geldstrafe bis zu zwanzigtausend Mark*) bestraft.[12c])

Zugleich kann auf Verlust der bürgerlichen Ehrenrechte erkannt werden.

Sind mildernde Umstände vorhanden, so kann ausschließlich auf die Geldstrafe erkannt werden.

§ 313. Mit Gefängnis und zugleich mit Geldstrafe bis zu zwanzigtausend Mark*) werden bestraft:

1. Gründer oder Mitglieder des Vorstandes oder des Aufsichtsrats, die zum Zwecke der Eintragung der Gesellschaft in das Handelsregister in Ansehung der Zeichnung oder Einzahlung des Grundkapitals, des Betrags, zu welchem die Aktien ausgegeben werden, oder der im § 186 vorgesehenen Festsetzungen wissentlich falsche Angaben machen;

---

*) Vgl. VO über Vermögensstrafen und Bußen v. 6. II. 24 (RGBl S. 44).

12c) § 312 ist Schutzgesetz im Sinne des § 823 Abs. 2 BGB. RG 115 295.

2. diejenigen, welche in Ansehung der vorerwähnten Tatsachen wissentlich falsche Angaben in einer im § 203 bezeichneten Ankündigung von Aktien machen;
3. Mitglieder des Vorstandes oder des Aufsichtsrats, die zum Zwecke der Eintragung einer Erhöhung des Grundkapitals in das Handelsregister in Ansehung der Einzahlung des bisherigen oder der Zeichnung oder Einzahlung des erhöhten Kapitals oder in Ansehung des Betrags, zu welchem die Aktien ausgegeben werden, oder in Ansehung der im § 279 bezeichneten Festsetzungen wissentlich falsche Angaben machen.

Zugleich kann auf Verlust der bürgerlichen Ehrenrechte erkannt werden.

Sind mildernde Umstände vorhanden, so tritt ausschließlich die Geldstrafe ein.

§ 314. Mitglieder des Vorstandes oder des Aufsichtsrats oder Liquidatoren werden mit Gefängnis bis zu einem Jahre und zugleich mit Geldstrafe bis zu zwanzigtausend Mark*) bestraft, wenn sie wissentlich

1. in ihren Darstellungen, in ihren Übersichten über den Vermögensstand der Gesellschaft oder in den in der Generalversammlung gehaltenen Vorträgen den Stand der Verhältnisse der Gesellschaft unwahr darstellen oder verschleiern;
2. auf Namen lautende Aktien, in denen die im § 179 Abs. 4 vorgeschriebene Angabe nicht enthalten ist, oder auf den Inhaber lautende Aktien ausgeben, bevor darauf der Nennbetrag oder, falls der Ausgabepreis höher ist, dieser Betrag voll geleistet ist;
3. Aktien oder Interimsscheine ausgeben, bevor die Gesellschaft oder im Falle einer Erhöhung des Grundkapitals die erfolgte Erhöhung in das Handelsregister eingetragen ist;
4. außer den Fällen des § 180 Abs. 2, 3 Aktien oder Interimsscheine ausgeben, die auf einen geringeren Betrag als eintausend Mark[12d]) gestellt sind;
5. in den Fällen des § 180 Abs. 2, 3 Aktien oder Interimsscheine ausgeben, in denen die im § 180 Abs. 4 vorgeschriebenen Angaben nicht enthalten sind.

---

*) Vgl. VO über Vermögensstrafen und Bußen v. 6. II. 24 (RGBl S. 44).

12d) Nach der Verordnung über Goldbilanzen v. 28. XII. 23 § 17 (RGBl S. 1255) beläuft sich der Mindestbetrag auf 100 Goldmark.

Im Falle der Nr. 1 kann zugleich auf Verlust der bürgerlichen Ehrenrechte erkannt werden.

Sind mildernde Umstände vorhanden, so tritt ausschließlich die Geldstrafe ein.

§ 315. Mit Gefängnis bis zu drei Monaten und zugleich mit Geldstrafe bis zu fünftausend Mark*) werden bestraft:

1. die Mitglieder des Vorstandes oder die Liquidatoren sowie die Mitglieder des Aufsichtsrats, wenn länger als drei Monate die Gesellschaft ohne Aufsichtsrat geblieben ist oder in dem letzteren die zur Beschlußfähigkeit erforderliche Zahl von Mitgliedern gefehlt hat;

**) 2. die Mitglieder des Vorstandes, wenn entgegen der Vorschrift des § 240 Abs. 2 der Antrag auf Eröffnung des Konkursverfahrens oder des gerichtlichen Vergleichverfahrens unterblieben ist;

3. die Liquidatoren, wenn entgegen der Vorschrift des § 298 Abs. 2 der Antrag auf Eröffnung des Konkursverfahrens unterblieben ist.

Sind mildernde Umstände vorhanden, so tritt ausschließlich die Geldstrafe ein.

Straflos bleibt derjenige, bezüglich dessen festgestellt wird, daß die Bestellung oder Ergänzung des Aufsichtsrats oder der Eröffnungsantrag ohne Verschulden unterblieben ist.

§ 316. Wer über die Hinterlegung von Aktien oder Interimsscheinen Bescheinigungen, die zum Nachweise des Stimmrechts in einer Generalversammlung dienen sollen, wissentlich falsch ausstellt oder verfälscht oder von einer solchen Bescheinigung, wissend, daß sie falsch oder verfälscht ist, zur Ausübung des Stimmrechts Gebrauch macht, wird mit Gefängnis bis zu einem Jahre und zugleich mit Geldstrafe bis zu zehntausend Mark*) bestraft. Daneben kann auf Verlust der bürgerlichen Ehrenrechte erkannt werden. Sind mildernde Umstände vorhanden, so tritt ausschließlich die Geldstrafe ein.

§ 317. Wer sich besondere Vorteile dafür gewähren oder versprechen läßt, daß er bei einer Abstimmung in der Generalversammlung in einem gewissen Sinne stimme oder an der Abstimmung in der Generalver-

---

*) Vgl. VO über Vermögensstrafen und Bußen v. 6. II. 24 (RGBl S. 44).

**) Durch das Ges. v. 25. III. 30 ist § 315 Abs. 1 Ziff. 2 geändert und Ziff. 3 neu eingefügt.

sammlung nicht teilnehme, wird mit Geldstrafe bis zu dreitausend Mark*) oder mit Gefängnis bis zu einem Jahr bestraft.

Die gleiche Strafe trifft denjenigen, welcher besondere Vorteile dafür gewährt oder verspricht, daß jemand bei einer Abstimmung in der Generalversammlung in einem gewissen Sinne stimme oder an der Abstimmung in der Generalversammlung nicht teilnehme.

§ 318. Wer die Aktien eines anderen, zu dessen Vertretung er nicht befugt ist, ohne dessen Einwilligung zur Ausübung des Stimmrechts in der Generalversammlung oder zur Ausübung eines der in den §§ 254, 264, 266, 268, 271, 295, 309 bezeichneten Rechte benutzt, wird mit einer Geldstrafe von zehn bis dreißig Mark für jede der Aktien, jedoch nicht unter eintausend Mark,*) bestraft. Die gleiche Strafe trifft denjenigen, welcher Aktien eines anderen gegen Entgelt leiht und für diese eines der vorbezeichneten Rechte ausübt, sowie denjenigen, welcher hierzu durch Verleihung der Aktien wissentlich mitwirkt.

§ 319. Die Mitglieder des Vorstandes oder die Liquidatoren sind zur Befolgung der im § 240 Abs. 1, im § 246 Abs. 1, im § 260 Abs. 2, im § 263 Abs. 1, im § 267 Abs. 1, 2, im § 272 Abs. 4, im § 299 und im § 302 Abs. 2 enthaltenen Vorschriften von dem im § 195 bezeichneten Gerichte durch Ordnungsstrafen anzuhalten. Die Höhe der Strafen bestimmt sich nach § 14 Satz 2.

In betreff der im § 195 Abs. 1, im § 277 Abs. 1, im § 280 Abs. 1, im § 284 Abs. 1, im § 304 Abs. 3 sowie im § 305 Abs. 2 vorgesehenen Anmeldungen zum Handelsregister findet, soweit es sich um die Anmeldungen zum Handelsregister des Sitzes der Gesellschaft handelt, eine Verhängung von Ordnungsstrafen nach § 14 nicht statt.

4. Abschnitt. Kommanditgesellschaft auf Aktien.**)

§ 320. Mindestens ein Gesellschafter der Kommanditgesellschaft auf Aktien haftet den Gesellschaftsgläubigern unbeschränkt (persönlich haftender Gesellschafter), während die übrigen sich nur mit Einlagen auf das in Aktien zerlegte Grundkapital der Gesellschaft beteiligen (Kommanditisten).

---

*) Vgl. VO über Vermögensstrafen und Bußen v. 6. II. 24 (RGBl S. 44).

**) Nach Art. 23 EGzHGB finden auf die Errichtung einer Kommanditges. a. Aktien, die vor dem Inkrafttreten des HGB zur Eintragung in das Handelsregister angemeldet ist, die bisherigen Bestimmungen Anwendung, sofern vor diesem Zeitpunkte die Voraussetzungen erfüllt sind, an welche die bisherigen Vorschriften die Eintragung knüpfen.

Das Rechtsverhältnis der persönlich haftenden Gesellschafter untereinander und gegenüber der Gesamtheit der Kommanditisten sowie gegenüber Dritten, insbesondere die Befugnis der persönlich haftenden Gesellschafter zur Geschäftsführung und zur Vertretung der Gesellschaft, bestimmt sich nach den für die Kommanditgesellschaft geltenden Vorschriften.[13])

Im übrigen gelten für die Kommanditgesellschaft auf Aktien, soweit sich nicht aus den nachfolgenden Vorschriften oder aus dem Fehlen eines Vorstandes ein anderes ergibt, die Vorschriften des dritten Abschnittes über die Aktiengesellschaft.

§ 321. Der Inhalt des Gesellschaftsvertrags muß von mindestens fünf Personen in gerichtlicher oder notarieller Verhandlung festgestellt werden. Die persönlich haftenden Gesellschafter müssen sich sämtlich bei der Feststellung beteiligen; außer ihnen können nur Personen mitwirken, die als Kommanditisten Aktien übernehmen. In der Verhandlung ist der Betrag der von jedem Beteiligten übernommenen Aktien anzugeben.

Die Gesellschafter, welche den Inhalt des Gesellschaftsvertrags festgestellt haben oder andere als durch Barzahlung zu leistende Einlagen machen, gelten als die Gründer der Gesellschaft.

§ 322. Der Gesellschaftsvertrag muß außer den im § 182 Abs. 2 Nr. 1 bis 3, 5, 6 vorgesehenen Festsetzungen den Namen, Vornamen, Stand und Wohnort jedes persönlich haftenden Gesellschafters enthalten.

Vermögenseinlagen der persönlich haftenden Gesellschafter müssen, sofern sie nicht auf das Grundkapital erfolgen, nach Höhe und Art im Gesellschaftsvertrage festgesetzt werden.

Die Vorschrift des § 186 Abs. 1 findet auf alle zugunsten eines persönlich haftenden Gesellschafters bedungenen besonderen Vorteile Anwendung.

§ 323. Zeichnungsscheine haben außer den im § 189 vorgesehenen Angaben die Bezeichnung derjenigen Gründer zu enthalten, welche persönlich haftende Gesellschafter sind.

In der mit der Anmeldung der Gesellschaft zum Handelsregister nach § 195 Abs. 3 Satz 1 zu verbindenden Erklärung ist in Ansehung der durch Barzahlung zu leistenden Einlagen anzugeben, daß der eingeforderte

---

13) § 320 Abs. 2 führt über §§ 170, 161 Abs. 2 zur Anwendung der Vorschriften für die offene Handelsgesellschaft auf die Kommanditgesellschaft auf Aktien. RG 74 299.

Betrag bar eingezahlt und im Besitze der persönlich haftenden Gesellschafter ist.[13a])

Zur Teilnahme an der im § 196 bezeichneten Verhandlung sind auch die persönlich haftenden Gesellschafter berechtigt. Die der Errichtung der Gesellschaft zustimmende Mehrheit muß mindestens ein Vierteil der in dem Verzeichnis aufgeführten Kommanditisten begreifen; der Betrag ihrer Anteile muß mindestens ein Vierteil des nicht von den persönlich haftenden Gesellschaftern übernommenen Grundkapitals darstellen.

Bei der Eintragung in das Handelsregister sind statt der Mitglieder des Vorstandes die persönlich haftenden Gesellschafter anzugeben. Enthält der Gesellschaftsvertrag besondere Bestimmungen über die Befugnis der persönlich haftenden Gesellschafter zur Vertretung der Gesellschaft, so sind auch diese Bestimmungen einzutragen.

§ 324. Für den in § 207 bezeichneten Beschluß der Generalversammlung bedarf es, wenn sich der Beschluß auf einen im ersten Jahre nach der Eintragung der Gesellschaft geschlossenen Vertrag bezieht, eine Mehrheit, deren Anteile mindestens ein Vierteil des nicht auf Aktien der persönlich haftenden Gesellschafter entfallenden Teiles des Grundkapitals darstellen. Die Vorschrift des § 207 Abs. 3 Satz 1 bleibt unberührt.

§ 325. Die den Vorstand der Aktiengesellschaft betreffenden Vorschriften:

1. über die Anmeldungen, Einreichungen und Erklärungen zum Handelsregister,
2. über die Berufung der Generalversammlung,
3. über die Aufstellung, Vorlegung und Veröffentlichung der Jahresbilanz und der Gewinn- und Verlustrechnung sowie über die Vorlegung des Geschäftsberichts,
4. über die Anfechtung von Beschlüssen der Generalversammlung,[14])
5. über das Verfahren im Falle der Bestellung von Revisoren zur Prüfung der Bilanz oder zur Prüfung von Vorgängen bei der Gründung oder Geschäftsführung sowie über die Obliegenheiten gegenüber den Revisoren und dem Aufsichtsrate,

---

13a) Vgl. § 195 Note 87.

14) Die Gesellschaft muß durch ihren persönlich haftenden Gesellschafter und ihren Aufsichtsrat vertreten werden. Die gemeinsame Vertretung durch beide Organe der Gesellschaft ist als Gesamtvertretung aufzufassen. RG 66 37.

6. über die im Falle einer Herabsetzung des Grundkapitals an die Gläubiger zu richtende Aufforderung,
7. über die Geltendmachung von Ersatzansprüchen der Gesellschaft wegen der Geschäftsführung,
*) 8. über die Stellung des Antrags auf Eröffnung des Konkursverfahrens oder des gerichtlichen Vergleichsverfahrens

finden auf die persönlich haftenden Gesellschafter entsprechende Anwendung.

§ 326. Ein persönlich haftender Gesellschafter darf ohne Einwilligung der Gesellschaft weder in dem Handelszweige der Gesellschaft Geschäfte machen noch an einer anderen gleichartigen Handelsgesellschaft als persönlich haftender Gesellschafter teilnehmen. Die Einwilligung wird durch die übrigen persönlich haftenden Gesellschafter und, sofern nicht die Befugnis zur Erteilung durch den Gesellschaftsvertrag oder durch einen Beschluß der Generalversammlung dem Aufsichtsrat übertragen ist, durch die Generalversammlung erteilt.

Verletzt ein persönlich haftender Gesellschafter die ihm nach Abs. 1 obliegende Verpflichtung, so findet die Vorschrift des § 236 Abs. 2 Anwendung.

Die Ansprüche der Gesellschaft verjähren in drei Monaten von dem Zeitpunkt an, in welchem die übrigen persönlich haftenden Gesellschafter und der Aufsichtsrat von dem Abschlusse des Geschäfts oder von der Teilnahme des persönlich haftenden Gesellschafters an der anderen Gesellschaft Kenntnis erlangen; sie verjähren ohne Rücksicht auf diese Kenntnis in fünf Jahren von ihrer Entstehung an.

§ 327. In der Generalversammlung haben die persönlich haftenden Gesellschafter, auch wenn sie Aktien besitzen, kein Stimmrecht.

Die Beschlüsse der Generalversammlung bedürfen der Zustimmung der persönlich haftenden Gesellschafter, soweit sie Angelegenheiten betreffen, für die bei der Kommanditgesellschaft das Einverständnis der persönlich haftenden Gesellschafter und der Kommanditisten erforderlich ist.

Zur Ausübung der Befugnisse, welche in Ansehung der Bestellung von Revisoren und der Geltendmachung von Ansprüchen der Gesellschaft aus der Gründung oder der Geschäftsführung nach den §§ 266 bis 269

---

*) § 325 Ziff. 8 geändert durch das Ges. v. 25. III. 30.

der Generalversammlung oder einer Minderheit von Aktionären zustehen, bedarf es der Zustimmung der persönlich haftenden Gesellschafter nicht.

Beschlüsse der Generalversammlung, die der Zustimmung der persönlich haftenden Gesellschafter bedürfen, sind zum Handelsregister erst einzureichen, wenn die Zustimmung erfolgt ist. Bei Beschlüssen, die in das Handelsregister einzutragen sind, ist die Zustimmung der persönlich haftenden Gesellschafter in dem über die Verhandlung aufzunehmenden Protokoll oder in einem Anhange zu dem Protokolle zu beurkunden.

§ 328. Die Beschlüsse der Kommanditisten werden durch den Aufsichtsrat ausgeführt, soweit nicht im Gesellschaftsvertrag ein anderes bestimmt ist.

In Rechtsstreitigkeiten, welche die Gesamtheit der Kommanditisten gegen die persönlich haftenden Gesellschafter oder diese gegen die Gesamtheit der Kommanditisten zu führen haben, werden die Kommanditisten durch den Aufsichtsrat vertreten, es sei denn, daß in der Generalversammlung besondere Vertreter gewählt werden. Für die Kosten des Rechtsstreits, welche den Kommanditisten zur Last fallen, haftet die Gesellschaft, unbeschadet ihres Rückgriffs gegen die Kommanditisten.

Die Vorschrift des § 247 Abs. 2 findet entsprechende Anwendung.

Persönlich haftende Gesellschafter können nicht Mitglieder des Aufsichtsrats sein.

§ 329. Ergibt sich für die persönlich haftenden Gesellschafter nach dem Jahreserträgnis ein Gewinnanteil, der nicht auf ihre Aktien fällt, so hat die Auszahlung zu unterbleiben, falls eine Unterbilanz vorhanden ist, die ihre nicht in Aktien bestehenden Kapitalanteile übersteigt. Solange eine solche Unterbilanz besteht, ist auch eine sonstige Entnahme von Geld auf den Kapitalanteil ausgeschlossen.

Auf den Gewinn, der sich für die persönlich haftenden Gesellschafter ergibt, findet die Vorschrift des § 262 Nr. 1 über den Reservefonds Anwendung.

§ 330. In betreff der Tatsachen, durch welche die Auflösung der Kommanditgesellschaft auf Aktien herbeigeführt wird, sowie in betreff des Ausscheidens eines von mehreren persönlich haftenden Gesellschaftern aus der Gesellschaft finden die für die Kommanditgesellschaft geltenden Vorschriften mit folgenden Maßgaben Anwendung.

Die Eröffnung des Konkurses über das Vermögen eines Kommanditisten hat die Auflösung der Gesellschaft nicht zur Folge; die Gläubiger eines Kommanditisten sind nicht berechtigt, die Gesellschaft zu kündigen.

Für die Kündigung durch die Kommanditisten sowie für ihre Zustimmung zur Auflösung der Gesellschaft ist ein Beschluß der Generalversammlung erforderlich; der Beschluß bedarf einer Mehrheit, die mindestens drei Vierteile des bei der Beschlußfassung vertretenen Grundkapitals umfaßt. Das gleiche gilt in betreff des Antrags auf Auflösung der Gesellschaft durch gerichtliche Entscheidung. Der Gesellschaftsvertrag kann noch andere Erfordernisse für Beschlußfassung aufstellen.

Das Ausscheiden von persönlich haftenden Gesellschaftern kann außer dem Falle der Ausschließung nur stattfinden, soweit es im Gesellschaftsvertrage für zulässig erklärt ist.

Die Auflösung der Gesellschaft sowie das Ausscheiden eines persönlich haftenden Gesellschafters ist von sämtlichen persönlich haftenden Gesellschaftern zur Eintragung in das Handelsregister anzumelden. Die Vorschrift des § 143 Abs. 3 findet Anwendung.

§ 331. Sofern nicht der Gesellschaftsvertrag ein anderes bestimmt,[15]) erfolgt die Liquidation durch sämtliche persönlich haftende Gesellschafter und durch eine oder mehrere von der Generalversammlung gewählte Personen als Liquidatoren.

Zu dem Antrag auf Ernennung oder Abberufung von Liquidatoren durch das Gericht ist auch jeder persönlich haftende Gesellschafter befugt.

§ 332. Eine Kommanditgesellschaft auf Aktien kann durch Beschluß der Generalversammlung und aller persönlich haftenden Gesellschafter in eine Aktiengesellschaft umgewandelt werden.[16])

Die Vorschriften über eine Abänderung des Gesellschaftsvertrags finden Anwendung.

---

15) Im Gesellschaftsvertrage darf bestimmt werden, daß durch einen Mehrheitsbeschluß der Gesellschafter die Auflösung und Liquidation schon in einem früheren Zeitpunkte als dem im Vertrage festgesetzten herbeigeführt werden kann, ebenso, daß das Gesellschaftsvermögen auf eine neue Gesellschaft übertragen werden kann und daß die dieser nicht beitretenden Gesellschafter nur ihren Anteil am Gesellschaftsvermögen nach der letzten Bilanz erhalten. RG, R 1 19.

16) Ist nur ein persönlich haftender Gesellschafter vorhanden, und liegen gegen ihn Ausschließungsgründe des § 142 vor, so kann gegen seinen Willen die Kommanditgesellschaft auf Aktien in eine Aktiengesellschaft umgewandelt werden. RG 82 361.

Die Anteile der der Umwandlung zustimmenden Mehrheit der Kommanditisten müssen mindestens ein Viertteil des nicht auf Aktien der persönlich haftenden Gesellschafter fallenden Teiles des Grundkapitals darstellen. In dem Beschlusse sind die zur Durchführung der Umwandlung erforderlichen Maßregeln, insbesondere die Firma sowie die Art der Bestellung und Zusammensetzung des Vorstandes, festzusetzen.

§ 333. Bei der Anmeldung des Umwandlungsbeschlusses sind zugleich die Mitglieder des Vorstandes zur Eintragung in das Handelsregister anzumelden. Eine öffentlich beglaubigte Abschrift der Urkunden über ihre Bestellung ist beizufügen; bei der Anmeldung zur Eintragung in das Handelsregister einer Zweigniederlassung bedarf es der Beifügung dieser Abschrift nicht. Auf die Anmeldung zur Eintragung in das Handelsregister des Sitzes der Gesellschaft finden die Vorschriften des § 14 keine Anwendung.

Der Anmeldung ist eine von der Generalversammlung genehmigte, für einen höchstens zwei Monate vor der Anmeldung liegenden Zeitpunkt aufgestellte Bilanz beizufügen. Auf diese Bilanz finden die Vorschriften des § 261, des § 263 Abs. 1 und des § 264 Anwendung.

Mit der Eintragung scheiden die persönlich haftenden Gesellschafter aus der Gesellschaft aus; die Gesellschaft besteht von diesem Zeitpunkt an als Aktiengesellschaft fort.

§ 334. Unverzüglich nach der Eintragung hat der Vorstand in den Gesellschaftsblättern die im § 333 Abs. 2 vorgesehene Bilanz zu veröffentlichen.

Er hat unter Hinweis auf die Umwandlung die Gläubiger der Gesellschaft aufzufordern, ihre Ansprüche anzumelden. Die Aufforderung ist dreimal in den Gesellschaftsblättern zu veröffentlichen. Bekannte Gläubiger sind durch besondere Mitteilung zur Anmeldung aufzufordern.

Den Gläubigern, deren Forderungen vor der letzten öffentlichen Aufforderung begründet sind, ist Befriedigung zu gewähren oder Sicherheit zu leisten, sofern sie sich zu diesem Zwecke melden.

Die Mitglieder des Vorstandes und des Aufsichtsrats haften den Gläubigern für die Beobachtung dieser Vorschriften als Gesamtschuldner, die Mitglieder des Aufsichtsrats, soweit eine Zuwiderhandlung mit ihrem Wissen und ohne ihr Einschreiten erfolgt.

5. Abschnitt. Stille Gesellschaft.

§ 335. Wer sich als stiller Gesellschafter an dem Handelsgewerbe,[17]) das ein anderer betreibt, mit einer Vermögenseinlage[18—20]) beteiligt, hat die Einlage so zu leisten, daß sie in das Vermögen des Inhabers des Handelsgeschäfts übergeht.

Der Inhaber wird aus den in dem Betriebe geschlossenen Geschäften allein berechtigt und verpflichtet.[21])

§ 336. Ist der Anteil des stillen Gesellschafters am Gewinn und Verluste nicht bestimmt, so gilt ein den Umständen nach angemessener Anteil als bedungen.

Im Gesellschaftsvertrage kann bestimmt werden, daß der stille Gesellschafter nicht am Verluste beteiligt sein soll; seine Beteiligung am Gewinne kann nicht ausgeschlossen werden.[22],[22a])

§ 337. Am Schlusse jedes Geschäftsjahrs wird der Gewinn und Verlust berechnet und der auf den stillen Gesellschafter fallende Gewinn ihm ausbezahlt.

---

17) Wenn sich jemand als stiller Gesellschafter an dem von einer offenen Handelsges. betriebenen Handelsgewerbe beteiligt, ist die offene Handelsges. selbst als Komplementar zu betrachten. RG **30** 33.

18) Die Leistung des stillen Gesellschafters darf nicht in bloßen Beiträgen zur Ausführung einzelner Handelsgeschäfte bestehen. OHG **9** 160.

19) Die Einlage des stillen Gesellschafters kann auch in dem Versprechen von Diensten und in der Erwirkung eines von einem Dritten zu gewährenden Darlehns oder einer von Dritten zu übernehmenden Bürgschaft bestehen. RG, **K 6** 91.

20) Auch bei Bezeichnung als Darlehn kann stille Gesellschaft vorliegen. RG **92** 292.

21) Auch ein Minderkaufmann kann durch den Gebrauch einer Firma, die sein nachweislich bestehendes Gesellschaftsverhältnis andeutet, nach außen hin erkennbar machen, daß ein Teilnehmer hinter ihm steht, für den er mitkontrahieren will. Namentliche Bezeichnung desselben ist nicht notwendig. RG, **K 1** 31.

22) Der stille Gesellschafter ist nicht beteiligt am Gewinn von Geschäften, die der Komplementär vertragswidrig außerhalb des Rahmens seines Handelsgeschäftes vornimmt. RG **92** 292. Bei Vereinbarung einer festen Vergütung liegt keine stille Gesellschaft vor. RG **122** 390.

22a) Der stille Gesellschafter ist nicht an jeder Erhöhung des Gesellschaftsvermögens beteiligt, z. B. nicht an Werterhöhungen bei dem nicht zum Umsatz bestimmten Anlagevermögen, es sei denn, daß dieser Mehrwert durch Aufwendung von Gesellschaftsmitteln beschaffen wurde. Wohl aber ist er beteiligt an Entschuldungsgewinnen, die auf der Abstoßung von Geschäftsschulden durch Zahlung oder auf der Aufwertungs-Gesetzgebung beruhen. RG **120** 411 und 412.

Der stille Gesellschafter nimmt an dem Verluste nur bis zum Betrage seiner eingezahlten oder rückständigen Einlage teil. Er ist nicht verpflichtet, den bezogenen Gewinn wegen späterer Verluste zurückzuzahlen; jedoch wird, solange seine Einlage durch Verlust vermindert ist, der jährliche Gewinn zur Deckung des Verlustes verwendet.

Der Gewinn, welcher von dem stillen Gesellschafter nicht erhoben wird,[23]) vermehrt dessen Einlage nicht, sofern nicht ein anderes vereinbart ist.

§ 338. Der stille Gesellschafter ist berechtigt, die abschriftliche Mitteilung der jährlichen Bilanz zu verlangen und ihre Richtigkeit unter Einsicht der Bücher und Papiere zu prüfen.

Die im § 716 des Bürgerlichen Gesetzbuchs dem von der Geschäftsführung ausgeschlossenen Gesellschafter eingeräumten weiteren Rechte stehen dem stillen Gesellschafter nicht zu.

Auf Antrag des stillen Gesellschafters kann das Gericht,*) wenn wichtige Gründe vorliegen, die Mitteilung einer Bilanz oder sonstiger Aufklärungen sowie die Vorlegung der Bücher und Papiere jederzeit anordnen.

§ 339. Auf die Kündigung der Gesellschaft durch einen der Gesellschafter oder durch einen Gläubiger des stillen Gesellschafters finden die Vorschriften der §§ 132, 134, 135 entsprechende Anwendung. Die Vorschriften des § 723 des Bürgerlichen Gesetzbuchs über das Recht, die Gesellschaft aus wichtigen Gründen ohne Einhaltung einer Frist zu kündigen, bleiben unberührt.

Durch den Tod des stillen Gesellschafters wird die Gesellschaft nicht aufgelöst.

§ 340. Nach der Auflösung der Gesellschaft hat sich der Inhaber des Handelsgeschäfts mit dem stillen Gesellschafter auseinanderzusetzen und dessen Guthaben in Geld zu berichtigen.

Die zur Zeit der Auflösung schwebenden Geschäfte werden von dem Inhaber des Handelsgeschäfts abgewickelt. Der stille Gesellschafter

---

23) Von der Zeit an, zu welcher die Gewinnberechnung zur Kenntnis des stillen Gesellschafters gebracht ist, wird er Gläubiger wegen seines Gewinnanteils und der stehengebliebene Gewinn scheidet aus dem Gesellschaftsverbande aus und kann zur Deckung späterer Verluste nicht verwendet werden. OHG 13 63 (66) und RG 48 77 (82).

*) Nach § 145 des G über die Angeleg. der freiw. Gerichtsb. v. 17. V. 98 das Amtsgericht.

nimmt teil an dem Gewinn oder Verluste, der sich aus diesen Geschäften ergibt.

Er kann am Schlusse jedes Geschäftsjahrs Rechenschaft über die inzwischen beendigten Geschäfte, Auszahlung des ihm gebührenden Betrags und Auskunft über den Stand der noch schwebenden Geschäfte verlangen.

§ 341. Wird über das Vermögen des Inhabers des Handelsgeschäfts der Konkurs eröffnet, so kann der stille Gesellschafter wegen der Einlage, soweit sie den Betrag des auf ihn fallenden Anteils am Verlust übersteigt, seine Forderung als Konkursgläubiger geltend machen.

Ist die Einlage rückständig, so hat sie der stille Gesellschafter bis zu dem Betrage, welcher zur Deckung seines Anteils am Verlust erforderlich ist, zur Konkursmasse einzuzahlen.[24])

§ 342. Ist auf Grund einer in dem letzten Jahre vor der Eröffnung des Konkurses zwischen dem Inhaber des Handelsgeschäfts und dem stillen Gesellschafter getroffenen Vereinbarung[25]) diesem die Einlage ganz oder teilweise zurückgewährt[26]) oder sein Anteil an dem entstandenen Verluste ganz oder teilweise erlassen worden, so kann die Rückgewähr oder der Erlaß von dem Konkursverwalter angefochten werden.[27]) Es begründet keinen Unterschied, ob die Rückgewähr oder der Erlaß unter Auflösung der Gesellschaft stattgefunden hat oder nicht.

Die Anfechtung ist ausgeschlossen, wenn der Konkurs in Umständen seinen Grund hat, die erst nach der Vereinbarung der Rückgewähr oder des Erlasses eingetreten sind.

---

24) Der Konkursverwalter muß die Auseinandersetzung vornehmen, er darf diese nicht beliebig verzögern; der stille Gesellschafter muß den Verlust mittragen, der durch die Tatsache der Konkurseröffnung und die dadurch herbeigeführte Entwertung der Aktiven entstanden ist. Der Geschäftsverlust kann nicht durch Vergleichung des Schuldenbestandes, sondern nur durch Vergleichung der Bilanz zur Zeit des Eintritts mit der nach der Konkurseröffnung aufgenommenen gefunden werden. RG, K 4 95.

25) Ausführung einer schon früher im Gesellschaftsvertrage eingegangenen Verpflichtung ist nicht anfechtbar. RG 84 438.

26) Der Zahlung steht gleich eine Erstattung des Wertes, namentlich auch die Gewährung einer besonderen Sicherheit, wodurch dem stillen Gesellschafter oder seinem Rechtsnehmer die Stellung eines absonderungsberechtigten Gläubigers verschafft ist. RG 27 13 (18).

27) Eine vor der Zahlung geleistete Sicherung ist nicht anfechtbar, wenn nur durch sie die Zahlung erreicht wurde, zu der der Zahlende sonst nicht verpflichtet war. RG 84 436.

Die Vorschriften der Konkursordnung über die Geltendmachung der Anfechtung und deren Wirkung finden Anwendung.

3. Buch. Handelsgeschäfte.

1. Abschnitt. Allgemeine Vorschriften.

§ 343. Handelsgeschäfte sind alle Geschäfte eines Kaufmanns, die zum Betriebe seines Handelsgewerbes gehören.[28—30])

Die im § 1 Abs. 2 bezeichneten Geschäfte sind auch dann Handelsgeschäfte, wenn sie von einem Kaufmann im Betriebe seines gewöhnlich auf andere Geschäfte gerichteten Handelsgewerbes geschlossen werden.

§ 344. Die von einem Kaufmann vorgenommenen Rechtsgeschäfte gelten im Zweifel als zum Betriebe seines Handelsgewerbes gehörig.[31—40]

---

28) Sofern die Zahlung von einem Kaufmann im Betriebe seines Handelsgewerbes geleistet oder empfangen wird, ist die Leistung bzw. Empfangnahme der Zahlung ein Handelsgeschäft. OHG **23** 143.

29) Auch die von einem Kaufmanne zum Zwecke der Liquidation eines Unternehmens geschlossenen Verträge gehören zum Betriebe des Handelsgewerbes. RG, K **4** 96.

30) Die von einem Kaufmann bewirkte Veräußerung seines Handelsgeschäftes ist noch als ein zum Betriebe seines Handelsgewerbes gehöriges Geschäft anzusehen. RG, K **9** 158.

31) Die Vermutung des § 344 HGB bezieht sich auf alle Rechtsgeschäfte des Kaufmannes, auch wenn sie selbst außerhalb des Kreises der bestimmten Handelsgeschäfte liegen, auf welche der Gewerbebetrieb des Kaufmanns zunächst gerichtet ist. Die Vermutung wird nur beseitigt, wenn der Beweis geführt wird, daß sie nicht hierzu gehören, oder dies nach der Sachlage ohne weiteres klar ist. RG **28** 313.

32) Die Vermutung ist auch maßgebend für die Verjährung nach § 196 Ziff. 1 BGB, RG **70** 30; den Leistungsort nach § 269 Abs. 2 BGB; die Haftung des Geschäftsübernehmers nach § 25 HGB. — Es besteht keine Vermutung dafür, daß der Teilhaber einer offenen Handelsgesellschaft in deren Namen gehandelt habe. RG **119** 67.

33) Die Vermutung des § 344 Abs. 1 findet auch auf einen Vertrag Anwendung, durch welchen ein Kaufmann auf eine verfallene Vertragsstrafe verzichtet, auch wenn der Anspruch auf die Strafe aus einem Nichthandelsgeschäfte herrührt. RG **29** 11.

34) Annahme eines Kaufmanns durch einen anderen als Kassierer ist ein beiderseitiges Handelsgeschäft, Ansprüche auf Ersatz der Unterschlagungen dieses Kassierers sind eine Forderung aus einem Handelsgeschäft. OHG **6** 195.

35) Die Berechnung der Gesellschafter über das Ergebnis der betriebenen Handelsgeschäfte ist Handelsgeschäft, wenn dieselbe auch erst nach Beendigung des Gesellschaftsverhältnisses und zu einer Zeit geschieht, in der die Gesellschafter nicht mehr Kaufleute sind. OHG **7** 57.

36) Die unter Kaufleuten in der beiderseitigen Erwartung, daß ein Kaufvertrag darüber zwischen ihnen zustande kommen werde, erfolgte Zusendung bzw. Annahme und Abnahme von Waren ist ein beiderseitiges Handelsgeschäft. OHG **10** 236

Die von einem Kaufmanne gezeichneten Schuldscheine[41—44]) gelten als im Betriebe seines Handelsgewerbes gezeichnet, sofern nicht aus der Urkunde sich das Gegenteil ergibt.

§ 345. Auf ein Rechtsgeschäft, das für einen der beiden Teile ein Handelsgeschäft ist, kommen die Vorschriften über Handelsgeschäfte für beide Teile gleichmäßig zur Anwendung, soweit nicht aus diesen Vorschriften[45]) sich ein anderes ergibt.

§ 346.[46]) Unter Kaufleuten ist in Ansehung der Bedeutung und

---

37) Die Annahme eines Fabrikmeisters ist Handelsgeschäft auf seiten des Fabrikanten, obgleich ersterer kein Handlungsgehilfe ist. OHG **11** 387.

38) Auch Schenkungen sind nicht von der Vermutung des § 344 ausgeschlossen. RG **26** 15; RG, K **3** 104. Wohl aber solche von Todes wegen. RG **18** 49. Vgl. auch Anm. 42.

39) Übernahme der Mitgliedschaft des Aufsichtsrats einer Aktiengesellschaft seitens eines Kaufmanns ist ein Handelsgeschäft. RG **19** 123.

40) Eine Vereinbarung über die Vergütung für die einem Kaufmann in seinem Privathaushalt geleisteten Dienste und die Erstattung dabei gemachter Auslagen stellt kein Handelsgeschäft dar. RG, K **22**.

41) Ebenso Wechsel. OHG **4** 50.

42) Der Begriff „Schuldschein" im Sinne des § 344 Abs. 2 umfaßt alle von einem Kaufmanne gezeichneten Urkunden, die ein Verpflichtungsbekenntnis enthalten, ohne Unterschied ob der Schuldgrund angegeben ist oder nicht. Ob es sich bei der Übernahme der im Schuldschein verschriebenen Verpflichtung um eine Schenkung gehandelt hat, kommt nicht in Betracht, da auch Schenkungen Handelsgeschäfte sein können; ebenso unerheblich ist, welcher Beweggrund zur Ausstellung des Schuldscheins geführt hat. RG, K **2** 72.

43) Die Vermutung wird dadurch nicht ausgeschlossen, daß der Schuldschein vom Kaufmanne nicht mit der Firma seiner Handlung, sondern mit seinem bürgerlichen Namen gezeichnet ist (z. B. OHG **2** 426; RG **59** 213) oder daß in dem Schuldschein die Pfandbestellung an einem Grundstück beurkundet ist. OHG **14** 209.

44) Die Vermutung des § 344 Abs. 2 läßt sich nicht mit der bloßen Behauptung entkräften, daß dem Schuldscheine eine Verbindlichkeit zugrunde liege, die ihrerseits nicht dem Handelsgewerbe des Schuldners angehöre: denn der Kaufmann ist nicht gehindert, auch solche Verbindlichkeiten, die an sich nicht handelsgeschäftlicher Natur sind, durch Ausstellung eines mit der Firma gezeichneten Wechsels oder eines anderen die Voraussetzungen des § 344 Abs. 2 HGB erfüllenden Schuldscheins auf sein Handelsgeschäft zu übernehmen. Nur dann würde dem Schuldscheingläubiger die Einrede der Arglist entgegenstehen, wenn er aus der Urkunde eine Geschäftsverbindlichkeit herleitete, obwohl Gläubiger und Schuldner bei der Ausstellung darüber einig waren, daß eine Geschäftsverbindlichkeit damit nicht begründet werden sollte, und ihm dies beim Erwerbe bekannt war. RG **56** 196.

45) Z. B. § 346 findet nur „Unter Kaufleuten", also nur wenn beide Teile Kaufleute sind, Anwendung; s. ferner §§ 352, 353, 369, 377.

46) Ergänzend §§ 133, 157, 242 BGB (im Anhange).

Wirkung von Handlungen und Unterlassungen[47—66]) auf die im Handelsverkehr geltenden Gewohnheiten und Gebräuche[67—74a]) Rücksicht zu nehmen.

§ 347. Wer aus einem Geschäfte, das auf seiner Seite ein Handelsgeschäft ist, einem anderen zur Sorgfalt verpflichtet ist, hat für die Sorgfalt eines ordentlichen Kaufmanns einzustehen.

Unberührt bleiben die Vorschriften des Bürgerlichen Gesetzbuchs, nach welchen der Schuldner in bestimmten Fällen nur grobe Fahrlässigkeit zu vertreten oder nur für diejenige Sorgfalt einzustehen hat, welche er in eigenen Angelegenheiten anzuwenden pflegt.

---

47) Grundsätzlich ist davon auszugehen, daß die Vertragsurkunde sämtliche Beziehungen der Vertragschließenden, die sich aus dem Vertrage ergeben können, erschöpfend zu ordnen bestimmt ist und daher auf mündliche abweichende Verabredungen, die vor dem Vertragsschluß liegen, nur unter ganz besonderen Umständen zurückgegriffen werden kann. RG, R 4 98.

48) Die Form des Bestätigungsbriefes dient sowohl zum Abschluß von Handelsgeschäften, als auch zur urkundlichen Feststellung bereits geschlossener Verträge. RG **90** 136.

49) Die Bedeutung des Bestätigungsschreibens liegt darin, daß der Verfasser mit ihm eine Darlegung der vorausgegangenen Verhandlung, wie er sie versteht, beabsichtigt; dieser Gesichtspunkt versagt, wenn der Verfasser den Inhalt der Abmachungen arglistig erfindet oder verändert. RG **95** 51. Die bei den mündlichen Verhandlungen und im Bestätigungsbriefe nicht erwähnten, auf der Rückseite aufgedruckten allgemeinen Geschäftsbedingungen sind nicht verbindlich. JW 1925 S. 780 Nr. 33.

50) Widerspruchslose Annahme eines förmlichen Bestätigungsschreibens gilt als Zustimmung. RG **97** 136; **105** 389. Der Empfänger muß den Widerspruch beweisen. RG **114** 283.

51) Zur Bedeutung einer Gegenbestätigung vgl. RG **104** 202. Bei Bitte um Gegenbestätigung ist die Bedeutung des Schweigens nach dem einzelnen Fall zu beurteilen. RG **104** 201; **106** 416.

52) Vorbehaltlose Annahme der Schlußnote ergibt in der Regel Genehmigung des Geschäftes mit dem Inhalte, wie sie ihn besagt. RG **90** 168.

53) Der Schlußschein, der den Kaufvertrag in klarer Weise bekundet, begründet die Vermutung, daß er die Abreden der Parteien vollständig wiedergibt. Wer mündliche Vereinbarungen gegen dessen Inhalt behauptet, hat deren Geltung neben dem Vertrage zu beweisen. RG, R 4 118.

54) Bei kaufmännischen Abschlüssen werden Nebenpunkte häufig nachträglich im Bestätigungsschreiben geregelt; vorbehaltslose Hinnahme gilt als Einverständnis. RG **58** 67; **88** 380.

55) Wenn ein mündlicher Vertragsabschluß stattfand und die üblichen, namentlich die nebensächlicheren Vertragsbestimmungen nicht sämtlich bei dem Abschlusse mündlich besprochen wurden, wohl aber in das von beiden Vertragschließenden von Anfang an in Aussicht genommene Bestätigungsschreiben des Verkäufers aufgenommen zu werden

§ 348. Eine Vertragsstrafe,[75],[76]) die von einem Kaufmann im Betriebe seines Handelsgewerbes versprochen ist, kann nicht auf Grund der Vorschriften des § 343 des Bürgerlichen Gesetzbuchs herabgesetzt werden.

§ 349. Dem Bürgen steht, wenn die Bürgschaft für ihn ein Handelsgeschäft ist, die Einrede der Vorausklage nicht zu. Das gleiche gilt unter der bezeichneten Voraussetzung für denjenigen, welcher aus einem Kreditauftrag als Bürge haftet.

---

pflegen, kann auf Grund eines dem Bestätigungsschreiben beigefügten Vermerk über es den beiderseitigen Erfüllungsort in Verbindung mit dem Stillschweigen des Käufers eine Vereinbarung über den Erfüllungsort angenommen werden. RG **58** 67.

56) Das Stillschweigen eines Kontrahenten gereicht ihm im Handelsverkehr dann zum Nachteile, wenn die zurückgehaltene Mitteilung geeignet war, die ferneren Schritte des anderen Kontrahenten zu bestimmen, RG **30** 59, und wenn das Stillschweigen schlüssig ist, d. h. nach der Sachlage die Schlußfolgerung rechtfertigt, daß es als Billigung der gegnerischen Erklärung aufgefaßt werden kann. RG **97** 195.

57) Auch nach der neueren Gesetzgebung kann im Handelsverkehr das Stillschweigen als Zustimmung angesehen werden. Z. B. in dem Falle, daß der Empfänger des Angebotes den betreffenden Brief ohne ihn zu lesen eingesteckt hat; dies Verhalten kann die Bedeutung einer zustimmenden Willenserklärung selbst dann haben, wenn in Wirklichkeit ein entsprechender Vertragswille nicht vorhanden ist. RG **54** 182; **103** 405; K **4** 117. Nichtbeantwortung eines Bestätigungsschreibens eine Woche lang gilt als Zustimmung. RG **105** 389.

58) In dem lang andauernden Schweigen auf die Erklärung, daß die andere Partei die Ausführung des Vertrages ablehne, kann ein stillschweigendes Einverständnis mit der Aufhebung des Vertrages erblickt werden. RG, K **4** 117; RG **88** 261; **91** 345.

59) Wenn der Verkäufer dem Käufer ein als Schlußschein bezeichnetes Bestätigungsschreiben über einen Abschluß zugehen läßt, so muß der Käufer es prüfen und wenn er Anstände erheben will, sie zur Kenntnis des Verkäufers bringen. Sein Schweigen muß als Zustimmung aufgefaßt werden, auch bezüglich eines Vermerks über den Erfüllungsort, sofern er nicht mit vorher getroffenen mündlichen Abreden in Widerspruch steht. RG, K **1** 33; **4** 100.

60) Antwortet der Käufer auf das Bestätigungsschreiben des Verkäufers nicht, so muß es als genehmigt gelten, auch soweit es einen Erfüllungsort enthält. RG, K **4** 102.

61) Vermerke über den Erfüllungsort auf Fakturen, Kommissionskopien, Katalogen und Preislisten brauchen nicht beachtet zu werden, weil Fakturen und Kopien erst nach Abschluß des Geschäfts erteilt werden, Kataloge und Preislisten nur den Zweck haben, über Qualität und Preis der Ware Auskunft zu geben, in Ermangelung beso nderer Bezugnahme aber nicht als Ort für andere Vertragsbedingungen gelten. Wenn dagegen ein Vertragsteil dem anderen seine Geschäftsbedingungen übersendet und darauf Geschäfte gemacht werden, so gelten die Bedingungen als genehmigt. RG **57** 100; K **2** 78.

62) Auch wenn in einer längeren Geschäftsverbindung der Verkäufer dem Käufer fortgesetzt Rechnungen mit Vermerk: „Erfüllungsort x" übersendet hat, folgt nicht be-

§ 350. Auf eine Bürgschaft, ein Schuldversprechen oder ein Schuldanerkenntnis finden, sofern die Bürgschaft auf der Seite des Bürgen, das Versprechen oder das Anerkenntnis auf der Seite des Schuldners ein Handelsgeschäft ist, die Formvorschriften des § 766 Satz 1, des § 780 und des § 781 Satz 1 des Bürgerlichen Gesetzbuchs keine Anwendung.

§ 351. Die Vorschriften der §§ 348 bis 350 finden auf die im § 4 bezeichneten Gewerbetreibenden keine Anwendung.

---

züglich einer späteren Bestellung eine Vereinbarung, daß x Erfüllungsort sein soll. RG, R 4 104.

63) Es ist zwar in Anwendung der in § 346 HGB und § 157 BGB ausgesprochenen Grundsätze durchaus anzuerkennen, daß die Kreditzusage regelmäßig unter der stillschweigenden Bedingung unveränderter Kreditwürdigkeit des anderen Teiles steht; es kommt dabei aber immer auf die Umstände des einzelnen Falles an, nach denen zu prüfen ist, ob der Kreditgeber nach Treu und Glauben an seine Zusage festgehalten werden darf. RG 65 188.

64) Empfehlung und Rat verbinden nur bei arglistigem Verhalten oder Vorliegen eines Vertragsverhältnisses (BGB § 676).

65) Falsche Auskunftserteilung liegt auch dann vor, wenn der Auskunfterteilende weiß, daß er möglicherweise den anderen zur Kreditgewährung bestimmt und er selbst von der Richtigkeit der Auskunft nicht positiv überzeugt ist, alsdann Haftung aus § 826 BGB. RG 76 320; R 4 130.

66) Der Bankier haftet, wenn er einen anderen zum Ankauf von Wertpapieren bestimmt, bei Arglist oder auch Außerachtlassung der Sorgfalt eines ordentlichen Kaufmanns. RG, R 4 129.

67) Der kaufmännische Verkehr hat das entschiedene, vielfach in Handelsgebräuchen hervortretende Bestreben, klare und endgültige Verhältnisse zu schaffen, die nicht nachträglich umgestoßen werden können. RG 97 142. Der kaufm. Verkehr erfordert Rechtssicherheit und damit einfache und klare Verhältnisse. RG 100 49; 102 228.

68) Bei der Beurteilung und Auslegung von Willenserklärungen nach § 157 BGB, § 346 HGB ist nicht nur das verkehrsübliche Verhalten tatsächlicher Natur, das sich als Verkehrssitte darstellt, sondern auch Verkehrsanschauungen und Verkehrsauffassungen zu berücksichtigen. RG 97 143.

69) Einen langfristigen Vertrag anders als in Schriftform abzuschließen, würde allen kaufm. Gepflogenheiten zuwiderlaufen. RG 103 75.

70) Der Gewerbetreibende muß die Verkehrssitte gegen sich gelten lassen, wenn er nicht seinen abweichenden Willen unzweideutig seinen Kunden zu erkennen gegeben hat. Treu und Glauben erheischen, daß, wer ein Gewerbe an einem Orte betreibt, sich nach dem an diesem Orte Hergebrachten erkundige und danach sein Verhalten einrichte; es kommt also nicht darauf an, ob er die Übung gekannt hat. RG, R 4 112; RG 95 243.

71) Ein Handelsgebrauch, der sich auf ein örtlich beschränktes Gebiet bezieht, kommt mangels abweichender Vereinbarung stets dann zur Anwendung, wenn das Geschäft seinem Wesen nach diesem Gebiet angehört. RG 57 218.

§ 352. Die Höhe der gesetzlichen Zinsen, mit Einschluß der Verzugszinsen, ist bei beiderseitigen Handelsgeschäften[77]) fünf vom Hundert für das Jahr.[78],[79]) Das gleiche gilt, wenn für eine Schuld aus einem solchen Handelsgeschäfte Zinsen ohne Bestimmung des Zinsfußes versprochen sind.

Ist in diesem Gesetzbuche die Verpflichtung zur Zahlung von Zinsen ohne Bestimmung der Höhe ausgesprochen, so sind darunter Zinsen zu fünf vom Hundert für das Jahr zu verstehen.

71a) Telegraphische Antwort auf einen Vertragsantrag wird nicht nur dann erwartet werden dürfen, wenn sie ausdrücklich verlangt ist, sondern auch dann, wenn telegraphische Antwort in den beteiligten Kreisen als selbstverständlich gilt, zumal wenn der Vertragsantrag selbst durch Telegramm erteilt ist. Das trifft namentlich für den geschäftlichen Verkehr unter Kaufleuten gemäß § 346 HGB zu. RG, K 7 191; RG **83** 143.

72) Ein Kaufmann, der erfährt, daß seine Unterschrift auf einem Wechsel gefälscht ist, braucht dritte Personen nur dann zu benachrichtigen, wenn nach den Umständen des Falles und den im Verkehr herrschenden Grundsätzen billigerweise eine Benachrichtigung von ihm zu erwarten war. RG, K 4 120.

73) Erteilt der Aussteller einer Urkunde freiwillig eine Auskunft, so muß sie wahrheitsgemäß sein. Bei schuldhafter Unrichtigkeit ist er schadensersatzpflichtig. RG **82** 337; **101** 301.

74) Maßgebend ist bei im Handelsverkehr allgemein üblichen Klauseln ihr objektiver Inhalt, es kommt nicht darauf an, ob sich eine Partei über ihn geirrt hat, nicht einmal, ob sie den Handelsbrauch überhaupt gekannt hat. JW 1924 S. 1426 Nr. 3. Das Wesentliche der Arbitrageklausel besteht darin, daß der Käufer auch eine mangelhafte Ware annehmen muß und, unter Ausschluß der sonst aus der Gewährleistungspflicht sich ergebenden Rechte, nur Anspruch auf Minderung des Preises nach Maßgabe der Schätzung von Gutachtern hat. RG **73** 259. Die Klausel „glückliche Ankunft vorbehalten" hat beim Kauf einer bestimmten Ware die Kraft einer auflösenden Bedingung. RG **93** 246. Vgl. auch RG **98** 141. Der Zusatz „Zirka" gestattet dem Verkäufer geringe Mehr- oder Minderlieferungen innerhalb der nach Handelsbrauch, in Ermangelung eines solchen nach billigem Ermessen zu bestimmenden Grenzen. OHG **8** 209; JW **06** 348. „Cif." (cost, insurance freight) bedeutet, daß der Verkäufer die Kosten, Versicherung und Fracht bis zum Bestimmungsort zu tragen hat, ist aber nicht maßgebend für den Ort der Erfüllung oder der Übergabe und für die Tragung der Gefahr. OHG **13** 438; RG **14** 114; JW **02** 609; **04** 46. Bei der Klausel „Fob" (frei an Bord) trägt der Verkäufer die Kosten und die Gefahr des Transportes bis an Bord, nicht aber die der Verzögerung der Lieferung. RG **106** 212; **123** 102. „Franko" oder „frachtfrei" gilt als Spesenklausel, „frei" bedeutet, daß die Gefahr auf den Käufer erst am Bestimmungsplatz übergeht. RG **106** 213. Für „freibleibend" vgl. RG **102** 227; **103** 415. Bei „Kasse gegen Dokumente" hat der Käufer Anspruch auf sämtliche Konnossementsexemplare. RG **98** 166. „Kasse gegen Lieferschein" vgl. RG **103** 152. „Netto Kasse gegen Frachtbriefduplikat" vgl. Anm. 74 zu § 455. „Nettokasse gegen Faktura (nach Erhalt der Faktura), gegen Verladedokument, gegen Konnossement" bedeutet, daß der Käufer vor Absendung der Ware den Preis zu

§ 353. Kaufleute untereinander sind berechtigt, für ihre Forderungen aus beiderseitigen Handelsgeschäften[80]) vom Tage der Fälligkeit an Zinsen zu fordern. Zinsen von Zinsen können auf Grund dieser Vorschrift nicht gefordert werden.

§ 354. Wer in Ausübung seines Handelsgewerbes einem anderen Geschäfte besorgt oder Dienste leistet,[81—84]) kann dafür auch ohne Ver-

---

zahlen hat, nachdem ihm zu diesem Zweck die Faktura zugegangen, bzw. das Verladedokument oder das Konnossement zur Einlösung vorgelegt („angedient") ist. Er kann nicht Besichtigung vor Zahlung beanspruchen, es sei denn, daß die Ware bereits angekommen ist. Für mangelhafte Beschaffenheit der abgeladenen Ware trifft ihn in diesem Falle die Beweislast. RG **106** 299. „Kasse gegen Akkreditiv" bedeutet, daß ein unwiderrufliches Akkreditiv zu stellen ist. RG **103** 181.

74a) Über Vinkulationsgeschäft vgl. RG **99** 21; **101** 321.

75) Die Vereinbarung einer Vertragsstrafe kann schon dann als gegen die guten Sitten verstoßend für nichtig erklärt werden, wenn sie zur Untergrabung der wirtschaftlichen Existenz des Schuldners führen würde und wenn zugleich das durch die Vertragsstrafe zu schützende Interesse des Gläubigers wegen seiner Geringfügigkeit die Festsetzung einer so übermäßigen Strafe nicht rechtfertigt. RG, **K 10** 185; RG **85** 100.

76) Eine Konventionalstrafbestimmung greift dann nicht Platz, wenn das Interesse des Gläubigers durch die Vertragsverletzung nicht oder nur ganz unerheblich berührt wird; aber nicht der Gläubiger muß eine erhebliche Schädigung beweisen, sondern der Schuldner dartun, daß die begangene Vertragsverletzung wegen der Unerheblichkeit ihrer Folgen nach Treu und Glauben nicht unter die Strafbestimmung fällt. RG, **K 10** 185.

77) Nach BGB § 246 vier vom Hundert. Nach WO Art. 50 bei Wechseln 6 vom Hundert.

78) Auch wenn die Forderung schon vor dem 1. I. 00 entstanden und verzinslich geworden ist. RG, **K 1** 36; **3** 147 (der frühere Zinssatz war 6%).

79) Verzugszinsen aus einer Vertragsstrafe eines Reisenden dem Prinzipal gegenüber richten sich nach § 246 BGB. RG, **K 4** 131.

80) Gleichviel, ob dieses Handelsgeschäft selbst nach deutschem oder ausländischem Rechte zu beurteilen ist. RG **14** 30.

81) Der Paragraph setzt Leistungen voraus, welche vergütet zu werden pflegen; hierzu gehören im allgemeinen nicht auch Handlungen, die nur eine Geschäftsvorbereitung enthalten. OHG **16** 33.

82) Voraussetzung ist, daß der Kaufmann seine Tätigkeit in den Dienst eines anderen gestellt und dieser bei Annahme der Tätigkeit oder ihrer Erfolge erkannt hat oder erkennen mußte, daß es sich um eine ihm erwiesene Dienstleistung handle. RG, **K 1** 37.

83) Sind die Dienste geleistet, nachdem der, in dessen Interesse sie geleistet wurden, die Genehmigung einer Vergütung abgelehnt hatte, so liegt ein stillschweigendes Übereinkommen über deren Ausschließung vor. RG, **K 2** 100.

84) Die Vorschrift enthält kein zwingendes Recht. Abweichungen können daher nicht nur durch Parteivereinbarung, sondern auch durch Handelsgebrauch begründet werden. RG, **K 5** 172.

abredung Provision und, wenn es sich um Aufbewahrung handelt, Lagergeld[85, 86]) nach den an dem Orte üblichen Sätzen fordern.

Für Darlehen, Vorschüsse, Auslagen und andere Verwendungen kann er vom Tage der Leistung an Zinsen berechnen.

§ 355. Steht jemand mit einem Kaufmanne derart in Geschäftsverbindung, daß die aus der Verbindung entspringenden beiderseitigen Ansprüche und Leistungen nebst Zinsen in Rechnung gestellt und in regelmäßigen Zeitabschnitten durch Verrechnung und Feststellung des für den einen oder anderen Teil sich ergebenden Überschusses ausgeglichen werden (laufende Rechnung, Kontokurrent*)), so kann derjenige, welchem bei dem Rechnungsabschluß ein Überschuß gebührt, von dem Tage des Abschlusses an Zinsen von dem Überschusse verlangen, auch soweit in der Rechnung Zinsen enthalten sind.

---

85) Das Lagergeld bildet die Vergütung nicht allein für die Benutzung des Lagerraums, sondern auch für die mit der Aufbewahrung der Sachen verbundene Mühe und Verantwortlichkeit; deshalb darf ein Kaufmann, dessen Lagerraum ohne sein Wissen und Willen von einem anderen zur Aufbewahrung seiner Sachen benutzt wurde, Lagergeld nicht verlangen. OHG **23** 95.

86) Die Regel ist nur insoweit anzuwenden, als nicht das Vertragsverhältnis gemäß § 242 BGB etwas anderes ergibt; also nicht stets Anspruch auf Lagergeld, wenn Lagerung keine Kosten verursacht. RG **92** 16.

***) Kontokurrent- (KK) Verhältnisse[87—8])**

	Nr.		Nr.
Beiderseitige Leistungen	88	Nichtkaufmann	91
Beweislast	5	Provision	3
Einsetzung eines Postens	92	Saldo	97, 4
Einzelposten	93	S. E. & O.	100
Entstehung des KKs	89, 90	Unwirksame Verbindlichkeiten	95
Entstehung des Saldos	99	Verpflichtungsscheine	94
Erfüllungsort	2	Wechsel	94
Klage aus dem Saldo	1	Wesen des KKs	87, 88
Konkurs	6	Wesen des Saldos	98
Kontoauszüge	99	Zahlung des Saldos	4
Kontokurrentähnlicher Geschäftsverkehr	93	Ziehung des Saldos	97
Laufende Geschäftsverbindung	7, 8	Zinssatz	96

87) Nach dem Wesen des KKs handelt es sich nicht um eine bloße Zusammen- und Gegenüberstellung einzelner Forderungen als Kredit- und Debetposten nur zur Erleichterung der Rechnung. Vielmehr soll nach dem Willen der Beteiligten die ganze Reihe von Einnahmen zur Zahlung oder Minderung der ganzen Reihe von Ausgaben dienen Demgemäß gehen die einzelnen Rechnungsposten mit den Abschlußsummen, den Kredit-

Der Rechnungsabschluß geschieht jährlich einmal, sofern nicht ein anderes bestimmt ist.

Die laufende Rechnung kann im Zweifel auch während der Dauer einer Rechnungsperiode jederzeit mit der Wirkung gekündigt werden, daß derjenige, welchem nach der Rechnung ein Überschuß gebührt, dessen Zahlung beanspruchen kann.

---

und Debetsummen, und mit diesen in dem Saldo auf. Einzelne Forderungen, auf welche sich der KK-Vertrag bezieht, können daher nicht selbständig geltend gemacht werden. Jedoch wird die Rechtsnatur der einzelnen Forderungen durch die Einstellung in das KK nicht berührt, sondern erst durch die Feststellung des Saldos. OHG **2** 137; RG **28** 31; **32** 90; **60** 292.

88) Wesentlich in dem KK-Geschäft, daß auf beiden Seiten Leistungen geschehen, welche zur Begründung von Gläubigeransprüchen geeignet sind; unvereinbar ist mit seiner Natur, daß nur auf einer Seite an sich selbständige Forderungen zusammengezählt werden und die Leistungen der anderen Seite nur in deren sukzessiver Tilgung bestehen; in diesem Falle findet § 355 keine Anwendung. OHG **3** 148.

89) Ein KK entsteht durch formfreien Vertrag, auch stillschweigend. OHG **11** 140; RG **1** 18. Entscheidend ist der Wille der Parteien. RG **117** 35.

90) Verabredung der Vorlegung periodischer Kontoauszüge und die Tatsache ihrer regelmäßigen Zustellung genügt noch nicht für die Annahme eines KK-Verhältnisses. RG, K **4** 132.

91) Ein KK kann auch zwischen Kaufmann und Nichtkaufmann bestehen. OHG **11** 140.

92) Die Einsetzung eines Postens in das KK begründet zunächst die Annahme, daß der Posten dem KK-Verhältnisse auch wirklich angehöre. Wer dies bestreitet, muß darlegen, aus welchem Rechtsgrunde er nicht in das KK-Verhältnis gehört und daß er nur irrtümlich in die Rechnung eingestellt ist. RG **28** 34.

93) Einzelne der in das KK aufgenommenen Posten können nicht abgesondert und für sich allein geltend gemacht, auch nicht gepfändet werden. OHG **16** 309; RG **22** 150. Auch nicht bei einem kontokurrentähnlichen Geschäftsverkehr. RG **105** 233.

94) Von dem KK-Verhältnisse werden die Rechtsgeschäfte nicht berührt, auf welche nach ihrer Natur oder den Abreden der Parteien die Absicht, daß erst die Saldoziehung darüber entscheiden soll, wem die Stellung als Gläubiger zukomme, nicht bezogen werden kann; hierzu gehören in der Regel Ansprüche aus Wechseln und aus kaufmännischen indossablen Verpflichtungsscheinen. OHG **3** 142; **22** 336.

95) Die Verrechnung der Aktiv- und Debet-Posten im KK in den Fällen, in denen die Passiv-Posten teils aus wirksamen, teils aus unwirksamen (klaglosen) Verbindlichkeiten bestehen, hat auf die bis zum KK-Abschlusse gestundeten Posten verhältnismäßig zu erfolgen; sie findet auf den Schluß der Rechnungsperiode statt (vgl. § 389 BGB) und bewirkt, daß die aus klaglosen Geschäften herrührenden Verbindlichkeiten soweit — und nur insoweit — getilgt sind, als bei einer verhältnismäßigen Aufrechnung der gegenüberstehenden Aktivposten auf sie entfällt. RG **56** 24.

§ 356. Wird eine Forderung, die durch Pfand, Bürgschaft, oder in anderer Weise gesichert ist, in die laufende Rechnung aufgenommen, so wird der Gläubiger durch die Anerkennung des Rechnungsabschlusses nicht gehindert, aus der Sicherheit insoweit Befriedigung zu suchen, als sein Guthaben aus der laufenden Rechnung und die Forderung sich decken.

---

96) Von verschiedenen, auch auf derselben Seite befindlichen Posten können verschiedene Zinssätze ausbedungen werden, auch der Zinssatz kann für beide Teile verschieden sein. RG, K 4 133.

97) Die Saldoziehung kann jederzeit verlangt werden. RG, K 4 133.

98) Der vorgetragene Saldo bildet in der neuen Rechnung einen für sich bestehenden, von den Posten des älteren Abschlusses durchaus unabhängigen Rechnungsposten. OHG 11 276; RG 3 18. Ist die alte Saldoforderung mit Zustimmung beider Teile in die neue Rechnung eingestellt worden, so kann sie nicht selbständig geltend gemacht werden. RG 18 249.

99) Die Zusendung des Saldos enthält das Angebot, die neue Geschäftsperiode auf Grund des Abschlusses mit diesem Saldo als einer vereinbarten Forderung oder Schuld zu beginnen und ihn nach Maßgabe des KK-Verkehrs zu tilgen bzw. zu verzinsen; setzt der Empfänger des Saldos den Geschäftsverkehr ohne Erwiderung oder Rüge fort, so muß angenommen werden, daß er mit dem Angebot des Zusenders einverstanden ist. OHG 2 117. Welche Frist für die Prüfung und die Erhebung von Einwendungen zu gewähren ist, ist nach den Umständen des Falles zu beurteilen. Einwendungen gegen einzelne Posten sowohl, als auch gegen das KK im ganzen gelten als aufgegeben, wenn der Einwendende die Geschäftsverbindung fortsetzt, obwohl die Einwendungen von der Gegenpartei zurückgewiesen werden. OHG 3 425.

100) Die Klausel s. e. und o. (saloo errore et ommissione, d. h. Irrtum und Auslassung vorbehalten) bezieht sich nur auf die Vollständigkeit der Buchungen und die rechnerische Richtigkeit, sie enthält den Vorbehalt, daß irrtümliche Buchungen und Auslassungen weder dem Aussteller, noch dem Empfänger zum Nachteile gereichen sollen, hebt aber sonst die Bedeutung des KK-Abschlusses nicht auf. OHG 3 425; 11 274.

1) Beim KK-Verhältnisse kann Klage auf Grund des anerkannten Saldos erhoben werden, ohne die einzelnen Posten darzulegen. OHG 3 1; 10 55. Auf den bloß einseitig gezogenen, nicht anerkannten Saldo kann sie aber nicht gestützt werden. OHG 9 217.

2) Ist bei einem KK für die dem einen Teil zu belastenden Leistungen ein besonderer Erfüllungsort vereinbart, so gilt er auch für den Saldo, der sich zu seinen Lasten ergibt. RG, K 4 134.

3) Vom Saldo zugunsten des Kunden darf Provision nicht berechnet werden, vom Saldo zugunsten des Bankiers nur dann, wenn die Absicht der Beteiligten von Anfang an dahin ging, daß der Kredit des Bankiers nur für die laufende Rechnungsperiode gewährt und nach ihrem Ablauf der Saldo beglichen werden solle, mithin die Übertragung des Saldos eine neue Vorschußgewährung darstellt. OHG 22 75.

4) Bei Kündigung des KK-Verkehrs im Laufe der Rechnungsperiode ist dem Schuldner zur Zahlung des Saldos angemessene Frist zu gewähren. RG, K 3 149.

Haftet ein Dritter für eine in die laufende Rechnung aufgenommene Forderung als Gesamtschuldner,[9]) so findet auf die Geltendmachung der Forderung gegen ihn die Vorschrift des Abs. 1 entsprechende Anwendung.

§ 357. Hat der Gläubiger eines Beteiligten die Pfändung und Überweisung des Anspruchs auf dasjenige[10]) erwirkt, was seinem Schuldner als Überschuß aus der laufenden Rechnung zukommt, so können dem Gläubiger gegenüber Schuldposten, die nach der Pfändung durch neue Geschäfte entstehen, nicht in Rechnung gestellt werden. Geschäfte, die auf Grund eines schon vor der Pfändung bestehenden Rechtes oder einer schon vor diesem Zeitpunkte bestehenden Verpflichtung des Drittschuldners vorgenommen werden, gelten nicht als neue Geschäfte im Sinne dieser Vorschrift.

§ 358. Bei Handelsgeschäften kann die Leistung nur während der gewöhnlichen Geschäftszeit bewirkt und gefordert werden.[11])

---

5) Wer behauptet es sei bei Eingehung des KK-Verhältnisses vereinbart worden, eine Kreditsumme solle ohne Rücksicht auf die Dauer des KK-Verhältnisses zur Verfügung gehalten werden, hat dafür die Beweislast. RG 88 376.

6) Durch den Konkurs über das Vermögen der einen Vertragspartei wird zwar der KK-Verkehr beendet, die bis dahin auf beiden Seiten gemachten Leistungen verlieren aber dadurch nicht ihren Charakter als innerhalb des KK-Vertrages gemachte Leistungen. RG 22 150.

7) Auch in anderen Fällen fortdauernder Geschäftsverbindung, die nicht als KK-Verhältnis anzusehen sind, muß angenommen werden, daß derjenige, der nicht innerhalb angemessener Frist Einwendungen gegen die ihm zugestellten Abrechnungen erhebt und die Geschäftsverbindung unbeanstandet fortsetzt, die Abrechnung stillschweigend anerkennt. Es gilt dies dann, wenn verabredet oder tatsächlich in Übung ist, daß nach gewissen Zeitabschnitten ein Abschluß der Rechnung in den Büchern und die Mitteilung des Ergebnisses erfolgt. OHG 14 13.

8) Der Begriff der „laufenden Rechnung" als Gegensatz zum KK ist nicht so festbegrenzt, daß daraus allein mit Sicherheit Rechtsfolgen abgeleitet werden können. Zwar kann auch außerhalb des KK-Verkehrs zwischen zwei Personen, welche in fortlaufender Geschäftsverbindung miteinander stehen, vereinbart werden, daß nur der beim Abschluß der Rechnung sich ergebende Saldo eingeklagt werden soll; es kann auch dies stillschweigend vereinbart sein. Sind aber die Parteien nur übereingekommen, immer erst am Schlusse einer bestimmten Geschäftsperiode miteinander abzurechnen, so wird zwar regelmäßig die Einklagung eines einzelnen Postens während der Dauer der Geschäftsperiode gehindert, nicht aber nach ihrem Abschluß. RG 21 152.

9) Über Haftung des ausgeschiedenen Gesellschafters einer offenen Handelsgesellschaft vgl. RG 76 330.

10) Vgl. Note 93 zu § 355. Eine einzelne Forderung kann nicht Gegenstand der Pfändung sein.

11) Diese Vorschrift ist nur eine Auslegungsregel. RG 91 67.

§ 359. Ist als Zeit der Leistung das Frühjahr oder der Herbst oder ein in ähnlicher Weise bestimmter Zeitpunkt vereinbart, so entscheidet im Zweifel der Handelsgebrauch des Ortes der Leistung.

Ist eine Frist von acht Tagen vereinbart, so sind hierunter im Zweifel volle acht Tage zu verstehen.

§ 360. Wird eine nur der Gattung nach bestimmte Ware geschuldet, so ist Handelsgut mittlerer Art und Güte zu leisten.

§ 361. Maß, Gewicht, Währung, Zeitrechnung und Entfernungen, die an dem Orte gelten, wo der Vertrag erfüllt[12]) werden soll, sind im Zweifel als die vertragsmäßigen zu betrachten.

§ 362. Geht einem Kaufmanne, dessen Gewerbebetrieb die Besorgung von Geschäften für andere mit sich bringt, ein Antrag über die Besorgung solcher Geschäfte von jemand zu, mit dem er in Geschäftsverbindung steht, so ist er verpflichtet, unverzüglich zu antworten; sein Schweigen[13]) gilt als Annahme des Antrags. Das gleiche gilt, wenn einem Kaufmann ein Antrag über die Besorgung von Geschäften[14]) von jemand zugeht, dem gegenüber er sich zur Besorgung solcher Geschäfte erboten hat.

Auch wenn der Kaufmann den Antrag ablehnt, hat er die mitgesendeten Waren auf Kosten des Antragstellers, soweit er für diese Kosten gedeckt ist und soweit es ohne Nachteil für ihn geschehen kann, einstweilen vor Schaden zu bewahren.

§ 363. Anweisungen, die auf einen Kaufmann über die Leistung von Geld, Wertpapieren oder anderen vertretbaren[14a]) Sachen ausgestellt sind, ohne daß darin die Leistung von einer Gegenleistung abhängig gemacht ist, können durch Indossament[14b]) übertragen werden,

---

12) Der Paragraph bestimmt nicht, daß der Vertragsinhalt selbst, insbesondere sofern es auf den Gegenstand der Leistung ankommt, unter Zugrundelegung der Auffassung des Erfüllungsortes auszulegen sei. OHG 2 318.

13) Es ist kein Prinzip des Handelsrechts, daß im Handelsverkehr Stillschweigen auf einen Antrag, eine Anfrage oder Anzeige schlechthin als Genehmigung gelte; § 362 ist nicht analog anzuwenden. OHG 1 77 (über Stillschweigen überhaupt vgl. § 346 Note 56ff.).

14) Der § 362 bezieht sich lediglich auf das Anerbieten eines Auftrages, nicht auf den umgekehrten Fall, daß der Beauftragte dem Auftraggeber das Anerbieten eines anderen Geschäfts macht, in diesem Falle ist Annahme nötig. Ebenda.

14a) Lieferschein über die besondere eingelagerte Ware fällt nicht unter diese Bestimmung, ist nicht indossabel. RG 101 299.

14b) Die Übertragung kann auch durch formlose Abtretung und Übergabe der

wenn sie an Order lauten.[15],[16]) Dasselbe gilt von Versicherungsscheinen, die von einem Kaufmann über Gegenstände der bezeichneten Art an Order[17]) ausgestellt sind, ohne daß darin die Leistung von einer Gegenleistung abhängig gemacht ist.[18—20])

Ferner können Konnossemente der Seeschiffe, Ladescheine der Frachtführer, Lagerscheine der staatlich zur Ausstellung solcher Urkunden ermächtigten Anstalten sowie Bodmereibriefe und Transportversicherungspolicen durch Indossament übertragen werden, wenn sie an Order lauten.[21],[22])

§ 364. Durch das Indossament gehen alle Rechte aus dem indossierten Papier auf den Indossatar über.[23])

Urkunde erfolgen. Sie bewirkt aber dann keine Beschränkung der Einwendungen des Schuldners und nicht den dinglichen Rechtserwerb an der Ladung. RG **119** 217.

15) Die kaufmännische Anweisung begründet für den Annehmenden eine formale Verpflichtung gegenüber dem Anweisungsempfänger. RG, K **3** 151.

16) Eine Anweisung an eigene Order ist unzulässig, deshalb wird auch durch deren Annahme eine Verpflichtung nicht begründet. RG, K **10** 190.

17) Der Ausdruck „an Order" ist nicht unumgänglich, die Übertragbarkeit durch Indossament kann in anderer Weise erklärt werden. OHG **21** 80. Ist der Schein nicht an Order gestellt, so ist nur die Indossierung ausgeschlossen, sonst aber findet § 363 auf den Schein Anwendung (OHG **7** 204. RG **11** 178; **32** 81); diese Papiere bedürfen also der Angabe des Verpflichtungsgrundes oder des Valutabekenntnisses auch dann nicht, wenn sie nicht an Order lauten, andererseits steht eine solche Angabe ihrer Weiterbegebung durch Indossament nicht entgegen, wenn sie an Order lauten. OHG **8** 431.

18) Ein verjährter eigener Wechsel eines Kaufmanns ist kein Verpflichtungsschein. OHG **9** 353.

19) Die Angabe des Verpflichtungsgrundes ändert die rechtliche Natur des Scheins nicht, dem redlichen Erwerber können Einreden auch dann nur nach § 363 entgegengesetzt werden (RG **12** 92), wenn schon der Schuldgrund nicht in Wahrheit vorliegt, z. B. ein Darlehn nicht ausgezahlt ist. RG **14** 94 (102).

20) Dem ursprünglichen Gläubiger gegenüber kann der Schuldner nicht bloß das Schuldversprechen an sich als auf Irrtum, Betrug usw. beruhend anfechten, sondern auch auf das unterliegende Rechtsverhältnis eingehend dartun, daß ein rechtlicher Verpflichtungsgrund nicht vorhanden sei. OHG **13** 75.

21) Nur diese Lagerscheine sind indossable Orderpapiere. RG **59** 377.

22) Ein Lagerschein auf „den Inhaber (ohne Namensangabe) oder Ordre" ist ein echtes Inhaberpapier. RG **78** 150; **119** 125.

23) Zum Übergang des Rechts aus einem Konnossement genügt die Tatsache des Besitzes in Verbindung mit einem Indossamente noch nicht immer. Vielmehr ist außer der Form ein rechtswirksamer Begebungsvertrag erforderlich. Ein solcher liegt in der Übermittlung des Konnossements mit dem ausgesprochenen Zwecke der Empfangnahme der Ware; der Inhalt des Begebungsvertrages ist aber wesentlich für Art und Umfang

Dem legitimierten Besitzer der Urkunde kann der Schuldner nur solche Einwendungen entgegensetzen, welche die Gültigkeit seiner Erklärung in der Urkunde betreffen oder sich aus dem Inhalte der Urkunde ergeben oder ihm unmittelbar gegen den Besitzer zustehen.[24])

Der Schuldner ist nur gegen Aushändigung der quittierten Urkunde zur Leistung verpflichtet.

§ 365. In betreff der Form des Indossaments, in betreff der Legitimation des Besitzers und der Prüfung der Legitimation sowie in betreff der Verpflichtung des Besitzers zur Herausgabe, finden die Vorschriften der Artikel 11—13, 36, 74 der Wechselordnung entsprechende Anwendung.

Ist die Urkunde vernichtet oder abhanden gekommen, so unterliegt sie der Kraftloserklärung im Wege des Aufgebotsverfahrens. Ist das Aufgebotsverfahren eingeleitet, so kann der Berechtigte, wenn er bis zur Kraftloserklärung Sicherheit bestellt, Leistung nach Maßgabe der Urkunde von dem Schuldner verlangen.

§ 366. Veräußert oder verpfändet ein Kaufmann im Betriebe seines Handelsgewerbes eine ihm nicht gehörige bewegliche Sache, so finden die Vorschriften des Bürgerlichen Gesetzbuchs[25]) zugunsten derjenigen, welche Rechte von einem Nichtberechtigten herleiten, auch dann An-

---

der Rechte, die in der Person des Konnossementsinhabers zur Entstehung gelangen: diese gehen nur soweit auf ihn über, als sie tatsächlich abgetreten werden sollen. RG. **K 1** 39.

24) Durch das Indossament werden nicht die Rechte des Indossanten als solche, sondern die Rechte aus der Urkunde erworben. Lediglich solche Einwendungen, welche die Gültigkeit der Verpflichtungserklärung betreffen, sich aus dem Inhalt der Urkunde ergeben oder unmittelbar gegen ihren legitimierten Besitzer begründet sind, können gegenüber diesen Rechten geltend gemacht werden. Der Umstand, daß der Erwerber der Konnossemente von dem Bestehen anderer Einwendungen Kenntnis hatte, ist unerheblich. Nur ein arglistiges Verhalten findet den Schutz des Gesetzes nicht. Zur Annahme eines a. V. ist erforderlich, daß die durch das Indossament bewirkte formale Legitimation gerade zu dem Zwecke benutzt wird, um dem Verpflichteten seine aus der Urkunde nicht ersichtlichen Einwendungen abzuschneiden und ihn dadurch zu benachteiligen. Wer eine solche Urkunde im Vertrauen auf ihren Inhalt gegen Valuta erwirbt, und die daraus sich ergebenden Rechte verfolgt, handelt nicht deshalb schon arglistig oder unredlich, weil er weiß, daß dem Verpflichteten gegenüber bestimmten anderen Personen Einwendungen zustehen, die ihm nicht entgegengesetzt werden können. RG **57** 62.

25) Vgl. §§ 929 bis 936, 1207, 1208 BGB.

wendung, wenn der gute Glaube[26-28]) des Erwerbers die Befugnis des Veräußerers oder Verpfänders, über die Sache für den Eigentümer zu verfügen, betrifft.

Ist die Sache mit dem Rechte eines Dritten belastet, so finden die Vorschriften des Bürgerlichen Gesetzbuchs zugunsten derjenigen, welche Rechte von einem Nichtberechtigten herleiten, auch dann Anwendung, wenn der gute Glaube die Befugnis des Veräußerers oder Verpfänders, ohne Vorbehalt des Rechtes über die Sache zu verfügen, betrifft.

Das gesetzliche Pfandrecht des Kommissionärs, des Spediteurs,[29]) des Lagerhalters und des Frachtführers steht hinsichtlich des Schutzes des guten Glaubens einem gemäß Abs. 1 durch Vertrag erworbenen Pfandrechte gleich.

§ 367.*) Wird ein Inhaberpapier, das dem Eigentümer gestohlen worden, verloren gegangen oder sonst abhanden gekommen ist, an einen Kaufmann, der Bankier- und Geldwechslergeschäfte betreibt, veräußert oder verpfändet, so gilt dessen guter Glaube als ausgeschlossen, wenn zur Zeit der Veräußerung oder Verpfändung der Verlust des Papiers von einer öffentlichen Behörde oder von dem aus der Urkunde Verpflichteten im Deutschen Reichsanzeiger bekannt gemacht und seit dem Ablaufe des Jahres, in welchem die Veröffentlichung erfolgt ist, nicht mehr als ein Jahr verstrichen war.

---

26) Durch § 366 wird der in § 932 BGB vorgeschriebene Schutz des guten Glaubens gegenständlich erweitert, die in § 932 geordnete Beweislast aber nicht berührt; wer den schlechten Glauben des anderen geltend macht, hat daher den Beweis für dessen Vorhandensein zu führen. RG, R 10 192.

27) Rechtsunkenntnis ist nicht guter Glaube. RG 82 34.

28) Anwendungsgebiet des § 366: Auch an einer dem Verpfänder nicht gehörigen beweglichen Sache erwirbt der Pfandnehmer grundsätzlich das Pfandrecht und die Ausnahme von dieser Regel tritt nur ein, wenn dem Pfandnehmer bewiesen wird, daß er über dessen Verfügungsbefugnis im maßgebenden Zeitpunkte nicht in gutem Glauben gewesen ist. Im Anwendungsgebiete des BankdepotG. aber ist die Regel, wenn auch nicht in vollem Umfange die umgekehrte, so doch eine andere, der Empfänger muß den guten Glauben beweisen. RG 71 337 (341); 117 96.

29) Der Umfang der Forderung, zu deren Sicherheit das Pfandrecht dient, wird in § 410 geregelt. RG, R 4 137.

*) Nach der Verordnung über wertbeständige Zahlungsmittel vom 12. Februar 1924 (RGBl S. 66) findet § 367 keine Anwendung auf Dollarschatzanweisungen, soweit sie nicht mit Zinsscheinen versehen sind, auf Rentenbankscheine und auf wertbeständige Notgeldscheine.

Der gute Glaube des Erwerbers wird durch die Veröffentlichung im Deutschen Reichsanzeiger nicht ausgeschlossen, wenn der Erwerber die Veröffentlichung infolge besonderer Umstände weder kannte noch kennen mußte.

Auf Zins-, Renten- und Gewinnanteilscheine, die nicht später als in dem nächsten auf die Veräußerung oder Verpfändung folgenden Einlösungstermine fällig werden, sowie auf Banknoten und andere auf Sicht zahlbare unverzinsliche Inhaberpapiere finden diese Vorschriften keine Anwendung.

§ 368.*) Bei dem Verkauf eines Pfandes tritt, wenn die Verpfändung auf der Seite des Pfandgläubigers und des Verpfänders ein Handelsgeschäft ist, an die Stelle der im § 1234 des Bürgerlichen Gesetzbuchs bestimmten Frist von einem Monat eine solche von einer Woche.

Diese Vorschrift findet auf das gesetzliche Pfandrecht des Kommissionärs, des Spediteurs, des Lagerhalters und des Frachtführers entsprechende Anwendung, auf das Pfandrecht des Spediteurs und des Frachtführers auch dann, wenn nur auf ihrer Seite der Speditions- oder Frachtvertrag ein Handelsgeschäft ist.

§ 369. Ein Kaufmann hat wegen der fälligen Forderungen,[30]) welche ihm gegen einen anderen Kaufmann aus den zwischen ihnen[31]) geschlossenen beiderseitigen Handelsgeschäften[32]) zustehen, ein Zurückbehaltungsrecht an den beweglichen Sachen,[33],[34]) und Wertpapieren[35]) des Schuld-

*) Vgl. über Bestellung des Pfandrechts §§ 1195, 1205, 1206, 1292, 1293 BGB.

30) Forderung: Auch auf durch Giro erworbene Forderungen ist § 369 anwendbar. RG 9 45.

31) Zwischen ihnen: Das Recht des § 369 ist nicht (ohne Mitübertragung der Forderung) abtretbar. OHG. 10 162

32) Beiderseitige Handelsgeschäfte: Auch die unter Kaufleuten in der beiderseitigen Erwartung, daß ein Kaufvertrag darüber zwischen ihnen zustande kommen würde, erfolgte Zusendung bzw. Annahme und Abnahme von Waren ist ein beiderseitiges Handelsgeschäft, aus welchem dem Empfänger das kaufmännische Retentionsrecht erwächst. OHG 10 236.

33) Als bewegliche Sachen im Sinne des HGB, insbes. des § 369 können nicht bloße Legitimationspapiere, sondern nur solche Urkunden angesehen werden, welchen ein selbständiger realisierbarer Vermögenswert zukommt; Papiere, welche nicht selbst Träger einer Obligation sind, sondern nur zum Beweise einer Forderung dienen, können wegen Mangels eines realisierbaren Vermögenswertes ebensowenig Gegenstand eines Faustpfandrechts wie Gegenstand eines kaufmännischen Zurückhaltungsrechts i. S. des betr. § 369 HGB sein. (Lebensversicherungspolice.) RG 29 297 (302).

ners[36]), welche mit dessen Willen[37]) auf Grund von Handelsgeschäften[38],[39]) in seinen Besitz gelangt sind, sofern er sie noch im Besitze hat, insbesondere mittels Konnossements, Ladescheins oder Lagerscheins darüber verfügen kann. Das Zurückbehaltungsrecht ist auch dann begründet, wenn das Eigentum an dem Gegenstande von dem Schuldner auf den Gläubiger übergegangen oder von einem Dritten für den Schuldner an den Gläubiger übertragen, aber auf den Schuldner zurückzuübertragen ist.

Einem Dritten gegenüber besteht das Zurückbehaltungsrecht insoweit, als dem Dritten die Einwendungen gegen den Anspruch des Schuldners auf Herausgabe des Gegenstandes entgegengesetzt werden können.

Das Zurückbehaltungsrecht ist ausgeschlossen, wenn die Zurückbehaltung des Gegenstandes der von dem Schuldner vor oder bei der Übergabe erteilten Anweisung oder der von dem Gläubiger übernommenen Verpflichtung,[40—42]) in einer bestimmten Weise mit dem Gegenstande zu verfahren, widerstreitet.

---

34) Geldsummen, d. h. Wertquantitäten, welche in Geld ausgedrückt und zu leisten sind, lassen sich nur zur Aufrechnung (§§ 387 ff. BGB), nicht zur kaufmännischen Retention benutzen. RG, K 10 195.

35) Zu den Wertpapieren im Sinne des § 369 HGB gehören auch solche, deren Veräußerung an gewisse Förmlichkeiten geknüpft ist und unter Umständen auf Schwierigkeiten stoßen kann, wie Aktien und Interimsscheine, deren Übertragung nach den Statuten an die Einwilligung der Gesellschaft gebunden ist. RG 36 35.

36) Des Schuldners: Dieser muß Eigentümer der Gegenstände sein (z. B. OHG 6 299). Dieses Eigentum muß der Retinent beweisen. RG 8 153.

37) Mit dessen Willen: Dadurch ist das Retentionsrecht an solchen Sachen des Schuldners ausgeschlossen, welche der Gläubiger eigenmächtig an sich genommen hat oder welche ihm ohne Zustimmung des Schuldners von einem Dritten übergeben sind. OHG 19 369 (372).

38) Auf Grund von Handelsgeschäften: Es genügt hier, daß ein einseitiges Handelsgeschäft vorliegt (während die Forderung aus einem beiderseitigen entsprungen sein muß). OHG 6 195.

39) Die Sachen müssen infolge von Handelsgeschäften des Schuldners in den Besitz des Gläubigers gekommen sein. OHG 19 372.

40) Übernommene Verpflichtung: Ein Kaufmann, der als Bevollmächtigter eines Kaufmanns für diesen Waren von einem Frachtführer entgegennimmt, darf an diesen Waren wegen einer ihm gegen den Vollmachtgeber zustehenden kaufmännischen Forderung das Retentionsrecht ausüben, es sei denn die Entgegennahme auf Grund einer Dienstpflicht erfolgt. OHG 16 81.

41) In der Übersendung zum Zwecke und mit dem Angebote, daß die Sendung

Der Schuldner kann die Ausübung des Zurückbehaltungsrechts durch Sicherheitsleistung abwenden. Die Sicherheitsleistung durch Bürgen ist ausgeschlossen.

§ 370. Das Zurückbehaltungsrecht kann auch wegen nicht fälliger Forderungen geltend gemacht werden:

1. wenn über das Vermögen des Schuldners der Konkurs eröffnet ist oder der Schuldner seine Zahlungen eingestellt hat;
2. wenn eine Zwangsvollstreckung in das Vermögen des Schuldners ohne Erfolg versucht ist.

Der Geltendmachung des Zurückbehaltungsrechts steht die Anweisung des Schuldners oder die Übernahme der Verpflichtung, in einer bestimmten Weise mit dem Gegenstande zu verfahren, nicht entgegen, sofern die im Abs. 1 Nr. 1, 2 bezeichneten Tatsachen erst nach der Übergabe des Gegenstandes oder nach der Übernahme der Verpflichtung dem Gläubiger bekannt werden.[43,44])

§ 371. Der Gläubiger ist kraft des Zurückbehaltungsrechts befugt, sich aus dem zurückbehaltenen Gegenstande für seine Forderung zu befriedigen. Steht einem Dritten ein Recht an dem Gegenstande zu, gegen welches das Zurückbehaltungsrecht nach § 369 Abs. 2 geltend gemacht werden kann, so hat der Gläubiger in Ansehung der Befriedigung aus dem Gegenstande den Vorrang.

Die Befriedigung erfolgt nach den für das Pfandrecht geltenden Vorschriften des Bürgerlichen Gesetzbuchs. An die Stelle der im § 1234

---

als Erfüllung angenommen werden möge, liegt keine Vorschrift der Rücksendung und in der Annahme verspäteter Sendung unter gleichzeitiger Weigerung sie als Erfüllung gelten zu lassen, nicht die Übernahme der Verpflichtung der Rücksendung. (Dem Käufer ist an der wegen verspäteter Erfüllung zurückgewiesenen, aber auf Lager genommenen Ware ein Retentionsrecht zugesprochen). RG **26** 58.

42) Um das Zurückbehaltungsrecht auszuschließen, ist in der Regel eine besondere ausdrückliche Abmachung erforderlich; es genügt nicht der bloße Umstand, daß nach dem Inhalt des Vertrages die Gegenstände schließlich dem Schuldner zurückzuliefern sein würden. RG, **K 1** 40.

43) Der Paragraph geht nicht so weit, dem Gläubiger die Zuwiderhandlung gegen die vom Schuldner bei der Übergabe erteilte Vorschrift schon dann zu gestatten, wenn die Eröffnung des Konkurses über das Vermögen des Schuldners mit Wahrscheinlichkeit zu erwarten, aber noch nicht eingetreten ist. RG **3** 113.

44) Bei Unsicherheit des Schuldners (unter den in Nr. 1 und 2 des § 370 bezeichneten Umständen) hindert die Übernahme derartiger Verpflichtungen die Retention nicht, auch wenn die Übergabe der Sache erst später erfolgt. RG **12** 85 (91).

des Bürgerlichen Gesetzbuchs bestimmten Frist von einem Monate tritt eine solche von einer Woche.

Sofern die Befriedigung nicht im Wege der Zwangsvollstreckung stattfindet, ist sie erst zulässig, nachdem der Gläubiger einen vollstreckbaren Titel[45]) für sein Recht auf Befriedigung gegen den Eigentümer oder, wenn der Gegenstand ihm selbst gehört, gegen den Schuldner erlangt hat; in dem letzteren Falle finden die den Eigentümer betreffenden Vorschriften des Bürgerlichen Gesetzbuchs über die Befriedigung auf den Schuldner entsprechende Anwendung. In Ermangelung des vollstreckbaren Titels ist der Verkauf des Gegenstandes nicht rechtmäßig.

Die Klage auf Gestattung der Befriedigung kann bei dem Gericht, in dessen Bezirke der Gläubiger seinen allgemeinen Gerichtsstand oder den Gerichtsstand der Niederlassung hat, erhoben werden.

§ 372. In Ansehung der Befriedigung aus dem zurückbehaltenen Gegenstande gilt zugunsten des Gläubigers der Schuldner, sofern er bei dem Besitzerwerbe des Gläubigers der Eigentümer des Gegenstandes war, auch weiter als Eigentümer, sofern nicht der Gläubiger weiß, daß der Schuldner nicht mehr Eigentümer ist.

Erwirbt ein Dritter nach dem Besitzerwerbe des Gläubigers von dem Schuldner das Eigentum, so muß er ein rechtskräftiges Urteil, das in einem zwischen dem Gläubiger und dem Schuldner wegen Gestattung der Befriedigung geführten Rechtsstreit ergangen ist, gegen sich gelten lassen, sofern nicht der Gläubiger bei dem Eintritte der Rechtshängigkeit gewußt hat, daß der Schuldner nicht mehr Eigentümer war.

2. Abschnitt. Handelskauf.[46—50])

§ 373.*) Ist der Käufer mit der Annahme[50]) der Ware[51—54]) im Verzuge,[55—60]) so kann[61]) der Verkäufer[62—64]) die Ware auf Gefahr

---

45) Bezifferung der Forderung ist nicht erforderlich, es genügt die Feststellung einer bestimmten (individualisierten) Forderung. RG 95 337.

*) Zu § 373:

	Nr.		Nr.
Abnahme	57	Bedingungen des Kaufes	77
Androhung	67—70	Beweislast:	
Annahmeverweigerung	70	für laufenden Preis	76
Anzahlung des Kaufpreises	66	für Nichtvereinbarung des Preises	47
Auszuscheidende Ware	53	für Rechtzeitigkeit der Androhung	88
Beamte	75	für richtigen Preis	87

und Kosten des Käufers in einem öffentlichen Lagerhaus oder sonst in sicherer Weise hinterlegen.

Er ist ferner befugt,[65],[66]) nach vorgängiger Androhung[67—70]) die Ware öffentlich versteigern[71]) zu lassen; er kann, wenn die Ware einen Börsen- oder Marktpreis hat, nach vorgängiger Androhung den Verkauf

46) Die folgenden Vorschriften gelten auch beim nur einseitigen Handelsgeschäft, anders §§ 377—379. — Über Rücktritt vom Vertrage bestimmt § 326 BGB (im Anhang).

47) Wenn der Preis nicht ausdrücklich vereinbart ist, ist anzunehmen, daß der angemessene oder ortsübliche Preis stillschweigend vereinbart ist. Behauptet der beklagte Käufer demgegenüber Verabredung eines bestimmten Preises, so bestreitet er den Klagegrund, der klagende Verkäufer ist daher beweispflichtig. RG, K 4 145.

48) Eine Zusicherung muß als Vertragsinhalt vom Käufer gefordert und so vom Verkäufer erteilt sein; eine einseitige Erklärung des Verkäufers ist keine Zusicherung RG, K 4 151.

49) Bei Warenbestellungen durch die Ehefrau eines Kaufmanns wird sie nur dann verpflichtet, wenn persönliche Verpflichtung von ihr und dem Verkäufer gewollt war. Regelmäßig wird der Ehemann auf Grund der Schlüsselgewalt der Frau (§ 1357 BGB) verpflichtet. RG, K 4 139.

50) Bei Gattungskäufen ist anzunehmen, daß der Käufer die ihm nach § 433 BGB obliegende Abnahmepflicht an dem Ort zu erfüllen hat, an dem er zur Zeit des Vertragsschlusses seinen Wohnsitz bzw. seine gewerbliche Niederlassung hatte. RG 49 72.

51) Auf den Verkauf eines Handelsgeschäftes mit Kundschaft sind die allgemeinen Bestimmungen über den Kauf (§§ 433ff. BGB) und auf die Zusicherung eines näher bezeichneten Reinertrages die Bestimmungen über Gewährleistung für Zusicherung einer Eigenschaft beim Kauf körperlicher Sachen entsprechend anzuwenden. RG 63 57.

52) § 373 findet auch beim Kauf einer Gattungsware Anwendung. OHG 15 147.

53) Auch auszuscheidende Ware (noch zu fördernde Kohlen, RG 5 59) und Stabeisen, das der Käufer noch nach § 375 zu spezifizieren hat, kann im Wege der Selbsthilfe verkauft werden. OHG 21 73; 22 5; RG 10 95; 43 98.

54) Eine bestimmte Menge Koks muß bei der Zeche erst „abgerufen" und dann erst zum Verkauf gebracht werden. RG 33 95.

55) Nur Gläubigerverzug, vgl. §§ 293ff. BGB.

56) § 373 regelt nicht allgemein die Rechte und Pflichten der Vertragsparteien beim Annahmeverzug des Käufers, sondern bestimmt weiter nichts, als daß der Verkäufer in diesem Falle sich der Ware durch Niederlegung oder Verkauf, und nur auf diese Weise, entledigen darf. Im übrigen ändert das HGB für den Fall des Annahmeverzuges des

auch aus freier Hand durch einen zu solchen Verkäufen öffentlich ermächtigten Handelsmäkler[72—74]) oder durch eine zur öffentlichen Versteigerung befugte Person[75]) zum laufenden Preise[76]) bewirken. Ist die Ware dem Verderb ausgesetzt und Gefahr im Verzuge, so bedarf es der vorgängigen Androhung nicht; dasselbe gilt, wenn die Androhung aus anderen Gründen untunlich ist.

Käufers — abgesehen von den allgemeinen Vorschriften über Handelsgeschäfte, z. B. § 347 — an den Grundsätzen des Bürgerlichen Rechts nichts. RG **40** 53. Nach Ablauf der Nachfrist des § 326 BGB ist Selbsthilfeverkauf nicht mehr möglich. JW 1925 S. 1278 Nr. 11. Wenn der Verkäufer Frist nach § 326 BGB gesetzt hat, dann die Ware versteigern läßt und selbst den Zuschlag erhält, so liegt kein Selbsthilfeverkauf vor. Der Verkäufer kann nicht ohne weiteres den Unterschied zwischen seinem eigenen Höchstgebot und dem Vertragspreis als Schadensersatz wegen Nichterfüllung fordern. Die Versteigerung ist in diesem Falle nur ein Bestandteil der Schadensberechnung (Deckungsverkauf). Der Käufer kann den Einwand erheben, daß der Verkäufer ebenso günstig an einen Dritten verkaufen könne. RG **110** 155 und 159.

57) Die unter Umständen zulässige Klage auf Abnahme der Ware erfordert den Nachweis, daß der Verkäufer in der Lage und bereit ist, die Ware in vertragsmäßiger Beschaffenheit zu übergeben. RG, K **3** 155.

58) Der Selbsthilfeverkauf ist von keiner anderen Voraussetzung als dem Annahmeverzuge des Käufers abhängig, unerheblich ist, ob er sich zugleich mit der Zahlung des Kaufpreises im Verzuge befindet und ob der Verkäufer die Vorschrift des § 326 BGB beachtet hat; vgl. OHG **23** 189.

59) Der Verkäufer kann den Verkauf solange ausüben, als der Annahmeverzug des Käufers dauert, auch dann, wenn die Ware zwar rechtlich als übergeben gilt, der Käufer aber tatsächlich die Annahme, z. B. Abnahme von der Bahnverwaltung, verweigert. OHG **9** 77.

60) Hat der Käufer die Ware auf Lager genommen und dann wegen vertragswidriger Beschaffenheit zur Verfügung gestellt, so ist der Verkäufer nicht zum Selbsthilfeverkauf befugt; die Weigerung, die Ware als Erfüllung anzunehmen, ist kein Annahmeverzug. RG, K **1** 42.

61) § 373 Abs. 1 und 2 regelt nicht Pflichten, sondern nur Befugnisse des Verkäufers RG **13** 20. Er kann auch davon absehen, den Verkauf als Selbsthilfeverkauf gelten zu lassen, solange der Käufer die Berechtigung seines Vorgehens nicht anerkennt. RG **102** 388.

62) Verkauf einer dem Verkäufer nicht gehörigen bestimmten Sache ist zulässig, sofern objektiv die Möglichkeit besteht, zur Zeit der Lieferung dem Käufer das Eigentum zu verschaffen. RG, K **4** 140.

63) Der Kaufgegenstand muß sich aber im Besitze des Verkäufers befinden, oder doch tatsächlich zu seiner Verfügung stehen, der bloße Anspruch des Verkäufers gegen einen Dritten auf Lieferung einer Ware ist kein Gegenstand des Selbsthilfeverkaufs. RG **11** 111; **45** 29.

64) Nicht erforderlich ist, daß der Verkäufer selbst die Ware im Gewahrsam hat,

Der Selbsthilfeverkauf erfolgt für Rechnung des säumigen Käufers.[77—82])

Der Verkäufer und der Käufer können bei der öffentlichen Versteigerung mitbieten.

Im Falle der öffentlichen Versteigerung hat der Verkäufer den Käufer von der Zeit,[83—85]) und dem Orte[86],[87]) der Versteigerung vor-

---

wenn er sie nur jederzeit aus dem Gewahrsam eines Dritten dem Käufer verschaffen kann. RG **34** 98.

65) Dem Verkäufer steht es frei, die Ware in eigener Verwahrung zu behalten, oder in anderer Weise für ihre Verwahrung zu sorgen, und er kann nach § 304 BGB Ersatz der Mehraufwendungen fordern, die er für die Aufbewahrung und Erhaltung der Ware machen mußte. RG **45** 300.

66) Die Befugnisse des Verkäufers werden nicht dadurch beeinflußt, daß der Kaufpreis bereits gezahlt ist. Auch dann hat der Verkäufer die freie Wahl, ob er die Ware niederlegen oder den Selbsthilfeverkauf vornehmen will. RG **8** 22.

67) Der Verkäufer ist an eine Androhung der Versteigerung nicht gebunden, kann vielmehr trotzdem noch Vertragserfüllung verlangen, vgl. § 374. RG, K **5** 226. Die Androhung braucht nicht die Angabe zu enthalten, in welcher Art der Selbsthilfeverkauf vorgenommen werden soll. Ist aber öffentlicher Verkauf ausdrücklich angedroht, so ist freihändiger Verkauf unzulässig. RG **109** 135.

68) Die Verkaufsandrohung kann mit dem Angebot der Ware und der Aufforderung zur Abnahme verbunden werden. OHG **23** 169.

69) Annahmeverweigerung des Käufers macht die Androhung nicht entbehrlich. RG **1** 310.

70) Wenn der Käufer vor dem Eintreffen der Ware erklärt hat, er werde sie nicht annehmen, so genügt eine vor dem Eintreffen geschehene Verkaufsandrohung des Verkäufers. OHG **10** 239.

71) Vgl. § 383 Abs. 3 BGB (öffentliche Versteigerung).

72) Handelsmäkler. Der säumige Käufer ist verpflichtet, den vom Verkäufer durch einen Handelsmakler nicht öffentlich bewirkten Verkauf der Ware, die einen Börsen- oder Marktpreis hat, als für seine Rechnung geschehen gelten zu lassen, wenn der Makler zwar mit dem Verkaufe zum laufenden Preise beauftragt war, diesen Preis aber nicht erzielt hat; es muß dann der anderweit zu ermittelnde laufende Preis dem Käufer angerechnet werden. OHG **10** 367. (Plenarbeschluß.)

73) § 34 Börsengesetz. v. 22. V. 96/27. V. 08 lautet: **Die Kursmäkler sind zur Vornahme von Verkäufen und Käufen befugt, die durch einen dazu öffentlich ermächtigten Handelsmäkler zu bewirken sind.**

Das preuß. AGzBGB v. 20. IX. 99 bestimmt:

Art. 13. Die öffentliche Ermächtigung, deren Handelsmäkler zu Verkäufen oder Käufen bedürfen, wird für Orte innerhalb des Bezirkes einer Handelskammer oder einer kaufmännischen Körperschaft durch diese vorbehaltlich der Bestätigung des Regierungspräsidenten, für andere Orte durch den Regierungspräsidenten erteilt.

Die Ermächtigung wird erst wirksam, wenn der Handelsmäkler den Eid leistet, daß er die ihm obliegenden Pflichten getreu erfüllen werde. Für die Abnahme des

her zu benachrichtigen,[83]) von dem vollzogenen Verkaufe hat er bei jeder Art des Verkaufs dem Käufer unverzüglich Nachricht zu geben. Im Falle der Unterlassung ist er zum Schadensersatze verpflichtet. Die Benachrichtigungen dürfen unterbleiben, wenn sie untunlich sind.

§ 374. Durch die Vorschriften des § 373 werden die Befugnisse nicht berührt, welche dem Verkäufer nach dem Bürgerlichen Gesetzbuche zustehen, wenn der Käufer im Verzuge der Annahme ist.[83a])

Eides ist das Amtsgericht zuständig, in dessen Bezirke der Handelsmäkler seine Geschäftsräume oder in Ermangelung solcher seine Wohnung hat. Die Beeidigung kann auch von der Handelskammer oder der kaufmännischen Korporation vorgenommen werden, welche die Ermächtigung erteilt hat.

Auf die Rücknahme der Ermächtigung findet die Vorschrift des § 120 Nr. 3 des G. 83 (GS. 237) Anwendung.

74) Der Verkauf an einen Makler steht dem durch einen Makler nicht gleich. OHG 8 260.

75) Beamte, Verkauf durch eine Privatperson geht nicht zu Lasten des Säumigen. OHG 14 330.

76) Der Verkäufer braucht nicht nachzuweisen, daß der Makler oder Beamte zu laufendem Preise verkauft hat; es ist nur dem anderen Teil gestattet, nachzuweisen, daß dies nicht geschehen sei. OHG 7 66.

77) Der Selbsthilfeverkauf braucht nicht immer genau unter den Bedingungen des ursprünglichen Kaufes vorgenommen zu werden, der Verkäufer ist nur verpflichtet, genügend Vorsorge zu treffen, daß der nach den Umständen höchstmögliche Preis erzielt und das Interesse des Käufers nicht offensichtlich verletzt wird. RG 19 198; RG, K 6 201.

78) Das Gesetz gibt dem Verkäufer die Befugnis, das Kaufgeschäft durch Zahlung des aus der Ware erzielten Kaufpreises (anstatt durch Lieferung der Ware selbst) zu erfüllen, so daß der Kaufpreis an die Stelle der ursprünglich zu liefernden Ware tritt. OHG 23 189.

79) Wenn der Verkäufer bei einer dem Verderben ausgesetzten Ware den Verkauf verzögert hat, braucht ihn der Käufer nicht gelten zu lassen. RG 36 89.

80) Ein Verkauf, bei dem die Vorschriften des § 373 nicht beachtet sind, gilt in keinem Falle als auf Rechnung des Käufers geschehen, OHG 13 58; auch dann nicht, wenn nachgewiesen wird, daß bei dem Kauf aus freier Hand höhere Preise erzielt worden sind. OHG 7 405.

81) Beim Verkauf gegen Konnossemente ist der Selbsthilfeverkauf in der Weise zulässig, daß die Konnossemente verkauft werden. RG, K 1 42.

82) Verkauft der Verkäufer einen Teil der Ware anderweit (nicht im Wege des Selbsthilfeverkaufs), so darf er wegen des Restes nicht den Selbsthilfeverkauf vornehmen, der ursprüngliche und der im Wege der Selbsthilfe verkaufte Gegenstand müssen derselbe sein. OHG 21 235. — Der Verkäufer darf überhaupt nicht nur einen Teil verkaufen. OHG 24 358.

83) Mehrfache sich widersprechende Veröffentlichungen des Versteigerungstermins

§ 375. Ist bei dem Kaufe einer beweglichen Sache dem Käufer die nähere Bestimmung über Form, Maß oder ähnliche Verhältnisse vorbehalten, so ist der Käufer verpflichtet, die vorbehaltene Bestimmung zu treffen.

Ist der Käufer mit der Erfüllung dieser Verpflichtung im Verzuge,[89]) so kann der Verkäufer die Bestimmung statt des Käufers vornehmen oder gemäß § 326 des Bürgerlichen Gesetzbuchs Schadensersatz wegen Nichterfüllung fordern oder vom Vertrage zurücktreten. Im ersteren Falle

---

(vgl. § 383 BGB) können den Selbsthilfeverkauf als nicht ordnungsmäßig erscheinen lassen. RG, R 1 43.

84) Der Verkäufer darf den Zeitpunkt des Verkaufs so wählen, wie er seinem Interesse entspricht. Eine Verzögerung des Selbsthilfeverkaufes macht ihn daher nicht ohne weiteres unwirksam. RG, R 6 209.

85) Es ist möglich, daß sich ein Handelsgebrauch bildet, nach dem bei einer gewissen Gattung von Waren der Selbsthilfeverkauf innerhalb gewisser Zeitgrenzen vorzunehmen ist. RG, R 1 34.

86) Der § 373 bestimmt über den Ort des Selbsthilfeverkaufs nichts. Aus allgemeinen Grundsätzen ist aber nur zu folgern, daß der Verkäufer bona fide und wie ein ordentlicher Kaufmann verfahren muß, also auch den Ort des Verkaufs nicht willkürlich wählen, dabei nicht eigennützig auf Kosten des Käufers spekulieren darf, sondern auch im Interesse des Käufers auf einen möglichst günstigen Verkauf Bedacht nehmen muß. Diese vom Verkäufer zu nehmenden Rücksichten werden tatsächlich regelmäßig dahin führen, daß er an dem Orte, wo sich die Sache zur Zeit des Beginnes des Annahmeverzuges befindet, verkaufen läßt und nicht durch Versendung an einen anderen Ort zum Nachteile des Käufers, ohne daß ein Erfolg davon zu erwarten ist, erhebliche Kosten zwecklos aufwendet. Daraus ist aber nicht ein Rechtssatz des Inhalts abzuleiten, daß der Selbsthilfeverkauf immer an dem mehrgedachten Orte erfolgen müsse. RG 15 1. Zahlreiche Umstände verschiedenster Art können die Wahl eines anderen Orts als geboten oder doch als zulässig erscheinen lassen. RG, R 2 104. Z. B. wenn Weiterversendung Erzielung eines besseren Preises ermöglicht. RG, R 2 105.

87) Der Selbsthilfeverkauf ist regelmäßig dort zu bewirken, wo sich die Ware zur Zeit der Annahmeverweigerung befindet. Statthaft ist der Verkauf an einem anderen Ort, wenn dieser bei sorgfältiger Prüfung als gleich geeignet, wenn auch nicht als geeigneter angesehen werden kann. RG, R 6 204. Verkauf an falschem Orte bleibt gültig, doch kann der Vertragsgegner das höhere Ergebnis fordern, das am richtigen Orte erzielt worden wäre. Der Verkäufer ist beweispflichtig, daß dort nicht mehr erzielt worden wäre. RG 110 270.

88) Die vorherige Ankündigung des Verkaufs muß dem Käufer eine den Umständen nach ausreichende Frist bis zum Verkauf gewähren, damit er die erforderlichen Maßregeln treffen kann, um sich gegen Schaden zu schützen, also entweder die Ware abnehmen oder für einen vorteilhaften Verkauf Sorge tragen, indem er mitbietet oder andere zum Bieten veranlaßt; die Rechtzeitigkeit der Androhung hat der Verkäufer zu beweisen. OHG 19 298.

hat der Verkäufer die von ihm getroffene Bestimmung dem Käufer mitzuteilen und ihm zugleich eine angemessene Frist zur Vornahme einer anderweitigen Bestimmung zu setzen. Wird eine solche innerhalb der Frist von dem Käufer nicht vorgenommen, so ist die von dem Verkäufer getroffene Bestimmung maßgebend.

§ 376. Ist bedungen, daß die Leistung des einen Teiles genau zu einer festbestimmten Zeit oder innerhalb einer festbestimmten Frist bewirkt werden soll,[90—92a]) so kann der andere Teil, wenn die Leistung nicht zu der bestimmten Zeit oder nicht innerhalb der bestimmten Frist erfolgt, von dem Vertrage zurücktreten oder, falls der Schuldner im Verzug ist, statt der Erfüllung Schadensersatz wegen Nichterfüllung verlangen. Erfüllung kann er nur beanspruchen, wenn er sofort nach dem Ablaufe der Zeit oder der Frist dem Gegner anzeigt,[93,94]) daß er auf Erfüllung bestehe.

88a) Vgl. § 383 BGB (im Anhange).

89) Bei Verzug des Käufers in der Spezifikation der fälligen Raten des Sukzessivlieferungsvertrages kann der Verkäufer Schadensersatz nicht bloß wegen der fälligen, sondern bezüglich der sämtlichen noch ausstehenden Raten fordern. RG 58 419.

90) Ein Fixgeschäft ist nicht schon dann vorhanden, wenn eine bestimmte Erfüllungszeit vereinbart worden, sondern wenn diese nach der entweder mit ausdrücklichen und unzweideutigen Worten (genau, fix, präzis) ausgesprochenen oder sich aus den vorliegenden Umständen zweifellos ergebenden Absicht der Parteien etwas dergestalt wesentliches sein soll, daß mit dieser Zeit der Vertrag stehen und fallen, eine spätere Leistung nicht mehr als Vertragserfüllung angesehen werden, nach Ablauf der Zeit oder Frist auf Annahme späterer Lieferung nicht mehr gerechnet werden soll. OHG 2 93; 4 164; RG 1 241; 51 347.

91) Die Verabredung einer Lieferzeit bedeutet in der Regel nur die Setzung einer Zeitgrenze, diesseits welcher von dem Käufer Lieferung gewärtigt und angenommen werden muß und welche der Lieferant zur Vermeidung der allgemeinen Folgen des Verzuges innezuhalten hat. Das Fixgeschäft ist die Ausnahme. OHG 6 21.

92) Die Vermutung spricht für das Nicht-Fixgeschäft, und es müssen besondere Umstände vorliegen, welche klar ergeben, daß in dem einzelnen Falle ein Fixgeschäft beabsichtigt war: Verkauf von 6000 Zentnern Kornzucker mit der Bestimmung, „Lieferung von je 2000 Zentnern per Oktober, November und Dezember 1893 bis zehnten jedes Monats abzuladen", ist kein Fixgeschäft. RG 36 83.

92a) Zum Fixgeschäft bei Vereinbarung einer Akkreditivstellung vgl. RG 96 257; 104 373 sowie Anm. zu § 326 BGB (im Anhang).

93) Zweck der Notwendigkeit der Anzeige ist es, den säumigen Teil sofort in Kenntnis davon zu setzen, daß er trotz Ablaufs der vertragsmäßigen Zeit noch erfüllen dürfe, und zu verhüten, daß der Gegner die Sachlage, welche den Vertrag für den einen Teil erfüllbar, für den anderen unerfüllbar macht, ausbeute und auf Preisänderungen spekuliere. Eine Anzeige vor Ablauf der Erfüllungszeit ist unwirksam. OHG 5 173.

Wird Schadensersatz wegen Nichterfüllung verlangt und hat die Ware einen Börsen- oder Marktpreis, so kann der Unterschied des Kaufpreises und des Börsen- oder Marktpreises zur Zeit und am Orte der geschuldeten Leistung gefordert werden.[95])

Das Ergebnis eines anderweit vorgenommenen Verkaufs oder Kaufes kann, falls die Ware einen Börsen- oder Marktpreis hat, dem Ersatzanspruche nur zugrunde gelegt werden, wenn der Verkauf oder Kauf sofort nach dem Ablaufe der bedungenen Leistungszeit oder Leistungsfrist bewirkt ist.[96–99]) Der Verkauf oder Kauf muß, wenn er nicht in öffentlicher Versteigerung geschieht, durch einen zu solchen Verkäufen oder Käufen öffentlich ermächtigten Handelsmäkler oder eine zur öffentlichen Versteigerung befugte Person zum laufenden Preise erfolgen.

Auf den Verkauf mittelst öffentlicher Versteigerung findet die Vorschrift des § 373 Abs. 4 Anwendung. Von dem Verkauf oder Kaufe hat der Gläubiger den Schuldner unverzüglich zu benachrichtigen; im Falle der Unterlassung ist er zum Schadensersatze verpflichtet.

---

94) Die Anzeige kann durch vorangehende Umstände unnötig gemacht worden sein, wenn z. B. schon vor dem kritischen Moment zwischen den Kontrahenten völlig festgestellt ist, daß einer der Kontrahenten nicht erfüllen wolle oder könne und der andere Teil sich dies nicht gefallen lasse, sondern auf Erfüllung bestehe. OHG **13** 136.

95) Wenn der Käufer diese Preisdifferenz fordert, so kann er nicht außerdem noch Vergütung des durch Weiterverkauf der Ware zu erzielen gewesenen Gewinnes fordern. OHG **18** 215. Für die Schadensberechnung des Käufers gilt als Regel, daß einerseits die Anschaffung der Ware zu dem am Stichtage bestehenden Marktpreise möglich und andrerseits durch diese Anschaffung der Käufer schadlos gestellt werde. Der Vorbehalt des Nachweises eines höheren Schadens betrifft nur Fälle, in denen aus besonderen Gründen der gewöhnliche Markt- oder Börsenpreis zur Schadloshaltung des Käufers nicht hinreicht. Er beschränkt sich aber nicht auf den Fall, daß Käufer wegen besonderer Umstände die Ware hätte höher als zum Marktpreis verwerten können, sondern begreift auch andere Fälle, z. B. wenn es infolge der Quantität der zu liefernden Ware nicht möglich war, sie überhaupt oder zum gewöhnlichen Marktpreise am Erfüllungsorte anzuschaffen. OHG **6** 225.

96) Der Verkauf muß wirklich vollzogen sein, der Einwand, daß er nur vorgetäuscht sei, ist zulässig. OHG **16** 281 (284).

97) Der Verkäufer ist in der Wahl des Zeitpunktes für den Verkauf an sich nicht beschränkt, insbesondere nicht durch das Interesse des säumigen Käufers, er darf den Zeitpunkt des Verkaufes so wählen, wie es seinem Interesse entspricht. RG **36** 83.

98) Der Verkauf muß am Erfüllungsort geschehen.

99) Wenn der Verkäufer mit der Anzeige daß er auf Erfüllung bestehe, erklärt, daß er nach Ablauf einer von ihm bestimmten Frist verkaufen werde, so findet auf diesen demnächst bewirkten Verkauf § 373, nicht aber § 376 Anwendung. OHG **4** 286 (weil der Verkauf nicht unverzüglich geschehen ist).

§ 377.*). Ist der Kauf für beide Teile ein Handelsgeschäft,[100]) so hat der Käufer die Ware unverzüglich[1]) nach der Ablieferung[2—4]) durch den Verkäufer, soweit dies nach ordnungsmäßigem Geschäftsgange[5—9])

*) Zu § 377:

100) Es ist diese (vom früheren HGB abweichende) Vorbedingung: beiderseitiges Handelsgeschäft wohl zu beachten, ebenso daß ein Unterschied zwischen Platz- und Distanzkäufen nicht mehr besteht. — Es ist aber auch bei einseitigen Handelsgeschäften mit Rücksicht auf § 157 BGB zu prüfen, ob der Kaufvertrag so auszulegen ist, daß mit Rücksicht auf die Verkehrssitte alsbaldige Rüge eines Mangels der gekauften Sache als vertragliche Verpflichtung anzusehen ist, und die Unterlassung einer rechtzeitigen Mängelrüge als Verzicht auf sie und stillschweigende Genehmigung der Ware zu gelten hat. RG **49** 161. Auch bei einseitigem Handelskauf darf der Käufer die Mängelrüge nicht ungebührlich verzögern, sonst muß er sich nach Treu und Glauben so behandeln lassen, als ob er die Ware billige und behalten wolle. RG **104** 96. § 377 gilt für alle Ansprüche, auf Gewährleistung, auf Schadensersatz, aus § 463 BGB oder wegen sonstigen vertragswidrigen Verhaltens. RG **106** 310.

1) Unverzüglich bedeutet „ohne schuldhaftes Zögern", BGB § 121. — Schon geringe Lässigkeit ist nicht unverzüglich. RG **106** 360.

2) Ablieferung im Sinne des § 377 ist derjenige Akt, durch den der Verkäufer den Käufer in die Lage setzt, über die Ware tatsächlich zu verfügen und sie zu untersuchen, und sie selbst aus seiner Verfügungsgewalt entläßt. OHG **24** 28; RG **91** 290.

3) Ablieferung im Sinne des § 377 und Annahme im Sinne des § 373 sind dann nicht gleichbedeutend, wenn der Käufer die Ware nur unter Vorbehalt übernommen hat und sie aus Anlaß dieses Vorbehalts wieder an den Verkäufer gelangt. RG, K **3** 186.

4) Hat keine Ablieferung stattgehabt, so greift § 377 nicht Platz, der Käufer haftet dann nur für die Folgen des Annahmeverzuges. OHG **24** 28.

5) Eine genau begrenzte Frist für die Rüge läßt sich nicht angeben, es muß nicht

tunlich ist, zu untersuchen[10—16]) und, wenn sich ein Mangel[17—19]) zeigt,[19a]) dem Verkäufer unverzüglich Anzeige[20—33]) zu machen.

---

notwendig bei der ersten Gelegenheit gerügt werden, sondern es darf nur keine Zeit verstreichen, die bei ordnungsmäßigem Geschäftsgang als unbegründete Verzögerung auf seiten des Käufers erscheint. OHG 2 234.

6) Der Begriff des ordnungsgemäßen Geschäftsganges richtet sich nach objektiven Regeln, nicht nach der Geschäftsübung des einzelnen Empfängers. RG, K 8 318.

7) Der Käufer ist nicht zur Anwendung besonderer Beschleunigungsmittel verbunden, wenn nicht die Art der Warenuntersuchungen der in Frage stehenden Gattung sie nötig macht. RG 47 20.

8) Der Käufer muß die Ware am Ablieferungsort untersuchen, bei Weiterversendung wird Genehmigung angenommen. OHG 2 335.

8a) Jedoch können die Fristen des § 377 durch ausdrückliche oder stillschweigende Vereinbarung verlängert werden, die dem Käufer beim Kaufabschluß bekannte Weiterveräußerung kann die Annahme der stillschweigenden Vereinbarung rechtfertigen, daß die Ware erst nach Ankunft bei dem zweiten Erwerber untersucht werden soll. RG, K 3 181. Die Rüge ist rechtzeitig, wenn der zweite Käufer dem ersten Käufer und dieser dem Verkäufer die Anzeige erstattet. Nicht nötig ist Anzeige des zweiten Käufers unmittelbar an den Verkäufer. RG 96 13. Auch wenn der zweite Käufer kein Kaufmann ist, bleibt für das Verhältnis zwischen den ursprünglichen Parteien § 373 maßgebend. RG 102 91.

9) Nur die Mängelanzeige, nicht die Untersuchung, ist gesetzliche Pflicht des Käufers; daraus ergibt sich für die Zeit der Mängelanzeige, daß sie unverzüglich nach dem Zeitraume zu geschehen hat, der für ordnungsmäßige Untersuchung erforderlich ist. RG, K 3 181. RG 96 176.

10) Wenn sich das Vorhandensein versprochener Eigenschaften nicht ohne Verarbeitung der Ware erkennen läßt, muß der Käufer ohne Verzug nach der Ablieferung die Untersuchung auf diesen Punkt mitrichten, also einen Teil verarbeiten lassen. OHG 3 247; RG, K 9 386. Er genügt dann seiner Pflicht, wenn er die Be- und Verarbeitung alsbald vornimmt und, nachdem die Mängel erkennbar sind, sie sofort anzeigt. OHG 7 318. Geht aber die Verarbeitung über das erforderliche Maß hinaus, so handelt es sich nicht mehr um eine Untersuchung, sondern um eine Verfügung über die Ware, ohne die vom Gesetz erforderte Untersuchung. RG, K 9 386.

11) Zuziehung von Sachverständigen oder Einholung von Gutachten ist nur dann zur ordnungsmäßigen Untersuchung erforderlich, wenn die Ware von der Art ist, daß ihre Beschaffenheit nur von Sachverständigen erkannt werden kann; hierfür sind die objektive Sachlage und die allgemeinen Verkehrsanschauungen, nicht die persönlichen Verhältnisse des Käufers und seine subjektive Anschauung entscheidend; der mit solchen Waren handelnde Kaufmann muß in der Regel entweder die zu eigener Untersuchung nötige Sachkunde besitzen oder geeignete Vorkehrungen treffen, um die gehörige Untersuchung in der für solche Waren üblichen Zeit durch Dritte besorgen zu lassen; hierbei sind die besonderen Umstände des einzelnen Falles zu berücksichtigen. RG 59 43. Wer z. B. eine alte ausgebesserte Maschine zum eigenen Gebrauch kauft, ohne Maschinenhändler zu sein ist nicht zu einer besondes eingehenden und gründlichen Untersuchung etwa unter Zuziehung von Sachverständigen verpflichtet, er kann sie in Gebrauch nehmen und die Pflicht zur unverzüglichen Anzeige tritt erst ein, wenn sich beim Gebrauche heraus-

Unterläßt der Käufer die Anzeige, so gilt[34]) die Ware als genehmigt,[35—42]) es sei denn, daß es sich um einen Mangel handelt, der bei der Untersuchung nicht erkennbar[43]) war.

Zeigt[44]) sich später ein solcher Mangel, so muß die Anzeige unverzüglich nach der Entdeckung gemacht werden; anderenfalls gilt die Ware auch in Ansehung dieses Mangels als genehmigt.

---

stellt, daß die Ausbesserung nichts genützt hat. RG **59** 75. An die Untersuchung sind keine Anforderungen zu stellen, die eine unbillige Zumutung an den Käufer enthalten, ihn z. B. mit übermäßigen Kosten belasten oder ihn unbilligerweise in der Verfügung über die Ware verhindern würden. RG **96** 176. Vgl. Note 44.

12) Der Käufer darf nicht wegen der beabsichtigten Vornahme einer nicht sofort ausführbaren Untersuchung auf nicht unmittelbar wahrnehmbare Fehler eine sofort ausführbare anderweite Untersuchung auf offensichtliche Mängel verschieben. RG **62** 256.

13) Die Untersuchung darf sich auf einzelne Kollis beschränken bei solcher Ware, bei der nach der Art ihrer Herstellung oder Gewinnung oder nach sonstigen Umständen anzunehmen ist, daß alle einzelnen Teile von gleicher Beschaffenheit sind bzw. bei der die Verschiedenheit nur auf einem Verschulden des Verkäufers beruhen könnte. OHG **7** 427. Wenn die Waren ihrer Natur nach oder nach allgemeiner Verkehrssitte durch Öffnung des Behältnisses, in dem sie aufbewahrt sind, oder der Verpackung, in der sie zum Verkauf kommen, entwertet oder unverkäuflich werden, hat der Käufer in der Regel Stichproben zu untersuchen; er braucht dies aber dann nicht, wenn durch die Entnahme von Stichproben eine Entwertung oder Unverkäuflichkeit der Ware in irgend erheblichem Umfange eintritt oder zu befürchten ist. RG **57** 7. Z. B. Schaumweine, Flaschenweine, Mineralwasser, Konserven, Ölsardinen in verlöteten Blechdosen, Schinken, der in Leinen eingenäht und in trockenem Salz verpackt in die Tropengegend versandt wird. RG **59** 120.

14) Weder die Schwierigkeit der Entdeckung eines Mangels, noch der Umstand, daß er selten vorzukommen pflegt, entbindet grundsätzlich den Kaufmann von der Untersuchungspflicht. RG **68** 368.

15) Der Käufer kann auch die Untersuchung einem Dritten z. B. seinem Abnehmer überlassen und seine Erklärungen von dem Ausfalle dieser Untersuchung abhängig machen, wenn nur dadurch keine unzulässige Verzögerung herbeigeführt wird. OHG **8** 220.

16) Unter Umständen liegt die rechtzeitige Prüfung auch im Interesse des Verkäufers, ihre Unterlassung begründet dann seinen Rücktritt nach § 326 BGB. RG **92** 270. Regelmäßig ist die Prüfung aber nur ein Recht des Käufers. RG **106** 36.

17) Zu den Mängeln im Sinne des § 377 gehört auch das Fehlen einer zugesicherten Eigenschaft, z. B. der garantierten Leistungsfähigkeit einer Maschine. RG, K **9** 380. Die Rüge ist auch Voraussetzung für den Schadensersatzanspruch des Käufers, der auf vertragliches Verschulden gestützt ist. RG **125** 78.

18) Wenn die Verpackung nicht bloß zur Versendung dient, vielmehr auch zur Konservierung der Ware im tropischen Klima während und auch nach der Versendung, so kann die zugesicherte Art dieses Konservierungsmittels unter den Begriff der zugesicherten Eigenschaft fallen, ihr Fehlen also ein Mangel der Ware sein und die Untersuchungs- und Anzeigepflicht des Käufers begründen. RG **59** 120.

19) Wenn der Käufer beim Vorhandensein mehrerer Mängel einen nicht rechtzeitig rügt, so kann er aus diesem keine Rechte wegen fehlerhafter Leistung ableiten, verliert aber nicht seine Rechte überhaupt, so daß etwa die Ware trotz rechtzeitiger Rüge eines anderen Mangels als genehmigt zu gelten hätte. RG **38** 10.

19a) Verdacht des Vorliegens eines Mangels begründet die Anzeigepflicht nicht, der Käufer muß den Mangel erkannt haben. RG **104** 384.

20) Über Anzeige an den Reisenden vgl. § 55 Abs. 3, an den Agenten §§ 86 Abs. 2 und 87.

21) Das HGB kennt nur die Mängelrüge, nicht eine Zurverfügungstellung, noch weniger enthält es Bestimmungen über die dinglichen oder obligatorischen Wirkungen der letzteren. RG **27** 393. § 377 hat nur schuldrechtliche Bedeutung. Mit dinglichen Wirkungen hat diese Bestimmung nichts zu schaffen. Eigentümer der Ware wird der Käufer erst in dem Augenblick, in dem er sie annimmt und zu erkennen gibt, daß er sie als Eigentümer behalten will. RG **109** 27. Vgl. Note 28.

22) Eine allgemeine Erklärung der Unzufriedenheit mit der Ware genügt nicht als Anzeige. OHG **10** 269.

23) Die Mängelanzeige braucht zwar nicht genau in alle Einzelheiten zu gehen, aber sie muß dem Verkäufer darüber ausreichend Klarheit verschaffen, aus welchem Grund der Käufer die Ware als nicht vertrags- oder gesetzmäßig beanstandet. OHG **5** 261 RG **47** 12.

24) Die Anzeige muß die bestimmte Erklärung enthalten, daß die Ware nicht die gesetz- oder vertragsmäßige Eigenschaft habe. OHG **7** 38; RG, R **9** 386.

25) Die Anzeige braucht nicht zu besagen, ob die Ware zur Verfügung gestellt oder später auf Schadensersatz geklagt werden soll. OHG **9** 206.

26) Nur die Anzeige, nicht die Untersuchung ist Pflicht des Käufers; woher er die Kenntnis von den Mängeln hat, ist gleichgültig. OHG **12** 92. Die Anzeige kann also auch vor der Ablieferung erfolgen. OHG **15** 269. Es ist auch unerheblich, ob der Käufer den Mangel schon vor Ablauf der Anzeigepflicht entdeckt hatte und mit der Anzeige noch bis zu ihrem Ablauf gewartet hat. OHG **13** 9.

27) Sind Waren nach Gewicht verkauft und nur ein Teil der gelieferten Stücke mangelhaft, so bedarf es nicht einer Angabe des Gewichtes der gerügten Stücke in der Mängelanzeige. OHG **20** 350. Es wird hierbei vorauszusetzen sein, daß der Verkäufer auch ohne die Gewichtsangabe erkennen kann, um welche Stücke es sich bei der Rüge handelt.

28) Die rechtzeitig erfolgte Zurverfügungstellung ist Ablehnung des Eigentumserwerbes, nicht Angebot der Rückübertragung. Natürlich gilt dies nur, wenn nicht der Käufer schon bei der Abnahme den Willen, das Eigentum zu erwerben, zu erkennen gegeben hat. RG, R **10** 242. Vgl. Note 21.

29) Wenn der Käufer einen Einwand auf Grund von § 377 erhebt, muß der Richter von Amts wegen prüfen, ob den Vorschriften des § 377 genügt ist, auch wenn der Verkäufer nicht die mangelhafte Begründung des Einwandes geltend macht. Der Käufer muß also den Zeitpunkt der Ablieferung, der Untersuchung und der Anzeige darlegen und erforderlichenfalls die Rechtzeitigkeit der Anzeige beweisen. OHG **4** 46; **6** 208; **23** 169.

30) Das HGB enthält keine Vorschriften darüber, welche Rechte dem Käufer zustehen, der die Mängel der ihm gelieferten Ware rechtzeitig gerügt hat. RG **43** 64. Diese Ansprüche sind in §§ 459ff. BGB geregelt; die Verjährung in § 477 daselbst.

31) Ein Recht des Verkäufers, durch Nachbesserung das Wandlungsbegehren des Käufers zu beseitigen ist im BGB nicht ausgesprochen, nur in besonders gearteten Fällen ist ein solches Recht anzuerkennen, wenn nämlich die Ausübung des Wandlungsrechts nur den Zweck haben soll, dem Verkäufer Schaden zuzufügen. RG **61** 92, vgl. § 226 BGB.

32) Fehlt der Ware eine zugesicherte Eigenschaft, so kann der Käufer sie zurückweisen und Schadensersatz wegen Nichterfüllung des Vertrages schlechthin verlangen. RG, K **3** 190.

33) Durch die Vorschrift des § 377 HGB wird die Anwendung der strengeren Vorschrift des § 464 BGB nicht ausgeschlossen. Die sich hieraus ergebende grundsätzliche gleichmäßige Anwendung des § 464 auf handelsrechtliche und nicht handelsrechtliche Käufe schließt aber nicht aus, daß bei ersteren auch die das ganze Gebiet des Handelsrechts beherrschende Vorschrift des § 346 HGB maßgebend ist. Doch rechtfertigt diese Vorschrift es nicht, in jeder dem § 377 entsprechenden Mängelanzeige zugleich einen nach § 464 BGB genügenden Vorbehalt der Rechte des Käufers wegen des Mangels zu erblicken. RG **64** 236.

34) Kein Gegenbeweis zulässig. RG **65** 54.

35) Durch die stillschweigende Genehmigung, welche nach § 377 bei Unterlassung der rechtzeitigen Mängelrüge eintritt, verliert der Käufer, wenn nicht Arglist des Verkäufers vorliegt, auch das Recht auf Schadensersatz wegen der nicht gerügten, bei ordnungsmäßiger Untersuchung erkennbaren Mängel. Dieselbe Wirkung hat eine ausdrückliche Genehmigung. RG, K **3** 185.

36) Wenn der Empfänger von Ausfallproben diese nicht rügt, so gilt unter Umständen die Ware selbst als genehmigt. OHG **7** 257.

37) Der Käufer hat die Ware als Erfüllung angenommen, wenn er zwar zunächst die Annahme verweigert, dann aber in Widerspruch mit dieser Weigerung die Ware unter Vorbehalt von Gewährleistungsansprüchen annimmt, verarbeitet und für sich verwendet. OHG **2** 61; **10** 273; RG, K **10** 248.

38) Wenn der Käufer schuldhafterweise dem Verkäufer durch Verarbeiten der Ware den Beweis ihrer vertragsmäßigen Beschaffenheit unmöglich gemacht hat, so hat die Ware als vertragsmäßig zu gelten, wenn nicht der Käufer das Gegenteil beweist. RG, K **10** 268.

39) Die Anzeigepflicht setzt geschehene Ablieferung voraus. Bei Teillieferungen gilt diejenige als genehmigt, bei welcher die Rüge unterlassen ist, nicht aber die noch nicht abgelieferten Teile. RG, K **1** 43.

40) Bei mehreren aufeinander folgenden Sendungen gleichartiger Ware muß die Mängelanzeige jedesmal erfolgen. RG **3** 100. Dies setzt aber voraus, daß wirkliche Teillieferungen vorliegen; dies ist aber nur dann der Fall, wenn die Zusendung der einzelnen Posten als selbständige Akte der Vertragserfüllung vom Verkäufer gewollt und dieser Willen auch dem Käufer erkennbar gemacht ist, nicht schon dann, wenn der Verkäufer eine auf einmal zu liefernde Warenmenge aus Gründen geschäftlicher Zweckmäßigkeit oder Bequemlichkeit in größeren Zwischenräumen liefert. RG **43** 64. Bei Sukzessivlieferungen ist regelmäßig jede einzelne Sendung zu prüfen, doch sind Ausnahmen nach den besonderen Umständen des Falles möglich, RG **104** 384.

41) Bei Sukzessivlieferungsverträgen, d. h. Geschäften, bei denen in einem einheitlichen Vertrage ratenweise Lieferung vereinbart ist, kann der Käufer nicht auf

Zur Erhaltung der Rechte des Käufers genügt die rechtzeitige Absendung[45]) der Anzeige.

Hat der Verkäufer den Mangel arglistig verschwiegen, so kann er sich auf diese Vorschriften nicht berufen.[46—50])

Grund solcher Lieferungen zurücktreten, deren angebliche Mängel nicht gemäß § 377, also namentlich nicht rechtzeitig, gerügt worden sind. Hieraus ist aber nicht zu folgern, daß bezüglich jeder einzelnen mangelhaften Lieferung, durch welche eine Rücktrittserklärung gerechtfertigt werden soll, schon zur Zeit dieser Erklärung eine den Vorschriften des § 377 entsprechende Mängelanzeige vorgelegen haben müsse, widrigenfalls die betreffende Lieferung überhaupt nicht zur Begründung des Rücktritts in Betracht komme. Es genügt vielmehr, wenn diese Lieferung zur Zeit der Rücktrittserklärung bereits erfolgt war und bezüglich ihrer vor Ablauf der in § 377 bestimmten Frist, wenn auch erst nach der Rücktrittserklärung, eine Mängelanzeige erstattet wird. RG **65** 56.

42) Durch Annahme und Bezahlung genehmigt der Käufer die Ware noch nicht, nur muß er dann beweisen, daß ihr ausdrücklich bedungene oder stillschweigend vorausgesetzte Eigenschaften gefehlt haben. OHG **15** 415.

43) Daß der Mangel nicht erkennbar war, hat der Käufer zu beweisen. OHG **7** 430. Auch verborgene Mängel gelten als genehmigt, wenn der Käufer trotz Vorhandenseins von Anhaltspunkten die Ware nicht untersucht und rügt. RG **99** 250.

44) Entscheidend ist ob der Mangel „sich zeigt". Es kommt nicht darauf an, ob der Käufer den Mangel erkennt und ob er die zur Erkennung erforderlichen Kenntnisse besitzt, sondern darauf, ob für Personen, die Handel mit solcher Ware treiben, bei Anwendung der gehörigen Sorgfalt, gegebenenfalls unter Benutzung der in dem betreffenden Geschäftszweig üblichen Hilfsmittel, der Mangel erkennbar war. RG **73** 168. Vgl. Note 11.

45) Der Käufer genügt der Anzeigepflicht, durch Absendung eines einfachen (nicht eingeschriebenen) Briefes mit der Post, die Gefahr der Ankunft trägt der Verkäufer. OHG **19** 153. Bei größeren Beträgen dürfte wohl die Anzeige durch eingeschriebenen Brief als der ordnungsmäßigen Sorgfalt entsprechend erforderlich sein.

46) Zwar muß nicht in allen Fällen, in denen der Verkäufer Kenntnis der vertragswidrigen Beschaffenheit der gelieferten Ware hat, ein arglistiges Verschweigen vorliegen; vielmehr kann der Verkäufer, insbesondere bei unbedeutenden Mängeln, in dem guten Glauben handeln, der Käufer werde bei der von ihm sofort vorzunehmenden Untersuchung die Mängel entdecken, aber die Ware trotz ihrer vertragswidrigen Beschaffenheit annehmen. Dies ist aber jedenfalls dann nicht der Fall, wenn der Verkäufer das Bewußtsein haben mußte, die Ware sei wegen ihrer Mängel für den Käufer unannehmbar. Denn in diesem Falle bleibt bloß die Annahme übrig, daß der Verkäufer darauf spekulierte, der Käufer werde die rechtzeitige Untersuchung und Rüge versäumen. RG **1** 299.

47) Der Verkäufer handelt arglistig, wenn er seine Zweifel an der Fehlerlosigkeit dem Käufer nicht mitteilt. RG, R **4** 151.

48) Erfährt der Verkäufer nach Ablieferung, aber innerhalb der Rügefrist das Fehlen der zugesicherten Eigenschaften, so muß er dem Käufer davon Mitteilung machen. RG **91** 420.

§ 378. Die Vorschriften des § 377 finden auch dann Anwendung, wenn eine andere als die bedungene Ware oder eine andere als die bedungene Menge von Waren geliefert ist, sofern die gelieferte Ware nicht offensichtlich von der Bestellung so erheblich abweicht, daß der Verkäufer die Genehmigung des Käufers als ausgeschlossen betrachten mußte.[50—53a)]

§ 379. Ist der Kauf für beide Teile ein Handelsgeschäft,[54]) so ist der Käufer, wenn er die ihm von einem anderen Orte[55]) übersendete Ware beanstandet,[56]) verpflichtet, für ihre einstweilige Aufbewahrung zu sorgen.[57—60a)]

---

49) Zur Anwendung des Abs. 5 ist nur erforderlich, daß der Verkäufer den Mangel arglistig verschwiegen hat, nicht, daß der Käufer durch die Täuschung zur Unterlassung der Untersuchung oder der rechtzeitigen Mängelanzeige bestimmt wurde. RG **85** 210; **102** 395.

50) Der Verkäufer, der sich eines arglistigen Verschweigens schuldig macht, kann sich nicht auf die kurze Verjährung des § 477 BGB berufen, vielmehr läuft in diesem Falle die dreißigjährige Verjährung für den Wandlungs- oder Minderungsanspruch. RG **55** 90.

50a) Die Ausnahmevorschrift des letzten Teiles des § 378 ist streng auszulegen. Der mit der üblichen Sorgfalt handelnde Käufer soll bei gerechtfertigter Unterlassung einer sachlich bedeutungslosen Anzeige vor Rechtsverlust bewahrt, nicht der nachlässige Käufer begünstigt werden. RG **98** 159; **99** 38.

51) Auch im Falle des § 378 finden wie bei § 377 die Vorschriften über Gewährleistung, insbesondere § 480 BGB, nicht die über Verzug, insbesondere § 326 BGB Anwendung. RG **86** 90.

52) Gleichgültig ist, ob der Verkäufer wußte, daß die Ware vertragswidrig war. RG **84** 356; **93** 47.

53) Auch der Zweck, für den die Ware bestellt ist, kommt in Betracht. RG **93** 46.

53a) § 378 ist nicht anwendbar, wenn das vertragsmäßig Gelieferte zu hoch berechnet ist. RG **97** 211.

54) Betreffs der Platzgeschäfte und einseitigen Handelsgeschäfte gelten die allgemeinen Bestimmungen des BGB über Verträge.

55) Der Annahme eines Distanzgeschäfts steht es nicht entgegen, daß eine Dampfmaschine zu liefern und zu montieren ist; aus letzterem Umstand folgt auch nicht, daß die Übergabe am Montierungsorte hat erfolgen sollen. RG, K **1** 47.

56) Vgl. ZPO §§ 485 und 488, welche lauten:

§ 485. Die Einnahme des Augenscheins und die Vernehmung von Zeugen und Sachverständigen kann zur Sicherung des Beweises erfolgen, wenn zu besorgen ist, daß das Beweismittel verloren oder die Benutzung desselben erschwert werde.

§ 488. Die Beweisaufnahme kann, auch ohne daß die Voraussetzungen des § 485 vorliegen, beantragt werden, wenn Mängel einer Sache oder eines Werkes festzustellen sind, aus denen ein Recht gegen den Gegner hergeleitet werden soll, oder wenn

Er kann[61]) die Ware, wenn sie dem Verderb ausgesetzt und Gefahr im Verzug ist, unter Beobachtung der Vorschriften des § 373 verkaufen lassen.[62—66a])

---

der Zustand eines Gutes festzustellen ist, für dessen Beweis ein Kommissionär, Spediteur, Lagerhalter oder Frachtführer zu sorgen verpflichtet ist.

Hat der Erwerber einer Sache dem Veräußerer einen Mangel angezeigt oder die Annahme der Sache wegen Mangelhaftigkeit abgelehnt, so kann auch der Veräußerer die Beweisaufnahme nach Maßgabe des Abs. 1 beantragen. In gleicher Weise ist der Unternehmer eines Werkes zu dem Antrage berechtigt, wenn der Besteller ihm einen Mangel angezeigt oder die Abnahme des Werkes wegen Mangelhaftigkeit verweigert hat.

57) Der Käufer soll nur so lange für die Ware sorgen, als nicht der Verkäufer selbst imstande ist, diese Sorge zu übernehmen; versäumt der Verkäufer, nachdem er von der Sachlage unterrichtet worden, die nötigen Schritte, so ist der Käufer seiner Verpflichtung enthoben. OHG **1** 206.

58) Die Aufbewahrungspflicht des Käufers endet nicht schon mit der Ankunft der Zurverfügungstellung beim Verkäufer, sondern erst dann, wenn dieser daraufhin nicht sobald als möglich für die Aufbewahrung der Ware sorgt oder sonst über sie verfügt. Die Befugnis zum Notverkauf hat der Käufer unter der einzigen Voraussetzung, daß die Ware dem Verderben ausgesetzt und Gefahr im Verzuge ist, ohne Unterschied, ob der Verkäufer bereits über die Ware verfügen kann oder nicht. Der Umstand allein, daß der Verkäufer keine Verfügung getroffen hat, obwohl er hierzu in der Lage war, gibt dem Käufer das Verkaufsrecht nicht, hierdurch entfällt nur seine Pflicht zur weiteren Aufbewahrung. RG **43** 32.

59) § 379 setzt voraus, daß der Verkäufer auf die vom Käufer zu leistende Fürsorge derart angewiesen ist, daß, wenn letzterer die Ware nicht aufnimmt, sie ohne anderweite genügende Fürsorge verbliebe. Anwesenheit eines Agenten des Absenders am Bestimmungsorte entbindet den Käufer nicht ohne weiteres von der Sorge für die Ware, vielmehr hängt dies von den Umständen ab. OHG **17** 171.

60) Der Käufer ist (anders als im Fall des § 362) verpflichtet, zur Aufbewahrung der Ware in Vorschuß zu gehen, bis der Verkäufer auf die Nachricht von ihrer Beanstandung für sie Vorkehrungen treffen kann; wenn er die Ware einem Dritten zur Aufbewahrung gibt und dabei mit der erforderlichen Sorgfalt verfährt, so haftet er für die Verpflichtungen des Aufbewahrers gegenüber dem Verkäufer nicht persönlich. OHG **20** 203.

60a) Der Käufer haftet nicht für das Verschulden einer zuverlässigen Firma, der er die Aufbewahrung überträgt, auch nicht bei Zurückbehaltung der Ware wegen seiner Schadensersatzansprüche. RG **98** 70.

61) Der Käufer ist nicht verpflichtet, beim Vorliegen der Voraussetzungen des § 379 den Notverkauf vorzunehmen. Sein Recht hierzu ist weder durch eine besondere gesetzliche Vorschrift, noch nach allgemeinen Rechtsgrundsätzen an eine bestimmte Zeit geknüpft; es darf nur dann nicht mehr ausgeübt werden, wenn die gesetzlichen Voraussetzungen des Abs. 2 weggefallen sind. Der Käufer ist nicht verpflichtet, den Notverkauf

§ 380. Ist der Kaufpreis nach dem Gewichte der Ware zu berechnen, so kommt das Gewicht der Verpackung (Taragewicht) in Abzug, wenn nicht aus dem Vertrag oder dem Handelsgebrauche des Ortes, an welchem der Verkäufer zu erfüllen hat, sich ein anderes ergibt.

Ob und in welcher Höhe das Taragewicht nach einem bestimmten Ansatz oder Verhältnisse statt nach genauer Ausmittelung abzuziehen ist, sowie, ob und wieviel als Gutgewicht zugunsten des Käufers zu berechnen ist oder als Vergütung für schadhafte oder unbrauchbare Teile (Refaktie) gefordert werden kann, bestimmt sich nach dem Vertrag oder dem Handelsgebrauche des Ortes, an welchem der Verkäufer zu erfüllen hat.

---

alsbald vorzunehmen, er darf ihn aber nicht absichtlich verzögern, um den Verkäufer zu schädigen, auch nicht durch grobe Fahrlässigkeit.

62) Wenn der Käufer die Ware bei der Versteigerung ersteht, so kommt zwischen ihm als Käufer in eigenem Namen und zwischen dem Verkäufer als durch den Käufer kraft gesetzlicher Vollmacht vertreten ein neuer selbständiger Kaufvertrag zustande. Dem Käufer stehen auf Grund der Versteigerung für den Fall der Mangelhaftigkeit der Ware dieselben Rechte zu, wie einem dritten Käufer, insbesondere nach §§ 459 und 462 BGB das Recht zur Wandlung. Eine neue Versteigerung nach § 379 kommt aber nicht in Betracht, weil die Ware nicht dem Käufer von einem andern Orte übersandt ist. RG 66 186.

62a) Diese Bestimmung ist lediglich zur Wahrung des Interesses des auswärtigen Verkäufers erlassen. Sie soll diesen gegen die Nachteile schützen, welche im Falle der Nichtannahme der Ware seitens des Käufers durch sofortige Rücksendung oder Preisgebung derselben für ihn entstehen könnten. RG 17 65.

63) Der Verkauf darf nicht gegen den Widerspruch des Verkäufers vollzogen werden, wohl aber, wenn er nur der Zurverfügungstellung widerspricht. RG 96 72. Verkauf gegen Widerspruch des Verkäufers ist selbst dann ungültig, wenn die Ware zu verderben drohte. RG 101 18.

64) Wird die Ware verkauft, ohne daß der Fall des § 379 vorliegt, so geht Käufer seines Rechts zur Wandelung verlustig. OHG 11 201.

65) Wenn der Käufer beim Verkaufe nicht gemäß § 373 verfährt, so verliert er das Recht zu wandeln und mangelfreie Ware zu verlangen. OHG 12 180; 16 323. Der Anspruch auf Preisminderung geht ihm aber dadurch nicht verloren. RG 43 37.

66) Handelt es sich um eine sehr schnell dem Verderben ausgesetzte Ware, so kann auch der Verkäufer sie verkaufen, wenn sie in seine Hand zurückgelangt, weil der Käufer sie zur Verfügung gestellt hat. Er kann dann vom Käufer Erfüllung verlangen und hat ihm den Versteigerungserlös gutzubringen; vorausgesetzt ist hierbei, daß die Ware gesetz- und vertragsmäßig war. RG 48 136.

66a) Bei Versteigerung auf Grund einer einstweiligen Verfügung ist § 379 Abs. 2 nicht anwendbar. Der Käufer haftet nicht für Fehler des Gerichtsvollziehers bei Bekanntmachung der Versteigerung, da dieser nicht sein Beauftragter nach bürgerlichem Recht ist. RG 104 285.

§ 381. Die in diesem Abschnitte für den Kauf von Waren getroffenen Vorschriften gelten auch für den Kauf von Wertpapieren.

Sie finden auch Anwendung, wenn aus einem von dem Unternehmer zu beschaffenden Stoffe eine nicht vertretbare bewegliche Sache herzustellen ist.

§ 382. Die Vorschriften der §§ 481 bis 492 des Bürgerlichen Gesetzbuchs über die Gewährleistung bei Viehmängeln werden durch die Vorschriften dieses Abschnitts nicht berührt.

3. Abschnitt. Kommissionsgeschäft.

§ 383.[67] Kommissionär ist, wer es gewerbsmäßig übernimmt, Waren oder Wertpapiere für Rechnung eines anderen (des Kommittenten) in eigenem Namen zu kaufen[68—70] oder zu verkaufen.

---

67) Vgl. §§ 662ff. BGB (Auftrag). Auf den Kommissionsvertrag findet § 627 BGB Anwendung, für diese Vorschrift ist nicht wie für § 626 BGB die Unverzichtbarkeit anzunehmen. RG **69** 363. — Für die Frage, ob Eigenhandel oder Kommission vorliegt, ist nicht die Wahl des Ausdrucks im Auftrag entscheidend. Der Gebrauch des Wortes „Auftrag" hindert nicht, daß in Wahrheit ein Kauf vorliegt und ebenso findet sich der Ausdruck „kaufen", wenn es sich in Wahrheit um eine Kommission handelt. Auch Vereinbarung einer Provision ergibt nicht mit Sicherheit, daß eine Kommission beabsichtigt war. Vielmehr ist in der Regel entscheidend, ob ein fester Preis vereinbart ist; dann liegt regelmäßig Kauf vor. RG **94** 66.

68) Das wesentliche Merkmal eines Kommissionsgeschäfts, das Abschließen im eigenen Namen für fremde Rechnung, liegt auch dann vor, wenn nach Abschluß des Handelsgeschäfts mit dem Dritten mit einem anderen verabredet wird, es als für Rechnung des letzteren geschlossen zu behandeln. Zwar paßt die aus § 383 zu entnehmende Begriffsbestimmung dem Wortlaute nach nur für den Fall, daß das Geschäft im eigenen Namen des Kommissionärs für Rechnung eines Auftraggebers geschlossen wird, mithin die Erteilung der Kommission vorausgegangen und die Absicht, für Rechnung des Kommittenten zu handeln, schon beim Abschlusse des Vertrages vorhanden ist. Aber die Vereinbarung, ein schon geschlossenes Geschäft auf Rechnung des anderen gehen zu lassen, erzeugt von da an dieselben Wirkungen, wie wenn das Geschäft von vornherein für Rechnung dieses anderen geschlossen worden wäre. RG **5** 84. Über den Unterschied zwischen Kauf und Kommission vgl. RG **110** 119.

69) Überträgt der Kommissionär mit Erlaubnis des Kommittenten die ganze Kommission einem Dritten, so ist es so anzusehen, als ob die Kommission an den ersten Kommissionär nur den Abschluß einer Verkaufskommission zum Ziel gehabt hätte. Verwendet der Kommissionär mit Erlaubnis des Kommittenten einen Unterkommissionär, so haftet er nur für Verschulden bei dessen Auswahl, nicht aber für Verschulden des sorgfältig ausgewählten Unterkommissionärs. RG **78** 313.

70) Bei einer Konsignation, d. h. einer Kommission, deren Ziel der Verkauf einer

§ 384. Der Kommissionär ist verpflichtet, das übernommene Geschäft mit der Sorgfalt eines ordentlichen Kaufmanns auszuführen; er hat hierbei das Interesse[71]) des Kommittenten wahrzunehmen und dessen Weisungen[72]) zu befolgen.

Er hat dem Kommittenten die erforderlichen Nachrichten zu geben, insbesondere von der Ausführung der Kommission unverzüglich Anzeige zu machen;[73—75]) er ist verpflichtet, dem Kommittenten über das Ge-

---

Ware in einem überseeischen Lande ist, kann der zwischen dem Warenbesitzer und seinem Kommissionär abgeschlossene Vertrag verschiedenen Inhalts sein. Es ist möglich,

1. daß der Kommissionär selbst — sei es auch durch einen in seinem Namen Handelnden — den Verkauf im Auslande vornehmen soll, in welchem Falle also die Kommission eine Verkaufskommission ist;

2. daß zwei Kommissionsverhältnisse vorliegen: eines zwischen dem Warenbesitzer und einem inländischen Exporthause, bei welchem dieses nur einem überseeischen Hause eine Verkaufskommission zu erteilen hat; ein zweites, das zwischen dem Exporthause und dem überseeischen Hause begründet wird und ein Verkaufskommissionsverhältnis ist.

Es können aber auch

3. drei Kommissionsverhältnisse zur Entstehung gelangen in der Weise, daß der erste Kommissionär es nur übernimmt, die Ware einem europäischen Hause zur weiteren Konsignation zu übergeben, und an diese sich zwei dem Fall 2 entsprechende Kommissionen anschließen. Endlich kann

4. an und für sich der Fall 2 gegeben sein, jedoch bei oder nach Abschluß des ersten Kommissionsgeschäfts vom ersten Kommittenten seinem Kommissionär die Befugnis eingeräumt werden, die ganze Kommission auf einen anderen zu übertragen. Eine solche Befugnis hat gesetzlich der Kommissionär nicht. Wurde aber vom ersten Kommittenten seinem Kommissionär die Befugnis zur weiteren Übertragung eingeräumt und wird von dieser Befugnis Gebrauch gemacht, dann ist das Rechtsverhältnis zwischen dem ersten Kommittenten und seinem Kommissionär zu beurteilen, als wenn von vornherein der Fall 3 vorgelegen hätte. RG **63** 301 (304).

71) Im Fall eines Zusammenstoßes der Interessen des Kommittenten und des Kommissionärs geht das des ersteren als des Auftraggebers und Hauptbeteiligten vor. RG. **K 2** 117.

72) Vgl. § 665 BGB über Abweichung von den Weisungen.

73) Die Anzeige, daß ein ungenannter Dritter Käufer sei, steht der Nennung des Käufers nicht gleich. OHG **23** 103.

74) Die Unterlassung der Anzeige kann unter Umständen zur Folge haben, daß der Kommittent dem Kommissionär aus der Kommission überhaupt nicht verpflichtet ist, nicht bloß, daß der Kommissionär schadensersatzpflichtig wird. OHG **18** 313.

75) Unter besonderen Umständen, insbes. bei allgem. Aufträgen, im Interesse des Kommittenten nach freiem Ermessen Spekulationspapiere für denselben zu kaufen oder zu verkaufen, gibt schon die Versäumung der sofortigen Anzeige der Auftragsausführung

schäft Rechenschaft abzulegen[76],[77]) und ihm dasjenige herauszugeben, was er aus der Geschäftsbesorgung erlangt hat.[78—82a])

---

seitens des Kommissionärs dem Kommittenten das Recht, das ausgeführte Geschäft als nicht für seine Rechnung erfolgt anzusehen. RG 14 123.

76) Es ist nach der Lage des einzelnen Falles zu beurteilen, in welcher Art und in welchem Umfange der Beauftragte über die Ausführung der Geschäfte Auskunft zu erteilen, ob er namentlich eine förmliche Rechnung zu legen hat. OHG 2 436.

77) Dem Einkaufs-Kommissionär, der den Auftrag durch Einkauf von Dritten ausgeführt haben will, liegt nicht über den Nachweis des Abschlusses eines der Ausführungs-Anzeige entsprechenden Geschäfts hinaus auch noch der besondere Beweis ob, daß dieser Abschluß in Beziehung auf den erteilten Auftrag erfolgt sei; es genügt, wenn er solche Verträge als für Rechnung des Kommittenten gehend nachweist und vorlegt, welche in allen Teilen dem Auftrage und der von dessen Ausführung gemachten Anzeige genügen und gegen welche der Kommittent irgendeinen sachlichen Einwand zu erheben nicht vermag. RG 18 20.

78) Von dem Kommissionär kann in Ermangelung einer besonderen Garantie nicht Erfüllung des kommittierten Geschäfts verlangt werden, sondern nur Abtretung der Rechte gegen den Gegenkontrahenten. RG. K 1 47.

79) Die Frage, ob der Kommissionär den Besitz und das Eigentum des Kommissionsguts sofort mit der Übergabe seitens des dritten Verkäufers für den Kommittenten erwirbt, ist im HGB nicht beantwortet; die Entscheidung ist aus dem bürgerl. Recht zu entnehmen. OHG 16 212; RG 11 53. Vgl. §§ 3 u. 7 des Depotgesetzes (im Anhang).

80) Der Kommittent wird keineswegs ohne weiteres Eigentümer oder Besitzer der vom Einkaufskommissär, der nicht erkennbar als sein Stellvertreter gehandelt hat (§ 164 BGB), für Rechnung des Kommittenten eingekauften Sachen, er erlangt nur einen persönlichen Anspruch darauf, daß dieser Zug um Zug gegen Erstattung der Auslagen und Zahlung der Provision ihm die eingekauften Sachen ausantworte. In bezug auf eingekaufte vertretbare Sachen geht der Anspruch nur auf Ausantwortung einer Quantität solcher Sachen, nicht gerade der eingekauften Sachen; der Kommissionär darf deshalb diese für eigene Rechnung verkaufen, solange er nur in der Lage bleibt, dem Kommittenten in dem Zeitpunkte, in welchem dieser zur Erstattung der Auslagen und Zahlung der Provision bereit ist, ebenso viele gleichwerte Sachen zu übergeben. OHG 19 78.

81) Der Kommissionär kann beim Bruche des Vertrages durch den Mitkontrahenten von diesem Ersatz des Schadens verlangen, nicht nur wie er ihm persönlich, sondern auch weiter wie er seinem Auftraggeber erwachsen ist. Zur Begründung des Anspruches hat er nicht darzulegen, daß der Kommittent die Entschädigung verlange, aber es kann ihm der Einwand entgegengesetzt werden, daß die weitere Schadensersatzleistung nicht dem Kommittenten zufließen, sondern lediglich eine Bereicherung des klagenden Kommissionärs bilden würde. RG 58 39.

82) Der Kommissionär kann zwar wie jeder Beauftragte nur Befreiung von der für Rechnung des Kommittenten eingegangenen Verbindlichkeit, nicht Zahlung des von ihm geschuldeten Betrages zu seinen Händen verlangen, es entspricht aber vielfach dem Auftragsverhältnis, insbes. regelmäßig der kaufmännischen Kommission, daß die Befreiung durch Zahlung des Beauftragten an seinen Gläubiger erfolgt und daß der Auftraggeber ihm die erforderliche Deckung leistet. Jedenfalls steht dem Kommittenten frei,

Der Kommissionär haftet dem Kommittenten für die Erfüllung des Geschäfts, wenn er ihm nicht zugleich mit der Anzeige von der Ausführung der Kommission den Dritten namhaft macht, mit dem er das Geschäft abgeschlossen hat.[83])

§ 385. Handelt der Kommissionär nicht gemäß den Weisungen des Kommittenten,[84]) so ist er diesem zum Ersatze des Schadens verpflichtet;[85]) der Kommittent braucht das Geschäft nicht für seine Rechnung gelten zu lassen.

Die Vorschriften des § 665 des Bürgerlichen Gesetzbuchs bleiben unberührt.

§ 386. Hat der Kommissionär unter dem ihm gesetzten Preise verkauft oder hat er den ihm für den Einkauf gesetzten Preis überschritten, so muß der Kommittent, falls er das Geschäft als nicht für seine Rechnung abgeschlossen zurückweisen will, dies unverzüglich auf die Anzeige von der Ausführung des Geschäfts erklären; anderenfalls gilt die Abweichung von der Preisbestimmung als genehmigt.

Erbietet sich der Kommissionär zugleich mit der Anzeige von der Ausführung des Geschäfts zur Deckung des Preisunterschieds, so ist der Kommittent zur Zurückweisung nicht berechtigt. Der Anspruch des Kommittenten auf den Ersatz eines den Preisunterschied übersteigenden Schadens bleibt unberührt.

§ 387. Schließt der Kommissionär zu vorteilhafteren Bedingungen

---

seiner Verpflichtung in dieser Form zu genügen, er ist nicht verpflichtet mit dem Kontrahenten des Kommissionärs deswegen in Verbindung zu treten. RG. K 2 117.

82a) Herauszugeben sind auch die Ansprüche gegen die Eisenbahn wegen Verlust oder Beschädigung von Kommissionsgut. RG 105 127.

83) Konkurs des Kommissionärs hebt den Vertrag nicht auf. RG 78 94, wohl aber der des Kommittenten. RG 71 77.

84) Das vertragswidrige Verhalten des Kommissionärs berechtigt den Kommittenten nicht zur Zurücknahme des vom Kommissionär schon ausgeführten Auftrages; er kann nur Leistung des Interesses wegen der schuldhaften Benachteiligung fordern; unter Umständen kann dieses mit der gänzlichen Lossagung vom Vertrage zusammenfallen, wenn durch das schuldhafte Verhalten des Kommissionärs die Ausführung der Kommission allen Wert für den Kommittenten verloren hat. OHG 20 310 (323).

85) Der Kommittent wird durch die Bezahlung der Rechnung und die Annahme der Aktien, mit deren Ankauf er den Kommissionär beauftragt hatte, nicht gehindert, nachträglich geltend zu machen, daß sein Auftrag in Wirklichkeit nicht ausgeführt sei und der Kommissionär die berechneten Auslagen gar nicht gehabt habe. RG, K 4 186.

ab, als sie ihm von dem Kommittenten gesetzt worden sind, so kommt dies dem Kommittenten zustatten.

Dies gilt insbesondere, wenn der Preis, für welchen der Kommissionär verkauft, den von dem Kommittenten bestimmten niedrigsten Preis übersteigt oder wenn der Preis, für welchen er einkauft, den von dem Kommittenten bestimmten höchsten Preis nicht erreicht.

§ 388. Befindet sich das Gut, welches dem Kommissionär zugesendet ist, bei der Ablieferung in einem beschädigten oder mangelhaften Zustande, der äußerlich erkennbar ist, so hat der Kommissionär die Rechte gegen den Frachtführer oder Schiffer zu wahren, für den Beweis des Zustandes zu sorgen und dem Kommittenten unverzüglich Nachricht zu geben; im Falle der Unterlassung ist er zum Schadensersatze verpflichtet.

Ist das Gut dem Verderb ausgesetzt oder treten später Veränderungen an dem Gute ein, die dessen Entwertung befürchten lassen, und ist keine Zeit vorhanden, die Verfügung des Kommittenten einzuholen, oder ist der Kommittent in der Erteilung der Verfügung säumig, so kann der Kommissionär den Verkauf des Gutes nach Maßgabe der Vorschriften des § 373 bewirken.

§ 389. Unterläßt der Kommittent über das Gut zu verfügen, obwohl er dazu nach Lage der Sache verpflichtet ist, so hat der Kommissionär die nach § 373 dem Verkäufer zustehenden Rechte.

§ 390. Der Kommissionär ist für den Verlust und die Beschädigung des in seiner Verwahrung befindlichen Gutes verantwortlich, es sei denn, daß der Verlust oder die Beschädigung auf Umständen beruht, die durch die Sorgfalt eines ordentlichen Kaufmanns nicht abgewendet werden konnten.[85a)]

Der Kommissionär ist wegen der Unterlassung der Versicherung des Gutes nur verantwortlich, wenn er von dem Kommittenten angewiesen war, die Versicherung zu bewirken.[86)]

§ 391. Ist eine Einkaufskommission erteilt, die für beide Teile ein Handelsgeschäft ist, so finden in bezug auf die Verpflichtung des Kom-

---

85a) Der Kommittent hat zu beweisen, daß der Schaden während der Verwahrungszeit eintritt. RG 126 75.

86) § 390 Abs. 2 bezieht sich nur auf Versicherung im eigentlichen Sinne; bezüglich der Frage, ob der Spediteur sich durch Unterlassen der Deklaration von Frachtgut verantwortlich macht, sind lediglich die Vorschriften der §§ 408 Abs. 1, 407 Abs. 2, 384 Abs. 1, 2 HGB maßgebend. RG 28 140.

mittenten, das Gut zu untersuchen und dem Kommissionär von den entdeckten Mängeln Anzeige zu machen, sowie in bezug auf die Sorge für die Aufbewahrung des beanstandeten Gutes und auf den Verkauf bei drohendem Verderbe die für den Käufer geltenden Vorschriften der §§ 377 bis 379 entsprechende Anwendung. Der Anspruch des Kommittenten auf Abtretung der Rechte, die dem Kommissionär gegen den Dritten zustehen, von welchem er das Gut für Rechnung des Kommittenten gekauft hat, wird durch eine verspätete Anzeige des Mangels nicht berührt.

§ 392. Forderungen aus einem Geschäfte, das der Kommissionär abgeschlossen hat, kann der Kommittent dem Schuldner gegenüber erst nach der Abtretung geltend machen.

Jedoch gelten solche Forderungen, auch wenn sie nicht abgetreten sind, im Verhältnisse zwischen dem Kommittenten und dem Kommissionär oder dessen Gläubigern als Forderungen des Kommittenten.[87])

§ 393. Wird von dem Kommissionär ohne Zustimmung des Kommittenten einem Dritten ein Vorschuß geleistet oder Kredit gewährt, so handelt der Kommissionär auf eigene Gefahr.

Insoweit jedoch der Handelsgebrauch am Orte des Geschäfts die Stundung des Kaufpreises mit sich bringt, ist in Ermanglung einer anderen Bestimmung des Kommittenten auch der Kommissionär dazu berechtigt.

Verkauft der Kommissionär unbefugt auf Kredit, so ist er verpflichtet, dem Kommittenten sofort als Schuldner des Kaufpreises die Zahlung zu leisten. Wäre beim Verkaufe gegen bar der Preis geringer gewesen,

---

87) Die Vorschrift des § 392 Abs. 2 will verhindern, daß die anderen Gläubiger des Kommissionärs, der selbst Schuldner des Kommittenten aus der Kommission ist, sich aus der ausstehenden Forderung des Kommissionärs, die materiell nicht zu dessen Vermögen gehört, zum Nachteile des Kommittenten Befriedigung verschaffen. Auf den Schuldner des Kommissionärs aus dem Geschäfte, aus welchem die Forderung entstanden ist, paßt die Vorschrift überhaupt nicht. Nach § 392 ist er nicht bloß befugt, den Kommissionär als seinen Gläubiger anzusehen, sondern in Wahrheit ist nur der Kommissionär sein Gläubiger aus dem Geschäfte. Bis zur Bekanntmachung der Zession an den Kommittenten ist er deshalb befugt, seine Schuld an den Kommissionär zu tilgen, sei es durch Zahlung, sei es durch Aufrechnung, RG **32** 39 (48); **121** 178.

Diese Vorschrift ist eine Sonderbestimmung, welche nur für den durch die §§ 383, 406 HGB bestimmten Kreis von Geschäften gilt. RG **58** 273. Der Kommittent kann die Widerspruchsklage aus § 771 ZPO erheben.

so hat der Kommissionär nur den geringeren Preis und, wenn dieser niedriger ist als der ihm gesetzte Preis, auch den Unterschied nach § 386 zu vergüten.

§ 394. Der Kommissionär hat für die Erfüllung der Verbindlichkeit des Dritten, mit dem er das Geschäft für Rechnung des Kommittenten abschließt, einzustehen, wenn dies von ihm übernommen oder am Orte seiner Niederlassung Handelsgebrauch ist.

Der Kommissionär, der für den Dritten einzustehen hat, ist dem Kommittenten für die Erfüllung im Zeitpunkte des Verfalls unmittelbar insoweit verhaftet, als die Erfüllung aus dem Vertragsverhältnisse gefordert werden kann. Er kann eine besondere Vergütung (Delkredereprovision) beanspruchen.[88])

§ 395. Ein Kommissionär, der den Ankauf eines Wechsels übernimmt, ist verpflichtet, den Wechsel, wenn er ihn indossiert, in üblicher Weise und ohne Vorbehalt zu indossieren.[89])

§ 396. Der Kommissionär kann die Provision fordern, wenn das Geschäft zur Ausführung gekommen ist. Ist das Geschäft nicht zur Ausführung gekommen, so hat er gleichwohl den Anspruch auf die Auslieferungsprovision, sofern eine solche ortsgebräuchlich[90]) ist; auch kann er die Provision verlangen, wenn die Ausführung des von ihm abgeschlossenen Geschäfts nur aus einem in der Person des Kommittenten liegenden Grunde unterblieben ist.

Zu dem von dem Kommittenten für Aufwendungen des Kommissionärs nach den §§ 670, 675 des Bürgerlichen Gesetzbuchs zu leistenden

---

88) Der nach § 394 belangte Verkaufskommissionär kann, wenn er auf Zahlung des Kaufpreises belangt wird, die Einreden geltend machen, welche ihm selbst gegenüber sein Gegenkontrahent aus dem Kaufgeschäfte hat, sofern sie nicht durch sein (des Kommissionärs) Verschulden begründet worden sind. § 377 kann auf ihn nicht angewendet werden; unterläßt er Mitteilung der ihm von dem Käufer gemachten Mängelanzeige an den Kommittenten, so wird er nach § 384 schadensersatzpflichtig, verliert aber nicht die Einreden aus den Mängeln. OHG **21** 146.

89) Die Bestimmung gilt nicht für den Fall, daß der Auftrag ausdrücklich auf Ankauf eines Wechsels gegangen ist, sondern findet überall dann Anwendung, wenn der Kommissionär in Ausführung der Kommission einen Wechsel für Rechnung des Kommittenten ankauft. — Bestimmungen über die Haftung des Kommissionärs aus seinem Indossamente enthält diese Vorschrift nicht, hierüber entscheiden lediglich allgem. Grundsätze. RG **20** 112.

90) Ortsüblich an dem Orte, an welchem der Kommissionär seine Handelsniederlassung hat; nicht etwa an Orten, wohin er Waren abzusetzen versucht hat. RG **17** 31.

Ersatze gehört auch die Vergütung für die Benutzung der Lagerräume und der Beförderungsmittel des Kommissionärs.[90a])

§ 397. Der Kommissionär hat an dem Kommissionsgute,[91]) sofern er es im Besitze hat, insbesondere mittelst Konnossements, Ladescheins oder Lagerscheins darüber verfügen kann, ein Pfandrecht wegen der auf das Gut verwendeten Kosten, der Provision, der auf das Gut gegebenen Vorschüsse und Darlehen, der mit Rücksicht auf das Gut gezeichneten Wechsel oder in anderer Weise eingegangenen Verbindlichkeiten sowie wegen aller Forderungen aus laufender Rechnung[92]) in Kommissionsgeschäften.

§ 398. Der Kommissionär kann sich, auch wenn er Eigentümer des Kommissionsguts ist, für die im § 397 bezeichneten Ansprüche nach Maßgabe der für das Pfandrecht geltenden Vorschriften aus dem Gute befriedigen.[93])

§ 399. Aus den Forderungen, welche durch das für Rechnung des Kommittenten geschlossene Geschäft begründet sind, kann sich der Kommissionär für die im § 397 bezeichneten Ansprüche vor dem Kommittenten und dessen Gläubigern befriedigen.[93a])

§ 400. Die Kommission zum Einkaufe oder zum Verkaufe von Waren, die einen Börsen- oder Marktpreis haben,[94]) sowie von Wertpapieren, bei denen ein Börsen- oder Marktpreis amtlich festgestellt wird,[95]) kann, wenn der Kommittent nicht ein anderes bestimmt

---

90a) Nicht Aufwendungen für Rechtsverfolgung. RG **124** 119.

91) Unter Kommissionsgut fällt auch das Gut, welches der Kommittent zunächst zur Aufbewahrung dem Kommissionär übergeben hat. OHG **20** 90.

92) So wenig unter dem Ausdruck „laufende Rechnung" nur ein eigentliches Kontokurrentverhältnis zu verstehen ist, schließt auch der Umstand, daß die laufende Rechnung sich auch auf andere als Kommissionsgeschäfte bezieht, das Pfandrecht aus, es sind vielmehr die auf andere Verhältnisse sich beziehenden Posten auf der Debet- und Kreditseite bei Ermittlung derjenigen Forderungen, für welche das Pfandrecht in Anspruch genommen werden kann, unberücksichtigt zu lassen. RG **9** 430.

93) Vgl. §§ 1228ff. BGB und § 368 HGB.

93a) Zum Verhältnis von § 399 zu § 397 vgl. RG **105** 126.

94) Das Bestehen eines Börsen- oder Marktpreises zur Zeit der Ausführung des Geschäfts bzw. der Erstattung der Anzeige an den Kommittenten ist eine Voraussetzung für das Selbsteintrittsrecht des Kommissionärs, ohne deren Vorhandensein es nicht ausgeübt werden darf. RG **34** 118.

95) Das Selbsteintrittsrecht kann durch Vereinbarung auch auf andere Gegenstände ausgedehnt werden. RG **80** 102. Selbsteintritt kann nach Vereinbarung auch bei nicht amtlich notierten Wertpapieren erfolgen. RG **96** 7.

hat,[96—98]) von dem Kommissionär dadurch ausgeführt werden, daß er das Gut, welches er einkaufen soll, selbst als Verkäufer liefert oder das Gut, welches er verkaufen soll, selbst als Käufer übernimmt.

Im Falle einer solchen Ausführung der Kommission beschränkt sich die Pflicht des Kommissionärs, Rechenschaft über die Abschließung des Kaufes oder Verkaufes abzulegen, auf den Nachweis, daß bei dem berechneten Preise der zur Zeit der Ausführung der Kommission bestehende Börsen- oder Marktpreis eingehalten ist. Als Zeit der Ausführung gilt der Zeitpunkt, in welchem der Kommissionär die Anzeige von der Ausführung zur Absendung an den Kommittenten abgegeben hat.[98a], [98b])

Ist bei einer Kommission, die während der Börsen- oder Marktzeit auszuführen war, die Ausführungsanzeige erst nach dem Schlusse der Börse oder des Marktes zur Absendung abgegeben, so darf der berechnete Preis für den Kommittenten nicht ungünstiger sein als der Preis, der am Schlusse der Börse oder des Marktes bestand.

Bei einer Kommission, die zu einem bestimmten Kurse (erster Kurs, Mittelkurs, letzter Kurs) ausgeführt werden soll, ist der Kommissionär ohne Rücksicht auf den Zeitpunkt der Absendung der Ausführungsanzeige berechtigt und verpflichtet, diesen Kurs dem Kommittenten in Rechnung zu stellen.

Bei Wertpapieren und Waren, für welche der Börsen- oder Marktpreis amtlich festgestellt wird, kann der Kommissionär im Falle der Aus-

---

96) Einer den Eintritt ausschließenden Bestimmung steht es gleich, wenn die Natur des in Frage stehenden Geschäfts es in einer jedermann greifbaren Weise mit sich bringt, daß es nicht die Absicht des Kommittenten sein kann, den persönlichen Eintritt des Kommissionärs als Kontrahenten zuzulassen. Dahin sind Aufträge zum Abschluß von Differenzgeschäften zu rechnen. OHG 11 43.

97) Die Setzung eines Limitum schließt die Befugnis des Kommissionärs, als Selbstkontrahenten einzutreten, nicht aus. OHG 22 103.

98) Darin, daß der Kommissionär das del credere übernimmt, ist eine den Eintritt als Selbstkontrahent ausschließende Bestimmung nicht zu finden. OHG 19 52.

98a) Die Gefahr des Eintreffens der Anzeige beim Kommittenten trägt der Kommissionär. Will er auf Grund seines Selbsteintritts Ansprüche gegen den Kommittenten erheben, so hat er den rechtzeitigen Eingang der Anzeige zu beweisen (§ 130 BGB). RG 102 16.

98b) Die Bestimmung des § 400 Abs. 2 richtet sich gegen den Kursschnitt. Eine entgegenstehende Geschäftssitte würde als Mißbrauch anzusehen und deshalb unbeachtlich sein. RG 115 14.

führung der Kommission durch Selbsteintritt dem Kommittenten keinen ungünstigeren Preis als den amtlich festgestellten in Rechnung stellen.

§ 401. Auch im Falle der Ausführung der Kommission durch Selbsteintritt hat der Kommissionär, wenn er bei Anwendung pflichtgemäßer Sorgfalt die Kommission zu einem günstigeren als dem nach § 400 sich ergebenden Preise ausführen konnte, dem Kommittenten den günstigeren Preis zu berechnen.

Hat der Kommissionär vor der Absendung der Ausführungsanzeige aus Anlaß der erteilten Kommission an der Börse oder am Markte ein Geschäft mit einem Dritten abgeschlossen, so darf er dem Kommittenten keinen ungünstigeren als den hierbei vereinbarten Preis berechnen.

§ 402. Die Vorschriften des § 400 Abs. 2 bis 5 und des § 401 können nicht durch Vertrag zum Nachteile des Kommittenten abgeändert werden.

§ 403. Der Kommissionär, der das Gut selbst als Verkäufer liefert oder als Käufer übernimmt, ist zu der gewöhnlichen Provision berechtigt und kann die bei Kommissionsgeschäften sonst regelmäßig vorkommenden Kosten berechnen.

§ 404. Die Vorschriften der §§ 397, 398 finden auch im Falle der Ausführung der Kommission durch Selbsteintritt Anwendung.[99])

§ 405. Zeigt der Kommissionär die Ausführung der Kommission an, ohne ausdrücklich[100]) zu bemerken, daß er selbst eintreten wolle, so gilt dies als Erklärung, daß die Ausführung durch Abschluß des Geschäfts mit einem Dritten für Rechnung des Kommittenten erfolgt sei.

Eine Vereinbarung zwischen dem Kommittenten und dem Kommissionär, daß die Erklärung darüber, ob die Kommission durch Selbsteintritt oder durch Abschluß mit einem Dritten ausgeführt sei, später als am Tage der Ausführungsanzeige abgegeben werden dürfe, ist nichtig.

---

99) Wenn der Verkaufskommissionär von der ihm durch § 400 gewährten Befugnis Gebrauch macht, so hat in Ermangelung von ausdrücklichen oder aus den Umständen zu entnehmenden Vereinbarungen über den Erfüllungsort der Kommittent als Verkäufer am Orte der Handelsniederlassung des Kommissionärs und Käufers zu erfüllen. RG **10** 89.

100) Nach Zweck, Bedeutung und Entstehungsgeschichte dieser Bestimmung muß, um dem Erfordernisse der Ausdrücklichkeit in § 405 zu genügen, unzweideutig durch Worte ausgedrückt werden, daß der Kommissionär vom Recht des Selbsteintritts Gebrauch gemacht habe. RG **63** 30. Vereinbarung über stillschweigende Erklärung des Selbsteintrittes ist zulässig. RG **96** 7.

Widerruft[1]) der Kommittent die Kommission und geht der Widerruf dem Kommissionär zu, bevor die Ausführungsanzeige zur Absendung abgegeben ist, so steht dem Kommissionär das Recht des Selbsteintritts nicht mehr zu.[2])

§ 406. Die Vorschriften dieses Abschnitts kommen auch zur Anwendung, wenn ein Kommissionär im Betriebe seines Handelsgewerbes ein Geschäft anderer als der im § 383 bezeichneten Art für Rechnung eines anderen in eigenem Namen zu schließen übernimmt. Das gleiche gilt, wenn ein Kaufmann, der nicht Kommissionär ist, im Betriebe seines Handelsgewerbes ein Geschäft in der bezeichneten Weise zu schließen übernimmt.[3])

Als Einkaufs- und Verkaufskommission im Sinne dieses Abschnitts gilt auch eine Kommission, welche die Lieferung einer nicht vertretbaren beweglichen Sache, die aus einem von dem Unternehmer zu beschaffenden Stoffe herzustellen ist, zum Gegenstande hat.

4. Abschnitt. Speditionsgeschäft.

§ 407. Spediteur ist, wer es gewerbsmäßig übernimmt, Güterversendungen durch Frachtführer oder durch Verfrachter von Seeschiffen für Rechnung eines anderen (des Versenders) in eigenem Namen zu besorgen.[3a,b])

Auf die Rechte und Pflichten des Spediteurs finden, soweit dieser Abschnitt keine Vorschriften enthält, die für den Kommissionär geltenden Vorschriften, insbesondere die Vorschriften der §§ 388 bis 390 über die

---

1) Der Widerruf kann auch durch Anstellung der Klage auf Herausgabe des Kommissionsgutes erklärt werden. OHG **16** 305.

2) Ohne Unterschied, ob er die Absicht dazu schon vorher hatte oder nicht, wenn er nicht diese Absicht erkennbar zutage treten ließ; geht ein Widerruf ein, so muß der Kommissionär beweisen, daß er an einen Dritten verkauft habe, nicht der Kommittent, daß der Kommissionär selbst habe übernehmen wollen. OHG **5** 279.

3) Beim Kommissionsverlage erfolgt die Vervielfältigung, der Vertrieb und die Verwertung des Werkes für Rechnung des Autors, beim Verlagsvertrage für die des Verlegers. RG **78** 300.

3a) Völlige Freizeichnung von allen Pflichten kann gegen § 138 BGB verstoßen, RG **103** 83; über die Art der Veröffentlichung allgemeiner Geschäftsbedingungen RG **103** 85; **109** 304.

3b) Der Spediteur haftet dem Eigentümer der Ware nicht aus dem Vertrage, wenn der Speditionsvertrag mit einem Dritten abgeschlossen ist, wohl aber aus unerlaubter Handlung. RG **105** 302.

Empfangnahme, die Aufbewahrung und die Versicherung des Gutes, Anwendung.[3c])

§ 408. Der Spediteur hat die Versendung, insbesondere die Wahl der Frachtführer, Verfrachter und Zwischenspediteure,[4]) mit der Sorgfalt eines ordentlichen Kaufmanns auszuführen; er hat hierbei das Interesse des Versenders wahrzunehmen und dessen Weisungen zu befolgen.[5–11])

3c) Bei Abweichung von Weisungen des Versenders hat der Spediteur sofort Nachricht zu geben. Sonst haftet er auf Schadensersatz. RG **114** 378.

4) Über Zwischenspediteur vgl. RG **94** 101. Der Spediteur haftet nur für die Wahl des Zwischenspediteurs. RG **114** 110. Über den Unterschied zwischen Zwischenspediteur und Unterspediteur vgl. RG **109** 291. Für letzteren haftet der Spediteur gemäß § 278 BGB.

5) Zur Ausführung der vom Spediteur übernommenen Versendung der Güter genügt nicht schon der Abschluß eines entsprechenden Frachtvertrages, sondern es muß diejenige Person, welcher die Güter am Bestimmungsorte abgeliefert werden sollen — der Empfänger — auch rechtzeitig in den Stand gesetzt werden, sich durch die erforderlichen Urkunden sofort bei der Ankunft der Güter als Empfänger auszuweisen. RG **13** 61.

6) Wenn der Spediteur durch seine Nachlässigkeit (Übergabe eines Duplikats des Empfangsscheines an einen nicht Berechtigten) den Verlust der Ware verschuldet, so haftet er für den Schaden und es ist gleichgültig, wo sich zur Zeit der Begehung der Nachlässigkeit die übernommenen Güter befanden und wann der Schaden entstanden ist. OHG **16** 349.

7) Der Schaden, den der Spediteur ersetzen muß, durch dessen Schuld Aushändigung der Ware, welche gegen Nachnahme ausgehändigt werden sollte, ohne Nachnahme ausgehändigt ist, besteht in dem Werte der Ware, welche diese zur Zeit der Ankunft am Bestimmungsorte hatte. RG **13** 61.

8) Der Spediteur, welcher an Order des Käufers die vom Verkäufer auf die Ware gelegte Nachnahme bezahlt, weil er sonst die Ware nicht erhalten hätte, kann dem Käufer diese Zahlung nicht als nützliche Verwendung berechnen; wenn der Käufer aber auf die Meldung der Zahlung schweigt und die Ware annimmt, so liegt darin Genehmigung der Zahlung. OHG **20** 187.

8a) Er haftet nicht für Beschlagnahme im besetzten Gebiet, wenn nach beiderseitigem Willen eine falsche Ausfuhrgenehmigung benutzt werden sollte. RG **104** 387.

9) Die dem Spediteur obliegende Sorgfalt verpflichtet ihn zur Berücksichtigung der persönlichen Qualitäten des Frachtführers insofern, daß er nur einen als solid bekannten Frachtf. wählen darf; nicht jeder gewerbsmäßige Frachtf. ist bloß vermöge dieses Gewerbebetriebes schlechthin auch ein tauglicher; der Spediteur ist auch nicht auf die Wahl eines gewerbsmäßigen Frachtf. beschränkt. OHG **7** 305.

10) Der Spediteur kann seine Auslagen von seinem Auftraggeber ersetzt verlangen; durch Übernahme des Auftrages, sie vom Empfänger zu erheben, wird er nicht verpflichtet, gegen diesen zu klagen, wenn er nicht zahlt, sondern kann sich sofort an seinen Auftraggeber halten. Voraussetzung ist nur, daß er die Ausführung des Geschäfts oder

Der Spediteur ist nicht berechtigt, dem Versender eine höhere als die mit dem Frachtführer oder dem Verfrachter bedungene Fracht zu berechnen.

§ 409. Der Spediteur hat die Provision zu fordern, wenn das Gut dem Frachtführer oder dem Verfrachter zur Beförderung übergeben ist.

§ 410. Der Spediteur hat wegen der Fracht, der Provision, der Auslagen und Verwendungen sowie wegen der auf das Gut gegebenen Vorschüsse[12]) ein Pfandrecht an dem Gute,[12a]) sofern er es noch im Besitze hat, insbesondere mittelst Konnossements, Ladescheins oder Lagerscheins darüber verfügen kann.

§ 411. Bedient sich der Spediteur eines Zwischenspediteurs, so hat dieser zugleich die seinem Vormanne zustehenden Rechte, insbesondere dessen Pfandrecht, auszuüben.

Soweit der Vormann wegen seiner Forderung von dem Nachmanne befriedigt wird, geht die Forderung und das Pfandrecht des Vormanns auf den Nachmann über. Dasselbe gilt von der Forderung und dem Pfandrechte des Frachtführers, soweit der Zwischenspediteur ihn befriedigt.

§ 412. Der Spediteur ist, wenn nicht ein anderes bestimmt ist, befugt, die Beförderung des Gutes selbst auszuführen.

Macht er von dieser Befugnis Gebrauch, so hat er zugleich die Rechte und Pflichten eines Frachtführers oder Verfrachters; er kann die Pro-

---

dessen Mißlingen ohne eigene Schuld nachweist, und er verliert deshalb den Anspruch, wenn das Gut ohne Bezahlung der Spesen ausgeantwortet ist, nicht, wenn ihn kein Verschulden trifft. OHG **19** 217.

11) Er ist auch berechtigt, beim Bruche des Vertrages durch den Mitkontrahenten von diesem Ersatz des Schadens zu verlangen, nicht nur wie er ihm persönlich, sondern auch, wie er seinem Auftraggeber erwachsen ist, RG **62** 335; vgl. wegen des Kommissionärs Note 81 zu § 384.

12) Ob der Spediteur, welcher dem Versender einen Vorschuß auf das Gut gegeben hat und deshalb Pfandrecht an dem Gute beansprucht, die Beweislast dafür hat, daß der Versender nach seinem Rechtsverhältnisse zum Empfänger zur Erhebung des Vorschusses berechtigt gewesen, oder ob guter Glauben des Spediteurs bei der Leistung des Vorschusses zum Erwerb des Pfandrechts genügt, ist streitig; der Zwischenspediteur aber erlangt bezüglich der von ihm gezahlten Nachnahme ein wirksames Pfandrecht und braucht dem Empfänger gegenüber nur zu beweisen, daß er die Nachnahme an den Vormann bezahlt hat. OHG **24** 288.

12a) Das Pfandrecht erstreckt sich auch auf nicht dem Versender gehörendes Gut. RG **113** 429.

vision, die bei Speditionsgeschäften sonst regelmäßig vorkommenden Kosten sowie die gewöhnliche Fracht verlangen.

§ 413. Hat sich der Spediteur mit dem Versender über einen bestimmten Satz der Beförderungskosten geeinigt, so hat er ausschließlich die Rechte und Pflichten eines Frachtführers. Er kann in einem solchen Falle Provision nur verlangen, wenn es besonders vereinbart ist.

Bewirkt der Spediteur die Versendung des Gutes zusammen mit den Gütern anderer Versender auf Grund eines für seine Rechnung über eine Sammelladung[12b)] geschlossenen Frachtvertrags, so finden die Vorschriften des Abs. 1 Anwendung, auch wenn eine Einigung über einen bestimmten Satz der Beförderungskosten nicht stattgefunden hat. Der Spediteur kann in diesem Fall eine den Umständen nach angemessene Fracht, höchstens aber die für die Beförderung des einzelnen Gutes gewöhnliche Fracht verlangen.

§ 414.[13)] Die Ansprüche gegen den Spediteur wegen Verlustes, Minderung, Beschädigung oder verspäteter Ablieferung[14—16)] des Gutes verjähren in einem Jahre. Die Verjährungsfrist kann durch Vertrag verlängert werden.

Die Verjährung beginnt im Falle der Beschädigung oder Minderung mit dem Ablaufe des Tages, an welchem die Ablieferung stattgefunden hat, im Falle des Verlustes oder der verspäteten Ablieferung mit dem Ablaufe des Tages, an welchem die Ablieferung hätte bewirkt sein müssen.

Die im Abs. 1 bezeichneten Ansprüche können nach der Vollendung der Verjährung nur aufgerechnet werden, wenn vorher der Verlust, die Minderung, die Beschädigung oder die verspätete Ablieferung dem Spediteur angezeigt oder die Anzeige an ihn abgesendet worden ist.

12b) Zum Begriff der Sammelladung vgl. RG 108 420.

13) Unter § 414 fallen nicht Ansprüche wegen positiver Vertragsverletzung. RG 109 200. Auch nicht wegen vertragswidriger Ausführung, z. B. Vereitelung des Ersatzanspruches gegen den Frachtführer. RG 114 311.

14) Die Ablieferung ist, wenn der Adressat die Annahme schließlich verweigert und die Ware zur Verfügung stellt, als bewirkt im Sinne des § 414 anzusehen, insofern alles dazu seitens des Spediteurs und Frachtführers Erforderliche geschehen ist. RG 34 260.

15) Vor der Ablieferung läuft also die Verjährung nicht. OHG 17 80.

16) Wenn es sich um Verlust, Beschädigung usw. von Gütern handelt, welche ein Spediteur nicht zur Versendung, sondern nur zur Aufbewahrung übernommen hat, liegt kein Speditionsgeschäft vor, dann greifen die Vorschriften über Verwahrung Platz (§§ 688 ff. BGB). OHG 24 305, RG 11 136.

Der Anzeige an den Spediteur steht es gleich, wenn gerichtliche Beweisaufnahme zur Sicherung des Beweises beantragt oder in einem zwischen dem Versender und dem Empfänger oder einem späteren Erwerber des Gutes wegen des Verlustes, der Minderung, der Beschädigung oder der verspäteten Ablieferung anhängigen Rechtsstreite dem Spediteur der Streit verkündet wird.

Diese Vorschriften finden keine Anwendung, wenn der Spediteur den Verlust, die Minderung, die Beschädigung oder die verspätete Ablieferung des Gutes vorsätzlich[17]) herbeigeführt hat.

§ 415. Die Vorschriften dieses Abschnitts kommen auch zur Anwendung, wenn ein Kaufmann, der nicht Spediteur ist, im Betriebe seines Handelsgewerbes eine Güterversendung durch Frachtführer oder Verfrachter für Rechnung eines anderen in eigenem Namen zu besorgen übernimmt.

5. Abschnitt. Lagergeschäft.

§ 416. Lagerhalter ist, wer gewerbsmäßig die Lagerung und Aufbewahrung von Gütern übernimmt.

§ 417. Auf die Rechte und Pflichten des Lagerhalters in Ansehung und Empfangnahme, Aufbewahrung und Versicherung des Gutes finden die für den Kommissionär geltenden Vorschriften der §§ 388 bis 390 Anwendung.[18])

Treten Veränderungen an dem Gute ein, welche dessen Entwertung befürchten lassen, so hat der Lagerhalter den Einlagerer hiervon unverzüglich zu benachrichtigen. Versäumt er dies, so hat er den daraus entstehenden Schaden zu ersetzen.

§ 418. Der Lagerhalter hat dem Einlagerer die Besichtigung des Gutes, die Entnahme von Proben und die zur Erhaltung des Gutes notwendigen Handlungen während der Geschäftsstunden zu gestatten.

§ 419. Im Falle der Lagerung vertretbarer Sachen ist der Lagerhalter zu ihrer Vermischung mit anderen Sachen von gleicher Art und Güte nur befugt, wenn ihm dies ausdrücklich gestattet ist.

---

17) Nicht nur ordnungswidrig und leichtsinnig. RG 75 111.

18) Der Lagerhalter hat für eine Beschädigung der zur Lagerung übernommenen Waren aufzukommen, sofern er nicht die Anwendung der Sorgfalt eines ordentlichen Kaufmanns beweist. RG, R 3 121. Er haftet für Diebstähle, die sein Lagermeister außerhalb der Dienststunden begeht. RG 101 349.

Der Lagerhalter erwirbt auch in diesem Falle nicht das Eigentum des Gutes; aus dem durch die Vermischung entstandenen Gesamtvorrate kann er jedem Einlagerer den ihm gebührenden Anteil ausliefern, ohne daß er hierzu der Genehmigung der übrigen Beteiligten bedarf.

Ist das Gut in der Art hinterlegt, daß das Eigentum auf den Lagerhalter übergehen und dieser verpflichtet sein soll, Sachen von gleicher Art, Güte und Menge zurückzugewähren, so finden die Vorschriften dieses Abschnitts keine Anwendung.

§ 420. Der Lagerhalter hat Anspruch auf das bedungene oder ortsübliche Lagergeld sowie auf Erstattung der Auslagen für Fracht und Zölle und der sonst für das Gut gemachten Aufwendungen, soweit er sie den Umständen nach für erforderlich halten durfte.

Von den hiernach dem Lagerhalter zukommenden Beträgen (Lagerkosten) sind die baren Auslagen sofort zu erstatten. Die sonstigen Lagerkosten sind nach dem Ablaufe von je drei Monaten seit der Einlieferung oder, wenn das Gut in der Zwischenzeit zurückgenommen wird, bei der Rücknahme zu erstatten; wird das Gut teilweise zurückgenommen, so ist nur ein entsprechender Teil zu berichtigen, es sei denn, daß das auf dem Lager verbleibende Gut zur Sicherung des Lagerhalters nicht ausreicht.

§ 421. Der Lagerhalter hat wegen der Lagerkosten ein Pfandrecht an dem Gute, solange er es im Besitze hat, insbesondere mittelst Konnossements, Ladescheins oder Lagerscheins darüber verfügen kann.

§ 422. Der Lagerhalter kann nicht verlangen, daß der Einlagerer das Gut vor dem Ablaufe der bedungenen Lagerzeit und, falls eine solche nicht bedungen ist, daß er es vor dem Ablaufe von drei Monaten nach der Einlieferung zurücknehme. Ist eine Lagerzeit nicht bedungen oder behält der Lagerhalter nach dem Ablaufe der bedungenen Lagerzeit das Gut auf dem Lager, so kann er die Rücknahme nur nach vorgängiger Kündigung unter Einhaltung einer Kündigungsfrist von einem Monate verlangen.

Der Lagerhalter ist berechtigt, die Rücknahme des Gutes vor dem Ablaufe der Lagerzeit und ohne Einhaltung einer Kündigungsfrist zu verlangen, wenn ein wichtiger Grund vorliegt.

§ 423.[18a]) Auf die Verjährung der Ansprüche gegen den Lagerhalter wegen Verlustes, Minderung, Beschädigung oder verspäteter Ablieferung

18a) Auch der dingliche Anspruch fällt unter § 423. JW. 1925 S. 783.

des Gutes finden die Vorschriften des § 414 entsprechende Anwendung. Im Falle des gänzlichen Verlustes[19]) beginnt die Verjährung mit dem Ablaufe des Tages, an welchem der Lagerhalter dem Einlagerer Anzeige von dem Verluste macht.

§ 424. Ist von dem Lagerhalter ein Lagerschein[20],[21]) ausgestellt, der durch Indossament übertragen werden kann, so hat, wenn das Gut von dem Lagerhalter übernommen ist, die Übergabe des Lagerscheins an denjenigen, welcher durch den Schein zur Empfangnahme des Gutes legitimiert wird, für den Erwerb von Rechten an dem Gute dieselben Wirkungen wie die Übergabe des Gutes.

6. Abschnitt. Frachtgeschäft.[22])

§ 425. Frachtführer ist, wer es gewerbsmäßig übernimmt, die Beförderung von Gütern[23—26]) zu Lande oder auf Flüssen oder sonstigen Binnengewässern auszuführen.

---

19) Als eine Verlustanzeige gilt es auch, wenn der Lagerhalter seine Unfähigkeit zur Auslieferung der Ware mit der Begründung erklärt, daß er die Ware gar nicht erhalten, oder daß sie nach Anweisung des Einlagerers ausgeliefert sei. RG **58** 67.

20) Ein Lagerschein, in dem vermerkt ist, daß die Ware auf den Namen des Einlagerers eingetragen ist und an den Inhaber des Scheins unter Rückgabe desselben abzuliefern sei, ist mangels weiterer Anhaltspunkte nur dahin zu verstehen, daß der Lagerhalter berechtigt aber nicht verpflichtet sein soll, die Ware lediglich dem Inhaber des Scheins auszuhändigen; ein solcher Lagerschein ist kein echtes Inhaberpapier; hat der Lagerhalter auf Weisung des Einlagerers die Ware einem Dritten ausgehändigt, so kann er von dem Inhaber des Lagerscheins nicht in Anspruch genommen werden. RG K **4** 135.

21) Ein Lagerschein kann mit Rechtswirksamkeit auf den Inhaber gestellt werden, RG **59** 377; wegen der Indossierung vgl. § 363 HGB. Für einen Lieferschein vgl. RG **103** 153.

22) Vgl. §§ 26 ff. G betr. die privatrechtl. Verhältnisse der Binnenschiffahrt v. 15. VI. 95 (RGBl 301) und Art. 12 EGzHGB.

23) Es kann jemand Frachtführer sein, ohne selbst oder durch seine Leute den Transport auszuführen, es genügt, daß er den Transport gegen bestimmte Frachtsätze gewerbsmäßig übernimmt, gleichviel welcher Transportmittel er sich bei der Ausführung bedient. OHG **9** 89.

24) Gegenstand des Frachtvertrages sind nicht bloß Dienste zum Zwecke der Ausführung eines Transportes, sondern die Transportleistung selbst, welche dem Frachtführer obliegt, er muß gewerblich selbständig sein; wer schlechthin der Herrschaft eines andern unterworfen ist und auf Grund eines ihm erteilten Auftrages oder Befehls den Transport eines Gutes oder die Aufsicht über dasselbe während des Transportes übernimmt, ist nicht Frachtführer. RG **25** 108.

§ 426. Der Frachtführer kann die Ausstellung eines Frachtbriefs verlangen.

Der Frachtbrief soll enthalten:[27],[28])

1. den Ort und den Tag der Ausstellung;
2. den Namen und den Wohnort des Frachtführers;
3. den Namen dessen, an welchen das Gut abgeliefert werden soll (des Empfängers);
4. den Ort der Ablieferung;
5. die Bezeichnung des Gutes nach Beschaffenheit, Menge und Merkzeichen;
6. die Bezeichnung der für eine zoll- oder steueramtliche Behandlung oder polizeiliche Prüfung nötigen Begleitpapiere;
7. die Bestimmung über die Fracht sowie im Falle ihrer Vorausbezahlung einen Vermerk über die Vorausbezahlung;
8. die besonderen Vereinbarungen, welche die Beteiligten über andere Punkte, namentlich über die Zeit, innerhalb welcher die Beförderung bewirkt werden soll, über die Entschädigung wegen verspäteter Ablieferung und über die auf dem Gute haftenden Nachnahmen, getroffen haben;
9. die Unterschrift des Absenders; eine im Wege der mechanischen Vervielfältigung hergestellte Unterschrift ist genügend.

Der Absender haftet dem Frachtführer für die Richtigkeit und die Vollständigkeit der in den Frachtbrief aufgenommenen Angaben.

§ 427. Der Absender ist verpflichtet, dem Frachtführer die Begleitpapiere zu übergeben, welche zur Erfüllung der Zoll-, Steuer- oder

---

25) Auch die unentgeltliche Übernahme des Transportes von Tieren ohne Anwendung von Transportmitteln ist Frachtgeschäft. OHG **13** 133.

26) Auch der gewöhnliche Lastfuhrmann, der das Fuhrgeschäft nur im Lokalverkehr betreibt, ist Frachtführer. OHG **12** 196.

27) Der Frachtbrief dient nicht lediglich dazu, den Inhalt des zwischen Absender und Frachtführer geschlossenen Frachtvertrages zu beweisen, sondern zugleich, den Umfang der dem Frachtführer gegen den Empfänger zukommenden Rechte und Pflichten darzulegen. OHG **8** 197.

28) § 426 ist nur eine Ordnungsvorschrift, die den regelmäßigen Inhalt des Frachtbriefes angibt. Auch beim Fehlen einzelner Erfordernisse kann ein Frachtbrief vorliegen. Der Frachtbrief ist eine einseitige schriftliche Erklärung des Absenders des Frachtgutes über den Inhalt des mit dem Frachtführer geschlossenen Frachtvertrages, die als Beweisurkunde für diesen Inhalt zu dienen geeignet ist. Eine nicht vom Absender ausgestellte Urkunde ist kein Frachtbrief. RG **80** 60; **83** 395.

Polizeivorschriften vor der Ablieferung an den Empfänger erforderlich sind.[29],[30]) Er haftet dem Frachtführer, sofern nicht diesem ein Verschulden zur Last fällt, für alle Folgen, die aus dem Mangel, der Unzulänglichkeit oder der Unrichtigkeit der Papiere entstehen.

§ 428. Ist über die Zeit, binnen welcher der Frachtführer die Beförderung bewirken soll, nichts bedungen, so bestimmt sich die Frist, innerhalb deren er die Reise anzutreten und zu vollenden hat, nach dem Ortsgebrauche. Besteht ein Ortsgebrauch nicht, so ist die Beförderung binnen einer den Umständen nach angemessenen Frist zu bewirken.

Wird der Antritt oder die Fortsetzung der Reise ohne Verschulden des Absenders zeitweilig[31]) verhindert, so kann der Absender von dem Vertrage zurücktreten; er hat jedoch den Frachtführer, wenn diesem kein Verschulden zur Last fällt, für die Vorbereitung der Reise, die Wiederausladung und den zurückgelegten Teil der Reise zu entschädigen. Über die Höhe der Entschädigung entscheidet der Ortsgebrauch; besteht ein Ortsgebrauch nicht, so ist eine den Umständen nach angemessene Entschädigung zu gewähren.

§ 429. Der Frachtführer haftet für den Schaden, der durch Verlust oder Beschädigung des Gutes in der Zeit von der Annahme[32],[33]) bis zur

---

29) Der § 427 ist nicht auf den Fall eines Verschuldens des Absenders einzuschränken, er enthält eine mit der Zollgesetzgebung zusammenhängende Ausnahmevorschrift. OHG 24 206.

30) Durch die Übergabe einer Postsendung an die Zollbehörde zur zollamtlichen Behandlung tritt diese Behörde nicht in den zwischen dem Absender und der Post geschlossenen Transportvertrag, sondern in ein selbständiges Vertragsverhältnis zu diesem ein. Er kann aber von der Zollverwaltung keinesfalls mehr ersetzt verlangen, als er auf Grund des Transportvertrages von der Post würde haben verlangen können. RG, R 2 121.

31) Zeitweilig: einerseits nicht ganz geringfügige Zögerungen, andererseits nicht solche Hindernisse, welche nach Lage der Sache die Vertragszwecke völlig vereiteln würden und daher einem dauernden Hindernisse gleich zu achten sind. Es ist nach dem einzelnen Fall zu entscheiden, ob ein Hindernis als zeitweiliges oder dauerndes gilt. OHG 4 174.

32) Mit diesem Zeitpunkte entäußert sich der Verfrachter des Gewahrsams des Frachtgutes und überträgt seine bis dahin bestehende eigene Verantwortlichkeit für dasselbe auf den Frachtführer. RG 31 48.

33) Der Frachtführer ist verbunden, den Absender rechtzeitig von einem Hindernisse der Annahme zu benachrichtigen, und haftet für den Schaden, der durch Unterlassung der Nachricht entsteht (Minderung des Frachtgutes durch zu lange Lagerung). OHG 20 347.

Ablieferung[34—36]) oder durch Versäumung der Lieferzeit entsteht, es sei denn, daß der Verlust, die Beschädigung oder die Verspätung auf Umständen beruht, die durch die Sorgfalt eines ordentlichen Frachtführers nicht abgewendet werden konnten.[37—39])

Für den Verlust oder die Beschädigung von Kostbarkeiten,[40],[41]) Kunstgegenständen, Geld und Wertpapieren haftet der Frachtführer nur,[42]) wenn ihm diese Beschaffenheit oder der Wert des Gutes bei der Übergabe zur Beförderung angegeben worden ist.

§ 430. Muß auf Grund des Frachtvertrags von dem Frachtführer für gänzlichen oder teilweisen Verlust des Gutes Ersatz geleistet werden,

---

34) Die Benachrichtigung des Empfängers von der Ankunft des Gutes, die Aufforderung, es abzuholen, und die Auslieferung des Frachtbriefs, überhaupt alle Handlungen, welche bloß bezwecken, den Empfänger instand zu setzen, über das Gut zu verfügen, können für sich allein nicht als Ablieferung gelten, noch solche ersetzen. OHG **14** 293.

35) Ablieferung heißt nicht die bloße Bereitstellung des Gutes zur Abnahme, aber auch nicht die tatsächliche Übergabe, vielmehr wird damit derjenige Akt bezeichnet, durch welchen der Frachtführer den zum Zwecke des Transports durch Auflieferung erhaltenen Gewahrsam nach beendigtem Transporte mit ausdrücklicher oder stillschweigender Einwilligung des Empfängers wieder aufgibt, gleichviel an wen und ohne Unterschied, ob dadurch der Empfänger die Gewahrsam erlangt. OHG **2** 248.

36) Wenn der Empfänger die Annahme oder die Zahlung des Frachtgeldes verweigert, so verwandelt sich die Pflicht des Frachtführers, dem Empfänger das Gut zu bringen, in die Verpflichtung, dem abholenden Empfänger es gegen Zahlung der Fracht auszuliefern. OHG **2** 416.

37) Den Entlastungsbeweis hat der Frachtführer zu erbringen, bleibt die Ursache des Schadens unaufgeklärt, so ist der Entlastungsbeweis nur geführt, wenn den Frachtführer und seine Leute hinsichtlich aller möglicherweise in Betracht kommenden Ursachen offenbar kein Verschulden trifft. RG **66** 42; **72** 106.

38) Bei mitwirkendem Verschulden des Absenders ist § 254 BGB anzuwenden. RG **75** 11.

39) Befreiungsklauseln, die ein Spediteur in üblicher Weise dem Frachtführer zugesteht, binden auch den Eigentümer des Frachtguts; anders, wenn der Vertrag mit dem Frachtführer nicht im Auftrage des Eigentümers eingegangen ist. RG **77** 320.

40) Kostbarkeiten: Der Ausdruck umfaßt nicht bloß solche Gegenstände, deren Stoff besonders wertvoll ist, sogenannte Pretiosen. Ein Ölgemälde, auch wenn es an sich nicht aus kostbarem Stoffe gefertigt ist, kann mit Rücksicht auf seinen Kunstwert als Kostbarkeit erscheinen. RG **13** 36. Vgl. RG **105** 204 und Note 84a zu § 462.

41) Die Bezeichnung Bijouterie genügt der Vorschrift des § 429 Abs. 2. RG **7** 125.

42) Ist die Beschaffenheit oder der Wert nicht angegeben, so haftet der Frachtführer aus dem Frachtvertrage als solchem überhaupt nicht; § 429 Schlußsatz findet dann nicht Anwendung. Der Fall, daß der Verlust des Gutes durch ein von den Vertragspflichten unabhängiges rechtswidriges Handeln verursacht worden ist, wird dadurch nicht berührt. OHG **8** 271.

so ist der gemeine Handelswert und in dessen Ermangelung der gemeine Wert zu ersetzen, welchen Gut derselben Art und Beschaffenheit am Orte der Ablieferung in dem Zeitpunkte hatte, in welchem die Ablieferung zu bewirken war; hiervon kommt in Abzug, was infolge des Verlustes an Zöllen und sonstigen Kosten sowie an Fracht erspart ist.[43, 44])

Im Falle der Beschädigung[45, 46]) ist der Unterschied zwischen dem Verkaufswerte des Gutes im beschädigten Zustand und dem gemeinen Handelswert oder dem gemeinen Werte zu ersetzen, welchen das Gut ohne die Beschädigung am Orte und zur Zeit der Ablieferung gehabt haben würde; hiervon kommt in Abzug, was infolge der Beschädigung an Zöllen und sonstigen Kosten erspart ist.

Ist der Schaden durch Vorsatz oder grobe Fahrlässigkeit des Frachtführers herbeigeführt, so kann Ersatz des vollen Schadens gefordert werden.

§ 431. Der Frachtführer hat ein Verschulden seiner Leute und ein Verschulden anderer Personen, deren er sich bei der Ausführung der Beförderung bedient,[47]) in gleichem Umfange zu vertreten wie eigenes Verschulden.

§ 432. Übergibt der Frachtführer zur Ausführung der von ihm übernommenen Beförderung das Gut einem anderen Frachtführer, so haftet er für die Ausführung der Beförderung bis zur Ablieferung des Gutes an den Empfänger.

---

43) Der Absender braucht sein Interesse an der Ausführung des Frachtvertrages nicht darzutun, also namentlich nicht geltend zu machen, daß erd em Käufer oder Kommittenten den diesem entstandenen Schaden bereits ersetzt hat. Dem Frachtführer bleibt es vorbehalten, darzutun, daß dem Absender kein Schaden entstanden ist. RG 1 1.

44) Dieser Wert ist jedenfalls zu ersetzen, mag der Absender zu geringerem Preise verkauft oder der Empfänger zu geringerem Preise gekauft haben. OHG 12 393.

45) Der Empfänger ist nicht berechtigt, die beschädigte Ware zurückzuweisen und vollen Wertsersatz zu verlangen. OHG 11 294.

46) Bei teilweiser Beschädigung hat der Frachtführer an sich nur für den beschädigten Teil aufzukommen. Es kann jedoch die teilweise Beschädigung, sei es wegen Beschaffenheit der Ware und ihrer inneren Zusammengehörigkeit, sei es wegen besonderer Verhältnisse eine teilweise Wertsverminderung, beziehentlich sogar gänzliche Entwertung selbst in bezug auf die unbeschädigte Partie nach sich ziehen. OHG 15 372; RG 15 133.

47) Der Kahneigner haftet nicht für Verschulden des Schleppers, den er nur für diesen einen Fall angenommen hat. RG 91 243.

Der nachfolgende Frachtführer tritt dadurch, daß er das Gut mit dem ursprünglichen Frachtbrief annimmt, diesem gemäß in den Frachtvertrag ein und übernimmt die selbständige Verpflichtung, die Beförderung nach dem Inhalte des Frachtbriefs auszuführen.[48—50])

Hat auf Grund dieser Vorschriften einer der beteiligten Frachtführer Schadensersatz geleistet, so steht ihm der Rückgriff gegen denjenigen zu, welcher den Schaden verschuldet hat. Kann dieser nicht ermittelt werden, so haben die beteiligten Frachtführer den Schaden nach dem Verhältnis ihrer Anteile an der Fracht gemeinsam zu tragen, soweit nicht festgestellt wird, daß der Schaden nicht auf ihrer Beförderungsstrecke entstanden ist.

§ 433. Der Absender kann den Frachtführer anweisen, das Gut anzuhalten, zurückzugeben oder an einen anderen als den im Frachtbriefe bezeichneten Empfänger auszuliefern.[51], [52]) Die Mehrkosten, die durch eine solche Verfügung entstehen, sind dem Frachtführer zu erstatten.

Das Verfügungsrecht des Absenders erlischt, wenn nach der Ankunft des Gutes am Orte der Ablieferung der Frachtbrief dem Empfänger

---

48) Ein Rollfuhrmann, durch den eine Eisenbahnverwaltung den ihr selbst obliegenden Transport vollendet, haftet nur nach Maßgabe des für die Bahn reglementsmäßig geltenden Maximalnormalsatzes. OHG 7 99.

49) Ein Frachtführer haftet für die Versehen des vorhergehenden nicht, wenn er das tatsächlich durchgehende Frachtgut nicht als durchgehendes auf Grund des ersten, sondern auf Grund eines neuen Frachtbriefes von einem anderen Absender übernimmt, und ist es dabei unerheblich, daß der neue Frachtbrief das Frachtgut und durch Bezugnahme auf den alten beschreibt. OHG 7 216.

50) Eine Abänderung des Frachtbriefes, welche der folgende Frachtführer nach Übernahme des Frachtguts einseitig betreffs der Maß-, Gewichts- usw. Angaben bewirkt, bleibt für seine Verpflichtung gegen Absender und Empfänger wirkungslos, sie kann unter Umständen für die Regreßpflicht der Frachtführer untereinander von Bedeutung sein. OHG 11 209.

51) §§ 433, 435 behandeln nur die aus den Frachtverhältnissen sich ergebenden obligatorischen Beziehungen und Verpflichtungen, insbesondere das Verhältnis, in welches der Frachtführer als solcher einerseits zum Absender, andererseits zum Empfänger der Ware steht An den Besitzverhältnissen und an den Verhältnissen des Absenders zu dem Frachtführer selbst, sowie an den Rechten, die ihm dem Empfänger gegenüber zustehen, wird durch §§ 433, 435 nichts geändert. Die Aushändigung des Frachtbriefes (§ 433) hat nicht die Wirkung, daß der Frachtführer von da ab die Ware für den Empfänger besitzt. RG 27 84.

52) Der Absender kann nur Rückgabe des Gutes an dem Orte verlangen, wo dasselbe zur Zeit der nachträglichen Weisung sich befindet, nicht aber Rücktransport an den Aufgabeort. OHG 16 196.

übergeben[53]) oder von dem Empfänger Klage gemäß § 435 gegen den Frachtführer erhoben wird. Der Frachtführer hat in einem solchen Falle nur die Anweisungen des Empfängers zu beachten; verletzt er diese Verpflichtung, so ist er dem Empfänger für das Gut verhaftet.

§ 434. Der Empfänger ist vor der Ankunft des Gutes am Orte der Ablieferung dem Frachtführer gegenüber berechtigt, alle zur Sicherstellung des Gutes erforderlichen Maßregeln zu ergreifen und dem Frachtführer die zu diesem Zwecke notwendigen Anweisungen zu erteilen. Die Auslieferung des Gutes kann er vor dessen Ankunft am Orte der Ablieferung nur fordern, wenn der Absender den Frachtführer dazu ermächtigt hat.

§ 435. Nach der Ankunft des Gutes am Orte der Ablieferung ist der Empfänger[53a]) berechtigt, die durch den Frachtvertrag begründeten Rechte gegen Erfüllung der sich daraus ergebenden Verpflichtungen in eigenem Namen gegen den Frachtführer geltend zu machen, ohne Unterschied, ob er hierbei in eigenem oder in fremdem Interesse handelt.[54,55]) Er ist insbesondere berechtigt, von dem Frachtführer[56]) die Übergabe des Frachtbriefs und die Auslieferung des Gutes zu verlangen. Dieses Recht erlischt, wenn der Absender dem Frachtführer eine nach § 433 noch zulässige entgegenstehende Anweisung erteilt.

§ 436. Durch Annahme des Gutes und des Frachtbriefs[57]) wird der

---

53) Durch die Übergabe des Frachtbriefes entsteht für den Frachtführer dem Adressaten gegenüber die Verbindlichkeit, diesem (welche entgegenstehenden Verfügung der Absender auch erlassen haben mag) für das Gut zu haften. Macht der Adressat von seinem Rechte keinen Gebrauch, dann tritt die Verbindlichkeit des Frachtführers, das Gut zur Verfügung des Absenders zu halten, wieder in volle Wirksamkeit zurück; der Absender wird nicht etwa Rechtsnachfolger des Empfängers, sondern eine zu dessen Gunsten eingetreten gewesene Beschränkung des Rechts des Absenders fällt wieder weg. OHG 6 273.

53a) Zum Begriff des Empfängers vgl. RG **103** 30.

54) Der Empfänger darf aus eigenem Rechte klagen, nicht nur als Bevollmächtigter des Absenders, er darf daher den Schaden geltend machen, der ihm entstanden ist. OHG **4** 359.

55) § 435 ist auf die Postanstalten nicht anwendbar. RG **43** 98.

56) Dem vom Absender beauftragten Spediteur gegenüber hat der Empfänger diese Rechte nicht. OHG **13** 327.

57) Auch ohne Annahme des Frachtbriefes wird der Empfänger zur Zahlung verpflichtet, wenn er das Frachtgut an sich nimmt, obwohl er weiß, daß es mit einer Nachnahme belastet ist, zu deren Bezahlung er vorher aufgefordert war, und es trotz Aufforderung nicht herausgibt. RG **95** 124.

Empfänger verpflichtet, dem Frachtführer nach Maßgabe des Frachtbriefs[58, 59]) Zahlung zu leisten.[60, 61, 61a])

§ 437. Ist der Empfänger des Gutes nicht zu ermitteln oder verweigert er die Annahme oder ergibt sich ein sonstiges Ablieferungshindernis, so hat der Frachtführer den Absender unverzüglich hiervon in Kenntnis zu setzen und dessen Anweisung einzuholen.

Ist dies den Umständen nach nicht tunlich oder der Absender mit der Erteilung der Anweisung säumig oder die Anweisung nicht ausführbar, so ist der Frachtführer befugt, das Gut in einem öffentlichen Lagerhaus oder sonst in sicherer Weise zu hinterlegen. Er kann, falls das Gut dem Verderben ausgesetzt und Gefahr im Verzuge ist, das Gut auch gemäß § 373 Abs. 2 bis 4 verkaufen lassen.

Von der Hinterlegung und dem Verkaufe des Gutes hat der Frachtführer den Absender und den Empfänger unverzüglich zu benachrichtigen, es sei denn, daß dies untunlich ist; im Falle der Unterlassung ist er zum Schadensersatze verpflichtet.

§ 438. Ist die Fracht nebst den sonst auf dem Gute haftenden For-

---

58) Nach Maßgabe des Frachtbriefes, d. h. des darin in bezug genommenen Reglements und Tarifs. Berichtigung eines bei der Berechnung vorgefallenen Irrtums bleibt beiderseits vorbehalten. OHG 21 184. Wenn es sich nicht um Rechnungsfehler zuungunsten der Eisenbahn, sondern um eine von ihr nach Ablieferung des Gutes gemachte neue Auslage handelt, die bei der Berechnung überhaupt noch nicht in Betracht gezogen werden konnte, verhält es sich anders. RG 71 346. Vgl. §§ 70, 71 der Eisenbahn-Verkehrs-Ordnung v. 23. XII. 08.

59) Der Empfänger wird nur zur Leistung nach Maßgabe des Frachtbriefes und nicht zur Erfüllung aller dem Absender nach dem Frachtvertrage obliegenden Verpflichtungen verbunden. RG 71 343.

60) Bei Nichtzahlung ist der Frachtführer berechtigt, die Ablieferung des Gutes ganz zu verweigern, nicht bloß einen seine Forderung deckenden Teil zurückzubehalten. OHG 14 272.

61) Der Empfänger ist durch die Verweisung auf den Frachtbrief gesichert gegen persönliche Verbindlichkeiten für die Ansprüche, welche der Schiffer vermöge des Frachtvertrages gegen den Absender erworben hat, wenn sie der Frachtbrief nicht ergibt; er haftet aber für die Ansprüche, welche der Schiffer nach der Übergabe des Frachtbriefes durch das Verhalten des Empfängers bei der Ablieferung der Ladung erlangt, also für die durch seinen Verzug bei der Annahme entstandenen Liegegelder auch dann, wenn der Ladeschein oder Frachtbrief über Liegegelder nichts enthält. OHG 20 409.

61a) Neben dem Empfänger haftet auch der Absender für Liegegeld im Löschhafen. RG 122 223.

derungen bezahlt[62]) und das Gut angenommen,[63]) so sind alle Ansprüche gegen den Frachtführer aus dem Frachtvertrag erloschen.[64—67])

Diese Vorschrift findet keine Anwendung, soweit die Beschädigung oder Minderung des Gutes vor dessen Annahme durch amtlich bestellte Sachverständige festgestellt ist.

Wegen einer Beschädigung oder Minderung des Gutes, die bei der Annahme äußerlich nicht erkennbar ist, kann der Frachtführer auch nach der Annahme des Gutes und der Bezahlung der Fracht in Anspruch genommen werden, wenn der Mangel in der Zeit zwischen der Übernahme des Gutes durch den Frachtführer und der Ablieferung entstanden ist und die Feststellung des Mangels durch amtlich bestellte Sachverständige unverzüglich nach der Entdeckung und spätestens binnen einer Woche nach der Annahme beantragt wird. Ist dem Frachtführer der Mangel unverzüglich nach der Entdeckung und binnen der bezeichneten Frist angezeigt, so genügt es, wenn die Feststellung unverzüglich nach dem Zeitpunkte beantragt wird, bis zu welchem der Eingang einer Antwort des Frachtführers unter regelmäßigen Umständen erwartet werden darf.

Die Kosten einer von dem Empfangsberechtigten beantragten Feststellung sind von dem Frachtführer zu tragen, wenn ein Verlust oder eine Beschädigung ermittelt wird, für welche der Frachtführer Ersatz leisten muß.

Der Frachtführer kann sich auf diese Vorschriften nicht berufen, wenn er den Schaden durch Vorsatz oder grobe Fahrlässigkeit herbeigeführt hat.

---

62) Der Zahlung stehen gleich Aufrechnung, Hingabe an Zahlungs Statt, nicht aber Zahlungsversprechen. RG **25** 31.

63) Durch die bloße Annahme frankierten Frachtgutes erlischt der Anspruch nicht (OHG **13** 415) und auch nicht durch Bezahlung ohne Annahme. OHG **14** 293. Zum Begriff der Annahme vgl. RG **102** 92.

64) Nur vorgängige Übereinkunft mit dem Frachtführer, nicht aber einseitiger Vorbehalt wahrt den Anspruch. OHG **1** 179.

65) Die Ansprüche erlöschen gegen den Frachtführer, nicht aber gegen den Spediteur. OHG **8** 193 (195); OHG **24** 286 (289).

66) Nur auf den Frachtbrief mit dem angegebenen Inhalt bezieht sich die Annahme; ist ein anderer Frachtbrief mit anderem Inhalt als der ursprüngliche abgeliefert, so enthält die Annahme eine Erklärung über die abweichenden Bestimmungen des früheren Frachtbriefes nicht. RG **1** 1.

67) § 438 bezieht sich nur auf Ansprüche aus dem Frachtvertrage; Ansprüche auf Rückzahlung irrtümlich (infolge eines Druckfehlers im Tarif) zuviel gezahlter Fracht fallen nicht darunter. RG **6** 101.

§ 439. Auf die Verjährung der Ansprüche gegen den Frachtführer wegen Verlustes, Minderung, Beschädigung oder verspäteter Ablieferung des Gutes finden die Vorschriften des § 414 entsprechende Anwendung. Dies gilt nicht für die im § 432 Abs. 3 bezeichneten Ansprüche.

§ 440. Der Frachtführer hat wegen aller durch den Frachtvertrag begründeten Forderungen, insbesondere der Fracht- und Liegegelder, der Zollgelder und anderer Auslagen, sowie wegen der auf das Gut geleisteten Vorschüsse ein Pfandrecht an dem Gute.[68])

Das Pfandrecht besteht, solange der Frachtführer das Gut noch im Besitze hat, insbesondere mittels Konnossements, Ladescheins oder Lagerscheins darüber verfügen kann.

Auch nach der Ablieferung dauert das Pfandrecht fort, sofern der Frachtführer es binnen drei Tagen nach der Ablieferung gerichtlich geltend macht und das Gut noch im Besitze des Empfängers ist.

Die im § 1234 Abs. 1 des Bürgerlichen Gesetzbuchs bezeichnete Androhung des Pfandverkaufs sowie die in den §§ 1237, 1241 des Bürgerlichen Gesetzbuchs vorgesehenen Benachrichtigungen sind an den Empfänger zu richten. Ist dieser nicht zu ermitteln oder verweigert er die Annahme des Gutes, so hat die Androhung und Benachrichtigung gegenüber dem Absender zu erfolgen.

§ 441. Der letzte Frachtführer hat, falls nicht im Frachtbrief ein anderes bestimmt, bei der Ablieferung auch die Forderungen der Vormänner sowie die auf dem Gute haftenden Nachnahmen einzuziehen und die Rechte der Vormänner, insbesondere auch das Pfandrecht, auszuüben. Das Pfandrecht der Vormänner besteht so lange als das Pfandrecht des letzten Frachtführers.

Wird der vorhergehende Frachtführer von dem nachfolgenden befriedigt, so gehen seine Forderung und sein Pfandrecht auf den letzteren über.

In gleicher Weise gehen die Forderung und das Pfandrecht des Spediteurs auf den nachfolgenden Spediteur und den nachfolgenden Frachtführer über.

§ 442. Der Frachtführer, welcher das Gut ohne Bezahlung abliefert und das Pfandrecht nicht binnen drei Tagen nach der Ablieferung gericht-

---

68) Findet der Transport des Gutes auf Grund eines Vertrages nach und nach statt, so haftet jeder Teil des Gutes für die ganze Fracht. RG 84 400.

lich geltend macht, ist den Vormännern[68a]) verantwortlich. Er wird, ebenso wie die vorhergehenden Frachtführer und Spediteure, des Rückgriffs gegen die Vormänner verlustig. Der Anspruch gegen den Empfänger bleibt in Kraft.

§ 443. Bestehen an demselben Gute mehrere nach den §§ 397, 410, 421, 440 begründete Pfandrechte, so geht unter denjenigen Pfandrechten, welche durch die Versendung oder durch die Beförderung des Gutes entstanden sind, das später entstandene dem früher entstandenen vor.

Diese Pfandrechte haben sämtlich den Vorrang vor dem nicht aus der Versendung entstandenen Pfandrechte des Kommissionärs und des Lagerhalters sowie vor dem Pfandrechte des Spediteurs und des Frachtführers für Vorschüsse.

§ 444. Über die Verpflichtung zur Auslieferung des Gutes kann von dem Frachtführer ein Ladeschein ausgestellt werden.

§ 445. Der Ladeschein soll[69]) enthalten:

1. den Ort und den Tag der Ausstellung;
2. den Namen und den Wohnort des Frachtführers;
3. den Namen des Absenders;
4. den Namen desjenigen, an welchen oder an dessen Order das Gut abgeliefert werden soll; als solcher gilt der Absender, wenn der Ladeschein nur an Order gestellt ist;
5. den Ort der Ablieferung;
6. die Bezeichnung des Gutes nach Beschaffenheit, Menge und Merkzeichen;
7. die Bestimmung über die Fracht und über die auf dem Gute haftenden Nachnahmen sowie im Falle der Vorausbezahlung der Fracht einen Vermerk über die Vorausbezahlung.

Der Ladeschein muß von dem Frachtführer unterzeichnet sein.

Der Absender hat dem Frachtführer auf Verlangen eine von ihm unterschriebene Abschrift des Ladescheins auszuhändigen.

§ 446. Der Ladeschein entscheidet für das Rechtsverhältnis zwischen dem Frachtführer[70], [71]) und dem Empfänger[72]) des Gutes; die nicht in

---

68a) Zu den Vormännern gehört auch der Absender. RG **122** 225.

69) Der Paragraph enthält nicht die notwendigen, sondern die üblichen Bestandteile des Ladescheines, deren Aufnahme in die Urkunde der Absender verlangen kann. OHG **17** 97; RG **106** 339. Der Ladeschein ist nach § 363 durch Indossament übertragbar.

70) Der Frachtführer haftet nicht dem Inhaber des Ladescheines für die Richtigkeit

den Ladeschein aufgenommenen Bestimmungen des Frachtvertrags sind dem Empfänger gegenüber unwirksam, sofern nicht der Ladeschein ausdrücklich auf sie Bezug nimmt.

Für das Rechtsverhältnis zwischen dem Frachtführer und dem Absender bleiben die Bestimmungen des Frachtvertrags maßgebend.

§ 447. Zum Empfange des Gutes legitimiert ist derjenige, an welchen das Gut nach dem Ladeschein abgeliefert werden soll oder auf welchen der Ladeschein, wenn er an Order lautet, durch Indossament übertragen ist.

Der zum Empfange Legitimierte hat schon vor der Ankunft des Gutes am Ablieferungsorte die Rechte, welche dem Absender in Ansehung der Verfügung über das Gut zustehen, wenn ein Ladeschein nicht ausgestellt ist.

Der Frachtführer darf einer Anweisung des Absenders, das Gut anzuhalten, zurückzugeben oder an einen anderen als den durch den Ladeschein legitimierten Empfänger auszuliefern, nur Folge leisten, wenn ihm der Ladeschein zurückgegeben wird; verletzt er diese Verpflichtung, so ist er dem rechtmäßigen Besitzer des Ladescheins für das Gut verhaftet.

§ 448. Der Frachtführer ist zur Ablieferung des Gutes nur gegen Rückgabe des Ladescheins, auf dem die Ablieferung des Gutes bescheinigt ist, verpflichtet.

§ 449. Im Falle des § 432 Abs. 1 wird der nachfolgende Frachtführer, der das Gut auf Grund des Ladescheins übernimmt, nach Maßgabe des Scheines verpflichtet.

§ 450. Die Übergabe des Ladescheins an denjenigen, welcher durch den Schein zur Empfangnahme des Gutes legitimiert wird, hat, wenn

---

der abgegebenen Erklärung über die Beschaffenheit des Gutes unbedingt, also auch wenn kein Verschulden auf seiner Seite vorliegt. RG 5 79.

71) Wenn der Frachtführer nach Zeichnung des Ladescheines den Transport einem anderen Übernehmer überträgt und dieser eine den Bestimmungen des Ladescheines zuwider laufende Vereinbarung mit dem Empfänger trifft, so wird der ursprüngliche Frachtführer durch diese nicht verpflichtet. OHG 25 342.

72) Der Ladeschein ist ausschließlich entscheidend für das Rechtsverhältnis zwischen Empfänger und Frachtführer, nicht nur betreffs der Bestimmungen über die Ausführung des Transports, die Höhe der Fracht usw., sondern auch betreffs der Frage, wer als Frachtführer anzusehen und folglich berechtigt ist, die Ansprüche aus dem Frachtvertrage gegen den Empfänger (in eigenem Namen) geltend zu machen. OHG 17 97.

das Gut von dem Frachtführer übernommen ist, für den Erwerb von Rechten an dem Gute dieselben Wirkungen wie die Übergabe des Gutes.

§ 451. Die Vorschriften der §§ 426 bis 450 kommen auch zur Anwendung, wenn ein Kaufmann, der nicht Frachtführer ist, im Betriebe seines Handelsgewerbes eine Beförderung von Gütern zu Lande oder auf Flüssen oder sonstigen Binnengewässern auszuführen übernimmt.

§ 452. Auf die Beförderung von Gütern durch die Postverwaltungen des Reiches und der Bundesstaaten finden die Vorschriften dieses Abschnitts keine Anwendung. Die bezeichneten Postverwaltungen gelten nicht als Kaufleute im Sinne dieses Gesetzbuchs.

7. Abschnitt. Beförderung von Gütern und Personen auf den Eisenbahnen.[72a)]

§ 453. Eine dem öffentlichen Güterverkehre dienende Eisenbahn darf die Übernahme von Gütern zur Beförderung nach einer für den Güterverkehr eingerichteten Station innerhalb des Deutschen Reichs nicht verweigern,[72b)] sofern

1. der Absender sich den geltenden Beförderungsbedingungen und den sonstigen allgemeinen Anordnungen der Eisenbahn unterwirft;
2. die Beförderung nicht nach gesetzlicher Vorschrift oder aus Gründen der öffentlichen Ordnung verboten ist;
3. die Güter nach der Eisenbahnverkehrsordnung oder den gemäß der Verkehrsordnung erlassenen Vorschriften und, soweit diese keinen Anhalt gewähren, nach der Anlage und dem Betriebe der beteiligten Bahnen sich zur Beförderung eignen;
4. die Beförderung mit den regelmäßigen Beförderungsmitteln möglich ist;
5. die Beförderung nicht durch Umstände, die als höhere Gewalt zu betrachten sind, verhindert wird.

Die Eisenbahn ist nur insoweit verpflichtet, Güter zur Beförderung anzunehmen, als die Beförderung sofort erfolgen kann. Inwieweit sie verpflichtet ist, Güter, deren Beförderung nicht sofort erfolgen kann, in einstweilige Verwahrung zu nehmen, bestimmt die Eisenbahnverkehrsordnung.

72a) Diese Vorschriften gelten auch für Kleinbahnen. RG **105** 348.

72b) Vgl. RG **110** 324.

Die Beförderung der Güter findet in der Reihenfolge statt, in welcher sie zur Beförderung angenommen worden sind, sofern nicht zwingende Gründe des Eisenbahnbetriebs oder das öffentliche Interesse eine Ausnahme rechtfertigen.

Eine Zuwiderhandlung gegen diese Vorschriften begründet den Anspruch auf Ersatz des daraus entstehenden Schadens.

§ 454. Auf das Frachtgeschäft der dem öffentlichen Güterverkehre dienenden Eisenbahnen finden die Vorschriften des vorigen Abschnitts insoweit Anwendung, als nicht in diesem Abschnitt oder in der Eisenbahnverkehrsordnung[73]) ein anderes bestimmt ist.

§ 455. Die Eisenbahn ist verpflichtet, auf Verlangen des Absenders den Empfang des Gutes unter Angabe des Tages, an welchem es zur Beförderung angenommen ist, auf einem Duplikate des Frachtbriefs[74]) zu bescheinigen; das Duplikat ist von dem Absender mit dem Frachtbriefe vorzulegen.

Im Falle der Ausstellung eines Frachtbriefduplikats steht dem Absender das im § 433 bezeichnete Verfügungsrecht nur zu, wenn er das Duplikat vorlegt. Befolgt die Eisenbahn die Anweisungen des Absenders, ohne die Vorlegung des Duplikats zu verlangen, so ist sie für den daraus entstehenden Schaden dem Empfänger, welchem der Absender die Urkunde übergeben hat, haftbar.

§ 456. Die Eisenbahn haftet für den Schaden, der durch Verlust oder Beschädigung des Gutes in der Zeit von der Annahme zur Beförderung bis zur Ablieferung[75]) entsteht, es sei denn, daß der Schaden durch ein Verschulden oder eine nicht von der Eisenbahn verschuldete Anweisung des Verfügungsberechtigten, durch höhere Gewalt,[76],[77]) durch äußerlich

---

73) Vgl. Eisenbahnverkehrsordnung vom 23. XII. 08, RGBl 09 93.

74) Das Frachtbriefduplikat hat nicht die gesetzliche Bedeutung eines Lagerscheins, Ladescheins oder Konnossements; es dient zunächst nur dazu, den Empfänger gegen eigenmächtige Verfügungen des Absenders über das Frachtgut zu sichern. Unter Umständen bedeutet aber die Übergabe des Duplikats, daß der Anspruch des Verkäufers gegen die Eisenbahn auf Herausgabe des Gutes und das Eigentum an ihn auf den Käufer übergehen soll, so bei der Klausel „Netto Kasse gegen Frachtbriefduplikat". RG 102 97.

75) Herausgabe an einen nicht Empfangsberechtigten ist nicht Ablieferung, sondern Verlust. Hat der Empfänger ein Schließfach, so darf die Bahn nicht ohne weiteres das Gut dem Überbringer des Frachtbriefes aushändigen. RG 103 147.

76) Höhere Gewalt d. h. ein unter den gegebenen Umständen auch durch die äußerste, diesen Umständen angemessene und vernünftigerweise zu erwartende Sorgfalt

nicht erkennbare Mängel der Verpackung oder durch die natürliche Beschaffenheit des Gutes, namentlich durch inneren Verderb, Schwinden, gewöhnliche Leckage, verursacht ist.

Die Vorschrift des § 249 Abs. 2 findet Anwendung.

§ 457. Muß auf Grund des Frachtvertrags von der Eisenbahn für gänzlichen oder teilweisen Verlust des Gutes Ersatz geleistet werden, so ist der gemeine Handelswert[77a]) oder in dessen Ermangelung der gemeine Wert zu ersetzen, welchen Gut derselben Art und Beschaffenheit am Orte der Absendung in dem Zeitpunkte der Annahme zur Beförderung hatte, unter Hinzurechnung dessen, was an Zöllen und sonstigen Kosten sowie an Fracht bereits bezahlt ist.

Im Falle der Beschädigung ist für die Minderung des im Abs. 1 bezeichneten Wertes Ersatz zu leisten.

Ist der Schaden durch Vorsatz oder grobe Fahrlässigkeit der Eisenbahn herbeigeführt, so kann Ersatz des vollen Schadens gefordert werden.

§ 458. Die Eisenbahn haftet für ihre Leute und für andere Personen, deren sie sich bei der Ausführung der Beförderung bedient.

---

weder abzuwehrendes, noch in seinen schädlichen Folgen vermeidliches Ereignis (OHG **2** 248); ein äußeres Ereignis, dessen Vermeidung durch Vorkehrungen, welche zu dem durch dieselbe zu erreichenden Erfolge nach den allgemeinen Verkehrsanschauungen in vernünftigem Verhältnis stehen, unmöglich ist. OHG **8** 26; RG **70** 99. Als höhere Gewalt im Sinne des § 456 kann nicht bloß ein solches Ereignis angesehen werden, das außerhalb des Betriebskreises entsprungen ist, sondern auch ein solches, das sich im Eisenbahnbetriebe selbst, ja sogar im Innern eines Eisenbahnwagens zugetragen hat. RG, K **2** 123. Die besondere Betriebsgefahr des Eisenbahnbetriebes ist nicht höhere Gewalt. RG **50** 95; **54** 406. Streik der Eisenbahnangestellten — nicht Generalstreik — ist keine höhere Gewalt. RG **104** 151.

77) Wenn ein Gut durch Brand beschädigt oder vernichtet ist, greift die Vermutung, daß der Brand durch Selbstentzündung entstanden ist, dann Platz, wenn das Gut wegen seiner eigentümlichen natürlichen Beschaffenheit der besonderen Gefahr der Selbstentzündung ausgesetzt war. Es genügt also das Vorliegen der bloßen Möglichkeit der Selbstentzündung nicht. RG **15** 146.

77a) Der gemeine Handelswert oder Marktpreis ist der Preis, der für eine Ware gewisser Gattung und Art in regelrechter Güte an dem betreffenden Handelsplatz im Durchschnitt gewährt wird. Er kann nur in Betracht kommen, wenn in der betreffenden Ware ein bestimmter Umsatz stattfindet. Er ist wegen seiner verhältnismäßig einfachen und zuverlässigen Feststellbarkeit der vollkommenste Ausdruck des gemeinen Wertes. RG **98** 151. Der gemeine Wert ist nie höher als der Höchstpreis. RG **96** 124. Er ist auch dann zu ersetzen, wenn der Berechtigte dadurch einen Gewinn erzielt, der die Grenzen der Preistreibereiverordnung vom 8. Mai 1918 überschreitet. RG **100** 105.

§ 459. Die Eisenbahn haftet nicht:

1. in Ansehung der Güter, die nach der Bestimmung des Tarifs oder nach einer in den Frachtbrief aufgenommenen Vereinbarung mit dem Absender in offen[78]) gebauten Wagen befördert werden,
für den Schaden, welcher aus der mit dieser Beförderungsart verbundenen Gefahr entsteht;

2. in Ansehung der Güter, die, obgleich ihre Natur eine Verpackung zum Schutze gegen Verlust oder Beschädigung während der Beförderung erfordert, nach Erklärung des Absenders auf dem Frachtbrief unverpackt oder mit mangelhafter Verpackung zur Beförderung aufgegeben worden sind,
für den Schaden,[79]) welcher aus der mit dem Mangel oder mit der mangelhaften Beschaffenheit der Verpackung verbundenen Gefahr entsteht;[80])

3. in Ansehung der Güter, deren Aufladen und Abladen nach der Bestimmung des Tarifs oder nach einer in den Frachtbrief aufgenommenen Vereinbarung mit dem Absender von diesem oder von dem Empfänger besorgt wird,[81], [82])
für den Schaden, welcher aus der mit dem Aufladen und Abladen oder mit einer mangelhaften Verladung verbundenen Gefahr entsteht;

---

78) Offen, d. h. Wagen, welche ihrer Konstruktion und dauernden Einrichtung nach mit einer Bedeckung von oben nicht versehen sind; durch vorübergehend aufgelegte Decken wird ein solcher Wagen nicht zum bedeckten. Z. B. OHG **14** 219, RG **10** 105. Werden bedeckte Wagen geliefert, obgleich nur unbedeckte Wagen zu liefern waren, so haftet die Bahn auch nicht, OHG **25** 171, RG **1** 15; mündliche Bestellung eines gedeckten Wagens ist einflußlos. RG **1** 15. Diebstahl von Umzuggut aus geschlossenen Möbelwagen fällt nicht unter diese Bestimmung. RG **104** 47.

79) Unter Schaden fällt auch Diebstahl. OHG **19** 133.

80) Hieran wird dadurch nichts geändert, daß der Unfall in der Zeit zwischen der Ankunft und der Abnahme sich zugetragen hat, vorausgesetzt, daß die Bahn die Benachrichtigung des Empfängers von der Ankunft des Gutes nicht verzögerte. OHG **13** 433.

81) Selbstverladung im Sinne dieser Bestimmung liegt auch dann vor, wenn das Frachtgut ohne Umladung mit neuem Frachtbrief sofort weiter gesendet wird. OHG **13** 130.

82) Ist diese Beschränkung bedungen, so liefert auch der Frachtbrief keinen Beweis in bezug auf die Quantität des aufgeladenen Gutes, vielmehr muß nötigenfalls der Beweis geführt werden, daß der Bahn das Frachtgut in dem behaupteten Umfange übergeben worden ist. OHG **15** 376.

4. in Ansehung der Güter, die vermöge ihrer eigentümlichen natürlichen Beschaffenheit der besonderen Gefahr ausgesetzt sind, Verlust oder Beschädigung, namentlich Bruch, Rost, inneren Verderb, außergewöhnliche Leckage, Austrocknung und Verstreuung, zu erleiden,[82a])
für den Schaden, welcher aus dieser Gefahr entsteht;
5. in Ansehung lebender Tiere
für den Schaden, welcher aus der für sie mit der Beförderung verbundenen besonderen Gefahr entsteht;
6. in Ansehung derjenigen Güter, einschließlich der Tiere, welchen nach der Eisenbahnverkehrsordnung, dem Tarif oder nach einer in den Frachtbrief aufgenommenen Vereinbarung mit dem Absender ein Begleiter beizugeben ist,
für den Schaden, welcher aus der Gefahr entsteht, deren Abwendung durch die Begleitung bezweckt wird.

Konnte ein eingetretener Schaden den Umständen nach aus einer der im Abs. 1 bezeichneten Gefahren entstehen, so wird vermutet, daß er aus dieser Gefahr entstanden sei.[83])

Eine Befreiung von der Haftpflicht kann auf Grund dieser Vorschriften nicht geltend gemacht werden, wenn der Schaden durch Verschulden der Eisenbahn entstanden ist.[84])

§ 460. Bei Gütern, die nach ihrer natürlichen Beschaffenheit bei der Beförderung regelmäßig einen Gewichtsverlust erleiden, ist die Haftpflicht der Eisenbahn für Gewichtsverluste bis zu den aus der Eisenbahnverkehrsordnung sich ergebenden Normalsätzen ausgeschlossen.

Der Normalsatz wird, falls mehrere Stücke auf denselben Frachtbrief befördert werden, für jedes Stück besonders berechnet, wenn das Gewicht der einzelnen Stücke im Frachtbriefe verzeichnet ist oder sonst festgestellt werden kann.

82a) Feuergefährliche Flüssigkeiten gehören nicht hierunter. RG 113 252.

83) Diese Vermutung wird schon durch den Nachweis, daß der Schaden nicht aus der übernommenen Gefahr entstanden ist, widerlegt, es braucht nicht die wirkliche Ursache des Schadens bewiesen zu werden. RG 10 109.

84) Der Beschädigte hat nicht nur das Verschulden der Bahnverwaltung oder ihrer Leute, sondern auch, daß der Schaden durch dieses entstanden ist, nachzuweisen. OHG 15 86. Ist die Ware unterwegs liegen geblieben, so ist Verschulden der Bahn anzunehmen. RG 99 17.

Die Beschränkung der Haftpflicht tritt nicht ein, soweit der Verlust den Umständen nach nicht infolge der natürlichen Beschaffenheit des Gutes entstanden ist oder soweit der angenommene Satz dieser Beschaffenheit oder den sonstigen Umständen des Falles nicht entspricht.

Bei gänzlichem Verluste des Gutes findet ein Abzug für Gewichtsverlust nicht statt.

§ 461. Die Eisenbahnen können in besonderen Bedingungen (Ausnahmetarifen) einen im Falle des Verlustes oder der Beschädigung zu erstattenden Höchstbetrag festsetzen, sofern diese Ausnahmetarife veröffentlicht werden, eine Preisermäßigung für die ganze Beförderung gegenüber den gewöhnlichen Tarifen der Eisenbahn enthalten und der gleiche Höchstbetrag auf die ganze Beförderungsstrecke Anwendung findet.

Ist der Schaden durch Vorsatz oder grobe Fahrlässigkeit der Eisenbahn herbeigeführt, so kann die Beschränkung auf den Höchstbetrag nicht geltend gemacht werden.

§ 462. Inwieweit für den Fall des Verlustes oder der Beschädigung von Kostbarkeiten,[84a] Kunstgegenständen, Geld und Wertpapieren die zu leistende Entschädigung auf einen Höchstbetrag beschränkt werden kann, bestimmt die Eisenbahnverkehrsordnung. Die Vorschrift des § 461 Abs. 2 findet entsprechende Anwendung.

§ 463. Ist das Interesse an der Lieferung nach Maßgabe der Vorschriften der Eisenbahnverkehrsordnung in dem Frachtbriefe, dem Gepäckschein oder dem Beförderungsschein angegeben, so kann im Falle des Verlustes oder der Beschädigung des Gutes außer der im § 457 Abs. 1, 2 bezeichneten Entschädigung der Ersatz des weiter entstandenen Schadens bis zu dem angegebenen Betrage beansprucht werden.

Ist die Ersatzpflicht nach den Vorschriften des § 461 oder des § 462 auf einen Höchstbetrag beschränkt, so findet eine Angabe des Interesses an der Lieferung über diesen Betrag hinaus nicht statt.

§ 464. Wegen einer Beschädigung oder Minderung, die bei der Annahme des Gutes durch den Empfänger äußerlich nicht erkennbar ist, können Ansprüche gegen die Eisenbahn nach § 438 Abs. 3 nur geltend ge-

---

84a) Die Bahn kann die Haftung bei Kostbarkeiten auf 150 Mk. für 1 kg beschränken, nicht aber jeden Gegenstand mit höherem Wert als Kostbarkeit bezeichnen. Die Eisenbahnverkehrsordnung kann die Festsetzung der Haftungsgrenze für Kostbarkeiten der Eisenbahn überlassen. RG **101** 84; **104** 6; vgl. auch **101** 165; **102** 257.

macht werden, wenn binnen einer Woche nach der Annahme zur Feststellung des Mangels entweder bei Gericht die Besichtigung des Gutes durch Sachverständige oder schriftlich bei der Eisenbahn eine von dieser nach den Vorschriften der Eisenbahnverkehrsordnung vorzunehmende Untersuchung beantragt wird.

Ist der Schaden durch Vorsatz oder grobe Fahrlässigkeit der Eisenbahn herbeigeführt, so kann sie sich auf diese Vorschrift nicht berufen.

§ 465. Für den Verlust von Reisegepäck, das zur Beförderung aufgegeben ist, haftet die Eisenbahn nur, wenn das Gepäck binnen acht Tagen nach der Ankunft des Zuges, zu welchem es aufgegeben ist, auf der Bestimmungsstation abgefordert wird.

Inwieweit für den Fall des Verlustes oder der Beschädigung von Reisegepäck, das zur Beförderung aufgegeben ist, die zu leistende Entschädigung auf einen Höchstbetrag beschränkt werden kann, bestimmt die Eisenbahnverkehrsordnung.[84b]) Ist der Schaden durch Vorsatz oder grobe Fahrlässigkeit der Eisenbahn herbeigeführt, so kann die Beschränkung auf den Höchstbetrag nicht geltend gemacht werden.

Für den Verlust oder die Beschädigung von Reisegepäck, das nicht zur Beförderung aufgegeben ist, sowie von Gegenständen, die in beförderten Fahrzeugen belassen sind, haftet die Eisenbahn nur, wenn ihr ein Verschulden zur Last fällt.

§ 466. Die Eisenbahn haftet für den Schaden, welcher durch Versäumung der Lieferfrist[85]) entsteht, es sei denn, daß die Verspätung von einem Ereignisse herrührt, welches sie weder herbeigeführt hat noch abzuwenden vermochte.

Der Schaden wird nur insoweit ersetzt, als er den in dem Frachtbriefe, dem Gepäckschein oder dem Beförderungsschein als Interesse an der Lieferung nach Maßgabe der Eisenbahnverkehrsordnung angegebenen Betrag und in Ermangelung einer solchen Angabe den Betrag der Fracht nicht übersteigt. Für das Reisegepäck kann an Stelle der Fracht durch die Eisenbahnverkehrsordnung ein anderer Höchstbetrag bestimmt werden.

Inwieweit ohne den Nachweis eines Schadens eine Vergütung zu gewähren ist, bestimmt die Eisenbahnverkehrsordnung.

84b) Für zur Aufbewahrung übergebenes Gepäck ebenso. RG 98 31.

85) Der Absender, welcher das Interesse der rechtzeitigen Lieferung deklariert hat, hat zu beweisen, daß und in welchem Betrage durch die verspätete Lieferung ein Schaden entstanden ist. OHG 11 229.

Der Ersatz des vollen Schadens kann gefordert werden, wenn die Versäumung der Lieferfrist durch Vorsatz oder grobe Fahrlässigkeit der Eisenbahn herbeigeführt ist.

§ 467. Werden Gegenstände, die von der Beförderung ausgeschlossen oder zur Beförderung nur bedingungsweise zugelassen sind, unter unrichtiger oder ungenauer Bezeichnung[85a]) aufgegeben oder werden die für diese Gegenstände vorgesehenen Sicherheitsmaßregeln von dem Absender unterlassen, so ist die Haftpflicht der Eisenbahn auf Grund des Frachtvertrages ausgeschlossen.

§ 468. Für den Fall, daß auf dem Frachtbrief als Ort der Ablieferung ein nicht an der Eisenbahn liegender Ort bezeichnet wird, kann bestimmt werden, daß die Eisenbahn als Frachtführer nur für die Beförderung bis zur letzten Eisenbahnstation haften, bezüglich der Weiterbeförderung dagegen die Verpflichtungen des Spediteurs übernehmen soll.

§ 469.[85b]) Wird die Beförderung auf Grund desselben Frachtbriefs nach § 432 Abs. 2 durch mehrere aufeinander folgende Eisenbahnen bewirkt, so können die Ansprüche aus dem Frachtvertrag, unbeschadet des Rückgriffs der Bahnen untereinander, im Wege der Klage nur gegen die erste Bahn oder gegen diejenige, welche das Gut zuletzt mit dem Frachtbrief übernommen hat, oder gegen diejenige, auf deren Betriebsstrecke sich der Schaden ereignet hat, gerichtet werden.

Unter den bezeichneten Bahnen steht dem Kläger die Wahl zu; das Wahlrecht erlischt mit der Erhebung der Klage.

Im Wege der Widerklage oder mittelst Aufrechnung können Ansprüche aus dem Frachtvertrag auch gegen eine andere als die bezeichneten Bahnen geltend gemacht werden, wenn die Klage sich auf denselben Frachtvertrag gründet.

§ 470. Ansprüche der Eisenbahn auf Nachzahlung zu wenig erhobener Fracht oder Gebühren sowie Ansprüche gegen die Eisenbahn auf Rückerstattung zuviel erhobener Fracht oder Gebühren verjähren

---

85a) Die Bahn haftet, wenn sie die unrichtige Bezeichnung selbst verschuldet hat oder wenn sie über die Gegenstände eigenmächtig und willkürlich falsch verfügt. RG **103** 185.

85b) Die Vorschrift gilt auch für den Übergangsverkehr zwischen Groß- und Kleinbahnen. RG **105** 348.

in einem Jahre, sofern der Anspruch auf eine unrichtige Anwendung der Tarife oder auf Fehler bei der Berechnung gestützt wird. Die Verjährung beginnt mit dem Ablaufe des Tages, an welchem die Zahlung erfolgt ist.[86])

Die Verjährung des Anspruchs auf Rückerstattung zuviel erhobener Fracht oder Gebühren sowie die Verjährung der im § 439 Satz 1 bezeichneten Ansprüche wird durch die schriftliche Anmeldung des Anspruchs bei der Eisenbahn gehemmt. Ergeht auf die Anmeldung ein abschlägiger Bescheid, so beginnt der Lauf der Verjährungsfrist wieder mit dem Tage, an welchem die Eisenbahn ihre Entscheidung dem Anmeldenden schriftlich bekannt macht und ihm die der Anmeldung etwa angeschlossenen Beweisstücke zurückstellt. Weitere Gesuche, die an die Eisenbahn oder an die vorgesetzten Behörden gerichtet werden, bewirken keine Hemmung der Verjährung.

§ 471. Die nach den Vorschriften des § 432 Abs. 1, 2, der §§ 438, 439, 453, 455 bis 470 begründeten Verpflichtungen der Eisenbahnen können weder durch die Eisenbahnverkehrsordnung noch durch Verträge ausgeschlossen oder beschränkt werden.[86a])

Bestimmungen, welche dieser Vorschrift zuwiderlaufen, sind nichtig. Das gleiche gilt von Vereinbarungen, die mit den Vorschriften der Eisenbahnverkehrsordnung im Widerspruche stehen.

§ 472. Die Vorschriften über die Beförderung von Personen auf den Eisenbahnen werden durch die Eisenbahnverkehrsordnung getroffen.

§ 473. Bei einer dem öffentlichen Verkehre dienenden Bahnunternehmung, welche der Eisenbahnverkehrsordnung nicht unterliegt (Kleinbahn), sind insoweit, als in den §§ 453, 459, 460, 462 bis 466 auf die Vorschriften der Eisenbahnverkehrsordnung verwiesen ist, an deren Stelle die Beförderungsbedingungen der Bahnunternehmung maßgebend.

Den Vorschriften des § 453 unterliegt eine solche Bahnunternehmung nur mit der Maßgabe, daß sie die Übernahme von Gütern zur Beförderung auf ihrer Bahnstrecke nicht verweigern darf.

4. Buch. Seehandel.

§§ 474—905 sind in dieser Ausgabe nicht abgedruckt worden.

---

86) Auf den Fall, daß der Tarif infolge vorsätzlich oder fahrlässig falscher Deklarierung des Frachtgutes falsch berechnet wurde, ist § 470 nicht anwendbar. RG 64 284.

86a) Auch nicht zugunsten des Publikums abgeändert wurden. RG 99 246.

2. Einführungsgesetz zum Handelsgesetzbuche.

Vom 10. Mai 1897 (RGBl S. 437).

Art. 1. Das Handelsgesetzbuch tritt gleichzeitig mit dem Bürgerlichen Gesetzbuch in Kraft.

Der sechste Abschnitt des ersten Buches des HGB tritt mit Ausnahme des § 65 am 1. Januar 1898 in Kraft.

Der siebente Abschnitt des dritten Buches des HGB kann durch Kaiserliche Verordnung mit Zustimmung des Bundesrats vor dem im Abs. 1 bezeichneten Zeitpunkt in Kraft gesetzt werden.

Art. 2. In Handelssachen kommen die Vorschriften des Bürgerlichen Gesetzbuchs nur insoweit zur Anwendung, als nicht im HGB oder in diesem Gesetz ein anderes bestimmt ist.

Im übrigen werden die Vorschriften der Reichsgesetze durch das Handelsgesetzbuch nicht berührt.

Art. 3. Soweit in Reichsgesetzen oder in Landesgesetzen auf Vorschriften des Allgemeinen Deutschen HGB verwiesen ist, treten die entsprechenden Vorschriften des HGB an deren Stelle.

Art. 4. Die nach dem bürgerlichen Rechte mit einer Eintragung in das Güterrechtsregister verbundenen Wirkungen treten, sofern ein Ehegatte Kaufmann ist und seine Handelsniederlassung sich nicht in dem Bezirke des für den Wohnsitz des Ehemanns zuständigen Registergerichts befindet, in Ansehung der auf den Betrieb des Handelsgewerbes sich beziehenden Rechtsverhältnisse nur ein, wenn die Eintragung auch in das Güterrechtsregister des für den Ort der Handelsniederlassung zuständigen Gerichts erfolgt ist. Bei mehreren Niederlassungen genügt die Eintragung in das Register des Ortes der Hauptniederlassung.

Wird die Niederlassung verlegt, so finden die Vorschriften des § 1559 BGB entsprechende Anwendung.

Art. 5. Auf Bergwerksgesellschaften, die nach den Vorschriften der Landesgesetze nicht die Rechte einer juristischen Person besitzen, findet der § 2 HGB keine Anwendung.

Art. 6. Die Vorschriften der §§ 474, 475 HGB finden auch im Falle der Veräußerung eines Seeschiffs, das nicht zum Erwerbe durch die Seefahrt bestimmt ist, sowie im Falle der Veräußerung eines Anteils an einem solchen Schiffe Anwendung.

Art. 7. Die Vorschriften des § 485 und des § 486 Abs. 1 Nr. 3 HGB über die Haftung des Reeders für das Verschulden einer Person der Schiffsbesatzung sowie die Vorschriften der §§ 734 bis 739 HGB über die Haftung im Falle des Zusammenstoßes von Schiffen finden auch Anwendung, wenn die Verwendung eines Schiffes zur Seefahrt nicht des Erwerbes wegen erfolgt.

Art. 8. Aufgehoben werden:

1. das G betr. die Löschung nicht mehr bestehender Firmen und Prokuren im Handelsregister, vom 30. III. 88;
2. der Artikel 80 Wechselordnung;
3. der § 68 Seemannsordnung vom 27. XII. 72;
4. der § 86 Abs. 2 des G betr. die Unfallversicherung der Seeleute und anderer bei der Seeschiffahrt beteiligter Personen, vom 13. VII. 87.

Art. 9. Die Gewerbeordnung wird dahin geändert:

I. Als § 15a werden folgende Vorschriften eingestellt:

Gewerbetreibende, die einen offenen Laden haben oder Gast- oder Schankwirtschaft betreiben, sind verpflichtet, ihren Familiennamen mit mindestens einem ausgeschriebenen Vornamen an der Außenseite oder am Eingange des Ladens oder der Wirtschaft in deutlich lesbarer Schrift anzubringen.

Kaufleute, die eine Handelsfirma führen, haben zugleich die Firma in der bezeichneten Weise an dem Laden oder der Wirtschaft anzubringen; ist aus der Firma der Familienname des Geschäftsinhabers mit dem ausgeschriebenen Vornamen zu ersehen, so genügt die Anbringung der Firma.

Auf offene Handelsgesellschaften, Kommanditgesellschaften und Kommanditgesellschaften auf Aktien finden diese Vorschriften mit der Maßgabe Anwendung, daß für die Namen der persönlich haftenden Gesellschafter gilt, was in betreff der Namen der Gewerbetreibenden bestimmt ist.

Sind mehr als zwei Beteiligte vorhanden, deren Namen hiernach in der Aufschrift anzugeben wären, so genügt es, wenn die Namen von zweien mit einem das Vorhandensein weiterer Beteiligter andeutenden Zusatz aufgenommen werden. Die Polizeibehörde kann im einzelnen Falle die Angabe der Namen aller Beteiligter anordnen.

II. Als § 133f wird folgende Vorschrift eingestellt:

Eine Vereinbarung zwischen dem Gewerbeunternehmer und einem der im § 133a bezeichneten Angestellten, durch die der Angestellte für die Zeit nach der Beendigung des Dienstverhältnisses in seiner gewerblichen Tätigkeit beschränkt wird, ist für den Angestellten nur insoweit verbindlich, als die Beschränkung nach Zeit, Ort und Gegenstand nicht die Grenzen überschreitet, durch welche eine unbillige Erschwerung seines Fortkommens ausgeschlossen wird.

Die Vereinbarung ist nichtig, wenn der Angestellte zur Zeit des Abschlusses minderjährig ist.

III. Der § 148 erhält folgenden Zusatz:

14. wer den Vorschriften des § 15a zuwiderhandelt.

Art. 10. Das G betr. die Erwerbs- und Wirtschaftsgenossenschaften v. 1. V. 89 wird dahin geändert ....

Art. 11. Das G betr. die Gesellschaften mit beschränkter Haftung, v. 20. IV. 92 wird dahin geändert .....

Die unter I bis XXIV enthaltenen Anordnungen sind im Abdruck des betreffenden Gesetzes (unter Nr. 10) berücksichtigt.

Art. 12. Das G betr. die privatrechtlichen Verhältnisse der Binnenschiffahrt v. 15. VI. 95 (RGBl 95) wird dahin geändert .....

Art. 13. Der Reichskanzler wird ermächtigt, die Texte des Gesetzes, betreffend die Erwerbs- und Wirtschaftsgenossenschaften, des Gesetzes, betreffend die Gesellschaften mit beschränkter Haftung, und des Gesetzes, betreffend die privatrechtlichen Verhältnisse der Binnenschiffahrt, wie sie sich aus den in den Artikeln 10 bis 12 vorgesehenen Änderungen ergeben, unter fortlaufender Nummernfolge der Paragraphen und Abschnitte durch das Reichsgesetzblatt bekannt zu machen.

Hierbei sind die in den bezeichneten Gesetzen enthaltenen Verweisungen auf Vorschriften des Allgemeinen Deutschen HGB durch Verweisungen auf die nach Artikel 3 des gegenwärtigen Gesetzes an die Stelle jener Vorschriften tretenden Vorschriften zu ersetzen. Den Verweisungen auf Vorschriften der Zivilprozeßordnung und der Konkursordnung sind diese Gesetze in der Fassung zugrunde zu legen, welche sie durch das im Artikel 1 des EinfGesetzes zum Bürgerl. Gesetzbuche vorgesehene Gesetz erhalten.

Soweit in Reichsgesetzen oder in Landesgesetzen auf Vorschriften der im Abs. 1 bezeichneten Gesetze verwiesen ist, treten die entsprechenden Vorschriften der durch den Reichskanzler bekannt gemachten Texte an ihre Stelle.

Art. 14. Das BörsenG vom 22. VI. 96 (RGBl 157) wird dahin geändert .....

Art. 15. Die privatrechtlichen Vorschriften der Landesgesetze bleiben insoweit unberührt, als es in diesem Gesetze bestimmt oder als im Handelsgesetzbuch auf die Landesgesetze verwiesen ist.

Soweit die Landesgesetze unberührt bleiben, können auch neue landesgesetzliche Vorschriften erlassen werden.

Art. 16. Unberührt bleiben die landesgesetzlichen Vorschriften über Lagerscheine und Lagerpfandscheine, die Vorschriften über Lagerscheine jedoch nur insoweit, als sie den § 363 Abs. 2 und die §§ 364, 365, 424 des Handelsgesetzbuchs ergänzen.

Art. 17. Unberührt bleiben die landesgesetzlichen Vorschriften über Schecks.

Art. 18. Unberührt bleiben die landesgesetzlichen Vorschriften über den Vertrag zwischen dem Brauer und dem Wirte über die Lieferung von Bier, soweit sie das aus dem Vertrage sich ergebende Schuldverhältnis für den Fall regeln, daß nicht besondere Vereinbarungen getroffen werden.

Art. 19. Unberührt bleiben:

1. für das Großherzogtum Mecklenburg-Schwerin die §§ 51 bis 53, 55 der Verordnung v. 28. XII. 63, betr. die Publikation des HGB, sowie die zur Abänderung dieser Verordnung ergangene Verordnung v. 22. X. 69;
2. für die freie Hansestadt Bremen die Verordnung v. 12. II. 66, betr. die Löschung der Seeschiffe, nebst den dazu später ergangenen Gesetzen;
3. für die freie und Hansestadt Hamburg der § 50 des EGzHGB v. 22. XII. 65.

Art. 20. Unberührt bleiben die landesgesetzlichen Vorschriften, nach welchen ein Pfandrecht an einem im Bau befindlichen Schiffe ohne Übergabe des Schiffes durch Eintragung in ein besonderes Register bestellt werden kann, sowie die landesgesetzlichen Vorschriften über die Zwangsversteigerung eines solchen Schiffes.

Art. 21. Unberührt bleiben die landesgesetzlichen Vorschriften zur Ausführung der Wechselordnung, soweit sie durch das BundesG vom 5. VI. 69 (BGBl 379) aufrecht erhalten sind. Dies gilt jedoch nicht für die Vorschriften über kaufmännische Anweisungen.

Art. 22. Die zur Zeit des Inkrafttretens des HGB im Handelsregister eingetragenen Firmen können weitergeführt werden, soweit sie nach den bisherigen Vorschriften geführt werden durften.

Die Vorschriften des § 20 HGB über die in die Firma der Aktiengesellschaften und der Kommanditgesellschaften auf Aktien aufzunehmenden Bezeichnungen finden jedoch auf die bei dem Inkrafttreten des HGB für eine solche Gesellschaft in das Handelsregister eingetragene Firma Anwendung, wenn die Firma aus Personennamen zusammengesetzt ist und nicht erkennen läßt, daß eine Aktiengesellschaft oder eine Kommanditgesellschaft auf Aktien die Inhaberin ist.

Art. 23. Auf die Errichtung einer Aktiengesellschaft oder Kommanditgesellschaft auf Aktien, die vor dem Inkrafttreten des Handelsgesetzbuchs zur Eintragung in das Handelsregister angemeldet ist, finden die bisherigen Vorschriften Anwendung, sofern vor diesem Zeitpunkte die Voraussetzungen erfüllt sind, an deren Nachweis die bisherigen Vorschriften die Eintragung knüpfen.

Art. 24. Sind die Aktien einer bestehenden Aktiengesellschaft oder Kommanditgesellschaft auf Aktien gemäß den vor dem Inkrafttreten des G vom 18. VII. 84 (RGBl 123) in Geltung gewesenen Vorschriften auf einen geringeren Betrag als eintausend Mark gestellt, so bleiben im Falle einer Zusammenlegung oder sonstigen Umwandlung dieser Aktien die Vorschriften des § 180 Abs. 1 HGB außer Anwendung. Der Nennbetrag der Aktien darf jedoch nicht herabgesetzt werden.

Wird das Grundkapital einer bestehenden Aktiengesellschaft der Kommanditgesellschaft auf Aktien durch Ausgabe neuer Aktien erhöht, so finden die Vorschriften des § 180 Abs. 1 HGB auf die neuen Aktien Anwendung, auch wenn die Ausgabe mittelst Umwandlung von Aktien der im Abs. 1 bezeichneten Art geschieht.

Diese Vorschriften gelten auch für Interimsscheine.

Art. 25. Die Vorschriften des § 228 HGB über die Kraftloserklärung abhanden gekommener oder vernichteter Aktien finden auch in dem Falle Anwendung, daß eine Aktie vor dem Inkrafttreten des HGB abhanden gekommen oder vernichtet worden ist.

Art. 26. Die vor dem Inkrafttreten des HGB erfolgte Außerkurssetzung einer auf den Inhaber lautenden Aktie verliert mit dem Inkrafttreten des HGB ihre Wirkung.

Art. 27. Auf Personen, die bei dem Inkrafttreten des HGB Mitglieder des Vorstandes einer Aktiengesellschaft sind, finden für die Dauer der Bestellung die Vorschriften des § 236 HGB über den Betrieb eines Handelsgewerbes und über die Beteiligung an einer anderen Gesellschaft nur in der Beschränkung auf den Handelszweig der Aktiengesellschaft Anwendung.

Art. 28. Die Vorschrift des § 283 Abs. 1 HGB über die Zusicherung von Rechten auf den Bezug neu auszugebender Aktien findet auf eine vor dem Inkrafttreten des HGB erteilte Zusicherung keine Anwendung.

3. Preuß. Ausführungsgesetz zum Handelsgesetzbuche.

Vom 24. September 1899. (GS. 303).

Art. 1. Für den Erlaß von Bestimmungen, durch welche die Grenze des Kleingewerbes nach Maßgabe des § 4 Abs. 3 HGB näher festgesetzt wird, sind der Justizminister und der Minister für Handel und Gewerbe gemeinschaftlich zuständig. Vor dem Erlasse solcher Bestimmungen sind in der Regel die Organe des Handelsstandes gutachtlich zu hören.

Das gleiche gilt von den Bestimmungen, welche nach § 30 Abs. 4 HGB erlassen werden können.

Art. 2. Ist auf Grund des bisherigen Landesrechts eine Eintragung in das Handelsregister bewirkt, die nach dem HGB unzulässig ist, so kann das Registergericht sie von Amts wegen löschen, soweit nicht das bisherige Recht maßgebend bleibt.

Das Gericht hat den Beteiligten, wenn sein Aufenthalt bekannt ist, von der beabsichtigten Löschung zu benachrichtigen und ihm zugleich eine angemessene Frist zur Geltendmachung eines Widerspruchs zu bestimmen.

Auf das weitere Verfahren finden die Vorschriften des § 141 Abs. 3, 4 ReichsG über die Angeleg. der freiw. Gerichtsb. v. 17. V. 98 Anwendung.

Die Löschung erfolgt gebührenfrei. Wird jedoch der Widerspruch eines Beteiligten zurückgewiesen, so hat er für die Zurückweisung die für die Löschung bestimmte Gebühr zu entrichten.

Eintragungen, die den Güterstand einer zur Zeit des Inkrafttretens des BGB bestehenden Ehe betreffen, bleiben unberührt.[1])

Art. 3. Die Gerichte, die Beamten der Staatsanwaltschaft, die Polizei- und Gemeindebehörden sowie die Notare haben von den zu ihrer amtlichen Kenntnis gelangenden Fällen einer unrichtigen, unvollständigen oder unterlassenen Anmeldung zum Handelsregister oder Genossenschaftsregister dem Registergerichte Mitteilung zu machen.

Die Steuerbehörden sind verpflichtet, dem Registergericht über die Anmeldung und die Abmeldung steuerpflichtiger Gewerbe, über das Ergebnis der Veranlagung zur Gewerbesteuer sowie über später eingetretene Veränderungen Auskunft zu erteilen.

---

1) Vgl. Note 25 zu § 8 HGB.

Art. 4. Eine Aktiengesellschaft sowie eine Kommanditgesellschaft auf Aktien kann aufgelöst werden, wenn sie sich rechtswidriger Handlungen oder Unterlassungen schuldig macht, durch welche das Gemeinwohl gefährdet wird.

Von der Auflösung hat der Regierungspräsident dem Registergerichte Mitteilung zu machen.

Über die Auflösung entscheidet im Verwaltungsstreitverfahren der Bezirksausschuß in erster Instanz. Für die Erhebung der Klage ist der Regierungspräsident zuständig.

Art. 5. Versicherungsverträge und Verlagsverträge bedürfen, wenn sie Handelsgeschäfte sind, zu ihrer Gültigkeit nicht der schriftlichen Form.

Art. 6. Zur Bekanntmachung des Verlustes eines Inhaberpapiers nach § 367 HGB sind die Polizeibehörden auf Antrag des Eigentümers verpflichtet, wenn glaubhaft gemacht wird, daß das Papier dem Eigentümer gestohlen worden, verloren gegangen oder sonst abhanden gekommen ist. Die Kosten der Bekanntmachung hat der Antragsteller zu tragen und auf Erfordern vorzuschießen.

Art. 7. Königlicher Verordnung bleibt vorbehalten: 1. die Vorschriften des HGB, welche sich auf den Aufenthalt des Schiffes im Heimatshafen beziehen, auf alle oder einige Häfen des Reviers des Heimathafens auszudehnen (HGB § 480 Abs. 2); 2. zu bestimmen, daß auf kleineren Fahrzeugen (Küstenfahrern und dergleichen) die Führung eines Tagebuchs nicht erforderlich ist (HGB § 521); 3. zu bestimmen, daß die Vorschrift des § 566 Abs. 1 des HGB, soweit sie die Beladung des Verdecks betrifft, auf die Küstenschiffahrt keine Anwendung findet.

Bis zur anderweitigen Regelung durch eine solche Verordnung bleiben 1. die §§ 22, 33, 34 EGzHGB für das vormalige Königreich Hannover v. 5. X. 64 (Hannov. HS Abt. I 213), 2. die §§ 67, 68 der Verordnung, betr. die Einführung des ADHGB in die Herzogtümer Holstein und Schleswig, v. 5. VII. 67 (GS 1133), 3. der § 2 des G betr. die Einführungsbestimmungen zum ADHGB für das Jadgebiet, v. 9. III. 70 (GS 248) für ihr Geltungsgebiet mit der Maßgabe in Kraft, daß an die Stelle der darin in Bezug genommenen Vorschriften des Allg. Deutschen HGB die entsprechenden Vorschriften des neuen HGB treten.

Art. 8. Die nachstehenden Gesetze und Verordnungen sowie die zu ihrer Ergänzung, Ausführung oder Abänderung erlassenen landesrechtlichen Vorschriften werden, soweit sie noch in Geltung sind und nicht schon infolge Reichsgesetzes außer Kraft treten, unbeschadet der Vorschrift des Artikel 7 Abs. 2 dieses Gesetzes und der Übergangsvorschriften anderer Gesetze, aufgehoben: 1. das preuß. EGzHGB v. 24. VI. 61 (GS 449); 2. das EG für das Herzogt. Nassau v. 2. X. 61 (VBl 121); 3. das EG für das Königreich Bayern v. 10. XI. 61 (GBl 425); 4. das EG für das Großherz. Hessen v. 1. VIII. 62 (Reg.-Bl. 62); 5. das EG für die Freie Stadt Frankfurt vom 17. X. 62 (Ges.-u. Stat.-S. 15 113); 6. das EG für das Landgraftum Hessen v. 25. VIII. 63 (Reg.-Bl Nr. 7); 7. das EG für das Königreich Hannover v. 5. X. 64 (GS Abt. I 213); 8. das EG für das Kurf. Hessen v. 3. V. 65 (GS 17 55); 9. die Verordn., betr. die Einf. verschiedener seerechtlicher Vorschriften des Preuß. Rechts in das vormalige Königr. Hannover, v. 24. VI. 67 (GS 1165); 10. die Verordn. betr. die Einf. des ADHGB in die Herzogtümer Holstein und Schleswig, v. 5. VII. 67 (GS 1133); 11. die Verordn., betr. die Kommanditgesellschaften auf Aktien in den durch die G v. 20. X. u. 24. XII. 66 mit der Preuß. Monarchie vereinigten Landesteilen, v. 24. VIII. 67 (GS 1645); 12. das EG für das Herzogt. Lauenburg v. 21. X. 68 (Offiz. Wochenbl. 473); 13. das G betr. die Einführungsbestimmungen zum ADHGB für das Jagdgebiet und die Einführung verschiedener seerechtlicher Vorschriften in dasselbe, vom 9. III. 70 (GS 248); 14. der § 1 Nr. IV der Verordn., betr. die Einführung Preuß. Landesgesetze in Helgoland, v. 22. III. 91 (GS 39).

Unberührt bleiben jedoch diejenigen Vorschriften der vorbezeichneten Gesetze und Verordnungen, welche die vor ihrem Erlaß entstandenen Rechtsverhältnisse betreffen.

Art. 9. Dieses Gesetz tritt gleichzeitig mit dem Bürgerlichen Gesetzbuch in Kraft.

4. Arbeitsgerichtsgesetz.

vom 23. Dezember 1926 (RGBl 1926 S. 507),
nebst Berichtigung RGBl 1927 S. 42.

Erster Teil.
Allgemeine Bestimmungen.

Arbeitsgerichtsbehörden.

§ 1. Die Gerichtsbarkeit in Arbeitssachen (§§ 2 und 3) liegt den Arbeitsgerichtsbehörden ob.

Arbeitsgerichtsbehörden sind:

1. die Arbeitsgerichte (§§ 14 bis 32),
2. die Landesarbeitsgerichte (§§ 33 bis 39),
3. das Reichsarbeitsgericht (§§ 40 bis 45).

Zuständigkeit.

§ 2. Die Arbeitsgerichte sind unter Ausschluß der ordentlichen Gerichte ohne Rücksicht auf den Wert des Streitgegenstandes zuständig:

1. für bürgerliche Rechtsstreitigkeiten zwischen Tarifvertragsparteien oder zwischen diesen und Dritten aus Tarifverträgen oder über das Bestehen oder Nichtbestehen von Tarifverträgen und für bürgerliche Rechtsstreitigkeiten zwischen tarifvertragsfähigen Parteien oder zwischen diesen und Dritten aus unerlaubten Handlungen, sofern es sich um Maßnahmen zu Zwecken des Arbeitskampfes oder um Fragen der Vereinigungsfreiheit handelt;
2. für bürgerliche Rechtsstreitigkeiten zwischen Arbeitgebern und Arbeitnehmern aus dem Arbeits- oder Lehrverhältnis, über das Bestehen oder Nichtbestehen eines Arbeits- oder Lehrvertrags, aus Verhandlungen über die Eingehung eines Arbeits- oder Lehrverhältnisses und aus dessen Nachwirkungen sowie für bürgerliche Rechtsstreitigkeiten aus unerlaubten Handlungen, soweit diese mit dem Arbeits- oder Lehrverhältnis im Zusammenhange stehen; ausgenommen sind Streitigkeiten, deren Gegenstand die Erfindung eines Arbeitnehmers bildet, soweit es sich nicht nur um Ansprüche auf eine Vergütung oder Entschädigung für die Erfindung handelt, und Streitigkeiten der nach § 481 des Handelsgesetzbuchs zur Schiffsbesatzung gehörenden Personen;
3. für bürgerliche Rechtsstreitigkeiten zwischen Arbeitnehmern aus gemeinsamer Arbeit und aus unerlaubten Handlungen, soweit

diese mit dem Arbeits- oder Lehrverhältnis im Zusammenhange stehen;

4. für bürgerliche Rechtsstreitigkeiten zwischen Arbeitgebern und Arbeitnehmern aus den §§ 86, 87 des Betriebsrätegesetzes;
5. in folgenden Fällen des Betriebsrätegesetzes:

für die Entscheidung über das Erlöschen der Mitgliedschaft in Betriebsvertretungen (§§ 39, 56 Abs. 2, § 60),

für die Entscheidung über die Auflösung von Betriebsvertretungen (§§ 41, 44, § 56 Abs. 2),

für die Berufung vorläufiger Betriebsvertretungen (§ 43 Abs. 2, § 44 Abs. 4, § 56 Abs. 2, § 60),

für die Entscheidung über Bildung und Auflösung gemeinsamer Betriebsvertretungen (§§ 52, 53),

für die Festsetzung von Strafen nach § 134b der Gewerbeordnung (§ 80 Abs. 2),

für die Entscheidung über das Vorliegen eines Verstoßes gegen vereinbarte Richtlinien über die Einstellung von Arbeitnehmern (§§ 82, 83),

für die Entscheidung von Streitigkeiten über die Errichtung, Zusammensetzung und Tätigkeit von Betriebsvertretungen und aus Wahlen zu ihnen (§ 93),

für die Ersetzung der Zustimmung von Betriebsvertretungen zur Kündigung oder Versetzung ihrer Mitglieder (§§ 97, 98).

Die im Abs. 1 Nr. 1 bis 4 begründete Zuständigkeit besteht auch in den Fällen, in denen der Rechtsstreit durch einen Rechtsnachfolger oder durch eine Person geführt wird, die kraft Gesetzes an Stelle der ursprünglichen Partei hierzu befugt ist.

(Erweiterte Zuständigkeit.)

§ 3. Bei den Arbeitsgerichten können auch nicht unter § 2 fallende Klagen gegen Arbeitgeber oder Arbeitnehmer sowie von solchen gegen Dritte erhoben werden, wenn der Anspruch mit einer bei einem Arbeitsgericht anhängigen oder gleichzeitig anhängig werdenden bürgerlichen Rechtsstreitigkeit der im § 2 Nr. 1 bis 4 bezeichneten Art in rechtlichem oder unmittelbarem wirtschaftlichen Zusammenhange steht und für seine Geltendmachung nicht eine ausschließliche Zuständigkeit gegeben ist; die im § 2 Nr. 2 Halbsatz 2 ausgenommenen Streitigkeiten können auch im Zusammenhange mit anderen Streitigkeiten nicht vor die Arbeitsgerichte gebracht werden.

Auf Grund Vereinbarung können auch bürgerliche Rechtsstreitigkeiten zwischen juristischen Personen des privaten Rechtes und ihren gesetzlichen Vertretern vor die Arbeitsgerichte gebracht werden (§ 5 Abs. 2).

Ausschluß der Arbeitsgerichtsbarkeit.

§ 4. In den Fällen des § 2 Nr. 1 bis 4 kann die Arbeitsgerichtsbarkeit durch Schiedsvertrag und Vereinbarung nach den §§ 91 bis 107 ganz oder teilweise ausgeschlossen werden.

Begriff des Arbeitnehmers.

§ 5. Arbeitnehmer im Sinne dieses Gesetzes sind Arbeiter und Angestellte einschließlich der Lehrlinge. Den Arbeitnehmern stehen Personen gleich, die, ohne in einem Arbeitsvertragsverhältnisse zu stehen, im Auftrag und für Rechnung bestimmter anderer Personen Arbeit leisten (Hausgewerbetreibende und sonstige arbeitnehmerähnliche Personen), und zwar auch dann, wenn sie die Roh- oder Hilfsstoffe selbst beschaffen; arbeitnehmerähnliche Personen sind im Verhältnis zu ihren Auftraggebern auch Zwischenmeister, die den überwiegenden Teil ihres Verdienstes aus ihrer eigenen Arbeit am Stücke beziehen.

Keine Arbeitnehmer sind gesetzliche Vertreter von juristischen Personen und von Personengesamtheiten des öffentlichen und privaten Rechtes, ferner Personen in ihrer Eigenschaft als öffentliche Beamte sowie als Angehörige des Reichsheers und der Reichsmarine.

Besetzung der Arbeitsgerichtsbehörden.

§ 6. Die Arbeitsgerichtsbehörden sind mit rechtsgelehrten Richtern und mit Beisitzern aus den Kreisen der Arbeitgeber und der Arbeitnehmer besetzt.

Die Beisitzer aus den Kreisen der Arbeitgeber und der Arbeitnehmer führen bei den Arbeitsgerichten die Amtsbezeichnung Arbeitsrichter, bei den Landesarbeitsgerichten die Amtsbezeichnung Landesarbeitsrichter und bei dem Reichsarbeitsgerichte die Amtsbezeichnung Reichsarbeitsrichter.

Aufbringung der Mittel.

§ 7. Die Kosten der Arbeitsgerichte und der Landesarbeitsgerichte trägt das Land, das sie errichtet, die Kosten des Reichsarbeitsgerichts trägt das Reich.

Gang des arbeitsgerichtlichen Verfahrens.

§ 8. In den Rechtsstreitigkeiten nach § 2 Nr. 1 bis 4 und nach § 3 findet das Urteilsverfahren (§§ 46 bis 79), in den Fällen des § 2 Nr. 5 das Beschlußverfahren (§§ 80 bis 90) statt.

Im ersten Rechtszug sind die Arbeitsgerichte zuständig.

Gegen die Urteile der Arbeitsgerichte findet die Berufung an die Landesarbeitsgerichte statt, wenn der Wert des Streitgegenstandes den Betrag von dreihundert Reichsmark übersteigt oder wenn das Arbeitsgericht die Berufung wegen der grundsätzlichen Bedeutung des Rechtsstreits zugelassen hat.

In den Fällen des § 2 Nr. 1 bis 3 und des § 3 findet gegen die Urteile der Landesarbeitsgerichte die Revision an das Reichsarbeitsgericht statt, wenn der Wert des Streitgegenstandes die jeweils in der ordentlichen bürgerlichen Gerichtsbarkeit geltende Revisionsgrenze übersteigt oder wenn das Landesarbeitsgericht die Revision wegen der grundsätzlichen Bedeutung des Rechtsstreits zugelassen hat. Die unmittelbare Einlegung der Revision unter Umgehung des Berufungsrechtzugs ist in den im § 76 bezeichneten Fällen zulässig.

Gegen die das Verfahren beendenden Beschlüsse der Arbeitsgerichte im Beschlußverfahren findet die Rechtsbeschwerde statt, wenn der Beschluß auf einer Gesetzesverletzung beruht. Für die Entscheidung über die Rechtsbeschwerde sind die Landesarbeitsgerichte oder das Reichsarbeitsgericht zuständig (§ 85 Abs. 1).

Allgemeine Verfahrensvorschriften.

§ 9. Die Vorschriften des Gerichtsverfassungsgesetzes über Zustellungs- und Vollstreckungsbeamte, über die Gerichtssprache, über die Aufrechterhaltung der Ordnung in der Sitzung und über die Beratung und Abstimmung gelten für das arbeitsgerichtliche Verfahren entsprechend.

Die Gebührenordnung für Zeugen und Sachverständige und die Gebührenordnung für Gerichtsvollzieher finden im arbeitsgerichtlichen Verfahren Anwendung. Gebührenvorschüsse dürfen die Gerichtsvollzieher nicht erheben.

Das arbeitsgerichtliche Verfahren ist in allen Rechtszügen zu beschleunigen. Die Gerichtsferien sind auf das Verfahren ohne Einfluß.

Auf den zur Zustellung an die Parteien bestimmten Ausfertigungen der Urteile und der das Beschlußverfahren beendenden Beschlüsse soll vermerkt werden, ob gegen die Entscheidung ein Rechtsmittel zulässig und bei welcher Behörde, in welcher Form und binnen welcher Frist es einzulegen ist.

Parteifähigkeit.

§ 10. Parteifähig im arbeitsgerichtlichen Verfahren sind auch wirtschaftliche Vereinigungen von Arbeitgebern und von Arbeitnehmern und in den Fällen des § 2 Nr. 4 und 5 die Arbeitnehmerschaft, Arbeiterschaft und Angestelltenschaft der Betriebe im Sinne des Betriebsrätegesetzes.

Prozeßvertretung.

§ 11. Vor den Arbeitsgerichten sind als Prozeßbevollmächtigte oder Beistände Rechtsanwälte und Personen, die das Verhandeln vor Gericht geschäftsmäßig betreiben, ausgeschlossen; zugelassen sind jedoch Mitglieder und Angestellte wirtschaftlicher Vereinigungen von Arbeitgebern oder von Arbeitnehmern oder von Verbänden solcher Vereinigungen, die kraft Satzung oder Vollmacht zur Vertretung befugt sind, soweit sie für die Vereinigung oder für Mitglieder der Vereinigung auftreten und nicht neben dieser Vertretung die Tätigkeit als Rechtsanwalt ausüben oder, ohne Rechtsanwälte zu sein, das Verhandeln vor Gericht gewerbsmäßig gegen Entgelt betreiben.

Vor den Landesarbeitsgerichten und vor dem Reichsarbeitsgerichte müssen die Parteien sich durch Rechtsanwälte als Prozeßbevollmächtigte vertreten lassen; zur Vertretung berechtigt ist jeder bei einem deutschen Gerichte zugelassene Anwalt. An ihre Stelle können vor den Landesarbeitsgerichten Mitglieder und Angestellte wirtschaftlicher Vereinigungen von Arbeitgebern oder von Arbeitnehmern oder von Verbänden solcher Vereinigungen treten, die kraft Satzung oder Vollmacht zur Vertretung befugt sind, sofern die Vereinigung, der Verband oder Mitglieder der Vereinigung Partei sind.

Gebühren und Auslagen.

§ 12. Im Verfahren vor den Arbeitsgerichten wird eine einmalige Gebühr nach dem Werte des Streitgegenstandes erhoben. Sie beträgt bei einem Streitwert

bis zu zwanzig Reichsmark einschließlich . .	eine Reichsmark,
von mehr als zwanzig Reichsmark bis zu sechzig Reichsmark einschließlich	zwei Reichsmark,
von mehr als sechzig Reichsmark bis zu einhundert Reichsmark einschließlich	drei Reichsmark

und von da ab für jede angefangene hundert Reichsmark je drei Reichsmark bis zu höchstens fünfhundert Reichsmark. Schreibgebühren kommen nicht in Ansatz.

Wird der Rechtsstreit im ersten oder in einem höheren Rechtszug durch einen vor dem Gericht abgeschlossenen oder dem Gerichte mitgeteilten Vergleich beendet, so werden in diesem Rechtszug keine Gebühren erhoben, auch wenn eine streitige Verhandlung vorausgegangen war. Wird der Rechtsstreit durch Versäumnisurteil oder auf Grund eines Anerkenntnisses oder einer Zurücknahme der Klage beendet und hat keine streitige Verhandlung stattgefunden, so wird in diesem Rechtszug nur die Hälfte der sonst fälligen Gebühren erhoben; bei Beendigung des Rechtsstreits im ersten Rechtszug auf Grund eines Anerkenntnisses oder einer Zurücknahme der Klage ohne streitige Verhandlung werden keine Gebühren erhoben.

Gebühren und Auslagen werden erst fällig, wenn das Verfahren in dem Rechtszug beendet oder das Ruhen des Verfahrens angeordnet ist. Kostenvorschüsse werden nicht erhoben; das gilt auch für die Zwangsvollstreckung.

In den Fällen des § 2 Nr. 5, des § 93 Abs. 4 und der §§ 102 und 107 in Verbindung mit § 93 Abs. 4, des § 98 Abs. 3 und des § 99 werden Gebühren und Auslagen nicht erhoben.

Vergleiche in einem anhängigen Rechtsstreit sind stempelfrei.

Im übrigen gelten für die Gebühren und Auslagen im arbeitsgerichtlichen Verfahren die Vorschriften des Gerichtskostengesetzes entsprechend.

Rechtshilfe.

§ 13. Die Arbeitsgerichte haben anderen Arbeitsgerichtsbehörden Rechtshilfe zu leisten. Die Amtsgerichte haben den Arbeitsgerichtsbehörden Rechtshilfe zu leisten, sofern sich am Sitze des Amtsgerichts kein Arbeitsgericht befindet.

Die Vorschriften des Gerichtsverfassungsgesetzes über Rechtshilfe finden entsprechende Anwendung.

Zweiter Teil.

Aufbau der Arbeitsgerichtsbehörden.

Erster Abschnitt.

Arbeitsgerichte.

Errichtung.

§ 14. Die Arbeitsgerichte werden als selbständige Gerichte durch die Landesjustizverwaltung im Einvernehmen mit der obersten Landesbehörde für die Sozialverwaltung nach Anhörung der wirtschaftlichen Vereinigungen der Arbeitgeber und Arbeitnehmer regelmäßig für den Bezirk eines Amtsgerichts errichtet.

Ein Arbeitsgericht kann auch errichtet werden:

1. für den Bezirk mehrerer Amtsgerichte eines Landes oder für Teile eines Amtsgerichtsbezirkes oder mehrerer Amtsgerichtsbezirke eines Landes, insbesondere für ein einheitliches Wirtschaftsgebiet;
2. für die Gebiete mehrerer Länder oder Teile von ihnen, insbesondere für ein einheitliches Wirtschaftsgebiet. In diesem Falle erfolgt die Errichtung durch die im Abs. 1 bezeichneten obersten Behörden der beteiligten Länder.

Bei der Errichtung der Arbeitsgerichte ist auf die Wirkungsbereiche der bisherigen Gewerbegerichte oder Kaufmannsgerichte nach Möglichkeit Rücksicht zu nehmen.

Landgericht im Sinne des § 18 Abs. 5, des § 20 Abs. 1, des § 21 Abs. 5, des § 24 Abs. 2, des § 27 und des § 30 Abs. 1 ist das Landgericht, bei dem das dem Arbeitsgericht übergeordnete Landesarbeitsgericht errichtet ist.

Verwaltung und Dienstaufsicht.

§ 15. Die Geschäfte der Verwaltung und Dienstaufsicht führt die Landesjustizverwaltung im Einvernehmen mit der obersten Landesbehörde für die Sozialverwaltung. Vor Erlaß allgemeiner Anordnungen, die die Verwaltung und Dienstaufsicht betreffen, soweit sie nicht rein technischer Art sind, sind die wirtschaftlichen Vereinigungen der Arbeitgeber und Arbeitnehmer zu hören.

Die Landesjustizverwaltung kann im Einvernehmen mit der obersten Landesbehörde für die Sozialverwaltung Geschäfte der Verwaltung und Dienstaufsicht nachgeordneten Dienststellen übertragen, insbesondere dem Vorsitzenden des Arbeitsgerichts oder, wenn mehrere Vorsitzende vorhanden sind, einem von ihnen.

Zusammensetzung.

§ 16. Das Arbeitsgericht besteht aus der erforderlichen Anzahl von Vorsitzenden und stellvertretenden Vorsitzenden und von Beisitzern. Die Beisitzer werden je zur Hälfte aus den Kreisen der Arbeitgeber und der Arbeitnehmer entnommen.

Jede Kammer des Arbeitsgerichts wird in der Besetzung mit einem Vorsitzenden und je einem Beisitzer der Arbeitgeber und der Arbeitnehmer tätig. In den Fällen des § 2 Nr. 1 wird jede Kammer in der

Besetzung mit einem Vorsitzenden und je zwei Beisitzern der Arbeitgeber und der Arbeitnehmer tätig.

Bildung von Kammern.

§ 17. Die Zahl der Kammern bestimmt die Landesjustizverwaltung im Einvernehmen mit der obersten Landesbehörde für die Sozialverwaltung nach Anhörung der wirtschaftlichen Vereinigungen der Arbeitgeber und Arbeitnehmer.

Für Streitigkeiten der Arbeiter und für Streitigkeiten der Angestellten werden getrennte Kammern gebildet. Soweit beide Arbeitnehmergruppen beteiligt sind, entscheidet für die Zuständigkeit der Kammer die überwiegende Beteiligung. Die Landesjustizverwaltung kann im Einvernehmen mit der obersten Landesbehörde für die Sozialverwaltung nach Anhörung der wirtschaftlichen Vereinigungen der Arbeitgeber und Arbeitnehmer aus besonderen Gründen anordnen, daß von der Bildung getrennter Kammern für Arbeiter und für Angestellte abzusehen ist.

Soweit ein Bedürfnis besteht, können Fachkammern für die Streitigkeiten bestimmter Berufe und Gewerbe und bestimmter Gruppen von Arbeitern oder Angestellten gebildet werden. Über die Bildung entscheidet die Landesjustizverwaltung im Einvernehmen mit der obersten Landesbehörde für die Sozialverwaltung nach Anhörung der wirtschaftlichen Vereinigungen der Arbeitgeber und Arbeitnehmer. Für die Streitigkeiten des Handwerkes müssen Fachkammern (Handwerksgerichte) errichtet werden.

Die Zuständigkeit einer Angestelltenkammer oder einer Fachkammer kann durch die Landesjustizverwaltung im Einvernehmen mit der obersten Landesbehörde für die Sozialverwaltung nach Anhörung der wirtschaftlichen Vereinigungen der Arbeitgeber und Arbeitnehmer auf die Bezirke anderer Arbeitsgerichte oder Teile von ihnen erstreckt werden, insbesondere, wenn es sich um ein einheitliches Wirtschaftsgebiet handelt. Die Erstreckung auf das Gebiet eines anderen Landes erfolgt durch Vereinbarung mit den zuständigen obersten Behörden dieses Landes.

Bestellung der Vorsitzenden.

§ 18. Die Vorsitzenden und die stellvertretenden Vorsitzenden bestellt die Landesjustizverwaltung im Einvernehmen mit der obersten Landesbehörde für die Sozialverwaltung. Sie soll nur Personen bestellen, die auf arbeitsrechtlichem und sozialem Gebiete Kenntnisse und Erfahrungen besitzen.

Die Vorsitzenden und die stellvertretenden Vorsitzenden sind in der Regel ordentliche Richter. Richter, die Vorsitzende oder stellvertretende Vorsitzende eines Schlichtungsausschusses oder Schlichter oder stellvertretende Schlichter sind oder gewesen sind, sollen bei der Bestellung zu Vorsitzenden oder zu stellvertretenden Vorsitzenden der Arbeitsgerichte besonders berücksichtigt werden.

Andere Personen dürfen zu Vorsitzenden oder zu stellvertretenden Vorsitzenden nur bestellt werden, wenn sie nach ihrer Stellung im Erwerbsleben weder als Arbeitgeber noch als Arbeitnehmer anzusehen sind und die Befähigung zum Richteramte haben.

Die Vorsitzenden und die stellvertretenden Vorsitzenden werden mindestens für ein Jahr und höchstens für neun Jahre bestellt. Eine wiederholte Bestellung ist zulässig. Nach mindestens dreijähriger Amtsdauer können hauptamtliche Vorsitzende auf Lebenszeit bestellt werden. Die von der Gesetzgebung festgesetzten Altersgrenzen, bei deren Erreichung Richter in den Ruhestand treten, gelten auch für die Vorsitzenden der Arbeitsgerichte.

Die Vorsitzenden und die stellvertretenden Vorsitzenden sind vor ihrem Amtsantritte durch den Präsidenten des Landgerichts auf die Erfüllung der Obliegenheiten ihres Amtes eidlich zu verpflichten, falls sie nicht bereits als Beamte vereidigt sind.

Die landesgesetzlichen Vorschriften über die Befähigung zur zeitweiligen Wahrnehmung richterlicher Aufgaben gelten für die zeitweilige Tätigkeit als Vorsitzender entsprechend. Diese soll jedoch den Zeitraum von sechs Wochen nicht übersteigen.

Rechtliche Stellung der Vorsitzenden.

§ 19. Die Vorsitzenden und die stellvertretenden Vorsitzenden haben die Rechte und Pflichten richterlicher Beamter der Länder. Soweit sie auf Zeit bestellt sind, haben sie diese Rechte und Pflichten für die Dauer ihres Amtes. Die Vorschriften der §§ 8, 9 des Gerichtsverfassungsgesetzes, für die hauptamtlichen Vorsitzenden auch die Vorschrift des § 7 des Gerichtsverfassungsgesetzes, gelten entsprechend. Die Landesregierungen bestimmen, ob den nebenamtlichen Vorsitzenden und den stellvertretenden Vorsitzenden eine Vergütung zu gewähren ist.

Auf Lebenszeit angestellte Beamte des Reichs oder der Länder, die auf Zeit zu hauptamtlichen Vorsitzenden bestellt werden, sind nach Ablauf dieser Zeit in eine ihrer früheren dienstlichen Stellung gleichwertige Stellung wieder zu übernehmen. Die Amtsdauer als Vorsitzender ist ihnen als Dienst im Reiche oder im Lande anzurechnen.

Berufung der Beisitzer.

§ 20. Die Besitzer werden von der höheren Verwaltungsbehörde im Einvernehmen mit dem Präsidenten des Landgerichts auf die Dauer von drei Jahren berufen. Sie sind in angemessenem Verhältnis unter billiger Berücksichtigung der Minderheiten aus den Vorschlagslisten zu entnehmen, die von den in dem Gerichtsbezirke bestehenden wirtschaftlichen Vereinigungen der Arbeitgeber und der Arbeitnehmer und von den im § 22 Abs. 2 Nr. 2 bezeichneten Körperschaften eingereicht werden.

Für die Beisitzer der Arbeiter und der Angestellten sind grundsätzlich getrennte Vorschläge einzuholen, wenn nicht die Bildung getrennter Kammern gemäß § 17 Abs. 2 unterbleibt.

Die Beisitzer sind vor ihrer Dienstleistung durch den Vorsitzenden auf die Erfüllung der Obliegenheiten ihres Amtes eidlich zu verpflichten.

Voraussetzungen für das Beisitzeramt.

§ 21. Als Beisitzer sind Männer und Frauen zu berufen, die deutsche Reichsangehörige sind und das fünfundzwanzigste Lebensjahr vollendet haben. Es sollen nur Personen berufen werden, die im Bezirke des Arbeitsgerichts seit mindestens einem Jahre als Arbeitgeber oder Arbeitnehmer tätig sind.

Unfähig zu dem Amte eines Beisitzers sind Personen, denen die bürgerlichen Ehrenrechte oder die Fähigkeit zur Bekleidung öffentlicher Ämter aberkannt sind oder gegen die das Hauptverfahren wegen eines Verbrechens oder Vergehens eröffnet ist, das die Aberkennung zur Folge haben kann, und Personen, die infolge gerichtlicher Anordnung in der Verfügung über ihr Vermögen beschränkt sind.

Beamte und Angestellte einer Arbeitsgerichtsbehörde dürfen nicht als Beisitzer berufen werden.

Niemand darf zugleich Arbeitgeber- und Arbeitnehmerbeisitzer sein.

Wird das Fehlen einer Voraussetzung für die Berufung nachträglich bekannt oder fällt eine Voraussetzung nachträglich fort, so enthebt der Präsident des Landgerichts den Beisitzer seines Amtes. Vor der Entscheidung ist der Beisitzer zu hören. Die Entscheidung ist endgültig.

Besonderheiten für Arbeitgeberbeisitzer.

§ 22. Arbeitgeberbeisitzer kann auch sein, wer vorübergehend oder regelmäßig zu gewissen Zeiten des Jahres keine Arbeitnehmer beschäftigt.

Für Arbeitgeber, die keine Einzelpersonen sind, können als Beisitzer berufen werden:

1. bei juristischen Personen und Personengesamtheiten des privaten Rechtes die gesetzlichen Vertreter und die Aufsichtsratsmitglieder mit Ausnahme der vom Betriebsrat entsandten;
2. bei dem Reiche, den Ländern, den Gemeinden, den Gemeindeverbänden und anderen Körperschaften des öffentlichen Rechtes öffentliche Beamte nach näherer Anordnung der zuständigen obersten Reichs- oder Landesbehörde.

Den Arbeitgebern stehen für die Berufung zum Beisitzer gleich:

1. Geschäftsführer und Betriebsleiter, soweit sie selbständig zur Einstellung von Arbeitnehmern in den Betrieb berechtigt sind oder soweit ihnen Prokura oder Generalvollmacht erteilt ist;
2. Mitglieder und Angestellte wirtschaftlicher Vereinigungen von Arbeitgebern oder von Verbänden solcher Vereinigungen, die kraft Satzung oder Vollmacht zur Vertretung befugt sind.

Besonderheiten für Arbeitnehmerbeisitzer.

§ 23. Arbeitnehmerbeisitzer kann auch sein, wer erwerbslos ist.

Den Arbeitern stehen für die Berufung zum Beisitzer Mitglieder und Angestellte wirtschaftlicher Vereinigungen von Arbeitern oder von Verbänden solcher Vereinigungen gleich, die kraft Satzung oder Vollmacht zur Vertretung befugt sind; den Angestellten stehen Mitglieder und Angestellte wirtschaftlicher Vereinigungen von Angestellten oder von Verbänden solcher Vereinigungen gleich, die kraft Satzung oder Vollmacht zur Vertretung befugt sind.

Ablehnung des Beisitzeramts.

§ 24. Die Übernahme des Beisitzeramts kann ablehnen:

1. wer das fünfundsechzigste Lebensjahr vollendet hat;
2. wer durch Krankheit oder Gebrechen verhindert ist, das Amt ordnungsmäßig zu führen;
3. wer durch andere ehrenamtliche Tätigkeit für die Allgemeinheit so in Anspruch genommen ist, daß ihm die Übernahme des Amtes nicht zugemutet werden kann;

4. wer in den sechs der Berufung vorhergehenden Jahren als Beisitzer einer Arbeitsgerichtsbehörde tätig gewesen ist.
5. Frauen, die glaubhaft machen, daß ihnen die Fürsorge für ihre Familie die Ausübung des Amtes in besonderem Maße erschwert.

Über die Berechtigung zur Ablehnung entscheidet die höhere Verwaltungsbehörde im Einvernehmen mit dem Präsidenten des Landgerichts endgültig.

Stellung der Beisitzer.

§ 25. Das Amt des Beisitzers ist ein Ehrenamt.

Die Beisitzer erhalten eine angemessene Entschädigung für den ihnen aus der Wahrnehmung des Beisitzeramts erwachsenden Verdienstausfall und Aufwand sowie Ersatz der Fahrkosten. Die nähere Regelung trifft der Reichsarbeitsminister im Einvernehmen mit dem Reichsminister der Justiz nach Anhörung der wirtschaftlichen Vereinigungen der Arbeitgeber und der Arbeitnehmer.

Die Entschädigung und die erstattungsfähigen Fahrkosten setzt der Vorsitzende des Arbeitsgerichts endgültig fest.

Schutz der Arbeitnehmerbeisitzer.

§ 26. Den Arbeitgebern und ihren Angestellten ist es untersagt, Angestellte oder Arbeiter in der Übernahme oder Ausübung des Beisitzeramts zu beschränken, oder sie wegen der Übernahme oder Ausübung des Amtes zu benachteiligen.

Arbeitgeber oder ihre Angestellten, die den Vorschriften des Abs. 1 vorsätzlich zuwiderhandeln, werden mit Geldstrafe bestraft.

Amtsenthebung der Beisitzer.

§ 27. Wenn ein Beisitzer seine Amtspflicht grob verletzt, so ist er seines Amtes zu entheben. Für die Entscheidung ist eine Kammer zuständig, die aus dem Präsidenten des Landgerichts und je zwei Beisitzern der Arbeitgeber und der Arbeitnehmer des Landesarbeitsgerichts besteht. Vor der Entscheidung ist der Beisitzer und der Vorsitzende des Arbeitsgerichts zu hören. Die Entscheidung ist endgültig.

Ordnungsstrafen gegen Beisitzer.

§ 28. Beisitzer, die ohne genügende Entschuldigung nicht oder nicht rechtzeitig zu den Sitzungen erscheinen oder sich ihren Obliegenheiten in anderer Weise entziehen, werden vom Vorsitzenden mit einer Ordnungsstrafe in Geld bestraft. Bei nachträglicher genügender Entschuldigung ist die Strafe aufzuheben oder zu ermäßigen. Gegen den eine Bestrafung aussprechenden Beschluß ist Beschwerde zulässig.

Beisitzerausschüsse.

§ 29. Bei jedem Arbeitsgerichte mit mehr als einer Kammer wird ein Beisitzerausschuß gebildet. Er besteht aus mindestens je drei Beisitzern der Arbeitgeber und der Arbeitnehmer in gleicher Zahl, die von den Beisitzern der Arbeitgeber und der Arbeitnehmer in getrennter Wahl gewählt werden. Der Beisitzerausschuß tagt unter der Leitung des aufsichtführenden oder dienstältesten Vorsitzenden des Arbeitsgerichts.

Der Beisitzerausschuß ist vor der Bildung von Kammern, vor der Geschäftsverteilung, vor der Verteilung der Beisitzer auf die Kammern und vor der Aufstellung der Listen über die Heranziehung der Beisitzer zu den Sitzungen zu hören. Er kann auch im übrigen den Vorsitzenden des Arbeitsgerichts und den die Verwaltung und Dienstaufsicht führenden Behörden Wünsche der Beisitzer übermitteln.

Geschäftsverteilung, Kammerbesetzung.

§ 30. Vor Beginn des Geschäftsjahrs werden durch den Vorsitzenden, bei Vorhandensein mehrerer Vorsitzenden durch diese, die Geschäfte auf die einzelnen Kammern verteilt; einigen sich die Vorsitzenden nicht, so entscheidet der Präsident des Landgerichts. In gleicher Weise erfolgt die Verteilung der Vorsitzenden, der stellvertretenden Vorsitzenden und der Beisitzer auf die einzelnen Kammern. Die Vorsitzenden, die stellvertretenden Vorsitzenden und die Beisitzer können mehreren Kammern angehören.

Die Beisitzer einer Fachkammer sollen den Beisitzern aus den Kreisen der Berufe, Gewerbe oder Gruppen entnommen werden, für die die Fachkammer gebildet ist. Werden für die Streitigkeiten der im § 22 Abs. 3 bezeichneten Angestellten Fachkammern gebildet, so dürfen ihnen diese Angestellten nicht als Arbeitgeberbeisitzer angehören.

In den Fällen des § 17 Abs. 4 sind die Beisitzer den Beisitzerlisten der Arbeitsgerichte zu entnehmen, für deren Bezirke die Kammer zuständig ist.

Heranziehung der Beisitzer.

§ 31. Die Beisitzer sollen zu den Sitzungen nach der Reihenfolge einer Liste herangezogen werden, die der Vorsitzende vor Beginn des Geschäftsjahrs gemäß § 29 Abs. 2 aufstellt.

Geschäftsstelle.

§ 32. Bei jedem Arbeitsgerichte besteht eine Geschäftsstelle, deren Einrichtung die Landesjustizverwaltung im Einvernehmen mit der obersten Landesbehörde für die Sozialverwaltung bestimmt.

Zweiter Abschnitt.
Landesarbeitsgerichte.

Errichtung.

§ 33. Die Landesarbeitsgerichte werden durch die Landesjustizverwaltung im Einvernehmen mit der obersten Landesbehörde für die Sozialverwaltung bei den Landgerichten nach Anhörung der wirtschaftlichen Vereinigungen der Arbeitgeber und Arbeitnehmer errichtet. Die Vorschriften des § 14 Abs. 2 finden entsprechende Anwendung.

Das Landesarbeitsgericht kann seinen Sitz auch an einem anderen Orte seines Bezirkes haben als das Landgericht, bei dem es errichtet ist.

Verwaltung und Dienstaufsicht.

§ 34. Die Geschäfte der Verwaltung und Dienstaufsicht führt die Landesjustizverwaltung im Einvernehmen mit der obersten Landesbehörde für die Sozialverwaltung. § 15 Abs. 1 Satz 2 gilt entsprechend.

Die Landesjustizverwaltung kann im Einvernehmen mit der obersten Landesbehörde für die Sozialverwaltung Geschäfte der Verwaltung und Dienstaufsicht nachgeordneten Dienststellen übertragen, insbesondere dem Präsidenten des Landgerichts und dem Vorsitzenden des Landesarbeitsgerichts oder, wenn mehrere Vorsitzende vorhanden sind, einem von ihnen.

Zusammensetzung, Bildung von Kammern.

§ 35. Das Landesarbeitsgericht besteht aus der erforderlichen Anzahl von Vorsitzenden und stellvertretenden Vorsitzenden und von Beisitzern. Die Beisitzer werden je zur Hälfte aus den Kreisen der Arbeitgeber und der Arbeitnehmer entnommen.

Jede Kammer des Landesarbeitsgerichts wird in der Besetzung mit einem Vorsitzenden und je einem Beisitzer der Arbeitgeber und der Arbeitnehmer tätig. In den Fällen des § 2 Nr. 1 wird jede Kammer in der Besetzung mit einem Vorsitzenden und je zwei Beisitzern der Arbeitgeber und der Arbeitnehmer tätig.

Im übrigen stehen die Kammern des Landesarbeitsgerichts den Zivilkammern des Landgerichts im Sinne des Gerichtsverfassungsgesetzes gleich.

Die Zahl der Kammern bestimmt die Landesjustizverwaltung im Einvernehmen mit der obersten Landesbehörde für die Sozialverwaltung.

Vorsitzende.

§ 36. Die Vorsitzenden und die stellvertretenden Vorsitzenden beruft die Landesjustizverwaltung im Einvernehmen mit der obersten Landesbehörde für die Sozialverwaltung aus den Direktoren und den ständigen Mitgliedern des Landgerichts. Befindet sich am Sitze des Landesarbeitsgerichts ein Oberlandesgericht, so kann auch ein Oberlandesgerichtsrat berufen werden. Die Berufung erfolgt für die Dauer der Zugehörigkeit zum Landgericht oder Oberlandesgericht. Sie kann nur mit Zustimmung des Berufenen widerrufen werden.

Zu Vorsitzenden und stellvertretenden Vorsitzenden sollen nur Richter berufen werden, die auf arbeitsrechtlichem und sozialem Gebiete Kenntnisse und Erfahrungen besitzen. Sind beim Landgericht oder Oberlandesgerichte solche nicht vorhanden, so sind geeignete Personen, die die Befähigung zum Richteramte haben, einzuberufen.

Beisitzer.

§ 37. Die Beisitzer müssen das dreißigste Lebensjahr vollendet haben und sollen mindestens drei Jahre Beisitzer einer Arbeitsgerichtsbehörde gewesen sein.

Im übrigen gelten für die Berufung und Stellung der Beisitzer und für die Amtsenthebung die Vorschriften des § 20 Abs. 1 und 3 und der §§ 21 bis 28 entsprechend.

Beisitzerausschüsse.

§ 38. Bei jedem Landesarbeitsgerichte wird ein Beisitzerausschuß gebildet. Die Vorschriften des § 29 Abs. 1 Satz 2 und 3 und Abs. 2 gelten entsprechend.

Besetzung der Kammern, Geschäftsverteilung.

§ 39. Vor Beginn des Geschäftsjahrs verteilt das Präsidium des Landgerichts unter stimmberechtigter Mitwirkung der Vorsitzenden des Landesarbeitsgericht die Geschäfte auf die einzelnen Kammern des Landesarbeitsgerichts. In gleicher Weise erfolgt die Verteilung der Vorsitzenden, der stellvertretenden Vorsitzenden und der Beisitzer auf die einzelnen Kammern. Die Vorsitzenden und die Beisitzer können mehreren Kammern angehören.

Die Beisitzer sollen zu den Sitzungen nach der Reihenfolge einer Liste herangezogen werden, die der Vorsitzende vor Beginn des Geschäftsjahrs gemäß § 38 Satz 2 aufstellt.

Dritter Abschnitt.
Reichsarbeitsgericht.

Errichtung.

§ 40. Das Reichsarbeitsgericht wird bei dem Reichsgericht errichtet.

Zusammensetzung, Bildung von Senaten.

§ 41. Das Reichsarbeitsgericht besteht aus der erforderlichen Zahl von Senatspräsidenten beim Reichsgericht als Vorsitzenden, von Senatspräsidenten oder Reichsgerichtsräten als stellvertretenden Vorsitzenden, von Reichsgerichtsräten als richterlichen Beisitzern und von nichtrichterlichen Beisitzern. Die nichtrichterlichen Beisitzer werden je zur Hälfte aus den Kreisen der Arbeitgeber und Arbeitnehmer entnommen.

Jeder Senat des Reichsarbeitsgerichts wird in der Besetzung mit einem Vorsitzenden, zwei richterlichen Beisitzern und je einem Beisitzer der Arbeitgeber und der Arbeitnehmer tätig.

Im übrigen stehen die Senate des Reichsarbeitsgerichts den Zivilsenaten des Reichsgerichts im Sinne des Gerichtsverfassungsgesetzes gleich.

Die Zahl der Senate bestimmt der Reichsminister der Justiz im Einvernehmen mit dem Reichsarbeitsminister.

Richterliche Mitglieder.

§ 42. Zu Vorsitzenden, stellvertretenden Vorsitzenden und richterlichen Beisitzern des Reichsarbeitsgericht sollen nur Richter berufen werden, die auf arbeitsrechtlichem und sozialem Gebiete besondere Kenntnisse und Erfahrungen besitzen.

Nichtrichterliche Beisitzer.

§ 43. Die nichtrichterlichen Beisitzer werden vom Reichsarbeitsminister im Einvernehmen mit dem Reichsminister der Justiz auf die Dauer von drei Jahren berufen. Sie sind in angemessenem Verhältnis aus den Vorschlagslisten zu entnehmen, die von den Spitzenverbänden der wirtschaftlichen Vereinigungen der Arbeitgeber und der Arbeitnehmer und von den im § 22 Abs. 2 Nr. 2 bezeichneten Körperschaften eingereicht werden.

Die Beisitzer müssen das fünfunddreißigste Lebensjahr vollendet haben und sollen seit längerer Zeit im Deutschen Reiche als Arbeitgeber oder als Arbeitnehmer tätig gewesen sein. Für die Amtsenthebung ist der Präsident des Reichsgerichts zuständig.

Im übrigen gelten für die Berufung und Stellung der nichtrichterlichen Beisitzer die Vorschriften des § 20 Abs. 3 und der §§ 21 bis 28 entsprechend.

Besetzung der Senate, Geschäftsverteilung.

§ 44. Vor Beginn des Geschäftsjahrs verteilt das Präsidium des Reichsgerichts die Geschäfte auf die einzelnen Senate des Reichsarbeitsgerichts. In gleicher Weise erfolgt die Verteilung der Vorsitzenden, der stellvertretenden Vorsitzenden, der richterlichen Beisitzer und der nichtrichterlichen Beisitzer auf die einzelnen Senate. Die Vorsitzenden, die stellvertretenden Vorsitzenden und die richterlichen Beisitzer können mehreren Senaten angehören. Vor der Verteilung der Geschäfte und der nichtrichterlichen Beisitzer auf die Senate sind je zwei Beisitzer der Arbeitgeber und der Arbeitnehmer zu hören.

Die nichtrichterlichen Beisitzer sollen zu den einzelnen Sitzungen nach der Reihenfolge einer Liste herangezogen werden, die der Vorsitzende vor Beginn des Geschäftsjahrs aufstellt.

Vereinigte Zivilsenate und Plenum des Reichsgerichts.

§ 45. Bei Entscheidungen der vereinigten Zivilsenate oder des Plenums des Reichsgerichts, bei denen es sich um arbeitsrechtliche Fragen handelt, wirken je ein Arbeitgeberbeisitzer und je ein Arbeitnehmerbeisitzer von jedem Senat des Reichsarbeitsgerichts mit. Sie gelten als Mitglieder des Reichsgerichts im Sinne des § 138 des Gerichtsverfassungsgesetzes.

Dritter Teil.

Verfahren vor den Arbeitsgerichtsbehörden.

Erster Abschnitt.

Urteilsverfahren.

Erster Unterabschnitt.

Erster Rechtszug.

Grundsatz.

§ 46. Das Urteilsverfahren findet in den im § 2 Nr. 1 bis 4 und im § 3 bezeichneten bürgerlichen Rechtsstreitigkeiten Anwendung.

Für das Urteilsverfahren des ersten Rechtszugs gelten die für das amtsgerichtliche Verfahren maßgebenden Vorschriften der Zivilprozeßordnung entsprechend, soweit nichts anderes bestimmt ist. An die Stelle der Vorschriften über das Güteverfahren vor Erhebung der Klage treten die Vorschriften der §§ 54 und 55. Die Vorschriften über den Urkunden- und Wechselprozeß finden keine Anwendung. Ebensowenig findet die Verordnung zur Entlastung der Gerichte in der Fassung der Bekanntmachung vom 13. Mai 1924 (Reichsgesetzbl. I S. 552) Anwendung.

Erhebung der Klage, Einlassungs- und Ladungsfrist.

§ 47. Die Klage ist bei dem Arbeitsgerichte schriftlich einzureichen oder bei seiner Geschäftsstelle mündlich zur Niederschrift anzubringen. Sie gilt, unbeschadet der Vorschrift des § 496 Abs. 3 Satz 1 der Zivilprozeßordnung, erst mit der Zustellung an den Beklagten als erhoben. Eine Aufforderung an den Beklagten, sich auf die Klage schriftlich zu äußern, erfolgt in der Regel nicht.

An den ordentlichen Gerichtstagen können die Parteien zur Verhandlung eines Rechtsstreits auch ohne Ladung vor dem Arbeitsgericht erscheinen. In diesem Falle wird die Klage durch mündlichen Vortrag erhoben. Der wesentliche Inhalt der Klage ist in eine Niederschrift aufzunehmen, wenn die Sache streitig bleibt.

Wohnt die beklagte Partei am Sitze des Arbeitsgerichts, so muß die Klage mindestens am zweiten Tage vor dem Termin zugestellt werden. Das gleiche gilt für die Ladungen.

Zuständigkeit.

§ 48. Die Vorschriften des § 11 der Zivilprozeßordnung über die bindende Wirkung der rechtskräftigen Entscheidung, durch die ein Gericht sich für sachlich unzuständig erklärt hat, und des § 276 der Zivilprozeßordnung über die Verweisung des Rechtsstreits an das örtlich oder sachlich zuständige Gericht finden auf das Verhältnis der Arbeitsgerichte und der ordentlichen Gerichte zueinander entsprechende Anwendung.

Für Streitigkeiten aus einem Arbeits- oder Lehrverhältnis und aus Verhandlungen über die Eingehung eines Arbeits- oder Lehrverhältnisses, das sich nach einem Tarifvertrage bestimmt, können unbeschadet der Vorschriften der §§ 38 bis 40 der Zivilprozeßordnung die Parteien des Tarifsvertrags die Zuständigkeit eines an sich örtlich unzuständigen Arbeitsgerichts vereinbaren.

Ablehnung von Gerichtspersonen.

§ 49. Über die Ablehnung von Gerichtspersonen entscheidet die Kammer des Arbeitsgerichts.

Wird sie durch das Ausscheiden des abgelehnten Mitglieds beschlußunfähig, so entscheidet das Landesarbeitsgericht.

Gegen den Beschluß findet kein Rechtsmittel statt.

Zustellung.

§ 50. Urteile sind von Amts wegen zuzustellen.

Persönliches Erscheinen der Parteien.

§ 51. Der Vorsitzende kann das persönliche Erscheinen der Parteien in jeder Lage des Rechtsstreits anordnen. Im übrigen finden die Vorschriften des § 141 Abs. 2 und 3 der Zivilprozeßordnung entsprechende Anwendung.

Der Vorsitzende kann die Zulassung eines Prozeßbevollmächtigten ablehnen, wenn die Partei trotz Anordnung ihres persönlichen Erscheinens unbegründet ausgeblieben ist und hierdurch der Zweck der Anordnung vereitelt wird. § 141 Abs. 3 Satz 2 der Zivilprozeßordnung findet entsprechende Anwendung.

Öffentlichkeit.

§ 52. Die Verhandlung vor dem erkennenden Gericht einschließlich der Beweisaufnahme und der Verkündung der Entscheidungen ist öffentlich. Das Arbeitsgericht kann die Öffentlichkeit für die Verhandlung oder für einen Teil der Verhandlung ausschließen, wenn durch die Öffentlichkeit eine Gefährdung der öffentlichen Ordnung, insbesondere der Staatssicherheit, oder eine Gefährdung der Sittlichkeit zu besorgen ist oder wenn eine Partei den Ausschluß der Öffentlichkeit beantragt, weil Betriebs-, Geschäfts- oder Erfindungsgeheimnisse zum Gegenstande der Verhandlung oder der Beweisaufnahme gemacht werden; im Güteverfahren kann es die Öffentlichkeit auch aus Zweckmäßigkeitsgründen ausschließen. Die Vorschriften der §§ 173 bis 175 des Gerichtsverfassungsgesetzes finden entsprechende Anwendung.

Befugnisse des Vorsitzenden und der Beisitzer.

§ 53. Die nicht auf Grund einer mündlichen Verhandlung ergehenden Beschlüsse und Verfügungen erläßt, soweit nichts anderes bestimmt ist, der Vorsitzende allein.

Im übrigen gelten für die Befugnisse des Vorsitzenden und der Beisitzer die Vorschriften der Zivilprozeßordnung über das landgerichtliche Verfahren entsprechend.

Güteverfahren.

§ 54. Die mündliche Verhandlung beginnt, falls kein Güteverfahren vor einer anderen Stelle (§§ 101 bis 105) vereinbart ist, mit einer Verhandlung vor dem Vorsitzenden zum Zwecke der gütlichen Einigung der Parteien (Güteverhandlung). Der Vorsitzende hat zu diesem Zwecke das gesamte Streitverhältnis mit den Parteien unter freier Würdigung aller Umstände zu erörtern. Zur Aufklärung des Sachverhalts kann er alle Handlungen vornehmen, die sofort erfolgen können.. Eidliche Vernehmungen und die Auferlegung von Parteieiden sind jedoch ausgeschlossen.

Das Ergebnis der Güteverhandlung, insbesondere der Abschluß eines Vergleichs, ist in die Niederschrift aufzunehmen.

Verhandlung vor dem Vorsitzenden.

§ 55. Erscheint eine Partei in der Güteverhandlung nicht oder ist die Güteverhandlung erfolglos, so schließt sich die weitere Verhandlung unmittelbar an; falls dem Hinderungsgründe entgegenstehen, soll sie binnen drei Tagen stattfinden.

Der Vorsitzende entscheidet allein, wenn das Urteil ohne streitige Verhandlung auf Grund des Versäumnisses, des Anerkenntnisses, der Zurücknahme der Klage oder des Verzichts einer Partei ergeht oder wenn die Entscheidung in der an die Güteverhandlung sich unmittelbar anschließenden Verhandlung erfolgen kann und die Parteien sie übereinstimmend beantragen. Dieser Antrag ist in die Niederschrift aufzunehmen.

Erscheinen beide Parteien zur Güteverhandlung nicht, so ist ein Termin zur streitigen Verhandlung zu bestimmen. Das gleiche gilt, falls ein Güteverfahren vor einer anderen Stelle vereinbart ist. Die Vorschriften des zweiten Absatzes finden in diesen Fällen auf die erste Verhandlung Anwendung.

Vorbereitung der streitigen Verhandlung.

§ 56. Der Vorsitzende hat die streitige Verhandlung so vorzubereiten, daß sie möglichst in einem Termin zu Ende geführt werden kann. Er kann zu diesem Zwecke insbesondere die Ladung von Zeugen und Sachverständigen veranlassen, amtliche Äußerungen herbeiführen, schriftliche Unterlagen beiziehen und das persönliche Erscheinen der Parteien anordnen; von diesen Maßnahmen soll er die Parteien benachrichtigen.

Verhandlung vor der Kammer.

§ 57. Die Verhandlung ist möglichst in einem Termin zu Ende zu führen. Ist das nicht durchführbar, insbesondere weil eine Beweisaufnahme nicht sofort stattfinden kann, so ist der weitere Termin sofort zu verkünden.

Die gütliche Erledigung des Rechtsstreits soll während des ganzen Verfahrens angestrebt werden.

Beweisaufnahme.

§ 58. Soweit die Beweisaufnahme am Sitze des Arbeitsgerichts möglich ist, erfolgt sie vor der Kammer. Erfolgt sie nicht am Sitze, aber im Bezirke des Arbeitsgerichts, so kann sie dem Vorsitzenden übertragen werden. Muß sie außerhalb des Bezirkes des Arbeitsgerichts stattfinden, so kann sie dem Vorsitzenden desjenigen Arbeitsgerichts oder, falls dies aus Gründen der örtlichen Lage zweckmäßiger ist, demjenigen

Amtsgericht übertragen werden, in dessen Bezirk die Beweisaufnahme erfolgen soll.

Zeugen und Sachverständige werden nur beeidigt, wenn die Kammer dies zur Herbeiführung einer wahrheitsgemäßen Äußerung für notwendig erachtet. In den Fällen des § 377 Abs. 3 und 4 der Zivilprozeßordnung ist die eidesstattliche Versicherung nur erforderlich, wenn die Kammer sie aus dem gleichen Grunde für notwendig hält.

Die Leistung eines zugeschobenen oder zurückgeschobenen Eides wird durch Beweisbeschluß angeordnet.

Erscheint in dem zur Leistung eines Parteieides bestimmten Termin der Schwurpflichtige nicht, so ist der Eid als verweigert anzusehen und das Verfahren fortzusetzen. Der Schwurpflichtige kann sich jedoch binnen einer Notfrist von drei Tagen zur nachträglichen Leistung des Eides erbieten. Ein inzwischen ergangenes Urteil ist, wenn der Eid nachträglich geleistet wird, insoweit aufzuheben, als es auf der Annahme der Eidesverweigerung beruht. Hinsichtlich der Zwangsvollstreckung aus diesem Urteil finden die Vorschriften des § 707 der Zivilprozeßordnung entsprechende Anwendung. Erscheint der Schwurpflichtige auch in dem zur nachträglichen Eidesleistung bestimmten Termin nicht, so ist ein nochmaliges Erbieten zur Eidesleistung unzulässig.

Versäumnisverfahren.

§ 59. Gegen ein Versäumnisurteil kann die Partei, gegen die das Urteil ergangen ist, binnen einer Notfrist von drei Tagen nach seiner Zustellung Einspruch einlegen. Der Einspruch wird beim Arbeitsgerichte schriftlich oder durch Abgabe einer Erklärung zur Niederschrift der Geschäftsstelle eingelegt. Hierauf ist die Partei zugleich mit der Zustellung des Urteils schriftlich hinzuweisen.

Verkündung des Urteils.

§ 60. Zur Verkündung des Urteils kann ein besonderer Termin nur bestimmt werden, wenn die sofortige Verkündung in dem Termin, auf Grund dessen es erlassen wird, aus besonderen Gründen nicht möglich ist. Der Verkündungstermin darf nicht über drei Tage hinaus angesetzt werden. Dies gilt auch dann, wenn ein Urteil nach Lage der Akten erlassen wird.

Bei der Verkündung des Urteils ist, sofern nicht beide Parteien abwesend sind, der wesentliche Inhalt der Entscheidungsgründe mitzuteilen.

Die Wirksamkeit der Verkündung ist von der Anwesenheit der Beisitzer nicht abhängig. Wird ein von der Kammer gefälltes Urteil ohne Zuziehung der Beisitzer verkündet, so ist die Urteilsformel vorher von dem Vorsitzenden und den Beisitzern zu unterschreiben.

Das Urteil nebst Tatbestand und Entscheidungsgründen ist vom Vorsitzenden zu unterschreiben. War es bei der Verkündung noch nicht vollständig schriftlich niedergelegt, so soll es binnen drei Tagen nach der Verkündung in vollständiger Abfassung der Geschäftsstelle übergeben werden.

Inhalt des Urteils.

§ 61. Der Betrag der Kosten ist, soweit er sofort ermittelt werden kann, im Urteil festzustellen; die Entscheidung ist endgültig, soweit nicht die ihr zugrunde liegende Entscheidung über die Kosten des Rechtsstreits abgeändert wird. Ein Anspruch der obsiegenden Partei auf Entschädigung wegen Zeitversäumnis und auf Erstattung der Kosten für die Zuziehung eines Prozeßbevollmächtigten oder Beistandes besteht nicht.

Den Wert des Streitgegenstandes setzt das Arbeitsgericht im Urteil fest.

Findet nach dem Werte des Streitgegenstandes die Berufung nicht statt, so kann sie das Arbeitsgericht im Urteil zulassen, wenn der Rechtsstreit grundsätzliche Bedeutung hat. Das Arbeitsgericht soll die Berufung wegen der grundsätzlichen Bedeutung des Rechtsstreits zulassen, wenn es in der Auslegung einer Rechtsvorschrift von einem ihm im Verfahren vorgelegten Urteil abweicht, das für oder gegen eine Partei des Rechtsstreits ergangen ist, oder wenn über die Auslegung eines Tarifvertrags entschieden wird, den eine Partei des Rechtsstreits abgeschlossen hat und dessen Geltungsbereich sich über den Bezirk des Arbeitsgerichts hinaus erstreckt.

Spricht das Urteil die Verpflichtung zur Vornahme einer Handlung aus, so ist der Beklagte auf Antrag des Klägers zugleich für den Fall, daß die Handlung nicht binnen einer bestimmten Frist vorgenommen ist, zur Zahlung einer vom Arbeitsgerichte nach freiem Ermessen festzusetzenden Entschädigung zu verurteilen. Die Zwangsvollstreckung nach §§ 887, 888 der Zivilprozeßordnung ist ausgeschlossen.

Ein über den Grund des Anspruchs vorab entscheidendes Zwischenurteil ist wegen der Rechtsmittel nicht als Endurteil anzusehen.

Zwangsvollstreckung.

§ 62. Urteile der Arbeitsgerichte, gegen die der Einspruch oder die Berufung zulässig ist, sind vorläufig vollstreckbar. Macht der Beklagte glaubhaft, daß die Vollstreckung ihm einen nicht zu ersetzenden Nachteil bringen würde, so hat das Arbeitsgericht auf seinen Antrag die vorläufige Vollstreckbarkeit im Urteil auszuschließen. In den Fällen des § 707 Abs. 1 und des § 719 Abs. 1 der Zivilprozeßordnung kann die Zwangsvollstreckung nur unter derselben Voraussetzung eingestellt werden.

Im übrigen finden auf die Zwangsvollstreckung einschließlich des Arrestes und der einstweiligen Verfügung die Vorschriften des Achten Buches der Zivilprozeßordnung Anwendung.

Verfahren in besonderen Fällen.

§ 63. Hat in den Fällen der §§ 86, 87 des Betriebsrätegesetzes die Betriebsvertretung die Klage erhoben, so wird die vollstreckbare Ausfertigung eines der Klage stattgebenden Urteils dem beteiligten Arbeitnehmer erteilt. Sie wird nur erteilt, wenn der Arbeitnehmer nachweist, daß der Arbeitgeber die Weiterbeschäftigung abgelehnt oder sich binnen der in dem § 87 Abs. 3 des Betriebsrätegesetzes festgesetzten Frist nicht erklärt hat. Der Nachweis kann auch durch Versicherung an Eides Statt geführt werden.

Wird die Klage der Betriebsvertretung abgewiesen, so bleiben die Kosten außer Ansatz.

Zweiter Unterabschnitt.
Berufungsverfahren.

Grundsatz.

§ 64. Gegen die Urteile der Arbeitsgerichte findet, soweit nicht nach § 78 das Rechtsmittel der Beschwerde gegeben ist, die Berufung an die Landesarbeitsgerichte statt, wenn der vom Arbeitsgerichte festgesetzte Wert des Streitgegenstandes den Betrag von dreihundert Reichsmark übersteigt oder wenn das Arbeitsgericht die Berufung wegen der grundsätzlichen Bedeutung des Rechtsstreits zugelassen hat.

Für das Verfahren vor den Landesarbeitsgerichten gelten, soweit das Arbeitsgerichtsgesetz nichts anderes bestimmt, die Vorschriften der Zivilprozeßordnung über die Berufung entsprechend. Die Vorschriften über das Verfahren vor dem Einzelrichter finden keine Anwendung. Die Verordnung zur Entlastung der Gerichte, in der Fassung der Bekanntmachung vom 13. Mai 1924 (Reichsgesetzbl. I S. 552), findet mit Ausnahme ihrer §§ 7, 8 keine Anwendung.

Die Vorschriften des § 49 Abs. 1 und 3, des § 51 Abs. 1, der §§ 52, 53, 56, 58, 59, des § 60 Abs. 1 bis 3 und Abs. 4 Satz 2, des § 61 Abs. 4 und 5 und der §§ 62 und 63 über Ablehnung von Gerichtspersonen, persönliches Erscheinen der Parteien, Öffentlichkeit, Befugnisse des Vorsitzenden und der Beisitzer, Vorbereitung der streitigen Verhandlung, Beweisaufnahme, Versäumnisverfahren, Verkündung des Urteils, Inhalt des Urteils, Zwangsvollstreckung und Verfahren in besonderen Fällen gelten entsprechend.

Beschränkung der Berufung.

§ 65. Auf Mängel des Verfahrens bei der Berufung der Beisitzer oder auf Umstände, die die Berufung eines Beisitzers zu seinem Amte ausschließen, kann die Berufung nicht gestützt werden.

Einlegung der Berufung, Terminsbestimmung.

§ 66. Die Berufungsfrist und die Frist für die Berufungsbegründung betragen je zwei Wochen.

Die Bestimmung des Termins zur mündlichen Verhandlung muß, wenn nicht die Berufung nach § 519b der Zivilprozeßordnung ohne mündliche Verhandlung als unzulässig verworfen wird, unverzüglich erfolgen. Die Vorschriften des § 519 Abs. 6 der Zivilprozeßordnung über die vorherige Zahlung der Prozeßgebühr finden keine Anwendung.

Neue Tatsachen und Beweismittel.

§ 67. Soweit das Vorbringen neuer Tatsachen und Beweismittel nach § 529 Abs. 1 und 2 der Zivilprozeßordnung zulässig ist, sind sie vom Berufungskläger in der Berufungsbegründung, vom Berufungsbeklagten spätestens in der ersten mündlichen Verhandlung anzubringen. Werden sie später angebracht, so sind sie nur zuzulassen, wenn sie nach der Berufungsbegründung oder nach der ersten mündlichen Verhandlung entstanden sind oder das verspätete Vorbringen nach der freien Überzeugung des Landesarbeitsgerichts nicht auf Verschulden der Partei beruht.

Zurückverweisung.

§ 68. Wegen eines Mangels im Verfahren des Arbeitsgerichts ist die Zurückverweisung nicht zulässig.

Urteil.

§ 69. Das Urteil ist von den Mitgliedern der Kammer zu unterschreiben.

Hat sich der Wert des Streitgegenstandes nach der Verkündung des Urteils des Arbeitsgerichts geändert, so setzt ihn das Landesarbeitsgericht im Urteil neu fest.

Findet nach dem Werte des Streitgegenstandes die Revision nicht statt, so kann sie das Landesarbeitsgericht im Urteil zulassen, wenn der Rechtsstreit grundsätzliche Bedeutung hat.

Ausschluß der Beschwerde.

§ 70. Gegen Beschlüsse und Verfügungen des Landesarbeitsgerichts oder seines Vorsitzenden findet außer im Falle der Verwerfung der Berufung nach § 519b Abs. 2 der Zivilprozeßordnung kein Rechtsmittel statt.

Verfahren in besonderen Fällen.

§ 71. In den Fällen der §§ 86, 87 des Betriebsrätegesetzes kann die Betriebsvertretung nur dann die Berufung einlegen oder für den Berufungsbeklagten eintreten, wenn sie die Klage beim Arbeitsgericht erhoben hatte.

Dritter Unterabschnitt.

Revisionsverfahren.

Grundsatz.

§ 72. Gegen die Urteile der Landesarbeitsgerichte im Berufungsverfahren in Rechtsstreitigkeiten nach § 2 Nr. 1 bis 3 und nach § 3 findet die Revision an das Reichsarbeitsgericht statt, wenn der vom Arbeitsgericht oder vom Landesarbeitsgerichte festgesetzte Wert des Streitgegenstandes die in der ordentlichen bürgerlichen Gerichtsbarkeit geltende Revisionsgrenze übersteigt oder wenn das Landesarbeitsgericht die Revision wegen der grundsätzlichen Bedeutung des Rechtsstreits zugelassen hat. Gegen Urteile, durch welche über die Anordnung, Abänderung oder Aufhebung eines Arrestes oder einer einstweiligen Verfügung entschieden wird, ist die Revision nicht zulässig.

Für das Verfahren vor dem Reichsarbeitsgerichte gelten, soweit das Arbeitsgerichtsgesetz nichts anderes bestimmt, die für die Revision maßgebenden Vorschriften der Zivilprozeßordnung entsprechend.

Die Vorschriften des § 49 Abs. 1, der §§ 52 und 53 und des § 61 Abs. 4 und 5 über Ablehnung von Gerichtspersonen, Öffentlichkeit, Befugnisse des Vorsitzenden und der Beisitzer und Inhalt des Urteils gelten entsprechend.

Revisionsgründe.

§ 73. Die Revision kann nur darauf gestützt werden, daß das Urteil des Landesarbeitsgerichts auf der Nichtanwendung oder der unrichtigen Anwendung einer gesetzlichen Bestimmung oder einer die Regelung der einzelnen Arbeitsverträge betreffenden Bestimmung eines Tarifvertrags beruhe.

Auf die unrichtige Annahme der örtlichen Zuständigkeit, auf Mängel des Verfahrens bei der Berufung der Beisitzer oder auf Umstände, die die Berufung eines Beisitzers zu seinem Amte ausschließen, kann die Revision nicht gestützt werden.

Einlegung der Revision, Terminsbestimmung.

§ 74. Die Revisionsfrist und die Frist für die Revisionsbegründung betragen je zwei Wochen.

Die Bestimmung des Termins zur mündlichen Verhandlung muß wenn nicht die Revision nach § 554a der Zivilprozeßordnung ohne mündliche Verhandlung als unzulässig verworfen wird, unverzüglich erfolgen. Die Vorschriften des § 554 Abs. 7 der Zivilprozeßordnung über die vorherige Zahlung der Prozeßgebühr finden keine Anwendung.

Urteil.

§ 75. Die Wirksamkeit der Verkündung des Urteils ist von der Anwesenheit der nichtrichterlichen Beisitzer nicht abhängig. Wird ein Urteil ohne Zuziehung der nichtrichterlichen Beisitzer verkündet, so ist die Urteilsformel vorher von den Vorsitzenden und den Beisitzern zu unterschreiben.

Das Urteil nebst Tatbestand und Entscheidungsgründen ist von dem Vorsitzenden und den Beisitzern zu unterschreiben.

Sprungrevision.

§ 76. Gegen die Urteile der Arbeitsgerichte kann unter Übergehung des Berufungsverfahrens unmittelbar die Revision beim Reichsarbeitsgericht eingelegt werden (Sprungrevision), wenn der Wert des Streitgegenstandes die Revisionsgrenze übersteigt und wenn der Gegner einwilligt oder der Reichsarbeitsminister die sofortige Entscheidung des Rechtsstreits durch das Reichsarbeitsgericht im Interesse der Allgemeinheit für notwendig erklärt. Die Erklärung des Gegners oder des Reichsarbeitsministers ist der Revisionsschrift beizufügen.

Die Sprungrevision ist unzulässig wenn vor dem Tage ihrer Einlegung die Berufung beim Landesarbeitsgericht eingelegt war. Ist die Sprungrevision zulässig, so schließt ihre Einlegung die Berufung für beide Parteien aus.

Die Vorschriften des § 566a Abs. 3 und 5 bis 7 der Zivilprozeßordnung gelten entsprechend.

Revisionsbeschwerde.

§ 77. Für die Entscheidung über die sofortige Beschwerde nach § 519b Abs. 2 der Zivilprozeßordnung ist das Reichsarbeitsgericht zuständig. Die Vorschriften der Zivilprozeßordnung über die sofortige Beschwerde gelten entsprechend. Die Entscheidung ergeht ohne Zuziehung der nichtrichterlichen Beisitzer.

Vierter Unterabschnitt.

Beschwerdeverfahren.

§ 78. Hinsichtlich der Beschwerden gegen Entscheidungen der Arbeitsgerichte oder ihrer Vorsitzenden gelten die für die Beschwerden gegen Entscheidungen der Amtsgerichte maßgebenden Vorschriften der Zivilprozeßordnung entsprechend. Über die Beschwerde entscheidet das Landesarbeitsgericht.

Eine weitere Beschwerde findet nicht statt.

Fünfter Unterabschnitt.

Wiederaufnahme des Verfahrens.

§ 79. Die Vorschriften der Zivilprozeßordnung über die Wiederaufnahme des Verfahrens gelten für Rechtsstreitigkeiten nach § 2 Nr. 1 bis 4 und nach § 3 entsprechend. Die Nichtigkeitsklage kann jedoch nicht auf Mängel des Verfahrens bei der Berufung der Beisitzer oder auf Umstände, die die Berufung eines Beisitzers zu seinem Amte ausschließen, gestützt werden.

Zweiter Abschnitt.

Beschlußverfahren.

Erster Unterabschnitt.

Erster Rechtszug.

Grundsatz.

§ 80. Das Beschlußverfahren findet in den im § 2 Nr. 5 bezeichneten Fällen Anwendung.

Für das Beschlußverfahren des ersten Rechtszugs gelten die für das Urteilsverfahren des ersten Rechtszugs maßgebenden Vorschriften über Öffentlichkeit, Ausschließung und Ablehnung von Gerichtspersonen, Prozeßfähigkeit, persönliches Erscheinen der Parteien, Zustellungen, Ladungen, Termine und Fristen, Befugnisse des Vorsitzenden und der Beisitzer, Beweisaufnahme und Wiedereinsetzung in den vorigen Stand entsprechend, soweit sich aus den §§ 81 bis 84 nichts anderes ergibt.

Antrag.

§ 81. Das Verfahren wird nur auf Antrag eingeleitet; der Antrag ist bei dem Arbeitsgerichte schriftlich einzureichen oder bei seiner Geschäftsstelle mündlich zur Niederschrift anzubringen.

Der Antrag kann jederzeit in derselben Form zurückgenommen werden. In diesem Falle ist das Verfahren vom Vorsitzenden des Arbeitsgerichts einzustellen. Von der Einstellung ist den Beteiligten Kenntnis zu geben, soweit ihnen der Antrag vom Arbeitsgerichte mitgeteilt worden ist.

Örtliche Zuständigkeit.

§ 82. Zuständig ist das Arbeitsgericht, in dessen Bezirk die Betriebsvertretung ihre Geschäfte führt oder führen soll.

Verfahren.

§ 83. In dem Verfahren sind der Arbeitgeber, die Arbeitnehmer und die Betriebsvertretungen zu hören, die nach dem Betriebsrätegesetz im einzelnen Falle beteiligt sind. Der Vorsitzende des Arbeitsgerichts entscheidet, ob die Beteiligten mündlich oder schriftlich zu hören sind. Die mündliche Anhörung erfolgt vor der Kammer.

Äußert sich ein Beteiligter trotz Aufforderung nicht oder bleibt er auf Ladung unentschuldigt aus, so ist der Pflicht zur Anhörung genügt.

Zur Aufklärung des Sachverhalts können Urkunden eingesehen, Auskünfte eingeholt, Zeugen und Sachverständige vernommen und der Augenschein eingenommen werden. Die Vernehmung von Zeugen und Sachverständigen und die Einnahme des Augenscheins erfolgt durch die Kammer. Der Vorsitzende kann diese Maßnahmen vorbereiten.

Beschluß.

§ 84. Auf Grund der Ergebnisse des Verfahrens beschließt die Kammer nach freier Überzeugung. Der entscheidende Teil des Beschlusses ist schriftlich abzufassen. Wird er auf Grund mündlicher Anhörung erlassen, so ist er vom Vorsitzenden zu verkünden; falls hierbei Beteiligte anwesend sind, ist dabei der wesentliche Inhalt der Gründe mitzuteilen.

Die Wirksamkeit der Verkündung ist von der Anwesenheit der Beisitzer nicht abhängig. Wird der Beschluß ohne Zuziehung der Beisitzer verkündet, so ist der entscheidende Teil des Beschlusses vorher von dem Vorsitzenden und den Beisitzern zu unterschreiben.

Der Beschluß nebst Gründen ist vom Vorsitzenden zu unterschreiben. War er bei der Verkündung noch nicht vollständig schriftlich niedergelegt, so soll er binnen drei Tagen nach der Verkündung in vollständiger Abfassung der Geschäftsstelle übergeben werden.

Der Beschluß ist den Beteiligten von Amts wegen zuzustellen.

Zweiter Unterabschnitt.
Rechtsbeschwerdeverfahren.

Grundsatz.

§ 85. Gegen die das Verfahren beendenden Beschlüsse der Arbeitsgerichte findet die Rechtsbeschwerde statt. Für die Entscheidung über Rechtsbeschwerden sind die Landesarbeitsgerichte zuständig. Betrifft das Beschlußverfahren Unternehmungen oder Verwaltungen, die sich über den Bezirk eines Landes hinaus erstrecken oder die hinsichtlich der dienstlichen Verhältnisse der Arbeitnehmer der Aufsicht des Reichs unterstehen, so ist für die Entscheidung über Rechtsbeschwerden das Reichsarbeitsgericht zuständig.

Für das Rechtsbeschwerdeverfahren gelten die für das Revisionsverfahren maßgebenden Vorschriften über Öffentlichkeit, Ausschließung und Ablehnung der Gerichtspersonen, Prozeßfähigkeit, Zustellungen, Ladungen, Termine und Fristen, Befugnisse des Vorsitzenden und der Beisitzer und Wiedereinsetzung in den vorigen Stand entsprechend, soweit sich aus den §§ 86 bis 89 nichts anderes ergibt. Zustellungen und Ladungen erfolgen im Rechtsbeschwerdeverfahren von Amts wegen.

Die Einlegung der Rechtsbeschwerde hat aufschiebende Wirkung.

Rechtsbeschwerdegründe.

§ 86. Die Rechtsbeschwerde kann nur darauf gestützt werden, daß der Beschluß des Arbeitsgerichts auf der Nichtanwendung oder der unrichtigen Anwendung einer gesetzlichen Bestimmung beruhe.

Auf die unrichtige Annahme der örtlichen Zuständigkeit, auf Mängel des Verfahrens bei der Berufung der Beisitzer oder auf Umstände, die die Berufung eines Beisitzers zu seinem Amte ausschließen, kann die Rechtsbeschwerde nicht gestützt werden.

Einlegung.

§ 87. Die Rechtsbeschwerde wird durch Einreichung einer Beschwerdeschrift beim Beschwerdegericht oder durch Erklärung zur Niederschrift der Geschäftsstelle des Arbeitsgerichts, das den angefochtenen Beschluß erlassen hat, eingelegt. Sie ist binnen einer Notfrist von zwei Wochen nach der Zustellung des angefochtenen Beschlusses einzulegen.

Die die Rechtsbeschwerde enthaltende Schrift muß angeben, inwieweit die Abänderung des angefochtenen Beschlusses beantragt wird, welche Bestimmungen verletzt sein sollen und worin die Verletzung bestehen soll.

Ist die Rechtsbeschwerde nicht in der gesetzlichen Form oder Frist eingelegt, so verwirft sie der Vorsitzende des Beschwerdegerichts als unzulässig. Der Beschluß ist endgültig. Er ist dem Beschwerdeführer zuzustellen.

Die Rechtsbeschwerde kann jederzeit in der für ihre Einlegung vorgeschriebenen Form zurückgenommen werden. Im Falle der Zurücknahme stellt der Vorsitzende das Verfahren ein. Er gibt hiervon den Beteiligten Kenntnis, soweit ihnen die Rechtsbeschwerde zugestellt worden ist.

Verfahren.

§ 88. Die die Rechtsbeschwerde enthaltende Schrift wird den Beteiligten zur Äußerung zugestellt. Die Äußerung erfolgt durch Einreichung eines Schriftsatzes beim Beschwerdegericht oder durch Erklärung zur Niederschrift der Geschäftsstelle des Arbeitsgerichts, das den angefochtenen Beschluß erlassen hat. Geht von einem Beteiligten die Äußerung nicht rechtzeitig ein, so steht dies dem Fortgang des Verfahrens nicht entgegen.

Gegen Beschlüsse und Verfügungen des Landesarbeitsgerichts oder seiner Vorsitzenden findet kein Rechtsmittel statt.

Entscheidung.

§ 89. Über die Rechtsbeschwerde entscheidet die Kammer (der Senat) des Beschwerdegerichts durch Beschluß. Eine Zurückverweisung an das Arbeitsgericht ist nicht zulässig. Der Beschluß ist endgültig.

Der Beschluß nebst Gründen ist vom Vorsitzenden zu unterschreiben und den Beteiligten zuzustellen. Er soll der Gerichtsschreiberei binnen drei Tagen nach der Beschlußfassung in vollständiger Abfassung übergeben werden.

Dritter Unterabschnitt.

Beschwerdeverfahren.

§ 90. Die Vorschriften des § 78 finden Anwendung.

Vierter Teil.

Vereinbarter Ausschluß der Arbeitsgerichtsbarkeit. Vereinbarte Vorverfahren.

Erster Abschnitt.

Schiedsvertrag in Arbeitsstreitigkeiten.

Grundsatz.

§ 91. Für bürgerliche Rechtsstreitigkeiten aus einem Arbeits- oder Lehrverhältnis, das sich nach einem Tarifvertrage bestimmt, können die Parteien des Tarifvertrags die Arbeitsgerichtsbarkeit im Tarifvertrage durch die ausdrückliche Vereinbarung ausschließen, daß die Entscheidung durch ein Schiedsgericht erfolgen soll. Die Wirkung dieser Vereinbarung erstreckt sich nicht auf solche Parteien eines Arbeits- oder Lehrverhältnisses, die dem Tarifvertrage nur durch die Erklärung seiner allgemeinen Verbindlichkeit unterworfen sind.

Die Parteien des streitigen Rechtsverhältnisses können, allgemein oder für den Einzelfall, auch im voraus, eine derartige Vereinbarung treffen:

1. für bürgerliche Rechtsstreitigkeiten nach § 2 Nr. 1;
2. für bürgerliche Rechtsstreitigkeiten nach § 2 Nr. 2, wenn der beteiligte Arbeitnehmer ein Angestellter ist und sein Jahresarbeitseinkommen die im Angestelltenversicherungsgesetze vorgesehene Grenze für die Versicherungspflicht überschreitet.

Prozeßhindernde Einrede.

§ 92. Der Schiedsvertrag in Arbeitsstreitigkeiten begründet im arbeitsgerichtlichen Verfahren eine prozeßhindernde Einrede.

Die Einrede entfällt:

1. wenn in einem Falle, in dem die Streitparteien selbst die Mitglieder des Schiedsgerichts zu ernennen haben, der Kläger dieser Pflicht nachgekommen ist, der Beklagte, aber die Ernennung nicht binnen einer Woche nach der Aufforderung des Klägers vorgenommen hat;
2. wenn in einem Falle, in dem nicht die Streitparteien, sondern die Parteien des Schiedsvertrags die Mitglieder des Schiedsgerichts zu ernennen haben, das Schiedsgericht nicht gebildet ist und die den Parteien des Schiedsvertrags von dem Vorsitzenden des Arbeitsgerichts gesetzte Frist zur Bildung des Schiedsgerichts fruchtlos verstrichen ist;

3. wenn das nach dem Schiedsvertrage gebildete Schiedsgericht die Durchführung des Verfahrens verzögert und die ihm von dem Vorsitzenden des Arbeitsgerichts gesetzte Frist zur Durchführung des Verfahrens fruchtlos verstrichen ist;
4. wenn das Schiedsgericht den Parteien des streitigen Rechtsverhältnisses anzeigt, daß die Abgabe eines Schiedsspruchs wegen Stimmengleichheit unmöglich ist.

In den Fällen des Abs. 2 Nr. 2 und 3 erfolgt die Bestimmung der Frist auf Antrag des Klägers durch den Vorsitzenden des Arbeitsgerichts, das für die Geltendmachung des Anspruchs zuständig wäre.

Liegt eine der Voraussetzungen des zweiten Absatzes für den Fortfall der Einrede vor, so ist eine schiedsgerichtliche Entscheidung des Rechtsstreits auf Grund des Schiedsvertrags in Arbeitsstreitigkeiten ausgeschlossen.

Zusammensetzung des Schiedsgerichts.

§ 93. Das Schiedsgericht muß, sofern es nicht für einen bestimmten Einzelfall vereinbart ist, aus einer gleichen Zahl von Arbeitgebern und Arbeitnehmern bestehen; außerdem können ihm Unparteiische angehören. Personen, denen die bürgerlichen Ehrenrechte oder die Fähigkeit zur Bekleidung öffentlicher Ämter aberkannt sind, dürfen ihm nicht angehören.

Als Schiedsgericht kann auch eine den Vorschriften des Abs. 1 in ihrer Zusammensetzung entsprechende Behörde oder Einrichtung vereinbart werden. In diesem Falle tritt beim Fortfall eines Mitglieds dessen bestimmungsmäßiger Vertreter an seine Stelle.

Minderjährige, Taube und Stumme können als Mitglieder des Schiedsgerichts abgelehnt werden. Außerdem können Mitglieder des Schiedsgerichts unter denselben Voraussetzungen abgelehnt werden, die zur Ablehnung eines Richters berechtigen.

Über die Ablehnung beschließt die Kammer des Arbeitsgerichts, das für die Geltendmachung des Anspruchs zuständig wäre. Vor dem Beschlusse sind die Streitparteien und das abgelehnte Mitglied des Schiedsgerichts zu hören. Der Vorsitzende des Arbeitsgerichts entscheidet, ob sie mündlich oder schriftlich zu hören sind. Die mündliche Anhörung erfolgt vor der Kammer. Gegen den Beschluß findet kein Rechtsmittel statt.

Verfahren vor dem Schiedsgerichte.

§ 94. Das Verfahren vor dem Schiedsgerichte regelt sich nach dessen freiem Ermessen, soweit der Schiedsvertrag oder die §§ 95 bis 100 nichts anderes bestimmen.

Anhörung der Parteien.

§ 95. Vor der Fällung des Schiedsspruchs sind die Streitparteien zu hören.

Die Anhörung erfolgt, soweit der Schiedsvertrag nichts anderes bestimmt, mündlich. Die Parteien haben persönlich zu erscheinen oder sich durch einen mit schriftlicher Vollmacht versehenen Bevollmächtigten vertreten zu lassen. Die Vollmachtsurkunde ist stempelfrei. Ihre Beglaubigung kann nicht verlangt werden. Die Vorschrift des § 11 Abs. 1 gilt entsprechend, soweit der Schiedsvertrag nichts anderes bestimmt.

Bleibt eine Partei in der Verhandlung unentschuldigt aus oder äußert sie sich trotz Aufforderung nicht, so ist der Pflicht zur Anhörung genügt.

Beweisaufnahme.

§ 96. Das Schiedsgericht kann Beweise erheben, soweit die Beweismittel ihm zur Verfügung gestellt werden. Zeugen und Sachverständige kann das Schiedsgericht nicht beeidigen, eidesstattliche Versicherungen nicht verlangen oder entgegennehmen.

Hält das Schiedsgericht eine Beweiserhebung für erforderlich, die es nicht vornehmen kann, so ersucht es um die Vornahme den Vorsitzenden desjenigen Arbeitsgerichts oder, falls dies aus Gründen der örtlichen Lage zweckmäßiger ist, dasjenige Amtsgericht, in dessen Bezirk die Beweisaufnahme erfolgen soll. Entsprechend ist zu verfahren, wenn das Schiedsgericht die Beeidigung eines Zeugen oder Sachverständigen zur Herbeiführung einer wahrheitsgemäßen Äußerung für notwendig erachtet. Die durch die Rechtshilfe entstehenden baren Auslagen sind dem Gerichte zu ersetzen; §§ 77, 79 des Gerichtskostengesetzes finden entsprechende Anwendung.

Der Parteieid ist im schiedsgerichtlichen Verfahren ausgeschlossen.

Vergleich.

§ 97. Ein vor dem Schiedsgerichte geschlossener Vergleich ist unter Angabe des Tages seines Zustandekommens von den Streitparteien und den Mitgliedern des Schiedsgerichts zu unterschreiben. Er ist stempelfrei.

Schiedsspruch.

§ 98. Der Schiedsspruch ergeht mit einfacher Mehrheit der Stimmen der Mitglieder des Schiedsgerichts, falls der Schiedsvertrag nichts anderes bestimmt.

Der Schiedsspruch ist unter Angabe des Tages seiner Fällung von den Mitgliedern des Schiedsgerichts zu unterschreiben und muß schriftlich begründet werden, soweit die Parteien nicht auf schriftliche Begründung ausdrücklich verzichten. Eine vom Verhandlungsleiter unterschriebene Ausfertigung des Schiedsspruchs ist jeder Streitpartei zuzustellen. Die Zustellung kann durch eingeschriebenen Brief erfolgen.

Eine vom Verhandlungsleiter unterschriebene Ausfertigung des Schiedsspruchs soll bei dem Arbeitsgerichte, das für die Geltendmachung des Anspruchs zuständig wäre, niedergelegt werden. Die Akten des Schiedsgerichts oder Teile der Akten können ebenfalls dort niedergelegt werden.

Der Schiedsspruch hat unter den Parteien dieselben Wirkungen wie ein rechtskräftiges Urteil des Arbeitsgerichts. Er ist stempelfrei.

Zwangsvollstreckung.

§ 99. Die Zwangsvollstreckung findet aus dem Schiedsspruch oder aus einem vor dem Schiedsgerichte geschlossenen Vergleiche nur statt, wenn der Schiedsspruch oder der Vergleich von dem Vorsitzenden des Arbeitsgerichts, das für die Geltendmachung des Anspruchs zuständig wäre, für vollstreckbar erklärt worden ist. Der Vorsitzende hat vor der Erklärung den Gegner zu hören. Wird nachgewiesen, daß auf Aufhebung des Schiedsspruchs geklagt ist, so ist die Entscheidung bis zur Erledigung dieses Rechtsstreits auszusetzen.

Die Entscheidung des Vorsitzenden ist endgültig. Sie ist den Parteien zuzustellen.

Aufhebungsklage.

§ 100. Auf Aufhebung des Schiedsspruchs kann geklagt werden:

1. wenn das schiedsgerichtliche Verfahren unzulässig war;
2. wenn der Schiedsspruch gegen zwingende gesetzliche Vorschriften verstößt;
3. wenn die Voraussetzungen vorliegen, unter denen gegen ein gerichtliches Urteil nach § 580 Nr. 2 bis 5 der Zivilprozeßordnung die Restitutionsklage zulässig wäre.

Für die Klage ist das Arbeitsgericht zuständig, das für die Geltendmachung des Anspruchs zuständig wäre.

Die Klage ist binnen einer Notfrist von zwei Wochen zu erheben. Die Frist beginnt in den Fällen des Abs. 1 Nr. 1 und 2 mit der Zustellung des Schiedsspruchs. In dem Falle des Abs. 1 Nr. 3 beginnt sie mit der Rechtskraft des Urteils, das die Verurteilung wegen der strafbaren Handlung ausspricht, oder mit dem Tage, an dem der Partei bekannt geworden ist, daß die Einleitung oder die Durchführung des Verfahrens nicht erfolgen kann; nach Ablauf von zehn Jahren, von der Zustellung des Schiedsspruchs an gerechnet, ist die Klage unstatthaft.

Ist der Schiedsspruch für vollstreckbar erklärt, so ist in dem der Klage stattgebenden Urteil auch die Aufhebung der Vollstreckbarkeitserklärung auszusprechen.

Gegen das Urteil des Arbeitsgerichts findet kein Rechtsmittel statt.

Zweiter Abschnitt.
Gütevertrag.

Grundsatz.

§ 101. Soweit die Vertragsparteien nach § 91 einen Schiedsvertrag in Arbeitsstreitigkeiten schließen können, können sie auch ohne Ausschluß der Arbeitsgerichtsbarkeit vereinbaren, daß dem arbeitsgerichtlichen Verfahren ein Einigungsverfahren vor einer vereinbarten Gütestelle vorausgehen soll (Gütevertrag).

Der Gütevertrag begründet im arbeitsgerichtlichen Verfahren eine prozeßhindernde Einrede. Die Einrede entfällt, wenn der Kläger dem Arbeitsgericht eine von dem Verhandlungsleiter der Gütestelle unterschriebene Bescheinigung vorlegt, daß eine Einigung der Streitparteien trotz Erscheinens des Klägers nicht erfolgt ist oder wenn die Voraussetzungen vorliegen, unter denen nach § 92 Abs. 2 Nr. 1 bis 3 die prozeßhindernde Einrede des Schiedsvertrags in Arbeitsstreitigkeiten entfiele.

Zusammensetzung der Gütestelle.

§ 102. Die Zusammensetzung der Gütestelle ist im Gütevertrage zu vereinbaren. Die Vorschriften des § 93 Abs. 1 Satz 2, Abs. 2, 3 und 4 gelten entsprechend.

Verfahren vor der Gütestelle.

§ 103. Das Verfahren vor der Gütestelle findet nur statt, wenn die Streitparteien vor ihr persönlich erscheinen. Es wird nach dem freien Ermessen der Gütestelle geregelt, soweit der Gütevertrag nichts anderes bestimmt.

Vergleich.

§ 104. Für einen vor der Gütestelle geschlossenen Vergleich gelten die Vorschriften der §§ 97 und 99 entsprechend.

Ausschluß des arbeitsgerichtlichen Güteverfahrens.

§ 105. Soweit ein Gütevertrag geschlossen ist, findet ein Güteverfahren vor dem entscheidenden Arbeitsgerichte nach § 54 nicht statt.

Dritter Abschnitt.
Schiedsgutachtenvertrag.

Grundsatz.

§ 106. Soweit die Vertragsparteien nach § 91 einen Schiedsvertrag in Arbeitsstreitigkeiten schließen können, können sie auch ohne Ausschluß der Arbeitsgerichtsbarkeit vereinbaren, daß Tatfragen, die für die Entscheidung des Rechtsstreits erheblich sind, durch ein Schiedsgutachten entschieden werden sollen (Schiedsgutachtenvertrag).

Die Vereinbarung hat die Wirkung, daß die durch Schiedsgutachten zu entscheidenden Tatfragen der Sachprüfung und Beweiserhebung im arbeitsgerichtlichen Verfahren entzogen sind und daß die Arbeitsgerichtsbehörde an das Schiedsgutachten gebunden ist. Die Wirkung tritt nicht ein, wenn eine der Voraussetzungen vorliegt, unter denen nach § 92 Abs. 2 die prozeßhindernde Einrede des Schiedsvertrags in Arbeitsstreitigkeiten entfiele.

Zusammensetzung der Schiedsgutachterstelle. Verfahren.

§ 107. Die Zusammensetzung der Schiedsgutachterstelle ist im Schiedsgutachtenvertrage zu vereinbaren. Die Vorschriften des § 93 Abs. 1 Satz 2, Abs. 2, 3 und 4, der §§ 94 bis 96 und des § 98 Abs. 1 und 2 gelten entsprechend.

Fünfter Teil.
Ausführungs- und Übergangsvorschriften.

Ausführung des Gesetzes.

§ 108. Die zur Durchführung dieses Gesetzes erforderlichen Ausführungsbestimmungen erlassen der Reichsarbeitsminister und der Reichsminister der Justiz gemeinsam mit Zustimmung des Reichsrats und nach Anhörung eines achtundzwanziggliedrigen Ausschusses des Reichstags.

Oberste Landesbehörde für die Sozialverwaltung.

§ 109. Die Landesregierungen bestimmen, welche Behörden als oberste Landesbehörde für die Sozialverwaltung und als höhere Verwaltungsbehörde gelten.

Wegfall gesetzlicher Bestimmungen.

§ 110. Es treten außer Kraft:

1. das Gewerbegerichtsgesetz;
2. der § 14 Nr. 4 des Gerichtsverfassungsgesetzes;
3. das Gesetz, betreffend Kaufmannsgerichte;
4. der § 81b Abs. 1 Nr. 4, die §§ 91, 91a, 91b und der § 93 Abs. 2 Nr. 7 der Gewerbeordnung;
5. der Artikel II der Verordnung über das Schlichtungswesen vom 30. Oktober 1923 (Reichsgesetzbl. I S. 1043);
6. die Verordnung zur Ausführung der Verordnung über das Schlichtungswesen vom 10. Dezember 1923 (Reichsgesetzbl. I S. 1191);
7. der § 8 Satz 2, der § 18 Satz 2, der § 19 Satz 2 und die Ziffer I der Maßgaben der Inkraftsetzung der Verordnung, betreffend eine Vorläufige Landarbeitsordnung vom 24. Januar 1919 (Reichsgesetzbl. S. 111);
8. die §§ 99, 100 des Reichsversorgungsgesetzes.

Abänderung der Gewerbeordnung.

§ 111. Die Gewerbeordnung wird folgendermaßen abgeändert:

1. im § 81a Nr. 4 werden die Worte „der im § 4 des Gewerbegerichtsgesetzes (Reichsgesetzbl. 1901 S. 353) bezeichneten Art" gestrichen;
2. an Stelle des § 91b treten folgende Bestimmungen:

„Als das gemäß § 83 Abs. 2 Nr. 11 für die Verhandlung von Streitigkeiten nach § 81a Nr. 4 zuständige Organ hat die Innung einen Ausschuß zu bilden, dem Arbeitgeber und Arbeitnehmer in gleicher Zahl angehören müssen.

Wird der von diesem Ausschuß gefällte Spruch nicht innerhalb einer Woche von beiden Parteien anerkannt, so kann binnen zwei Wochen nach ergangenem Spruche Klage beim zuständigen Arbeitsgericht erhoben werden. Der Klage muß in allen Fällen die Verhandlung vor dem Ausschuß vorangegangen sein.

Aus Vergleichen, die vor dem Ausschuß geschlossen sind, und aus Sprüchen des Ausschusses, die von beiden Parteien anerkannt sind, findet die Zwangsvollstreckung statt. Die §§ 104 und 105 des Arbeitsgerichtsgesetzes gelten entsprechend."

Abänderung des Betriebsrätegesetzes.

§ 112. Das Betriebsrätegesetz wird folgendermaßen abgeändert:

1. im § 28 treten an die Stelle der Worte „dem Arbeitgeber und

gegenüber dem Schlichtungsausschusse" die Worte „dem Arbeitgeber, den Schlichtungseinrichtungen und den Arbeitsgerichtsbehörden";

2. im § 39 Abs. 2, im § 41, im § 43 Abs. 2 und im § 52 Abs. 1 und 2 treten an die Stelle der Worte „der Bezirkswirtschaftsrat" bis „Schlichtungsausschuß" die Worte „das Arbeitsgericht";
3. im § 80 Abs. 2 treten an die Stelle der Worte „der Schlichtungsausschuß" die Worte „das Arbeitsgericht";
4. an die Stelle der Worte „durch Schiedsspruch eines Schlichtungsausschusses oder einer vereinbarten Einigungs- oder Schiedsstelle" treten im § 81 Abs. 3 die Worte „durch Urteil des Arbeitsgerichts oder durch Schiedsspruch eines Schiedsgerichts", im § 85 Abs. 2 Nr. 1 und im § 96 Abs. 2 Nr. 1 die Worte „durch Beschluß des Arbeitsgerichts";
5. im § 82 Abs. 3 treten an die Stelle der Worte „den zuständigen Schlichtungsausschuß oder eine vereinbarte Schiedsstelle" die Worte „das Arbeitsgericht", im Abs. 4 tritt an die Stelle der Worte „Schlichtungsausschusses oder der Schiedsstelle" das Wort „Arbeitsgerichtshof";
6. im § 83 fallen Satz 1, 2 und 4 weg; im dritten Satze werden hinter den Anfangsworten „Geht die Entscheidung" die Worte „des Arbeitsgerichts" eingefügt;
7. im § 86 Abs. 1 Satz 3 werden die Worte „den Schlichtungsausschuß" durch die Worte „das Arbeitsgericht", im Abs. 3 wird das Wort „Schlichtungsausschusses" durch das Wort „Arbeitsgerichts" ersetzt, der zweite Absatz fällt weg;
8. im § 87 fallen Abs. 1 und Abs. 2 Satz 5 weg; an die Stelle der Anfangsworte des zweiten Absatzes „Geht die Entscheidung" treten die Worte „Geht das Urteil des Arbeitsgerichts", im Abs. 3 Satz 1 treten an die Stelle der Worte „nach Kenntnis" bis „Entscheidung" die Worte „nach der Zustellung des Urteils an ihn";
9. im § 89 Satz 2 treten an die Stelle der Worte „eine Woche" bis „Entscheidung" die Worte „drei Tage danach", im Satze 4 treten an die Stelle der Worte „Eintritt" bis „Entscheidung" die Worte „Tage der Urteilsfällung";
10. im § 93 treten an die Stelle der Worte „Der Bezirkswirtschaftsrat" die Worte „Das Arbeitsgericht";

11. der § 94 fällt weg;
12. im § 96 Abs. 3 fallen die Worte „und § 86 Abs. 2" weg; im Abs. 4 fallen die Worte „oder durch Entscheidung des Schlichtungsausschusses" weg;
13. im § 97 Satz 1 treten an die Stelle der Worte „den Schlichtungsausschuß anzurufen, der" die Worte „das Arbeitsgericht anzurufen, das"; im zweiten Satze wird das Wort „er" jedesmal durch das Wort „es" ersetzt; im dritten Satze fallen die Worte „des Schlichtungsausschusses" weg;
14. der § 103 fällt weg.

Im § 1 der Verordnung zur Ausführung des Betriebsrätegesetzes vom 5. Juni 1920 (Reichsgesetzbl. S. 1139) treten an die Stelle der Worte „Schlichtungsausschusses" bis „Schiedsstelle (im Falle des § 82 Abs. 3)" die Worte „des Arbeitsgerichts oder des vereinbarten Schiedsgerichts".

Abänderung des Strafgesetzbuchs.

§ 113. Im § 334 des Strafgesetzbuchs werden in den Abs. 1 und 2 hinter dem Worte „Schiedsrichter" die Worte „Beisitzer einer Arbeitsgerichtsbehörde" eingefügt.

Abänderung des Gesetzes über die Beschäftigung Schwerbeschädigter.

§ 114. Im § 18 Abs. 1 des Gesetzes über die Beschäftigung Schwerbeschädigter tritt an die Stelle des Wortes „Arbeitsgericht" das Wort „Schöffengericht".

Als zweiter Absatz wird eingefügt:

„Für das Verfahren gelten die Vorschriften der Strafprozeßordnung entsprechend. Der Antrag der Hauptfürsorgestelle ist bei dem Amtsanwalte zu stellen; er kann zurückgenommen werden. Die Buße kann durch schriftlichen Strafbefehl des Amtsrichters ohne vorgängige Verhandlung festgesetzt werden, wenn der Amtsanwalt schriftlich darauf anträgt."

Der bisherige zweite Absatz wird dritter Absatz.

Der § 26 fällt weg.

Abänderung der Pachtschutzordnung.

§ 115. Im § 1 Abs. 4 der Pachtschutzordnung werden hinter den Worten „die ordentlichen Gerichte" die Worte „oder die Arbeitsgerichte" eingefügt.

Abänderung sonstiger Gesetze.

§ 116. Soweit nach anderen Gesetzen oder Verordnungen Gewerbegerichte, Kaufmannsgerichte, arbeitsgerichtliche Kammern der Schlichtungsausschüsse oder Innungsschiedsgerichte zur Entscheidung von Rechtsstreitigkeiten zuständig sind, treten an ihre Stelle die Arbeitsgerichte.

Übernahme von Beamten und Angestellten.

§ 117. Die hauptamtlichen Beamten der nach § 85 des Gewerbegerichtsgesetzes zugelassenen Gewerbegerichte, die sich am Tage der Verkündung des Arbeitsgerichtsgesetzes im Amte befinden, sind unter Anrechnung ihrer bisherigen Dienstzeit in Dienststellen gleicher Art bei den für ihren bisherigen Amtssitz zuständigen Arbeitsgerichtsbehörden zu übernehmen. Soweit Beamte dieser Gerichte am Tage der Verkündung des Arbeitsgerichtsgesetzes bereits aus dem Amte geschieden waren, geht die Verpflichtung zur Gewährung von Ruhegehalt und Hinterbliebenenversorgung auf das Land über. Eine Beeinträchtigung der bisherigen Einstufung, der bisherigen Dienstbezüge, Ruhegehalts- und Hinterbliebenenversorgungsansprüche darf durch die Übernahme nicht eintreten.

Die hauptamtlichen Vorsitzenden der übrigen Gewerbegerichte und der Kaufmannsgerichte, die sich am Tage der Verkündung des Arbeitsgerichtsgesetzes im Amte befinden und die mindestens zwei Jahre als hauptamtliche Vorsitzende tätig gewesen sind, sollen auf ihren Antrag unter billiger Berücksichtigung ihrer bisherigen Bezüge auf Lebenszeit als hauptamtliche Vorsitzende von Arbeitsgerichten übernommen werden. Die Übernahme kann nur im Einvernehmen mit der obersten Landesbehörde für die Sozialverwaltung abgelehnt werden. Im Falle der Übernahme ist die hauptamtliche Tätigkeit im Dienste einer Gemeinde oder eines Gemeindeverbandes als Landesdienst anzurechnen.

Die Übernahme erfolgt nicht, wenn der Vorsitzende die von der Gesetzgebung festgesetzte Altersgrenze, bei deren Erreichung Richter in den Ruhestand treten, erreicht hat.

Die übrigen bisher bei den Gewerbegerichten und Kaufmannsgerichten beschäftigten Personen, die am Tage der Verkündung des Arbeitsgerichtsgesetzes ausschließlich im Dienste bei den Gewerbegerichten und Kaufmannsgerichten tätig sind, sind auf ihren Antrag unter Anrechnung ihrer Dienstzeit in entsprechende Dienststellen zu übernehmen. Die Übernahme der Beamten erfolgt unter billiger Berücksichtigung ihrer bisherigen Bezüge, die der Angestellten nach dem zuständigen Tarifvertrage.

Leistungen der Gemeinden.

§ 118. Gemeinden und Gemeindeverbände haben den Ländern diejenigen ihnen gehörenden Grundstücke, die am 1. Januar 1925 lediglich Zwecken der Gewerbegerichte und Kaufmannsgerichte gedient haben, nebst ihrer Geräteausstattung unentgeltlich zu Eigentum zu übertragen; andere Räume, die an diesem Tage ausschließlich oder neben anderen Zwecken auch den Zwecken der Gewerbegerichte und Kaufmannsgerichte gedient haben, haben sie den Ländern auf Ersuchen nebst Geräteausstattung, Beleuchtung, Heizung und Reinigung für die Zwecke der Arbeitsgerichte unentgeltlich zur Verfügung zu stellen. Das Recht der Länder zu einem weiteren Finanzausgleich mit den Gemeinden und Gemeindeverbänden wird hierdurch nicht berührt. Anderweitige Regelung durch Vertrag ist zulässig.

Streitigkeiten, die sich aus den Bestimmungen des ersten Absatzes ergeben, werden durch ein Schiedsgericht entschieden, das aus je einem Vertreter der Finanzverwaltung des Landes und der beteiligten Gemeinde oder des beteiligten Gemeindeverbandes als Beisitzer und aus einem nicht unmittelbar beteiligten Beamten des Landes als Vorsitzenden besteht. Der Vorsitzende wird, sofern sich die Finanzverwaltung des Landes und die Gemeinde oder der Gemeindeverband über seine Person nicht einigen, von dem Präsidenten des Oberlandesgerichts bestimmt, zu dessen Bezirk die beteiligte Gemeinde gehört oder in dessen Bezirk der beteiligte Gemeindeverband seinen Sitz hat.

Vermögen der reichsrechtlich zugelassenen Gewerbegerichte.

§ 119. Das Vermögen der nach § 85 des Gewerbegerichtsgesetzes zugelassenen Gewerbegerichte geht auf das Land über.

Erste Berufung der Beisitzer.

§ 120. Bei der ersten Berufung der Beisitzer der Landesarbeitsgerichte nach dem Inkrafttreten des Arbeitsgerichtsgesetzes entfällt das Erfordernis einer dreijährigen Tätigkeit als Beisitzer einer Arbeitsgerichtsbehörde.

Erledigung anhängiger Verfahren.

§ 121. Verfahren in Arbeitssachen, die in dem im § 122 Satz 2 bezeichneten Zeitpunkt bei Gewerbegerichten, Kaufmannsgerichten, arbeitsgerichtlichen Kammern der Schlichtungsausschüsse, Innungsschiedsgerichten, den Ersatzstellen der Landwirtschaftsräte oder dem Vorläufigen Reichswirtschaftsrat anhängig sind, gehen in der Lage, in der sie sich befinden, auf das Arbeitsgericht über, in dessen Bezirk die Stelle ihren Sitz hat, bei der das Verfahren bisher anhängig war. Dieses Arbeitsgericht ist auch für Klagen gegen Entscheidungen der Innungen und Innungsschiedsgerichte und für Klagen auf Aufhebung des Schiedsspruchs eines vereinbarten Schiedsgerichts in Arbeitssachen zuständig, die in dem im § 122 Satz 2 bezeichneten Zeitpunkt noch nicht bei einem Gericht anhängig sind. Auf das Verfahren vor den Arbeitsgerichtsbehörden finden die Vorschriften dieses Gesetzes Anwendung.

Für das Verfahren in Arbeitssachen, die in dem im § 122 Satz 2 bezeichneten Zeitpunkt bei ordentlichen Gerichten anhängig sind, bleiben die ordentlichen Gerichte bis zur rechtskräftigen Erledigung zuständig. Das Verfahren bestimmt sich nach den Vorschriften über das Verfahren in bürgerlichen Rechtsstreitigkeiten.

Inkrafttreten.

§ 122. Das Arbeitsgerichtsgesetz tritt, soweit es sich um die Maßnahmen zu seiner Durchführung handelt, mit dem Tage der Verkündung in Kraft. Im übrigen tritt es, soweit der Reichsarbeitsminister und der Reichsminister der Justiz gemeinsam keinen späteren Zeitpunkt bestimmen, mit dem 1. Juli 1927 in Kraft. Mit diesem Zeitpunkt treten auch die in den §§ 110 bis 116 vorgesehenen Abänderungen von Gesetzen und Verordnungen in Kraft.

5. Wechselordnung

in der Fassung der Bek. vom 3. Juni 1908. (RGBl 327.)

---

1. Abschnitt. Von der Wechselfähigkeit.

Art. 1. Wechselfähig ist jeder, welcher sich durch Verträge verpflichten kann.[1—4])

(Art. 2.)[5])

Art. 3. Finden sich auf einem Wechsel Unterschriften von Personen, welche eine Wechselverbindlichkeit überhaupt nicht oder nicht mit vollem Erfolg[6]) eingehen können, so hat dies auf die Verbindlichkeit der übrigen Wechselverpflichteten keinen Einfluß.[7])

2. Abschnitt. Von gezogenen Wechseln.

I. Erfordernisse eines gezogenen Wechsels.

Art. 4. Die wesentlichen Erfordernisse[7a]) eines gezogenen Wechsels sind:

1. die in den Wechsel[8]) selbst aufzunehmende Bezeichnung als Wechsel[9—12]) oder, wenn der Wechsel in einer fremden Sprache

---

1) Wer sich durch Verträge verpflichten kann, bestimmt das bürg. Recht. Ein nicht rechtsfähiger Verein ist nicht wechselfähig. RG 112, 125.

2) Betreffs der Minderjährigen vgl. §§ 112, 1643, 1822 Nr. 9 BGB. Aus dem Akzept eines Minderjährigen folgt nicht ohne weiteres, daß er sich für volljährig ausgegeben, also arglistig gehandelt habe. OHG 4 188. Minderjährigkeit zur Zeit der Ausstellung beeinträchtigt die Gültigkeit des undatierten Giros nicht. OHG 3 179.

3) Ehefrauen bedürfen der Zustimmung des Mannes nicht, § 1399 BGB; das Rechtsgeschäft ist aber ohne seine Zustimmung ihm gegenüber hinsichtlich des eingebrachten Gutes unwirksam.

4) Der als Aussteller, Akzeptant oder Indossant in Anspruch genommene Wschuldner (der seine Wfähigkeit leugnet) muß beweisen, daß er zur Zeit seiner darauf gesetzten Namensschrift nicht wfähig gewesen sei; der Kläger kann diesen Einwand auch mit Beweismitteln widerlegen, die sich nicht aus dem W selbst ergeben. OHG 2 176.

5) Art. 2 bestimmte über die Haftung des Wschuldners mit seiner Person, diese Haftung war durch das G v. 29. V. 68 mit der Aufhebung des Personalarrestes als Vollstreckungsmittel ungültig geworden; der übrige Teil des Art. ist durch die Nov. v. 30. V. 08 als selbstverständlich gestrichen worden, so daß ein Art. 2 nicht mehr vorhanden ist; die bisherige Nummernfolge ist jedoch beibehalten worden.

6) Diese auf die Ausschließung des Personalarrestes sich beziehenden Worte sind bedeutungslos geworden (vgl. Anm. 5), die Nov. hat sie jedoch nicht gestrichen.

7) Betreffs falscher Unterschriften vgl. Art. 75, 76.

ausgestellt ist, ein jener Bezeichnung entsprechender Ausdruck in der fremden Sprache;

2. die Angabe der zu zahlenden Geldsumme;[13, 14–14b]
3. der Name der Person oder die Firma, an welche oder an deren Order gezahlt werden soll (des Remittenten);[15–18]

7a) Der W ist ein Formalakt, entspricht er nicht den gesetzlichen Erfordernissen, so kommt ihm keine wechselrechtliche Wirkung zu. RG **105** 146.

1) Bezeichnung als W:

8) Das Wort „Wechsel" muß in der Erklärung enthalten sein, das Wort „Wechsel" als Überschrift der Urkunde genügt nicht. (Die Urkunde kann aber ein kaufmännischer Verpflichtungsschein sein, wenn sie den Erfordernissen des § 265 HGB entspricht.) RG **48** 223.

9) Wird eine Zahlung nach Wrecht versprochen, ohne daß das Wort „Wechsel" geschrieben wird, so liegt kein W vor. OHG **2** 147.

10) Die Bezeichnung mandat non acceptable genügt nicht als ein entsprechender Ausdruck der französischen Sprache. OHG **6** 125.

11) Es darf wohl „Wechsel-Brief, -Urkunde, -Verschreibung" lauten, nicht aber „Wechsel-Anweisung", weil dann die technischen Ausdrücke zweier Rechtsgeschäfte zusammengestellt nicht zweifellos machen, was gemeint sei. OHG **18** 207.

12) Ein Wversprechen „laut Vertrag" ist ungültig. OHG **21** 169.

Beispiele:

Ein gezogener W lautet:

I.

Berlin, den 15. April 1910.
Am 10. August 1910 zahlen Sie mir gegen diesen Wechsel elfhundert Mark.
Herrn Otto Schulze in Berlin, Paul Meyer.
Kanonierstraße 1.

Dieser W enthält alle Erfordernisse (die in den üblichen Formularen stehenden Formeln: Wert erhalten, und stellen ihn auf Rechnung ohne Bericht u. dgl. haben keine wechselrechtliche Bedeutung), er bezeichnet den Aussteller als Remittenten, das erste Giro muß von diesem ausgestellt werden.

II.

Berlin, den 15. April 1910.
Am 10. August 1910 zahlen Sie Herrn Ernst Kraft in Berlin gegen diesen Wechsel elfhundert Mark.
Herrn Otto Schulze in Berlin. Paul Meyer.

Dieser W enthält den Namen eines Remittenten (Kraft), das erste Giro muß von diesem ausgestellt sein. Solche W sind selten; die Ausstellung an eigene Ordre bildet die Regel, die Benennung eines Remittenten die Ausnahme; nach meiner Erfahrung kommt auf etwa 50 (deutsche) W, welche an eigene Ordre gestellt sind, nur einer, der einen Remittenten benennt.

III. a) Steht bei Otto Schulze in Berlin noch die Bemerkung: zahlbar bei der Deutschen Bank, so ist es ein ZahlstellenW. Art. 43 Abs. 2.

4. die Angabe der Zeit, zu welcher gezahlt werden soll;[19—25]) die Zahlungszeit kann für die gesamte Geldsumme nur eine und dieselbe sein und nur festgesetzt werden
auf einen bestimmten Tag,
auf Sicht (Vorzeigung a vista usw.) oder auf eine bestimmte Zeit nach Sicht,
auf eine bestimmte Zeit nach dem Tage der Ausstellung (nach dato),
auf eine Messe oder einen Markt (Meß- oder Marktwechsel);

---

b) Steht bei Otto Schulze in Berlin noch die Bemerkung: zahlbar bei der Deutschen Bank in München (also ein anderer Ort als der Wohnort des Bezogenen), so ist es ein DomizilW. Art. 43 Abs. 1.

c) Lautet die Adresse:
Herrn Otto Schulze in Berlin bei Franz Müller, Kanonierstraße 1, so liegt ein gewöhnlicher W vor.

Der Protest mangels Zahlung muß erhoben werden:
bei a: gegen die Deutsche Bank in Berlin,
„ b: gegen die Deutsche Bank in München,
„ c: gegen den Bezogenen Schulze, dessen Wohnung bei Müller aufzusuchen ist.
Ein W mit Notadresse ist bei Art. 62, ein eigener W bei Art. 96 abgedruckt.

2) **Angabe der Geldsumme**; vgl. Verordnung über Goldmark- und Goldmarknoten-Wechsel vom 6. II. 24 (RGBl. S. 50).

13) Wenn auch im W die Münzbezeichnung fehlt, genügt das Vorhandensein in der Überschr. OHG 10 22.

14) WertW (mit dem Zusatz: oder Wert) sind gültig, die Klausel bedeutet: oder so viel Münzen anderer Art, als dem angegebenen Wert entsprechen. OHG 1 279, ebenso: oder Münze nach Kurs. OHG 2 118.

Vgl. Art. 5, 37.

14a) Der Zusatz „Zahlbar in Bankscheck auf Paris" macht den W ungültig, auch wenn er außerhalb des Kontextes (des Zahlungsauftrages) steht. RG 105 145.

14b) Ein im Jahre 1924 auf „Mark" gestellter W ist als auf „Goldmark" lautend anzusehen. RG 112 87.

3) **Name des Remittenten**; vgl. Anm. 35ff.

15) Vgl. Art. 6.

16) Wie im allgemeinen für die wesentlichsten Erfordernisse des W, so ist auch für die Person des Remittenten eine klare und bestimmte Angabe zu fordern. Ein W
. . . . . zahlen Sie mir
Artur P.
Walter L.
ist für ungültig erklärt worden. RG 66 7.

16a) Der Fiskus als Wremittent bedarf nicht der Angabe der zu seiner Vertretung berufenen Behörde. RG 100 167.

5. die Unterschrift des Ausstellers (Trassanten) mit seinem Namen oder seiner Firma,[26—29])
6. die Angabe des Ortes, Monatstags und Jahres der Ausstellung;[30—34])
7. der Name der Person oder die Firma, welche die Zahlung leisten soll (des Bezogenen oder Trassaten);[35—44])
8. die Angabe des Ortes,[45—48]) wo die Zahlung geschehen soll; der bei dem Namen oder der Firma des Bezogenen angegebene Ort gilt für den Wechsel, insofern nicht ein eigener Zahlungsort angegeben ist, als Zahlungsort und zugleich als Wohnort des Bezogenen.

---

17) Ist der Name des Remittenten nicht ausgefüllt, so ist der Nehmer zur Ausstellung berechtigt. Er kann diese Befugnis auch auf seinen Nachmann übertragen. Die Ausfüllung kann auch erst nach dem Fälligkeitstage erfolgen. RG **108** 390.

18) Ein W, aus welchem unzweifelhaft hervorgeht, daß der Bezogene und der Remittent dieselben Personen sind, ist ungültig. RG **19** 93.

4) Zahlungszeit:

19) Wenn durch Irrtum ein unmöglicher Verfalltag geschrieben ist (ausgestellt am 1. XII. 69, zahlbar am 15. III. desselben Jahres), so ist der W ungültig, OHG **1** 55, ebenso wenn eine Zahlungszeit angegeben ist, die vor der Zeit der Ausstellung liegt. RG **69** 205.

20) Ist keine Jahreszahl angegeben, so gilt die bei dem Ausstellungstage angegebene, z. B. OHG **6** 120. Ein W: „am 1. November J. zahlen Sie . . .“ ist dagegen ungültig, weil es zweifelhaft bleibt, ob d. J. oder k. J. gemeint ist. OHG **24** 122.

21) „Bis zum . . zahlen Sie“ enthält keine genügende Bestimmung der Zeit. OHG **11** 170.

22) „cr.“ bedeutet als zulässige Abkürzung currentis scil. anni d. h. des laufenden Jahres. OHG **1** 187.

23) „dato“ bedeutet im Verkehr „nach dato“ und ist gültige Bezeichnung. OHG **5** 245. „dato nach Sicht“ heißt von heute an zahlbar auf Sicht. OHG **6** 239.

24) Ein W mit der Klausel „nach Kündigung“ ist ungültig, z. B. OHG **2** 361.

25) Eine Schrift, in deren Eingang Zahlung der Wsumme „auf Sicht“, an einer anderen Stelle aber Zahlung zur Verfallzeit „ohne vorhergegangene Präsentation“ versprochen wird, begründet keine wmäßige Verbindlichkeit. RG **20** 182.

Vgl. Art. 30 bis 35 (Zahlungstag).

5) Unterschrift des Ausstellers; vgl. Anm. 35 ff.

26) Für die Unterschrift ist eine bestimmte Stelle gegeben (wo die Urkunde endigt), jede andere Stelle, etwa im Text, oder oberhalb oder auf der Rückseite oder quer darüber, ist ausgeschlossen, z. B. OHG **19** 89.

27) Bei einer aus Sach- und Namensbezeichnung zusammengesetzten Firma genügt die Unterschrift des Namens; die Sachbezeichnung kann durch Stempeldruck hergestellt sein. RG **47** 165. (Die Firma einer Kommanditgesellschaft lautete: Papier- und Pappen-

Art. 5. Ist die zu zahlende Geldsumme (Art. 4 Nr. 2) in Buchstaben und in Ziffern ausgedrückt, so gilt bei Abweichungen die in Buchstaben ausgedrückte Summe.

Ist die Summe mehrmals mit Buchstaben oder mehrmals mit Ziffern geschrieben, so gilt bei Abweichungen die geringere Summe.[49])

---

fabrik Sadowa Moritz Auerbach u. Komp. Geschrieben waren von dem einzigen persönlich haftenden Gesellschafter Moritz Auerbach die Worte: „Moritz Auerbach u. Komp." Die Worte Papier- und Pappenfabrik Sadowa waren gestempelt.)

28) Es müssen erkennbare Buchstaben sein, nicht bloße Federstriche (vgl. Art. 94). OHG **22** 407.

29) Wenn ein Bevollmächtigter einen W ausstellt, so muß der Name des Auftraggebers, wenn auch nur im Wtext, geschrieben werden. OHG **20** 90.

30) Der Ort braucht nicht die amtlich anerkannte Gemeinde oder Ortschaft mit bestimmt festgelegten Grenzen zu sein, es reicht aus, daß als Ausstellungsort ein im Verkehr bestimmbarer geographischer Bezirk oder Platz genannt wird. RG **74** 185.

6) Datum der Ausstellung:

31) Es braucht weder der bezeichnete Ort der Ausstellung (z. B. OHG **6** 125), noch das angegebene Datum das wirkliche zu sein. OHG **12** 316; RG **96** 192.

32) Der Ort von welchen ein W datiert ist, gilt keineswegs wrechtlich als Wohnort des Ausstellers. RG **25** 56 (62).

33) Betreffs der im Auslande ausgestellten W vgl. Art. 85.

34) Aus einer Urkunde, welche die Angabe verschiedener Orte oder Zeiten ihrer Ausstellung enthält, kann keine Wverpflichtung entstehen. RG **11** 165.

7) Name des Bezogenen:

35) Ein auf zwei verschiedene Personen gezogener W ist nicht gültig. RG **43** 80. **Dagegen:** Ein gezogener W ist nicht allein deshalb ungültig, weil er mehrere Personen nebeneinander als Bezogene bezeichnet. RG (verein. Zivilsenate) **46** 132.

36) Auch wmäßige Erklärungen und Unterschriften sind mit Rücksicht auf die Verkehrssitte auszulegen. Für die Gültigkeit eines W genügt es, wenn die in der Adresse oder im Ausstellervermerk vorkommende Bezeichnung überhaupt als Namen einer wrechtsfähigen Person gedacht werden kann. Davon, ob die einzelnen Personen im Einzelfalle richtig bezeichnet sind, hängt die Gültigkeit nicht ab. RG **85** 195. Auch im Wechselrecht ist als Name oder Firma diejenige anzusehen, die im Verkehr ständig benutzt wird. RG **119** 202.

37) Als ungültig ist dagegen ein Wechsel mit der Unterschrift „Verwaltung der Fideikommißherrschaft Weißholm O. L. in Generalvollmacht Förster" erklärt worden. RG **77** 193.

38) Die Angabe des Bezogenen und der Akzeptvermerk lauteten: E. T. F. Keck u.Co., die Firma des Bezogenen enthielt noch den vorangestellten Zusatz: Deutsche Kaffee-Großhandlung. Dies ist für unschädlich erklärt worden. RG **70** 208. Vgl. Note 95 zu Art. 20.

39) Verschiedenheiten in der Angabe des Vornamens des Bezogenen und des Akzeptanten ändern in der Haftung nichts, wenn der Zweifel über die Identität beseitigt wird. OHG **3** 271.

Art. 6. Der Aussteller kann sich selbst als Remittenten (Art. 4 Nr. 3) bezeichnen (Wechsel an eigene Order).[50],[51])

Desgleichen kann der Aussteller sich selbst als Bezogenen (Art. 4 Nr. 7) bezeichnen, sofern die Zahlung an einem anderen Orte als dem der Ausstellung geschehen soll (trassiert-eigene Wechsel).[52])

---

40) Es schadet nichts, wenn der Akzeptant etwa zu dem Zwecke eine formelle Übereinstimmung zwischen Adresse und Akzept herbeizuführen, oder weil er sich des unrichtigen Vornamens zu bedienen pflegt, eben diesen unrichtigen in der Adresse gebrauchten Vornamen zu dem Familiennamen zugefügt hat. RG **71** 273.

41) Die WO besagt nicht, daß im Akzepte die vom Namen verschiedene Firma nicht gebraucht werden dürfe, wenn in der Adresse der Name steht, und umgekehrt. RG **73** 280. Bei einem W, dessen Adresse lautete „Herrn Emil Dornig in S.", folgten in dem Akzeptvermerk auf dem Farbstempelaufdruck „M. Zwahrs Nachf. Inhaber Emil Dornig in Z." die von dem Angestellten geschriebenen Worte „gez. Max M. Bevollmächtigter". Dornig war Inhaber zweier Fahrradgeschäfte, von denen er das eine in S. unter seinem bürgerlichen Namen betrieb, während er sich zur Führung des anderen, in Z. befindlichen Geschäfts der auf den früheren Inhaber hindeutenden Firma M. Zwahrs Nachf. bediente. Das Akzept ist für gültig erklärt worden. Ebenso ist das Akzept „Richard C. G.m.b.H. Rich. C." bei Angabe des Bezogenen als „Herr Richard C." für gültig erklärt. RG **100** 228.

42) Ist als Bezogener irrtümlich der Mann genannt, die Annahme aber durch die als Bezogene gemeinte Frau erfolgt, so ist kein gültiges Akzept vorhanden. OHG **21** 416. (Als Bezogener war genannt Herr Em. Forst; der von Frau Emilie Forst geschriebene Annahmevermerk lautete: Em. Forst. Meines Erachtens müßte, wenn Frau Emilie Forst unter der Firma Em. Forst ein Geschäft betriebe, in dem Worte: „Herr" lediglich eine Anredeform erblickt und das Akzept für gültig erachtet werden.)

43) Die Firma in allen ihren Bestandteilen; hat die Firma einen das Geschäft näher bezeichnenden Zusatz, so bildet dieser einen Bestandteil. OHG **12** 173. Wenn jedoch die Annahme unter dem vollständigen Namen erfolgt ist, so gilt diese, wenngleich die Adresse mangelhaft war. OHG **14** 172.

44) Ein Schriftstück, das als Bezogene angibt: „Tiroler Kohlengesellschaft Koessen in Groß-Lichterfelde bei Berlin" enthält weder einen persönl. Namen noch eine Firma, welche als Bezeichnung einer firmenberechtigten Person möglich ist, ihm fehlt eines der wesentlichsten Erfordernisse des W, aus ihm entsteht keine wmäßige Verbindlichkeit, die auf dem Schriftstück sich findenden Akzepte haben keine Wkraft. RG **63** 381.

Vgl. auch Art. 21 und 23.

8) Zahlungsort:

45) d. h. Ortschaft; ist nur eine Straße genannt, so ist keine genügende Ortsangabe vorhanden. OHG **9** 261. Sind mehrere Zahlungsorte angegeben, so ist der W ungültig. OHG **7** 190. RG **25** 61. Ist ein Ort genannt, der mit anderen Orten gleichnamig ist, so gilt der W; als der gewollte Ort wird der angesehen, an welchem der Winhaber Präsentation bewirkt; der Nachweis, daß der Aussteller einen anderen Ort gewollt hat, ist abgeschnitten. OHG **9** 192.

46) Die Klausel „zahlbar aller Orten" ersetzt nicht die fehlende notwendige Ortsbestimmung, sie entkräftet aber auch die anderweite Ortsbestimmung nicht. OHG **4** 261.

Art. 7. Aus einer Schrift, welcher eines der wesentlichen Erfordernisse eines Wechsels (Art. 4) fehlt,[53], [54], [54a]) entsteht keine wechselmäßige Verbindlichkeit. Auch haben die auf eine solche Schrift gesetzten Erklärungen[55]) (Indossament, Akzept, Aval) keine Wechselkraft. Das in einem Wechsel enthaltene Zinsversprechen gilt als nicht geschrieben.[56])

II. Verpflichtungen des Ausstellers.

Art. 8. Der Aussteller eines Wechsels haftet für dessen Annahme und Zahlung wechselmäßig.[57—59])

---

47) Er gilt also als Wohnort, wenn er auch nicht der wahre Wohnort ist. Er bildet das wmäßige Domizil des Bezogenen (für Vorlegung, Benachrichtigung, Protesterhebung mangels Datierung nach Art. 20 RG **62** 93), wenn sich auch das bürgerliche Domizil an einem anderen Orte befindet. OHG **11** 187.

48) Dieser ein für allemal festgelegte Zahlungsort kann durch eine spätere Änderung des Wohnorts nicht verändert werden, die wrechtlichen Handlungen haben also in jenem stattzufinden. OHG **14** 118.

Vgl. Art. 24 (DomizilW.).

49) Dieser Grundsatz gilt nicht auch dann, wenn verschiedene Geld*sorten* geschrieben sind, dann ist nach den Grundsätzen des W- und Zivilrechts nach dem Inhalt des W zu entscheiden. OHG **20** 160.

50) Wenn der Trassant eines W an eigene Order seinem ersten Indossament die Bemerkung: *ohne Obligo* beifügt (Art. 14), bleibt er doch als Aussteller regreßpflichtig. OHG **1** 97. RG **18** 112.

51) Eigene W an eigene Order sind ungültig, vgl. Note zu Art. 96 Nr. 3.

52) Ein trassiert-eigener W ist nur dann vorhanden, wenn in *ihm selber* die Identität des Ausstellers und Bezogenen *erklärt* ist. OHG **18** 140.

Vgl. auch Art. 9, 14.

53) Ist eine Unterschrift (oder eine Quittung, OHG **3** 98) auf dem W durchstrichen, so gilt sie als nicht vorhanden, mag die Durchstreichung aus Versehen oder zufällig oder rechtswidrig entstanden sein. OHG **19** 270. Ist ein Vollgiro bis auf den Namen durchstrichen, so gilt die übrig gebliebene Unterschrift nicht als Blankogiro. OHG **10** 141. Ist ein Domizilvermerk durchstrichen, so bleibt der W gültig. OHG **12** 431.

54) Ist die Veränderung offensichtlich, so hat der Inhaber den entscheidenden Zeitpunkt zu beweisen, andernfalls der Verpflichtete. RG **66** 201.

54a) Vgl. Art. 21 Note 99—13 (Blankoakzept).

55) Es ist anzunehmen, daß Bleistiftzusätze auf einem vollständigen, mit dauerhaften Schriftzeichen hergestellten W keine Abänderung des WInhalts bezwecken, sondern als unverbindliche Notizen gemeint sind. RG **60** 430.

56) Nach diesem Prinzip gelten auch andere Nebenversprechen als nicht geschrieben, nehmen aber dem W nicht seine Kraft. OHG **6** 364.

57) Vgl. Art. 25, 41 ff., 81.

58) Das Wversprechen des Ausstellers wird durch den Inhalt des aus der Tratte ersichtlichen Zahlungsauftrages bestimmt. Dies gilt namentlich in bezug auf den Fällig-

III. Indoſſament.

Art. 9. Der Remittent kann den Wechſel an einen anderen durch Indoſſament (Giro) übertragen.[60—63]

Hat jedoch der Ausſteller die Übertragung im Wechſel durch die Worte „nicht an Order" oder durch einen gleichbedeutenden Ausdruck unterſagt, ſo hat das Indoſſament keine wechſelrechtliche Wirkung.[64—66]

Art. 10. Durch das Indoſſament[67, 68] gehen alle Rechte aus dem Wechſel auf den Indoſſatar über, insbeſondere auch die Befugnis, den

---

keitstermin. Der Zeitpunkt, in welchem der Bezogene Zahlung zu leiſten hat, fällt zuſammen mit dem Zeitpunkte, in welchem die Regreßpflicht des Ausſtellers in Kraft tritt. Aus dem Weſen der Tratte folgt, daß der Grundſatz auch dann Anwendung findet, wenn es ſich um einen vom Inlande auf das Ausland gezogenen W handelt; der Verfalltag und die Proteſtfriſt werden danach nach dem ausländiſchen Rechte berechnet. RG **36** 127.

59) Wenn der Ausſteller ſeiner Unterſchrift die Klauſel „ohne Gewähr" hinzugefügt hat, iſt der W ungültig. Die Haftung des Ausſtellers kann dadurch nicht ausgeſchloſſen werden (ſondern nur durch Vertrag zwiſchen Geber und Nehmer). RG **37** 145.

60) Nach deutſchem WRechte und nach deutſcher Verkehrsauffaſſung enthält die Indoſſierung eines W grundſätzlich keine ſtillſchweigende Übertragung der dem W zugrunde liegenden Forderung. RG **65** 358.

61) Zur Übergabe des W gehört nicht nur der Skripturakt, ſondern ein Begebungsvertrag. Dies iſt ein abſtrakter Vertrag, wie jede W-Verpflichtung. Zum Geben und Nehmen des W muß die Einigung des Gebers und Nehmers hinzukommen. Sie braucht aber nicht die Übertragung der W-Rechte zu eigenem Nutzen des Empfängers zu bezwecken. Deshalb iſt auch ein Inkaſſoindoſſament und ein fiduziariſches (treuhänderiſches) Indoſſament zuläſſig. RG **117** 71.

62) Eine W-Forderung kann auch durch Abtretung und Übergabe des W übertragen werden. RG **88** 292; **119** 217. Vgl. § 398 BGB.

63) Der Zeſſionar erwirkt die WForderung und mit ihr das WEigentum nur aus dem Rechte des Zedenten, das heißt: die Rechte des Zedenten aus dem W, nicht wie der Indoſſator kraft des Indoſſaments (Art. 10) das Recht aus dem W nach Maßgabe des Inhabers der WUrkunde und das Eigentum des W als eignes Recht. RG **33** 147.

64) Ein auf die Rückſeite geſchriebenes Verbot iſt ungültig. OHG **2** 408.

65) Der Akzeptant haftet alſo wrechtlich nicht dem Indoſſator, ein Giro gibt dem Indoſſatar gegen den Akzeptanten auch nicht die Rechte eines Prokura-Indoſſatars (Art. 17). OHG **14** 60.

66) Das Verbot der Indoſſierung des W durch die Klauſel: „nicht an Order" ſchließt die Zeſſion der WRechte nicht aus. RG, K **3** 238.

Vgl. auch Art. 98 Nr. 2.

67) Der Indoſſant bleibt wberechtigt; ſolange das Recht des Nachmanns beſteht, fehlt nur die Möglichkeit der Geltendmachung des verbliebenen Rechtes. RG **77** 190.

68) Durch ein Teilindoſſament werden WRechte weder erzeugt noch übertragen. RG **11** 148.

Wechsel weiter zu indossieren. Auch an den Aussteller, Bezogenen, Akzeptanten oder einen früheren Indossanten kann der Wechsel gültig indossiert und von demselben weiter indossiert werden.[69], [70])

Art. 11.[71]) Das Indossament muß auf den Wechsel, eine Kopie desselben oder ein mit dem Wechsel oder der Kopie verbundenes Blatt (Allonge) geschrieben werden.

Art. 12.[71]) Ein Indossament ist gültig, wenn der Indossant auch nur seinen Namen oder seine Firma auf die Rückseite des Wechsels oder der Kopie oder auf die Allonge schreibt (Blanko-Indossament).

Art. 13.[71]) Jeder Inhaber eines Wechsels ist befugt, die auf demselben befindlichen Blanko-Indossamente auszufüllen; er kann den Wechsel aber auch ohne diese Ausfüllung weiter indossieren.

Art. 14. Der Indossant haftet jedem späteren Inhaber des Wechsels für dessen Annahme und Zahlung wechselmäßig. Hat er aber dem Indossamente die Bemerkung „ohne Gewährleistung", „ohne Obligo" oder einen gleichbedeutenden Vorbehalt hinzugefügt, so ist er von der Verbindlichkeit aus seinem Indossamente befreit.[72])

Art. 15. Ist in dem Indossamente die Weiterbegebung durch die Worte „nicht an Order" oder durch einen gleichbedeutenden Ausdruck

---

69) Dieser Artikel hat nicht etwa die Bedeutung, daß der, welcher an den Aussteller begibt, auf die Rechte gegen diesen verzichtet; er bestimmt nur die Zulässigkeit des Indossaments an den Aussteller, Bezogenen, Akzeptanten und früheren Indossanten und gibt solchem Indossament die gleiche rechtliche Wirkung wie dem gewöhnlichen. OHG **18** 413. — An den Akzeptanten kann der W wirksam nur bis zum Verfall giriert werden. OHG **25** 20.

70) Indossierung eines W an den Akzeptanten nach Verfall des W hat die Wirkung, daß die Wschuld des Akzeptanten untergeht und folglich auch alle Regreßverbindlichkeiten aus dem W erlöschen. Eine Abtretung der Rechte aus dem gegen den Aussteller erstrittenen Urteil an den Akzeptanten ist zulässig und läßt zunächst den WAnspruch gegen den Akzeptanten unberührt. Wenn er jedoch die durch Abtretung auf ihn übergegangene Wregreßforderung an den Aussteller geltend macht, so steht ihm die im Wrecht begründete Einrede entgegen, daß nach Einlösung des W er in seiner Eigenschaft als Akzeptant das Gezahlte werde erstatten müssen. RG **65** 120. Diese Arglisteinrede greift aber nicht durch, wenn nach dem der W-Akzeptierung zugrunde liegenden Rechtsverhältnis (Gefälligkeits-Akzept) der Aussteller nicht berechtigt sein würde, vom Akzeptanten Erstattung der im Regreßwege bezahlten W-Summe zu verlangen. RG K **8** 388.

71) Die Art. 11 bis 13 kommen nach § 222 und § 365 HGB zur entsprechenden Anwendung.

72) Wenn der Trassant eines W an eigene Order seinem ersten Indossament die Bemerkung: ohne Obligo beifügt (Art. 14), bleibt er doch als Aussteller regreßpflichtig. OHG **1** 97. RG **18** 112.

verboten,[73]) so haben diejenigen, an welche der Wechsel aus der Hand des Indossatars gelangt, gegen den Indossanten keinen Regreß.

Art. 16. Wenn ein Wechsel indossiert wird, nachdem die für die Protesterhebung mangels Zahlung bestimmte Frist abgelaufen ist, so erlangt der Indossatar die Rechte aus dem etwa vorhandenen Akzepte gegen den Bezogenen und Regreßrechte gegen diejenigen, welche den Wechsel nach Ablauf dieser Frist indossiert haben.[74—76])

Ist aber der Wechsel vor dem Indossamente bereits mangels Zahlung protestiert worden,[77],[78]) so hat der Indossatar nur die Rechte seines Indossanten gegen den Akzeptanten, den Aussteller und diejenigen, welche den Wechsel bis zur Protesterhebung indossiert haben. Auch ist in einem solchen Falle der Indossant nicht wechselmäßig verpflichtet.[79—84])

Vgl. Art. 49, 81. Betreffs des Ausstellers vgl. Note 59 zu Art. 8.

73) Aus der Überschrift: Depot-W kann eine Unzulässigkeit der Indossierung nicht abgeleitet werden. OHG **13** 412.

74) Der solchergestalt begebene W nimmt die Natur des Sichtw an und ist nach Analogie eines solchen zu behandeln. OHG **6** 99.

75) Das Nachindossament (d. h. Indossament nach Verfall) eines eigenen, nicht protestierten W gewährt dem Giratar selbständige Rechte gegen den Aussteller. OHG **7** 316.

76) Die Rechte können nicht nur durch Nachindossament, sondern auch durch einfache Abtretung und Übergabe des W ohne weitere Förmlichkeiten übertragen werden. RG, K **8** 388.

77) Nur der Protest hat diese Wirkung (nicht vorherige Einklagung). OHG **12** 154.

78) Der Protest muß rechtzeitig innerhalb der Frist des Art. 41 Abs. 2 erhoben sein; ein späterer Protest ist nicht geeignet, den W als protestiert bezeichnen zu lassen, auch nicht dem Akzeptanten gegenüber. RG **1** 293.

79) Ein solches Indossament ist also kein eigentliches, sondern nur eine Übertragung der Rechte des Indossanten, eine Zession seiner Regreßrechte und des Anspruchs gegen den Akzeptanten, mithin können dem Indossatar alle Einreden entgegengehalten werden, welche dem Beklagten gegen den Indossanten zustehen (OHG **8** 164), oder gegen einen Zwischenindossanten (RG **14** 105), er hat kein Klagerecht gegen den Indossanten (OHG **18** 4), und wenn dieser auch zugleich Aussteller war, so haftet er doch nicht etwa als solcher. OHG **21** 273.

80) Das nach Protest gegebene Indossament ist zwar in seiner Wirkung beschränkt, hat aber gleichwohl, insbesondere für die Legitimation, die Bedeutung eines Indossaments und nicht die einer Zession. RG **23** 49. (Der Remittent, welcher den W nach Protest indossiert und vom Indossatar zurückerhalten hatte, durfte die Indossamente streichen (Art. 54, 55 WO) und damit die Übertragung ungeschehen machen; er blieb als Remittent zur Klage legitimiert und durfte das diesem zustehende WRecht ausüben.)

81) Vgl. Note 70 zu Art. 10.

Art. 17. Ist dem Indossamente die Bemerkung „zur Einkassierung", „in Prokura" oder eine andere die Bevollmächtigung ausdrückende Formel beigefügt worden,[85]) so überträgt das Indossament das Eigentum an dem Wechsel nicht, ermächtigt aber den Indossatar zur Einziehung der Wechselforderung,[86], [87]) Protesterhebung[88]) und Benachrichtigung des Vormanns seines Indossanten von der unterbliebenen Zahlung (Art. 45) sowie zur Einklagung der nicht bezahlten und zur Erhebung der deponierten Wechselschuld. Ein solcher Indossatar ist auch berechtigt, diese Befugnis durch ein weiteres Prokura-Indossament einem anderen zu übertragen. Dagegen ist derselbe zur weiteren Begebung durch eigentliches Indossament selbst dann nicht befugt, wenn dem Prokura-Indossamente der Zusatz „oder Order" hinzugefügt ist.

---

82) Der protestierte W ist, wie sich aus Art. 16 Abs. 2 WO ergibt, kein Umlaufpapier mehr; sein Gegenstand sind nur noch die durch den Protest festgelegten Regreßrechte nebst dem Anspruch gegen den Akzeptanten, über die nur durch Nachindossament das den Nachindossatar dem Zessionar gleichstellt, und durch Zession verfügt werden kann. RG **55** 323.

83) Die Legitimation eines WErwerbers nach Verfall und Protest kann nicht durch ein vor Verfall erteiltes Blankoindossament hergestellt werden. RG **2** 75, **74** 208.

Über die Legitimation des Regreßnehmers oder des Inhabers nach erfolgter Einlösung vgl. Art. 41. Diese legitimieren sich durch den Besitz des W und den Protest, aus welchem ihr Eintritt in den Lauf des W vor der Protesterhebung ersichtlich wird.

84) Ein Vollindossatar ist nicht berechtigt, auf Grund des Vollindossaments den W gegen den Akzeptanten mit der Erklärung, das Vollindossament eines Vormannes sei in Wirklichkeit nur ein Prokuraindossament, als Bevollmächtigter dieses Vormannes einzuklagen. RG **27** 128.

85) Das Prokuraindossament kann, was das innere Verhältnis zwischen dem Indossanten und dem Indossatare anlangt, an sich von dem ersteren jederzeit widerrufen werden. Soweit aber dritten Personen gegenüber die gesetzlichen Befugnisse des Prokuraindossatars reichen, erscheint dieser, solange das Prokuraindossament formell — ausweislich der WUrkunde — besteht, als ausschließlich legitimiert, die Rechte aus dem W geltend zu machen. RG **32** 75. (Der Indossant kann deshalb den Protest nicht erheben lassen, vgl. die Noten zu Art. 36.)

86) Der durch reines Indossament legitimierte Indossatar gilt Dritten gegenüber als berechtigter WGläubiger, was auch zwischen ihm und dem Indossanten verabredet sein mag; der Gegenbeweis, auch der des Scheingeschäfts ist ausgeschlossen. OHG **6** 45. Das Urteil gegen ihn wirkt auch gegen den Indossanten. RG **88** 293.

Wegen des Einwandes der Arglist siehe Art. 82.

Prozeßpartei ist der Prokuraindossant. Z. B. OHG **22** 174.

87) Der klagende Inkassomandatar muß sich alle Einreden gefallen lassen, die seinem Mandanten entgegengehalten werden könnten, wenn er klagen würde. RG, **R 4** 236.

88) Zu dieser ist er als Mandatar verpflichtet, sonst macht er sich regreßpflichtig. OHG **17** 413.

IV. Präsentation zur Annahme.

Art. 18. Der Inhaber eines Wechsels ist berechtigt, den Wechsel dem Bezogenen sofort zur Annahme zu präsentieren und in Ermangelung der Annahme Protest erheben zu lassen. Eine entgegenstehende Übereinkunft hat keine wechselrechtliche Wirkung. Nur bei Meß- oder Marktwechseln findet eine Ausnahme dahin statt, daß solche Wechsel erst in der an dem Meß- oder Marktorte gesetzlich bestimmten Präsentationszeit zur Annahme präsentiert und in Ermangelung derselben protestiert werden können. Der bloße Besitz des Wechsels ermächtigt zur Präsentation des Wechsels und zur Erhebung des Protestes mangels Annahme.

Art. 19. Eine Verpflichtung[89]) des Inhabers, den Wechsel zur Annahme zu präsentieren, findet nur[90]) bei Wechseln statt, welche auf eine bestimmte Zeit nach Sicht lauten. Solche Wechsel müssen bei Verlust des wechselmäßigen Anspruchs gegen die Indossanten und den Aussteller nach Maßgabe der besonderen im Wechsel enthaltenen Bestimmung und in Ermangelung derselben binnen zwei Jahren nach der Ausstellung zur Annahme präsentiert werden.[91]) Hat ein Indossant auf einem Wechsel dieser Art seinem Indossament eine besondere Präsentationsfrist hinzugefügt, so erlischt seine wechselmäßige Verpflichtung, wenn der Wechsel nicht innerhalb dieser Frist zur Annahme präsentiert worden ist.

Art. 20. Wenn die Annahme eines auf bestimmte Zeit nach Sicht gestellten Wechsels nicht zu erhalten ist oder der Bezogene die Datierung seines Akzepts verweigert, so muß der Inhaber bei Verlust des wechselmäßigen Anspruchs gegen die Indossanten und den Aussteller die rechtzeitige Präsentation des Wechsels durch einen innerhalb der Präsentationsfrist (Art. 19)[92]) erhobenen Protest feststellen lassen.

---

89) Bei unterlassener Vorlegung geht nur der Regreßanspruch, nicht der Anspruch gegen den Akzeptanten verloren, diesem gegenüber tritt die Fälligkeit zwei Jahre nach der Ausstellung ein. OHG **16** 346.

Ebenso bei einfachen (d. h. nicht auf eine bestimmte Zeit nach Sicht gestellten) Sichtw. OHG **11** 47.

90) Vgl. aber auch Art. 24 Abs. 2.

91) Die Präsentation muß im Wohnort, nicht im Domizil geschehen (da der Domizilvermerk an sich lediglich die Zahlung, nicht auch anderweitige WAkte betrifft), falls nicht im W etwas anderes angeordnet ist. OHG **10** 49.

92) Dies gilt nur für die Präsentation zur Annahme befristeter, nicht für Präsentation zur Zahlung einfacher Sichtw. (diese, als bei Vorzeigung fällig, müssen nach Art. 41 binnen 2 Tagen protestiert werden). OHG **6** 99.

Der Protesttag gilt in diesem Falle für den Tag der Präsentation.

Ist die Protesterhebung unterblieben, so wird gegen den Akzeptanten, welcher die Datierung seines Akzepts unterlassen hat, die Verfallzeit des Wechsels vom letzten Tage der Präsentationsfrist an gerechnet.[93])

V. Annahme (Akzeptation).

Art. 21. Die Annahme des Wechsels muß auf dem Wechsel schriftlich geschehen.[94—96])

Jede auf den Wechsel geschriebene und von dem Bezogenen unterschriebene Erklärung gilt für eine unbeschränkte Annahme, sofern nicht in derselben ausdrücklich ausgesprochen ist, daß der Bezogene entweder überhaupt nicht oder nur unter gewissen Einschränkungen annehmen wolle.

Gleichergestalt gilt es für eine unbeschränkte Annahme, wenn der Bezogene ohne weiteren Beisatz seinen Namen oder seine Firma auf die Vorderseite des Wechsels schreibt.

Die einmal erfolgte Annahme kann nicht wieder zurückgenommen werden.[97—100, 1—16a])

---

93) Es ist nicht zulässig, nachzuweisen, daß eine frühere Präsentation stattgefunden habe. OHG **20** 173.

94) Über Nichtübereinstimmung der Adresse und des Annahmevermerks vgl. Anm. 38 ff. zu Art. 4.

95) Ist die Firma des Akzeptanten unvollständig gezeichnet, so kommt es darauf an, ob nach den Umständen des Falls der Wille des Akzeptanten, seine Firma zu zeichnen, bei einer Gesellschaft also der Wille, die Gesellschaftsfirma zu zeichnen, in der Unterschrift unzweideutig zum Ausdruck gelangt ist. Dies ist bejaht, als die Firma „J. C. Rahn u. Schmid in T." bezogen war, während bezogen werden sollte die Handelsgesellschaft: Oberfränkische Fenster- und Maschinenfabrik des C. Rahn u. Schmid, da die Gesellschaft sich dieser Abkürzung auch sonst im Geschäftsverkehr bedient hatte und eine ähnlich lautende Firma an dem Orte nicht bestand. RG, **K 3** 236.

96) Eine gültige Namensunterschrift im Sinne des § 126 Abs. 1 BGB liegt auch dann vor, wenn der Aussteller der Urkunde, der die Willenserklärung in Vertretung eines anderen abgibt, nur mit dem Namen dieses anderen, des Vertretenen, unterzeichnet. RG **50** 51. Beim Vorhandensein zweier Vertreter genügt Unterschrift des einen, wenn der andere sie auch nur nachträglich genehmigt. Die Genehmigung braucht nicht aus dem W selbst hervorzugehen. RG **118** 170.

97) Zur Herbeiführung der verpflichtenden Kraft des Akzeptes bedarf es nicht eines Begebungsvertrages zwischen Akzeptanten und Aussteller. Ein Wechsel, den ein Vertreter im eigenen Namen auf den Vertretenen zieht, kann von ihm im Namen des Vertretenen akzeptiert werden, ebenso kann der Vertretene Aussteller, der Vertreter Bezogener sein; 181 BGB ist nicht anwendbar. RG **9** 57; **24** 87; **77** 141.

98) Ein WAkzept kann nur von dem in gehöriger Weise Bezogenen gültig vollzogen werden. RG **14** 17; **70** 210; vgl. Note 36ff. zu Art. 4 Nr. 7.

Blanko-Akzepte, teilweise ausgefüllte W. 99—13).

99) Durch die Hingabe eines Blanko-Akzepts erwirbt der Empfänger regelmäßig unwiderruflich ein vom Einspruch des Gebers nicht mehr abhängiges, nicht auf seine Person beschränktes, sondern auf seine Rechtsnachfolger übergehendes Vermögensrecht, durch Ausfüllung des Blanketts einen allen gesetzlichen Erfordernissen entsprechenden W herzustellen; er braucht zur Begründung seines Anspruches nicht noch zu beweisen, daß er zur Ausfüllung in der geschehenen Art ermächtigt war. Der Akzeptant muß demgegenüber die Einrede der Arglist darlegen und beweisen, d. h. daß der Nehmer dem Wechsel einen von der erteilten Erlaubnis abweichenden Inhalt gegeben hat. OHG **21** 342, RG **8** 57.

100) Sobald aber der Empfänger des Blankoakzepts es einmal ausgefüllt und einen vollständigen W hergestellt hat, ist seine Ermächtigung erschöpft und er darf nicht nachträglich wieder Änderungen oder Zusätze machen. OHG **14** 328; RG **9** 135. Jede spätere Veränderung des Wechselinhaltes ohne Einwilligung des Akzeptanten ist eine Verfälschung des W. RG **53** 261.

1) Der Empfänger ist, falls nicht anderes verabredet ist, befugt, das Blanko-Akzept unausgefüllt (oder nach unvollständiger Ausfüllung RG **32** 69) weiter zu begeben und die Ausfüllung dem späteren Nehmer zu überlassen. RG **8** 57. Auch nach Protesterhebung und Zustellung der Klage ist die Ausfüllung noch zulässig, auch noch in der zweiten Instanz. RG **108** 389.

2) Die Ausfüllung darf auch geschehen: durch den Konkursverwalter, OHG **17** 211, durch die Erben, OHG **14** 54, nach dem Tode des Blanko-Akzeptanten, auch mit einem dem Todestage nachfolgenden Ausstellungsdatum, RG **33** 44, nach dem Fälligkeitstage, der Verfalltag darf aber nicht vor dem Tage der Ausstellung oder Annahme liegen. RG, K **3** 235, vgl. Note 19 zu Art. 4.

3) Die vertragswidrige Ausfüllung des Blanketts beseitigt nicht die Gültigkeit des W; sie kann vom Akzeptanten nicht jedem Nehmer gegenüber geltend gemacht werden, sondern nur gegenüber dem bösgläubigen, d. h. demjenigen, der selbst die Ausfüllung widerrechtlich bewirkte oder an der vertragswidrigen Ausfüllung teilnahm, oder den bereits ausgefüllten Wechsel in Kenntnis der vertragswidrigen Ausfüllung erwarb. OHG **6** 45; RG **19** 136; **83** 103. Beweispflichtig für vertragswidrige Ausfüllung ist der Akzeptant. JW 1925 S. 787.

4) Hat aber der Erwerber eines Blanko-Akzepts mit ihm zugleich die Forderung abgetreten erhalten, zu deren Deckung sein Vormann das Akzept empfing, so sind ihm gegenüber die Einreden, die seinem Vormann entgegenstehen, zulässig. RG **68** 422; **83** 103.

5) Demjenigen, der gutgläubig das Blanko-Akzept vom ersten Nehmer unausgefüllt erwirbt und dann gutgläubig den W herstellt, kann nicht entgegengehalten werden, daß seinem Vormann Rechte aus dem W nicht zugestanden hätten. RG **65** 409. Vgl. auch Art. 82 Note 71.

6) Die Befugnis zur Ausfüllung des Blanketts erstreckt sich nur auf den regelmäßigen Inhalt eines W; Beifügung eines Domizilvermerks ist nur zulässig, wenn dies dem Willen des Akzeptanten und des ersten Empfängers entspricht. OHG **23** 211; RG **3** 60; **4** 410; RG, K **2** 153; **4** 273.

Art. 22. Der Bezogene kann die Annahme auf einen Teil der im Wechsel verschriebenen Summe beschränken.[17, 18, 18a)]

---

7) Die vertragswidrige Domizilierung gilt aber zugunsten desjenigen, der den Wechsel mit dem Domizilvermerk in gutem Glauben erwirbt. RG, K **2** 153.

8) Die Befugnis zur Ausfüllung des Blanko-Akzeptes wird durch Änderungen in der Person des Schuldners, die nach Übergabe des Akzepts eintreten, Tod, Geschäftsunfähigkeit, Entmündigung, Konkurseröffnung nicht mehr geändert. Es kommt ausschließlich darauf an, ob zur Zeit der Übergabe des Blanko-Akzeptes unbeschränkte Geschäftsfähigkeit und Verfügungsbefugnis des Schuldners bestand. RG **58** 169.

9) Die Begebung eines von vornherein sich als vollständig darstellenden, jedoch in einem wesentlichen Punkte mangelhaften W begründet nicht die Vermutung, daß der Empfänger und dessen Nachmänner zur Beseitigung des Mangels ermächtigt seien. RG **32** 69.

10) Steht der Name des Gebers auf dem Blankett an einer Stelle, welche auf seine Absicht, nur als Aussteller unterschreiben zu wollen, schließen läßt, so enthält es eine Überschreitung der dem Nehmer erteilten Ermächtigung zur Ausfüllung desselben, wenn er seinen eigenen Namen als Aussteller über den Namen des Gebers schreibt und diesen, indem er dem W die Adresse des Gebers als Trassanten beifügt, in die Stellung des Akzeptanten verdrängt. RG **12** 119.

11) Die Übergabe eines in blanko akzeptierten eigenen W stellt sich ebenso wie die Übergabe eines Blanko-Akzeptes als Ermächtigung zur Herstellung einer WObligation dar. RG **23** 109.

12) Blanko-Akzepte können aufgeboten werden, s. zu Art. 73.

13) Die Verjährung beginnt mit dem im ausgefüllten W angegebenen Verfalltage. RG **58** 186.

Gefälligkeits-Akzepte. 14—16)

14) Gefälligkeits-Akzept in der unter Kaufleuten üblichen Bedeutung heißt, daß der W von dem Beklagten aus bloßer Gefälligkeit gegen den Kläger, um demselben Kredit zu verschaffen, akzeptiert worden, wobei Kläger, ausdrücklich oder stillschweigend, die Verpflichtung übernommen hat, dem Beklagten bis zum Verfall Deckung zu gewähren oder den W zur Verfallzeit einzulösen. Dann steht der Klage aus dem der Annahme zugrunde liegenden Rechtsgeschäfte eine wirksame Einrede entgegen und Kläger ist nicht berechtigt, den Beklagten aus seinem Akzept zu belangen. OHG **11** 205.

15) Wenn der WGläubiger im Konkurse des Ausstellers seine Ansprüche geltend macht, kann der Gefälligkeitsakzeptant seine Erstattungsansprüche nicht auch geltend machen. RG **14** 172; **32** 87; **42** 35.

16) Der Gefälligkeitsakzeptant braucht nicht mit Zahlung der Wsumme in Vorschuß zu gehen, er kann auch die Kosten eines gegen ihn geführten Rechtsstreites, den er nicht unnötig verteuert, erstattet verlangen. RG **77** 30.

16a) Der Unterzeichner eines Gefälligkeitsakzeptes oder -Giros geht mit der Abgabe seiner Unterschrift eine ihn dem Erwerber des W gegenüber bindende WVerpflichtung ein. Kenntnis des Erwerbers von der Entstehungsgeschichte des Gefälligkeitsakzeptes oder -Giros beeinträchtigt seine Rechte nicht. RG **117** 76.

17) Auch die Bürgschaft (Art. 81) darf auf einen Teil beschränkt werden. OHG **12** 255.

Werden dem Akzept andere Einſchränkungen beigefügt, ſo wird der Wechſel einem ſolchen gleichgeachtet, deſſen Annahme gänzlich verweigert worden iſt, der Akzeptant haftet aber nach dem Inhalte ſeins Akzeptes wechſelmäßig.

Art. 23. Der Bezogene[19, 20]) wird durch die Annahme[21, 22]) wechſelmäßig verpflichtet, die von ihm akzeptierte Summe[23—25]) zur Verfallzeit zu zahlen.

Auch dem Ausſteller haftet der Bezogene aus dem Akzepte wechſelmäßig.[26])

---

18) Der Zuſatz, daß „nicht an Order" gehaftet werde, bildet eine zuläſſige Einſchränkung des Akzepts. OHG **14** 60.

18a) Der Bezogene kann vermerken, daß er nur bei friſtgemäßer Vorlegung des W haften will. Dann wird er von der Verpflichtung befreit, wenn die Vorlegung nicht rechtzeitig erfolgt. RG **119** 427.

19) Der nicht bezogene Allein-Akzeptant wird nicht verpflichtet (vgl. Art. 81); OHG **15** 346. Iſt auf eine offene Handelsgeſellſchaft gezogen und hat ein Geſellſchafter unter ſeinem Perſonennamen akzeptiert, ſo iſt weder er noch die Geſellſchaft verhaftet. OHG **20** 262. Ein Akzept iſt ungültig, wenn der W auf eine offene Handelsgeſellſchaft gezogen und von einer Aktiengeſellſchaft akzeptiert iſt. RG **35** 38. (Der W war gezogen auf: Mrs. P. & Co., akzeptiert: P. & Company Engineers limited t. V. Fr. W.)

20) Ein auf E. T. F. Keck gezogener W war von dem zur Zeichnung der Geſellſchaft E. T. F. Keck u. Co. berechtigten E. T. F. Keck mit E. T. F. Keck u. Co. akzeptiert worden, ein gültiges Akzept dieſer Firma lag nicht vor, eine Verpflichtung des E. T. F. Keck trat nicht ein, da das Akzept des Nichtbezogenen eine Wverpflichtung nicht erzeugt. RG **70** 208. Vgl. Note 38 zu Art. 4. Für ſchlagwortartige Bezeichnung vgl. RG **119** 202.

21) Wird dargetan, daß die Annahme vor dem WDatum erfolgt ſei, ſo iſt nicht die Zeit des WDatums, ſondern die Zeit der Annahme für die Beurteilung der verbindenden Kraft maßgebend. RG **11** (8).

22) Der Akzeptant haftet dem, der ſich wrechtlich als Eigentümer des W legitimieren wird; wie dieſe Legitimation vom Inhaber zu führen iſt, iſt im Art. 36 vorgeſchrieben. OHG **23** 356.

23) Die Verpflichtung des Akzeptanten wird inhaltlich eine andere, je nachdem er vom Inhaber des W zur Zeit der Fälligkeit oder von einem Vormann desſelben, der den W im Regreßwege eingelöſt hat, in Anſpruch genommen wird. Dem Inhaber haftet der Akzeptant auf Zahlung der Wſumme; dem einlöſenden Vormanne auf Vergütung alles deſſen, was dieſer hat zahlen müſſen, weil er ſelbſt nicht bezahlt hat. OHG **24** 1 (5).

24) Dieſe Beſtimmung erhält durch Art. 81 Satz 2 eine wichtige Ergänzung. Wegen Verzugszinſen ſiehe Art. 50.

25) Der durch Gewohnheitsrecht feſtgeſtellte Zinsſatz von ſechs Prozent des Akzeptanten iſt auch nach dem 1. I. 00 geblieben (Art. 2 EinfG z. BGB). RG, K **1** 65. Vgl. jetzt Geſ. v. 3. VII. 25. (Bei Art. 50.)

26) Nicht etwa nur dann, wenn der Ausſteller nach Art. 10 als Indoſſatar auftritt, ſondern auch wenn dies nicht der Fall iſt. OHG. **7** 288.

Dagegen steht dem Bezogenen kein Wechselrecht gegen den Aussteller zu.[27])

Art. 24.[28]) Ist in dem Wechsel ein vom Wohnorte[29]) des Bezogenen verschiedener Zahlungsort (Art. 4 Nr. 8) angegeben (Domizilwechsel),[30—32]) so ist, insofern der Wechsel nicht schon ergibt, durch wen die Zahlung am Zahlungsort erfolgen soll, dies vom Bezogenen bei der Annahme auf dem Wechsel zu bemerken.[33]) Ist dies nicht geschehen, so wird angenommen, daß der Bezogene selbst die Zahlung leisten wolle.

Der Aussteller eines Domizilwechsels kann in demselben die Präsentation zur Annahme vorschreiben. Die Nichtbeobachtung dieser Vorschrift hat den Verlust des Regresses gegen den Aussteller und die Indossanten zur Folge.

VI. Regreß auf Sicherstellung.

1. Wegen nicht erhaltener Annahme.

Art. 25. Wenn die Annahme eines Wechsels überhaupt nicht oder unter Einschränkungen oder nur auf eine geringere Summe erfolgt ist, so sind die Indossanten und der Aussteller wechselmäßig verpflichtet, gegen Aushändigung des mangels Annahme aufgenommenen Protestes

---

27) Der Akzeptant muß zur Begründung der Revalierungsklage (der Klage auf Deckung) sein Klagerecht begründen, die Berufung auf den W allein enthält eine solche Berufung nicht. Z. B. OHG **10** 284.

28) Vgl. Art. 43 (Protest bei domizilierten W).

29) Wohnort, nicht etwa Wohnung in demselben Ort. OHG **18** 146. Die Verschiedenheit des Wohnortes und des Zahlungsortes muß aus dem W selbst ersichtlich sein. RG **98** 105.

30) Ein W ist nur dann Domizilw, wenn in ihm vom Aussteller (siehe Note 32) ein vom Wohnort des Bezogenen verschiedener Zahlungsort angegeben ist. Die bloße Angabe, daß bei einer anderen Person zu zahlen sei, reicht nicht hin, um einen Domizilw zu begründen. OHG **5** 99 (sogenannter uneigentlicher Domizilw). Der Zusatz bei Benennung des in F. wohnhaften Trassaten „zahlbar an der Gewerbskasse in L." kann nur dahin gedeutet werden: „zahlbar an dieser Kasse durch den hierzu berufenen Vertreter oder Angestellten der Genossenschaft" und enthält mithin einen Domizilvermerk. RG **1** 17.

31) Der Vermerk: „in München zahlbar S.straße 15 Hotel Reichshof" enthält nicht die Benennung eines bestimmten Domiziliaten. RG **48** 319.

32) Fügt der Akzeptant dem Akzepte einen Zahlungsort bei, so ist dies ein beschränktes Akzept; ein Domizilw entsteht dadurch nicht. OHG **25** 122.

33) Wenn ein Domizilvermerk wider Wissen und Willen des Ausstellers beigefügt wird, so ist der W diesem gegenüber, als wesentlich geändert, gefälscht. OHG **3** 51. Der Aussteller ist aus einem solchen nicht gebunden. RG, K **8** 390.

genügende Sicherheit dahin zu leiſten, daß die Bezahlung der im Wechſel verſchriebenen Summe oder des nicht angenommenen Betrags ſowie die Erſtattung der durch die Nichtannahme veranlaßten Koſten am Verfalltag erfolgen werde.

Jedoch ſind dieſe Perſonen auch befugt, auf ihre Koſten die ſchuldige Summe bei Gericht oder bei einer anderen zur Annahme von Depoſiten ermächtigten Behörde oder Anſtalt niederzulegen.

Art. 26. Der Remittent ſowie jeder Indoſſatar wird durch den Beſitz des mangels Annahme aufgenommenen Proteſtes ermächtigt, von dem Ausſteller und den übrigen Vormännern Sicherheit zu fordern und im Wege des Wechſelprozeſſes darauf zu klagen.

Der Regreßnehmer iſt hierbei an die Folgeordnung der Indoſſamente und die einmal getroffene Wahl nicht gebunden.

Der Beibringung des Wechſels und des Nachweiſes, daß der Regreßnehmer ſeinen Nachmännern ſelbſt Sicherheit beſtellt habe, bedarf es nicht.

Art. 27. Die beſtellte Sicherheit haftet nicht bloß dem Regreßnehmer, ſondern auch allen übrigen Nachmännern des Beſtellers inſofern ſie gegen ihn den Regreß auf Sicherſtellung nehmen. Dieſelben ſind weitere Sicherheit zu verlangen nur in dem Falle berechtigt, wenn ſie gegen die Art oder Größe der beſtellten Sicherheit Einwendungen zu begründen vermögen.

Art. 28. Die beſtellte Sicherheit muß zurückgegeben werden:

1. ſobald die vollſtändige Annahme des Wechſels nachträglich erfolgt iſt;
2. wenn gegen den Regreßpflichtigen, welcher ſie beſtellt hat, binnen Jahresfriſt, vom Verfalltage des Wechſels an gerechnet, auf Zahlung aus dem Wechſel nicht geklagt worden iſt;
3. wenn die Zahlung des Wechſels erfolgt oder die Wechſelkraft desſelben erloſchen iſt.

2. Wegen Unſicherheit des Akzeptanten.

Art. 29. Iſt ein Wechſel ganz oder teilweiſe angenommen worden, ſo kann in betreff der akzeptierten Summe Sicherheit nur gefordert werden:

1. wenn über das Vermögen des Akzeptanten der Konkurs eröffnet worden iſt oder der Akzeptant auch nur ſeine Zahlungen eingeſtellt hat;

2. wenn nach Ausstellung des Wechsels eine Exekution in das Vermögen des Akzeptanten fruchtlos ausgefallen ist.

Wenn in diesen Fällen die Sicherheit von dem Akzeptanten nicht geleistet und dieserhalb Protest gegen denselben[34]) erhoben wird, auch von den auf dem Wechsel etwa benannten Notadressen die Annahme nach Ausweis des Protestes nicht zu erhalten ist, so kann der Inhaber des Wechsels und jeder Indossatar gegen Auslieferung des Protestes von seinen Vormännern Sicherstellung fordern (Art. 25—28)[35], [36]). Der bloße Besitz des Wechsels vertritt die Stelle einer Vollmacht, in den Nr. 1 und 2 genannten Fällen von dem Akzeptanten Sicherheitsbestellung zu fordern und, wenn solche nicht zu erhalten ist, Protest erheben zu lassen.

Der Wechselinhaber ist berechtigt, in den Nr. 1 und 2 genannten Fällen auch von dem Akzeptanten im Wege des Wechselprozesses,[37], [38]) Sicherheitsbestellung zu fordern.

VII. Erfüllung der Wechselverbindlichkeit.

1. Zahlungstag.

Art. 30. Ist in dem Wechsel ein bestimmter Tag als Zahlungstag bezeichnet, so tritt die Verfallzeit an diesem Tage ein.[39]) Ist die Zahlungszeit auf die Mitte eines Monats gesetzt worden, so ist der Wechsel am 15. dieses Monats fällig. Ist die Zahlungszeit auf Anfang oder ist sie auf Ende eines Monats gesetzt worden, so ist darunter der erste oder letzte Tag des Monats zu verstehen.

---

34) Im Wohnort, nicht im Domizil, vgl. Note 91 zu Art. 19.

35) Nur in dem Zeitraume vor der Fälligkeit des W, also solange eine Klage auf Zahlung nicht zulässig ist, darf die Bestellung einer besonderen Sicherheit gefordert werden. RG 39 122.

36) Art. 28 Nr. 2 und 3 findet hierbei Anwendung. Erk. des OberTrib. v. 20. III. 71, Striethorst Archiv 81 236.

37) Nach §§ 602 ff. ZPO, welche trotz § 592 ZPO (der den Urkundenprozeß nur für Ansprüche auf Zahlung einer bestimmten Geldsumme oder Leistung einer bestimmten Qualität anderer vertretbarer Sachen oder Wertpapiere zuläßt) anwendbar sind, vgl. Rehbein WO 8. Aufl. 08 179 Anm. II 2b.

38) Der Klageantrag lautet auf „genügende Sicherheit". Vollstreckung nach § 885 ZPO KGBl. 1912 36.

39) Ausnahmen in Art. 92 (für Sonn- und Feiertage) und Art. 93 (für Kassiertage). Vgl. auch Art. 98 Nr. 5 (in betreff eigener W).

Art. 31. Ein auf Sicht geſtellter Wechſel iſt bei der Vorzeigung fällig.[40]) Ein ſolcher Wechſel muß bei Verluſt des wechſelmäßigen Anſpruchs gegen die Indoſſanten und den Ausſteller[41]) nach Maßgabe der beſonderen im Wechſel enthaltenen Beſtimmung[41a]) und in Ermangelung derſelben binnen zwei Jahren nach der Ausſtellung zur Zahlung präſentiert werden. Hat ein Indoſſant auf einem Wechſel dieſer Art ſeinem Indoſſament eine beſondere Präſentationsfriſt hinzugefügt, ſo erliſcht ſeine wechſelmäßige Verpflichtung, wenn der Wechſel nicht innerhalb dieſer Friſt präſentiert worden iſt.

Art. 32. Bei Wechſeln, welche mit dem Ablauf einer beſtimmten Friſt nach Sicht oder nach Dato zahlbar ſind, tritt die Verfallzeit ein:

1. wenn die Friſt nach Tagen beſtimmt iſt, an dem letzten Tage der Friſt; bei Berechnung der Friſt wird der Tag, an welchem der nach Dato zahlbare Wechſel ausgeſtellt oder der nach Sicht zahlbare zur Annahme präſentiert iſt, nicht mitgerechnet;
2. wenn die Friſt nach Wochen, Monaten oder einem mehrere Monate umfaſſenden Zeitraume (Jahr, halbes Jahr, Vierteljahr) beſtimmt iſt, an demjenigen Tage der Zahlungswoche oder des Zahlungsmonats, der durch ſeine Benennung oder Zahl dem Tage der Ausſtellung oder Präſentation entſpricht; fehlt dieſer Tag in dem Zahlungsmonate, ſo tritt die Verfallzeit am letzten Tage des Zahlungsmonats ein.

Der Ausdruck „halber Monat" wird einem Zeitraume von 15 Tagen gleichgeachtet. Iſt der Wechſel auf einen oder mehrere ganze Monate und einen halben Monat geſtellt, ſo ſind die 15 Tage zuletzt zu zählen.

Art. 33. Reſpekttage[42]) finden nicht ſtatt.

---

40) Die Verjährung läuft von der Vorzeigung ab; erfolgt dieſe nicht, ſo gilt der W als vom Ablauf der zwei Jahre des zweiten Satzes ab fällig (OHG **14** 31) und die Verjährung läuft von dieſem Zeitpunkte ab. **11** 47.

41) Nicht aber gegen den Akzeptanten und nicht gegen den Ausſteller eines eigenen Sichtw. OHG **5** 314. Dieſe bleiben bis zum Ablauf der Verjährungszeit (nach Anm. 40) verhaftet. RG **3** 6.

41a) Beim Sichtw kann der Zahlungsanweiſung an den Bezogenen die Bedingung zugefügt werden, daß Zahlung nur bei Vorlegung bis zu einem beſtimmten Tage erfolgen ſoll. (Der W lautete: „Auf Sicht zahlen Sie gegen dieſen W an den ......, ſofern die Vorzeigung bis zum 10. Auguſt 1925 erfolgt die Summe von ..... RM.) RG **109** 425.

42) Reſpekttage, d. h. dem WAkzeptanten nach manchen Rechten zuſtehende kurze Friſten zur Verbeſſerung von Irrtümern, Nachläſſigkeiten und augenblicklichen Verlegenheiten. OHG **1** 288.

Art. 34. Ist in einem Lande, in welchem nach altem Stile gerechnet wird, ein im Inlande zahlbarer Wechsel nach Dato ausgestellt, und dabei nicht bemerkt, daß der Wechsel nach neuem Stile datiert sei, oder ist derselbe nach beiden Stilen datiert, so wird der Verfalltag nach demjenigen Kalendertage des neuen Stiles berechnet, welcher dem nach altem Stile sich ergebenden Tage der Ausstellung entspricht.

Art. 35. Meß- oder Marktwechsel werden zu der durch die Gesetze des Meß- oder Marktorts bestimmten Zahlungszeit und in Ermangelung einer solchen Festsetzung an dem Tage vor dem gesetzlichen Schlusse der Messe oder des Marktes fällig. Dauert die Messe oder der Markt nur einen Tag, so tritt die Verfallzeit des Wechsels an diesem Tage ein.

2. Zahlung.

Art. 36.[43], [44]) Der Inhaber[45]) eines indossierten Wechsels wird durch eine zusammenhängende, bis auf ihn hinuntergehende Reihe von In-

43) Art. 36 kommt in den Fällen des § 222 und § 365 HGB zur entsprechenden Anwendung.

44) Aus den Art. 36, 74, 76 u. 82 WO. ergeben sich folgende in Wissenschaft und Rechtsprechung feststehende Sätze:

1. Der Inhaber eines indossierten W wird durch eine zusammenhängende, bis auf ihn hinuntergehende Reihe von Indossamenten als Eigentümer legitimiert. Der Wschuldner ist der Regel nach befugt, sich mit dieser formellen Legitimation des Wgläubigers zu begnügen. Er braucht insonderheit die Echtheit der Indossamente nicht zu prüfen und kann an den formell legitimierten Vorzeiger der Urkunde mit befreiender Wirkung zahlen.

2. Die formelle Legitimation begründet indes nur eine Vermutung für den rechtmäßigen, d. h. gutgläubigen Erwerb des W. Der Schuldner kann diese Vermutung entkräftigen, zwar nicht durch den bloßen Nachweis, daß sich unter den vorangegangenen Unterschriften falsche oder verfälschte befänden, wohl aber durch den Nachweis, daß der formell legitimierte Inhaber den W in bösem Glauben oder in grober Fahrlässigkeit von einem zu dessen Begebung nicht Berechtigten erworben habe.

3. Ist die Bekämpfung des Vorzeigers der Urkunde der Regel nach nur ein Recht des Schuldners, so kann sie unter Umständen auch zu einer Pflicht werden. Insbesondere besteht eine solche Pflicht nach dem allgemeinen Grundsatze von Treu und Glauben im Verkehr gegenüber dem wahren Eigentümer des W. Dies ist aber nur dann der Fall, wenn der Schuldner weiß oder wissen muß, daß der Vorzeiger den W bösgläubig oder grob fahrlässig erworben hat. Leistet der Wschuldner auch beim Vorliegen dieser Voraussetzungen gleichwohl Zahlung an den Präsentanten, so kann er selbst nicht als gutgläubig erachtet werden und läuft Gefahr, dem Eigentümer nochmals Zahlung leisten zu müssen. RG 53 204.

45) Die Behauptung und der Nachweis der Übergabe des Konnossements (W) erscheint deshalb als entbehrlich, weil allemal, wenn ein durch Orderpapier als Gläubiger

doſſamenten als Eigentümer des Wechſels legitimiert.[46]) Das erſte Indoſſament muß demnach mit dem Namen des Remittenten,[47]) jedes folgende Indoſſament mit dem Namen desjenigen unterzeichnet ſein, welchen das unmittelbar vorhergehende Indoſſament als Indoſſatar benennt. Wenn auf ein Blanko-Indoſſament ein weiteres Indoſſament folgt, ſo wird angenommen, daß der Ausſteller des letzteren den Wechſel durch das Blanko-Indoſſament erworben hat. Ausgeſtrichene Indoſſamente werden bei Prüfung der Legitimation als nicht geſchrieben angeſehen. Die Echtheit der Indoſſamente zu prüfen, iſt der Zahlende nicht verpflichtet.[48—56])

Legitimierter dasſelbe beſitzt, vermutet wird, daß er durch Übergabe in den Beſitz desſelben gelangt ſei. RG 4 145 (147).

46) Die Legitimation iſt eine rein formale; es ſteht dem Akzeptanten nicht zu, dem Inhaber entgegenzuſtellen, daß deſſen Vormanne die zivilrechtliche Befugnis zum Girieren gefehlt habe und deshalb die dem Inhaber erteilte Wübertragung materiell rechtlich nicht gelte (z. B. daß die Ausſtellerin Ehefrau ſei). OHG 23 356.

47) Der Ausſteller darf nicht etwa den W noch mit einem beſonderen, auf den Namen des Remittenten lautenden Giro oder mit einem Blankogiro verſehen. RG 47 126.

48) Auf die Echtheit der Indoſſamente kommt es nicht an. OHG 2 291. Es kommt nur darauf an, ob die Indoſſamente der Form nach in Ordnung ſind (nicht z. B. darauf, ob die Perſonen, welche für eine Gewerkſchaft zeichnen, dazu legitimiert ſind). OHG 16 362. RG 50 23.

49) Ein Indoſſament, welches ſich nicht an den W ſelbſt, bzw. an die vorausgehenden Indoſſanten anſchließt, iſt bedeutungslos, ebenſo die weiteren Indoſſamente, welche ſich auf ein ſolches begründen. OHG 15 168.

50) Der Inhaber eines W iſt als deſſen Eigentümer legitimiert, wenn nach dem Anblick der WUrkunde die Reihe der Indoſſamente ununterbrochen vom Remittenten auf ihn herunterführt; es kommt für dieſe Legitimation lediglich auf den äußerlichen Zuſammenhang der als Indoſſamente ſich darſtellenden Erklärungen an. RG 55 47. Laſſen W und Proteſt die Möglichkeit erkennen, daß die Legitimation zur Zeit der Proteſterhebung vorhanden war und nur durch eine (ſpätere) Durchſtreichung anſcheinend verloren gegangen iſt, ſo genügt dies als Legitimation zur Klage. RG 104 271. Die ununterbrochene Kette von Indoſſamenten bis auf den Indoſſanten iſt bei Begebung des W durch Indoſſament und bei Proteſterhebung ein unbedingtes Erfordernis für die Legitimation. RG 114 367. Bei der Geltendmachung des W durch Klage iſt aber dieſe äußere Legitimation nicht unbedingt erforderlich. Ein Legitimationsmangel ſchließt die Klagberechtigung des Gläubigers nicht aus, ſondern hat nur den Nachteil für ihn, daß er ſein Recht beweiſen muß. Daſelbſt S. 369.

51) Der Einwand, daß es die eine in der Reihe der Indoſſamente als Indoſſatarin bezeichnete Perſon gar nicht gegeben habe, iſt unzuläſſig. RG, R 4 239.

52) Iſt ein Vollgiro bis auf den Namen ausgeſtrichen, ſo gilt die übrig gebliebene Unterſchrift nicht als Blankogiro. OHG 16 141.

Art. 37. Lautet ein Wechsel auf eine Münzsorte, welche am Zahlungsorte keinen Umlauf hat, oder auf eine Rechnungswährung, so kann die Wechselsumme nach ihrem Werte zur Verfallzeit in der Landesmünze gezahlt werden, sofern nicht der Aussteller durch den Gebrauch des Wortes „effektiv" oder eines ähnlichen Zusatzes die Zahlung in der im Wechsel benannten Münzsorte ausdrücklich bestimmt hat.[56a)]

Art. 38. Der Inhaber des Wechsels darf eine ihm angebotene Teilzahlung selbst dann nicht zurückweisen, wenn die Annahme auf den ganzen Betrag der verschriebenen Summe erfolgt ist.

Art. 39. Der Wechselschuldner ist nur gegen Aushändigung des quittierten Wechsels zu zahlen verpflichtet.[57—61)] Hat der Wechselschuldner eine Teilzahlung geleistet, so kann er nur verlangen, daß die Zahlung auf dem Wechsel abgeschrieben und ihm Quittung erteilt werde.

---

53) Wenn ein Indossatar ein Namensindossament auf den W schreibt, den W aber nicht begibt und das Indossament nicht ausstreicht, so ist er zur Protesterhebung nicht legitimiert. RG 1 32; 69 101, wenn dagegen das Indossament nicht einen bestimmten Dritten legitimiert, sondern ein Blankoindossament ist, so liegt, da ein solches jeden beliebigen Dritten legitimiert, kein Grund vor, denjenigen, von welchem das Blankoindossament ausgeht, von dieser Legitimation auszuschließen. RG, R 10 470.

54) Wenn auf ein Prokuraindossament noch ein weiteres undurchstrichenes Prokuraindossament folgt, so ist der für den ersten Indossatar erhobene Protest ungültig. RG 32 75.

55) Eine vom Protest erhebenden Gläubiger beigefügte, nicht durchstrichene Quittung hindert die Anstellung der WKlage nicht, solche Quittungen werden für den Fall der Zahlung auf die W geschrieben und sind, nachdem dieser Fall nicht eingetreten ist, ohne Bedeutung. RG 7 67.

56) Ein auf den W gesetzter Quittungsvermerk vernichtet nicht alle Rechte aus dem W; die Frage, ob und inwieweit die Zahlung für den in Anspruch genommenen WVerpflichteten wirkt, hängt von den Umständen des einzelnen Falles ab, insbesondere davon, ob die Zahlung in der Absicht geschehen ist, eine Tilgung der Schuld aller aus dem WVerpflichteten herbeizuführen, oder ob der Zahlende nur zu dem Zwecke gezahlt hat, um sich selbst von seiner WVerbindlichkeit zu befreien. RG 8 62.

56a) Mündliche Vereinbarung effektiver Valuta ist unwirksam. RG 105 143.

57) Jedes den WSchuldner verurteilende Erkenntnis enthält stillschweigend die Klausel: „gegen Aushändigung des quittierten W". OHG 11 67, RG 36 96 (105) und 37 1.

58) Mittelbarer Besitz des W genügt nicht zur Klage aus ihm. RG 94 228.

59) Auch die Feststellung einer WForderung im Konkurse ist ebenfalls in dem Sinne zu verstehen, daß die Zahlung der auf diese Forderung entfallenden Dividende lediglich gegen Vorlegung des betreffenden W und Abschreibung auf demselben verlangt werden kann. RG 37 1.

60) Über die Folge der **Konkurseröffnung** auf die Wzahlung vgl. § 34 KonkOrdn.

61) Die **Pfändung** von Forderungen aus W wird nach § 831 ZPO. dadurch bewirkt, daß der Gerichtsvollzieher diese Papiere in Besitz nimmt.

Art. 40. Wird die Zahlung des Wechſels zur Verfallzeit[62—66a]) nicht gefordert, ſo iſt der Akzeptant nach Ablauf der für die Proteſterhebung mangels Zahlung beſtimmten Friſt befugt,[67]) die Wechſelſumme auf Gefahr und Koſten des Inhabers bei Gericht oder bei einer anderen zur Annahme von Depoſiten ermächtigten Behörde oder Anſtalt niederzulegen.[68, 69]) Der Vorladung des Inhabers bedarf es nicht.

Prolongationsw. 62—66)

62) Ob durch die Ausſtellung eines neuen gleichlautenden W mit verändertem Fälligkeitstermine bei Verfall eines früher ausgeſtellten und akzeptierten W nur die Zahlungsfriſt hat verlängert oder das beſtehende Schuldverhältnis durch Begründung eines neuen hat aufgehoben werden ſollen, hängt von den Verhältniſſen des Einzelfalls ab; ein allgemeiner Satz, daß durch Ausſtellung eines ſolchen Prolongationsw die frühere Wſchuld getilgt werde, läßt ſich nicht aufſtellen. Der Wille, das alte Schuldverhältnis durch Begründung eines neuen aufheben zu wollen, muß, wenn auch nicht mit ausdrücklichen Worten erklärt, doch deutlich erkennbar gemacht ſein. RG 9 65.

63) Die Pflicht zur Rückgabe eines ohne Verlangen überſendeten Prolongationsw iſt eine Holſchuld, der Empfänger braucht den W nicht in den Beſitz des Abſenders zu bringen, ſondern hat ihn nur auf Abforderung für ihn bereit zu halten. RG 41 23.

64) Behält ein Wgläubiger ihm überſandte Prolongationsw, ſo übernimmt er die Verpflichtung, ſie zur Einlöſung und zum Erſatz der älteren W zu verwenden. RG 41 23.

65) Verwendet er die W in einem anderen Sinne, als ſie gegeben wurden, ſo eignet er ſich etwas an, was ihm nicht gehört, indem er die W, die ihm unter einer aufſchiebenden Bedingung übergeben ſind, obgleich er dieſe Bedingung ſelbſt vereitelt, als ſein freies Eigentum behandelt. Er hat ſomit die W nicht gutgläubig erworben und iſt mit ſeinem Anſpruch abzuweiſen. RG, K 4 246.

66) Die dem Akzeptanten bewilligte Stundung macht den Proteſt nicht ungültig und ſchließt den Regreß gegen die andern Wſchuldner nicht aus. RG 61 182.

66a) Der zur Prolongation berechtigte Wſchuldner muß dem Gläubiger den Prolongationsw rechtzeitig zur Verfügung ſtellen. RG 104 331.

67) Aber nicht verpflichtet; die Unterlaſſung der Depoſition kann daher eine Pflicht zur Zahlung von Verzugszinſen nicht begründen, die WO enthält keine Beſtimmung, wonach unter allen Umſtänden und ohne Rückſicht auf die Präſentation des W vom Verfalltage an die Wſumme verzinſt werden müſſe; vielmehr iſt die Pflicht zur Zinszahlung vom Nachweis des Zahlungsverzuges bedingt; der Schuldner darf abwarten, daß der Inhaber des W unter Präſentation desſelben am Zahlungsorte Zahlung fordere. OHG 5 378.

68) Wenn der Bekl. alsbald nach der Vorladung bzw. im Termine zahlt, trifft ihn kein Verzug (vorausgeſetzt, daß nicht präſentiert worden iſt), und er hat weder Verzugszinſen noch Koſten zu tragen. OHG 14 30.

Vgl. auch Art. 98 Nr. 5.

69) In Wſachen kann (außer dieſer für den Fall nicht rechtzeitiger Einforderung der Wſumme geregelten Hinterlegung) auch eine Hinterlegung auf Grund der Beſtimmungen des bürgerlichen Rechts, insbeſondere alſo auch wegen entſchuldigter Ungewißheit über die Perſon des Gläubigers in Frage kommen. RG 53 209.

VIII. Regreß mangels Zahlung.

Art. 41.*) Zur Ausübung des bei nicht erlangter Zahlung statthaften Regresses gegen den Aussteller und die Indossanten ist erforderlich:

1. daß der Wechsel zur Zahlung präsentiert worden ist und
2. daß sowohl diese Präsentation als die Nichterlangung der Zahlung durch einen rechtzeitig darüber aufgenommenen Protest dargetan wird.

Die Erhebung des Protestes ist am Zahlungstage zulässig, sie muß aber spätestens am zweiten Werktage nach dem Zahlungstage geschehen.[70—77])

Art. 42. Die Aufforderung, keinen Protest erheben zu lassen („ohne Protest", „ohne Kosten" usw.) gilt als Erlaß des Protestes, nicht aber als Erlaß der Pflicht zur rechtzeitigen Präsentation.[78]) Der Wechselverpflichtete, von welchem jene Aufforderung ausgeht, muß die Beweislast übernehmen, wenn er die rechtzeitig geschehene Präsentation in

---

*) Zu Art. 41 vgl. das Ges. v. 4. Aug. 1914 (RGBl. 327) über Berücksichtigung höherer Gewalt und Verlängerung von Fristen. Dazu VO. v. 20. Jan. 1919 (RGBl. 91).

70) Über Form und Inhalt der Protesturkunde siehe Art. 87 bis 90; über Ort und Zeit der Präsentation und der Protesterhebung siehe Art. 91 bis 93, bei eigenen W Art. 99 Nr. 10, Art. 99.

71) Bei Berechnung der Protesttage werden die Sonn- und Feiertage nicht mitgezählt. Ober-Trib., Striethorst 66 350.

72) Die, wenn auch durch höhere Gewalt verursachte, Verspätung des Protestes hindert den Regreß. OHG 1 288.

73) Wenn der Akzeptant auf einen späteren Zahlungstag angenommen hat, muß nach dem vom Aussteller geschriebenen Tage Protest erhoben werden. OHG 21 151.

74) Die Protesturkunde ist nicht bloßes Beweismittel, sondern zur Begründung der WRegreßklage unerläßlich, das einzige Mittel, die Präsentation und Nichtzahlung zu konstatieren; die Regreßklage ist auch dann nicht zuzulassen, wenn die Parteien über die Tatsache der Präsentation und der Erhebung des Protestes einverstanden sind, die Urkunde aber dem Gesetze nicht entspricht. OHG 7 184; die Protesturkunde muß deshalb vom Kläger beigebracht werden, sonst ist seine Klage unbegründet, wenn auch Beklagter keinen Einwand daraus erhebt. OHG 18 271.

75) Ist die Protesturkunde verloren gegangen, so kann anderweit nachgewiesen werden, daß sie vorhanden gewesen sei. OHG 23 410.

76) Der Protest und die Präsentation ist nur dann gehörig erfolgt, wenn er durch eine nach Art. 36 legitimierte Person bewirkt ist, die Korrektheit des Protestes in dieser Richtung ist von Amts wegen zu prüfen. OHG 18 271.

77) Präsentation und Protesterhebung darf nicht gegen den Konkursverwalter, sondern muß gegen den Schuldner selbst erfolgen. OHG 24 22 (Plenarentscheidung).

78) Es darf auch diese erlassen werden. OHG 14 315.

Abrede stellt.[79], [80]) Gegen die Pflicht zum Ersatze der Protestkosten schützt jene Aufforderung nicht.

Art. 43.[81], [82]) Domizilierte Wechsel sind dem Domiziliaten[83—89]) oder, wenn ein solcher nicht benannt ist, dem Bezogenen selbst an dem-

---

79) Der Erlaß steht nur der Person entgegen, die ihn ausgesprochen hat, ob daher der Erlaß vom Aussteller oder von irgendeinem anderen Regreßpflichtigen ausgeht, ob er über dem ganzen W oder bei der Unterschrift des Ausstellers steht, kommt anderen Regreßpflichtigen gegenüber, welche nicht selbst den gleichen Erlaß ausgesprochen haben, nicht in Betracht. OHG 17 266.

80) Der (nicht auf dem W stehende) Erlaß kommt nur dem Wgläubiger zustatten, mit dem der Erlaßvertrag (der übrigens formlos, also auch mündlich geschlossen werden kann) geschlossen ist, nicht aber dem Giratar des Gläubigers. OHG 23 217.

Wer den Protest erlassen hat, haftet in demselben Umfange, wie er haften würde, wenn der Protest erhoben wäre.

Über Verjährung bei erlassenem Protest siehe bei Art. 78.

81) Die Nov. vom 30. V. 08 hat die früher hinter dem 1. Abs. folgenden Worte „Wird die rechtzeitige Protesterhebung beim Domiziliaten verabsäumt, so geht dadurch der wmäßige Anspruch nicht nur gegen den Aussteller und die Indossanten, sondern auch gegen den Akzeptanten verloren" gestrichen, so daß auch bei DomizilW der Akzeptant verhaftet bleibt, wenn kein Protest erhoben wird. Für die vor dem 1. X. 08 ausgestellten W bleiben jedoch nach § 6 der Nov. die bisherigen Vorschriften in Kraft, nach denen der wmäßige Anspruch gegen den Akzeptanten oder gegen den Aussteller des eigenen W verloren geht, wenn die rechtzeitige Protesterhebung beim Domiziliaten verabsäumt wird.

82) Vgl. Art. 24.

83) Ein W ist nur dann Domizilw, wenn in ihm vom Aussteller ein vom Wohnort des Bezogenen verschiedener Zahlungsort angegeben ist. Die bloße Angabe, daß am Wohnort des Bezogenen bei einer anderen Person zu zahlen sei, reicht nicht hin, um einen Domizilw zu begründen. OHG 5 99 (sog. uneigentlicher Domizilw, Zahlstellenw). Die Unterschiede zwischen DomizilW und ZahlstellenW in bezug auf die Form der Protesterhebung und auf die Folgen der Unterlassung des Protestes sind durch die von der Novelle von 1908 eingefügte Bestimmung des Abs. 2 beseitigt.

84) Die WO versteht unter DomizilW in den Art. 24 u. 43 nur solche, auf welchen der Aussteller einen von dem Wohnorte des Bezogenen verschiedenen Zahlungsort angegeben hat, und sie will die vom Bezogenen beim Akzepte gegebene Hinzufügung eines Domizils nicht nach den Regeln der DomizilW, sondern nach denen der beschränkten Akzepte behandelt wissen. OHG 25 122.

85) Wohnungsangabe im Akzept ist Bezeichnung einer Zahlstelle, in der Adresse des W nur nähere Bezeichnung des Bezogenen zur Erleichterung seiner Auffindung. RG 35 304.

86) Der Vermerk: „in München zahlbar S.straße 15 Hotel Reichshof" enthält nicht die Benennung eines bestimmten Domiziliaten. RG 48 319.

87) Es darf nur eine Person gegeben sein, bei welcher (abgesehen vom Notfalle) die Wzahlung gefordert werden kann; Angabe mehrerer Personen, zwischen denen der WInhaber die Wahl treffen könnte, ist unzulässig. RG 25 62.

jenigen Orte, wohin der Wechsel domiziliert ist, zur Zahlung zu präsentieren und wenn die Zahlung unterbleibt, dort zu protestieren.[90—93])

Ein Wechsel, dessen Zahlung am Wohnorte des Bezogenen durch eine andere Person erfolgen soll, ist dieser Person zur Zahlung zu präsentieren und, wenn die Zahlung unterbleibt, gegen sie zu protestieren.

Art. 44.[94]) Zur Erhaltung des Wechselrechts gegen den Akzeptanten bedarf es weder der Präsentation am Zahlungstage noch der Erhebung eines Protestes.

---

88) Der Zusatz bei Benennung des in F. wohnhaften Trassaten: „zahlbar an der Gewerkskasse in L." kann nur dahin gedeutet werden: „zahlbar an dieser Kasse durch den hierzu berufenen Vertreter oder Angestellten der Genossenschaft" und enthält mithin einen Domizilvermerk. RG 1 17. Es mag unerörtert bleiben, ob dieser Entscheidung beizutreten ist. Auf keinen Fall darf der Ausdruck: zahlbar auf einem Kontor, demjenigen: zahlbar an einer Kasse gleichgestellt werden. Die Formel läßt sich nur auf den Zahlungsort beziehen und läßt die Frage, wer Zahlung zu leisten habe, durch wen solche erfolgen solle, unberührt. RG 28 100 (103).

89) Ist der W erst nach der Akzeptierung ohne Wissen des Akzeptanten mit dem Domizilvermerk versehen worden, so ist der W dem Akzeptanten gegenüber kein Domizil-W. RG 28 121.

90) Der sonst Regreßpflichtige haftet nicht, wenn nicht wenigstens auch ein Protest dort rechtzeitig erhoben worden ist, wo dieser nach dem Inhalte, den der W zu der Zeit hatte, als seine WUnterschrift gegeben wurde, bzw. den derselbe nachträglich mit seiner Zustimmung erhalten hat, zu erheben war; eine etwaige nachträgliche Verfälschung des Inhaltes könnte die Bedingungen seiner Haftung natürlich nicht zu seinem Nachteile ändern. Dagegen würde man andererseits zu weit gehen, falls man die wrechtliche Haftung aller Regreßpflichtigen dann schlechtweg an die Erhebung eines Protestes beim Akzeptanten an dessen Wohnort knüpfen wollte, wenn der etwa auf dem W befindliche Domizilvermerk nicht vom Aussteller herrührt, sondern von einem anderen Wverpflichteten hinzugefügt ist. RG 32 36.

91) Der Domiziliat kann den W als Indossant einlösen, ohne daß der W vorher protestiert worden ist. Ob er vor oder bei der Bezahlung seine Absicht, nicht für den Bezogenen zu zahlen, sondern den W als Indossant einzulösen, besonders zum Ausdruck bringen muß und der W sonst als für den Bezogenen gezahlt gilt, ist nicht entschieden. RG 36 100.

92) Eine Benachrichtigung (nach Art. 45) an den Akzeptanten ist nicht vorgeschrieben. OHG 14 327, RG 1 45.

93) Protestat ist der Domiziliat und nur nach dessen, nicht des Akzeptanten Anwesenheit ist vom Protesterheber zu fragen. OHG 18 327.

94) Die Nov. v. 08 hat entsprechend dem jetzigen Wortlaut des Art. 44 hinter „bedarf es" die folgenden Worte: „mit Ausnahme des im Art. 43 erwähnten Falles" gestrichen.

Art. 45. Der Inhaber eines mangels Zahlung proteſtierten Wechſels iſt verpflichtet,[95—97]) ſeinen unmittelbaren Vormann innerhalb zweier Tage nach dem Tage der Proteſterhebung von der Nichtzahlung des Wechſels ſchriftlich zu benachrichtigen, zu welchem Ende es genügt, wenn das Benachrichtigungsſchreiben innerhalb dieſer Friſt zur Poſt gegeben iſt. Jeder benachrichtigte Vormann muß binnen derſelben, vom Tage des empfangenen Berichts zu berechnenden Friſt ſeinen nächſten Vormann in gleicher Weiſe benachrichtigen. Der Inhaber oder Indoſſatar, welcher die Benachrichtigung unterläßt oder dieſelbe nicht an den unmittelbaren Vormann ergehen läßt, wird hierdurch den ſämtlichen oder den überſprungenen Vormännern zum Erſatze des aus der unterlaſſenen Benachrichtigung entſtandenen Schadens verpflichtet. Auch verliert derſelbe gegen dieſe Perſonen den Anſpruch auf Zinſen und Koſten,[98]) ſo daß er nur die Wechſelſumme zu fordern berechtigt iſt.

Art. 46. Kommt es auf den Nachweis der dem Vormanne rechtzeitig gegebenen ſchriftlichen Benachrichtigung an, ſo genügt zu dieſem Zwecke der durch ein Poſtatteſt geführte Beweis, daß ein Brief von dem Beteiligten an den Adreſſaten an dem angegebenen Tage abgeſandt iſt, ſofern nicht dargetan wird, daß der angekommene Brief einen anderen Inhalt gehabt hat. Auch der Tag des Empfanges der erhaltenen ſchriftlichen Benachrichtigung kann durch ein Poſtatteſt nachgewieſen werden.

Art. 47. Hat ein Indoſſant den Wechſel ohne Hinzufügung einer Ortsbezeichnung[99, 100]) weiter begeben, ſo iſt der Vormann desſelben von der unterbliebenen Zahlung zu benachrichtigen.

Art. 48. Jeder Wechſelſchuldner hat das Recht, gegen Erſtattung der Wechſelſumme nebſt Zinſen und Koſten die Auslieferung des quit-

95) Zur Begründung der Klage iſt nicht die Behauptung erforderlich, daß die Benachrichtigung erfolgt ſei; wendet aber der Beklagte ihre Unterlaſſung ein, ſo hat ſie der Kläger zu beweiſen. OHG **2** 118; **18** 362.

96) Der Akzeptant hat keinen Anſpruch auf eine Benachrichtigung, auch nicht bei einem domizilierten W, ſiehe Art. 43 Anm. 93.

97) Nach der in Art. 47 gegebenen Vorſchrift bedarf es in der Praxis oft keiner Benachrichtigung.

98) Unter Koſten iſt die Proviſion mitverſtanden (vgl. Art. 48). RG **14** 105.

99) Das Ausſtellungsdatum erſetzt nicht die Ortsbezeichnung im Giro des Ausſtellers. OHG **18** 138.

100) Die Ortsbezeichnung muß dem Giro beigefügt ſein, ein Stempel auf der Vorderſeite des W genügt nicht. RG **78** 181.

tierten Wechsels und des wegen Nichtzahlung erhobenen Protestes von dem Inhaber zu fordern.[1],[2])

Art. 49. Der Inhaber eines mangels Zahlung protestierten[3]) Wechsels kann die Wechselklage gegen alle Wechselverpflichtete oder auch nur gegen einige oder einen derselben anstellen, ohne dadurch seinen Anspruch gegen die nicht in Anspruch genommenen Verpflichteten zu verlieren. Derselbe ist an die Reihenfolge der Indossamente nicht gebunden.

Art. 50. Die Regreßansprüche des Inhabers, welcher den Wechsel mangels Zahlung hat protestieren lassen, beschränken sich auf:

1. die nicht bezahlte Wechselsumme[4]) nebst sechs[*]) Prozent jährlicher Zinsen[5]) vom Verfalltag ab;
2. die Protestkosten und anderen Auslagen;
3. eine Provision von einem Drittel Prozent.

Die vorstehenden Beträge müssen, wenn der Regreßpflichtige an einem anderen Orte als dem Zahlungsorte wohnt, zu demjenigen Kurse gezahlt werden, welchen ein vom Zahlungsort auf den Wohnort des Regreßpflichtigen gezogener Wechsel auf Sicht hat. Besteht am Zahlungsorte kein Kurs auf jenen Wohnort, so wird der Kurs nach demjenigen Platze genommen, welcher dem Wohnorte des Regreßpflichtigen am nächsten liegt. Der Kurs ist auf Verlangen des Regreßpflichtigen durch einen unter öffentlicher Autorität ausgestellten Kurszettel oder durch das Attest eines vereideten Mäklers oder in Ermangelung derselben durch ein Attest zweier Kaufleute zu bescheinigen.

---

1) Der Akzeptant, welcher nach Zahlung eines Teiles der Regreßsumme durch einen Regressaten den Rest zahlt, darf nicht Aushändigung des W, sondern nur Abschreibung der von ihm geleisteten Zahlung auf dem W und Quittung auf einer Abschrift des W verlangen. Der W ist vom Inhaber zur Verfügung seines Vormannes zu halten. RG 4 58.

2) Bei WForderungen wirkt die Zahlung nicht so wie bei gewöhnlichen Forderungen. Ungeachtet der Zahlung besteht die WForderung weiter, wenn die WUrkunde unzerstört und ohne Quittungsvermerk im Besitze dessen verbleibt, der WGläubiger geworden war. Gegen diesen erwächst nur eine Einrede der Arglist, wenn er sein formales Recht dazu mißbraucht, das bereits Empfangene noch einmal zu fordern. RG 61 5.

3) Oder, falls der Protest erlassen ist, auch eines nicht protestierten W.

4) Keine Aufwertung der Wsumme. RG 110 41.

*) Nach dem Ges. v. 3. VII. 1925 (RGBl. 93) betragen die Wzinsen 2% über Reichsbankdiskont, mindestens aber 6%.

5) Diese Zinsen sind keine Verzugszinsen, sondern ein vom Gesetz festgestellter Teil des Interesses des Gläubigers an dem Garantieversprechen des Indossanten. OHG 6 155.

Art. 51. Der Indoſſant, welcher den Wechſel eingelöſt oder als Rimeſſe erhalten hat,[6—10]) iſt von einem früheren Indoſſanten oder von dem Ausſteller zu fordern berechtigt:

1. die von ihm gezahlte oder durch Rimeſſe berichtigte Summe nebſt ſechs[6]) Prozent jährlicher Zinſen[7]) vom Tage der Zahlung;
2. die ihm erſtandenen Koſten;
3. eine Proviſion von ein Drittel Prozent.[11])

Die vorſtehenden Beträge[12]) müſſen, wenn der Regreßpflichtige an einem anderen Orte als der Regreßnehmer wohnt, zu demjenigen Kurſe gezahlt werden, welchen ein vom Wohnorte des Regreßnehmers auf den Wohnort des Regreßpflichtigen gezogener Wechſel auf Sicht hat. Beſteht im Wohnorte des Regreßnehmers kein Kurs auf den Wohnort des Regreßpflichtigen, ſo wird der Kurs nach demjenigen Platze genommen, welcher dem Wohnorte des Regreßpflichtigen am nächſten liegt. Wegen

---

6) Der Kläger braucht nicht die Zahlung an ſeinen Nachmann zu beweiſen; aus ſeinem Beſitz des W und Proteſtes entſteht die Vermutung, daß er den im Regreß gegen ihn vorgehenden Hintermann in dem Umfange befriedigt hat, in welchem er zur Einlöſung des W verbunden war. Nur die Höhe der Nebenforderungen, ſoweit ſolche aus dem W und Proteſt und dem Geſetze ſich nicht ergibt, hat Kläger beſonders darzutun. OHG 14 327. RG, K 1 69.

7) Die Art, wie ein Indoſſant ſeinen Nachmann befriedigt, iſt ohne Bedeutung; insbeſondere iſt Barzahlung nicht nötig, um ihm den Regreß gegen ſeinen Vormann zu ſichern. RG, K 1 69.

8) Der Anſpruch des Indoſſanten, welcher den von ihm begebenen W im Regreßwege wieder eingelöſt hat, gegen ſeine Vormänner und den Akzeptanten entſteht nicht erſt mit der Einlöſung; der für den Indoſſanten einmal begründete Anſpruch erliſcht nicht durch die Weiterbegebung, ruhte vielmehr nur, ſolange er den Wechſel nicht in der Hand hatte. OHG 24 1; RG 77 187.

9) Auch der Indoſſant, der es nicht nötig hatte, den W einzulöſen, kann Rückgriff nehmen. RG 77 190.

10) Zahlungen des WRegreßſchuldners an den WInhaber ſtehen ſonſtigen Zahlungen gleich. Sie haben nicht die Folge, daß das WRecht des bisher Berechtigten erliſcht und das des Regreßſchuldners wieder auflebt, ſondern geben ihm nur einen Anſpruch auf Auslieferung des W. RG 85 55.

11) Zinſen, Koſten und Proviſion, welche außer der Wſumme gefordert werden, ſind für die Wertsberechnung als Nebenforderungen anzuſehen, § 4 ZPO. Zur Berückſichtigung ſolcher Nebenforderungen genügt nach § 605 der ZPO. daß ſie glaubhaft gemacht ſind.

12) Die Prozeßkoſten, welche ihm durch die Regreßklage ſeines Vormannes entſtanden ſind, darf er nicht mit einfordern. OHG 24 88.

der Bescheinigung des Kurses kommt die Bestimmung des Artikel 50 zur Anwendung.

Art. 52. Durch die Bestimmungen der Artikel 50 und 51 Nr. 1 und 3 wird bei einem Regreß auf einen ausländischen Ort die Berechnung höherer dort zulässiger Sätze nicht ausgeschlossen.

Art. 53. Der Regreßnehmer kann über den Betrag seiner Forderung einen Rückwechsel auf den Regreßpflichtigen ziehen. Der Forderung treten in diesem Falle noch die Mäklergebühren für Negozierung des Rückwechsels sowie die etwaigen Stempelgebühren hinzu. Der Rückwechsel muß auf Sicht zahlbar und unmittelbar (a drittura) gestellt werden.

Art. 54. Der Regreßpflichtige ist nur gegen Auslieferung des Wechsels,[13]) des Protestes und einer quittierten Retourrechnung Zahlung zu leisten verbunden.[13a])

Art. 55.[14]) Jeder Indossant, der einen seiner Nachmänner befriedigt hat, kann sein eigenes und seiner Nachmänner Indossament ausstreichen.[15—18])

---

13) Unversehrten; ist das Akzept durch Versehen oder Zufall gestrichen, so ist der Regreß nicht zulässig, OHG **11** 218, ebenso nicht, wenn das Akzept durch Verjährung erloschen ist. RG **9** 22. Ist der W verloren, so findet der Regreß gegen jeden Regreßpflichtigen, auch wenn der W schon angenommen war, nach Kraftloserklärung auf Grund des Ausschlußurteils statt; vorausgesetzt, daß rechtzeitig Protest erhoben war. Das Ausschlußurteil ist bei Zahlung auszuhändigen. RG **49** 136.

13a) Eine auf den Winhaber lautende quittierte Retourrechnung ist ein wmäßiger Nachweis, daß der Zahlende den W im Rücklauf eingelöst hat. RG **114** 370.

14) Nach der herrschenden Meinung ist, wer den W im Regreßwege eingelöst hat, schon durch den Besitz des W und Protestes zur Regreßklage legitimiert. Dies gilt auch, wenn nach der Protesterhebung Indossamente durchstrichen sind. Es besteht die Vermutung, daß der den Erfordernissen des neuen Gesetzes äußerlich genügende Protest, den der Inhaber eines rückläufigen W vorlegt, im Auftrage eines legitimierten Inhabers erhoben ist, sofern sich aus dem W und Protest ergibt, daß die Legitimation zur Zeit der Protesterhebung vorhanden gewesen sein kann und nur nachträglich durch Ausübung der Befugnis aus Art. 55 weggefallen ist. RG, K **10** 324.

15) Wenn er es unterläßt, so hat sein Recht dazu keinen Eintrag erlitten. OHG **7** 78, RG **46** 412. Dies findet auch Anwendung, wenn bei stattgehabter WIntervention der Honorat den W von dem Ehrenzahler eingelöst hat. RG **62** 131. Durchstreichung nachfolgender Indossamente ist auch nach Protesterhebung zulässig, auch nach Klageerhebung. RG **114** 369.

16) Der Indossatar (auch der Ehrenzahler und der Honorat; betreffs des letzteren siehe Note 26 zu Art. 63) kann also ohne diese Streichung klagen und weiter begeben; es ist zu beachten, daß dies nur für den im Besitz des Protestes befindlichen, durch dessen

IX. Intervention.*)

1. Ehrenannahme.[19])

Art. 56. Befindet sich auf einem mangels Annahme protestierten Wechsel eine auf den Zahlungsort lautende[20]) Notadresse, so muß, ehe Sicherstellung verlangt werden kann, die Annahme von der Notadresse gefordert werden. Unter mehreren Notadressen gebührt derjenigen der Vorzug, durch deren Zahlung die meisten Verpflichteten befreit werden.

Art. 57. Die Ehrenannahme von seiten einer nicht auf dem Wechsel als Notadresse benannten Person braucht der Inhaber nicht zuzulassen.

Art. 58. Der Ehrenakzeptant muß sich den Protest mangels Annahme gegen Erstattung der Kosten aushändigen und in einem Anhange zu demselben die Ehrenannahme bemerken lassen. Er muß den Hono-

---

Inhalt als Indossatar legitimierten Inhaber gilt; wer nach Verfall den unprotestierten W von seinem Nachmanne einlöst, muß die nachfolgenden Giros durchstreichen, um sich zur Weiterbegebung und zur Klage gegen den Akzeptanten (die Indossanten können in diesem Falle mangels Protestes nicht verklagt werden) zu legitimieren. OHG 14 152.

17) Wenn der befriedigte Nachmann den W samt Protest an denjenigen zurückgibt, welcher ihn befriedigt hat, hört er auf Gläubiger aus dem W und Eigentümer der WUrkunde zu sein; das eigene auf dem Indossamente seines Vormannes beruhende Gläubigerrecht des einlösenden Indossanten wird durch die Wiedereinlösung des W und dessen Rückempfang wieder lebendig. RG 34 50, 77 187.

18) Erfolgte die Zahlung unter der Bedingung, daß der gezahlte Betrag zurückgegeben werden sollte, wenn von einem anderen WSchuldner Zahlung erlangt werden könnte, oder überließ der Zahlende die ihm infolge der Zahlung zustehenden Rechte dem bisherigen WInhaber, so fordert dieser nicht zum zweitenmal, was ihm selbst zukommt, wenn er der getroffenen Vereinbarung entsprechend einen anderen WSchuldner in Anspruch nimmt und der letztere kann sich deshalb auf die Zahlung nicht berufen. RG, K 5 314.

*) Beispiel eines W mit Notadresse.

Berlin, den 15. April 1910. Am 10. August 1910 zahlen Sie Herrn Ernst Kraft in Berlin gegen diesen Wechsel elfhundert Mark. Herrn Otto Schulze in Berlin. Paul Meyer. zahlbar bei der Deutschen Bank, falls bei der Dresdner Bank.

Notadresse ist hier die Dresdner Bank.

19) Die Ehrenannahme ist als Erklärung, eine WRegreßschuld (nicht die Schuld des Bezogenen) zahlen zu wollen, anzusehen. RG 70 350.

20) Das heißt: Notadressen, bei welchem ein anderer Ort als der Zahlungsort bekannt ist, dürfen nicht berücksichtigt werden; nicht aber: daß die Adresse des Zahlungsortes vermerkt sein muß; es wird vielmehr, wenn kein anderer Ort bezeichnet ist, angenommen, Adressat sei im Zahlungsort des W aufzusuchen. OHG 11 298.

raten unter Übersendung des Protestes von der geschehenen Intervention benachrichtigen und diese Benachrichtigung mit dem Protest innerhalb zweier Tage nach dem Tage der Protesterhebung zur Post geben. Unterläßt er dies, so haftet er für den durch die Unterlassung entstehenden Schaden.

Art. 59. Wenn der Ehrenakzeptant unterlassen hat, in seinem Akzepte zu bemerken, zu wessen Ehren die Annahme geschieht, so wird der Aussteller als Honorat angesehen.

Art. 60. Der Ehrenakzeptant wird den sämtlichen Nachmännern des Honoraten durch die Annahme wechselmäßig verpflichtet. Diese Verpflichtung erlischt, wenn dem Ehrenakzeptanten der Wechsel nicht spätestens am dritten Werktage nach dem Zahlungstage zur Zahlung vorgelegt wird.

Art. 61. Wenn der Wechsel von einer Notadresse oder einem anderen Intervenienten zu Ehren angenommen wird, so haben der Inhaber und die Nachmänner des Honoraten keinen Regreß auf Sicherstellung. Derselbe kann aber von dem Honoraten und dessen Vormännern geltend gemacht werden.

2. Ehrenzahlung.

Art. 62. Befinden sich auf dem von dem Bezogenen nicht eingelösten Wechsel oder der Kopie Notadressen[21]) oder ein Ehrenakzept, welche auf den Zahlungsort[22]) lauten, so muß der Inhaber den Wechsel spätestens am dritten Werktage nach dem Zahlungstag den sämtlichen Notadressen und dem Ehrenakzeptanten zur Zahlung vorlegen und den Erfolg im Proteste mangels Zahlung oder in einem Anhange zu demselben bemerken lassen. Unterläßt er dies, so verliert er den Regreß gegen den Adressaten[23]) oder Honoraten und deren Nachmänner. Weist der Inhaber die von einem anderen Intervenienten angebotene Ehrenzahlung zurück, so verliert er den Regreß gegen die Nachmänner des Honoraten.

21) Eine Notadresse ist ungültig, wenn der Bezogene oder eine dritte, nicht im Wverbande stehende Person die Notadresse beigesetzt hat. Dies nachzuweisen ist aber Sache desjenigen, der auf eine solche Behauptung Rechte gründet; denn bei einem äußerlich unverdächtigen W ist für die wmäßigen Rechte und Pflichten in erster Linie die Gestalt maßgebend, die der W an sich trägt. RG 67 299.

22) Vgl. Anm. 20 zu Art. 56.

23) Wenn im W nichts anderes angegeben ist, gilt der Aussteller als Adressat, der Akzeptant bleibt also verhaftet. OHG 11 298.

Der Aussteller kann sich selbst als Notadressat bezeichnen (dann muß ihm der W protestiert innerhalb der Protestfrist zur Zahlung vorgelegt werden). OHG 20 164.

Art. 63. Dem Ehrenzahler muß der Wechſel und der Proteſt mangels Zahlung gegen Erſtattung der Koſten ausgehändigt werden. Er tritt durch die Ehrenzahlung in die Rechte des Inhabers (Art. 50 und 52) gegen den Honoraten, deſſen Vormänner und den Akzeptanten.[24—28])

Art. 64. Unter mehreren, welche ſich zur Ehrenzahlung erbieten, gebührt demjenigen der Vorzug, durch deſſen Zahlung die meiſten Wechſelverpflichteten befreit werden. Ein Intervenient, welcher zahlt, obgleich aus dem Wechſel oder Proteſt erſichtlich iſt, daß ein anderer, dem er hiernach nachſtehen müßte, den Wechſel einzulöſen bereit war, hat keinen Regreß gegen diejenigen Indoſſanten, welche durch Leiſtung der von dem anderen angebotenen Zahlung befreit worden wären.

Art. 65. Der Ehrenakzeptant, welcher nicht zur Zahlungsleiſtung gelangt, weil der Bezogene oder ein anderer Intervenient bezahlt hat, iſt berechtigt, von dem Zahlenden eine Proviſion von ³/₄ Prozent zu verlangen.

Vgl. auch Art. 98 Nr. 7.

24) Der Intervenient braucht nur gegen die Aushändigung des W und des Proteſtes zu zahlen; es muß deshalb, wenn nicht gleich bei der erſten Präſentation, welche ohne die Vorzeigung des Proteſtes erfolgen kann, der Adreſſat erklärt: er zahle nicht, nochmals unter Vorlegung des Proteſtes Zahlung verlangt werden, wenn richtige Präſentation ſtattgefunden haben ſoll. OHG **20** 114. RG **67** 295. Gibt alſo bei der ohne Vorzeigung des Proteſtes ſtattfindenden Präſentation der Adreſſat keine Erklärung ab oder wird er nicht angetroffen, ſo muß nochmals unter Vorlegung des Proteſtes Zahlung verlangt und bei Nichtzahlung ein zweiter (Konter-) Proteſt erhoben werden; ebenſo wenn der Adreſſat die früher verſprochene Zahlung nicht leiſtet.

25) Der Intervenient muß die Ordnungsmäßigkeit des Proteſtes und im Falle des Art. 64 weiter prüfen, ob etwa ein anderer Intervenient, der zahlungsbereit iſt, mehr Wverpflichtete befreien würde als er ſelbſt. RG **67** 295, 297.

26) Der Honorat bedarf keines Giros ſeitens des Ehrenzahlers, er legitimiert ſich durch Vorlegung des W und durch den Proteſt; es muß dann angenommen werden, daß er ſeiner Regreßpflicht dem Ehrenzahler gegenüber Genüge geleiſtet hat; ob er die bedeutungslos gewordenen Giros ausgeſtrichen hat oder nicht, iſt gleichgültig. (Vgl. Art. 55). OHG **12** 47.

27) Wenn der Ausſteller den mangels Zahlung proteſtierten W als Notadreſſat bezahlt, ſo erwirbt er keinerlei Regreßrechte, ſondern er tritt nur wieder in ſeine Rechte als Ausſteller. Will er den W von neuem übertragen, ſo iſt dies eine neue Begebung nach dem Proteſt mangels Zahlung. Art. 16 Abſ. 2 WO. OHG **6** 162.

28) Der Domiziliat, der unter dem Vorbehalte, daß vom Akzeptanten rechtzeitige Deckung bei ihm eingehe, den W an den Inhaber gezahlt hat, kann nicht beim Ausbleiben der Deckung durch ſeine einſeitige Erklärung, er werde zu Ehren eines Indoſſanten zahlen, ſeine Leiſtung in eine Ehrenzahlung umwandeln. RG **70** 116.

X. Vervielfältigung eines Wechsels.[29], [30])

1. Wechselduplikate.

Art. 66. Der Aussteller eines gezogenen Wechsels ist verpflichtet, dem Remittenten auf Verlangen mehrere gleichlautende Exemplare des Wechsels zu überliefern. Dieselben müssen im Kontext als Prima, Sekunda, Tertia usw. bezeichnet sein, widrigenfalls jedes Exemplar als ein für sich bestehender Wechsel (Sola-Wechsel) erachtet wird. Auch ein Indossatar kann ein Duplikat des Wechsels verlangen. Er muß sich dieserhalb an seinen unmittelbaren Vormann wenden, welcher wieder an seinen Vormann zurückgehen muß, bis die Anforderung an den Aussteller gelangt. Jeder Indossatar kann von seinem Vormanne verlangen, daß die früheren Indossamente auf dem Duplikate wiederholt werden.[31])

Art. 67. Ist von mehreren ausgefertigten Exemplaren das eine bezahlt, so verlieren dadurch die anderen ihre Kraft. Jedoch bleiben aus den übrigen Exemplaren verhaftet:

1. der Indossant, welcher mehrere Exemplare desselben Wechsels an verschiedene Personen indossiert hat, und alle späteren Indossanten, deren Unterschriften sich auf den, bei der Zahlung nicht zurückgegebenen Exemplaren befinden, aus ihren Indossamenten;
2. der Akzeptant, welcher mehrere Exemplare desselben Wechsels akzeptiert hat, aus den Akzepten auf den bei der Zahlung nicht zurückgegebenen Exemplaren.

Art. 68. Wer eines von mehreren Exemplaren eines Wechsels zur Annahme versandt hat, muß auf den übrigen Exemplaren bemerken, bei wem das von ihm zur Annahme versandte Exemplare anzutreffen ist. Das Unterlassen dieser Bemerkung entzieht jedoch dem Wechsel nicht

---

29) Die in der WO enthaltenen Bestimmungen über Duplikate gelten nicht für eigene W, ein eigener W kann nicht die rechtliche Bedeutung eines Duplikates haben. RG 9 117.

30) Es handelt sich bei der Ausstellung von Wduplikaten immer nur um einen W, über den bloß mehrere Urkunden ausgestellt sind. Das zum Umlauf bestimmte Exemplar soll den Zweck haben, den Übergang der Rechte aus dem W zu bewirken. Es repräsentiert den ganzen W in bezug auf den Wtransport. Das Akzeptträger-Exemplar soll die WErklärung des Bezogenen aufnehmen; das Akzept auf dem einen Exemplar ist auf den ganzen W zu beziehen; durch Indossierung des anderen werden alle Rechte aus dem geleisteten Akzepte erworben. RG 9 60.

31) Der Wnehmer kann das in Art. 66 vorgesehene Recht auch dann geltend machen, wenn er den W verloren hat. RG 49 132.

die Wechſelkraft. Der Verwahrer des zum Akzepte verſandten Exemplars iſt verpflichtet,[32]) dasſelbe[33]) demjenigen auszuliefern, der ſich als Indoſſatar (Art. 36) oder auf andere Weiſe zur Empfangnahme legitimiert.

Art. 69. Der Inhaber eines Duplikats, auf welchem angegeben iſt, bei wem das zum Akzepte verſandte Exemplar ſich befindet, kann mangels Annahme desſelben den Regreß auf Sicherſtellung und mangels Zahlung den Regreß auf Zahlung nicht eher nehmen, als bis er durch Proteſt hat feſtſtellen laſſen:

1. daß das zum Akzepte verſandte Exemplar ihm vom Verwahrer nicht verabfolgt worden iſt und
2. daß auch auf das Duplikat die Annahme oder die Zahlung nicht zu erlangen geweſen.

2. Wechſelkopien.

Art. 70. Wechſelkopien müſſen eine Abſchrift des Wechſels und der darauf befindlichen Indoſſamente und Vermerke enthalten und mit der Erklärung „bis hierher Abſchrift (Kopie)" oder mit einer ähnlichen Bezeichnung verſehen ſein. In der Kopie iſt zu bemerken, bei wem das zur Annahme verſandte Original des Wechſels anzutreffen iſt. Das Unterlaſſen dieſes Vermerkes entzieht jedoch der indoſſierten Kopie nicht ihre wechſelmäßige Kraft.

Art. 71. Jedes auf einer Kopie befindliche Original-Indoſſament verpflichtet den Indoſſanten ebenſo, als wenn es auf einem Originalwechſel ſtünde.

Art. 72. Der Verwahrer des Originalwechſels iſt verpflichtet, denſelben dem Beſitzer einer mit einem oder mehreren Original-Indoſſamenten verſehenen Kopie auszuliefern, ſofern ſich derſelbe als Indoſſatar oder auf andere Weiſe zur Empfangnahme legitimiert. Wird der Originalwechſel vom Verwahrer nicht ausgeliefert, ſo iſt der Inhaber der Wechſelkopie nur nach Aufnahme des im Art. 69 Nr. 1 erwähnten Proteſtes Regreß auf Sicherſtellung und nach Eintritt des in der Kopie angegebenen Verfalltags Regreß auf Zahlung gegen diejenigen Indoſſanten zu nehmen berechtigt, deren Original-Indoſſamente auf der Kopie befindlich ſind.

---

32) Vorbehaltlich des Widerrufs des Ausſtellers. OHG 11 391.

33) Mag es akzeptiert ſein oder nicht. Daſelbſt.

XI. Abhanden gekommene Wechsel.[34])

Art. 73. Der Eigentümer eines abhanden gekommenen Wechsels[35]) kann die Amortisation des Wechsels bei dem Gerichte des Zahlungsorts beantragen. Nach Einleitung des Amortisationsverfahrens kann derselbe vom Akzeptanten[36]) Zahlung fordern, wenn er bis zur Amortisation des Wechsels Sicherheit bestellt. Ohne eine solche Sicherheitsstellung ist er nur die Deposition der aus dem Akzepte schuldigen Summe bei Gericht oder bei einer anderen zur Annahme von Depositen ermächtigten Behörde oder Anstalt zu fordern berechtigt.[37])

Art. 74.[38]) Der nach den Bestimmungen des Artikel 36 legitimierte Besitzer eines Wechsels kann nur dann zur Herausgabe desselben angehalten werden, wenn er den Wechsel in bösem Glauben erworben hat oder ihm bei der Erwerbung des Wechsels eine grobe Fahrlässigkeit zur Last fällt.[39], [40])

XII. Falsche Wechsel.

Art. 75. Auch wenn die Unterschrift eines Ausstellers eines Wechsels falsch oder verfälscht ist, behalten dennoch das echte Akzept und die echten Indossamente die wechselmäßige Wirkung.[41—44])

---

34) Über das Aufgebotsverfahren von W siehe §§ 1003ff. ZPO.

35) Auch Blanko-Akzepte können aufgeboten werden, auch auf Antrag des Ausstellers, der das ihm übergebene Akzept verloren hat; dieser darf jedoch, wenn er noch nicht unterschrieben hatte, nicht auf Zahlung klagen. OHG **25** 16.

36) Nicht auch vom Aussteller und den Indossanten. OHG **1** 174. Nach Erlaß des Ausschlußurteils jedoch von diesen. RG **49** 132. Vgl. Note 13 zu Art. 54.

37) Dieser Art. findet auch Anwendung auf die in §§ 363, 365 HGB erwähnten Orderpapiere. OHG **19** 276. Nicht aber auf Reichsbankanteilscheine. RG **22** 183.

38) Der Art. 47 kommt in den Fällen der §§ 222 und 365 HGB zur entsprechenden Anwendung. — Er setzt ein „Abhandenkommen" des W nicht voraus. RG **103** 89.

39) Artikel 74 regelt nicht die ganze Lehre von dem Anspruch auf Herausgabe des Wechsels und besagt nicht, daß dieser Anspruch unbedingt gegen denjenigen durchgreift, der den W nicht durch einen Wakt, sondern durch einen zivilrechtlichen Akt der Eigentumsübertragung erworben hat. In diesem Falle sind die Vorschriften des Bürgerlichen Rechts maßgebend. RG **33** 148.

40) Art. 74 steht einem Anspruch auf Herausgabe des W, der nicht auf das Eigentum gestützt wird, nicht entgegen. RG **45** 261. An dem Rechte des redlichen Erwerbers findet der Einwand des mangelnden Begebungsvertrages seine Schranke. RG **112** 205.

41) Wer seine Namensunterschrift auf ein sonst leeres Blatt Papier setzt, und dieses einen Dritten übergibt, damit dieser daraus einen W schafft, und in Umlauf setzt, hat keine wrechtliche Einrede, falls der Dritte das Blankett in lästigerer Weise, als verabredet war, ausfüllt; dem gutgläubigen Erwerber gegenüber gilt also der W so wie er ausgefüllt ist.

Art. 76. Aus einem mit einem falſchen oder verfälſchten[45]) Akzept oder Indoſſamente verſehenen Wechſel bleiben ſämtliche Indoſſanten und der Ausſteller, deren Unterſchriften echt ſind, wechſelmäßig verpflichtet.[46])

XIII. Wechſelverjährung.

Art. 77. Der wechſelmäßige Anſpruch gegen den Akzeptanten verjährt in drei Jahren vom Verfalltage des Wechſels an gerechnet.[47,48])

RG **2** 100. Rechnete der Avaliſt (Wechſelbürge) bei Übernahme der Avalverpflichtung mit der Möglichkeit einer Wfälſchung durch den Akzeptanten (Erhöhung der Wſumme), ſo haftet er dem Indoſſatar in voller Höhe. RG **126** 223.

42) Fälſchung oder ſpäter rechtswidrige Änderung des W zum Nachteil des Wſchuldners kann auch dem gutgläubigen Erwerber gegenüber geltend gemacht werden. OHG **7** 220; RG **8** 42.

43) Veränderungen des WInhalts. Die Folgen einer nachträglichen einſeitigen Veränderung des WInhalts ſind in der WO nirgends ausdrücklich geregelt. Entſprechend den in Art. 75 und 76 enthaltenen Beſtimmungen über falſche und verfälſchte WUnterſchriften und aus Gründen der Zweckmäßigkeit und der Verkehrsſicherheit iſt aber anzunehmen, daß jeder einzelne Unterzeichner einer WErklärung nach Maßgabe desjenigen Inhalts haftet, den der W zur Zeit der Abgabe ſeiner Unterſchrift hatte oder nachher mit ſeiner Zuſtimmung erhalten hat. Dies gilt auch dann, wenn die nachträgliche Veränderung des W nicht in der Abänderung eines weſentlichen Beſtandteils, ſondern in der Hinzufügung des an ſich beim W nicht weſentlichen Domizilvermerks beſteht. RG **32** 36. (Über den Proteſt in einem ſolchen Falle vgl. Note 90 zu Art. 43.) Die Wverpflichtung bleibt nach dem urſprünglichen Winhalt erhalten, wenn die fälſchende Veränderung den urſprünglichen Text erkennen läßt. RG **54** 386; **106** 78; **111** 284.

44) Behauptet der im Regreßwege in Anſpruch genommene Indoſſant, die Wſumme ſei nachträglich erhöht worden, ſo hat er dies zu beweiſen. Wer einen indoſſablen W in Verkehr bringt, nimmt vorbehaltlich des von ihm zu führenden Beweiſes einer Verfälſchung die Gefahr auf ſich, daß er dem gutgläubigen Erwerber gemäß dem Inhalte des W haftet, den dieſer in äußerlich mangelfreier Geſtalt zur Zeit des Erwerbes aufweiſt. RG, K **1** 67. Die Rechtsverhältniſſe aus dem W müſſen ſo beurteilt werden, wie ſie ſich nach ſeiner Geſtaltung zurzeit der Geltendmachung darſtellen. Wer Veränderungen behauptet, muß ſie beweiſen. Das erfordert die Sicherheit des Verkehrs, dem der W dienen ſoll. RG **113** 337.

45) Oder aus ſonſtigem Grunde ungültigen (z. B. mangels Beglaubigung nach Art. 94). OHG **17** 281.

46) Wegen Indoſſamente, die ſich nicht an den W oder vorhergehende Giros anſchließen, ſiehe Art. 36 Anm. 49.

47) Der Fälligkeitstag wird nicht mitgerechnet. OHG **3** 415. RG **11** 47. Bei urſprünglich als Blanko-Akzepte übergebenen W beginnt die Verjährung mit dem im ausgefüllten W angegebenen Verfalltage. RG **58** 186. Bei nach Sicht fälligen Blankow iſt die Verjährung nach § 202 BGB (im Anhang) gehemmt, ſolange der Gläubiger abredegemäß den W nicht geltend machen darf. RG **90** 9.

Art. 78. Die Regreßansprüche des Inhabers (Art. 50) gegen den Aussteller und die übrigen Vormänner verjähren:

1. in 3 Monaten,[49]) wenn der Wechsel in Europa, mit Ausnahme von Island und den Faröern, zahlbar war;
2. in 6 Monaten,[49]) wenn der Wechsel in den Küstenländern von Asien und Afrika längs des Mittelländischen und Schwarzen Meeres oder in den dazu gehörigen Inseln dieser Meere zahlbar war;
3. in 18 Monaten,[49]) wenn der Wechsel in einem anderen außereuropäischen Lande oder in Island oder den Faröern zahlbar war.

Die Verjährung beginnt gegen den Inhaber mit dem Tage des erhobenen Protestes.[50])

Art. 79. Die Regreßansprüche des Indossanten (Art. 51) gegen den Aussteller und die übrigen Vormänner verjähren:

1. in 3 Monaten,[49]) wenn der Regreßnehmer in Europa, mit Ausnahme von Island und den Faröern, wohnt;
2. in 6 Monaten,[49]) wenn der Regreßnehmer in den Küstenländern von Asien und Afrika längs des Mittelländischen und Schwarzen Meeres oder in den dazu gehörigen Inseln dieser Meere wohnt;
3. in 18 Monaten,[49]) wenn der Regreßnehmer in einem anderen außereuropäischen Lande oder in Island oder den Faröern wohnt.

Gegen den Indossanten läuft die Frist, wenn er, ehe eine Wechselklage gegen ihn angestellt worden, gezahlt hat, vom Tage der Zahlung, in allen übrigen Fällen aber vom Tage der ihm geschehenen Behändigung der Klage oder Ladung,[51],[52])

(Art. 80 ist weggefallen.)[53])

---

48) Die Frist läuft ohne Rücksicht auf die Verhältnisse der Indossanten, so daß die im Art. 77 geordnete Normalfrist unter Umständen, namentlich wenn eine größere Zahl von Indossamenten vorhanden ist, dahin führen kann, daß derjenige, welcher zuletzt im Regreßwege gezahlt hat, gegen den Akzeptanten wegen des inzwischen erfolgten Ablaufs der dreijährigen Verjährungsfrist nicht mehr zu klagen imstande ist. OHG 7 41.

49) Die Monate werden nach Art. 32 berechnet. OHG 3 124.

50) Ist der Protest erlassen worden (vgl. Art. 42), so läuft die Verjährung von dem Tage ab, an dem er hätte erhoben werden müssen. OHG 4 366. Der Protesttag rechnet nicht mit. RG 11 45; 27 80; 113 340.

51) Wann der Indossatar gezahlt hat, muß derjenige nachweisen, welcher den Verjährungseinwand erhebt. OHG 3 124.

52) Die Verjährung läuft gegen den Indossatar, ohne daß es darauf ankommt, ob ein anderer Ngläubiger gegen den betreffenden Regreßpflichtigen die Verjährung unterbrochen hat (durch gemeinschaftliche Klage gegen diesen und den Indossatar). OHG 5 361.

XIV. Klagerecht des Wechſelgläubigers.[54])

Art. 81. Die wechſelmäßige Verpflichtung trifft den Ausſteller, Akzeptanten und Indoſſanten des Wechſels ſowie einen jeden, welcher den Wechſel, die Wechſelkopie, das Akzept oder das Indoſſament mitunterzeichnet[55]) hat, ſelbſt dann, wenn er ſich dabei nur als Bürge (per aval)[56],[57]) benannt hat. Die Verpflichtung dieſer Perſonen erſtreckt ſich auf alles, was der Wechſelinhaber wegen Nichterfüllung der Wechſelverbindlichkeit zu fordern hat. Der Wechſelinhaber kann ſich wegen ſeiner ganzen Forderung an den einzelnen halten; es ſteht in ſeiner Wahl, welchen Wechſelverpflichteten er zuerſt in Anſpruch nehmen will.[58])

Art. 82. Der Wechſelſchuldner kann ſich nur ſolcher Einreden bedienen, welche aus dem Wechſelrechte ſelbſt hervorgehen oder ihm unmittelbar gegen den jedesmaligen Kläger zuſtehen.[59—60])

---

53) Art. 80 iſt durch Art. 8 Nr. 2 des EGzHGB aufgehoben, die Unterbrechung der Verjährung regelt ſich jetzt nach §§ 209ff. BGB.

54) Über die WKlagen und das Verfahren im WProzeß vgl. ZPO § 4, §§ 602—605, § 538 Nr. 4; § 708 Nr. 4; § 110 Nr. 2.

WSachen ſind Ferienſachen. GerichtsverfaſſungsG § 202 Nr. 5.

55) mit unterzeichnet; wenn jemand allein akzeptiert, der nicht bezogen iſt, wird er nicht haftbar. OHG 15 346, ebenſowenig jemand, der als Bürge unterzeichnet iſt, ohne daß ein Ausſteller mit unterſchrieben hat. RG 10 1. Es iſt zuläſſig, die Bürgſchaft in einer beſonderen, auf dem W befindlichen, unmittelbar hinter der Unterſchrift des Ausſtellers folgenden Erklärung (alſo nicht durch bloße Mitunterſchrift) zu übernehmen, OHG 12 148; die Unterſchrift kann auch auf der Rückſeite ſtehen, wenn nur aus der Schrift ſelbſt erhellt, daß eine Bürgſchaft beabſichtigt ſein ſoll, auch darf die Bürgſchaft auf einen Teil der WSumme beſchränkt werden. OHG 12 255.

56) Für die Unterſchrift des WBürgen gelten die gleichen Anforderungen wie für die des Hauptverpflichteten. Er muß alſo mit ſeinem Namen oder ſeiner Firma unterſchreiben. RG 68 155.

57) Der WBürge übernimmt eine eigene ſelbſtändige WVerpflichtung, die neben die des Hauptverpflichteten tritt, nicht eine zivilrechtliche Bürgſchaft. Die Vorſchriften der §§ 765ff. BGB ſind alſo nicht anwendbar. RG 74 352. Die Verpflichtung des WBürgen entſteht zwar nicht, ohne daß eine den Formvorſchriften der WO entſprechende Erſtunterſchrift eines Hauptverpflichteten vorhanden iſt; ſie beſteht aber ſelbſt dann, wenn die WVerpflichtung aus der Erſtunterſchrift nicht beſteht, weil dieſe Unterſchrift gefälſcht oder wegen mangelnder WFähigkeit unverbindlich iſt. RG 40 57.

58) Eine dem Ausſteller über die Verjährungszeit hinaus gegebene Stundung hindert die Verjährung gegen den nicht dabei zugezogenen Bürgen nicht. OHG 25 26.

59) Aus dem Wrechte selbst hervorgehende Einreden sind z. B. mangelnder Protest (Art. 41), Verjährung (Art. 77ff.). Vgl. auch §364 Abs. 2 HGB, der inhaltlich dasselbe besagt.

60) Wegen Einrede der Fälschung siehe Art. 75 Note 42.

61) Gegenüber dem Indossatar hält RG 5 82 die Einrede für zulässig, daß er den Besitz des Wechsels ohne Begebungsvertrag erlangt habe; ebenso RG 117 75. Der aus dem Wechsel in Anspruch genommene kann dem gutgläubigen Wgläubiger gegenüber den Mangel eines eigenen Begebungsvertrages nicht einwenden. RG 87 367; 112 202; 117 75, vgl. auch Note 61 zu Art. 9.

62) Der Wschuldner kann sich nicht allein damit verteidigen, daß er den Gegenwert für den W nicht erhalten habe. OHG 3 313; er muß darlegen, daß der Kläger ihm gegenüber arglistig handle, z. B. daß der Kläger sich zur Zahlung des Nennwertes des W verpflichtet habe. OHG 4 265.

63) Die Einrede, daß dem W ein unerlaubtes Rechtsgeschäft zugrunde liege, ist zulässig. OHG 10 387. Jedoch hat nicht der WKläger zu beweisen, daß die Wforderung auf einem rechtsgültigen Geschäft beruht, sondern der Beklagte muß beweisen, daß er sein Akzept zur Deckung einer Schuld aus unerlaubtem Geschäft gegeben hat. OHG 3 354.

64) Ein in Ausführung eines wucherischen Vertrages formgerecht ausgestellter W begründet eine gültige und klagbare Wforderung; unter den Voraussetzungen des Art. 82 kann ihr jedoch die Einrede des Wuchers entgegengesetzt werden. RG 8 97.

65) Ein Indossant kann sich nicht darauf berufen, daß der Kläger den Akzeptanten und seinen Vormann aus der Verbindlichkeit entlassen habe. RG 59 319.

66) Der Akzeptant darf sich nicht darauf berufen, daß der Aussteller gezahlt habe, auch nicht, daß er selbst gezahlt habe, aber nicht an den klagenden WInhaber. OHG 7 121; RG 11 21. Wenn jedoch der zahlende Aussteller und der WInhaber vereinbart haben, daß durch die Zahlung auch der Akzeptant freiwerden solle, so darf dieser sich hierauf berufen. OHG 8 387.

67) Ersucht ein Indossatar den Wgläubiger, seine, des Wgläubigers, Rechte gegen den dem Indossatar vorstehenden Wverpflichteten geltend zu machen, und zahlt der ersuchende Indossatar die Wechselsumme, so kann sich der vorstehende Verpflichtete nicht auf diese Zahlung berufen; denn nach der Absicht des Zahlenden sollte die Verbindlichkeit seiner Vormänner bestehen bleiben und von dem Wgläubiger verfolgt werden; dieser ist nicht endgültig wegen seiner Regreßforderung befriedigt und hat nicht aufgehört, wahrer Wgläubiger zu sein. RG, K 2 152.

68) Der Wschuldner kann dem ersten Nehmer des W gegenüber geltend machen, daß es der Wverpflichtung an jedem Rechtsgrunde fehle. RG 70 212.

69) Gegenüber der Klage aus einem W, der auf Grund eines später durch Rücktritt aufgehobenen Kausalgeschäftes gegeben ist, genügt nicht die Berufung auf den Rücktritt, es ist vielmehr die Darlegung erforderlich, daß der Wschuldner aus dem aufgehobenen Geschäfte keine Rückgewährpflicht mehr zu erfüllen hat. RG 75 202.

70) Gegenüber einem gutgläubigen WInhaber kann der Akzeptant sich nicht darauf berufen, daß er seine Unterschrift auf einem noch leeren Wformular vollzogen habe, ohne zu wissen, daß es ein Wformular sei, und ohne den Willen, eine Wverbindlichkeit einzugehen. RG 14 22. Vgl. auch Art. 21 Note 3 und 5.

71) Einem Dritterwerber eines Wblanketts, der es gutgläubig ausgefüllt hat, können Einwendungen nur nach Maßgabe von Art. 82 entgegengesetzt werden, auch wenn er nach dem Inhalte des W der erste Wgläubiger ist. RG 87 367.

72) Das bloße Wissen des dritten Erwerbers, daß der Akzeptant den W nur aus Gefälligkeit gegen den Aussteller und den Indossanten unterschrieben hat, begründet nicht die Einrede der Arglist, da die Gefälligkeit des Akzeptanten darin besteht, daß er eine gegenüber einem Dritten verbindliche Werklärung abgeben wollte. Anders liegt es, wenn der Indossatar, obwohl er weiß, daß sein Indossant sich dem Akzeptanten gegenüber zur Einlösung verpflichtet hat, sich dazu hergibt, einen ihm als unbegründet bekannten Anspruch für Rechnung seines Vormanns zu verfolgen, um dem Akzeptanten die gegenüber dem Aussteller begründete Einrede abzuschneiden, oder wenn der dritte Erwerber die Verpflichtung des Ausstellers und Indossanten zur Einlösung auch seinerseits übernommen hat. RG, K 2 154.

73) Einem Depotw gegenüber muß der Wverpflichtete seine Einwendungen aus dem zugrunde liegenden Geschäfte darlegen und beweisen; es braucht nicht der Inhaber nachzuweisen, daß seine Forderung in Höhe der eingeklagten Wsumme besteht. OHG 8 141; 17 281. Wird das ursprüngliche Kausalgeschäft durch ein anderes ersetzt, so bleibt die Beweislast beim Schuldner. RG 124 67. Vgl. auch RG 122 179.

74) Wer zur Stellung einer Kaution statt baren Geldes einen W gibt, verpflichtet sich, wenn nichts anderes vereinbart ist, den Wechselbetrag dem Inhaber, also auch dem Kautionsgläubiger bei Verfall nach Wrecht zu zahlen; der Gläubiger ist sogar berechtigt, den W sogleich durch Begebung zu verwerten; die dem Kautionsgläubiger gegebene Sicherheit besteht eben darin, daß er spätestens bei Verfall des W durch Wklage die Wsumme beitreiben kann; der Einwand, die durch die Kaution zu sichernde Forderung sei noch nicht festgestellt und fällig, ist daher unzulässig. OHG 6 437.

75) Wegen Einrede des Kontokorrents s. § 355 HGB Anm. 94.

76) Klagt derjenige, dem der W nur zwecks Einziehung für Rechnung des Indossanten indossiert und übergeben worden ist (Inkassomandatar), so ist er Wgläubiger und Prozeßpartei; es kann ihm nicht entgegengehalten werden, daß das Indossament nur zum Scheine erteilt sei. Dagegen ist die Einrede der Arglist gegen ihn zulässig und zwar nicht nur, wenn er beim Erwerbe des W arglistig handelte, indem er wußte, daß er als Werkzeug dienen sollte, einen unbegründeten Anspruch des Indossanten geltend zu machen und dem Wschuldner begründete Einreden abzuschneiden, sondern auch dann, wenn er vor Anstellung der Klage oder auch erst im Laufe des Prozesses die Einreden des Wschuldners erfährt und das ihm zustehende formale Recht dazu mißbraucht, ihre Geltendmachung lediglich zum Vorteile des Indossanten und zum Nachteil des Wschuldners zu verhindern. RG 4 100; 11 9. Er muß aber, wenn ihn der Vorwurf der Arglist treffen soll, damit gerechnet haben, daß er sich durch Abschneiden berechtigter Einreden an einem unsauberen Geschäft beteilige, während seine bloße Kenntnis von dem Entgegenstehen von Einreden gegenüber dem ursprünglichen Nehmer des W, die ihm gegenüber nicht erhoben werden können, nicht genügt. RG 57 391; 96 191.

77) Der Inhaber eines W, der ihn für eigene Rechnung erworben hat, muß sich nur solche Einreden aus der Person seines Vormanns entgegenhalten lassen, deren Vereitelung zum Schaden des Wschuldners er in absichtlichem Zusammenwirken mit dem Veräußerer bezweckt. RG 10 480.

78) Der Gläubiger, dem sein Schuldner einen auf einen Dritten gezogenen oder von ihm selbst akzeptierten, jedoch bei einem Dritten domizilierten W zahlungshalber übergeben hat, ist zunächst verpflichtet, Befriedigung mittelst dieses W zu suchen und kann nur dann auf die ursprüngliche Forderung zurückgreifen, wenn er ohne sein Verschulden

Art. 83. Ist die wechselmäßige Verbindlichkeit des Ausstellers oder des Akzeptanten durch Verjährung oder dadurch, daß die zur Erhaltung des Wechselrechts gesetzlich vorgeschriebenen Handlungen verabsäumt sind, erloschen, so bleiben dieselben dem Inhaber des Wechsels[81]) nur soweit, als sie sich mit dessen Schaden bereichern würden, verpflichtet. Gegen die Indossanten, deren wechselmäßige Verbindlichkeit erloschen ist, findet ein solcher Anspruch nicht statt.[82—87])

---

von dem Dritten bzw. dem Domiziliaten Zahlung nicht erhalten kann. Es genügt, daß der W rechtzeitig dem Domiziliaten vorgelegt, von diesem aber nicht eingelöst wird. RG **27** 89.

79) Tritt ein Indossant den Anspruch, zu dessen Erfüllung oder Sicherung der W bestimmt ist, an den Indossatar ab, so kann der Wschuldner Einwendungen gegen den Anspruch auch der Wklage des Indossatars entgegensetzen. RG **83** 102.

80) Ist die Klage des durch Vollgiro legitimierten Inkassomandatars abgewiesen, so gilt dies Urteil auch gegenüber dem Indossanten. Er kann sich nicht darauf berufen, daß nicht er, sondern der Indossatar Prozeßpartei gewesen sei. RG **36** 53.

81) Der nach Art. 36 zur Klage legitimiert sein würde (OHG **6** 381); wer den W durch ein nach eingetretener Verjährung ausgestelltes Indossament erhalten hat, ist zur Klage nicht berechtigt. OHG **12** 123. Zur Begründung der Klage aus Art. 83 gehört die Vorlegung eines bis auf den Mangel der Vorlegung oder Protesterhebung oder die Verjährung gültigen den Kläger als Wgläubiger ausweisenden W. OHG **10** 42.

82) Welches Recht dem durch Erlöschen der Wmäßigen Verbindlichkeit Geschädigten auf Grund des Wechsels noch verbleibt, regelt sich allein nach dieser Bestimmung, nicht nach bürgerlichem Recht. OHG **6** 381.

83) Es ist nicht an die formale Schädigung und Bereicherung gedacht, die schon in der Verjährung des Anspruches selbst gegeben ist, sondern an eine aus dieser Verjährung sich ergebende materielle Vermögensverminderung auf der einen und Vermögensvermehrung auf der anderen Seite. OHG **23** 260; RG **93** 24.

84) Wenn bei Verjährung oder sonstigen Beseitigung der Wklage die Klage aus dem unterliegenden Deckungsverhältnisse noch fortbesteht, ist die Bereicherungsklage des Art. 83 nicht gegeben. RG **44** 78.

85) Ein Stellvertreter des Beklagten hatte per procura desselben W gezogen, gegen Valuta begeben und das empfangene Geld unterschlagen; die Akzepte waren gefälscht, vom Beklagten wurde Erstattung der Valuta verlangt. Dies war gerechtfertigt; der Beklagte war bereichert, da der Vertreter zur Empfangnahme von Geld ermächtigt war. Wenn er nachher das Geld unterschlug, so ändert dies an der Tatsache der erfolgten Bereicherung nichts, die Bereicherung kam dadurch nicht wieder in Wegfall. RG **13** 4.

86) Ein verjährter eigener W ist kein Verpflichtungsschein des § 363 HGB (OHG **9** 353; **18** 188); der W kann aber als Beweisurkunde für die Hingabe des Darlehens dienen. OHG **22** 305. Ein solcher W berechtigte nicht zum Urkundenprozeß nach § 592 ZPO.

87) Bestand der Wille, einen W zu schaffen, ist aber infolge eines Formmangels diese Absicht nicht zur Ausführung gelangt, so ist gemäß § 140 BGB zu untersuchen, ob die rechtsgeschäftliche Erklärung, welche nicht zur Begründung einer Wverpflichtung

XV. Ausländiſche Geſetzgebung.

Art. 84. Die Fähigkeit eines Ausländers, wechſelmäßige Verpflichtungen zu übernehmen, wird nach den Geſetzen des Staates beurteilt, welchem derſelbe angehört. Jedoch wird ein nach den Geſetzen ſeines Vaterlandes nicht wechſelfähiger Ausländer durch Übernahme von Wechſelverbindlichkeiten im Inlande verpflichtet, inſofern er nach den Geſetzen des Inlandes wechſelfähig iſt.[88])

Art. 85. Die weſentlichen Erforderniſſe eines im Ausland ausgeſtellten Wechſels[89]) ſowie jeder anderen im Ausland ausgeſtellten Wechſelerklärung werden nach den Geſetzen des Ortes beurteilt, an welchem die Erklärung erfolgt iſt. Entſprechen jedoch die im Auslande geſchehenen Wechſelerklärungen den Anforderungen des inländiſchen Geſetzes, ſo kann daraus, daß ſie nach ausländiſchen Geſetzen mangelhaft ſind, kein Einwand gegen die Rechtsverbindlichkeit der ſpäter im Inland auf den Wechſel geſetzten Erklärungen entnommen werden. Ebenſo haben Wechſelerklärungen, wodurch ſich ein Inländer einem anderen Inländer im Auslande verpflichtet, Wechſelkraft, wenn ſie auch nur den Anforderungen der inländiſchen Geſetzgebung entſprechen.

Art. 86. Über die Form[90]) der mit einem Wechſel an einem ausländiſchen Platze zur Ausübung oder Erhaltung des Wechſelrechts vorzunehmenden Handlungen entſcheidet das dort geltende Recht.

XVI. Proteſt.[91])

Art. 87. Jeder Proteſt muß durch einen Notar oder einen Gerichtsbeamten oder einen Poſtbeamten aufgenommen werden.[92—94]) Der Zuziehung von Zeugen oder eines Protokollführers bedarf es dabei nicht.

---

geführt hat, als ein anderes Rechtsgeſchäft aufrecht erhalten werden kann. OHG 6 130; RG, K 2 145.

88) Dieſe Ausnahmebeſtimmung erſtreckt ſich nicht nur auf ſolche Wverbindlichkeiten eines Ausſtellers, welche im Inlande eingegangen und zu erfüllen ſind; ſondern derjenige Ort, an welchem der W ausgeſtellt wurde, alſo der Ort des Vertragsſchluſſes, iſt entſcheidend für die Wfähigkeit des im Inlande kontrahierenden Ausländers, ohne Rückſicht auf den Erfüllungsort. RG 15 11.

89) Für die Anwendung des Art. 85 iſt der in der Urkunde angegebene nicht der wirkliche Ort der Ausſtellung maßgebend. RG 22 115.

90) Form heißt auch Zeit und Ort der regreßbegründeten Handlung. OHG 1 288.

91) Vgl. auch Art. 41 ff., 91 ff. und die Anmerkungen zu dieſen Artikeln.

92) Das Geſ. ſtellt dem Gläubiger nach ſeiner Wahl verſchiedene Proteſtbeamte zur Verfügung. Es iſt nie zweifelhaft geweſen und auch jetzt nicht zweifelhaft, daß der Schuld-

*) Den Postbeamten stehen solche Personen gleich, denen von der Postverwaltung die Aufnahme von Protesten übertragen ist.

Art. 88. In den Protest ist aufzunehmen:[95])

1. der Name oder die Firma der Personen, für welche und gegen welche der Protest erhoben wird;[96—98])

---

ner die Kosten desjenigen Protestbeamten erstatten muß, den der Gläubiger in Ausübung des ihm nach dem Ges. zustehenden Rechtes gewählt hat. Bericht der Kommission vom 12. II. 08 S. 2.

93) Zur Aufnahme von Wprotesten sind zuständig: In Preußen die Gerichtsvollzieher (§ 74 G v. 24. IV. 78), die Gerichtsschreiber (jetzt Urkundsbeamte) bei den Amtsgerichten (§ 70 ebenda), die zur Ausübung der freiwilligen Gerichtsbarkeit berufenen Richter; in Bayern (Art. 66 G v. 23. II. 79), Hamburg, Bremen die Gerichtsvollzieher; Hessen und Oldenburg die Gerichtsschreiber und die Gerichtsvollzieher; in Braunschweig die Amtsgerichte, die Gerichtsschreiber bei ihnen und die Gerichtsvollzieher; in Württemberg die Gerichtsschreiber unter gewissen Bedingungen.

94) Nach § 18 der Postordnung vom 22. XII. 21 (RGBl. S. 1621) und der Verordnung zur Änderung der Postordnung vom 8. XII. 23 (RGBl S. 1195) übernimmt die Postverwaltung die Erhebung von W- und Scheckprotesten mit folgenden Beschränkungen:

1. Proteste, die sich auf eine andere wrechtliche Leistung als die Zahlung beziehen, werden nicht erhoben.
2. Die Erhebung von Protesten mangels Zahlung bleibt ausgeschlossen a) für W und Schecks, die über mehr als 1000 Rentenmark oder einen entsprechenden Betrag in Reichswährung lauten, b) für W und Schecks, die in fremder Sprache ausgestellt sind, c) für W und Schecks, die auf eine ausländische Münzsorte lauten, sofern der Aussteller durch den Gebrauch des Wortes „effektiv“ oder eines ähnlichen Zusatzes die Zahlung in der im W benannten Münzsorte ausdrücklich bestimmt hat, d) für W, die mit Notadresse oder Ehrenakzept versehen sind, e) für W, die unter Vorlegung mehrerer Exemplare desselben W oder unter Vorlegung des Originals und einer Kopie zu protestieren sind.

*) Abs. 2 ist eingefügt durch das Ges. v. 18. XII. 1926 (RGBl. S. 506).

95) Diese Worte sind an Stelle der Worte: „Der Protest muß enthalten“ gesetzt. Um einer etwa mit Rücksicht auf die neuere Gesetzessprache möglichen strengeren Auslegung des Wortes „muß stattfinden“ vorzubeugen, ist die Eingangsformel dahin gefaßt: In den Protest ist aufzunehmen. RG **100** 230.

96) Der im Auftrage des legitimierten WInhabers für denselben erhobene Protest kann nicht stets deshalb für ungültig angesehen werden, weil der Vorname des Protestanten unrichtig angegeben ist. RG **45** 120. Die Berechtigung zur Protesterhebung muß sich aus dem W selbst ergeben, legitimationsschädliche Indossamente sind vorher zu streichen. RG **114** 368. Anders bei der Klage vgl. Note 1 zu Art. 21 und Note 50 zu Art. 36.

97) Der Bericht über den Auftrag ist, abgesehen von der Person des Auftraggebers, kein wesentlicher Teil des Protestes; es kann sich ergeben, daß ein unbestimmter oder unrichtiger Auftrag erteilt, aber, worauf es ankommt, der richtige ausgeführt ist. RG, K **4** 254.

2. die Angabe, daß die Perſon,[99—100], [1—4]) gegen welche proteſtiert wird, ohne Erfolg zur Vornahme der wechſelrechtlichen Leiſtung aufgefordert worden oder nicht anzutreffen[5—8]) geweſen iſt oder daß ihr Geſchäftslokal oder ihre Wohnung ſich nicht hat ermitteln laſſen;[8a])

---

98) Es muß ſich alſo die Perſon, mit der verhandelt wird, ergeben, es genügt nicht wie bei Nr. 2 die bloße Angabe der Firma. OHG 14 160.

99) Als die Perſon, gegen welche proteſtiert wird, iſt die phyſiſche Perſon zu verſtehen, welche die Firma, gegen die Proteſt erhoben wird, vertritt; es genügt jedoch, wenn der Proteſtbeamte beurkundet, daß er „den Inhaber der Firma" nicht angetroffen habe, einer Angabe des Namens des Firmeninhabers in der Proteſturkunde bedarf es nicht. OLG Hamburg, K 10 438.

100) Es iſt kein Proteſtfehler, wenn an den angetroffenen angeblichen Prokuriſten einer Aktiengeſellſchaft kein Zahlungsbegehren gerichtet iſt, es genügt, wenn in der Proteſturkunde mit voller Deutlichkeit bezeugt iſt, daß im Geſchäftslokal der genannten Geſellſchaft kein geſetzlicher Vertreter anzutreffen geweſen iſt. RG, K 8 410.

1) Präſentation an einen Geſchäftsgehilfen, der nicht im Proteſte als Prokuriſt oder ſpeziell zur Erklärung auf W Befugter bezeichnet iſt, macht die Beurkundung der Abweſenheit des Geſchäftsherrn nicht entbehrlich. RG 3 90; 23 123.

2) Es iſt nicht erforderlich, daß für die Perſon, gegen welche ſich der Vorzeiger des W des Zahlungsbegehrens entledigt, die Vollmacht zur Erklärung, wenn auch nur in allgemeinen Geſchäftseinrichtungen enthalten, wirklich beſteht; es muß vielmehr genügen, wenn ſich nur aus dem Proteſte Tatſachen ergeben, welche bei Annahme eines ordnungsmäßigen Geſchäftsganges des Proteſtaten für einen ſorgfältig handelnden Präſentanten die Annahme rechtfertigen durften, daß die Perſon, mit welcher er verhandelte, zur Abgabe der von ihr gegebenen Erklärung bevollmächtigt war . . Die Sorgfaltspflicht des Vorlegers des W und ebenſo des proteſtierenden Beamten läßt ſich in der Regel nicht bis zu einer Identitäts- und Legitimationsprüfung wie bei der Vornahme und Aufnahme von Rechtsgeſchäften mit dem Geſchäftsinhaber oder einem Bevollmächtigten desſelben ſteigern. RG 24 82.

3) Die Zahlungsaufforderung kann entſprechend dem in § 171 ZPO enthaltenen Rechtsprinzip gegenüber einem von mehreren Geſamtvertretern abgegeben werden. RG 53 227.

4) Durch die Nachfrage bei dem Ehemann nach der bezogenen Ehefrau genügt der Proteſtbeamte ſeiner Pflicht, es liegt ihm nicht ob, alle Räumlichkeiten der Privatwohnung zu unterſuchen, um feſtzuſtellen, ob die Bezogene nicht doch vielleicht anweſend ſei. RG, K 2 457.

5) Nicht anzutreffen. Die Feſtſtellung, daß die Perſon nicht angetroffen wurde, genügt nicht; ſie muß „nicht anzutreffen" geweſen ſein; es muß alſo verſucht worden ſein, ſie zu treffen; der Proteſtbeamte muß unter Angabe ſeiner Eigenſchaft nach der Perſon gefragt haben. Nicht anzutreffen iſt auch der, zu dem der Zutritt von den Perſonen, mit denen der Beamte in den ihm zunächſt zugänglichen Räumen verhandelt, nicht ermöglicht wird (weil er ſchlafe, krank ſei, ſich ankleide, mit anderen Perſonen verhandle und dergl.)

3. die Angabe des Ortes[9]) sowie des Kalendertags, Monats und Jahres, an welchem die Aufforderung (Nr. 2) geschehen oder ohne Erfolg versucht worden ist;
4. im Falle einer Ehrenannahme oder einer Ehrenzahlung die Erwähnung, von wem, für wen und wie sie angeboten oder geleistet wird.

Der Protest ist von dem Protestbeamten zu unterzeichnen und mit dem Amtssiegel oder dem Amtsstempel zu versehen.[10])

Art. 88a. Der Protest mangels Zahlung ist auf den Wechsel oder auf ein mit dem Wechsel zu verbindendes Blatt zu setzen.

---

und der, der dem Beamten aus gleichen Gründen den Zutritt nicht gestattet oder seine Anwesenheit verleugnen läßt.

6) Die Beurkundung, daß das Geschäftslokal, in welchem der W zu präsentieren war, verschlossen gefunden, genügt zur Konstatierung, daß der Protestat nicht anzutreffen war. RG **23** 121.

7) Es genügt die Beurkundung, daß in dem Geschäftslokale „die Kasse" verschlossen gefunden wurde in dem Falle, daß die Zahlstelle eine Reichsbankhauptstelle war. Es ist Sache vernünftigen Ermessens im Einzelfalle, inwieweit eine getroffene Einrichtung den Notar berechtigt, sich an dem Verschlusse eines bestimmten Geschäftsraumes zu begnügen, während andere Geschäftsräume noch offen sind. RG **14** 145.

8) Ist eine Lokalangabe des W, mit deren Hilfe der Protestat hätte gefunden werden können, unbeachtet geblieben, so ist deshalb allein der erhobene Windprotest nicht ungültig. Dem Gesetz ist genügt, wenn der Protest den Vermerk enthält, daß sich das Geschäftslokal oder die Wohnung nicht habe ermitteln lassen. Dieser Vermerk hat durch den Abs. 2 des Art. 91 die Eigenschaft einer Form gewonnen, deren Beobachtung die Gültigkeit des Protestes sichert, auch wenn der Beamte unter gröblichster Verletzung seiner Pflichten nicht das geringste zur Ermittelung getan hat. RG **73** 251; **74** 85.

Mit Rücksicht auf diese Entscheidung haben die früheren Entscheidungen:

Wenn der Protestat verstorben ist, genügt Aufnahme des Protestes in dem früheren Geschäftslokal, in Ermangelung eines solchen in der Sterbewohnung. OHG **2** 216.

Es genügt nicht, den Tod des Protestaten und damit die rechtliche Unmöglichkeit einer gegenwärtigen Wohnung festzustellen, sondern der Protestbeamte muß die Sterbewohnung als die letzte mögliche Wohnung des Protestaten aufsuchen, um dort den Protestakt aufzunehmen; Präsentation und Zahlungsaufforderung findet dabei nicht statt, es genügt die Feststellung des Todes des Protestaten. RG **58** 48 (51, 53).

wesentlich an Bedeutung verloren.

8a) Die Beurkundung, daß ein Geschäftslokal des Protestaten unter der im W angegebenen Adresse nicht ermittelt worden ist, genügt nicht. RG **126** 1.

9) Nicht erforderlich ist die Angabe der Örtlichkeit. Nennt aber der Protest die Privatwohnung als Stelle der Vornahme der Amtshandlung, so muß er die Nichtermittlung des Geschäftslokals angeben. RG **85** 301.

10) Die Beifügung des Siegels oder Stempels braucht nicht in unmittelbarem Anschluß an die Unterzeichnung des Protestes zu erfolgen. Entw. zu Nov. 08 S. 12.

Der Proteſt ſoll unmittelbar hinter den letzten auf der Rückſeite des Wechſels befindlichen Vermerk, in Ermangelung eines ſolchen unmittelbar an einen Rand der Rückſeite geſetzt werden.

Wird der Proteſt auf ein Blatt geſetzt, das mit dem Wechſel verbunden wird, ſo ſoll die Verbindungsſtelle mit dem Amtsſiegel oder dem Amtsſtempel verſehen werden. Iſt dies geſchehen, ſo braucht der Unterſchrift des Proteſtbeamten ein Siegel oder Stempel nicht beigefügt zu werden.

Wird der Proteſt unter Vorlegung mehrerer Exemplare desſelben Wechſels oder unter Vorlegung des Originals und einer Kopie erhoben, ſo genügt die Beurkundung auf einem der Exemplare oder auf dem Originalwechſel. Auf den anderen Exemplaren oder auf der Kopie iſt zu vermerken, daß ſich der Proteſt mangels Zahlung auf dem erſten Exemplar oder auf dem Originalwechſel befindet. Auf den Vermerk finden die Vorſchriften des Abſ. 2 und des Abſ. 3 Satz 1 entſprechende Anwendung. Der Proteſtbeamte hat den Vermerk zu unterzeichnen.

Art. 88b. Bezieht ſich der Proteſt auf eine andere wechſelrechtliche Leiſtung als die Zahlung, ſo iſt er auf eine Abſchrift des Wechſels[11]) oder der Kopie oder auf ein mit der Abſchrift zu verbindendes Blatt zu ſetzen. Die Abſchrift hat auch die auf dem Wechſel oder der Kopie befindlichen Indoſſamente und anderen Vermerke zu enthalten. Die Vorſchriften des Art. 88a Abſ. 2, 3 finden entſprechende Anwendung.

Art. 89. Muß eine wechſelrechtliche Leiſtung von mehreren Perſonen verlangt werden, ſo iſt über die mehrfache Aufforderung nur eine Proteſturkunde erforderlich.

Art. 89a. Die Wechſelzahlung kann an den Proteſtbeamten erfolgen. Die Befugnis des Proteſtbeamten zur Annahme der Zahlung kann nicht ausgeſchloſſen werden.

Art. 90. Schreibfehler, Auslaſſungen und ſonſtige Mängel der Proteſturkunde können bis zur Aushändigung[11a]) der Urkunde an die Perſon, für welche der Proteſt erhoben iſt, von dem Proteſtbeamten berichtigt

---

11) Vermerke auf dem W, die zur Frage nach ſeiner Identität und den rechtlichen Verhältniſſen unter den WIntereſſenten in keiner Beziehung ſtehen (Firmenſtempel, Seitenzahlen der Handelsbücher), brauchen nicht kopiert zu werden. OHG 1 143.

11a) Erhebt der proteſtierende Notar als Rechtsanwalt die Klage, ſo iſt als Zeitpunkt der Aushändigung die Einreichung der Klage (im Landgerichtsprozeß wohl die Zuſtellung der Klage) anzuſehen. RG 126 6.

werden. Die Berichtigung[11b]) ist als solche unter Beifügung der Unterschrift kenntlich zu machen.

Von dem Protest ist eine beglaubigte Abschrift zurückzubehalten. Über den Inhalt des Wechsels oder der Kopie ist ein Vermerk aufzunehmen. Der Vermerk hat zu enthalten:

1. den Betrag des Wechsels;
2. die Zahlungszeit;
3. den Ort, den Monatstag und das Jahr der Ausstellung;
4. die Namen des Ausstellers, des Remittenten und des Bezogenen;
5. falls eine vom Bezogenen verschiedene Person angegeben ist, durch welche die Zahlung erfolgen soll, den Namen dieser Person sowie die Namen der etwaigen Notadressen und Ehrenakzeptanten.

Die Abschriften und Vermerke sind geordnet aufzubewahren.

XVII. Ort und Zeit für die Präsentation und andere im Wechselverkehre vorkommende Handlungen.

Art. 91. Die Präsentation zur Annahme oder Zahlung, die Protesterhebung, die Abforderung eines Wechselduplikats sowie alle sonstigen bei einer bestimmten Person vorzunehmenden Akte müssen in deren Geschäftslokal[12—16]) und in Ermangelung eines solchen in deren Woh-

11b) Über die Grenzen des Begriffes der Berichtigung vgl. RG **126** 6.

12) Unter dem Geschäftslokal ist diejenige Räumlichkeit zu verstehen, in welcher der Gewerbetreibende gewöhnlich seinen Berufsgeschäften obliegt, welche er tatsächlich zu seinem Geschäftsbetriebe benutzt. Das Geschäftslokal einer offenen Handelsgesellschaft ist zugleich als Geschäftslokal derjenigen Gesellschafter anzusehen, welche dort regelmäßig tätig sind, um ihren Berufsgeschäften obzuliegen. RG **16** 349. (Das Urteil handelt von Zustellung im Geschäftslokale nach § 183 ZPO. Die Erklärung trifft unbedenklich auch auf das Geschäftslokal im Sinne der WO zu. Das Geschäftslokal der Gesellschaft gilt danach auch als Geschäftslokal der Gesellschafter bei Vorlegung von PrivatW.)

13) Dadurch, daß der Akzeptant seiner Unterschrift eine Straße und Hausnummer beifügt, erklärt er, daß in dem bezeichneten Hause auf sein Akzept bezügliche wrechtliche Akte vorgenommen werden können, auch wenn es nicht sein Geschäftslokal ist. RG, K 4 255.

14) Im Geschäftslokal zur Zeit der Vornahme der Akte, nicht zur Zeit der Ausstellung des W. RG **14** 201.

15) Es ist Sache des Geschäftsinhabers, für seine gehörige Vertretung in dem Geschäftslokal zur Geschäftszeit zu sorgen, also gleichgültig, ob eine Vertretung statthatte. OHG **11** 391.

16) Die Nov. 08 hat „Orte" durch „Stelle" ersetzt.

nung vorgenommen werden. An einer anderen Stelle,[17—20]) z. B. an der Börſe, kann dies nur mit beiderſeitigem Einverſtändniſſe geſchehen.[21])

Iſt in dem Proteſte vermerkt, daß ſich das Geſchäftslokal oder die Wohnung nicht hat ermitteln laſſen, ſo iſt der Proteſt nicht deshalb ungültig, weil die Ermittelung möglich war.[22])

Die Verantwortlichkeit des Proteſtbeamten, der es unterläßt, geeignete Ermittelungen anzuſtellen, wird durch die Vorſchrift des Abſ. 2 nicht berührt. Iſt eine Nachfrage bei der Polizeibehörde[23]) des Ortes[24]) ohne Erfolg geblieben, ſo iſt der Proteſtbeamte zu weiteren Nachforſchungen nicht verpflichtet.

Art. 91a. Eine in dem Geſchäftslokal oder in der Wohnung eines Beteiligten vorgenommene Handlung iſt auch dann gültig, wenn an Stelle des Ortes, in welchem das Geſchäftslokal oder die Wohnung

---

17) In einer anderen Ortſchaft darf ſelbſt mit Zuſtimmung des Präſentanten Proteſt nicht erhoben werden, derſelbe iſt ungültig. OHG **21** 148, ſoweit nicht Art. 91a zutrifft.

18) Betreibt der Bezogene am Zahlungsort kaufmänniſche oder ſonſtige Geſchäfte, ſo iſt in ſeinem Geſchäftslokal zu präſentieren; betreibt er am Zahlungsorte keine Geſchäfte, ſo iſt in ſeiner Wohnung zu präſentieren. OHG **25** 30.

19) Für den Fall eines Konkurſes wird das benutzte ſeitherige Geſchäftslokal, welches ſich noch unverändert als das des Gemeinſchuldners kundgibt, für den Rechtsverkehr, insbeſondere im Sinne des Art. 91, als wirkliches Geſchäftslokal angeſehen werden müſſen, ſofern nicht für den Dritten die Aufgabe der Benutzung für ſolchen geſchäftlichen Fortbetrieb bei Vornahme der betreffenden Akte erkennbar wird. RG **2** 26.

20) Drei Möglichkeiten ſind denkbar. Der W oder auch die Proteſturkunde ergeben, daß der Proteſtat zu den Perſonen gehört, welche regelmäßig eines Geſchäftslokals ſich bedienen; oder ſie ergeben, daß er eine von den Perſonen iſt, welche gewöhnlich kein derartiges Lokal beſitzen; oder ſie deuten weder das Vorhandenſein, noch das Nichtvorhandenſein eines Geſchäftslokals an. Erſterenfalls iſt der Mangel eines Geſchäftslokals nach der Vorſchrift im Abſatz 2 des Art. 91 feſtzuſtellen und im Proteſte zu verlautbaren, ſoll ein in der Wohnung erhobener Abweſenheitsproteſt als gültig betrachtet werden. Im zweiten und dritten Falle ſteht es der Wirkſamkeit eines ſolchen Proteſtes nicht entgegen, wenn die Proteſturkunde etwaiger vergeblicher Bemühungen um die Ausmittelung eines Geſchäftslokals nicht gedenkt. RG **2** 59.

21) Dem Proteſtbeamten liegt in dieſem Falle ob, da die Gültigkeit des Aktes von der Identität abhängt, deren Prüfung vorzunehmen und die Vornahme zu beurkunden. RG, K **9** 412.

22) Vgl. Note 8 und 8a zu Art. 88, Ziffer 2.

23) Daß er dieſe Nachfrage ſelbſt vornimmt, iſt nicht erforderlich. Entw. z. Nov. 08 S. 14.

24) Des im W angegebenen Ortes. Entw. S. 15.

liegt, ein benachbarter Ort in dem Wechsel angegeben ist.[25]) Mit beiderseitigem Einverständnisse[25a]) können auch in anderen Fällen die bei einem Beteiligten vorzunehmenden Handlungen an einem Orte erfolgen, der dem im Wechsel angegebenen Orte benachbart ist.

Welche Orte im Sinne dieser Vorschriften als benachbarte anzusehen sind, bestimmt der Bundesrat; die Bestimmung ist im Reichs-Gesetzblatte bekannt zu machen.[26])

Art. 92. Verfällt der Wechsel an einem Sonntag oder allgemeinen Feiertage,[27]) so ist der nächste Werktag der Zahlungstag. Auch die Herausgabe eines Wechsel-Duplikats, die Erklärung über die Annahme sowie jede andere Handlung können nur an einem Werktage gefordert werden. Fällt der Zeitpunkt, in welchem die Vornahme einer der vorstehenden Handlungen spätestens gefordert werden mußte, auf einen Sonntag oder allgemeinen Feiertag, so muß diese Handlung am nächsten Werktage gefordert werden. Dieselbe Bestimmung findet auch auf die Protesterhebung Anwendung.

Die Proteste sollen nur in der Zeit von 9 Uhr vormittags bis 6 Uhr abends erhoben werden.[28]) Außerhalb dieser Zeit soll die Protesterhebung nur erfolgen, wenn die Person, gegen welche protestiert wird, ausdrücklich einwilligt.

Art. 93. Bestehen an einem Wechselplatz allgemeine Zahltage (Kassiertage), so braucht die Zahlung eines zwischen den Zahltagen fällig gewordenen Wechsels erst am nächsten Zahltage geleistet zu werden, sofern nicht der Wechsel auf Sicht lautet. Die im Artikel 41 für die Aufnahme des Protestes mangels Zahlung bestimmte Frist darf jedoch nicht überschritten werden.

---

25) Die Erhebung eines Windprotestes ist in diesen Fällen zulässig, aber nicht wie bisher erforderlich. Entw. z. Nov. 08 S. 15.

25a) Das beiderseitige Einverständnis muß bei Protesterhebung durch Einlassung des Protestaten vorhanden sein. RG 98 106.

26) Vgl. hierzu die VO der Reichsregierung v. 7. XII. 1927. RGBl. S. 343.

27) Ein jüdischer Feiertag ist kein allgemeiner; auf die Person des Beteiligten kommt nichts an. OHG 2 409. Eine Zusammenstellung der allgem. Feiertage in den einzelnen Bundesstaaten befindet sich in Rehbeins WOrdnung 8. Aufl. S. 160, 161.

28) Die Vorschrift des Abs. 2 ist nur instruktioneller Natur; wird ohne Genehmigung des Protestaten außerhalb der Protestzeit ein Protest erhoben, so kann der Beamte zur Verantwortung gezogen werden, dagegen bleibt die Gültigkeit des Protestes unberührt. Entw. z. Nov. 08 S. 16.

XVIII. Mangelhafte Unterſchriften.

Art. 94. Wechſelerklärungen, welche ſtatt des Namens mit Kreuzen oder anderen Zeichen vollzogen ſind, haben nur dann, wenn dieſe Zeichen gerichtlich oder notariell beglaubigt worden, Wechſelkraft.[29])

Art. 95. Wer eine Wechſelerklärung als Bevollmächtigter eines anderen unterzeichnet, ohne dazu Vollmacht zu haben, haftet perſönlich in gleicher Weiſe, wie der angebliche Machtgeber gehaftet haben würde, wenn die Vollmacht erteilt geweſen wäre. Dasſelbe gilt von Vormündern und anderen Vertretern, welche mit der Überſchreitung ihrer Befugniſſe Wechſelerklärungen ausſtellen.[30—32])

3. Abſchnitt. Von eigenen Wechſeln.[33])

Art. 96. Die weſentlichen Erforderniſſe eines eigenen (trockenen) Wechſels ſind:

1. die in den Wechſel ſelbſt aufzunehmende Bezeichnung als Wechſel oder, wenn der Wechſel in einer fremden Sprache ausgeſtellt iſt, ein jener Bezeichnung entſprechender Ausdruck in der fremden Sprache;
2. die Angabe der zu zahlenden Geldſumme;
3. der Name der Perſon oder die Firma, an welche oder an deren Order der Ausſteller Zahlung leiſten will;[34, 35])

---

29) Vgl. §§ 167, 183 des ReichsG über die Angel. der freiw. Gerichtsbarkeit v. 17. V. 98 und Art. 60, 61 des preuß. G über die freiw. Gerichtsbarkeit v. 21. IX. 99.

30) Anſprüche aus Art. 95 ſind, auch wenn ſie nicht im Wprozeſſe geltend gemacht werden, Ferienſachen. RG **64** 164.

31) Wenn der wirklich Bevollmächtigte den Namen des Machtgebers ohne Hinzufügung ſeines Namens oder eines das Vollmachtsverhältnis andeutenden Zuſatzes ſchreibt, ſo wird der Machtgeber verpflichtet; OHG **5** 271; auch wenn ein Prokuriſt den Namen der Firma mit Beifügung eines das Prokuraverhältnis andeutenden Vermerkes (p. p.), aber ohne Beifügung ſeines Namens ſchreibt, wird die Firma verpflichtet. OHG **18** 99.

32) Der Mangel in der Vertretungsbefugnis bei Zeichnung eines Indoſſaments kann durch nachträgliche Genehmigung behoben werden, wie nach altem ſo nach neuem Recht. BGB §§ 177, 184. Dieſe Genehmigung verleiht dem Indoſſament rückwärts die verpflichtende Kraft; aus dem W ſelbſt braucht ſie ſich nicht zu ergeben. RG, K **2** 158.

33) Beiſpiel eines eigenen W:

> Am 10. Auguſt 1910 zahle ich gegen dieſen Wechſel an Herrn Paul Meyer in Berlin elfhundert Mark.
> Berlin, den 15. April 1910. Otto Schulze.

34) Eigene W an eigene Order ſind ungültig und können auch nicht giriert werden. OHG **7** 194; RG **47** 156.

35) Ein von einer offenen Handelsgeſellſchaft unter ihrer Firma an Order einer

4. die Bestimmung der Zeit, zu welcher gezahlt werden soll (Art. 4 Nr. 4);
5. die Unterschrift des Ausstellers mit seinem Namen oder seiner Firma;
6. die Angabe des Ortes, Monatstags und Jahres der Ausstellung.

Art. 97. Der Ort der Ausstellung gilt für den eigenen Wechsel, insofern nicht ein besonderer Zahlungsort angegeben ist, als Zahlungsort und zugleich als Wohnort des Ausstellers.[36, 37])

Art. 98. Nachstehende, in diesem Gesetze für gezogene Wechsel gegebene Vorschriften gelten auch für eigene Wechsel:

1. die Artikel 5 und 7 über die Form des Wechsels;
2. die Artikel 9—17 über das Indossament;
3. die Artikel 19 und 20 über die Präsentation der Wechsel auf eine Zeit nach Sicht mit der Maßgabe, daß die Präsentation dem Aussteller geschehen muß;[38, 39])
4. der Artikel 29 über den Sicherheitsregreß mit der Maßgabe, daß derselbe im Falle der Unsicherheit des Ausstellers stattfindet;
5. die Artikel 30—40 über die Zahlung und die Befugnis zur Deposition des fälligen Wechselbetrages mit der Maßgabe, daß letztere durch den Aussteller geschehen kann;
6. die Artikel 41 und 42 sowie die Artikel 45—55 über den Regreß mangels Zahlung gegen die Indossanten;
7. die Artikel 62—65 über die Ehrenzahlung;

---

mit anderer Firma unter denselben Gesellschaftern bestehenden offenen Handelsgesellschaft ausgestellter eigener W ist gültig. RG **47** 156.

36) Die Regel betrifft die WFähigkeit nicht; diese wird nach dem Rechte des Ortes beurteilt, an dem der Aussteller zur Zeit der WAusstellung seinen wirklichen Wohnsitz hatte. OHG **23** 388.

37) Art. 97 regelt nur den Fall, daß ein besonderer Zahlungsort nicht angegeben ist, und schreibt für diesen Fall unbedingt vor, daß der Ausstellungsort sowohl als Zahlungsort als auch als Wohnort des Ausstellers gelten soll (also auch wenn der wirkliche Wohnort des Ausstellers in dem W angegeben ist, gilt der Ausstellungsort als Wohnort). RG **8** 71.

38) Ein eigener nach Sicht=W, welcher nicht zur Sicht präsentiert ist, wird durch Klageanstellung fällig. RG **8** 66.

39) Der Protestbeamte könnte an den Aussteller das Begehren richten, eine datierte Sichtbescheinigung auf den W zu setzen, schlechthin wesentlich ist ein solches Begehren nicht, wesentlich bei dem Rechtsakt ist vielmehr die Präsentation als solche, die Tatsache der Sicht. RG **68** 427.

8. die Artikel 70—72 über die Kopien;[40])
9. die Artikel 73—76 über abhanden gekommene und falsche Wechsel mit der Maßgabe, daß im Falle des Artikel 73 die Zahlung durch den Aussteller erfolgen muß;
10. die Artikel 78—95[41]) über die allgemeinen Grundsätze der Wechselverjährung, die Verjährung der Regreßansprüche gegen die Indossanten, das Klagerecht des Wechselgläubigers, die ausländischen Wechselgesetze, den Protest, den Ort und die Zeit für die Präsentation und andere im Wechselverkehre vorkommende Handlungen sowie über mangelhafte Unterschriften.

Art. 99.[42]) Eigene domizilierte Wechsel sind dem Domizilaten oder, wenn ein solcher nicht benannt ist, dem Aussteller selbst an demjenigen Orte, wohin der Wechsel domiziliert ist, zur Zahlung zu präsentieren und, wenn die Zahlung unterbleibt, dort zu protestieren.[43])

Ein eigener Wechsel, dessen Zahlung am Wohnorte des Ausstellers durch eine andere Person erfolgen soll, ist dieser Person zur Zahlung zu präsentieren und, wenn die Zahlung unterbleibt, gegen sie zu protestieren.

Bei eigenen Wechseln bedarf es zur Erhaltung des Wechselrechts gegen den Aussteller weder der Präsentation am Zahlungstage noch der Erhebung eines Protestes.[44])

Art. 100. Der wechselmäßige Anspruch gegen den Aussteller eines eigenen Wechsels verjährt in drei Jahren, vom Verfalltage des Wechsels an gerechnet.[45—47])

---

40) Die in der WO enthaltenen Bestimmungen über Duplikate gelten nicht für eigene W, ein eigener W kann nicht die rechtliche Bedeutung eines Duplikates haben. RG 9 117.

41) Die auf Grund der Novelle 08 erfolgte Bekanntmachung hat den bisherigen Druckfehler (96) beseitigt.

42) Durch die Novelle von 1908 geändert.

43) Auch wenn der W nicht giriert und beim Remittenten (als Domiziliaten) domiziliert ist, muß zur Erhaltung des WAnspruches beim Remittenten Protest erhoben werden. OHG 13 146.

44) Ist ein Domiziliat nicht benannt, gilt mithin der Aussteller als solcher, so bedarf es keines Protestes. OHG 5 380. RG 28 100.

45) Der Verfalltag wird nicht mit eingerechnet, siehe Art. 77.

46) Lautet der eigene W einfach nach Sicht und ist keine Präsentationszeit beigefügt, so beginnt die dreijährige Verjährungszeit nach Ablauf der nach Art. 31 Nr. 2 anzu-

6. Scheckgesetz.*

Vom 11. März 1908 (RGBl 71).

---

§ 1. Der Scheck muß enthalten:

1. die in den Text aufzunehmende Bezeichnung als Scheck oder, wenn der Scheck in einer fremden Sprache ausgestellt ist, einen jener Bezeichnung entsprechenden Ausdruck in der fremden Sprache;
2. die an den Bezogenen[1]) gerichtete Anweisung des Ausstellers, aus seinem Guthaben eine bestimmte Geldsumme zu zahlen;
3. die Unterschrift des Ausstellers;
4. die Angabe des Ortes und des Tages der Ausstellung.[1])

§ 2. Als Bezogene sollen nur bezeichnet werden:

1. diejenigen Anstalten des öffentlichen Rechtes, diejenigen unter staatlicher Aufsicht stehenden Anstalten sowie diejenigen in das Genossenschaftsregister eingetragenen Genossenschaften, welche sich nach den für ihren Geschäftsbetrieb maßgebenden Bestimmungen mit der Annahme von Geld und der Leistung von Zahlungen für fremde Rechnung befassen, ferner die unter amtlicher Aufsicht stehenden Sparkassen, wenn sie die nach Landesrecht für sie geltenden Aufsichtsbestimmungen erfüllen;
2. die in das Handelsregister eingetragenen Firmen, welche gewerbsmäßig Bankiergeschäfte betreiben.

§ 3. Als Guthaben ist der Geldbetrag anzusehen, bis zu welchem der Bezogene nach dem zwischen ihm und dem Aussteller bestehenden Rechtsverhältnisse Schecks einzulösen verpflichtet ist.

§ 4. Als Zahlungsempfänger kann entweder eine bestimmte Person oder Firma oder der Inhaber des Schecks angegeben werden. Der Aussteller kann sich selbst als Zahlungsempfänger bezeichnen.

---

nehmenden zweijährigen Präsentationsfrist. OHG 11 47. RG 8 6. (Über W auf eine bestimmte Zeit nach Sicht siehe Art. 20 und Art. 98 Nr. 3).

47) Ein verjährter eigener W ist kein Verpflichtungsschein des § 363 HGB, siehe oben Anm. 86 zu Art. 83.

*) Durch das Gesetz zur Änderung des Scheckgesetzes und des Wechselstempelsteuergesetzes vom 28. III. 1930 (RGBl. I S. 107) sind in § 7 der Abs. 2 und in § 11 der Abs. 4 neu eingefügt, in § 16 Abs. 2 Satz 2 neu gefaßt und § 29 gestrichen.

1) Die Angabe mehrerer Bezogener ist unzulässig. RG 112 140.

Sind dem Namen oder der Firma des Zahlungsempfängers die Worte „oder Überbringer" oder ein gleichbedeutender Zusatz beigefügt oder enthält der Scheck keine Angabe darüber, an wen zu zahlen ist, so gilt er als auf den Inhaber gestellt.

§ 5. Der bei dem Namen oder der Firma des Bezogenen angegebene Ort gilt als Zahlungsort. Die Angabe eines anderen Zahlungsorts gilt als nicht geschrieben. Ist bei dem Namen oder der Firma des Bezogenen ein Ort nicht angegeben, so gilt der Ausstellungsort als Zahlungsort.

§ 6. Ist die zu zahlende Geldsumme in Buchstaben und in Ziffern ausgedrückt, so gilt bei Abweichungen die in Buchstaben ausgedrückte Summe. Ist die Summe mehrmals mit Buchstaben oder mehrmals mit Ziffern geschrieben, so gilt bei Abweichungen die geringere Summe.

§ 7. Der Scheck ist bei Sicht zahlbar. Die Angabe einer anderen Zahlungszeit macht den Scheck nichtig.

Ein Scheck, der dem Bezogenen vor dem Tage, der auf dem Scheck als Tag der Ausstellung bezeichnet ist, zur Einlösung vorgelegt wird, gilt als am Tage der Vorlegung ausgestellt. Der Nachweis der Vorlegung kann nur durch die im § 16 Abs. 1 bezeichnete Erklärung, Bescheinigung oder Protesturkunde geführt werden.

§ 8. Der auf einen bestimmten Zahlungsempfänger gestellte Scheck kann durch Indossament übertragen werden, wenn nicht der Aussteller die Übertragung durch die Worte „nicht an Order" oder durch einen gleichbedeutenden Zusatz untersagt hat.

In betreff der Form des Indossaments, in betreff der Legitimation des Besitzers eines indossierten Schecks und der Prüfung der Legitimation sowie in betreff der Verpflichtung des Besitzers zur Herausgabe finden die Art. 11—13, 36, 74 WO entsprechende Anwendung. Ein auf eine Abschrift des Schecks gesetztes Indossament ist jedoch unwirksam. Das Gleiche gilt von einem Indossamente des Bezogenen. Ein Indossament an den Bezogenen gilt als Quittung.

§ 9. Schecks, die auf einen bestimmten Zahlungsempfänger gestellt und im Auslande zahlbar sind, können in mehreren Ausfertigungen ausgestellt werden. Jede Ausfertigung muß im Texte mit der Bezeichnung „Erste, zweite, dritte usw. Ausfertigung" oder mit einer gleichbedeutenden Bezeichnung versehen werden; ist dies nicht geschehen, so gilt jede Ausfertigung als ein für sich bestehender Scheck.

Ist von mehreren Ausfertigungen eine bezahlt, so verlieren dadurch die andern ihre Kraft. Jedoch bleiben aus den übrigen Ausfertigungen der Indossant, welcher mehrere Ausfertigungen an verschiedene Personen indossiert hat, und alle späteren Indossanten, deren Unterschriften sich auf den bei der Zahlung nicht zurückgegebenen Ausfertigungen befinden, auf Grund ihres Indossaments verpflichtet.

§ 10. Der Scheck kann nicht angenommen werden. Ein auf den Scheck gesetzter Annahmevermerk gilt als nicht geschrieben.[2])

§ 11. Der im Inland ausgestellte und zahlbare Scheck ist binnen zehn Tagen nach der Ausstellung dem Bezogenen am Zahlungsorte zur Zahlung vorzulegen.

Für Schecks, die im Ausland ausgestellt, im Inlande zahlbar sind, bestimmt der Bundesrat die Vorlegungsfrist.*) Das Gleiche gilt für Schecks, die im Inland ausgestellt, im Auslande zahlbar sind, sofern das ausländische Recht keine Vorschrift über die Zeit der Vorlegung enthält.

Fällt der letzte Tag der Frist auf einen Sonntag oder einen am Zahlungsorte staatlich anerkannten allgemeinen Feiertag, so tritt an die Stelle des Sonntags oder des Feiertags der nächstfolgende Werktag.

Bei vordatierten Scheck, deren vorzeitige Vorlegung gemäß § 16 Abs. 1 nachgewiesen wird, ist eine nochmalige Vorlegung nicht erforderlich. Die Vorschriften über die Vorlegungsfrist finden aber, soweit die Berechnung der Benachrichtigungsfrist (§ 17) und des Beginns der Verjährung (§ 20 Abs. 2) in Betracht kommt, auch auf diese Schecks Anwendung; für den Beginn der Frist tritt an die Stelle des Tages der Ausstellung der Tag der Vorlegung.

§ 12. Die Einlieferung eines Schecks in eine Abrechnungsstelle,**) bei welcher der Bezogene vertreten ist, gilt als Vorlegung zur Zahlung

---

2) Ein Annahmevermerk hat überhaupt keine rechtliche Wirkung, nicht nur keine scheckrechtliche. RG **105** 361. Eine Erklärung der Bank, der Scheck sei in Ordnung, begründet keine Einlösungsverpflichtung. RG **112** 320.

*) Vgl. Bekanntmachung v. 19. III. 08 (RGBl. S. 85)

**) Abrechnungsstellen im Sinne des ScheckG sind lt. Bek. des Reichskanzlers die Abrechnungsstellen bei der Reichsbank in Berlin, Braunschweig, Bremen, Breslau, Chemnitz, Köln a. Rh., Dortmund, Dresden, Düsseldorf, Elberfeld, Essen, Frankfurt a. M., Hamburg, Karlsruhe i. B., Leipzig, Mannheim, München, Nürnberg, Stuttgart, die Bank des Berliner Kassenvereins zu Berlin und die Preuß. Zentralgenossenschaftskasse zu Berlin.

am Zahlungsorte, sofern die Einlieferung den für den Geschäftsverkehr der Abrechnungsstelle maßgebenden Bestimmungen entspricht.

Der Bundesrat bestimmt, welche Stellen als Abrechnungsstellen im Sinne dieses Gesetzes zu gelten haben.

§ 13. Der Bezogene, der den Scheckbetrag bezahlt, kann die Aushändigung des quittierten Schecks verlangen.

Der Ablauf der Vorlegungsfrist ist auf das Recht des Bezogenen zur Zahlung ohne Einfluß.

Ein Widerruf des Schecks ist erst nach dem Ablaufe der Vorlegungsfrist wirksam.[3],[4])

§ 14. Der Aussteller sowie jeder Inhaber eines Schecks kann durch den quer über die Vorderseite gesetzten Vermerk: „Nur zur Verrechnung" verbieten, daß der Scheck bar bezahlt werde. Der Bezogene darf in diesem Falle den Scheck nur durch Verrechnung einlösen. Die Verrechnung gilt als Zahlung im Sinne dieses Gesetzes.

Das Verbot kann nicht zurückgenommen werden. Die Übertretung des Verbots macht den Bezogenen für den dadurch entstehenden Schaden verantwortlich.[5])

§ 15. Der Aussteller und die Indossanten haften dem Inhaber für die Einlösung des Schecks.[5a])

Auch bei dem auf den Inhaber gestellten Scheck haftet jeder, der seinen Namen oder seine Firma auf die Rückseite des Schecks geschrieben hat, dem Inhaber für die Einlösung. Auf den Bezogenen[5b]) findet diese Vorschrift keine Anwendung.

Hat ein Indossant dem Indossamente die Bemerkung „ohne Gewährleistung" oder einen gleichbedeutenden Vorbehalt hinzugefügt, so ist er von der Verbindlichkeit aus seinem Indossamente befreit.

§ 16. Zur Ausübung des Regreßrechts[6]) muß nachgewiesen werden, daß der Scheck rechtzeitig zur Zahlung vorgelegt und nicht eingelöst oder

---

3) Widerruf zwischen wirklicher Ausstellung und angegebenem Ausstellungstag (bei vordatiertem Scheck) ist unwirksam. RG 96 195.

4) Einen vorzeitigen Widerruf darf der Bezogene beachten, er ist aber nicht dazu verpflichtet. RG 99 78; 112 322.

5) Zur Prüfungspflicht des Bezogenen vgl. RG 100 33.

5a) Der Verkäufer eines Schecks, der zugleich dessen Aussteller ist, haftet nur nach § 15. Es besteht nicht noch daneben eine besondere zivilrechtliche Haftung. RG 112 49.

5b) Auch auswärtige Filialen der bezogenen Bank fallen unter diese Vorschrift. RG 111 271.

daß die Vorlegung vergeblich versucht worden ist. Der Nachweis kann nur geführt werden:

1. durch eine auf den Scheck gesetzte, von dem Bezogenen unterschriebene und den Tag der Vorlegung enthaltende Erklärung;[7, 8])
2. durch eine auf den Scheck gesetzte und den Tag der Vorlegung enthaltende Bescheinigung der Abrechnungsstelle;
3. durch einen Protest.[9])

Auf die Vorlegung des Schecks und den Protest finden die Art. 87, 88, 90, 91 WO entsprechende Anwendung.

Enthält der Scheck die Aufforderung, keinen Protest zu erheben, so findet Art. 42 WO entsprechende Anwendung.

§ 17. Wegen der Benachrichtigung der Vormänner und ihres Einlösungsrechts sowie wegen des Umfanges der Regreßforderung und der Befugnis zur Ausstreichung von Indossamenten finden die Art. 45—48, 50—52 und Art. 55 WO mit der Maßgabe entsprechende Anwendung, daß der Inhaber des vergeblich zur Zahlung vorgelegten Schecks verpflichtet ist, seinen unmittelbaren Vormann innerhalb zweier Tage nach der Ausstellung der im § 16 Abs. 1 bezeichneten Erklärung, Bescheinigung oder Protesturkunde, spätestens aber innerhalb zweier Tage nach dem Ablaufe der Vorlegungsfrist, von der Nichtzahlung des Schecks zu benachrichtigen.

§ 18. Der Inhaber des Schecks kann sich wegen seiner ganzen Regreßforderung an alle Verpflichtete oder auch nur an einige oder einen halten, ohne dadurch seinen Anspruch gegen die nicht in Anspruch genommenen Verpflichteten zu verlieren. Es steht in seiner Wahl, welchen Verpflichteten er zuerst in Anspruch nehmen will.

---

6) Der Regreß geht stets auf Zahlung, auch beim Verrechnungsscheck. RG **95** 242; **107** 38.

7) Die Erklärung muß den Tag der Vorlegung ergeben, sie braucht aber nicht datiert, auch nicht innerhalb der Vorlegungsfrist des § 11 ausgestellt zu sein. Sie muß von den vertretungsberechtigten Organen des Bezogenen unterschrieben sein. RG **100** 139. Erklärung einer anderen Geschäftsstelle der bezogenen Bank (Zentrale statt Depositenkasse) genügt, wenn diese und der Inhaber des Schecks einverstanden sind, vgl. Art. 91 Abs. 1 Satz 2 WO. RG **111** 269.

8) Der Tag der Vorlegung braucht nicht ausdrücklich angegeben zu sein, wenn sich aus dem Inhalt der Erklärung die rechtzeitige Vorlegung mit Sicherheit feststellen läßt. Der Vermerk „Zahlung verweigert“ genügt, ebenso „auf Veranlassung des Ausstellers nicht bezahlt“. RG **103** 46. Nachträgliche Verbesserung des Datums ist zulässig. RG **117** 63.

9) Bei Verrechnungsscheck genügt Protest, daß zur Zahlung aufgefordert, diese aber nicht geleistet sei. RG **104** 38.

Dem Inhaber des Schecks kann der Schuldner nur solche Einwendungen entgegensetzen, welche die Gültigkeit seiner Erklärung in dem Scheck betreffen oder sich aus dem Inhalte des Schecks ergeben oder ihm unmittelbar gegen den Inhaber zustehen.

§ 19. Der Regreßpflichtige ist nur gegen Auslieferung des Schecks, der zum Nachweise der rechtzeitigen Vorlegung und der Nichteinlösung oder des vergeblichen Versuchs der Vorlegung dienenden Urkunden und einer quittierten Rechnung Zahlung zu leisten verbunden.

§ 20. Die Regreßansprüche gegen den Aussteller und die übrigen Vormänner verjähren, wenn der Scheck in Europa mit Ausnahme von Island und den Faröern zahlbar ist, in drei Monaten, andernfalls in sechs Monaten.

Die Verjährung beginnt gegen den Inhaber des Schecks mit dem Ablaufe der Vorlegungsfrist, gegen jeden Indossanten, wenn er, bevor eine Klage gegen ihn erhoben worden ist, gezahlt hat, mit der Zahlung, in allen übrigen Fällen mit der Erhebung der Klage.

§ 21. Der Aussteller, dessen Regreßverbindlichkeit durch Unterlassung rechtzeitiger Vorlegung oder durch Verjährung erloschen ist, bleibt dem Inhaber des Schecks so weit verpflichtet, als er sich mit dessen Schaden bereichern würde.

§ 22. In den Fällen des § 14 Abs. 2 und des § 21 verjährt der Anspruch in einem Jahre seit der Ausstellung des Schecks.

§ 23. Aus einem Scheck, auf dem die Unterschrift des Ausstellers oder eines Indossanten gefälscht ist, bleiben diejenigen, deren Unterschriften echt sind, verpflichtet.[10])

§ 24. Auf die Anfechtung einer auf einen Scheck geleisteten Zahlung findet § 34 KO entsprechende Anwendung.

§ 25. Im Auslande zahlbare Schecks dürfen auch auf solche Bezogene lauten, auf die nach dem ausländischen Rechte ein Scheck gezogen werden darf.

§ 26. Die wesentlichen Erfordernisse eines im Ausland ausgestellten Schecks sowie jeder im Ausland auf einen Scheck gesetzten Erklärung

---

10) Bei Einlösung eines falschen oder verfälschten Schecks kann die Bank den Kunden nur in Anspruch nehmen, wenn ihm ein ursächliches Verschulden zur Last fällt. RG 100 60. Bei Veränderung des Schecks vgl. Note 43 zu Art. 76 WO.

werden nach den Gesetzen des Ortes beurteilt, an welchem die Ausstellung oder die Erklärung erfolgt ist.

Entspricht jedoch der im Ausland ausgestellte Scheck oder die im Ausland auf einen Scheck gesetzte Erklärung den Anforderungen des inländischen Gesetzes, so kann daraus, daß nach ausländischem Gesetz ein Mangel vorliegt, kein Einwand gegen die Rechtsverbindlichkeit der später im Inland auf den Scheck gesetzten Erklärungen entnommen werden. Auch ist die im Ausland erfolgte Ausstellung eines im Inlande zahlbaren Schecks sowie die auf einen solchen Scheck im Auslande gesetzte Erklärung wirksam, wenn sie auch nur den Anforderungen des inländischen Gesetzes entspricht.

§ 27. Abhanden gekommene oder vernichtete Schecks unterliegen der Kraftloserklärung im Wege des Aufgebotsverfahrens. Die Aufgebotsfrist muß mindestens zwei Monate betragen.

Nach Einleitung des Aufgebotsverfahrens kann der Berechtigte, falls der Scheck rechtzeitig zur Zahlung vorgelegt, von dem Bezogenen aber nicht eingelöst worden war, von dem Aussteller Zahlung fordern, wenn er bis zur Kraftloserklärung Sicherheit leistet.

§ 28. Bürgerliche Rechtsstreitigkeiten, in welchen durch die Klage ein Anspruch auf Grund dieses Gesetzes geltend gemacht wird, gehören, sofern in erster Instanz die Landgerichte zuständig sind, vor die Kammern für Handelssachen.

In bürgerlichen Rechtsstreitigkeiten, in welchen durch Klage oder Widerklage ein Anspruch auf Grund dieses Gesetzes geltend gemacht ist, wird die Verhandlung und Entscheidung letzter Instanz im Sinne des § 8 REzGVG dem Reichsgerichte zugewiesen.

Auf die Geltendmachung von Regreßansprüchen aus einem Scheck finden die den Wechselprozeß betreffenden §§ 602—605 ZPO[11]) entsprechende Anwendung. Die Rechtsstreitigkeiten, in welchen ein solcher Anspruch geltend gemacht wird, gelten als Feriensachen.

§ 30. Dieses Gesetz tritt am 1. April 1908 in Kraft. Die Vorschriften finden auf früher ausgestellte Schecks keine Anwendung.

Mit dem Inkrafttreten des Gesetzes, betreffend die Erleichterung des Wechselprotestes, werden die im § 16 des gegenwärtigen Gesetzes angeführten Vorschriften durch die neuen Art. 87—88a, 89a, 90—91a, 92 Abs. 2 WO sowie durch die §§ 3, 4 des erstgenannten Gesetzes ersetzt.

11) Die Angabe „im Wechselprozeß" genügt für den Scheckprozeß. RG **96** 100.

7. VO. über Goldmark- und Goldmarknoten-Wechsel und -Schecks.

Vom 6. Februar 1924.

Hierzu Durchführungsbestimmungen vom 17. April 1924, RGBl. S. 414.

Auf Grund des Ermächtigungsgesetzes vom 8. Dezember 1923 (RGBl I S. 1179) verordnet die Reichsregierung nach Anhörung der Ausschüsse des Reichstags und des Reichsrats:

I. Goldmark-Wechsel und -Schecks.

§ 1. Wechsel und Schecks können in der Weise ausgestellt werden, daß die zu zahlende Geldsumme in Goldmark ausgedrückt wird (Goldmark-Wechsel und -Schecks). Als Goldmark gilt der Wert von $^{10}/_{42}$ des nordamerikanischen Dollars. Die Reichsregierung ist ermächtigt, eine andere Einheit festzusetzen.

§ 2. Zahlungen aus Goldmark-Wechseln und -Schecks haben in Reichswährung zu erfolgen. Der Aussteller kann durch einen entsprechenden Zusatz Zahlung in Rentenmark bestimmen. Für die Umrechnung in Reichswährung oder Rentenmark ist die Zeit der Zahlung maßgebend.

§ 3. Lautet das Akzept eines Goldmark-Wechsels anders als auf Goldmark, so wird der Wechsel einem solchen gleichgeachtet, dessen Annahme gänzlich verweigert worden ist; der Akzeptant haftet nach dem Inhalt seines Akzepts wechselmäßig.

II. Goldmarknoten-Wechsel und -Schecks.

§ 4. Wechsel und Schecks können auch in der Weise ausgestellt werden, daß die zu zahlende Geldsumme in Goldmarknoten der Reichsbank oder in Goldmarknoten einer Privatnotenbank ausgedrückt wird.

Auf Wechsel, die auf Goldmarknoten der Reichsbank oder auf Goldmarknoten einer Privatnotenbank lauten, findet die Vorschrift des Artikel 37 der Wechselordnung entsprechende Anwendung.

§ 5. Die Vorschrift des § 3 findet auf Goldmarknoten-Wechsel entsprechende Anwendung.

III. Schlußbestimmungen.

§ 6. Die Reichsregierung wird ermächtigt, mit Zustimmung des Reichsrats die zur Durchführung dieses Gesetzes erforderlichen Rechtsverordnungen und allgemeinen Verwaltungsvorschriften zu erlassen. Sie kann insbesondere Umrechnungsgrundsätze aufstellen, einen Mindestbetrag für Goldmark-Wechsel und -Schecks festsetzen und anordnen, daß über Guthaben aus Konten, die in der im § 1 bezeichneten Rechnungseinheit geführt werden (Goldkonten) durch Übertragung auf ein anderes Goldkonto nur in bestimmten Mindestbeträgen verfügt werden darf.

Berlin, den 6. Februar 1924.

Der Reichskanzler: Marx.

Der Reichsminister der Justiz: Emminger.

8. Wechselsteuergesetz.

Vom 12. Juli 1930 (RGBl S. 219).

I. Gegenstand der Besteuerung.

§ 1. Gezogene und eigene Wechsel unterliegen einer Steuer nach den Vorschriften dieses Gesetzes (Wechselsteuer).

Die Wechselsteuer umfaßt die Wechselhauptsteuer (§§ 5 bis 15) und die Wechselnachsteuer (§ 16).

§ 2. Als Wechsel im Sinne dieses Gesetzes ist auch eine Schrift anzusehen, die nicht alle wesentlichen Erfordernisse eines Wechsels enthält, wenn sie einem anderen mit der Ermächtigung übergeben wird, die fehlenden Erfordernisse zu ergänzen. Eine solche Ermächtigung wird vermutet, wenn die Schrift als Wechsel bezeichnet ist.

§ 3. Die in diesem Gesetz für Wechsel gegebenen Vorschriften gelten entsprechend für

a) Verpflichtungsscheine über die Zahlung von Geld, die durch Indossament übertragen werden können,
b) Anweisungen über die Zahlung von Geld, die durch Indossament übertragen werden können oder auf den Inhaber lauten oder an jeden Inhaber bezahlt werden können.

Es macht keinen Unterschied, ob die im Abs. 1 bezeichneten Urkunden als Briefe oder in anderer Form ausgestellt werden.

§ 4. Von der Wechselsteuer sind befreit

a) die vom Ausland auf das Ausland gezogenen und die im Ausland ausgestellten eigenen Wechsel, sofern die Wechsel nur im Ausland zahlbar sind,
b) die vom Inland auf das Ausland gezogenen, nur im Ausland, und zwar auf Sicht oder spätestens innerhalb zehn Tagen nach dem Tage der Ausstellung zahlbaren Wechsel, wenn sie vom Aussteller unmittelbar in das Ausland versandt werden,
c) Schecks, die den §§ 1, 2, 7, 25, 26 des Scheckgesetzes entsprechen,
d) die auf Sicht zahlbaren, die Barzahlung ersetzenden Platzanweisungen, die nicht Schecks sind.

Die Befreiungen des Abs. 1 zu c und d finden keine Anwendung auf Schecks und Platzanweisungen, die mit einer Annahmeerklärung versehen sind, sofern der Annahmeerklärung rechtliche Wirkung zukommt.

Der Reichsminister der Finanzen bestimmt, in welchen Fällen Anweisungen, die an einem Nachbarort des Ausstellungsorts zahlbar sind, den Platzanweisungen gleichzuachten sind.

II. Wechselhauptsteuer.

1. Einzelwechsel.

§ 5. Die Steuerschuld entsteht in dem Zeitpunkt, in dem ein inländischer Wechsel von dem Aussteller, ein Blankoakzept von dem Akzeptanten, ein ausländischer Wechsel von dem ersten inländischen Inhaber aus den Händen gegeben wird.

Wird ein inländischer Wechsel vom Aussteller, ein ausländischer Wechsel vom ersten inländischen Inhaber lediglich zur Annahme versandt oder zur Annahme präsentiert, so entsteht die Steuerschuld erst mit der Rückgabe oder anderweiten Aushändigung des Wechsels durch den Akzeptanten, es sei denn, daß der Wechsel bereits mit einem inländischen Indossament versehen ist.

§ 6. Steuerschuldner ist, wer den Wechsel im Zeitpunkt der Entstehung der Steuerschuld aus den Händen gibt.

§ 7. Neben dem Steuerschuldner haften für die Steuer sämtliche Personen, die am Umlauf des Wechsels im Inland beteiligt sind. Als beteiligt gelten: der Aussteller, jeder Unterzeichner oder Mitunterzeichner eines Akzepts, eines Indossaments oder einer anderen Wechselerklärung, und jeder, der für eigene oder fremde Rechnung den Wechsel erwirbt, veräußert, verpfändet oder als Sicherheit annimmt, zur Zahlung präsentiert, Zahlung darauf empfängt oder leistet oder mangels Zahlung Protest erheben läßt, ohne Unterschied, ob der Name oder die Firma auf den Wechsel gesetzt wird oder nicht.

§ 8. Die Steuer beträgt 0,10 Reichsmark für je 100 Reichsmark der Wechselsumme; angefangene 100 Reichsmark werden für voll gerechnet. Ist in einer Schrift der im § 2 bezeichneten Art die zu zahlende Geldsumme nicht angegeben, so ist die Steuer nach einer Summe von 10000 Reichsmark zu berechnen.

Zur Berechnung der Steuer kann der Reichsminister der Finanzen für die in anderer als Reichswährung ausgedrückten Wechselsummen Mittelwerte festsetzen. Soweit dies nicht geschehen ist, wird die ausländische Währung nach dem laufenden Kurse für Auszahlungen (Mittelkurs) zur Zeit der Entstehung der Steuerschuld umgerechnet.

§ 9. Die Steuer ermäßigt sich auf die Hälfte der im § 8 bezeichneten Beträge

1. bei Wechseln, die vom Inland auf das Ausland gezogen und im Ausland zahlbar sind,
2. bei Wechseln, die vom Ausland auf das Inland gezogen und im Inland zahlbar sind, sofern die Wechsel auf Reichsmark lauten.

Die Steuer beträgt mindestens 10 Reichspfennig. Höhere Steuerbeträge sind auf volle 10 Reichspfennig nach oben abzurunden.

§ 10. Die Steuer wird mit Entstehung der Steuerschuld (§ 5) fällig.

§ 11. Ist die Steuer vom Steuerschuldner nicht entrichtet, so ist der nächste und, solange die Steuer nicht entrichtet ist, jeder weitere inländische Inhaber des Wechsels verpflichtet, den Wechsel zu versteuern, ehe er ihn auf der Vorder- oder Rückseite unterzeichnet, ihn veräußert, verpfändet, zur Zahlung präsentiert, Zahlung darauf empfängt oder leistet, eine Quittung darauf setzt, mangels Zahlung Protest erheben läßt oder den Wechsel aus den Händen gibt.

Ist das Bestehen einer Steuerschuld aus dem Wechsel selbst nicht zu ersehen, so besteht die im Abs. 1 bezeichnete Verpflichtung nur dann, wenn die Umstände, die die Steuerschuld überhaupt oder in einem höheren Umfang begründen, dem späteren Inhaber bekannt oder infolge grober Fahrlässigkeit unbekannt sind.

2. Wechselduplikate und Wechselabschriften.

§ 12. Wird derselbe Wechsel in mehreren im Text als Prima, Sekunda, Tertia usw. bezeichneten Stücken ausgestellt, so ist nur das zum Umlauf bestimmte Stück zu versteuern.

Außerdem unterliegt der Steuer jedes Stück, das mit einer Wechselerklärung, ausgenommen Akzepte und Notadressen, versehen ist, die nicht in einem versteuerten Stück enthalten ist. Die Steuerschuld entsteht in dem Zeitpunkt, in dem das die steuerpflichtige Wechselerklärung enthaltende Stück von dem Aussteller der Wechselerklärung aus den Händen gegeben wird. Ist die Wechselerklärung im Ausland abgegeben, so entsteht die Steuerschuld in dem Zeitpunkt, in dem das Stück von dem ersten inländischen Inhaber aus den Händen gegeben wird.

Soll ein unversteuertes Wechselduplikat ohne Auslieferung eines versteuerten Stücks desselben Wechsels bezahlt oder mangels Zahlung protestiert werden, so ist die Steuer zu entrichten, ehe die Zahlung oder Protestaufnahme stattfindet.

Der Beweis, daß ein versteuertes Wechselduplikat vorhanden ist, oder daß die auf ein unversteuertes Stück gesetzte Wechselerklärung auf einem versteuerten Duplikat abgegeben ist, oder daß bei Bezahlung eines unversteuerten Duplikats auch ein versteuertes Stück ausgeliefert ist, liegt dem ob, der wegen unterlassener Versteuerung eines Wechsels in Anspruch genommen wird.

Im übrigen finden die §§ 5 bis 11 Anwendung.

§ 13. Die im § 12 Abs. 2 bis 5 für Duplikate gegebenen Vorschriften gelten auch für Wechselabschriften, die mit einem Original-Indossament oder mit einer anderen urschriftlichen Wechselerklärung versehen sind.

§ 14. Wird ein nicht zum Umlauf im Inland bestimmtes Stück eines in mehreren Stücken ausgestellten Wechsels zur Einholung des Akzepts benutzt, so ist der Akzeptant nicht zur Versteuerung verpflichtet, wenn die Rückseite des akzeptierten Stücks vor der Rückgabe derart durchkreuzt wird, daß dadurch die weitere Benutzung zum Indossieren ausgeschlossen wird.

§ 15. Ein zur Annahme versandter Wechsel darf vom Verwahrer gegen Vorlegung eines nicht versteuerten Duplikats oder einer nicht versteuerten Abschrift desselben Wechsels nur dann unversteuert ausgeliefert werden, wenn das unversteuerte Duplikat oder die unversteuerte Abschrift auf der Rückseite derart durchkreuzt ist, daß dadurch die Benutzung zum Indossieren ausgeschlossen ist. Andernfalls haftet der Verwahrer, wenn er das mit dem Annahmevermerk versehene Stück unversteuert ausliefert, neben den im § 7 bezeichneten Personen für die Steuer; die Steuer zu dem mit dem Annahmevermerk versehenen Wechsel ist spätestens bei der Auslieferung zu entrichten.

III. Wechselnachsteuer.

§ 16. Wird in den Fällen des § 8 Abs. 1 Satz 2 in die Schrift nachträglich eine Geldsumme von mehr als 10000 Reichsmark eingetragen, so ist eine Nachsteuer nach dem im § 8 bezeichneten Steuersatz zu entrichten. Die Nachsteuer wird von der eingetragenen Geldsumme berechnet. Auf die Nachsteuer wird die bereits gezahlte Steuer angerechnet.

Die Nachsteuerschuld entsteht und wird fällig mit der Eintragung der Wechselsumme.

IV. Erhebung, Erstattung, Verjährung.

§ 17. Die Bestimmungen über die Art der Entrichtung der Wechselsteuer erläßt der Reichsminister der Finanzen. Er kann insbesondere die Verwendung von Steuerzeichen auf dem Wechsel anordnen.

§ 18. Reichs-, Staats- und Gemeindebehörden und Beamte, wenn ihnen eine richterliche oder Polizeigewalt anvertraut ist, sowie Notare, Postbeamte und andere Beamte, die Wechselproteste aufnehmen, sind verpflichtet, die Besteuerung der bei ihnen vorkommenden Wechsel, Schecks und Anweisungen von Amts wegen zu prüfen.

Auf der nach der Wechselordnung zurückzubehaltenden Abschrift des Protestes ist zu vermerken, welche Wechselsteuer zu der protestierten Urkunde entrichtet ist. Ist keine Steuer entrichtet, so ist dies zu vermerken.

§ 19. Beträge, die zu Unrecht als Wechselsteuer entrichtet sind, sind auf Antrag zu erstatten. Das gleiche gilt in den Fällen des § 8 Abs. 1 Satz 2, wenn die nachträglich eingesetzte Geldsumme hinter den dort vorgesehenen Betrag zurückbleibt.

§ 20. Die Verjährung des Anspruchs auf die Wechselsteuer beginnt mit dem Schluß des Jahres, in dem der Wechsel fällig wird.

V. Straf- und Schlußvorschriften.

§ 21. Wenn Kommissionäre, Makler oder sonstige Vermittler vorsätzlich Geschäfte über Wechsel, für die die Wechselsteuer hinterzogen ist, abschließen oder vermitteln, so gilt die gleiche Strafe wie für Hinterziehung.

§ 22. Die Verjährung der Strafverfolgung von Zuwiderhandlungen gegen dieses Gesetz beginnt mit dem Schluß des Jahres, in den der Wechsel fällig geworden ist.

§ 23. Der Nachprüfung zur Durchführung dieses Gesetzes unterliegen die im § 77 Abs. 1 zu a bis c des Kapitalverkehrsteuergesetzes bezeichneten Gesellschaften, Personen, Behörden und Beamten. Die gemäß § 77 Abs. 2 des Kapitalverkehrsteuergesetzes erlassenen Bestimmungen finden auf die Nachprüfung entsprechende Anwendung. Der Reichsminister der Finanzen ist ermächtigt, mit Zustimmung des Reichsrats weitere Bestimmungen über die Nachprüfung zu erlassen.

§ 24. Urkunden, welche nach diesem Gesetze steuerpflichtig sind oder auf welche die in diesem Gesetze vorgesehenen Steuerbefreiungen Anwendung finden, sind in den einzelnen Ländern keiner Steuer unterworfen.

Auch von den auf derartige Urkunden gesetzten Übertragungsvermerken, Quittungen und sonstigen auf die Leistungen aus diesen Papieren bezüglichen Vermerken dürfen landesgesetzliche Steuern nicht erhoben werden. Auf Proteste findet diese Vorschrift keine Anwendung.

§ 25. Die Ausführungsbestimmungen zu diesem Gesetz erläßt der Reichsminister der Finanzen.

Der Reichsminister der Finanzen erläßt insbesondere die Anordnungen wegen der Anfertigung und des Vertriebs der nach Maßgabe dieses Gesetzes zu verwendenden Steuerzeichen sowie die Bestimmungen über die Art ihrer Verwendung. Er stellt die Bedingungen fest, unter denen für verdorbene Steuerzeichen Erstattung zulässig ist.

§ 26. Für das Gebiet der Insel Helgoland wird der Zeitpunkt des Inkrafttretens durch Verordnung des Reichspräsidenten unter Zustimmung des Reichsrats festgesetzt.

---

9. Gesetz über die Wechsel- und Scheckzinsen.

Vom 3. Juli 1925 (RGBl. I S. 93).

§ 1. Der Zinssatz der nach Art. 50, 51 der Wechselordnung und § 17 des Scheckgesetzes zu entrichtenden Zinsen beträgt für die Zeit von dem Inkrafttreten dieses Gesetzes ab bis auf weiteres zwei vom Hundert über dem jeweiligen Reichsbankdiskontsatz, mindestens aber sechs vom Hundert.

Jede neue Festsetzung des Reichsbankdiskontsatzes tritt für dieses Gesetz am zweiten Tage nach der Veröffentlichung durch die Reichsregierung im Reichsgesetzblatt in Kraft.

§ 2. Dieses Gesetz tritt mit dem auf die Verkündung folgenden Tage in Kraft.

10. Gesetz betr. die Gesellschaften mit beschr. Haftung

vom 20. April 1892 (RGBl 1898 S. 846).

(In der vom 1. Januar 1900 an geltenden Fassung; die Mindestbeträge in §§ 5 und 7 sind durch das Gesetz vom 28. Juni 1926 RGBl I S. 315, die §§ 64, 71 und 84 sind durch das Gesetz über die Pflicht zum Antrag auf Eröffnung des Konkurses oder des gerichtlichen Vergleichsverfahrens vom 25. März 1930 RGBl I S. 93 geändert.)

1. Abschnitt. Errichtung der Gesellschaft.

§ 1. Gesellschaften mit beschränkter Haftung können nach Maßgabe der Bestimmungen dieses Gesetzes zu jedem gesetzlich zulässigen Zweck errichtet werden.

§ 2. Der Gesellschaftsvertrag bedarf des Abschlusses in gerichtlicher oder notarieller Form. Er ist von sämtlichen Gesellschaftern[1]) zu unterzeichnen.[2])

Die Unterzeichnung durch Bevollmächtigte ist nur auf Grund einer gerichtlich oder notariell errichteten oder beglaubigten Vollmacht zulässig.

§ 3. Der Gesellschaftsvertrag muß enthalten:

1. die Firma und den Sitz der Gesellschaft,
2. den Gegenstand des Unternehmens,
3. den Betrag des Stammkapitals,
4. den Betrag der von jedem Gesellschafter auf das Stammkapital zu leistenden Einlage (Stammeinlage).

Soll das Unternehmen auf eine gewisse Zeit beschränkt sein oder sollen den Gesellschaftern außer der Leistung von Kapitaleinlagen noch andere Verpflichtungen gegenüber der Gesellschaft auferlegt werden, so bedürfen auch diese Bestimmungen der Aufnahme in den Gesellschaftsvertrag.[3—5])

---

1) Gründer und Gesellschafter kann auch eine Kommanditgesellschaft sein; bei Übernahme ihres Namens durch die G. m. b. H. ist die Bezeichnung „Kommanditgesellschaft" fortzulassen. RG 104 343. Auch der Vorvertrag über Gründung einer G. m. b. H. bedarf der Form RG 106 174.

2) Die Beitrittserklärung kann nach Eintragung der Gesellschaft nicht wegen Irrtums, Betruges, sittenwidrigen Handelns eines Mitgründers angefochten werden. RG 123 107.

3) Abreden, durch welche für einzelne Gesellschafter Vorrechte oder für einzelne Anteile Vorzugsrechte eingeräumt werden, sind gegenüber der Gesellschaft nur bei Aufnahme in den Gründungsvertrag wirksam. RG 113 245.

4) Den Gesellschaftern kann auch die Verpflichtung auferlegt werden, unter bestimmten Voraussetzungen ihre Anteile an Dritte zu übertragen (anders bei der Aktiengesellschaft hinsichtlich von Aktien). RG 121 299.

5) Ein Gesellschafter kann neben seinen Verpflichtungen aus dem Gesellschaftsvertrage gegenüber der Gesellschaft auch rein schuldrechtliche Verpflichtungen übernehmen. RG 112 275.

§ 4. Die Firma der Gesellschaft muß entweder von dem Gegenstande des Unternehmers entlehnt sein, oder die Namen der Gesellschafter oder den Namen wenigstens eines derselben mit einem das Vorhandensein eines Gesellschaftsverhältnisses andeutenden Zusatze enthalten.[6] Die Namen anderer Personen als der Gesellschafter dürfen in die Firma nicht aufgenommen werden. Die Beibehaltung der Firma eines auf die Gesellschaft übergegangenen Geschäfts (HGB § 22) wird hierdurch nicht ausgeschlossen.

Die Firma der Gesellschaft muß in allen Fällen die zusätzliche Bezeichnung „mit beschränkter Haftung" enthalten.

§ 5. Das Stammkapital der Gesellschaft muß mindestens 20000 Reichsmark, die Stammeinlage jedes Gesellschafters muß mindestens 500 Reichsmark betragen.

Kein Gesellschafter kann bei Errichtung der Gesellschaft mehrere Stammeinlagen übernehmen.

Der Betrag der Stammeinlage kann für die einzelnen Gesellschafter verschieden bestimmt werden. Er muß in Reichsmark durch hundert teilbar sein. Der Gesamtbetrag der Stammeinlagen muß mit dem Stammkapital übereinstimmen.

Sollen von Gesellschaftern Einlagen, welche nicht in Geld zu leisten sind, auf das Stammkapital gemacht oder soll die Vergütung für Vermögensgegenstände, welche die Gesellschaft übernimmt, auf Stammeinlagen angerechnet werden, so muß die Person des Gesellschafters, der Gegenstand der Einlage oder Übernahme sowie der Geldwert, für welchen die Einlage angenommen wird, oder die für die übernommenen Gegenstände zu gewährende Vergütung im Gesellschaftsvertrage festgesetzt werden.

§ 6. Die Gesellschaft muß einen oder mehrere Geschäftsführer haben.[7]

Zu Geschäftsführern können Gesellschafter oder andere Personen bestellt werden. Die Bestellung erfolgt entweder im Gesellschaftsvertrage oder nach Maßgabe der Bestimmungen des dritten Abschnitts.

Ist im Gesellschaftsvertrage bestimmt, daß sämtliche Gesellschafter zur Geschäftsführung berechtigt sein sollen, so gelten nur die der Gesellschaft bei Festsetzung dieser Bestimmung angehörenden Personen als die bestellten Geschäftsführer.

§ 7. Die Gesellschaft ist bei dem Gericht, in dessen Bezirke sie ihren Sitz hat, zur Eintragung in das Handelsregister anzumelden.

Die Anmeldung darf nur erfolgen, nachdem von jeder Stammeinlage, soweit nicht andere als in Geld zu leistende Einlagen auf das Stamm-

---

6) Die Vorschrift des § 18 Abs. 2 HGB gilt auch für die Firma der Gesellschaft m. b. H. RG 127 80.

7) Der Geschäftsführer hat kein Vorrecht im Konkurse aus § 61 Ziff. 1 Konkursordnung. RG 120 300.

kapital gemacht sind, ½, mindestens aber der Betrag von 250 Reichsmark eingezahlt ist.

§ 8. Der Anmeldung müssen beigefügt sein:

1. der Gesellschaftsvertrag und im Falle des § 2 Abs. 2 die Vollmachten der Vertreter, welche den Gesellschaftsvertrag unterzeichnet haben, oder eine beglaubigte Abschrift dieser Urkunden,
2. die Legitimation der Geschäftsführer, sofern dieselben nicht im Gesellschaftsvertrage bestellt sind,
3. eine von den Anmeldenden unterschriebene Liste der Gesellschafter, aus welcher Name, Vorname, Stand und Wohnort der letzteren, sowie der Betrag der von einem jeden derselben übernommenen Stammeinlage ersichtlich ist,
4. in dem Falle, daß der Gegenstand des Unternehmens der staatlichen Genehmigung bedarf, die Genehmigungsurkunde.

In der Anmeldung ist die Versicherung abzugeben, daß die im § 7 Abs. 2 bezeichneten Leistungen auf die Stammeinlagen bewirkt sind, und daß der Gegenstand der Leistungen sich in der freien Verfügung der Geschäftsführer befindet.[8])

Die Geschäftsführer haben ihre Unterschrift zur Aufbewahrung bei dem Gerichte zu zeichnen.

§ 9. Die Anmeldenden haften der Gesellschaft solidarisch für die Richtigkeit ihrer Angaben hinsichtlich der auf die Stammeinlagen gemachten Leistungen (§ 7 Abs. 2).

Verzichtleistungen oder Vergleiche der Gesellschaft in betreff der ihr nach Abs. 1 zustehenden Ersatzansprüche sind unwirksam, soweit der Ersatz zur Befriedigung der Gläubiger der Gesellschaft erforderlich ist. Auf einen Vergleich, welchen der Ersatzpflichtige im Falle der Zahlungsunfähigkeit zur Abwendung oder Beseitigung des Konkursverfahrens mit seinen Gläubigern abschließt, findet diese Bestimmung keine Anwendung.

Die Ansprüche auf Grund der vorstehenden Bestimmungen verjähren in fünf Jahren seit der Eintragung der Gesellschaft in das Handelsregister.

§ 10. Bei der Eintragung in das Handelsregister sind die Firma und der Sitz der Gesellschaft, der Gegenstand des Unternehmens, die Höhe des Stammkapitals, der Tag des Abschlusses des Gesellschaftsvertrages und die Personen der Geschäftsführer anzugeben.

Enthält der Gesellschaftsvertrag besondere Bestimmungen über die Zeitdauer der Gesellschaft oder über die Befugnis der Geschäftsführer oder der Liquidatoren zur Vertretung der Gesellschaft, so sind auch diese Bestimmungen einzutragen.

In die Veröffentlichung, durch welche die Eintragung bekannt gemacht wird, sind außer dem Inhalte der Eintragung die nach § 5 Abs. 4

---

8) Die Versicherung ist auch bei Sacheinlagen erforderlich. JW 1926 S. 2056 Nr. 2 (KG).

getroffenen Festsetzungen und, sofern der Gesellschaftsvertrag besondere Bestimmungen über die Form enthält, in welcher öffentliche Bekanntmachungen der Gesellschaft erlassen werden, auch diese Bestimmungen aufzunehmen.

§ 11. Vor der Eintragung in das Handelsregister des Sitzes der Gesellschaft besteht die Gesellschaft mit beschränkter Haftung als solche nicht.

Ist vor der Eintragung im Namen der Gesellschaft gehandelt worden, so haften die Handelnden persönlich und solidarisch.[9])

§ 12. Auf die Anmeldung der Gesellschaft zur Eintragung in das Handelsregister eines Gerichts, in dessen Bezirke sie eine Zweigniederlassung besitzt, finden die Bestimmungen im § 8 Abs. 1 und 2 keine Anwendung. Der Anmeldung ist eine vom Gerichte der Hauptniederlassung beglaubigte Abschrift des Gesellschaftsvertrages und der Liste der Gesellschafter beizufügen.

Die Eintragung hat die im § 10 Abs. 1 und 2 bezeichneten Angaben zu enthalten. In die Veröffentlichung, durch welche die Eintragung bekannt gemacht wird, sind auch die im § 10 Abs. 3 bezeichneten Bestimmungen aufzunehmen, die nach § 5 Abs. 4 getroffenen Festsetzungen jedoch nur dann, wenn die Eintragung innerhalb der ersten zwei Jahre nach der Eintragung in das Handelsregister des Sitzes der Gesellschaft erfolgt.

2. Abschnitt. Rechtsverhältnisse der Gesellschaft und der Gesellschafter.

§ 13. Die Gesellschaft mit beschränkter Haftung als solche hat selbständig ihre Rechte und Pflichten; sie kann Eigentum und andere dingliche Rechte an Grundstücken erwerben, vor Gericht klagen und verklagt werden.

Für die Verbindlichkeiten der Gesellschaft haftet den Gläubigern derselben nur das Gesellschaftsvermögen.

Die Gesellschaft gilt als Handelsgesellschaft im Sinne des HGB.

§ 14. Der Geschäftsanteil jedes Gesellschafters bestimmt sich nach dem Betrage der von ihm übernommenen Stammeinlage.

§ 15. Die Geschäftsanteile sind veräußerlich und vererblich.

Erwirbt ein Gesellschafter zu seinem ursprünglichen Geschäftsanteile weitere Geschäftsanteile, so behalten dieselben ihre Selbständigkeit.

Zur Abtretung von Geschäftsanteilen durch Gesellschafter bedarf es eines in gerichtlicher oder notarieller Form geschlossenen Vertrages.[10])

---

9) Für die im Gründungsstadium abgeschlossenen Verträge ist nachträgliche Genehmigung durch die Gesellschaft möglich. RG 105 230. Die Vorschrift des § 11 Abs. 2 ist schon anwendbar, wenn die Gesellschaft im Keime vorhanden ist. RG 122 174. Die Haftung bezieht sich nur auf diejenigen Verbindlichkeiten, für die die Gesellschaft haften würde, wenn sie bei ihrer Eingehung schon eingetragen gewesen wäre, nicht auf spätere. RG 117 194.

10) Bei dem dinglichen Abtretungsvertrag bedarf nur die Abtretungserklärung und deren Annahme der Beurkundung. Unrichtige Angaben über die Vergütung berühren

Der gerichtlichen oder notariellen Form bedarf auch eine Vereinbarung, durch welche die Verpflichtung eines Gesellschafters zur Abtretung eines Geschäftsanteils begründet wird.[11, 12]) Eine ohne diese Form getroffene Vereinbarung wird jedoch durch den nach Maßgabe des vorigen Absatzes geschlossenen Abtretungsvertrag gültig.

Durch den Gesellschaftsvertrag kann die Abtretung der Geschäftsanteile an weitere Voraussetzungen geknüpft, insbesondere von der Genehmigung der Gesellschaft[13, 14]) abhängig gemacht werden.[15])

§ 16. Der Gesellschaft gegenüber gilt im Falle der Veräußerung des Geschäftsanteils nur derjenige als Erwerber, dessen Erwerb unter Nachweis des Übergangs bei der Gesellschaft angemeldet ist.[16])

Die vor der Anmeldung von der Gesellschaft gegenüber dem Veräußerer oder von dem letzteren gegenüber der Gesellschaft in bezug auf das Gesellschaftsverhältnis vorgenommenen Rechtshandlungen muß der Erwerber gegen sich gelten lassen.

Für die zur Zeit der Anmeldung auf den Geschäftsanteil rückständigen Leistungen ist der Erwerber neben dem Veräußerer verhaftet.

§ 17. Die Veräußerung von Teilen eines Geschäftsanteils kann nur mit Genehmigung der Gesellschaft stattfinden.

Die Genehmigung bedarf der schriftlichen Form; sie muß die Person des Erwerbers und den Betrag bezeichnen, welcher von der Stammeinlage des ungeteilten Geschäftsanteils auf jeden der durch die Teilung entstehenden Geschäftsanteile entfällt.

Im Gesellschaftsvertrage kann bestimmt werden, daß für die Veräußerung von Teilen eines Geschäftsanteils an andere Gesellschafter, sowie für die Teilung von Geschäftsanteilen verstorbener Gesellschafter

---

die Rechtsgültigkeit der Abtretung nicht. Anders bei dem schuldrechtlichen Vertrag des Abs. 4. RG 112 240.

11) Die Form des § 15 ist auch erfüllt, wenn die Verpflichtung zur Abtretung im Gründungsvertrage übernommen ist. RG 113 149.

12) Die Verpflichtung zur Verschaffung von Anteilen eines Dritten ist formlos gültig. RG 120 56. Derselbe Gesichtspunkt gilt auch bei mittelbarer Stellvertretung. RG 124 376.

13) Maßgebend ist die Genehmigung durch die Geschäftsführer, nicht die Beschlußfassung der Gesellschafterversammlung. RG 104 413.

14) Schenkungsweise Abtretung des Geschäftsanteils ist ohne Genehmigung zulässig, auch wenn nach der Satzung der Verkauf der Genehmigung bedarf. RG 101 246.

15) Die Formvorschrift des § 15 Abs. 4 gilt auch für die Verpflichtung zur Abnahme eines Anteiles. RG 102 63, auch wenn diese Verpflichtung gegenüber der Gesellschaft übernommen wird. RG 127 71.

16) Die Anmeldung bewirkt dann erst den Erwerb der Mitgliedschaft, sonern legitimiert nur den Erwerber gegenüber der Gesellschaft. Eine Form für die Anmeldung ist nicht vorgeschrieben. Tritt ein Gesellschafter ab, der gleichzeitig Geschäftsführer ist, so liegt in der Abtretung gleichzeitig auch die Mitteilung von ihr. RG 127 240.

unter deren Erben eine Genehmigung der Gesellschaft nicht erforderlich ist.

Die Bestimmungen im § 5 Abs. 1 und 3 über den Betrag Stammeinlagen finden bei der Teilung von Geschäftsanteilen entsprechende Anwendung.

Eine gleichzeitige Übertragung mehrerer Teile von Geschäftsanteilen eines Gesellschafters an denselben Erwerber ist unzulässig.

Außer dem Falle der Veräußerung und Vererbung findet eine Teilung von Geschäftsanteilen nicht statt. Sie kann im Gesellschaftsvertrage auch für diese Fälle ausgeschlossen werden.

§ 18. Steht ein Geschäftsanteil mehreren Mitberechtigten ungeteilt zu, so können sie die Rechte aus demselben nur gemeinschaftlich ausüben.

Für die auf den Geschäftsanteil zu bewirkenden Leistungen haften sie der Gesellschaft solidarisch.

Rechtshandlungen, welche die Gesellschaft gegenüber dem Inhaber des Anteils vorzunehmen hat, sind, sofern nicht ein gemeinsamer Vertreter der Mitberechtigten vorhanden ist, wirksam, wenn sie auch nur gegenüber einem Mitberechtigten vorgenommen werden. Gegenüber mehreren Erben eines Gesellschafters findet diese Bestimmung nur in bezug auf Rechtshandlungen Anwendung, welche nach Ablauf eines Monats seit dem Anfalle der Erbschaft vorgenommen werden.

§ 19. Die Einzahlungen auf die Stammeinlagen sind nach Verhältnis der letzteren zu leisten.

Die Stammeinlagen können den Gesellschaftern außer dem Falle einer Herabsetzung des Stammkapitals weder erlassen noch gestundet werden. Eine Aufrechnung können die Gesellschafter nicht geltend machen; ebensowenig findet an dem Gegenstande einer nicht in Geld zu leistenden Einlage wegen Forderungen, welche sich nicht auf den Gegenstand beziehen, ein Zurückbehaltungsrecht statt.

Eine Leistung auf die Stammeinlage, welche nicht in Geld besteht, oder welche durch Aufrechnung einer für die Überlassung von Vermögensgegenständen zu gewährenden Vergütung bewirkt wird, befreit den Gesellschafter von seiner Verpflichtung nur, soweit sie in Ausführung einer nach § 5 Abs. 4 getroffenen Bestimmung erfolgt.

§ 20. Ein Gesellschafter, welcher den auf die Stammeinlage eingeforderten Betrag nicht zur rechten Zeit einzahlt, ist zur Entrichtung von Verzugszinsen von Rechts wegen verpflichtet.

§ 21. Im Falle verzögerter Einzahlung kann an den säumigen Gesellschafter eine erneute Aufforderung zur Zahlung binnen einer zu bestimmenden Nachfrist unter Androhung seines Ausschlusses mit dem Geschäftsanteil, auf welchen die Zahlung zu erfolgen hat, erlassen werden.[17]) Die Aufforderung erfolgt mittelst eingeschriebenen Briefes. Die Nachfrist muß mindestens einen Monat betragen.

---

17) Die Aufforderung für die Ehefrau hat (bei gesetzlichem Güterstand) an den Ehemann zu erfolgen. RG 125 407.

Nach fruchtlosem Ablauf der Frist ist der säumige Gesellschafter seines Geschäftsanteils und der geleisteten Teilzahlungen zugunsten der Gesellschaft verlustig zu erklären. Die Erklärung erfolgt mittelst eingeschriebenen Briefes.

Wegen des Ausfalls, welchen die Gesellschaft an dem rückständigen Betrage oder den später auf den Geschäftsanteil eingeforderten Beträgen der Stammeinlage erleidet, bleibt ihr der ausgeschlossene Gesellschafter verhaftet.

§ 22. Wegen des von dem ausgeschlossenen Gesellschafter nicht bezahlten Betrages der Stammeinlage ist der Gesellschaft der letzte und jeder frühere, bei der Gesellschaft angemeldete Rechtsvorgänger des Ausgeschlossenen verhaftet.

Ein früherer Rechtsvorgänger haftet nur, soweit die Zahlung von dessen Rechtsnachfolger nicht zu erlangen ist; dies ist bis zum Beweise des Gegenteils anzunehmen, wenn der letztere die Zahlung nicht bis zum Ablauf eines Monats geleistet hat, nachdem an ihn die Zahlungsaufforderung und an den Rechtsvorgänger die Benachrichtigung von derselben erfolgt ist.

Die Haftpflicht des Rechtsvorgängers ist auf die innerhalb der Frist von fünf Jahren auf die Stammeinlage eingeforderten Einzahlungen beschränkt. Die Frist beginnt mit dem Tage, an welchem der Übergang des Geschäftsanteils auf den Rechtsnachfolger ordnungsmäßig angemeldet ist.

Der Rechtsvorgänger erwirbt gegen Zahlung des rückständigen Betrages den Geschäftsanteil des ausgeschlossenen Gesellschafters.

§ 23. Ist die Zahlung des rückständigen Betrages von Rechtsvorgängern nicht zu erlangen, so kann die Gesellschaft den Geschäftsanteil im Wege öffentlicher Versteigerung verkaufen lassen. Eine andere Art des Verkaufs ist nur mit Zustimmung des ausgeschlossenen Gesellschafters zulässig.

§ 24. Soweit eine Stammeinlage weder von den Zahlungspflichtigen eingezogen, noch durch Verkauf des Geschäftsanteils gedeckt werden kann, haben die übrigen Gesellschafter den Fehlbetrag nach Verhältnis ihrer Geschäftsanteile aufzubringen.[18]) Beiträge, welche von einzelnen Gesellschaftern nicht zu erlangen sind, werden nach dem bezeichneten Verhältnis auf die übrigen verteilt.

§ 25. Von den in den §§ 21—24 bezeichneten Rechtsfolgen können die Gesellschafter nicht befreit werden.

§ 26. Im Gesellschaftsvertrage kann bestimmt werden, daß die Gesellschafter über den Betrag der Stammeinlagen hinaus die Einforderung von weiteren Einzahlungen (Nachschüssen) beschließen können.

Die Einzahlung der Nachschüsse hat nach Verhältnis der Geschäftsanteile zu erfolgen.

---

18) Das Aufrechnungsverbot des § 19 gilt auch für die Ansprüche aus § 24. RG 123 8.

Die Nachschußpflicht kann im Gesellschaftsvertrage auf einen bestimmten, nach Verhältnis der Geschäftsanteile festzusetzenden Betrag beschränkt werden.

§ 27. Ist die Nachschußpflicht nicht auf einen bestimmten Betrag beschränkt, so hat jeder Gesellschafter, falls er die Stammeinlage vollständig eingezahlt hat, das Recht, sich von der Zahlung des auf den Geschäftsanteil eingeforderten Nachschusses dadurch zu befreien, daß er innerhalb eines Monats nach der Aufforderung zur Einzahlung den Geschäftsanteil der Gesellschaft zur Befriedigung aus demselben zur Verfügung stellt. Ebenso kann die Gesellschaft, wenn der Gesellschafter binnen der angegebenen Frist weder von der bezeichneten Befugnis Gebrauch macht, noch die Einzahlung leistet, demselben mittelst eingeschriebenen Briefes erklären, daß sie den Geschäftsanteil als zur Verfügung gestellt betrachte.

Die Gesellschaft hat den Geschäftsanteil innerhalb eines Monats nach der Erklärung des Gesellschafters oder der Gesellschaft im Wege öffentlicher Versteigerung verkaufen zu lassen. Eine andere Art des Verkaufs ist nur mit Zustimmung des Gesellschafters zulässig. Ein nach Deckung der Verkaufskosten und des rückständigen Nachschusses verbleibender Überschuß gebührt dem Gesellschafter.

Ist die Befriedigung der Gesellschaft durch den Verkauf nicht zu erlangen, so fällt der Geschäftsanteil der Gesellschaft zu. Diese ist befugt, den Anteil für eigene Rechnung zu veräußern.

Im Gesellschaftsvertrage kann die Anwendung der vorstehenden Bestimmungen auf den Fall beschränkt werden, daß die auf den Geschäftsanteil eingeforderten Nachschüsse einen bestimmten Betrag überschreiten.

§ 28. Ist die Nachschußpflicht auf einen bestimmten Betrag beschränkt, so finden, wenn im Gesellschaftsvertrage nicht ein anderes festgesetzt ist, im Falle verzögerter Einzahlung von Nachschüssen die auf die Einzahlung der Stammeinlagen bezüglichen Vorschriften der §§ 21—23 entsprechende Anwendung. Das gleiche gilt im Falle des § 27 Abs. 4 auch bei unbeschränkter Nachschußpflicht, soweit die Nachschüsse den im Gesellschaftsvertrage festgesetzten Betrag nicht überschreiten.

Im Gesellschaftsvertrag kann bestimmt werden, daß die Einforderung von Nachschüssen, auf deren Zahlung die Vorschriften der §§ 21—23 Anwendung finden, schon vor vollständiger Einforderung der Stammeinlagen zulässig ist.

§ 29. Die Gesellschafter haben Anspruch auf den nach der jährlichen Bilanz sich ergebenden Reingewinn, soweit nicht im Gesellschaftsvertrage ein anderes bestimmt ist.

Die Verteilung erfolgt nach Verhältnis der Geschäftsanteile. Im Gesellschaftsvertrage kann ein anderer Maßstab der Verteilung festgesetzt werden.

§ 30. Das zur Erhaltung des Stammkapitals erforderliche Vermögen der Gesellschaft darf an die Gesellschafter nicht ausgezahlt werden.[19])

Eingezahlte Nachschüsse können, soweit sie nicht zur Deckung eines Verlustes am Stammkapital erforderlich sind, an die Gesellschafter zurückgezahlt werden. Die Zurückzahlung darf nicht vor Ablauf von drei Monaten erfolgen, nachdem der Rückzahlungsbeschluß durch die im Gesellschaftsvertrage für die Bekanntmachungen der Gesellschaft bestimmten öffentlichen Blätter und in Ermangelung solcher durch die für die Bekanntmachungen aus dem Handelsregister bestimmten öffentlichen Blätter bekannt gemacht ist. Im Falle des § 28 Abs. 2 ist die Zurückzahlung von Nachschüssen vor der Volleinzahlung des Stammkapitals unzulässig. Zurückgezahlte Nachschüsse gelten als nicht eingezogen.

§ 31. Zahlungen, welche den Vorschriften des § 30 zuwider geleistet sind, müssen der Gesellschaft erstattet werden.

War der Empfänger in gutem Glauben, so kann die Erstattung nur insoweit verlangt werden, als sie zur Befriedigung der Gesellschaftsgläubiger erforderlich ist.

Ist die Erstattung von dem Empfänger nicht zu erlangen, so haften für den zu erstattenden Betrag, soweit er zur Befriedigung der Gesellschaftsgläubiger erforderlich ist, die übrigen Gesellschafter nach Verhältnis ihrer Geschäftsanteile. Beiträge, welche von einzelnen Gesellschaftern nicht zu erlangen sind, werden nach dem bezeichneten Verhältnis auf die übrigen verteilt.

Zahlungen, welche auf Grund der vorstehenden Bestimmungen zu leisten sind, können den Verpflichteten nicht erlassen werden.

Die Ansprüche der Gesellschaft verjähren in fünf Jahren, die Verjährung beginnt mit dem Ablauf des Tages, an welchem die Zahlung, deren Erstattung beansprucht wird, geleistet ist. Fällt dem Verpflichteten eine bösliche Handlungsweise zur Last, so findet die Bestimmung keine Anwendung.

Für die in den Fällen des Abs. 3 geleistete Erstattung einer Zahlung sind den Gesellschaftern die Geschäftsführer, welchen in betreff der geleisteten Zahlung ein Verschulden zur Last fällt, solidarisch zum Ersatze verpflichtet.

§ 32. Liegt die im § 31 Abs. 1 bezeichnete Voraussetzung nicht vor, so sind die Gesellschafter in keinem Falle verpflichtet, Beträge, welche sie in gutem Glauben als Gewinnanteile bezogen haben, zurückzuzahlen.

§ 33. Die Gesellschaft darf eigene Geschäftsanteile, auf welche die Stammeinlage noch nicht vollständig eingezahlt ist, nicht erwerben.

Sie soll auch eigene Geschäftsanteile, auf welche die Stammeinlage vollständig eingezahlt ist, nicht erwerben, sofern nicht der Erwerb aus

---

19) Eine Vereinbarung der Zahlung einer Gründungsprovision an einen Gesellschafter auch bei Unterbilanz ist nicht nichtig, aber den einzelnen Jahresansprüchen steht der Einwand fehlenden Gewinnes entgegen. RG 113 244.

dem über den Betrag des Stammkapitals hinaus vorhandenen Vermögen geschehen kann.[19a])

§ 34. Die Einziehung (Amortisation) von Geschäftsanteilen darf nur erfolgen, soweit sie im Gesellschaftsvertrage zugelassen ist.

Ohne die Zustimmung des Anteilsberechtigten findet die Einziehung nur statt, wenn die Voraussetzungen derselben vor dem Zeitpunkt, in welchem der Berechtigte den Geschäftsanteil erworben hat, im Gesellschaftsvertrage festgesetzt waren.

Die Bestimmung im § 30 Abs. 1 bleibt unberührt.

3. Abschnitt. Vertretung und Geschäftsführung.

§ 35. Die Gesellschaft wird durch die Geschäftsführer gerichtlich und außergerichtlich vertreten.

Dieselben haben in der durch den Gesellschaftsvertrag bestimmten Form ihre Willenserklärungen kundzugeben und für die Gesellschaft zu zeichnen. Ist nichts darüber bestimmt, so muß die Erklärung und Zeichnung durch sämtliche Geschäftsführer erfolgen. Ist der Gesellschaft gegenüber eine Willenserklärung abzugeben, so genügt es, wenn dieselbe an einen der Geschäftsführer erfolgt.

Die Zeichnung geschieht in der Weise, daß die Zeichnenden zu der Firma der Gesellschaft ihre Namensunterschrift beifügen.

§ 36. Die Gesellschaft wird durch die in ihrem Namen von den Geschäftsführern vorgenommenen Rechtsgeschäfte berechtigt und verpflichtet; es ist gleichgültig, ob das Geschäft ausdrücklich im Namen der Gesellschaft vorgenommen worden ist, oder ob die Umstände ergeben, daß es nach dem Willen der Beteiligten für die Gesellschaft vorgenommen werden sollte.

§ 37. Die Geschäftsführer sind der Gesellschaft gegenüber verpflichtet, die Beschränkungen einzuhalten, welche für den Umfang ihrer Befugnis, die Gesellschaft zu vertreten, durch den Gesellschaftsvertrag oder, soweit dieser nicht ein anderes bestimmt, durch die Beschlüsse der Gesellschafter festgesetzt sind.

Gegen dritte Personen hat eine Beschränkung der Befugnis der Geschäftsführer, die Gesellschaft zu vertreten, keine rechtliche Wirkung. Dies gilt insbesondere für den Fall, daß die Vertretung sich nur auf gewisse Geschäfte oder Arten von Geschäften erstrecken oder nur unter gewissen Umständen oder für eine gewisse Zeit oder an einzelnen Orten stattfinden soll, oder daß die Zustimmung der Gesellschafter oder eines Organs der Gesellschaft für einzelne Geschäfte erfordert ist.

§ 38. Die Bestellung der Geschäftsführer ist zu jeder Zeit widerruflich, unbeschadet der Entschädigungsansprüche aus bestehenden Verträgen.

19a) Für eigene Geschäftsanteile kann das Stimmrecht nicht ausgeübt werden. RG 103 66.

Im Gesellschaftsvertrage kann die Zulässigkeit des Widerrufs für den Fall beschränkt werden, daß wichtige Gründe denselben notwendig machen. Als solche Gründe sind insbesondere grobe Pflichtverletzung oder Unfähigkeit zur ordnungsmäßigen Geschäftsführung anzusehen.

§ 39. Jede Änderung in den Personen der Geschäftsführer sowie die Beendigung der Vertretungsbefugnis eines Geschäftsführers ist zur Eintragung in das Handelsregister anzumelden.

Der Anmeldung ist eine Abschrift der Urkunde über die Bestellung der Geschäftsführer oder über die Beendigung der Vertretungsbefugnis beizufügen. Diese Bestimmung findet auf die Anmeldung zum Handelsregister einer Zweigniederlassung keine Anwendung.

Die Geschäftsführer haben ihre Unterschrift zur Aufbewahrung bei dem Gerichte zu zeichnen.

§ 40. Alljährlich im Monat Januar haben die Geschäftsführer eine von ihnen unterschriebene Liste der Gesellschafter, aus welcher Name, Vorname, Stand und Wohnort der letzteren sowie ihre Stammeinlagen zu entnehmen sind, zum Handelsregister einzureichen. Sind seit Einreichung der letzten Liste Veränderungen hinsichtlich der Person der Gesellschafter und des Umfangs ihrer Beteiligung nicht eingetreten, so genügt die Einreichung einer entsprechenden Erklärung.

§ 41. Die Geschäftsführer sind verpflichtet, für die ordnungsmäßige Buchführung der Gesellschaft zu sorgen.

Sie müssen in den ersten drei Monaten des Geschäftsjahres die Bilanz für das verflossene Geschäftsjahr nebst einer Gewinn- und Verlustrechnung aufstellen.

Durch den Gesellschaftsvertrag kann die bezeichnete Frist bis auf sechs Monate, bei Gesellschaften, deren Unternehmen den Betrieb von Geschäften in überseeischen Gebieten zum Gegenstande hat, bis auf neun Monate erstreckt werden.

Für Gesellschaften, bei welchen der Gegenstand des Unternehmens im Betriebe von Bankgeschäften besteht, ist die Bilanz innerhalb der vorbezeichneten Fristen in den im § 30 Abs. 2 bestimmten öffentlichen Blättern durch die Geschäftsführer bekannt zu machen. Die Bekanntmachung ist zum Handelsregister einzureichen.

§ 42.*) Für die Aufstellung der Bilanz kommt § 40 HGB mit folgenden Maßgaben zur Anwendung:

1. Anlagen und sonstige Vermögensgegenstände, welche nicht zur Weiterveräußerung, sondern dauernd zum Betriebe des Unternehmens bestimmt sind, dürfen höchstens zu dem Anschaffungs- oder Herstellungspreise angesetzt werden; sie können ohne Rücksicht auf einen geringeren Wert zu diesem Preise angesetzt werden, sofern ein der Abnutzung gleichkommender Betrag in Abzug oder ein derselben entsprechender Erneuerungsfonds in Ansatz gebracht wird;

*) Vgl. § 4 der VO über Goldbilanzen v. 28. XII. 23 (RGBl S. 1253).

2. die Kosten der Organisation und Verwaltung dürfen nicht als Aktiva in die Bilanz eingesetzt werden;
3. das Recht der Gesellschaft zur Einziehung von Nachschüssen der Gesellschafter ist als Aktivum in die Bilanz nur insoweit einzustellen, als die Einziehung bereits beschlossen ist und den Gesellschaftern ein Recht, durch Verweisung auf den Geschäftsanteil sich von der Zahlung der Nachschüsse zu befreien, nicht zusteht; den in die Aktiva der Bilanz aufgenommenen Nachschußansprüchen muß ein gleicher Kapitalbetrag in den Passiven gegenübergestellt werden;
4. der Betrag des im Gesellschaftsvertrage bestimmten Stammkapitals ist unter die Passiva aufzunehmen. Das gleiche gilt von dem Betrage eines jeden Reserve- und Erneuerungsfonds, sowie von dem Gesamtbetrage der eingezahlten Nachschüsse, soweit nicht die Verwendung eine Abschreibung der betreffenden Passivposten begründet;
5. der aus der Vergleichung sämtlicher Aktiva und Passiva sich ergebende Gewinn oder Verlust muß am Schlusse der Bilanz besonders angegeben werden.

§ 43. Die Geschäftsführer haben in den Angelegenheiten der Gesellschaft die Sorgfalt eines ordentlichen Geschäftsmannes anzuwenden.[20])

Geschäftsführer, welche ihre Obliegenheiten verletzen, haften der Gesellschaft solidarisch für den entstandenen Schaden.

Insbesondere sind sie zum Ersatze verpflichtet, wenn den Bestimmungen des § 30 zuwider Zahlungen aus dem zur Erhaltung des Stammkapitals erforderlichen Vermögen der Gesellschaft gemacht oder den Bestimmungen des § 33 zuwider eigene Geschäftsanteile der Gesellschaft erworben worden sind. Auf den Ersatzanspruch finden die Bestimmungen im § 9 Abs. 2 entsprechende Anwendung. Soweit der Ersatz zur Befriedigung der Gläubiger der Gesellschaft erforderlich ist, wird die Verpflichtung der Geschäftsführer dadurch nicht aufgehoben, daß dieselben in Befolgung eines Beschlusses der Gesellschafter gehandelt haben.

Die Ansprüche auf Grund der vorstehenden Bestimmungen verjähren in fünf Jahren.

§ 44. Die für den Geschäftsführer gegebenen Vorschriften gelten auch für Stellvertreter von Geschäftsführern.

§ 45. Die Rechte, welche den Gesellschaftern in den Angelegenheiten der Gesellschaft, insbesondere in bezug auf die Führung der Geschäfte zustehen, sowie die Ausübung derselben bestimmen sich, soweit nicht gesetzliche Vorschriften entgegenstehen, nach dem Gesellschaftsvertrage.

In Ermangelung besonderer Bestimmungen des Gesellschaftsvertrags finden die Vorschriften der §§ 46—51 Anwendung.

---

20) Über die Pflichten des Geschäftsführers vgl. RG 98 99.

§ 46. Der Bestimmung der Gesellschafter unterliegen:

1. die Feststellung der Jahresbilanz und die Verteilung des aus derselben sich ergebenden Reingewinns;[21])
2. die Einforderung von Einzahlungen auf die Stammeinlagen;
3. die Rückzahlung von Nachschüssen;
4. die Teilung sowie die Einziehung von Geschäftsanteilen;
5. die Bestellung und die Abberufung von Geschäftsführern sowie die Entlassung derselben;
6. die Maßregeln zur Prüfung und Überwachung der Geschäftsführung;
7. die Bestellung von Prokuristen und von Handlungsbevollmächtigten zum gesamten Geschäftsbetriebe;
8. die Geltendmachung von Ersatzansprüchen, welche der Gesellschaft aus der Gründung oder Geschäftsführung gegen Geschäftsführer oder Gesellschafter zustehen, sowie die Vertretung der Gesellschaft in Prozessen, welche sie gegen die Geschäftsführer zu führen hat.

§ 47. Die von den Gesellschaftern in den Angelegenheiten der Gesellschaft zu treffenden Bestimmungen erfolgen durch Beschlußfassung nach der Mehrheit der abgegebenen Stimmen.[22])

Jede hundert Reichsmark eines Geschäftsanteils gewähren eine Stimme.

Vollmachten bedürfen zu ihrer Gültigkeit der schriftlichen Form.

Ein Gesellschafter, welcher durch die Beschlußfassung entlastet oder von einer Verbindlichkeit befreit werden soll, hat hierbei kein Stimmrecht und darf ein solches auch nicht für andere ausüben.[23],[24]) Dasselbe gilt von einer Beschlußfassung, welche die Vornahme eines Rechtsgeschäfts[25]) oder die Einleitung oder Erledigung eines Rechtsstreites gegenüber einem Gesellschafter betrifft.[26])

---

21) Anfechtung der Bilanz und Klage gegen die Gesellschaft, wenn sie gegen Gesetz oder Gesellschaftsvertrag verstößt. RG 101 161.

22) Ein Urteil auf Abgabe der Stimme in bestimmtem Sinne ist nicht zulässig. Zuwiderhandlung gegen eine Verpflichtung zur Abstimmung ergibt nur Schadensersatzansprüche. RG 112 279.

23) Die Vorschrift des § 47 Abs. 4 enthält kein zwingendes Recht. In der Befreiung eines Geschäftsführers von dem Verbote des § 181 BGB liegt aber noch nicht die Befreiung auch von dieser Vorschrift. RG 122 162.

24) Der Ausschluß des Stimmrechtes gilt auch für die Beschlußfassung über Übernahme neuer Anteile durch einen Gesellschafter. RG 109 79.

25) Auch wenn das Geschäft zwar für Rechnung, aber nicht im Namen des Gesellschafters vorgenommen werden soll. RG 104 128.

26) Ein Gesellschafter darf über den Widerruf seiner Bestellung zum Mitgliede des Aufsichtsrats mitstimmen. RG 104 186, ebenso zum Geschäftsführer. JW 1926, S. 2106 Nr. 15 (OLG Köln).

§ 48. Die Beschlüsse der Gesellschafter werden in Versammlungen gefaßt.[27])

Der Abhaltung einer Versammlung bedarf es nicht, wenn sämtliche Gesellschafter schriftlich mit der zu treffenden Bestimmung oder mit der schriftlichen Abgabe der Stimmen sich einverstanden erklären.

§ 49. Die Versammlung der Gesellschafter wird durch die Geschäftsführer berufen.

Sie ist außer den ausdrücklich bestimmten Fällen zu berufen, wenn es im Interesse der Gesellschaft erforderlich erscheint.

Insbesondere muß die Versammlung unverzüglich berufen werden, wenn aus der Jahresbilanz oder aus einer im Laufe des Geschäftsjahres angestellten Bilanz sich ergibt, daß die Hälfte des Stammkapitals verloren ist.

§ 50. Gesellschafter, deren Geschäftsanteile zusammen mindestens dem zehnten Teile des Stammkapitals entsprechen, sind berechtigt, unter Angabe des Zwecks und der Gründe die Berufung der Versammlung zu verlangen.

In gleicher Weise haben die Gesellschafter das Recht zu verlangen, daß Gegenstände zur Beschlußfassung der Versammlung angekündigt werden.

Wird dem Verlangen nicht entsprochen oder sind Personen, an welche dasselbe zu richten wäre, nicht vorhanden, so können die im Abs. 1 bezeichneten Gesellschafter unter Mitteilung des Sachverhältnisses die Berufung oder Ankündigung selbst bewirken. Die Versammlung beschließt, ob die entstandenen Kosten von der Gesellschaft zu tragen sind.

§ 51. Die Berufung der Versammlung erfolgt durch Einladung der Gesellschafter mittelst eingeschriebener Briefe.[27, 28]) Sie ist mit einer Frist von mindestens einer Woche zu bewirken.

Der Zweck der Versammlung soll jederzeit bei der Berufung angekündigt werden.

Ist die Versammlung nicht ordnungsmäßig berufen, so können Beschlüsse nur gefaßt werden, wenn sämtliche Gesellschafter anwesend sind. Das gleiche gilt in bezug auf Beschlüsse über Gegenstände, welche nicht wenigstens drei Tage vor der Versammlung in der für die Berufung vorgeschriebenen Weise angekündigt worden sind.

§ 52. Ist nach dem Gesellschaftsvertrage ein Aufsichtsrat zu bestellen, so finden auf denselben, soweit nicht im Gesellschaftsvertrage ein anderes bestimmt ist, die für den Aufsichtsrat einer Aktiengesellschaft nach § 243

---

27) Die Anfechtung der Beschlüsse braucht nicht wie bei der Aktiengesellschaft nach § 271 HGB durch Klageerhebung innerhalb bestimmter Frist zu erfolgen. RG 89 381. — Jedoch kann eine derartige Frist im Gesellschaftsvertrage festgesetzt werden.

28) Wenn die Satzung die Protokollierung der Versammlungsbeschlüsse in privatschriftlicher Form vorschreibt, so sind die Beschlüsse auch ohne Innehaltung dieser Form gültig, anders, falls notarielle Beurkundung vorgeschrieben ist. RG 122 369.

Abs. 1, 2, 3, §§ 244 bis 248 und § 249 Abs. 1, 2 HGB geltenden Vorschriften entsprechende Anwendung.

Schadensersatzansprüche gegen die Mitglieder des Aufsichtsrats wegen Verletzung ihrer Obliegenheiten verjähren in 5 Jahren.

4. Abschnitt. Abänderungen des Gesellschaftsvertrages.

§ 53. Eine Abänderung des Gesellschaftsvertrages kann nur durch Beschluß der Gesellschaft erfolgen.

Der Beschluß muß gerichtlich oder notariell beurkundet werden, derselbe bedarf einer Mehrheit von drei Vierteilen der abgegebenen Stimmen. Der Gesellschaftsvertrag kann noch andere Erfordernisse aufstellen.

Eine Vermehrung der den Gesellschaftern nach dem Gesellschaftsvertrage obliegenden Leistungen kann nur mit Zustimmung sämtlicher beteiligter Gesellschafter beschlossen werden.[29])

§ 54. Die Abänderung des Gesellschaftsvertrages ist zur Eintragung in das Handelsregister anzumelden.

Bei der Eintragung genügt, sofern nicht die Abänderung die im § 10 Abs. 1 und 2 bezeichneten Angabe betrifft, die Bezugnahme auf die bei dem Gerichte eingereichten Urkunden über die Abänderung. Die öffentliche Bekanntmachung findet in betreff aller Bestimmungen statt, auf welche sich die im § 10 Abs. 3 und im § 12 vorgeschriebenen Veröffentlichungen beziehen.

Die Abänderung hat keine rechtliche Wirkung, bevor sie in das Handelsregister des Sitzes der Gesellschaft eingetragen ist.

§ 55. Wird eine Erhöhung des Stammkapitals beschlossen, so bedarf es zur Übernahme jeder auf das erhöhte Kapital zu leistenden Stammeinlage einer gerichtlich oder notariell aufgenommenen oder beglaubigten Erklärung des Übernehmers.

Zur Übernahme einer Stammeinlage können von der Gesellschaft die bisherigen Gesellschafter oder andere Personen, welche durch die Übernahme ihren Beitritt zu der Gesellschaft erklären, zugelassen werden. Im letzteren Falle sind außer dem Betrage der Stammeinlage auch sonstige Leistungen, zu welchen der Beitretende nach dem Gesellschaftsvertrage verpflichtet sein soll, in der im Abs. 1 bezeichneten Urkunde ersichtlich zu machen.

Wird von einem der Gesellschaft bereits angehörenden Gesellschafter eine Stammeinlage auf das erhöhte Kapital übernommen, so erwirbt derselbe einen weiteren Geschäftsanteil.

Die Bestimmungen im § 5 Abs. 1 und 3 über den Betrag der Stammeinlagen sowie die Bestimmung im § 5 Abs. 2 über die Unzulässigkeit der Übernahme mehrerer Stammeinlagen finden auch hinsichtlich der auf das erhöhte Kapital zu leistenden Stammeinlagen Anwendung.

---

29) Das Erfordernis der Zustimmung sämtlicher Gesellschafter gilt nicht für die Beschlußfassung über eine Kapitalserhöhung. RG 122 163.

§ 56. Soll auf das erhöhte Stammkapital eine Einlage gemacht werden, welche nicht in Geld zu leisten ist, oder soll eine Vergütung für Vermögensgegenstände, welche die Gesellschaft übernimmt, auf eine Einlage angerechnet werden, so muß die Person desjenigen, welcher die Einlage zu leisten oder die Vermögensgegenstände zu überlassen hat, sowie der Gegenstand der Einlage oder Überlassung und der Geldwert, für welchen die Einlage angenommen wird, oder die für den überlassenen Gegenstand zu gewährende Vergütung in dem Beschlusse auf Erhöhung des Stammkapitals festgesetzt und in der im § 55 Abs. 1 bezeichneten Erklärung angegeben werden.

Die Bestimmung im § 19 Abs. 3 findet entsprechende Anwendung.

§ 57. Die beschlossene Erhöhung des Stammkapitals ist zur Eintragung in das Handelsregister anzumelden, nachdem das erhöhte Kapital durch Übernahme von Stammeinlagen gedeckt ist.

Die Bestimmung im § 7 Abs. 2 über die vor der Anmeldung des Gesellschaftsvertrages zu leistende Einzahlung, sowie die Bestimmung, im § 8 Abs. 2 über die in der Anmeldung abzugebende Versicherung finden entsprechende Anwendung.

Der Anmeldung sind beizufügen:

1. die im § 55 Abs. 1 bezeichneten Erklärungen oder eine beglaubigte Abschrift derselben;
2. eine von den Anmeldenden unterschriebene Liste der Personen, welche die neuen Stammeinlagen übernommen haben; aus der Liste muß der Betrag der von jedem übernommenen Einlage ersichtlich sein.

In bezug auf die Verantwortlichkeit der Anmeldenden für die Richtigkeit ihrer Angaben finden die Bestimmungen im § 9 entsprechende Anwendung.

§ 58. Eine Herabsetzung des Stammkapitals kann nur unter Beobachtung der nachstehenden Bestimmungen erfolgen:

1. der Beschluß auf Herabsetzung des Stammkapitals muß von den Geschäftsführern zu drei verschiedenen Malen durch die im § 30 Abs. 2 bezeichneten Blätter bekannt gemacht werden; in diesen Bekanntmachungen sind zugleich die Gläubiger der Gesellschaft aufzufordern, sich bei derselben zu melden; die aus den Handelsbüchern der Gesellschaft ersichtlichen oder in anderer Weise bekannten Gläubiger sind durch besondere Mitteilung zur Anmeldung aufzufordern;
2. die Gläubiger, welche sich bei der Gesellschaft melden und der Herabsetzung nicht zustimmen, sind wegen der erhobenen Ansprüche zu befriedigen oder sicherzustellen;
3. die Anmeldung des Herabsetzungsbeschlusses zur Eintragung in das Handelsregister erfolgt nicht vor Ablauf eines Jahres seit dem Tage, an welchem die Aufforderung der Gläubiger in den öffentlichen Blättern zum dritten Male stattgefunden hat;

4. mit der Anmeldung sind die Bekanntmachungen des Beschlusses einzureichen; zugleich haben die Geschäftsführer die Versicherung abzugeben, daß die Gläubiger, welche sich bei der Gesellschaft gemeldet und der Herabsetzung nicht zugestimmt haben, befriedigt oder sichergestellt sind.

Die Bestimmung im § 5 Abs. 1 über den Mindestbetrag des Stammkapitals bleibt unberührt. Erfolgt die Herabsetzung zum Zweck der Zurückzahlung von Stammeinlagen oder zum Zweck des Erlasses der auf diese geschuldeten Einzahlungen, so darf der verbleibende Betrag der Stammeinlagen nicht unter den im § 5 Abs. 1 und 3 bezeichneten Betrag herabgehen.

§ 59. Auf die Anmeldungen zu dem Handelsregister eines Gerichts, in dessen Bezirke die Gesellschaft eine Zweigniederlassung besitzt, finden die Bestimmungen im § 57 Abs. 2, Abs. 3 Nr. 1 und im § 58 Abs. 1 Nr. 4 keine Anwendung.

5. Abschnitt. Auflösung und Nichtigkeit der Gesellschaft.

§ 60. Die Gesellschaft mit beschränkter Haftung wird aufgelöst:
1. durch Ablauf der im Gesellschaftsvertrage bestimmten Zeit;[30, 31])
2. durch Beschluß der Gesellschafter; derselbe bedarf, sofern im Gesellschaftsvertrage nicht ein anderes bestimmt ist, einer Mehrheit von drei Vierteilen der abgegebenen Stimmen;
3. durch gerichtliches Urteil oder durch Entscheidung des Verwaltungsgerichts oder der Verwaltungsbehörde in den Fällen der §§ 61 und 62;
4. durch die Eröffnung des Konkursverfahrens; wird das Verfahren nach Abschluß eines Zwangsvergleichs aufgehoben oder auf Antrag des Gemeinschuldners eingestellt, so können die Gesellschafter die Fortsetzung der Gesellschaft beschließen.

Im Gesellschaftsvertrage können weitere Auflösungsgründe festgesetzt werden.[32])

§ 61. Die Gesellschaft kann durch gerichtliches Urteil aufgelöst werden, wenn die Erreichung des Gesellschaftszweckes unmöglich wird, oder wenn andere, in den Verhältnissen der Gesellschaft liegende, wichtige Gründe für die Auflösung vorhanden sind.

Die Auflösungsklage ist gegen die Gesellschaft zu richten. Sie kann nur von Gesellschaftern erhoben werden, deren Geschäftsanteile zusammen mindestens dem zehnten Teile des Stammkapitals entsprechen.

---

30) Auch nach Ablauf der Zeit können die Gesellschafter mit Einstimmigkeit die Fortsetzung der Gesellschaft beschließen. JW 1925 S. 640.

31) Auch die in Liquidation befindliche Gesellschaft kann durch einstimmigen Beschluß aller Gesellschafter in eine werbende zurückverwandelt werden. RG 118 339.

32) Die G. m. b. H. erlischt nicht, wenn sie das Geschäft mit der Firma veräußert. RG 107 31.

Für die Klage ist das Landgericht ausschließlich zuständig, in dessen Bezirk die Gesellschaft ihren Sitz hat.

§ 62. Wenn eine Gesellschaft das Gemeinwohl dadurch gefährdet, daß die Gesellschafter gesetzwidrige Beschlüsse fassen oder gesetzwidrige Handlungen der Geschäftsführer wissentlich geschehen lassen, so kann sie aufgelöst werden, ohne daß deshalb ein Anspruch auf Entschädigung stattfindet.

Das Verfahren und die Zuständigkeit der Behörden richtet sich nach den für streitige Verwaltungssachen landesgesetzlich geltenden Vorschriften. Wo ein Verwaltungsstreitverfahren nicht besteht, kann die Auflösung nur durch gerichtliches Erkenntnis auf Betreiben der höheren Verwaltungsbehörde erfolgen. Ausschließlich zuständig ist in diesem Falle das Landgericht, in dessen Bezirk die Gesellschaft ihren Sitz hat.

§ 63. Über das Vermögen der Gesellschaft findet das Konkursverfahren außer dem Falle der Zahlungsunfähigkeit auch in dem Falle der Überschuldung statt.

Die auf das Konkursverfahren über das Vermögen einer Aktiengesellschaft bezüglichen Vorschriften im § 207 Abs. 2, § 209 der KonkursO finden auf die Gesellschaft mit beschränkter Haftung entsprechende Anwendung.

§ 64. Wird die Gesellschaft zahlungsunfähig, so haben die Geschäftsführer ohne schuldhaftes Zögern, spätestens aber zwei Wochen nach Eintritt der Zahlungsunfähigkeit, die Eröffnung des Konkursverfahrens oder die Eröffnung des gerichtlichen Vergleichsverfahrens zu beantragen; entsprechendes gilt, wenn sich bei der Aufstellung der Jahresbilanz oder einer Zwischenbilanz ergibt, daß das Vermögen nicht mehr die Schulden deckt. Eine schuldhafte Verzögerung des Antrags liegt nicht vor, wenn die Geschäftsführer die Eröffnung des gerichtlichen Vergleichsverfahrens mit der Sorgfalt eines ordentlichen Geschäftsmanns betreiben.

Die Geschäftsführer sind der Gesellschaft zum Ersatze von Zahlungen verpflichtet, die nach Eintritt der Zahlungsunfähigkeit der Gesellschaft oder nach Feststellung ihrer Überschuldung geleistet werden. Dies gilt nicht von Zahlungen, die auch nach diesem Zeitpunkt mit der Sorgfalt eines ordentlichen Geschäftsmanns vereinbar sind. Auf den Ersatzanspruch finden die Bestimmungen im § 43 Abs. 3 und 4 entsprechende Anwendung.

§ 65. Die Auflösung der Gesellschaft ist außer dem Falle des Konkursverfahrens zur Eintragung in das Handelsregister anzumelden. Das gleiche gilt von einer Fortsetzung der Gesellschaft in den im § 60 Abs. 1 Nr. 4 bezeichneten Fällen.

Die Auflösung ist von den Liquidatoren zu drei verschiedenen Malen durch die im § 30 Abs. 2 bezeichneten öffentlichen Blätter bekannt zu machen. Durch die Bekanntmachung sind zugleich die Gläubiger der Gesellschaft aufzufordern, sich bei derselben zu melden.

§ 66. In den Fällen der Auflösung außer dem Falle des Konkursverfahrens erfolgt die Liquidation durch die Geschäftsführer, wenn nicht dieselbe durch den Gesellschaftsvertrag oder durch Beschluß der Gesellschafter anderen Personen übertragen wird.

Auf Antrag von Gesellschaftern, deren Geschäftsanteile zusammen mindestens dem zehnten Teile des Stammkapitals entsprechen, kann aus wichtigen Gründen die Bestellung von Liquidatoren durch das Gericht*) (§ 7 Abs. 1) erfolgen.

Die Abberufung von Liquidatoren kann durch das Gericht unter derselben Voraussetzung wie die Bestellung stattfinden. Liquidatoren, welche nicht vom Gericht ernannt sind, können auch durch Beschluß der Gesellschafter vor Ablauf des Zeitraums, für welchen sie bestellt sind, abberufen werden.

§ 67. Die ersten Liquidatoren sind durch die Geschäftsführer, jede Änderung in den Personen der Liquidatoren sowie eine Beendigung ihrer Vertretungsbefugnis ist durch die Liquidatoren zur Eintragung in das Handelsregister anzumelden.

Der Anmeldung ist eine Abschrift der Urkunden über die Bestellung der Liquidatoren oder über die Änderung in den Personen derselben beizufügen. Diese Vorschrift findet auf die Anmeldung zum Handelsregister einer Zweigniederlassung keine Anwendung.

Die Eintragung der gerichtlichen Ernennung oder Abberufung von Liquidatoren geschieht von Amts wegen.

Die Liquidatoren haben ihre Unterschrift zur Aufbewahrung bei dem Gerichte zu zeichnen.

§ 68. Die Liquidatoren haben in der bei ihrer Bestellung bestimmten Form ihre Willenserklärungen kundzugeben und für die Gesellschaft zu zeichnen. Ist nichts darüber bestimmt, so muß die Erklärung und Zeichnung durch sämtliche Liquidatoren erfolgen.

Die Bestimmung ist mit der Bestellung der Liquidatoren zur Eintragung in das Handelsregister anzumelden.

Die Zeichnungen geschehen in der Weise, daß die Liquidatoren der bisherigen, nunmehr als Liquidationsfirma zu bezeichnenden Firma ihre Namensunterschrift beifügen.

§ 69. Bis zur Beendigung der Liquidation kommen ungeachtet der Auflösung der Gesellschaft in bezug auf die Rechtsverhältnisse derselben und der Gesellschafter die Vorschriften des zweiten und dritten Abschnitts zur Anwendung, soweit sich aus den Bestimmungen des gegenwärtigen Abschnitts und aus dem Wesen der Liquidation nicht ein anderes ergibt.

Der Gerichtsstand, welchen die Gesellschaft zur Zeit ihrer Auflösung hatte, bleibt bis zur vollzogenen Verteilung des Vermögens bestehen.

---

*) Das Amtsgericht, § 417 Ges. über die Angel. der freiw. Gerichtsbarkeit v. 17. V. 98.

§ 70. Die Liquidatoren haben die laufenden Geschäfte zu beendigen, die Verpflichtungen der aufgelösten Gesellschaft zu erfüllen, die Forderungen derselben einzuziehen und das Vermögen der Gesellschaft in Geld umzusetzen; sie haben die Gesellschaft gerichtlich und außergerichtlich zu vertreten. Zur Beendigung schwebender Geschäfte können die Liquidatoren auch neue Geschäfte eingehen.

§ 71. Ergibt sich die Zahlungsunfähigkeit der aufgelösten Gesellschaft, so haben die Liquidatoren die Eröffnung des Konkursverfahrens zu beantragen; dasselbe gilt, wenn sich bei der Aufstellung der Jahresbilanz oder einer Zwischenbilanz ergibt, daß das Vermögen nicht mehr die Schulden deckt.

Sie haben sofort bei Beginn der Liquidation und demnächst in jedem Jahre eine Bilanz aufzustellen.

Im übrigen haben die Liquidatoren die aus §§ 36, 37, § 41 Abs. 1, § 43 Abs. 1, 2 und 4, § 49 Abs. 1 und 2, § 64 Abs. 2 sich ergebenden Rechte und Pflichten der Geschäftsführer.

§ 72. Das Vermögen der Gesellschaft wird unter die Gesellschafter nach Verhältnis ihrer Geschäftsanteile verteilt. Durch den Gesellschaftsvertrag kann ein anderes Verhältnis für die Verteilung bestimmt werden.

§ 73. Die Verteilung darf nicht vor Tilgung oder Sicherstellung der Schulden der Gesellschaft und nicht vor Ablauf eines Jahres seit dem Tage vorgenommen werden, an welchem die Aufforderung an die Gläubiger (§ 65 Abs. 2) in den öffentlichen Blättern zum dritten Male erfolgt ist.[33], [34])

Meldet sich ein bekannter Gläubiger nicht, so ist der geschuldete Betrag, wenn die Berechtigung zur Hinterlegung vorhanden ist, für den Gläubiger zu hinterlegen. Ist die Berichtigung einer Verbindlichkeit zurzeit nicht ausführbar oder ist eine Verbindlichkeit streitig, so darf die Verteilung des Vermögens nur erfolgen, wenn dem Gläubiger Sicherheit geleistet ist.

Liquidatoren, welche diesen Vorschriften zuwiderhandeln, sind zum Ersatze der verteilten Beträge solidarisch verpflichtet. Auf den Ersatzanspruch finden die Bestimmungen im § 43 Abs. 3 und 4 entsprechende Anwendung.

---

33) § 73 Abs. 1 enthält keine Ausschlußfrist gegenüber einem sich nicht meldenden Gläubiger. Er kann aber bei späterem Hervortreten nicht von einem Gesellschafter den ausgeschütteten Liquidationserlös aus ungerechtfertigter Bereicherung zurückfordern. RG 124 213.

34) Auch nach Eintragung der Beendigung der Liquidation und des Erlöschens der Firma besteht die Liquidationsgesellschaft weiter, so lange noch Gesellschaftsvermögen vorhanden ist. Solches ist auch ein Regreßanspruch der Gesellschaft gegenüber dem Liquidator aus ordnungswidriger Verteilung von Gesellschaftsvermögen und der Anspruch gegen die Gesellschafter wegen der dadurch erlangten Bereicherung. Das Sperrjahr hat keine Ausschlußwirkung. Der frühere Liquidator ist ohne weiteres wieder Liquidator. — Anders bei der Aktiengesellschaft nach § 302 Abs. 4 HGB. RG 109 391.

§ 74. Nach Beendigung der Liquidation sind die Bücher und Schriften der Gesellschaft für die Dauer von 10 Jahren einem der Gesellschafter oder einem Dritten in Verwahrung zu geben. Der Gesellschafter oder der Dritte wird in Ermangelung einer Bestimmung des Gesellschaftsvertrages oder eines Beschlusses der Gesellschafter durch das Gericht*) (§ 7 Abs. 1) bestimmt.

Die Gesellschafter und deren Rechtsnachfolger sind zur Einsicht der Bücher und Schriften berechtigt. Gläubiger der Gesellschaft können von dem Gericht (§ 7 Abs. 1) zur Einsicht ermächtigt werden.

§ 75. Enthält der Gesellschaftsvertrag nicht die nach § 3 Abs. 1 wesentlichen Bestimmungen oder ist eine dieser Bestimmungen nichtig,**)[35] so kann jeder Gesellschafter, jeder Geschäftsführer und, wenn ein Aufsichtsrat bestellt ist, jedes Mitglied des Aufsichtsrats im Wege der Klage beantragen, daß die Gesellschaft für nichtig erklärt werde. §§ 272, 173 HGB finden entsprechende Anwendung.

§ 76. Ein Mangel, der die Bestimmungen über die Firma oder den Sitz der Gesellschaft oder den Gegenstand des Unternehmens betrifft, kann durch einstimmigen Beschluß der Gesellschafter geheilt werden.

§ 77. Ist die Nichtigkeit einer Gesellschaft in das Handelsregister eingetragen, so finden zum Zwecke der Abwicklung ihrer Verhältnisse die für den Fall der Auflösung geltenden Vorschriften entsprechende Anwendung.

Die Wirksamkeit der im Namen der Gesellschaft mit Dritten vorgenommenen Rechtsgeschäfte wird durch die Nichtigkeit nicht berührt.

Die Gesellschafter haben die versprochenen Einzahlungen zu leisten, soweit es zur Erfüllung der eingegangenen Verbindlichkeiten erforderlich ist.

6. Abschnitt. Schlußbestimmungen.

§ 78. Die in diesem Gesetze vorgesehenen Anmeldungen zum Handelsregister sind durch die Geschäftsführer oder die Liquidatoren, die im § 7 Abs. 1, § 12 Abs. 1, § 57 Abs. 1, § 58 Abs. 1 Nr. 3, § 80 Abs. 5 vorgesehenen Anmeldungen sind durch sämtliche Geschäftsführer zu bewirken.

§ 79. In Ansehung der in §§ 7, 54, § 57 Abs. 1, § 58 Abs. 1 Nr. 3, § 80 Abs. 5 bezeichneten Anmeldungen zum Handelsregister findet, soweit es sich um die Anmeldung zum Handelsregister des Sitzes der Gesellschaft handelt, eine Verhängung von Ordnungsstrafen nach § 14 HGB nicht statt.

§ 80. Wird eine Aktiengesellschaft zum Zweck der Umwandlung in eine Gesellschaft mit beschränkter Haftung aufgelöst, so kann die Liqui-

---

*) Das Amtsgericht.

**) Vgl. die Anmerkung oben zu § 309 HGB und § 144 des Gesetzes über die freiw. Gerichtsbarkeit.

35) § 139 BGB ist nicht anwendbar. RG 128 5.

dation derselben unterbleiben, wenn hinsichtlich der Errichtung der neuen Gesellschaft den nachstehenden Bestimmungen genügt wird.

Das Stammkapital der neuen Gesellschaft darf nicht geringer sein als das Grundkapital der aufgelösten Gesellschaft.

Den Aktionären ist durch öffentliche Bekanntmachung oder in sonst geeigneter Weise Gelegenheit zu geben, mit dem auf ihre Aktien entfallenden Anteil an dem Vermögen der aufgelösten Gesellschaft sich bei der neuen Gesellschaft zu beteiligen. Die Aktien der sich beteiligenden Mitglieder müssen mindestens drei Vierteile des Grundkapitals der aufgelösten Gesellschaft darstellen.

Der auf jede Aktie entfallende Anteil an dem Vermögen der aufgelösten Gesellschaft wird auf Grund einer Bilanz berechnet, welche der Generalversammlung der Aktionäre zur Genehmigung vorzulegen ist. Der Beschluß, durch welchen die Genehmigung erfolgt, bedarf einer Mehrheit von drei Vierteilen des in der Generalversammlung vertretenen Grundkapitals.

Die neue Gesellschaft muß spätestens binnen einem Monate nach Auflösung der Aktiengesellschaft zur Eintragung in das Handelsregister angemeldet werden. Die Eintragung darf nur erfolgen, nachdem die Beobachtung der vorstehenden Bestimmungen nachgewiesen ist.

§ 81. In dem Falle des § 80 geht das Vermögen der aufgelösten Gesellschaft einschließlich ihrer Schulden mit der Eintragung der neuen Gesellschaft in das Handelsregister auf diese von Rechts wegen über.

Jeder Aktionär, welcher bei der neuen Gesellschaft sich nicht beteiligt hat, kann von dieser die Auszahlung eines seinem Anteil an dem Vermögen der aufgelösten Gesellschaft entsprechenden Betrages verlangen.

Unverzüglich nach der Eintragung der neuen Gesellschaft in das Handelsregister sind die Gläubiger der aufgelösten Gesellschaft nach Maßgabe des § 297 HGB durch die Geschäftsführer der neuen Gesellschaft aufzufordern, sich bei dieser zu melden. Die Gläubiger, welche sich melden und der Umwandlung nicht zustimmen, sind zu befriedigen oder sicherzustellen. Die Geschäftsführer sind den Gläubigern der aufgelösten Gesellschaft persönlich und solidarisch für die Beobachtung dieser Vorschriften verantwortlich.

§ 82. Mit Gefängnis bis zu einem Jahre und zugleich mit Geldstrafe bis zu 5000*) Mark werden bestraft:

1. Geschäftsführer und Mitglieder einer Gesellschaft mit beschränkter Haftung, welche behufs Eintragung der Gesellschaft in das Handelsregister, sowie Geschäftsführer, welche behufs Eintragung einer Erhöhung des Stammkapitals in das Handelsregister dem Gericht (§ 7 Abs. 1) hinsichtlich der Einzahlungen auf die Stammeinlagen wissentlich falsche Angaben machen;
2. Geschäftsführer einer Ges. mit beschr. Haftung, welche, um die Eintragung einer Herabsetzung des Stammkapitals in das Han-

*) Vgl. die VO über Vermögensstrafen und Bußen v. 6. II. 24 (RGBl S. 44).

delsregister zu erwirken, dem Gericht (§ 7 Abs. 1) hinsichtlich der Befriedigung oder Sicherstellung der Gläubiger wissentlich eine unwahre Versicherung abgeben;

3. Geschäftsführer, Liquidatoren, sowie Mitglieder eines Aufsichtsrats oder ähnlichen Organs einer Gesellschaft mit beschränkter Haftung, welche in einer öffentlichen Mitteilung die Vermögenslage der Gesellschaft wissentlich unwahr darstellen oder verschleiern.

Zugleich kann auf Verlust der bürgerlichen Ehrenrechte erkannt werden.

Sind mildernde Umstände vorhanden, so tritt ausschließlich Geldstrafe ein.

§ 83. Die Strafvorschriften der §§ 239—241 der Konkursordnung finden gegen die Geschäftsführer einer Gesellschaft mit beschränkter Haftung, welche ihre Zahlungen eingestellt hat oder über deren Vermögen das Konkursverfahren eröffnet worden ist, Anwendung, wenn sie in dieser Eigenschaft die mit Strafe bedrohten Handlungen begangen haben.

§ 84. Mit Gefängnis bis zu drei Monaten und zugleich mit Geldstrafe werden bestraft:

1. die Geschäftsführer einer Gesellschaft mit beschränkter Haftung, wenn entgegen der Vorschrift des § 64 Abs. 1 der Antrag auf Eröffnung des Konkursverfahrens oder des gerichtlichen Ausgleichsverfahrens unterlassen ist;
2. die Liquidatoren einer Gesellschaft mit beschränkter Haftung, wenn entgegen der Vorschrift des § 71 Abs. 1 der Antrag auf Eröffnung des Konkursverfahrens unterlassen ist.

Sind mildernde Umstände vorhanden, so tritt ausschließlich die Geldstrafe ein.

Straflos bleibt derjenige, bezüglich dessen festgestellt wird, daß der Antrag auf Eröffnung des Konkursverfahrens oder des gerichtlichen Vergleichsverfahrens ohne sein Verschulden unterblieben ist.

---

11. Gesetz, betr. die Abzahlungsgeschäfte,

vom 16. Mai 1894 (RGBl 450).

---

§ 1. Hat bei dem Verkauf einer dem Käufer übergebenen beweglichen Sache, deren Kaufpreis in Teilzahlungen berichtigt werden soll, der Verkäufer sich das Recht vorbehalten, wegen Nichterfüllung der dem Käufer obliegenden Verpflichtungen von dem Vertrage zurückzutreten, so ist im Falle dieses Rücktritts jeder Teil verpflichtet, dem anderen Teil die empfangenen Leistungen zurückzugewähren. Eine entgegenstehende Vereinbarung ist nichtig.

Dem Vorbehalte des Rücktrittsrechts steht es gleich, wenn der Verkäufer wegen Nichterfüllung der dem Käufer obliegenden Verpflichtungen kraft Gesetzes die Auflösung des Vertrages verlangen kann.

§ 2. Der Käufer hat im Falle des Rücktritts dem Verkäufer für die infolge des Vertrages gemachten Aufwendungen, sowie für solche Beschädigungen der Sache Ersatz zu leisten, welche durch ein Verschulden des Käufers oder durch einen sonstigen von ihm zu vertretenden Umstand verursacht sind. Für die Überlassung des Gebrauchs oder der Benutzung ist deren Wert zu vergüten, wobei auf die inzwischen eingetretene Wertminderung der Sache Rücksicht zu nehmen ist. Eine entgegenstehende Vereinbarung, insbesondere die vor Ausübung des Rücktrittsrechts erfolgte vertragsmäßige Festsetzung einer höheren Vergütung, ist nichtig.

Auf die Festsetzung der Höhe der Vergütung finden die Vorschriften des § 287 Abs. 1 ZPO entsprechende Anwendung.

§ 3. Die nach den Bestimmungen der §§ 1, 2 begründeten gegenseitigen Verpflichtungen sind Zug um Zug zu erfüllen.

§ 4. Eine wegen Nichterfüllung der dem Käufer obliegenden Verpflichtungen verwirkte Vertragsstrafe kann, wenn sie unverhältnismäßig hoch ist, auf Antrag des Käufers durch Urteil auf den angemessenen Betrag herabgesetzt werden. Die Herabsetzung einer entrichteten Strafe ist ausgeschlossen.

Die Abrede, daß die Nichterfüllung der dem Käufer obliegenden Verpflichtungen die Fälligkeit der Restschuld zur Folge haben solle, kann rechtsgültig nur für den Fall getroffen werden, daß der Käufer mit mindestens zwei aufeinander folgenden Teilzahlungen ganz oder teilweise im Verzug ist und der Betrag, mit dessen Zahlung er im Verzug ist, mindestens dem zehnten Teile des Kaufpreises der übergebenen Sache gleichkommt.

§ 5. Hat der Verkäufer auf Grund des ihm vorbehaltenen Eigentums die verkaufte Sache wieder an sich genommen, so gilt dies als Ausübung des Rücktrittsrechts.

§ 6. Die Vorschriften der §§ 1—5 finden auf Verträge, welche darauf abzielen, die Zwecke eines Abzahlungsgeschäfts (§ 1) in einer andern Rechtsform, insbesondere durch mietweise Überlassung der Sache zu erreichen, entsprechende Anwendung, gleichviel ob dem Empfänger der Sache ein Recht, später deren Eigentum zu erwerben, eingeräumt ist oder nicht.

§ 7. Wer Lotterielose, Inhaberpapiere mit Prämien (Gesetz vom 8. VI. 71, RGBl 210) oder Bezugs- oder Anteilscheine auf solche Lose oder Inhaberpapiere gegen Teilzahlungen verkauft oder durch sonstige auf die gleichen Zwecke abzielende Verträge veräußert, wird mit Geldstrafe bis zu fünfhundert*) Mark bestraft.

---

*) Vgl. die VO über Vermögensstrafen und Bußen v. 6. II. 24 (RGBl S. 44).

Es begründet keinen Unterschied, ob die Übergabe des Papiers vor oder nach der Zahlung des Preises erfolgt.

§ 8. Die Bestimmungen dieses Gesetzes finden keine Anwendung, wenn der Empfänger der Ware als Kaufmann in das Handelsregister eingetragen ist.

§ 9. Verträge, welche vor dem Inkrafttreten dieses Gesetzes abgeschlossen worden sind, unterliegen den Vorschriften desselben nicht.

12. Gesetz gegen den unlauteren Wettbewerb,

vom 7. Juni 1909 (RGBl 499).

§ 1. Wer im geschäftlichen Verkehre zu Zwecken des Wettbewerbes Handlungen vornimmt, die gegen die guten Sitten verstoßen, kann auf Unterlassung und Schadensersatz in Anspruch genommen werden.[1—3])

§ 2. Unter Waren im Sinne dieses Gesetzes sind auch landwirtschaftliche Erzeugnisse, unter gewerblichen Leistungen und Interessen auch landwirtschaftliche zu verstehen.

§ 3. Wer in öffentlichen Bekanntmachungen oder in Mitteilungen, die für einen größeren Kreis von Personen bestimmt sind, über geschäftliche Verhältnisse, insbesondere über die Beschaffenheit, den Ursprung, die Herstellungsart oder die Preisbemessung von Waren oder gewerblichen Leistungen, über die Art des Bezugs oder die Bezugsquelle von Waren, über den Besitz von Auszeichnungen, über den Anlaß oder Zweck des Verkaufs oder über die Menge der Vorräte unrichtige Angaben macht, die geeignet sind, den Anschein eines besonders günstigen Angebots hervorzurufen, kann auf Unterlassung der unrichtigen Angaben in Anspruch genommen werden.[4—5])

§ 4. Wer in der Absicht, den Anschein eines besonders günstigen Angebots hervorzurufen, in öffentlichen Bekanntmachungen oder in Mitteilungen, die für einen größeren Kreis von Personen bestimmt sind, über geschäftliche Verhältnisse, insbesondere über die Beschaffenheit, den Ursprung, die Herstellungsart oder die Preisbemessung von Waren oder gewerblichen Leistungen, über die Art des Bezugs oder die Bezugs-

1) Persönliche Reklame, Hinweis auf besondere Vorzüge der eigenen Leistungen gegenüber denen bestimmter Konkurrenten ist im allgemeinen zu meiden und nur in besonderen Fällen zulässig. RG 116 280.

2) Unterbietung von vereinbarten Preisen fällt unter § 1. RG 120 52.

3) Hinsichtlich öffentlicher Feuerversicherungsanstalten vgl. RG 116 31, für Fernmelderecht RG 128 330.

4) Auf Ausstellungen verliehene Auszeichnungen darf nur der Aussteller selbst benutzen. RG 109 50.

5) Zum Begriff der „Kunstseide" vgl. RG 128 264.

quelle von Waren, über den Besitz von Auszeichnungen, über den Anlaß oder den Zweck des Verkaufs oder über die Menge der Vorräte wissentlich unwahre und zur Irreführung geeignete Angaben macht, wird mit Gefängnis bis zu einem Jahre und mit Geldstrafe bis zu fünftausend Mark oder mit einer dieser Strafen bestraft.

Werden die im Abs. 1 bezeichneten unrichtigen Angaben in einem geschäftlichen Betriebe von einem Angestellten oder Beauftragten gemacht, so ist der Inhaber oder Leiter des Betriebs neben dem Angestellten oder Beauftragten strafbar, wenn die Handlung mit seinem Wissen geschah.

§ 5. Die Verwendung von Namen, die im geschäftlichen Verkehre zur Benennung gewisser Waren oder gewerblicher Leistungen dienen, ohne deren Herkunft bezeichnen zu sollen, fällt nicht unter die §§ 3, 4.

Im Sinne der §§ 3, 4 sind den dort bezeichneten Angaben bildliche Darstellungen und sonstige Veranstaltungen gleich zu achten, die darauf berechnet und geeignet sind, solche Angaben zu ersetzen.

§ 6. Wird in öffentlichen Bekanntmachungen oder in Mitteilungen, die für einen größeren Kreis von Personen bestimmt sind, der Verkauf von Waren angekündigt, die aus einer Konkursmasse stammen, aber nicht mehr zum Bestande der Konkursmasse gehören, so ist dabei jede Bezugnahme auf die Herkunft der Waren aus einer Konkursmasse verboten.

Zuwiderhandlungen gegen diese Vorschrift werden mit Geldstrafen bis zu 150 Mark*) oder mit Haft bestraft.

§ 7. Wer in öffentlichen Bekanntmachungen oder in Mitteilungen, die für einen größeren Kreis von Personen bestimmt sind, den Verkauf von Waren unter der Bezeichnung eines Ausverkaufs ankündigt, ist gehalten, in der Ankündigung den Grund anzugeben, der zu dem Ausverkauf Anlaß gegeben hat.

Durch die höhere Verwaltungsbehörde kann nach Anhörung der zuständigen gesetzlichen Gewerbe- und Handelsvertretungen für die Ankündigung bestimmter Arten von Ausverkäufen angeordnet werden, daß zuvor bei der von ihr zu bezeichnenden Stelle Anzeige über den Grund des Ausverkaufs und den Zeitpunkt seines Beginnes zu erstatten sowie ein Verzeichnis der auszuverkaufenden Waren einzureichen ist. Die Einsicht der Verzeichnisse ist jedem gestattet.

§ 8. Mit Gefängnis bis zu 1 Jahre und mit Geldstrafe bis zu 5000 Mark*) oder mit einer dieser Strafen wird bestraft, wer im Falle der Ankündigung eines Ausverkaufs Waren zum Verkaufe stellt, die nur für den Zweck des Ausverkaufs herbeigeschafft worden sind (sogenanntes Verschieben oder Nachschieben von Waren).

§ 9. Der Ankündigung eines Ausverkaufs im Sinne des § 7 Abs. 2 und des § 8 steht jede sonstige Ankündigung gleich, welche den Verkauf

*) Vgl. die VO über Vermögensstrafen und Bußen v. 6. II. 24 (RGBl S. 44).

von Waren wegen Beendigung des Geschäftsbetriebs, Aufgabe einer einzelnen Warengattung oder Räumung eines bestimmten Warenvorrats aus dem vorhandenen Bestande betrifft.

Auf Saison- und Inventurausverkäufe, die in der Ankündigung als solche bezeichnet werden und im ordentlichen Geschäftsverkehr üblich sind,[6]) finden §§ 7 und 8 keine Anwendung. Über Zahl, Zeit und Dauer der üblichen Saison- und Inventurausverkäufe kann die höhere Verwaltungsbehörde nach Anhörung der zuständigen gesetzlichen Gewerbe- und Handelsvertretungen Bestimmungen treffen.

§ 10. Mit Geldstrafe bis zu 150 Mark*) oder mit Haft wird bestraft: 1. wer der Vorschrift des § 7 Abs. 1 zuwider es unterläßt, in der Ankündigung eines Ausverkaufs den Grund anzugeben, der zu dem Ausverkauf Anlaß gegeben hat; 2. wer den auf Grund des § 7 Abs. 2 erlassenen Anordnungen zuwiderhandelt oder bei Befolgung dieser Anordnungen unrichtige Angaben macht; 3. wer den von der höheren Verwaltungsbehörde auf Grund des § 9 Abs. 2 Satz 2 getroffenen Bestimmungen zuwiderhandelt.

§ 11. Durch Beschluß des Bundesrats kann festgesetzt werden, daß bestimmte Waren im Einzelverkehre nur in vorgeschriebenen Einheiten der Zahl, des Maßes oder des Gewichts oder mit einer auf der Ware oder ihrer Aufmachung anzubringenden Angabe über Zahl, Maß, Gewicht, über den Ort der Erzeugung oder den Ort der Herkunft der Ware gewerbsmäßig verkauft oder feilgehalten werden dürfen.

Für den Einzelverkehr mit Bier in Flaschen oder Krügen kann die Angabe des Inhalts unter Festsetzung angemessener Fehlergrenzen vorgeschrieben werden.

Die durch Beschluß des Bundesrats getroffenen Bestimmungen sind durch das RGBl zu veröffentlichen und dem Reichstage sogleich oder bei seinem nächsten Zusammentritte vorzulegen.

Zuwiderhandlungen gegen die Bestimmungen des Bundesrats werden mit Geldstrafe bis zu 150 Mark*) oder mit Haft bestraft.

§ 12. Mit Gefängnis bis zu 1 Jahre und mit Geldstrafe bis zu 5000 Mark*) oder mit einer dieser Strafen wird, soweit nicht nach anderen Bestimmungen eine schwerere Strafe verwirkt wird, bestraft, wer im geschäftlichen Verkehre zu Zwecken des Wettbewerbes dem Angestellten oder Beauftragten eines geschäftlichen Betriebs Geschenke oder andere Vorteile anbietet, verspricht oder gewährt, um durch unlauteres Verhalten des Angestellten oder Beauftragten bei dem Bezuge von Waren oder gewerblichen Leistungen eine Bevorzugung für sich oder einen Dritten zu erlangen.

Die gleiche Strafe trifft den Angestellten oder Beauftragten eines geschäftlichen Betriebs, der im geschäftlichen Verkehre Geschenke oder

---

6) Für die Üblichkeit ist die Auffassung der Inhaber von Geschäften eines bestimmten Geschäftszweiges maßgebend. RG 117 279.

*) Vgl. Anm. zu § 6.

andere Vorteile fordert, sich versprechen läßt oder annimmt, damit er durch unlauteres Verhalten einem anderen bei dem Bezuge von Waren oder gewerblichen Leistungen im Wettbewerb eine Bevorzugung verschaffe.

Im Urteil ist zu erklären, daß das Empfangene oder sein Wert dem Staate verfallen sei.

§ 13. In den Fällen der §§ 1, 3 kann der Anspruch auf Unterlassung von jedem Gewerbetreibenden, der Waren oder Leistungen gleicher oder verwandter Art herstellt oder in den geschäftlichen Verkehr bringt,[7]) oder von Verbänden zur Förderung gewerblicher Interessen[8]) geltend gemacht werden, soweit die Verbände als solche in bürgerlichen Rechtsstreitigkeiten klagen können. Auch können diese Gewerbetreibenden und Verbände denjenigen, welcher den §§ 6, 8, 10, 11, 12 zuwiderhandelt, auf Unterlassung in Anspruch nehmen.

Zum Ersatze des durch die Zuwiderhandlung entstehenden Schadens ist verpflichtet:

1. wer im Falle des § 3 die Unrichtigkeit der von ihm gemachten Angaben kannte oder kennen mußte. Gegen Redakteure, Verleger, Drucker oder Verbreiter von periodischen Druckschriften kann der Anspruch auf Schadensersatz nur geltend gemacht werden, wenn sie die Unrichtigkeit der Angaben kannten;

2. wer gegen die §§ 6, 8, 10, 11, 12 vorsätzlich oder fahrlässig verstößt.

Werden in einem geschäftlichen Betriebe Handlungen, die nach §§ 1, 3, 6, 8, 10, 11, 12 unzulässig sind, von einem Angestellten oder Beauftragten vorgenommen, so ist der Unterlassungsanspruch auch gegen den Inhaber des Betriebs begründet.[9])

§ 14. Wer zu Zwecken des Wettbewerbes über das Erwerbsgeschäft eines andern, über die Person des Inhabers oder Leiters des Geschäfts, über die Waren oder gewerblichen Leistungen eines anderen Tatsachen behauptet oder verbreitet, die geeignet sind, den Betrieb des Geschäfts oder den Kredit des Inhabers zu schädigen, ist, sofern die Tatsachen nicht erweislich wahr sind, dem Verletzten zum Ersatze des entstandenen Schadens verpflichtet. Der Verletzte kann auch den Anspruch geltend machen, daß die Behauptung oder Verbreitung der Tatsachen unterbleibe.

Handelt es sich um vertrauliche Mitteilungen und hat der Mitteilende oder der Empfänger der Mitteilung an ihr ein berechtigtes Interesse, so ist der Anspruch auf Unterlassung nur zulässig, wenn die Tat-

---

7) Der Klagende muß einen entsprechenden Gewerbebetrieb tatsächlich ausüben. Es genügt nicht, wenn er als Fachmann jederzeit in der Lage ist, derartige Waren herzustellen und zu vertreiben. Das Gesetz schützt den Mitbewerber, nicht den besser Fachkundigen. RG 109 52.

8) Ein Verband kann neben einem Dritten klagen. RG 120 49.

9) Das Handeln des Angestellten wird dem Betriebsinhaber als eigenes angerechnet. Entlastungsbeweis gemäß § 831 BGB ist nicht zulässig. RG 116 33.

sachen der Wahrheit zuwider behauptet oder verbreitet sind. Der Anspruch auf Schadensersatz kann nur geltend gemacht werden, wenn der Mitteilende die Unrichtigkeit der Tatsachen kannte oder kennen mußte.

§ 13 Abs. 3 findet entsprechende Anwendung.

§ 15. Wer wider besseres Wissen über das Erwerbsgeschäft eines anderen, über die Person des Inhabers oder Leiters des Geschäfts, über die Waren oder gewerblichen Leistungen eines anderen Tatsachen der Wahrheit zuwider behauptet oder verbreitet, die geeignet sind, den Betrieb des Geschäfts zu schädigen, wird mit Gefängnis bis zu 1 Jahre und mit Geldstrafe bis zu 5000 Mark*) oder mit einer dieser Strafen bestraft.

Werden die im Abs. 1 bezeichneten Tatsachen in einem geschäftlichen Betriebe von einem Angestellten oder Beauftragten behauptet oder verbreitet, so ist der Inhaber des Betriebs neben dem Angestellten oder Beauftragten strafbar, wenn die Handlung mit seinem Wissen geschah.

§ 16. Wer im geschäftlichen Verkehr einen Namen, eine Firma oder die besondere Bezeichnung eines Erwerbsgeschäfts, eines gewerblichen Unternehmens oder einer Druckschrift in einer Weise benutzt, welche geeignet ist, Verwechselungen mit dem Namen, der Firma oder der besonderen Bezeichnung hervorzurufen, deren sich ein anderer befugterweise bedient, kann von diesem auf Unterlassung der Benutzung in Anspruch genommen werden.[10—12])

Der Benutzende ist dem Verletzten zum Ersatze des Schadens verpflichtet, wenn er wußte oder wissen mußte, daß die mißbräuchliche Art der Benutzung geeignet war, Verwechselungen hervorzurufen.

Der besonderen Bezeichnung eines Erwerbsgeschäfts stehen solche Geschäftsabzeichen und sonstigen zur Unterscheidung des Geschäfts von anderen Geschäften bestimmten Einrichtungen gleich, welche innerhalb beteiligter Verkehrskreise als Kennzeichen des Erwerbsgeschäfts gelten. Auf den Schutz von Warenzeichen und Ausstattungen (§§ 1, 15 des WarenZG, siehe Nr. 15) finden diese Vorschriften keine Anwendung.

§ 13 Abs. 3 findet entsprechende Anwendung.

§ 17. Mit Gefängnis bis zu 1 Jahre und mit Geldstrafe bis zu 5000 Mark*) oder mit einer dieser Strafen wird bestraft, wer als Angestellter, Arbeiter oder Lehrling ines Geschäftsbetriebs Geschäfts- oder Betriebsgeheimnisse, die ihm vermöge des Dienstverhältnisses anvertraut

---

10) Der Anspruch auf Unterlassung ist nicht abtretbar. JW 1926 S. 2106 Nr. 13.

11) Unbefugt handelt, wer durch Benutzung eines Namens oder einer Firma im geschäftlichen Verkehr die Gefahr der Verwechselung mit dem älteren Namen oder der älteren Firma hervorruft. RG 117 223.

12) Für die Anwendung des § 16 kommt es nicht auf das Vorliegen eines Wettbewerbes an. Die Vorschrift dient dem Interesse der Allgemeinheit. RG 108 274.

*) Vgl. Anm. zu § 6.

oder sonst zugänglich geworden sind, während der Geltungsdauer des Dienstverhältnisses unbefugt an andere zu Zwecken des Wettbewerbes oder in der Absicht, dem Inhaber des Geschäftsbetriebs Schaden zuzufügen, mitteilt.

Gleiche Strafe trifft denjenigen, welcher Geschäfts- oder Betriebsgeheimnisse, deren Kenntnis er durch eine der im Abs. 1 bezeichneten Mitteilungen oder durch eine gegen das Gesetz oder die guten Sitten verstoßende eigene Handlung erlangt hat, zu Zwecken des Wettbewerbes unbefugt verwertet oder an andere mitteilt.

§ 18. Mit Gefängnis bis zu 1 Jahre und mit Geldstrafe bis zu 5000 Mark*) oder mit einer dieser Strafen wird bestraft, wer die ihm im geschäftlichen Verkehr anvertrauten Vorlagen oder Vorschriften technischer Art, insbesondere Zeichnungen, Modelle, Schablonen, Schnitte, Rezepte, zu Zwecken des Wettbewerbes unbefugt verwertet oder an andere mitteilt.

§ 19. Zuwiderhandlungen gegen die §§ 17, 18 verpflichten außerdem zum Ersatze des entstandenen Schadens. Mehrere Verpflichtete haften als Gesamtschuldner.

§ 20. Wer zu Zwecken des Wettbewerbes es unternimmt, einen anderen zu einer Zuwiderhandlung gegen § 17 Abs. 1, § 18 zu bestimmen, wird mit Gefängnis bis zu 9 Monaten und mit Geldstrafe bis zu 2000 Mark*) oder mit einer dieser Strafen bestraft.

§ 21. Die in diesem Gesetze bezeichneten Ansprüche auf Unterlassung oder Schadensersatz verjähren in 6 Monaten von dem Zeitpunkt an, in welchem der Anspruchsberechtigte von der Handlung und von der Person des Verpflichteten Kenntnis erlangt, ohne Rücksicht auf diese Kenntnis in drei Jahren von der Begehung der Handlung an.

Für die Ansprüche auf Schadensersatz beginnt der Lauf der Verjährung nicht vor dem Zeitpunkt, in welchem ein Schaden entstanden ist.

§ 22. Die Strafverfolgung tritt mit Ausnahme der in den §§ 6, 10, 11 bezeichneten Fälle nur auf Antrag ein. In den Fällen der §§ 4, 8, 12 hat das Recht, den Strafantrag zu stellen, jeder der im § 13 Abs. 1 bezeichneten Gewerbtreibenden und Verbände.

Die Zurücknahme des Antrags ist zulässig.

Strafbare Handlungen, deren Verfolgung nur auf Antrag eintritt, können von dem zum Strafantrage Berechtigten im Wege der Privatklage verfolgt werden, ohne daß es einer vorgängigen Anrufung der Staatsanwaltschaft bedarf. Die öffentliche Klage wird von der Staatsanwaltschaft nur dann erhoben, wenn dies im öffentlichen Interesse liegt.

Geschieht die Verfolgung im Wege der Privatklage, so sind die Schöffengerichte zuständig.

§ 23. Wird in den Fällen der §§ 4, 6, 8, 12 auf Strafe erkannt, so kann angeordnet werden, daß die Verurteilung auf Kosten des Schuldigen öffentlich bekannt zu machen sei.

---

*) Vgl. Anm. zu § 6.

Wird in den Fällen des § 15 auf Strafe erkannt, so ist zugleich dem Verletzten die Befugnis zuzusprechen, die Verurteilung innerhalb bestimmter Frist auf Kosten des Verurteilten öffentlich bekannt zu machen.

Auf Antrag des freigesprochenen Angeschuldigten kann das Gericht die öffentliche Bekanntmachung der Freisprechung anordnen; die Staatskasse trägt die Kosten, sofern sie nicht dem Anzeigenden oder dem Privatkläger auferlegt worden sind.

Ist auf Grund einer der Vorschriften dieses Gesetzes auf Unterlassung Klage erhoben, so kann in dem Urteile der obsiegenden Partei die Befugnis zugesprochen werden, den verfügenden Teil des Urteils innerhalb bestimmter Frist auf Kosten der unterliegenden Partei öffentlich bekannt zu machen.

Die Art der Bekanntmachung ist im Urteil zu bestimmen.

§ 24. Für Klagen auf Grund dieses Gesetzes ist ausschließlich zuständig das Gericht, in dessen Bezirke der Beklagte seine gewerbliche Niederlassung oder in Ermangelung einer solchen seinen Wohnsitz hat. Für Personen, die im Inlande weder eine gewerbliche Niederlassung noch einen Wohnsitz haben, ist ausschließlich zuständig das Gericht des inländischen Aufenthaltsorts, oder wenn ein solcher nicht bekannt ist, das Gericht, in dessen Bezirke die Handlung begangen ist.

§ 25. Zur Sicherung der in diesem Gesetze bezeichneten Ansprüche auf Unterlassung können einstweilige Verfügungen erlassen werden, auch wenn die in den §§ 935, 940 ZPO bezeichneten Voraussetzungen nicht zutreffen. Zuständig ist auch das Amtsgericht, in dessen Bezirke die den Anspruch begründende Handlung begangen ist; im übrigen findet § 942 ZPO Anwendung.

§ 26. Neben einer nach Maßgabe dieses Gesetzes verhängten Strafe kann auf Verlangen des Verletzten auf eine an ihn zu erlegende Buße bis zum Betrage von 10000 Mark*) erkannt werden. Für diese Buße haften die dazu Verurteilten als Gesamtschuldner. Eine erkannte Buße schließt die Geltendmachung eines weiteren Entschädigungsanspruchs aus.

§ 27. Bürgerliche Rechtsstreitigkeiten, in welchen durch die Klage ein Anspruch auf Grund dieses Gesetzes geltend gemacht wird, gehören, sofern in erster Instanz die Landgerichte zuständig sind, vor die Kammern für Handelssachen.

In bürgerlichen Rechtsstreitigkeiten, in welchen durch Klage oder Widerklage ein Anspruch auf Grund dieses Gesetzes geltend gemacht ist, wird die Verhandlung und Entscheidung letzter Instanz im Sinne des § 8 EGzGVG dem Reichsgerichte zugewiesen.

§ 28. Wer im Inland eine Hauptniederlassung nicht besitzt, hat auf den Schutz dieses Gesetzes nur insoweit Anspruch, als in dem Staate, in welchem seine Hauptniederlassung sich befindet, nach einer im Reichs-

---

*) Nach Art. IV der VO über Vermögensstrafen und Bußen v. 6. II. 24 (RGBl) S. 46) beträgt die Buße 3 bis 10000 Goldmark (jetzt Reichsmark).

Gesetzblatt enthaltenen Bekanntmachung deutsche Gewerbetreibende einen entsprechenden Schutz genießen.

§ 29. Welche Behörden in jedem Bundesstaat unter der Bezeichnung höhere Verwaltungsbehörde im Sinne dieses Gesetzes zu verstehen sind, wird von der Zentralbehörde des Bundesstaats bestimmt.

§ 30. Dieses Gesetz tritt am 1. Oktober 1909 in Kraft. Mit diesem Zeitpunkte tritt das Gesetz zur Bekämpfung des unlauteren Wettbewerbes vom 27. Mai 1896 außer Kraft.

13. Gesetz zum Schutz der Warenbezeichnungen

vom 12. Mai 1894 (RGBl 441)*) in der Fassung der Bekanntmachung vom 7. Dezember 1923 (RGBl Teil II 445).

§ 1. Wer in seinem Geschäftsbetriebe zur Unterscheidung seiner Waren von den Waren anderer eines Warenzeichens sich bedienen will, kann dieses Zeichen zur Eintragung in die Zeichenrolle anmelden.

§ 2. Die Zeichenrolle wird bei dem Patentamt geführt. Die Anmeldung eines Warenzeichens hat schriftlich bei dem Patentamt zu erfolgen. Jeder Anmeldung muß die Bezeichnung des Geschäftsbetriebes, in welchem das Zeichen verwendet werden soll, ein Verzeichnis der Waren, für welche es bestimmt ist, sowie eine deutliche Darstellung und soweit erforderlich eine Beschreibung des Zeichens beigefügt sein.

Das Patentamt erläßt Bestimmungen über die sonstigen Erfordernisse der Anmeldung.

Bei der Anmeldung jeden Zeichens ist eine Anmeldegebühr und für jede Klasse oder Unterklasse der in der Anlage beigefügten Warenklasseneinteilung, für die der Schutz gewährt wird, eine Klassengebühr nach Maßgabe des Tarifs zu entrichten. Werden in einer Anmeldung mehr als zwanzig Klassen oder Unterklassen in Anspruch genommen, so ist für die über zwanzig hinausgehende Zahl von Klassen oder Unterklassen eine Gebühr nicht zu zahlen.

Führt die Anmeldung aus einem Grunde nicht zur Eintragung, der für alle angemeldeten Waren ohne Unterschied der in Anspruch genommenen Klassen oder Unterklassen zutrifft, so wird die für mehr als eine Klasse oder Unterklasse gezahlte Gebühr erstattet. Diese Vorschrift findet keine

*) Durch die Bekanntmachung über die Fassung des Gesetzes zum Schutze der Warenbezeichnungen vom 7. XII. 23 (RGBl Teil II S. 445) und die Verordnung über die patentamtlichen Gebühren vom 29. XI. 23 (daselbst S. 432) sind die Vorschriften über die Gebühren wesentlich geändert und einige andere Abänderungen getroffen worden. Abgeändert sind insbesondere die §§ 2 Abs. 3, 3, 4. § 6a ist neu eingeschaltet. § 24b Abs. 2 und § 26 sind gestrichen. Durch das Gesetz vom 26. März 1926 (RGBl Teil II S. 181) ist § 7 Abs. 3 geändert.

Anwendung, wenn die Eintragung wegen Übereinstimmung des angemeldeten Zeichens mit einem für dieselben oder gleichartige Waren früher angemeldeten Zeichen versagt wird.

Bei jeder Erneuerung der Anmeldung ist eine Erneuerungsgebühr und für jede Klasse oder Unterklasse, für welche die Erneuerung begehrt wird, eine Klassengebühr nach Maßgabe des Tarifs zu entrichten. Satz 2 des Abs. 3 gilt entsprechend.

Die amtliche Festsetzung der Anzahl der durch eine Anmeldung getroffenen Klassen und Unterklassen ist unanfechtbar.

Die Reichsregierung kann mit Zustimmung des Reichsrats die Warenklasseneinteilung ändern.

§ 3. Die Zeichenrolle soll enthalten: 1. den Zeitpunkt des Eingangs der Anmeldung; 2. die nach § 2 Abs. 1 der Anmeldung beizufügenden Angaben; 3. Namen und Wohnort des Zeicheninhabers und seines etwaigen Vertreters, sowie Änderungen in der Person, im Namen oder im Wohnorte des Inhabers oder des Vertreters; 4. den Zeitpunkt einer Erneuerung der Anmeldung; 5. den Zeitpunkt der Löschung des Zeichens.

Die Einsicht der Zeichenrolle steht jedermann frei.

Jede Eintragung und jede Löschung wird vom Patentamt in regelmäßig erscheinenden Übersichten veröffentlicht (Warenzeichenblatt).

§ 4. Die Eintragung in die Rolle ist zu versagen für Freizeichen, sowie für Warenzeichen,

1. welche ausschließlich in Zahlen, Buchstaben oder solchen Wörtern bestehen, die Angaben über Art, Zeit und Ort der Herstellung, über die Bestimmung, über Preis-, Mengen- oder Gewichtsverhältnisse der Ware enthalten;

2. welche Staatswappen oder sonstige staatliche Hoheitszeichen oder Wappen eines inländischen Ortes, eines inländischen Gemeinde- oder weiteren Kommunalverbandes enthalten;

3. welche Ärgernis erregende Darstellungen oder solche Angaben enthalten, die ersichtlich den tatsächlichen Verhältnissen nicht entsprechen und die Gefahr einer Täuschung begründen.

Die Vorschrift der Nr. 2 findet keine Anwendung, wenn der Anmelder befugt ist, das Wappen oder Hoheitszeichen in dem Warenzeichen zu führen.

Zeichen, welche gelöscht sind, dürfen für die Waren, für welche sie eingetragen waren, oder für gleichartige Waren zugunsten eines anderen, als des letzten Inhabers erst nach Ablauf von 2 Jahren seit dem Tage der Löschung von neuem eingetragen werden.

§ 5. Erachtet das Patentamt, daß ein zur Anmeldung gebrachtes Warenzeichen mit einem anderen, für dieselben oder für gleichartige Waren auf Grund des MarkenschutzG v. 30. XI. 74 oder auf Grund des gegenwärtigen Gesetzes früher angemeldeten Zeichen übereinstimmt, so macht es dem Inhaber dieses Zeichens hiervon Mitteilung. Erhebt derselbe nicht innerhalb eines Monats nach der Zustellung Widerspruch gegen die Eintragung des neu angemeldeten Zeichens, so ist das Zeichen einzutragen. Im anderen Falle entscheidet das Patentamt durch Beschluß, ob die Zeichen übereinstimmen. Hinsichtlich der durch eine Anhörung oder eine Beweisaufnahme verursachten Kosten gilt § 25 Abs. 2 des Patentgesetzes entsprechend.*)

Aus dem Unterbleiben der im ersten Absatz vorgesehenen Mitteilung erwächst ein Ersatzanspruch nicht.

§ 6. Wird durch den Beschluß (§ 5 Abs. 1) die Übereinstimmung der Zeichen verneint, so ist das neuangemeldete Zeichen einzutragen.

Wird durch den Beschluß die Übereinstimmung der Zeichen festgestellt, so ist die Eintragung zu versagen. Sofern der Anmelder geltend machen will, daß ihm ungeachtet der durch die Entscheidung des Patentamts festgestellten Übereinstimmung ein Anspruch auf die Eintragung zustehe, hat er diesen Anspruch im Wege der Klage gegenüber dem Widersprechenden zur Anerkennung zu bringen. Die Eintragung auf Grund einer zu seinen Gunsten ergehenden Entscheidung wird unter dem Zeitpunkte der ursprünglichen Anmeldung bewirkt.

§ 6a. Für jedes Zeichen ist vor der Eintragung eine Eintragungsgebühr nach Maßgabe des Tarifs und zur Deckung der durch die vorgeschriebenen Veröffentlichungen (§ 3 Abs. 3) entstehenden Kosten ein Druckkostenbeitrag zu entrichten. Die Höhe des Beitrags wird nach Stufen berechnet, die das Patentamt nach dem Umfang der Veröffentlichungen allgemein festsetzt. Die Berechnung ist unanfechtbar.

§ 7. Das durch die Anmeldung oder Eintragung eines Warenzeichens begründete Recht geht auf die Erben über und kann durch Vertrag oder durch Verfügung von Todes wegen auf andere übertragen werden. Das Recht kann jedoch nur mit dem Geschäftsbetriebe, zu welchem das Warenzeichen gehört, auf einen anderen übergehen. Der Übergang wird auf Antrag des Rechtsnachfolgers in der Zeichenrolle vermerkt, sofern die Einwilligung des Berechtigten in beweisender Form beigebracht wird. Ist der Berechtigte verstorben, so ist der Nachweis der Rechtsnachfolge zu führen.

Solange der Übergang in der Zeichenrolle nicht vermerkt ist, kann der Rechtsnachfolger sein Recht aus der Eintragung des Warenzeichens nicht geltend machen.

Verfügungen und Beschlüsse des Patentamts, welche einer Zustellung an den Inhaber des Zeichens bedürfen, sind stets an den eingetragenen Inhaber zu richten. Ergibt sich, daß derselbe verstorben ist, so kann das Patentamt nach seinem Ermessen die Zustellung als bewirkt ansehen oder zum Zweck der Zustellung an die Erben deren Ermittlung veranlassen.

§ 8. Auf Antrag des Inhabers wird das Zeichen jederzeit in der Rolle gelöscht.

---

*) Danach trägt der Unterliegende die Kosten.

Von Amts wegen erfolgt die Löschung:

1. wenn seit der Anmeldung des Zeichens oder seit ihrer Erneuerung 10 Jahre verflossen sind;

2. wenn die Eintragung des Zeichens hätte versagt werden müssen. Wird von einem Dritten aus diesem Grunde die Löschung beantragt, so ist gleichzeitig eine Gebühr nach Maßgabe des Tarifs zu entrichten; sie kann, falls der Antrag für berechtigt befunden wird, erstattet werden.

Soll die Löschung ohne Antrag des Inhabers erfolgen, so gibt das Patentamt diesem zuvor Nachricht. Widerspricht er innerhalb eines Monats nach der Zustellung nicht, so erfolgt die Löschung. Widerspricht er, so faßt das Patentamt Beschluß. Ist die Löschung von einem Dritten beantragt, so gilt hinsichtlich der durch eine Anhörung oder eine Beweisaufnahme verursachten Kosten § 25 Abs. 2 des Patentgesetzes entsprechend.

Soll infolge Ablaufs der zehnjährigen Frist die Löschung erfolgen, so ist von derselben abzusehen, wenn der Inhaber des Zeichens bis zum Ablauf eines Monats nach der Zustellung unter Zahlung der tarifmäßigen Nachholungsgebühr neben der Erneuerungs- und Klassengebühr (§ 2 Abs. 5) die Erneuerung der Anmeldung nachholt; die Erneuerung gilt dann als an dem Tage des Ablaufs der früheren Frist geschehen.

§ 9. Ein Dritter kann die Löschung eines Warenzeichens beantragen:

1. wenn das Zeichen für ihn auf Grund einer früheren Anmeldung für dieselben oder für gleichartige Waren in der Zeichenrolle oder in den nach dem MarkenschutzG geführten Zeichenregistern eingetragen steht;

2. wenn der Geschäftsbetrieb, zu welchem das Warenzeichen gehört, von dem eingetragenen Inhaber nicht mehr fortgesetzt wird;

3. wenn Umstände vorliegen, aus denen sich ergibt, daß der Inhalt des Warenzeichens den tatsächlichen Verhältnissen nicht entspricht und die Gefahr einer Täuschung begründet.

Hat ein nach dem MarkenschutzG von der Eintragung ausgeschlossenes Warenzeichen bis zum Erlaß des gegenwärtigen Gesetzes innerhalb beteiligter Verkehrskreise als Kennzeichen der Waren eines bestimmten Geschäftsbetriebes gegolten, so kann der Inhaber des letzteren, falls das Zeichen nach Maßgabe des gegenwärtigen Gesetzes für einen anderen in die Zeichenrolle eingetragen wird, bis zum 1. X. 95 die Löschung beantragen. Wird dem Antrage stattgegeben, so darf das Zeichen für den Antragsteller schon vor Ablauf der im § 4 Abs 2 bestimmten Frist in die Zeichenrolle eingetragen werden.

Der Antrag auf Löschung ist im Wege der Klage geltend zu machen und gegen den eingetragenen Inhaber oder, wenn dieser gestorben, gegen dessen Erben zu richten.

Hat vor oder nach Erhebung der Klage ein Übergang des Warenzeichens auf einen anderen stattgefunden, so ist die Entscheidung in Ansehung der Sache auch gegen den Rechtsnachfolger wirksam und vollstreckbar. Auf die Befugnis des Rechtsnachfolgers, in den Rechtsstreit einzutreten, finden §§ 66—69 und 76 ZPO entsprechende Anwendung.

In den Fällen des Abs. 1 Nr. 2 kann der Antrag auf Löschung zunächst bei dem Patentamt angebracht werden. Das Patentamt gibt dem als Inhaber des Warenzeichens Eingetragenen davon Nachricht. Widerspricht derselbe innerhalb eines Monats nach der Zustellung nicht, so erfolgt die Löschung. Widerspricht er, so wird dem Antragsteller anheimgegeben, den Anspruch auf Löschung im Wege der Klage zu verfolgen.

§ 10. Anmeldungen von Warenzeichen, Anträge auf Übertragung und Widersprüche gegen die Löschung derselben werden in dem für Patentangelegenheiten maßgebenden Verfahren durch Vorbescheid und Beschluß erledigt. In den Fällen des § 5 Abs. 1 wird ein Vorbescheid nicht erlassen.

Gegen den Beschluß, durch welchen ein Antrag zurückgewiesen wird, kann der Antragsteller, und gegen den Beschluß, durch welchen Widerspruchs ungeachtet die Löschung angeordnet wird, der Inhaber des Zeichens innerhalb 1 Monats nach der Zustellung bei dem Patentamt Beschwerde einlegen.

Zustellungen, welche die Eintragung, die Übertragung oder die Löschung eines Warenzeichens betreffen, erfolgen mittelst eingeschriebenen Briefes. Kann eine Zustellung im Inlande nicht erfolgen, so wird sie durch Aufgabe zur Post nach §§ 175, 213 ZPO bewirkt.

§ 11. Das Patentamt ist verpflichtet, auf Ersuchen der Gerichte über Fragen, welche eingetragene Warenzeichen betreffen, Gutachten abzugeben, sofern in dem gerichtlichen Verfahren voneinander abweichende Gutachten mehrerer Sachverständiger vorliegen.

§ 12. Die Eintragung eines Warenzeichens hat die Wirkung, daß dem Eingetragenen ausschließlich das Recht zusteht, Waren der angemeldeten Art oder deren Verpackung oder Umhüllung mit dem Warenzeichen zu versehen, die so bezeichneten Waren in Verkehr zu setzen, sowie auf Ankündigungen, Preislisten, Geschäftsbriefen, Empfehlungen, Rechnungen oder dergleichen das Zeichen anzubringen.

Im Falle der Löschung können für die Zeit, in welcher ein Rechtsgrund für die Löschung früher bereits vorgelegen hat, Rechte aus der Eintragung nicht mehr geltend gemacht werden.

§ 13. Durch die Eintragung eines Warenzeichens wird niemand gehindert, seinen Namen, seine Firma, seine Wohnung, sowie Angaben über Art, Zeit und Ort der Herstellung, über die Beschaffenheit, über die Bestimmung, über Preis-, Mengen- oder Gewichtsverhältnisse von Waren, sei es auch in abgekürzter Gestalt, auf Waren, auf deren Verpackung oder Umhüllung anzubringen und derartige Angaben im Geschäftsverkehr zu gebrauchen.

§ 14. Wer wissentlich oder aus grober Fahrlässigkeit Waren oder deren Verpackung oder Umhüllung, oder Ankündigungen, Preislisten, Geschäftsbriefe, Empfehlungen, Rechnungen oder dergleichen mit dem Namen oder der Firma eines anderen oder mit einem nach Maßgabe dieses Gesetzes geschützten Warenzeichen widerrechtlich versieht oder dergleichen widerrechtlich gekennzeichnete Waren in Verkehr bringt oder feilhält, ist dem Verletzten zur Entschädigung verpflichtet.

Hat er die Handlung wissentlich begangen, so wird er außerdem mit Geldstrafe*) oder Gefängnis bis zu 6 Monaten bestraft. Die Strafverfolgung tritt nur auf Antrag ein. Die Zurücknahme des Antrags ist zulässig.

§ 15. Wer zum Zweck der Täuschung in Handel und Verkehr Waren oder deren Verpackung oder Umhüllung, oder Ankündigungen, Preislisten, Geschäftsbriefe, Empfehlungen, Rechnungen oder dergleichen mit einer Ausstattung, welche innerhalb beteiligter Verkehrskreise als Kennzeichen gleichartiger Waren eines anderen gilt, ohne dessen Genehmigung versieht, oder wer zu dem gleichen Zweck derartig gekennzeichnete Waren in Verkehr bringt oder feilhält, ist dem Verletzten zur Entschädigung verpflichtet und wird mit Geldstrafe*) oder mit Gefängnis bis zu 3 Monaten bestraft. Die Strafverfolgung tritt nur auf Antrag ein. Die Zurücknahme des Antrages ist zulässig.

§ 16. Wer Waren oder deren Verpackung oder Umhüllung oder Ankündigungen, Preislisten, Geschäftsbriefe, Empfehlungen, Rechnungen oder dergleichen fälschlich mit einem Staatswappen oder mit dem Namen oder Wappen eines Ortes, eines Gemeinde- oder weiteren Kommunalverbandes zu dem Zweck versieht, über Beschaffenheit und Wert der Waren einen Irrtum zu erregen, oder wer zu dem gleichen Zweck derartig bezeichnete Waren in Verkehr bringt oder feilhält, wird mit Geldstrafe*) oder mit Gefängnis bis zu 6 Monaten bestraft.

Die Verwendung von Namen, welche nach Handelsgebrauch zur Benennung gewisser Waren dienen, ohne deren Herkunft bezeichnen zu sollen, fällt unter diese Bestimmung nicht.

§ 17. Ausländische Waren, welche mit einer deutschen Firma und Ortsbezeichnung, oder mit einem in die Zeichenrolle eingetragenen Warenzeichen widerrechtlich versehen sind, unterliegen bei ihrem Eingang nach Deutschland zur Einfuhr oder Durchfuhr auf Antrag des Verletzten gegen Sicherheitsleistung der Beschlagnahme und Einziehung. Die Beschlagnahme erfolgt durch die Zoll- und Steuerbehörden, die Festsetzung der Einziehung durch Strafbescheid der Verwaltungsbehörden (§ 459 StPO).

§ 18. Statt jeder aus diesem Gesetze entspringenden Entschädigung kann auf Verlangen des Beschädigten neben der Strafe auf eine an ihn zu erlegende Buße**) erkannt werden. Für diese Buße haften die zu derselben Verurteilten als Gesamtschuldner.

Eine erkannte Buße schließt die Geltendmachung eines weiteren Entschädigungsanspruchs aus.

---

*) Vgl. die VO über Vermögensstrafen und Bußen v. 6. II. 24 (RGBl S. 44).

**) Nach Art. 4 der angeführten VO beträgt die Buße 3—10000 Goldmark (jetzt Reichsmark).

§ 19. Erfolgt eine Verurteilung auf Grund der §§ 14—16, 18, so ist bezüglich der im Besitz des Verurteilten befindlichen Gegenstände auf Beseitigung der widerrechtlichen Kennzeichnung, oder, wenn die Beseitigung in anderer Weise nicht möglich ist, auf Vernichtung der damit versehenen Gegenstände zu erkennen.

Erfolgt die Verurteilung im Strafverfahren, so ist in den Fällen der §§ 14 und 15 dem Verletzten die Befugnis zuzusprechen, die Verurteilung auf Kosten des Verurteilten öffentlich bekannt zu machen. Die Art der Bekanntmachung sowie die Frist zu derselben ist in dem Urteil zu bestimmen.

§ 20. Die Anwendung der Bestimmungen dieses Gesetzes wird durch Abweichungen nicht ausgeschlossen, mit denen fremde Namen, Firmen, Zeichen, Wappen und sonstige Kennzeichnungen von Waren wiedergegeben werden, sofern ungeachtet dieser Abweichungen die Gefahr einer Verwechselung im Verkehr vorliegt.

§ 21. In bürgerlichen Rechtsstreitigkeiten, in welchen durch Klage oder Widerklage ein Anspruch auf Grund dieses Gesetzes geltend gemacht ist, wird die Verhandlung und Entscheidung letzter Instanz im Sinne des § 8 EGzGVG dem Reichsgericht zugewiesen.

§ 22. Wenn deutsche Waren im Auslande bei der Einfuhr oder Durchfuhr der Verpflichtung unterliegen, eine Bezeichnung zu tragen, welche ihre deutsche Herkunft erkennen läßt, oder wenn dieselben bei der Zollabfertigung in Beziehung auf die Warenbezeichnungen ungünstiger als die Waren anderer Länder behandelt werden, so ist der Bundesrat ermächtigt, den fremden Waren bei ihrem Eingang nach Deutschland zur Einfuhr oder Durchfuhr eine entsprechende Auflage zu machen, und anzuordnen, daß für den Fall der Zuwiderhandlung die Beschlagnahme und durch die Zoll- und Steuerbehörden, die Festsetzung der Einziehung durch Strafbescheid der Verwaltungsbehörden (§ 459 StPO).

§ 23. Wer im Inlande eine Niederlassung nicht besitzt, hat auf den Schutz dieses Gesetzes nur Anspruch, wenn in dem Staate, in welchem seine Niederlassung sich befindet, nach einer im RGBl enthaltenen Bekanntmachung deutsche Warenbezeichnungen in gleichem Umfange wie inländische Warenbezeichnungen zum gesetzlichen Schutz zugelassen werden.

Der Anspruch auf Schutz eines Warenzeichens und das durch die Eintragung begründete Recht können nur durch einen im Inlande bestellten Vertreter geltend gemacht werden. Der letztere ist zur Vertretung in dem nach Maßgabe dieses Gesetzes vor dem Patentamt stattfindenden Verfahren, sowie in den das Zeichen betreffenden bürgerlichen Rechtsstreitigkeiten und zur Stellung von Strafanträgen befugt. Für die das Zeichen betreffenden Klagen gegen den eingetragenen Inhaber ist das Gericht zuständig, in dessen Bezirk der Vertreter seinen Wohnsitz hat, in dessen Ermangelung das Gericht, in dessen Bezirk das Patentamt seinen Sitz hat.

Wer ein ausländisches Warenzeichen zur Anmeldung bringt, hat damit den Nachweis zu verbinden, daß er in dem Staate, in welchem seine Niederlassung sich befindet, für dieses Zeichen den Markenschutz nachgesucht und erhalten hat. Die Eintragung ist, soweit nicht Staatsverträge ein anderes bestimmen, nur dann zulässig, wenn das Zeichen den Anforderungen dieses Gesetzes entspricht.

§ 24. Auf die in Gewißheit des MarkenschutzG in die Zeichenregister eingetragenen Warenzeichen finden bis zum 1. X. 98 die Bestimmungen jenes Gesetzes noch ferner Anwendung. Die Zeichen können bis zum 1. X. 98 jederzeit zur Eintragung in die Zeichenrolle nach Maßgabe des gegenwärtigen Gesetzes angemeldet werden und unterliegen alsdann dessen Bestimmungen. Die Eintragung darf nicht versagt werden hinsichtlich derjenigen Zeichen, welche auf Grund eines älteren landesgesetzlichen Schutzes in die Zeichenregister eingetragen worden sind. Die Eintragung geschieht unentgeltlich und unter dem Zeitpunkte der ersten Anmeldung. Über den Inhalt der ersten Eintragung ist ein Zeugnis der bisherigen Registerbehörde beizubringen.

Mit der Eintragung in die Zeichenrolle oder, sofern eine solche nicht erfolgt ist, mit dem 1. X. 98 erlischt der den Warenzeichen bis dahin gewährte Schutz.

§ 24a.*) Rechtsfähige Verbände, die gewerbliche Zwecke verfolgen, können, auch wenn sie einen auf Herstellung oder Vertrieb von Waren gerichteten Geschäftsbetrieb nicht besitzen, Warenzeichen anmelden, die in den Geschäftsbetrieben ihrer Mitglieder zur Kennzeichnung der Waren dienen sollen (Verbandszeichen).

Die juristischen Personen des öffentlichen Rechtes stehen den bezeichneten Verbänden gleich.

Auf die Verbandszeichen finden die Vorschriften über Warenzeichen Anwendung, soweit nicht in §§ 24a bis 24h ein anderes bestimmt ist.

§ 24b. Der Anmeldung des Verbandszeichens muß eine Zeichensatzung beigefügt sein, die über Namen, Sitz, Zweck und Vertretung des Verbandes, über den Kreis der zur Benutzung des Zeichens Berechtigten, die Bedingungen der Benutzung und die Rechte und Pflichten der Beteiligten im Falle der Verletzung des Zeichens Auskunft gibt. Spätere Änderungen sind dem Patentamt mitzuteilen. Die Einsicht der Satzung steht jedermann frei.

§ 24c. Über die Einrichtung der Rolle für die Verbandszeichen trifft das Patentamt Bestimmung.

§ 24d. Das durch die Anmeldung oder Eintragung des Verbandszeichens begründete Recht kann als solches nicht auf einen anderen übertragen werden.

§ 24e. Ein Dritter kann unbeschadet der Vorschriften im § 9 Nr. 1, 3 die Löschung des Verbandszeichens beantragen,

---

*) §§ 24a—h eingefügt durch G vom 31. März 1913 (RGBl 236).

1. wenn der Verband, für den das Zeichen eingetragen ist, nicht mehr besteht;
2. wenn der Verband duldet, daß das Zeichen in einer den allgemeinen Verbandszwecken oder der Zeichensatzung widersprechenden Weise benutzt wird. Als eine solche mißbräuchliche Benutzung ist es anzusehen, wenn die Überlassung der Benutzung des Zeichens an andere zu einer Irreführung des Verkehrs Anlaß gibt.

In den Fällen der Nr. 1 findet § 9 Abs. 5 Anwendung.

§ 24f. Der Anspruch des Verbandes auf Entschädigung wegen unbefugter Benutzung des Verbandszeichens (§ 14) umfaßt auch den einem Mitglied erwachsenen Schaden.

§ 24g. Wird dem Patentamt nachgewiesen, daß ein eingetragenes Warenzeichen bis zum Inkrafttreten dieses Gesetzes von einem Verband als Verbandszeichen geführt wurde, so ist das Zeichen auf Antrag des Verbandes als Verbandszeichen in der Rolle umzuschreiben. Der Antrag muß innerhalb eines Jahres seit dem Inkrafttreten dieses Gesetzes gestellt werden und den für die Anmeldung eines Verbandszeichens bestehenden Vorschriften entsprechen. Mit dem Eingang des Antrages beginnt die Frist für die Erneuerung des Zeichens.

§ 24h. Die Vorschriften über Verbandszeichen finden auf ausländische Verbandszeichen nur dann Anwendung, wenn nach einer im RGBl enthaltenen Bekanntmachung die Gegenseitigkeit verbürgt ist.

§ 25. Die zur Ausführung dieses Gesetzes erforderlichen Bestimmungen über die Einrichtung und den Geschäftsgang des Patentamts, sowie über das Verfahren vor demselben werden durch Kaiserliche Verordnung unter Zustimmung des Bundesrats getroffen.

14. Gesetz, betr. die Pflichten der Kaufleute bei Aufbewahrung fremder Wertpapiere,

vom 5. Juli 1896 (RGBl 183, 194).*)

§ 1.*) Ein Kaufmann, welchem im Betriebe seines Handelsgewerbes Aktien, Kuxe, Interimsscheine, Erneuerungsscheine (Talons), auf den Inhaber lautende oder durch Indossament übertragbare Schuldverschreibungen, oder vertretbare andere Wertpapiere mit Ausnahme von Banknoten und Papiergeld unverschlossen zur Verwahrung oder als Pfand übergeben sind, ist verpflichtet:

*) Durch die unten abgedruckte Verordnung über die Aufbewahrung fremder Wertpapiere vom 21. XI. 23 sind die §§ 1 und 3 geändert und ein neuer § 7a eingefügt.

1. diese Wertpapiere unter äußerlich erkennbarer Bezeichnung jedes Hinterlegers oder Verpfänders gesondert von seinen eigenen Beständen und von denen Dritter aufzubewahren,
2. ein Handelsbuch zu führen, in welches die Wertpapiere jedes Hinterlegers oder Verpfänders nach Gattung, Nennwert, Nummern oder sonstigen Unterscheidungsmerkmalen der Stücke einzutragen sind; der Eintragung steht die Bezugnahme auf Verzeichnisse gleich, welche neben dem Handelsbuche geführt werden. Die Eintragung kann unterbleiben, insoweit die Wertpapiere zurückgegeben sind, bevor die Eintragung bei ordnungsmäßigem Geschäftsgange erfolgen konnte.

Etwaige Rechte und Pflichten des Verwahrers oder Pfandgläubigers, im Interesse des Hinterlegers oder Verpfänders Verfügungen oder Verwaltungshandlungen vorzunehmen, werden durch die Bestimmung unter Ziffer 1 nicht berührt.

§ 2. Eine Erklärung des Hinterlegers oder Verpfänders, durch welche der Verwahrer oder Pfandgläubiger ermächtigt wird, an Stelle hinterlegter oder verpfändeter Wertpapiere der im § 1 bezeichneten Art gleichartige Wertpapiere zurückzugewähren oder über die Papiere zu seinem Nutzen zu verfügen, ist, falls der Hinterleger oder Verpfänder nicht gewerbsmäßig Bank- oder Geldwechslergeschäfte betreibt, nur gültig, soweit sie für das einzelne Geschäft ausdrücklich und schriftlich abgegeben wird.

Wird der Verwahrer oder Pfandgläubiger ermächtigt, an Stelle hinterlegter oder verpfändeter Wertpapiere der im § 1 bezeichneten Art gleichartige Wertpapiere zurückzugewähren, so finden die Bestimmungen des § 1 keine Anwendung.

§ 3.*) Der Kommissionär[1]) (§§ 383, 406 HGB), welcher einen Auftrag zum Einkaufe von Wertpapieren der im § 1 bezeichneten Art ausführt, hat dem Kommittenten binnen drei Tagen ein Verzeichnis der Stücke mit Angabe der Gattung, des Nennwertes, der Nummern oder sonstiger Unterscheidungsmerkmale zu übersenden. Die Frist beginnt, falls der Kommissionär bei der Anzeige über die Ausführung des Auftrages einen Dritten als Verkäufer namhaft gemacht hat, mit dem Erwerbe der Stücke, andernfalls mit dem Ablaufe des Zeitraums, innerhalb dessen der Kommissionär nach der Erstattung der Ausführungsanzeige die Stücke bei ordnungsmäßigem Geschäftsgange ohne schuldhafte Verzögerung beziehen konnte.

Ein Verzicht des Kommittenten auf die Übersendung des Stückeverzeichnisses ist, falls der Kommittent nicht gewerbsmäßig Bank- oder Geldwechslergeschäfte betreibt, nur dann wirksam, wenn er bezüglich des einzelnen Auftrages ausdrücklich und schriftlich erklärt wird.[2])

---

*) Vergl. die Anmerkung zu § 1.

1) Ebenso auch eine Zeichnungsstelle bei Zeichnung einer vom Staat oder einer privaten Unternehmung aufgelegten Anleihe. RG **104** 120.

2) Unterzeichnung allgemeiner Bedingungen genügt nicht. RG **104** 121.

Soweit die Auslieferung der eingekauften Stücke an den Kommittenten erfolgt oder ein Auftrag des Kommittenten zur Wiederveräußerung ausgeführt ist, kann die Übersendung des Stückeverzeichnisses unterbleiben.

§ 4. Ist der Kommissionär mit Erfüllung der ihm nach den Bestimmungen des § 3 obliegenden Verpflichtungen im Verzuge und holt er das Versäumte auf eine danach an ihn ergangene Aufforderung des Kommittenten nicht binnen drei Tagen nach, so ist der Kommittent berechtigt, das Geschäft als nicht für seine Rechnung abgeschlossen zurückzuweisen und Schadensersatz wegen Nichterfüllung zu beanspruchen.[3])

Die Aufforderung des Kommittenten verliert ihre Wirkung, wenn er dem Kommissionär nicht binnen drei Tagen nach dem Ablaufe der Nachholungsfrist erklärt, daß er von dem im Abs. 1 bezeichneten Rechte Gebrauch machen wolle.

§ 5. Der Kommissionär, welcher einen Auftrag zum Umtausche von Wertpapieren der im § 1 bezeichneten Art oder zur Geltendmachung eines Bezugsrechts auf solche Wertpapiere ausführt, hat binnen zwei Wochen nach dem Empfange der neuen Stücke dem Kommittenten ein Verzeichnis der Stücke mit den im § 3 Abs. 1 vorgeschriebenen Angaben zu übersenden, soweit er ihm die Stücke nicht innerhalb dieser Frist aushändigt.

§ 6. Der Kommissionär, welcher den im § 5 ihm auferlegten Pflichten nicht genügt, verliert das Recht, für die Ausführung des Auftrages Provision zu fordern (§ 396 HGB).

§ 7. Mit der Absendung des Stückeverzeichnisses geht das Eigentum an den darin verzeichneten Wertpapieren auf den Kommittenten über, soweit der Kommissionär über die Papiere zu verfügen berechtigt ist. Die Bestimmungen des bürgerlichen Rechts, nach welchen der Übergang des Eigentums schon in einem früheren Zeitpunkte eintritt, bleiben unberührt.

Der Kommissionär hat bezüglich der in seinem Gewahrsam befindlichen, in das Eigentum des Kommittenten übergangenen Wertpapiere die im § 1 bezeichneten Pflichten eines Verwahrers.

§ 8.[*]) Ein Kaufmann, welcher im Betriebe seines Handelsgewerbes fremde Wertpapiere der im § 1 bezeichneten Art einem Dritten zum Zweck der Aufbewahrung, der Veräußerung, des Umtausches oder des Bezuges von anderen Wertpapieren, Zins- oder Gewinnanteilscheinen ausantwortet,[4]) hat hiebei dem Dritten mitzuteilen, daß die Papiere fremde seien. Ebenso hat er in dem Falle, daß er einen ihm erteilten Auftrag zur Anschaffung solcher Wertpapiere an einen Dritten weitergibt, diesem hierbei mitzuteilen, daß die Anschaffung für fremde Rechnung geschehe.

---

3) Verlängerung der Frist durch den Kommittenten ist zulässig. RG 104 121.

*) Vgl. die Anmerkung zu § 1.

4) Auch zum Zwecke der Verpfändung. Neben dem Depotgesetz sind die Vorschriften über den gutgläubigen Pfanderwerb, besonders § 366 HGB zu beachten. RG 117 95.

Der Dritte, welcher eine solche Mitteilung empfangen hat, kann an den übergebenen oder an den neu beschafften Papieren ein Pfandrecht oder ein Zurückbehaltungsrecht nur wegen solcher Forderungen an seinen Auftraggeber geltend machen, welche mit Bezug auf diese Papiere entstanden sind.

§ 9. Wenn ein Kaufmann über Wertpapiere der im § 1 bezeichneten Art, welche ihm zur Verwahrung oder als Pfand übergeben sind, oder welche er als Kommissionär für den Kommittenten in Besitz genommen hat, außer dem Falle des § 246 StGB zum eigenen Nutzen oder zum Nutzen eines dritten rechtswidrig verfügt, wird er mit Gefängnis bis zu 1 Jahre und Geldstrafe bis zu 3000 Mark*) oder mit einer dieser Strafen bestraft.

Der gleichen Strafe unterliegt, wer der Vorschrift des § 8 zum eigenen Nutzen oder zum Nutzen eines Dritten vorsätzlich zuwiderhandelt.

Ist der Täter ein Angehöriger (§ 52 Abs. 2 StGB) des Verletzten, so tritt die Verfolgung nur auf Antrag ein. Die Zurücknahme des Antrages ist zulässig. Der § 247 Abs. 2 u. 3 StGB findet entsprechende Anwendung.

§ 10. Ein Kaufmann, welcher seine Zahlungen eingestellt hat oder über dessen Vermögen das Konkursverfahren eröffnet worden ist, wird mit Gefängnis bis zu zwei Jahren bestraft, wenn er den Vorschriften des § 1 Ziffer 1 oder 2 vorsätzlich zuwidergehandelt hat und dadurch der Berechtigte bezüglich des Anspruches auf Aussonderung der von jenem zu verwahrenden Wertpapiere benachteiligt wird, desgleichen wenn er als Kommissionär den Vorschriften der §§ 3 oder 5 vorsätzlich zuwidergehandelt hat und dadurch der Berechtigte bezüglich des Anspruches auf Aussonderung der von jenem eingekauften, eingetauschten oder bezogenen Wertpapiere benachteiligt wird.

§ 11. Ein Kaufmann, welcher seine Zahlungen eingestellt hat oder über dessen Vermögen das Konkursverfahren eröffnet worden ist, wird mit Zuchthaus bestraft, wenn er im Bewußtsein seiner Zahlungsunfähigkeit oder Überschuldung fremde Wertpapiere, welche er im Betriebe seines Handelsgewerbes als Verwahrer, Pfandgläubiger oder Kommissionär in Gewahrsam genommen, sich rechtswidrig zugeeignet hat.

Sind mildernde Umstände vorhanden, so tritt Gefängnisstrafe nicht unter 3 Monaten ein.

§ 12. Die Strafvorschrift des § 9 findet gegen die Mitglieder des Vorstandes einer Aktiengesellschaft oder eingetragenen Genossenschaft, die Geschäftsführer einer Gesellschaft mit beschränkter Haftung, sowie gegen die Liquidatoren einer Handelsgesellschaft oder eingetragenen Genossenschaft Anwendung, wenn sie in Ansehung von Wertpapieren, die sich im Besitze der Gesellschaft oder Genossenschaft befinden oder von

---

*) Vgl. die VO über Vermögensstrafen und Bußen v. 6. II. 24 (RGBl S. 44).

dieser einem Dritten ausgeantwortet sind, die mit Strafe bedrohte Handlung begangen haben.

Die vorbezeichneten Personen werden, wenn die Gesellschaft oder Genossenschaft ihre Zahlungen eingestellt hat, oder wenn über deren Vermögen das Konkursverfahren eröffnet worden ist, bestraft

1. gemäß § 10, wenn sie den Vorschriften des § 1 Ziffer 1 oder 2 oder den Vorschriften der §§ 3 oder 5 vorsätzlich zuwidergehandelt haben und dadurch der Berechtigte bezüglich des Anspruches auf Aussonderung der von der Gesellschaft oder Genossenschaft zu verwahrenden oder von ihr eingekauften, eingetauschten oder bezogenen Wertpapiere benachteiligt wird,
2. gemäß § 11, wenn sie im Bewußtsein der Zahlungsunfähigkeit oder Überschuldung der Gesellschaft oder Genossenschaft fremde Wertpapiere, welche von dieser als Verwahrer, Pfandgläubiger oder Kommissionär in Gewahrsam genommen sind, sich rechtswidrig zugeeignet haben.

§ 13. Dieses Gesetz findet auf diejenigen Klassen von Kaufleuten keine Anwendung, für welche gemäß § 4 HGB die Vorschriften über die Handelsbücher keine Geltung haben.

---

15. Verordnung über die Aufbewahrung fremder Wertpapiere.

Vom 21. November 1923.

Auf Grund des Art. 48 der Reichsverfassung verordne ich zur Wiederherstellung der öffentlichen Sicherheit und Ordnung für das Reichsgebiet:

Das Gesetz, betreffend die Pflichten der Kaufleute bei Aufbewahrung fremder Wertpapiere vom 5. Juli 1896 (RGBl S. 183 und 194) wird wie folgt geändert:

Art. 1. Im § 1 erhalten der Eingang und Ziffer 2 Satz 1 folgende Fassung:

Ein Kaufmann, welchem im Betriebe seines Handelsgewerbes, Aktien, Kuxe, Interimsscheine, Erneuerungsscheine (Talons) auf den Inhaber lautende oder durch Indossament übertragbare Schuldverschreibungen oder vertretbare andere Wertpapiere, mit Ausnahme von Banknoten und Papiergeld sowie von Schatzanweisungen der wertbeständigen Anleihen des Deutschen Reichs ohne Zinsscheine und von Rentenbankscheinen, unverschlossen zur Verwahrung oder als Pfand übergeben sind, ist verpflichtet,

2. ein Handelsbuch zu führen, in welches die Wertpapiere jedes Hinterlegers oder Verpfänders nach Gattung und Nennwert der Stücke einzutragen sind; der Eintragung steht die Bezugnahme auf

Verzeichnisse gleich, welche neben dem Handelsbuche geführt werden.

Art. 2. Im § 3 erhalten die Abs. 1 und 2 folgende Fassung:

Der Kommissionär (§§ 383, 406 des Handelsgesetzbuches), welcher einen Auftrag zum Einkauf von Wertpapieren der im § 1 bezeichneten Art ausführt, hat dem Kommittenten auf dessen Verlangen binnen einer Woche ein Verzeichnis der Stücke mit Angabe der Gattung, des Nennwerts, der Nummern oder sonstige Bezeichnungsmerkmale zu übersenden. Die Frist beginnt, falls der Kommissionär bei der Anzeige über die Ausführung des Auftrags einen Dritten als Verkäufer namhaft gemacht hat, mit dem Erwerbe der Stücke, andernfalls mit dem Zeitpunkt, in welchem der Kommissionär die Erklärung des Kommittenten, daß er die Übersendung eines Stückeverzeichnisses verlange, zugeht, frühestens jedoch mit dem Ablauf des Zeitraums, innerhalb dessen der Kommissionär nach der Erstattung der Ausführungsanzeige die Stücke bei ordnungsmäßigem Geschäftsgang ohne schuldhafte Verzögerung beziehen konnte.

Der Kommissionär kann sich das Recht ausbedingen, dem Kommittenten an Stelle der Übersendung des Stückeverzeichnisses die Stücke selbst herauszugeben oder ihm den Herausgabeanspruch an eine zur Verwahrung der Stücke bestimmte dritte Stelle abzutreten. Im übrigen kann das Recht des Kommittenten, die Übersendung des Stückeverzeichnisses zu verlangen, nicht durch Rechtsgeschäft ausgeschlossen oder beschränkt werden, es sei denn, daß der Kommittent gewerbsmäßig Bank- oder Geldwechslergeschäfte betreibt.

Art. 3. Hinter § 7 wird folgender § 7a eingefügt:

Hat bei einem Kommissionsgeschäft über den Einkauf von Wertpapieren der im § 1 bezeichneten Art zur Zeit der Eröffnung des Konkursverfahrens über das Vermögen des Kommissionärs der Kommittent die ihm dem Kommissionär gegenüber obliegenden Pflichten vollständig erfüllt, ohne daß die einzukaufenden Wertpapiere bis zu diesem Zeitpunkt durch Übersendung eines Stückeverzeichnisses oder auf andere Weise in das Eigentum des Kommittenten übergegangen sind, so geht in Ansehung der Befriedigung aus den in der Masse vorhandenen Wertpapieren gleicher Gattung und aus den Ansprüchen auf Lieferung solcher Wertpapiere die Forderung des Kommittenten den Forderungen aller anderen Konkursgläubiger vor. Mehrere Kommittenten haben untereinander gleichen Rang. Aus dem sonstigen Vermögen des Kommissionärs können die Kommittenten unter entsprechender Anwendung der für die Absonderungsberechtigten geltenden Vorschriften der §§ 64, 153, 155, 156 und des § 168 Nr. 3 der Konkursordnung Befriedigung erlangen.

Das Konkursgericht hat, wenn es nach Lage des Falles erforderlich erscheint, den Kommittenten zur Wahrung der ihnen nach Abs. 1 zustehenden Rechte einen Pfleger zu bestellen. Für die Pflegschaft tritt an die Stelle des Vormundschaftsgerichts das Konkursgericht. Die Vorschriften des § 62 Abs. 2—5 des Gesetzes über die privaten Versicherungsunternehmungen vom 12. Mai 1901 (Reichsgesetzblatt S. 139) finden entsprechende Anwendung.

Berlin, den 21. November 1923.

Der Reichspräsident: Ebert.
Der Reichskanzler: Stresemann.
Für den Reichsminister der Justiz
Der Reichsminister der Finanzen: Dr. Luther.

---

16. Verordnung über Goldbilanzen.*)

Vom 28. Dezember 1923.
(RGBl. I S. 1253.)

Auf Grund des Ermächtigungsgesetzes vom 8. Dezember 1923 (Reichsgesetzbl. I S. 1179) verordnet die Reichsregierung nach Anhörung der Ausschüsse des Reichsrats und des Reichstags:

§ 1. (1) Kaufleute, die zur Führung von Handelsbüchern verpflichtet sind, haben vom 1. Januar 1924 ab oder, falls das neue Geschäftsjahr mit einem späteren Zeitpunkt beginnt, von diesem Zeitpunkt ab das Inventar und die Bilanz in Goldmark aufzustellen.

(2) Als Goldmark gilt der Gegenwert von $^{10}/_{42}$ des nordamerikanischen Dollars. Die Reichsregierung ist ermächtigt, eine andere Einheit festzusetzen.

§ 2. (1) Spätestens für den 1. Januar 1924 oder, falls das neue Geschäftsjahr mit einem späteren Zeitpunkt beginnt, für diesen Zeitpunkt, sind ein Eröffnungsinventar und eine Eröffnungsbilanz im Sinne des § 39 des Handelsgesetzbuchs in Goldmark herzustellen.

---

*) Hierzu sind folgende Durchführungsverordnungen erlassen:

1. 5. II. 1924 RGBl S. 49 (aufgehoben durch § 60 der 2. VO)
2. 28. III. 1924 RGBl S. 385 (geändert durch 5. und 7. VO sowie die VO vom 14. VII. 1926 RGBl S. 412)
3. 27. VIII. 1924 RGBl S. 693 (geändert durch die 5. VO)
4. 28. VIII. 1924 RGBl S. 697
5. 23. X. 1924 RGBl S. 717
6. 5. XI. 1924 RGBl S. 734
7. 7. VII. 1927 RGBl S. 176.

Weiter ist zu beachten die VO über die Eintragung der Nichtigkeit und Löschung von Gesellschaften und Genossenschaften wegen Unterlassung der Umstellung vom 21. V. 1926 (RGBl S. 248 und 254).

(²) Für die Genehmigung und Veröffentlichung der Eröffnungsbilanz gelten die für die Jahresbilanzen maßgebenden Bestimmungen. Die im § 260 Abs. 2 des Handelsgesetzbuchs bestimmte Frist beträgt, auch soweit im Gesellschaftsvertrag etwas anderes festgesetzt ist, sechs Monate; sie kann durch das Gericht angemessen verlängert werden.

§ 3. Auf die in Goldmark aufzustellenden Inventare und Bilanzen finden, soweit nicht in dieser Verordnung etwas anderes bestimmt ist, die allgemeinen nach dem Gesetz oder der Satzung geltenden Vorschriften Anwendung.

§ 4. (¹) Auf die Eröffnungsbilanz einer Aktiengesellschaft oder einer Kommanditgesellschaft auf Aktien finden die Vorschrift des § 261 Nr. 1 des Handelsgesetzbuchs insoweit als sie die Bewertung von Vermögensgegenständen mit einem höheren Werte als dem Anschaffungs- oder Herstellungspreis untersagt sowie die Vorschriften des § 261 Nr. 2 und 3 des Handelsgesetzbuchs keine Anwendung. Für die Eröffnungsbilanz einer Gesellschaft mit beschränkter Haftung findet die Vorschrift des § 42 Nr. 1 des Gesetzes, betreffend die Gesellschaften mit beschränkter Haftung, keine Anwendung.

(²) Die Vorschriften des Abs. 1 gelten auch für die Eröffnungsbilanz von Unternehmungen, deren Satzung die Anwendung der genannten Bestimmungen vorschreibt.

(³) Übersteigt der in der Eröffnungsbilanz eingestellte Wert der im § 261 Nr. 1, 2 und 3 des Handelsgesetzbuchs sowie im § 42 Nr. 1 des Gesetzes, betreffend die Gesellschaften mit beschränkter Haftung, bezeichneten Gegenstände den Anschaffungs- oder Herstellungspreis, und zwar in den Fällen des § 261 Nr. 3 und des § 42 Nr. 1 vermindert um einen der Abnutzung gleichkommenden Betrag, so ist der Unterschied in der Bilanz gesondert auszuweisen.

(⁴) Für die Jahresbilanzen gelten die in der Eröffnungsbilanz eingesetzten Werte als Anschaffungs- oder Herstellungspreise im Sinne des § 261 Nr. 1, 2 und 3 des Handelsgesetzbuchs und des § 42 Nr. 1 des Gesetzes, betreffend die Gesellschaften mit beschränkter Haftung. Das gleiche gilt für die im § 333 Abs. 2 des Handelsgesetzbuchs vorgesehene Bilanz.

§ 5. (¹) Übersteigt bei Aktiengesellschaften, Kommanditgesellschaften auf Aktien oder Gesellschaften mit beschränkter Haftung das bei der Aufstellung der Eröffnungsbilanz nach Abzug der Schulden sich ergebende Vermögen den Betrag des Grundkapitals oder des Stammkapitals (Eigenkapital), so ist in der Bilanz entweder der Überschuß als Reserve einzustellen oder der Betrag des Eigenkapitals entsprechend heraufzusetzen. Die Maßnahmen können miteinander verbunden werden.

(²) Übersteigt der Betrag des Eigenkapitals das bei der Aufstellung der Eröffnungsbilanz nach Abzug der Schulden sich ergebende Vermögen, so ist entweder der Unterschied als Kapitalentwertungskonto unter die Aktiven einzustellen oder das Vermögen durch neue Einlagen bis zur Höhe des Betrags des Eigenkapitals zu vermehren oder der Betrag des Eigenkapitals entsprechend zu ermäßigen. Die Maßnahmen können miteinander verbunden werden.

§ 6. Das Kapitalentwertungskonto darf nicht höher sein als $^9/_{10}$ des Betrags des Eigenkapitals. Die Gesellschaft ist verpflichtet, das Kapitalentwertungskonto innerhalb von drei Geschäftsjahren auszugleichen. Zur Tilgung sind der vorhandene Reservefonds sowie die Beträge zu verwenden, die gemäß § 262 des Handelsgesetzbuchs in den Reservefonds einzustellen wären; eine Verteilung von Gewinnen ist unzulässig, solange ein Kapitalentwertungskonto besteht. Die Durchführung des Ausgleichs ist dem Gericht anzuzeigen.

§ 7. Eine nach § 5 vorgenommene Veränderung des Eigenkapitals ist Umstellung im Sinne dieser Verordnung.

§ 8. Das Verhältnis der mit den Aktien und Geschäftsanteilen verbundenen Rechte zueinander wird vorbehaltlich näherer Regelung in den Durchführungsbestimmungen durch die Umstellung nicht berührt.

§ 9. Werden im Falle der Heraufsetzung des Betrags des Eigenkapitals (§ 5 Abs. 1) neue Aktien oder Geschäftsanteile ausgegeben, so sind diese den Gesellschaftern auf ihr Verlangen entsprechend ihrem Anteil am Eigenkapital zuzuteilen, es sei denn, daß ein Dritter die Aktien übernommen und sich dabei verpflichtet hat, sie den Aktionären zum Bezug anzubieten. Das gleiche gilt für den Fall einer Kapitalserhöhung, die während des Bestehens des Kapitalentwertungskontos beschlossen worden ist.

§ 10. (1) Nach der Umstellung muß der Betrag des Eigenkapitals einer Aktiengesellschaft oder einer Kommanditgesellschaft auf Aktien mindestens fünftausend Goldmark, der einer Gesellschaft mit beschränkter Haftung mindestens fünfhundert Goldmark betragen.

(2) Bei der Umstellung einer Aktiengesellschaft oder einer Kommanditgesellschaft auf Aktien müssen die Aktien und Interimsscheine auf einen Betrag von mindstens einhundert Goldmark, im Falle des § 180 Abs. 3 des Handelsgesetzbuchs auf einen Betrag von mindestens zwanzig Goldmark gestellt werden. Im Falle des § 180 Abs. 2 des Handelsgesetzbuchs kann ein Mindestbetrag von zwanzig Goldmark zugelassen werden.

(3) Bei der Umstellung einer Gesellschaft mit beschränkter Haftung muß die Stammeinlage jedes Gesellschafters auf mindestens fünfzig Goldmark gestellt werden.

§ 11. Eine Verminderung der Zahl der Aktien oder Geschäftsanteile aus Anlaß der Umstellung einer Aktiengesellschaft, einer Kommanditgesellschaft auf Aktien oder einer Gesellschaft mit beschränkter Haftung ist nur insoweit zulässig, als ohne sie die im § 10 für Aktien oder Geschäftsanteile vorgeschriebene Mindestgrenze nicht eingehalten werden könnte.

§ 12. Soweit aus Anlaß der Umstellung einer Aktiengesellschaft, einer Kommanditgesellschaft auf Aktien oder einer Gesellschaft mit beschränkter Haftung Zahlungen an die Gesellschafter zu erfolgen haben, sind ihnen auf Antrag auf den Inhaber lautende Genußscheine in Höhe ihres Zahlungsanspruchs auszuhändigen. Die Genußscheine gewähren kein Stimmrecht, jedoch einen Anspruch auf entsprechende Beteiligung am Reingewinne der Gesellschaft und im Falle der Auflösung der Gesellschaft einen Anspruch in bezug auf das zu verteilende Gesellschaftsvermögen. Die Beteiligung am Reingewinne darf durch Kapitalserhöhungen nicht verkürzt werden. Die Genußscheine können unter Einhaltung einer Kündigungsfrist von drei Monaten von der Gesellschaft frühestens zum Ablauf des dritten auf die Ausstellung folgenden Geschäftsjahrs, von dem Inhaber zum Schlusse eines jeden Geschäftsjahrs gekündigt werden. Die Ausgabe der Genußscheine bedarf nicht der staatlichen Genehmigung.

§ 13. (1) Bei Aktiengesellschaften haben die Mitglieder des Aufsichtsrats die Eröffnungsbilanz und den Hergang der Umstellung zu prüfen. Über die Prüfung ist der Generalversammlung von dem Vorstand und dem Aufsichtsrate schriftlich Bericht zu erstatten. In dem Berichte sind die wesentlichen Umstände darzulegen, die für die Bewertung der im § 261 Nr. 1 bis 3 des Handelsgesetzbuchs bezeichneten Gegenstände maßgebend gewesen sind.

(2) Die Generalversammlung kann mit einfacher Stimmenmehrheit die Bestellung von Revisoren zur Prüfung der Eröffnungsbilanz oder zur Prüfung des Herganges der Umstellung beschließen. Ist in der Generalversammlung ein Antrag auf Bestellung von Revisoren zur Prüfung der Eröffnungsbilanz oder zur Prüfung des Herganges der Umstellung abgelehnt worden, so können auf Antrag von Aktionären, deren Anteile zusammen den zehnten Teil des Grundkapitals erreichen, Revisoren durch das Gericht, in dessen Bezirk die Gesellschaft ihren Sitz hat, ernannt werden. Die Vorschriften des § 266 Abs. 2, Abs. 3 Satz 2, Abs. 4 Satz 1 sowie des § 267 des Handelsgesetzbuches finden Anwendung.

(3) Diese Vorschriften gelten für Kommanditgesellschaften auf Aktien mit der Maßgabe, daß die Berichterstattung (Abs. 1 Satz 2) durch die persönlich haftenden Gesellschafter zu erfolgen hat.

§ 14. (1) Wegen einer Überschuldung, die sich bei der Aufstellung der Eröffnungsbilanz ergibt, die Eröffnung des Konkursverfahrens zu beantragen, ist der Vorstand einer Aktiengesellschaft nicht verpflichtet, solange die Frist für die Umstellung läuft. Das gleiche gilt für die persönlich haftenden Gesellschafter einer Kommanditgesellschaft auf Aktien und für die Geschäftsführer einer Gesellschaft mit beschränkter Haftung.

(2) Während der im Abs. 1 genannten Frist findet die Vorschrift des § 240 Abs. 1 des Handelsgesetzbuchs keine Anwendung.

§ 15. (1) Die Anmeldung des Beschlusses der Generalversammlung über die Umstellung einer Aktiengesellschaft, einer Kommanditgesellschaft auf Aktien oder einer Gesellschaft mit beschränkter Haftung zum Handelsregister hat binnen sechs Monaten nach Abhaltung der Generalversammlung zu erfolgen, in der die Abänderung des Gesellschaftsvertrags beschlossen worden ist. Die oberste Landesbehörde oder die von ihr bestimmte Stelle kann die Frist allgemein oder für einzelne Unternehmungen oder Arten von Unternehmungen verlängern.

(2) Handelt es sich um eine Aktiengesellschaft oder eine Kommanditgesellschaft auf Aktien, so ist bei der Anmeldung der Prüfungsbericht (§ 13 Abs. 1) vorzulegen.

§ 16. Ist die Anmeldung (§ 15) nicht innerhalb der vorgeschriebenen Frist erfolgt oder ist die Einhaltung der im § 10 vorgeschriebenen Mindestgrenzen nicht nachgewiesen oder die im § 6 vorgeschriebene Anzeige unterblieben, so hat das Gericht der Gesellschaft eine angemessene Frist unter der Androhung der Eintragung der Nichtigkeit der Gesellschaft zu bestimmen. Ist innerhalb der Frist die Anmeldung nicht erfolgt oder der Nachweis nicht geführt oder die Anzeige nicht erstattet, so ist die Nichtigkeit der Gesellschaft einzutragen. Die Vorschriften der §§ 142, 143 des Gesetzes über die Angelegenheiten der freiwilligen Gerichtsbarkeit finden entsprechende Anwendung.

§ 17. (1) Bei Neugründungen von Aktiengesellschaften, Kommanditgesellschaften auf Aktien und Gesellschaften mit beschränkter Haftung muß das Eigenkapital auf Goldmark gestellt werden.

(2) Das Grundkapital einer Aktiengesellschaft oder einer Kommanditgesellschaft auf Aktien muß mindestens fünfzigtausend Goldmark betragen. Die Aktien und Interimsscheine müssen auf einen Betrag von mindestens einhundert Goldmark, im Falle des § 180 Abs. 3 des Handelsgesetzbuchs auf mindestens zwanzig Goldmark gestellt werden. Im Falle des § 180 Abs. 2 des Handelsgesetzbuches kann ein Mindestbetrag von zwanzig Goldmark zugelassen werden.

(3) Das Stammkapital einer Gesellschaft mit beschränkter Haftung muß mindestens fünftausend Goldmark, die Stammeinlage jedes Gesellschafters mindestens fünfzig Goldmark betragen. Die Einzahlung auf die Stammeinlage (§ 7 Abs. 2 des Gesetzes betreffend die Gesellschaften mit beschränkter Haftung) muß mindestens ein Viertel des Betrags der Stammeinlage und mindestens fünfundzwanzig Goldmark betragen.

§ 18. Die im § 10 Abs. 2 und im § 17 Abs. 2 Satz 2 und 3 genannten Beträge treten an die Stelle der im § 180 des Handelsgesetzbuchs vorgesehenen Mindestbeträge.

§ 19. (1) Die infolge der Aufstellung der Eröffnungsbilanz, insbesondere infolge der Umstellung sich ergebenden lediglich zahlenmäßigen Veränderungen in dem Vermögen der im § 1 bezeichneten Kaufleute sowie deren Gesellschafter gegenüber den für die Besteuerung maßgebenden Werten begründen für die Einkommensteuer, Körperschaftssteuer und Vermögenssteuer der vorangegangenen Steuerjahre keine Steuerpflicht. Die infolge der Umstellung sich ergebenden lediglich zahlenmäßigen Veränderungen in dem Vermögen der im § 5 bezeichneten Gesellschaften sowie deren Gesellschafter unterliegen keiner Kapitalverkehrsteuer.

(2) Wird im Falle des § 5 Abs. 2 ein Kapitalentwertungskonto in die Bilanz eingestellt, so dürfen die zu seiner Tilgung verwendeten Beträge vom steuerbaren Einkommen nicht abgezogen werden; § 7 Nr. 3 des Körperschaftssteuergesetzes findet insoweit keine Anwendung.

(3) Wird im Falle des § 5 Abs. 2 das Vermögen durch neue Einlagen bis zur Höhe des Eigenkapitals vermehrt, so findet auf die zur Vermehrung bewirkten Zahlungen und Leistungen die Vergünstigung des § 13 zu b des Kapitalverkehrsteuergesetzes keine Anwendung; das gleiche gilt für Zahlungen und Leistungen, die zur Tilgung des Kapitalentwertungskontos bewirkt werden.

(4) Der Erwerb der im § 12 bezeichneten Genußscheine durch den ersten Erwerber ist von der Gesellschaftsteuer des Kapitalverkehrsteuergesetzes befreit.

§ 20. Die Reichsregierung wird ermächtigt, die zur Durchführung dieser Verordnung erforderlichen Rechtsverordnungen und allgemeinen Verwaltungsvorschriften zu erlassen; sie kann Ausnahmen von den Bestimmungen der Verordnung zulassen und, soweit es sich als notwendig erweisen sollte, für besondere Fälle allgemeine Anordnungen ergänzenden oder abweichenden Inhalts treffen sowie auf der Grundlage der für Aktiengesellschaften, Kommanditgesellschaften auf Aktien und Gesellschaften mit beschränkter Haftung geltenden Bestimmungen die Bilanzierung, Umstellung und Neugründung anderer Arten von Unternehmungen in Goldmark regeln.

---

17. Auszug aus dem Bürgerlichen Gesetzbuch

vom 18. August 1896 (RGBl 195).

Namensrecht.

§ 12. Wird das Recht zum Gebrauch eines Namens dem Berechtigten von einem anderen bestritten oder wird das Interesse des Berechtigten dadurch verletzt, daß ein anderer unbefugt den gleichen Namen gebraucht, so kann der Berechtigte von dem andern Beseitigung der Beeinträchtigung verlangen. Sind weitere Beeinträchtigungen zu besorgen, so kann er auf Unterlassung klagen.[1])

---

1) Der Namensschutz gilt für alle Arten von Wörtern, Personennamen und Phantasiewörtern, die der Firmeninhaber befugterweise zur Bildung seiner Firma verwendet hat, auch für schlagwortartige Abkürzungen RG **117** 219.

Haftung der Vereine für Vertreter.

§ 31. Der Verein ist für den Schaden verantwortlich, den der Vorstand, ein Mitglied des Vorstandes oder ein anderer verfassungsmäßig berufener Vertreter durch eine in Ausführung der ihm zustehenden Verrichtungen begangene, zum Schadensersatze verpflichtende Handlung einem Dritten zufügt.[1a—3])

§ 35. Sonderrechte[4]) eines Mitgliedes können nicht ohne dessen Zustimmung durch Beschluß der Mitgliederversammlung beeinträchtigt werden.

Willenserklärung.

§ 119. Wer bei der Abgabe einer Willenserklärung über deren Inhalt im Irrtume war oder eine Erklärung dieses Inhalts überhaupt nicht abgeben wollte, kann die Erklärung anfechten, wenn anzunehmen ist, daß er sie bei Kenntnis der Sachlage und bei verständiger Würdigung des Falles nicht abgegeben haben würde.[4a])

Als Irrtum über den Inhalt der Erklärung gilt auch der Irrtum über solche Eigenschaften, der Person[5]) oder der Sache,[6]) die im Verkehr als wesentlich angesehen werden.[7])

§ 120. Eine Willenserklärung, welche durch die zur Übermittlung verwendete Person oder Anstalt unrichtig übermittelt worden ist, kann unter der gleichen Voraussetzung angefochten werden, wie nach § 119 eine irrtümlich abgegebene Willenserklärung.

§ 121. Die Anfechtung muß in den Fällen der §§ 119, 120 ohne schuldhaftes Zögern (unverzüglich) erfolgen, nachdem der Anfechtungsberechtigte von dem Anfechtungsgrunde Kenntnis erlangt hat. Die

---

1a) Unter den Begriff „Handlung" fällt auch die Unterlassung einer pflichtmäßig vorzunehmenden Handlung. RG, K 4 84.

2) Auch ein Prokurist als Leiter einer Filiale kann ein verfassungsmäßig berufener Vertreter sein. RG 91 1.

3) Eine Bank haftet für Auskunft eines Depositenkassenvorstehers, auch wenn sie instruktionswidrig erteilt wird, es sei denn, daß der Anfragende die Einschränkung der Vertretungsbefugnis kennt oder kennen muß. RG 94 318.

4) Zum Begriff des Sonderrechtes bei einer GmbH. vgl. RG 104 253.

4a) Die in dem Schweigen liegende stillschweigende Zustimmungserklärung kann unter Umständen wegen Irrtums angefochten werden. RG 129, 349.

5) Anfechtung begründet bei Irrtum über Vertrauenswürdigkeit der Gegenpartei bei Lieferungsverhältnis von längerer Dauer. RG 100 207, über Vertrauenswürdigkeit des Pächters RG 102 226, über Kreditwürdigkeit — aber nicht beim Barkauf — RG 105 208, über Eigenschaften eines Dritten, sofern sie für Inhalt und Zweck des Rechtsgeschäfts von Bedeutung sind. RG 98 208.

6) Anfechtung begründet, bei Irrtum über den Börsenkurs eines Wertpapiers RG 97 138; 101 51; 116 17; über den Wert des Rubels RG 105 406.

7) Irrtum über Rechtsfolgen ist unerheblich. RG 98 136. Kalkulationsirrtum ist von Bedeutung, wenn die Kalkulation zum Gegenstand der entscheidenden Vertragsverhandlungen gemacht wurde und der geforderte Kaufpreis erkennbar als auf dieser Kalkulation beruhend bezeichnet wurde. RG 101 108. Vgl. auch RG 95 59.

einem Abwesenden gegenüber erfolgte Anfechtung gilt als rechtzeitig erfolgt, wenn die Anfechtungserklärung unverzüglich abgesendet worden ist.

Die Anfechtung ist ausgeschlossen, wenn seit der Abgabe der Willenserklärung 30 Jahre verstrichen sind.

§ 122. Ist eine Willenserklärung nach § 118 nichtig oder auf Grund der §§ 119, 120 angefochten, so hat der Erklärende, wenn die Erklärung einem anderen gegenüber abgegeben war, diesem, anderenfalls jedem Dritten den Schaden zu ersetzen, den der andere oder der Dritte dadurch erleidet, daß er auf die Gültigkeit der Erklärung vertraut, jedoch nicht über den Betrag des Interesses hinaus, welches der andere oder der Dritte an der Gültigkeit der Erklärung hat.

Die Schadensersatzpflicht tritt nicht ein, wenn der Beschädigte den Grund der Nichtigkeit oder der Anfechtbarkeit kannte oder infolge von Fahrlässigkeit nicht kannte (kennen mußte).

§ 123. Wer zur Abgabe einer Willenserklärung durch arglistige Täuschung oder widerrechtlich durch Drohung[8]) bestimmt worden ist, kann die Erklärung anfechten.[9]) [9a])

Hat ein Dritter die Täuschung verübt, so ist eine Erklärung, die einem anderen gegenüber abzugeben war, nur dann anfechtbar, wenn dieser die Täuschung kannte oder kennen mußte. Soweit ein anderer als derjenige, welchem gegenüber die Erklärung abzugeben war, aus der Erklärung unmittelbar ein Recht erworben hat, ist die Erklärung ihm gegenüber anfechtbar, wenn er die Täuschung kannte oder kennen mußte.

§ 124. Die Anfechtung einer nach § 123 anfechtbaren Willenserklärung kann nur binnen Jahresfrist erfolgen.

Die Frist beginnt im Falle der arglistigen Täuschung mit dem Zeitpunkt, in welchem der Anfechtungsberechtigte die Täuschung entdeckt, im Falle der Drohung mit dem Zeitpunkt, in welchem die Zwangslage aufhört. Auf den Lauf der Frist finden die für die Verjährung geltenden Vorschriften des § 203 Abs. 2 und der §§ 206, 207 entsprechende Anwendung.

Die Anfechtung ist ausgeschlossen, wenn seit der Abgabe der Willenserklärung 30 Jahre verstrichen sind.

---

8) Der Drohende muß das Bewußtsein der Drohung haben, nicht erforderlich ist Bewußtsein der Widerrechtlichkeit. RG 104 80; 107 80; 108 104 (Drohung mit Klage und Zurückbehaltung ist nicht rechtswidrig); 110 348. (Androhung einer Betrugsanzeige ist nicht rechtswidrig.) Nicht erforderlich ist auf Schädigung gerichtete Absicht. RG 111 7.

9) Anfechtung des Erfüllungsgeschäfts bei Zusammentreffen mit dem Anspruch auf Wandlung (§ 462 BG) erklärt RG 70 243 für unzulässig; RG 96 156 hält sie mindestens beim Kauf einer individuell bestimmteen Sache für zulässig. RG 104 2 läßt die Frage unentschieden.

9a) Die rechtserzeugende Wirkung eines Bestätigungsschreibens und seiner schweigenden Hinnahme beruht auf der Übung des redlichen Geschäftsverkehrs. Wenn sich der Absendende nicht in dem guten Glauben befand, daß der Inhalt des Schreibens der tatsächlichen Abrede entspreche, so sind ihm mit Rücksicht auf Treu und Glauben nicht auf Grund des Schweigens der Gegenseite Rechte zuzubilligen. RG 129, 349.

Vertragsabschluß.

§ 130. Eine Willenserklärung, die einem anderen gegenüber abzugeben ist, wird, wenn sie in dessen Abwesenheit abgegeben wird, in dem Zeitpunkte wirksam, in welchem sie ihm zugeht.[10—14]) Sie wird nicht wirksam, wenn dem anderen vorher oder gleichzeitig ein Widerruf zugeht.

Auf die Wirksamkeit der Willenserklärung ist es ohne Einfluß, wenn der Erklärende nach der Abgabe stirbt oder geschäftsunfähig wird.

Diese Vorschriften finden auch dann Anwendung, wenn die Willenserklärung einer Behörde gegenüber abzugeben ist.

§ 131. Wird die Willenserklärung einem Geschäftsunfähigen gegenüber abgegeben, so wird sie nicht wirksam, bevor sie dem gesetzlichen Vertreter zugeht.

Das gleiche gilt, wenn die Willenserklärung einer in der Geschäftsfähigkeit beschränkten Person gegenüber abgegeben wird. Bringt die Erklärung jedoch der in der Geschäftsfähigkeit beschränkten Person lediglich einen rechtlichen Vorteil oder hat der gesetzliche Vertreter seine Einwilligung erteilt, so wird die Erklärung in dem Zeitpunkte wirksam, in welchem sie ihr zugeht.

§ 132. Eine Willenserklärung gilt auch dann als zugegangen, wenn sie durch Vermittlung eines Gerichtsvollziehers zugestellt worden ist. Die Zustellung erfolgt nach den Vorschriften der Zivilprozeßordnung.

---

10) Es kommt nicht auf die Kenntnis des Empfängers an, sondern auf die Verfügungsgewalt, die ihm die Möglichkeit der Kenntnisnahme gewährt. RG 91 63.

11) Hat der Erklärende alles getan, was in seinen Kräften stand, um seine Erklärung dem anderen Vertragsteil rechtzeitig zugehen zu lassen, und ist ihr verspätetes Eintreffen lediglich auf Umstände zurückzuführen, die in der Person des Empfängers lagen, so muß die Erklärung als rechtzeitig zugegangen erachtet werden. RG 95 317. Wird ein Einschreibebrief nicht angenommen, obwohl Absender und Empfänger schon in Vertragsbeziehungen standen, so handelt der Ablehnende arglistig, wenn er den Inhalt der Erklärung kennt oder mit dem Zugehen einer Erklärung bestimmten Inhaltes rechnet und deshalb die Annahme verweigert. In diesem Falle gilt die Erklärung als zugegangen. Andernfalls handelt er nur schuldhaft. Stellt der Erklärende dann die Erklärung unverzüglich nach § 132 BGB zu, so findet Zurückdatierung auf den Zeitpunkt der Annahmeweigerung statt. RG 110 36.

12) Eine durch Fernsprecher an das Kontor eines Kaufmanns in dessen Abwesenheit übermittelte Willenserklärung gilt in dem Augenblick als ihm zugegangen, in dem sie von einem dazu Berechtigten entgegengenommen wird. Als solcher gilt in der Regel jeder kaufmännische Angestellte. Es genügt, wenn der Erklärende sich vergewissert, mit einem solchen Angestellten zu verhandeln. RG 61 215; 102 296.

13) Im geschäftlichen Verkehr und besonders bei Behörden wird man von vornherein davon ausgehen müssen, daß die zum Einwerfen von Briefen und sonstigen Mitteilungen bestimmten Kästen nur zu bestimmten Zeiten geleert werden. RG 99 23.

14) Geht die Erklärung durch mangelnde Sorgfalt beider Teile nicht rechtzeitig zu, so ist der Schaden nach § 254 BGB zu teilen. RG 97 336.

Befindet sich der Erklärende über die Person desjenigen, welchem gegenüber die Erklärung abzugeben ist, in einer nicht auf Fahrlässigkeit beruhenden Unkenntnis oder ist der Aufenthalt dieser Person unbekannt, so kann die Zustellung nach den für die öffentliche Zustellung einer Ladung geltenden Vorschriften der Zivilprozeßordnung erfolgen. Zuständig für die Bewilligung ist im ersteren Falle das Amtsgericht, in dessen Bezirke der Erklärende seinen Wohnsitz oder in Ermangelung eines inländischen Wohnsitzes seinen Aufenthalt hat, im letzteren Falle das Amtsgericht, in dessen Bezirke die Person, welcher zuzustellen ist, den letzten Wohnsitz oder in Ermangelung eines inländischen Wohnsitzes den letzten Aufenthalt hatte.

Auslegung der Willenserklärung

§ 133. Bei der Auslegung einer Willenserklärung ist der wirkliche Wille zu erforschen und nicht an dem buchstäblichen Sinne des Ausdrucks zu haften.

Nichtige Geschäfte.

§ 134. Ein Rechtsgeschäft, das gegen ein gesetzliches Verbot verstößt, ist nichtig, wenn sich nicht aus dem Gesetz ein anderes ergibt.[15—19]

§ 138. Ein Rechtsgeschäft, das gegen die guten Sitten verstößt, ist nichtig.[20—23]

---

15) Eine einen übermäßigen Gewinn enthaltende Preisforderung macht das Geschäft nicht nichtig, der Preis ist auf den angemessenen Betrag herabzusetzen. RG 93 107. Beihilfe zur Preistreiberei braucht der Verkäufer aber nicht zu leisten. RG 96 130; 99 157.

16) Überschreitung der Höchstpreise bewirkt nicht Nichtigkeit, es gilt der Kauf als zum Höchstpreis abgeschlossen. RG 88 250; 89 198. Ebenso bei Richtpreisen RG 97 83.

17) Kettenhandel macht das Geschäft nichtig, wenn auf beiden Seiten bewußt der Tatbestand verwirklicht wird, der dem Gesetz oder den guten Sitten zuwiderläuft. RG 98 1 u. 61; 103 162. Ebenso bei Verstoß gegen die Schleichhandelsverordnung vom 8. Mai 1918. RG 103 110.

18) Verstoß gegen die Devisenverordnung vom 8. Febr. 1917 macht nichtig. RG 98 254; 100 240. Verstoß gegen eine deutsche Verordnung macht nicht nichtig, wenn sie infolge des Waffenstillstandes außer Kraft gesetzt und allgemein nicht beachtet wurde. RG 105 182. Der Mangel der Großhandelserlaubnis bewirkt Nichtigkeit; die Gegenpartei kann nicht die Einrede der Arglist erheben, weil sie den Mangel nicht gekannt habe. RG 105 366.

19) Das obligatorische Rechtsgeschäft wird mit dem Zeitpunkt nichtig, zu dem die beabsichtigte Handlung gesetzlich verboten wird. RG 102 205.

20) Regelmäßig ist Sittenwidrigkeit bei beiden Vertragsparteien Voraussetzung. RG 98 63; 101 383. Auch im Anwendungsgebiet der Kriegswirtschaftsvorschriften. RG 104 107.

21) Schmuggelvertrag ist unsittlich. RG 96 282; 102 324. Vgl. aber 101 418.

22) Die Ausbedingung eines unverhältnismäßig hohen Mäklerlohnes für Vermittlung von Kriegslieferungen verstößt gegen die guten Sitten. RG 93 207.

23) Verpfändung des Ehrenwortes bewirkt Nichtigkeit des Dienstvertrages. RG 78 207.

Nichtig ist insbesondere ein Rechtsgeschäft, durch das jemand unter Ausbeutung der Notlage, des Leichtsinns oder der Unerfahrenheit eines andern sich oder einem Dritten für eine Leistung Vermögensvorteile versprechen oder gewähren läßt, welche den Wert der Leistung dergestalt übersteigen, daß den Umständen nach die Vermögensvorteile in auffälligem Mißverhältnisse zu der Leistung stehen.[24—26])

Vertrag.

§ 145. Wer einem anderen die Schließung eines Vertrages anträgt, ist an den Antrag gebunden, es sei denn, daß er die Gebundenheit ausgeschlossen hat.

§ 146. Der Antrag erlischt, wenn er dem Antragenden gegenüber abgelehnt oder wenn er nicht diesem gegenüber nach den §§ 147—149 rechtzeitig angenommen wird.

§ 147. Der einem Anwesenden gemachte Antrag kann nur sofort angenommen werden. Dies gilt auch von einem mittelst Fernsprechers von Person zu Person gemachten Antrage.[27])

Der einem Anwesenden gemachte Antrag kann nur bis zu dem Zeitpunkt angenommen werden, in welchem der Antragende den Eingang der Antwort unter regelmäßigen Umständen erwarten darf.

§ 148. Hat der Antragende für die Annahme des Antrags eine Frist bestimmt, so kann die Annahme nur innerhalb der Frist erfolgen.[28],[29])

§ 149. Ist eine dem Antragenden verspätet zugegangene Annahmeerklärung dergestalt abgesendet worden, daß sie bei regelmäßiger Be-

---

24) Grundsätzlich hat der Verkäufer bei Kaufgeschäften im freien Handel in der Aufstellung seiner Verkaufsbedingungen vollkommen freie Hand. Verstoß gegen gute Sitten kommt nur beim Hinzutreten ganz besonderer Umstände in Betracht. RG **104** 101 u. 306; **105** 370. Jedoch müßte ein entsprechender Vertrag zurücktreten, wenn die Erfüllung infolge unvorhergesehener außerordentlicher Preissteigerung den Ruin des Käufers mit sich bringen würde. RG **101** 308. — Vgl. auch Anm. zu § 242.

25) Unzulässig ist Freizeichnung des Spediteurs, Frachtführers oder Transportgewerbeunternehmers von der Haftung für eigenes Verschulden, wenn sie von einer ganzen Unternehmergruppe unter Ausnützung der tatsächlichen Monopolstellung den auf sie angewiesenen Kreisen der Bevölkerung aufgezwungen wird. RG **103** 84. Dies gilt auch für Lagergeschäfte und selbst dann, wenn zwar nicht alle, aber die maßgebenden Firmen dem betreffenden Verbande angehören. RG **115** 220.

26) Über einen Knebelvertrag vgl. RG **97** 253; **106** 388.

27) Bei Gesprächen mittelst Fernsprecher gelten grundsätzlich die gleichen Regeln wie bei Gesprächen unter Anwesenden, auch bei Mißverständnissen: RG **90** 166. Zur Bedienung des Fernsprechers angestellte weibliche Personen haben in der Regel keine Abschlußvollmacht. RG **103** 98.

28) Die Annahmeerklärung muß in der Frist in den Besitz des Anerbietenden gelangt sein, es genügt nicht die Absendung binnen der Frist. RG **53** 59.

29) Auch ohne Fristbestimmung hört die Bindung des Antragenden nach angemessener Frist auf. RG **97** 4.

förderung ihm rechtzeitig zugegangen sein würde, und mußte der Antragende dies erkennen, so hat er die Verspätung dem Annehmenden unverzüglich nach dem Empfange der Erklärung anzuzeigen, sofern es nicht schon vorher geschehen ist. Verzögert er die Absendung der Anzeige, so gilt die Annahme als nicht verspätet.

§ 150. Die verspätete Annahme eines Antrags gilt als neuer Antrag.[30])

Eine Annahme unter Erweiterungen, Einschränkungen oder sonstigen Änderungen gilt als Ablehnung verbunden mit einem neuen Antrage.

§ 151. Der Vertrag kommt durch die Annahme des Antrags zustande, ohne daß die Annahme dem Antragenden gegenüber erklärt zu werden braucht, wenn eine solche Erklärung nach der Verkehrssitte nicht zu erwarten ist oder der Antragende auf sie verzichtet hat.[31]) Der Zeitpunkt, in welchem der Antrag erlischt, bestimmt sich nach dem aus dem Antrag oder den Umständen zu entnehmenden Willen des Antragenden.

§ 152. Wird ein Vertrag gerichtlich oder notariell beurkundet, ohne daß beide Teile gleichzeitig anwesend sind, so kommt der Vertrag mit der nach § 128 erfolgten Beurkundung der Annahme zustande, wenn nicht ein anderes bestimmt ist. Die Vorschrift des § 151 Satz 2 findet Anwendung.

§ 153. Das Zustandekommen des Vertrags wird nicht dadurch gehindert, daß der Antragende vor der Annahme stirbt, oder geschäftsunfähig wird, es sei denn, daß ein anderer Wille des Antragenden anzunehmen ist.

§ 154. Solange nicht die Parteien sich über alle Punkte eines Vertrags geeinigt haben, über die nach der Erklärung auch nur einer Partei eine Vereinbarung getroffen werden soll, ist im Zweifel der Vertrag nicht geschlossen. Die Verständigung über einzelne Punkte ist auch dann nicht bindend, wenn eine Aufzeichnung stattgefunden hat.[31a])

Ist eine Beurkundung des beabsichtigten Vertrags verabredet worden, so ist im Zweifel der Vertrag nicht geschlossen, bis die Beurkundung erfolgt ist.

§ 155. Haben sich die Parteien bei einem Vertrage, den sie als geschlossen ansehen, über einen Punkt, über den eine Vereinbarung getroffen werden sollte, in Wirklichkeit nicht geeinigt, so gilt das Vereinbarte, sofern anzunehmen ist, daß der Vertrag auch ohne eine Bestimmung über diesen Punkt geschlossen sein würde.

§ 157. Verträge sind so auszulegen, wie Treu und Glauben mit Rücksicht auf die Verkehrssitte es erfordern.[32—34a])

30) Ein Kaufmann muß die Ablehnung des neuen Antrages erklären, sein Schweigen gilt als Zustimmung. RG 103 13.

31) Wenn der „freibleibend" Anbietende auf die umgehend eingetroffene Bestellung schweigt, so gilt die Bestellung als angenommen. RG 103 313.

31a) Der Vorvertrag bedarf der Form des Hauptvertrages. RG 106 176.

32) Im Reichsverkehr kann nicht verlangt werden, daß die Vertragsparteien vornehmen Sinn und Kulanz betätigen; man wird sich vielmehr mit der Forderung be gnügen

Stellvertretung.

§ 164. Eine Willenserklärung, die jemand innerhalb der ihm zustehenden Vertretungsmacht im Namen des Vertretenen abgibt, wirkt unmittelbar für und gegen den Vertretenen.[35]) Es macht keinen Unterschied, ob die Erklärung ausdrücklich im Namen des Vertretenen erfolgt oder ob die Umstände ergeben, daß sie in dessen Namen erfolgen soll.

Tritt der Wille, in fremdem Namen zu handeln, nicht erkennbar hervor, so kommt der Mangel des Willens, im eigenen Namen zu handeln, nicht in Betracht.

Die Vorschriften des Abs. 1 finden entsprechende Anwendung, wenn eine gegenüber einem anderen abzugebende Willenserklärung dessen Vertreter gegenüber erfolgt.

§ 165. Die Wirksamkeit einer von oder gegenüber einem Vertreter abgegebenen Willenserklärung wird nicht dadurch beeinträchtigt, daß der Vertreter in der Geschäftsfähigkeit beschränkt ist.

§ 166. Soweit die rechtlichen Folgen einer Willenserklärung durch Willensmängel oder durch die Kenntnis oder das Kennenmüssen gewisser Umstände beeinflußt werden, kommt nicht die Person des Vertretenen, sondern die des Vertreters in Betracht.

Hat im Falle einer durch Rechtsgeschäft erteilten Vertretungsmacht (Vollmacht) der Vertreter nach bestimmten Weisungen des Vollmachtgebers gehandelt, so kann sich dieser in Ansehung solcher Umstände, die er selbst kannte, nicht auf die Unkenntnis des Vertreters berufen. Dasselbe gilt von Umständen, die der Vollmachtgeber kennen mußte, sofern das Kennenmüssen der Kenntnis gleichsteht.

Erlöschen der Vollmacht.

§ 168. Das Erlöschen der Vollmacht bestimmt sich nach dem ihrer Erteilung zugrunde liegenden Rechtsverhältnisse. Die Vollmacht ist auch

---

müssen, daß im Geschäftsleben gute Sitten herrschen und daß als Maßstab dafür, was gute Sitte ist, die Auffassung zu gelten hat, welche im sittlichen Volksbewußtsein begründet ist und dem Anstandsgefühl aller billig und gerecht Denkenden entspricht. Wie eine niedrige Denk- und Handlungsweise, selbst wenn sie in einzelnen Volksschichten die herrschende sein sollte, immer Unsitte bleibt und nicht gute Sitte wird, ebensowenig kann die vornehme Gesinnung, durch die sich gewisse Kreise oder Personen auszeichnen, den Maßstab für die Begriffsbestimmung der guten Sitten im Rechtssinne bilden. RG 55 373.

33) Ergeben rechtsgeschäftliche Erklärungen nach der Auffassung des Verkehrs einen bestimmten Sinn, so kommt es für die Auslegung darauf, was die Parteien sich gedacht haben, überhaupt nicht an. RG 77 276.

34) Typische Vertragsklauseln unterliegen der Beurteilung des Revisionsgerichts; sie sind so auszulegen, wie es billigerweise den Interessen auch der Vertragspartei entspricht, die sie nicht aufgestellt hat. RG 98 122.

34a) Ein Wettbewerbsverbot gegenüber dem Verkäufer eines Geschäftes zugunsten des Käufers kann auch stillschweigend vereinbart sein. RG 117 179.

35) Der Vertretene haftet für Arglist des Vertreters bei Abschluß des Vertrages. RG 83 242.

bei dem Fortbestehen des Rechtsverhältnisses widerruflich, sofern sich nicht aus diesem ein anderes ergibt. Auf die Erklärung des Widerrufs findet die Vorschrift des § 167 Abs. 1 entsprechende Anwendung.

Vertretung bei Vertragsschluß.

§ 179. Wer als Vertreter einen Vertrag geschlossen hat, ist, sofern er nicht seine Vertretungsmacht nachweist, dem anderen Teile nach dessen Wahl zur Erfüllung oder zum Schadensersatze verpflichtet, wenn der Vertretene die Genehmigung des Vertrags verweigert.

Hat der Vertreter den Mangel der Vertretungsmacht nicht gekannt, so ist er nur zum Ersatze desjenigen Schadens verpflichtet, welchen der andere Teil dadurch erleidet, daß er auf die Vertretungsmacht vertraut, jedoch nicht über den Betrag des Interesses hinaus, welches der andere Teil an der Wirksamkeit des Vertrages hat.

Der Vertreter haftet nicht, wenn der andere Teil den Mangel der Vertretungsmacht kannte oder kennen mußte. Der Vertreter haftet auch dann nicht, wenn er in der Geschäftsfähigkeit beschränkt war, es sei denn, daß er mit Zustimmung seines gesetzlichen Vertreters gehandelt hat.

Vertragsschluß des Vertreters mit sich selbst.

§ 181. Ein Vertreter kann, soweit nicht ein anderes ihm gestattet ist, im Namen des Vertretenen mit sich im eigenen Namen oder als Vertreter eines Dritten ein Rechtsgeschäft nicht vornehmen, es sei denn, daß das Rechtsgeschäft ausschließlich in der Erfüllung einer Verbindlichkeit besteht.

Fristen, Termine (Zeit der Erfüllung).

§ 186. Für die in Gesetzen, gerichtlichen Verfügungen und Rechtsgeschäften enthaltenen Frist- und Terminsbestimmungen gelten die Auslegungsvorschriften der §§ 187 bis 193.

§ 187. Ist für den Anfang einer Frist ein Ereignis oder ein in den Lauf eines Tages fallender Zeitpunkt maßgebend, so wird bei der Berechnung der Frist der Tag nicht mitgerechnet, in welchen das Ereignis oder der Zeitpunkt fällt.

Ist der Beginn eines Tages der für den Anfang einer Frist maßgebende Zeitpunkt, so wird dieser Tag bei der Berechnung der Frist mitgerechnet. Das gleiche gilt von dem Tage der Geburt bei der Berechnung des Lebensalters.

§ 188. Eine nach Tagen bestimmte Frist endigt mit dem Ablaufe des letzten Tages der Frist.

Eine Frist, die nach Wochen, nach Monaten oder nach einem mehrere Monate umfassenden Zeitraume — Jahr, halbes Jahr, Vierteljahr — bestimmt ist, endigt im Falle des § 187 Abs. 1 mit dem Ablaufe desjenigen Tages der letzten Woche oder des letzten Monats, welcher durch seine Benennung oder seine Zahl dem Tage entspricht, in den das Ereignis oder der Zeitpunkt fällt, im Falle des § 187 Abs. 2 mit dem Ablaufe desjenigen Tages der letzten Woche oder des letzten Monats, welcher dem Tage vorhergeht, der durch seine Benennung oder seine Zahl dem Anfangstage der Frist entspricht.

Fehlt bei einer nach Monaten bestimmten Frist in dem letzten Monate der für ihren Ablauf maßgebende Tag, so endigt die Frist mit dem Ablaufe des letzten Tages dieses Monats.

§ 189. Unter einem halben Jahre wird eine Frist von sechs Monaten, unter einem Vierteljahre eine Frist von drei Monaten, unter einem halben Monat eine Frist von fünfzehn Tagen verstanden.

Ist eine Frist auf einen oder mehrere ganze Monate und einen halben Monat gestellt, so sind die fünfzehn Tage zuletzt zu zählen.

§ 190. Im Falle der Verlängerung einer Frist wird die neue Frist von dem Ablaufe der vorigen Frist an berechnet.

§ 191. Ist ein Zeitraum nach Monaten oder nach Jahren in dem Sinne bestimmt, daß er nicht zusammenhängend zu verlaufen braucht, so wird der Monat zu dreißig, das Jahr zu dreihundertfünfundsechzig Tagen gerechnet.

§ 192. Unter Anfang des Monats wird der erste, unter Mitte des Monats der fünfzehnte, unter Ende des Monats der letzte Tag des Monats verstanden.

§ 193. Ist an einem bestimmten Tage oder innerhalb einer Frist eine Willenserklärung abzugeben oder eine Leistung zu bewirken und fällt der bestimmte Tag oder der letzte Tag der Frist auf einen Sonntag oder einen am Erklärungs- oder Leistungsorte staatlich anerkannten allgemeinen Feiertag, so tritt an die Stelle des Sonntags oder des Feiertags der nächstfolgende Werktag.

Verjährung.

§ 195. Die regelmäßige Verjährungsfrist beträgt 30 Jahre.

§ 196. In 2 Jahren verjähren die Ansprüche:

1. der Kaufleute,[36]) Fabrikanten, Handwerker und derjenigen, welche ein Kunstgewerbe betreiben, für Lieferung von Waren,[37]) Ausführung von Arbeiten und Besorgung fremder Geschäfte, mit Einschluß der Auslagen, es sei denn, daß die Leistung für den Gewerbebetrieb des Schuldners erfolgt;

2. derjenigen, welche Land- oder Forstwirtschaft betreiben, für Lieferung von land- oder forstwirtschaftlichen Erzeugnissen, sofern die Lieferung zur Verwendung im Haushalte des Schuldners erfolgt;

3. der Eisenbahnunternehmungen, Frachtfuhrleute, Schiffer, Lohnkutscher und Boten wegen des Fahrgeldes, der Fracht, des Fuhr- und Botenlohnes, mit Einschluß der Einlagen;[37a])

36) Das bloße Auftreten als Kaufmann begründet nicht die kurze Verjährung. RG 89 163.

37) Wertpapiere fallen nicht unter den Begriff „Waren". RG 74 161.

37a) Unter Ziff. 3 fallen nicht Ansprüche auf Schlepplohn. RG 118 28.

7. derjenigen, welche, ohne zu den in Nr. 1 bezeichneten Personen zu gehören, die Besorgung fremder Geschäfte oder die Leistung von Diensten gewerbsmäßig[38]) betreiben, wegen der ihnen aus dem Gewerbebetriebe gebührenden Vergütungen, mit Einschluß der Auslagen;

8. derjenigen, welche im Privatdienste stehen, wegen des Gehalts, Lohnes oder anderer Dienstbezüge, mit Einschluß der Auslagen, sowie der Dienstberechtigten wegen der auf solche Ansprüche gemachten Vorschüsse;

9. der gewerblichen Arbeiter — Gesellen, Gehilfen, Lehrlinge, Fabrikarbeiter —, der Tagelöhner und Handarbeiter wegen des Lohnes und anderer an Stelle oder als Teil des Lohnes vereinbarter Leistungen, mit Einschluß der Auslagen, sowie der Arbeitgeber wegen der auf solche Ansprüche gewährten Vorschüsse;

10. der Lehrherren und Lehrmeister wegen des Lehrgeldes und anderer im Lehrvertrage vereinbarter Leistungen sowie wegen der für die Lehrlinge bestrittenen Auslagen.*)

Soweit die im Abs. 1 Nr. 1, 2, 5 bezeichneten Ansprüche nicht der Verjährung von zwei Jahren unterliegen, verjähren sie in 4 Jahren.

§ 197. In 4 Jahren verjähren die Ansprüche auf Rückstände von Zinsen, mit Einschlag der als Zuschlag zu den Zinsen zum Zwecke allmählicher Tilgung des Kapitals zu entrichtenden Beträge, die Ansprüche auf Rückstände von Miet- und Pachtzinsen, soweit sie nicht unter § 196 Abs. 1 Nr. 6 fallen, und die Ansprüche auf Rückstände von Renten, Auszugsleistungen, Besoldungen, Wartegeldern, Ruhegehalten, Unterhaltsbeiträgen und allen anderen regelmäßig wiederkehrenden Leistungen.

§ 198. Die Verjährung beginnt mit der Entstehung des Anspruchs. Geht der Anspruch auf ein Unterlassen, so beginnt die Verjährung mit der Zuwiderhandlung.

§ 201. Die Verjährung der in §§ 196, 197 bezeichneten Ansprüche beginnt mit dem Schlusse des Jahres, in welchem der nach den §§ 198 bis 200 maßgebende Zeitpunkt eintritt. Kann die Leistung erst nach dem Ablauf einer über diesen Zeitpunkt hinausreichenden Frist verlangt werden, so beginnt die Verjährung mit dem Schlusse des Jahres, in welchem die Frist abläuft.

§ 202. Die Verjährung ist gehemmt, solange die Leistung gestundet oder der Verpflichtete aus einem anderen Grunde vorübergehend zur Verweigerung der Leistung berechtigt ist.

Diese Vorschrift findet keine Anwendung auf die Einrede des Zurückbehaltungsrechts, des nicht erfüllten Vertrags, der mangelnden Sicherheitsleistung, der Vorausklage sowie auf die nach § 770 dem Bürgen und nach den §§ 2014, 2015 dem Erben zustehenden Einreden.

---

38) Besteht die Absicht, einen Kreis von Geschäften zu unternehmen, um sich hieraus eine dauernde Einnahmequelle zu verschaffen, so stellt sich schon das erste Geschäft als Ausübung des Gewerbes dar. RG 81 10.

*) Ziff. 11 bis 17 sind nicht abgedruckt.

§ 203. Die Verjährung ist gehemmt, solange der Berechtigte durch Stillstand der Rechtspflege innerhalb der letzten sechs Monate der Verjährungsfrist an der Rechtsverfolgung verhindert ist.

Das gleiche gilt, wenn eine solche Verhinderung in anderer Weise durch höhere Gewalt herbeigeführt wird.

§ 205. Der Zeitraum, während dessen die Verjährung gehemmt ist, wird in die Verjährungsfrist nicht eingerechnet.

Inhalt der Schuldverhältnisse.

§ 242. Der Schuldner ist verpflichtet, die Leistung so zu bewirken, wie Treu und Glauben mit Rücksicht auf die Verkehrssitte es erfordern.[39—45])

39) Dieser Vorschrift entspricht die Pflicht des Gläubigers, seinen Anspruch unter Einhaltung der gleichen Grundsätze geltend zu machen. Hinausziehung der Geltendmachung seiner Lieferungsrechte ist Befreiungsgrund, wenn durch die Verzögerung die wirtschaftliche Lage des Schuldners derart ungünstig verändert wird, daß ihm die fernere Erfüllung nicht zugemutet werden kann. RG 95 310.

40) Hat der Verkäufer fortlaufend zu liefern, so darf er nicht kurz vor Ablauf der Lieferfrist einen unverhältnismäßig großen Teil der verkauften Warenmengen auf einmal nachliefern. RG 96 127.

41) Der Zeitpunkt der Lieferung und die Bestimmung des Kaufpreises kann dem billigen Ermessen des Verkäufers überlassen werden. RG 104 116.

42) Die durch den Verfall der deutschen Währung hervorgerufenen Fragen der Aufwertung haben jetzt an Bedeutung verloren. Von der umfangreichen Rechtssprechung ist insbesondere zu verweisen auf die Entscheidungen RG 90 102; 91 109; 93 341; 95 310; 102 101; 103 332; 106 10. Das RG hat allmählich festgelegt, daß der Schuldner seine Leistung nur gegen entsprechende Gegenleistung zu bewirken braucht und daher die in Papiermark ausgedrückte Gegenleistung angemessen zu erhöhen ist. Anders liegt es nur, wenn die Parteien von vornherein bewußt das Risiko der Geldentwertung tragen wollten, was aber nicht ohne weiteres anzunehmen ist. RG 106 422. Die sogenannte gesunkene Kaufkraft der Reichsmark ist bei freier Aufwertung nach § 242 BGB nicht zu berücksichtigen. RG 129, 210.

43) Hat der Verkäufer einmal eine Preiserhöhung gefordert und ist diese ihm zugebilligt worden, so bleibt er an den nunmehr festgelegten Preis auch dann gebunden, wenn er sich von vornherein die Berücksichtigung der Preiserhöhung vorbehalten hatte. RG 104 170.

44) Der Verkäufer braucht sich zur Erfüllung des Vertrages nicht auf die Benutzung von Schleichwegen einzulassen. RG 93 185.

45) Will der Käufer sich die Waren zum Zwecke des Kettenhandels beschaffen, so ist dem Verkäufer, sobald er dies erfährt, die weitere Lieferung nicht zuzumuten, er braucht also den an sich gültigen Vertrag nicht zu erfüllen. RG 105 18; 106 318. Auch der Käufer kann die Abnahme verweigern, wenn der Verkäufer die Ware durch Kettenhandel erworben hat. RG 105 179. Kennt der Verkäufer den Tatbestand bei seiner Lieferungsverweigerung nicht, so kann er sich gegenüber der Klage auf Schadensersatz wegen Nichterfüllung nicht darauf berufen, weil ihm nicht zugemutet wurde, bewußt die Begehung verbotener unlauterer Machenschaften zu ermöglichen. RG 107 13.

Zahlung der Geldschuld.

§ 244. Ist eine in ausländischer Währung ausgedrückte Geldschuld im Inlande zu zahlen, so kann die Zahlung in Reichswährung erfolgen, es sei denn, daß Zahlung in ausländischer Währung ausdrücklich[45a]) bedungen ist.[46])

Die Umrechnung erfolgt nach dem Kurswerte, der zur Zeit der Zahlung[47]) für den Zahlungsort maßgebend ist.

§ 245. Ist eine Geldschuld in einer bestimmten Münzsorte zu zahlen, die sich zur Zeit der Zahlung nicht mehr im Umlaufe befindet, so ist die Zahlung so zu leisten, wie wenn die Münzsorte nicht bestimmt wäre.[48])

Gesetzliche Zinsen.

§ 246. Ist eine Schuld nach Gesetz oder Rechtsgeschäft zu verzinsen, so sind vier vom Hundert für das Jahr zu entrichten, sofern nicht ein anderes bestimmt ist.[49])

Schadensersatz.

§ 252. Der zu ersetzende Schaden umfaßt auch den entgangenen Gewinn. Als entgangen gilt der Gewinn, welcher nach dem gewöhnlichen Laufe der Dinge oder nach den besonderen Umständen, insbesondere nach den getroffenen Anstalten und Vorkehrungen mit Wahrscheinlichkeit erwartet werden konnte.[51—54])

45a) Zum Begriffe der Ausdrücklichkeit vgl. RG **107** 111.

46) Ausländischer Gläubiger kann Schadensersatz in seiner Währung fordern. RG **102** 63.

47) Maßgebend ist die Zeit der tatsächlichen Zahlung. RG **98** 160; **101** 312 (Plenarentscheidung); **106** 100.

48) Für den hier geregelten Fall der Geldsortenschuld ist § 279 BGB nicht anwendbar. Verschwindet die bedungene Münzsorte aus dem Verkehr, so wird die Schuld zu einer gewöhnlichen Geldschuld. RG **103** 388.

49) Z. B. HGB § 352, WO Art. 50.

50) Bei Ersatz verlorener Sachen ist ihr Wert zur Zeit des Urteils maßgebend. RG **101** 420; **102** 384.

51) Der Käufer kann den Mehrbetrag fordern, den er bei anderweitiger Eindeckung tatsächlich hat aufwenden müssen (konkrete Berechnung). Er kann aber im kaufmännischen Verkehr auch als entgangenen Gewinn den Mehrwert der Ware gegenüber dem Kaufpreis zugrunde legen (abstrakte Berechnung). Es ist in der Regel davon auszugehen, daß er, wenn der Verkäufer geliefert hätte, in der Lage gewesen wäre, durch Verkauf der Ware diesen Gewinn zu erzielen. Zulässig ist aber die Deckung, daß die den Gewinn ergebende alsbaldige Weiterveräußerung ausgeschlossen gewesen wäre. RG **99** 49, z. B. beim Kauf zum eigenen Gebrauche. RG **105** 286.

52) Grundsätzlich ist abstrakte Berechnung auch zugunsten des Fiskus als Käufers zulässig. RG **105** 294.

53) Unzulässig ist es, im Wege der abstrakten Berechnung einen Schadensersatz zu fordern, der einen unzulässigen Gewinn enthält. RG **100** 105; **105** 295.

§ 254. Hat bei der Entstehung des Schadens ein Verschulden des Beschädigten mitgewirkt, so hängt die Verpflichtung zum Ersatze sowie der Umfang des zu leistenden Ersatzes von den Umständen, insbesondere davon ab, inwieweit der Schaden vorwiegend von dem einen oder dem anderen Teile verursacht worden ist.

Dies gilt auch dann, wenn sich das Verschulden des Beschädigten darauf beschränkt, daß er unterlassen hat, den Schuldner auf die Gefahr eines ungewöhnlich hohen Schadens aufmerksam zu machen, die der Schuldner weder kannte noch kennen mußte, oder daß er unterlassen habe, den Schaden abzuwenden oder zu mindern. Die Vorschrift des § 278 findet entsprechende Anwendung.[55]

Teilleistung.

§ 266. Der Schuldner ist zu Teilleistungen nicht berechtigt.

Ort und Zeit der Erfüllung.

§ 269. Ist ein Ort für die Leistung weder bestimmt noch aus den Umständen, insbesondere aus der Natur des Schuldverhältnisses zu entnehmen, so hat die Leistung an dem Orte zu erfolgen, an welchem der Schuldner zur Zeit der Entstehung des Schuldverhältnisses seinen Wohnsitz hatte.

Ist die Verbindlichkeit im Gewerbebetriebe des Schuldners entstanden, so tritt, wenn der Schuldner seine gewerbliche Niederlassung an einem anderen Orte hatte, der Ort der Niederlassung an die Stelle des Wohnsitzes.[56,57]

Aus dem Umstand allein, daß der Schuldner die Kosten der Versendung übernommen hat, ist nicht zu entnehmen, daß der Ort, nach welchem die Versendung zu erfolgen hat, der Leistungsort sein soll.

53a) Der Käufer braucht dem Verkäufer den Gewinn nicht gutzubringen, den er durch den Weiterverkauf der von ihm im Wege des Deckungskaufes erworbenen Ware erzielt. RG, 90 162.

54) Der Käufer kann als Zeitpunkt für die Berechnung des Verkaufswertes der zu liefernden Ware zwischen dem Eintritt des Lieferungsverzuges oder dem Ende der Nachfrist (§ 326) wählen. Hat er zunächst auf Erfüllung geklagt und geht im Prozeß zum Anspruch auf Ersatz aber, so kann er den Tag der Erhebung dieses Anspruches zugrunde legen. RG 103 293.

55) Der Schlußsatz bezieht sich nicht auch auf Fälle des Abs. 1 im Gebiete der unerlaubten Handlungen. RG 62 346; 75 257.

56) Bei Gattungskäufen ist anzunehmen, daß der Käufer die ihm (nach § 433 BGB) obliegende Abnahmepflicht in der Regel an dem Orte zu erfüllen hat, an welchem er zur Zeit des Vertragsabschlusses seinen Wohnsitz bzw. seine gewerbliche Niederlassung hatte. RG 49 72.

57) Im Falle der Wandlung ist der Verkäufer verpflichtet, die Ware an dem Orte zurückzunehmen, an dem sie sich zur Zeit der Wandlung infolge des Vertrages befindet, RG 55 114, auch wenn die Zurücknahme der gelieferten Sache gegen Ersatz der verauslagten Frachtkosten begehrt wird. RG 57 12.

§ 270. Geld hat der Schuldner im Zweifel auf seine Gefahr und seine Kosten dem Gläubiger an dessen Wohnsitz zu übermitteln.[58—60])

Ist die Forderung im Gewerbebetriebe des Gläubigers entstanden, so tritt, wenn der Gläubiger seine gewerbliche Niederlassung an einem anderen Orte hat, der Ort der Niederlassung an die Stelle des Wohnsitzes.

Erhöhen sich infolge einer nach der Entstehung des Schuldverhältnisses eintretenden Änderung des Wohnsitzes oder der gewerblichen Niederlassung des Gläubigers die Kosten oder die Gefahr der Übermittelung, so hat der Gläubiger im ersteren Falle die Mehrkosten, im letzteren Falle die Gefahr zu tragen.

Die Vorschriften über den Leistungsort bleiben unberührt.

§ 271. Ist eine Zeit für die Leistung weder bestimmt noch aus den Umständen zu entnehmen, so kann der Gläubiger die Leistung sofort verlangen, der Schuldner sie sofort bewirken.

Ist eine Zeit bestimmt, so ist im Zweifel anzunehmen, daß der Gläubiger die Leistung nicht vor dieser Zeit verlangen, der Schuldner aber sie vorher bewirken kann.

§ 272. Bezahlt der Schuldner eine unverzinsliche Schuld vor der Fälligkeit, so ist er zu einem Abzuge wegen der Zwischenzinsen nicht berechtigt.

Haftung für Verschulden.

§ 276. Der Schuldner hat, sofern nicht ein anderes bestimmt ist, Vorsatz und Fahrlässigkeit zu vertreten.[61, 62, 62a]) Fahrlässig handelt, wer die im Verkehr erforderliche Sorgfalt außer acht läßt.[63—65]) Die Vorschriften der §§ 827, 828 finden Anwendung.

---

58) Zahlungen aus öffentlichen Kassen sind — zufolge landesges. Vorschriften — an der Kasse in Empfang zu nehmen.

59) § 270 gilt auch für den Platzverkehr. RG 78 141.

60) Zahlung durch Scheck gilt als rechtzeitig, wenn der Gläubiger auf diese Weise das Geld ebenso schnell als durch die Post erhält. RG 78 141.

61) Wegen Verschuldens beim Abschluß des Vertrages vgl. RG 95 60. Es besteht eine Rechtspflicht, dem andern Vertragsteil die für ihn beim Vertragsschluß bedeutsamen Tatsachen kundzugeben, fahrlässige Unterlassung macht haftbar. RG 97 327. Der Anspruch des Geschädigten geht regelmäßig dahin, so gestellt zu werden, als wenn der Vertrag nicht geschlossen wäre, nur ausnahmsweise hat er Anspruch auf das positive Erfüllungsinteresse. RG 103 50.

62) Diese Bestimmung ergibt allgemein die Verpflichtung zum Schadensersatz wegen schuldhafter Verletzung einer Verpflichtung. RG 106 25.

62a) Maßgebend ist die im Verkehr erforderliche, nicht die übliche Sorgfalt. Es ist ein objektiver Maßstab anzuwenden. RG 119 400; 128 44.

63) Der Begriff der Fahrlässigkeit bestimmt sich nach den Anschauungen des Personenkreises, dem der Täter angehört. RG 68 423. Maßgebend ist nur der gesunde und normale Verkehr, ein im Verkehr eingerissener Schlendrian entschuldigt nicht. RG 105 83.

64) Im besetzten Gebiet tatsächlich nur auf dem Papier stehende Verbote geben keinen Maßstab für die im Verkehr erforderliche Sorgfalt. RG 104 110.

Die Haftung wegen Vorsatzes kann dem Schuldner nicht im voraus erlassen werden.

§ 277. Wer nur für diejenige Sorgfalt einzustehen hat, welche er in eigenen Angelegenheiten anzuwenden pflegt, ist von der Haft wegen grober Fahrlässigkeit nicht befreit.

§ 278. Der Schuldner hat ein Verschulden seines gesetzlichen Vertreters und der Personen, deren er sich zur Erfüllung seiner Verbindlichkeit bedient,[66]) in gleichem Umfange zu vertreten wie eigenes Verschulden. Die Vorschrift des § 276 Abs. 2 findet keine Anwendung.

Haftung bei Unmöglichkeit der Leistung.

§ 279. Ist der geschuldete Gegenstand nur der Gattung nach bestimmt, so hat der Schuldner, solange die Leistung aus der Gattung möglich ist, sein Unvermögen zur Leistung auch dann zu vertreten, wenn ihm ein Verschulden nicht zur Last fällt.[67—71])

§ 280 Abs. 1. Soweit die Leistung infolge eines von dem Schuldner zu vertretenden Umstandes unmöglich wird, hat der Schuldner dem Gläubiger den durch die Nichterfüllung entstehenden Schaden zu ersetzen.

§ 281 Abs. 1. Erlangt der Schuldner infolge des Umstandes, welcher die Leistung unmöglich macht, für den geschuldeten Gegenstand einen Ersatz oder einen Ersatzanspruch, so kann der Gläubiger Herausgabe des

65) Der Schuldner muß den Schaden ersetzen, der durch sein vorsätzliches oder fahrlässiges Handeln der anderen Partei erwachsen ist; bei Lieferung fehlerhafter Ware im Sinne des § 459 BGB unter Außerachtlassung der Sorgfalt eines ordentl. Kaufmanns muß er Fracht, Rollgeld und die durch den Deckungskauf hervorgerufene Mehrausgabe ersetzen. RG 52 18.

66) Der Spediteur kann Erfüllungsgehilfe sein. RG 101 152. Tritt der Lieferant des Verkäufers mit dem Käufer in unmittelbare Verbindung, so ist er Erfüllungsgehilfe des Verkäufers. RG 108 223. Der Direktor einer Sparkasse, die auch Bankgeschäfte betreibt, ist bei Auskunftserteilung Gehilfe des Sparkassenunternehmers. RG 126 50.

67) § 279 gilt auch, wenn der Grund für die Unmöglichkeit der Leistung im Geldmangel des Schuldners liegt. RG 75 335.

68) Wer während des Krieges Waren verkauft, die er nicht besaß, kann sich nicht auf Unmöglichkeit berufen, wenn seine Lieferanten infolge Festsetzung von Höchstpreisen keine Waren mehr abgeben. RG 93 17. Etwas einschränkend RG 95 267. Über Einwirkung der Revolution vgl. RG 98 18. S. auch Anm. 42 zu § 242.

69) Nicht ausgeschlossen ist die Berücksichtigung des unvorhergesehenen Eintritts höherer Gewalt oder ähnlicher Umstände, die nach dem Grundsatz des § 242 das Verlangen der Leistung als unbillig und ungerechtfertigt erscheinen lassen. RG 99 2.

70) Zeitweilige Verhinderung der Leistung zieht unter Umständen dauernde Unmöglichkeit nach sich, doch ist eine gegenteilige Abrede möglich. RG 92 88.

71) Wird dem Verkäufer die Erfüllung aller laufenden Aufträge unmöglich, so muß er auf anteilmäßige Befriedigung aller Kunden bedacht sein, auch soweit sie nicht abgerufen haben. RG 94 17.

als Ersatz Empfangenen oder Abtretung des Ersatzanspruchs verlangen.[72], [73])

Streit über Unmöglichkeit der Erfüllung.

§ 282. Ist streitig, ob die Unmöglichkeit der Leistung die Folge eines von dem Schuldner zu vertretenden Umstandes ist, so trifft die Beweislast den Schuldner.

Nichterfüllung eines rechtskräftigen Urteils.

§ 283. Ist der Schuldner rechtskräftig verurteilt, so kann der Gläubiger ihm zur Bewirkung der Leistung eine angemessene Frist mit der Erklärung bestimmen, daß er die Annahme der Leistung nach dem Ablaufe der Frist ablehne. Nach dem Ablaufe der Frist kann der Gläubiger Schadensersatz wegen Nichterfüllung verlangen, soweit nicht die Leistung rechtzeitig bewirkt wird; der Anspruch auf Erfüllung ist ausgeschlossen. Die Verpflichtung zum Schadensersatze tritt nicht ein, wenn die Leistung infolge eines Umstandes unmöglich wird, den der Schuldner nicht zu vertreten hat.

Wird die Leistung bis zum Ablaufe der Frist nur teilweise nicht bewirkt, so steht dem Gläubiger auch das im § 280 Abs. 2 bestimmte Recht zu.

Verzug.

§ 284. Leistet der Schuldner auf eine Mahnung[74]) des Gläubigers nicht, die nach dem Eintritt der Fälligkeit erfolgt, so kommt er durch die Mahnung in Verzug.[75]) Der Mahnung steht die Erhebung der Klage auf die Leistung sowie die Zustellung eines Zahlungsbefehls im Mahnverfahren gleich.

Ist für die Leistung eine Zeit nach dem Kalender bestimmt, so kommt der Schuldner ohne Mahnung in Verzug, wenn er nicht zu der bestimmten Zeit leistet. Das gleiche gilt, wenn der Leistung eine Kündigung vorauszugehen hat und die Zeit für die Leistung in der Weise bestimmt ist, daß sie sich von der Kündigung ab nach dem Kalender berechnen läßt.[76])

---

72) Wird dem Verkäufer die Lieferung durch Eingreifen der Obrigkeit unmöglich, so hat er den Mehrerlös dem Käufer herauszugeben. RG 91 260.

73) Der gutgläubige Erwerber und Weiterverkäufer gestohlener Sachen hat mindestens den Gewinn dem Eigentümer herauszugeben. Ob überhaupt Abzug der Gestellungskosten zulässig ist, läßt die Entscheidung unentschieden. RG 105 91.

74) Wer den Vertrag wegen arglistiger Täuschung angefochten hat, kann nicht wirksam mahnen. RG 75 333.

75) Es ist zulässig, die Handlungen, welche die Fälligkeit begründen, und die Mahnung zu verbinden; die Mahnung kann in den die Fälligkeit begründenden Handlungen mit enthalten sein. RG 50 255.

76) § 284 Abs. 2 ist anwendbar, wenn Lieferung innerhalb des Kalendermonats vereinbart ist. RG 106 89, aber nicht, wenn der Zahltag in bestimmter Weise von der künftigen Lieferung der Ware abhängig gemacht war; z. B. Zahlung am Ende jeder Empfangswoche, am 20. des der Lieferung folgenden Monats. RG 103 34.

§ 285. Der Schuldner kommt nicht in Verzug, solange die Leistung infolge eines Umstandes unterbleibt, den er nicht zu vertreten hat.[77])

Schadensersatz bei Verzug.

§ 286 Abs. 1. Der Schuldner hat dem Gläubiger den durch den Verzug entstehenden Schaden zu ersetzen.[78], [79])

Verzinsung bei Verzug.

§ 288. Eine Geldschuld ist während des Verzugs mit vier vom Hundert für das Jahr zu verzinsen. Kann der Gläubiger aus einem anderen Rechtsgrunde höhere Zinsen verlangen, so sind diese fortzuentrichten.

Die Geltendmachung eines weiteren Schadens ist nicht ausgeschlossen.

Verzug des Gläubigers.

§ 293. Der Gläubiger kommt in Verzug, wenn er die ihm angebotene Leistung nicht annimmt.

§ 294. Die Leistung muß dem Gläubiger so, wie sie zu bewirken ist, tatsächlich angeboten werden.

§ 295. Ein wörtliches Angebot des Schuldners genügt, wenn der Gläubiger ihm erklärt hat, daß er die Leistungen nicht annehmen werde, oder wenn zur Bewirkung der Leistung eine Handlung des Gläubigers erforderlich ist, insbesondere wenn der Gläubiger die geschuldete Sache abzuholen hat. Dem Angebote der Leistung steht die Aufforderung an den Gläubiger gleich, die erforderliche Handlung vorzunehmen.

§ 296. Ist für die von dem Gläubiger vorzunehmende Handlung eine Zeit nach dem Kalender bestimmt, so bedarf es des Angebots nur, wenn der Gläubiger die Handlung rechtzeitig vornimmt. Das gleiche gilt, wenn der Handlung eine Kündigung vorauszugehen hat und die Zeit für die Handlung in der Weise bestimmt ist, daß sie sich von der Kündigung ab nach dem Kalender berechnen läßt.

§ 297. Der Gläubiger kommt nicht in Verzug, wenn der Schuldner zur Zeit des Angebots oder im Falle des § 296 zu der für die Handlung des Gläubigers bestimmten Zeit außerstande ist, die Leistung zu bewirken.

---

77) Der Schuldner muß sich an zuständiger Stelle erkundigen, ob Lieferung zulässig ist. RG **104** 111.

78) Aus § 286 folgt die Verpflichtung des Schuldners, wegen Verzuges mit der Erfüllung einer einzelnen ihm obliegenden (positiven) Vertragsleistung Schadensersatz zu leisten. Zum Eintritt des Verzuges ist nur Mahnung nach Eintritt der Fälligkeit (§ 284) nötig, nicht Erfüllung der Förmlichkeit des § 326. RG **106** 24.

79) Neben Schadensersatz wegen Nichterfüllung kann nicht Verzugsschaden gefordert werden. RG **105** 280, wohl aber Ersatz des bis zum Ablauf der Nachfrist entstandenen Schadens. RG **94** 206.

§ 298. Ist der Schuldner nur gegen eine Leistung des Gläubigers zu leisten verpflichtet, so kommt der Gläubiger in Verzug, wenn er zwar die angebotene Leistung anzunehmen bereit ist, die verlangte Gegenleistung aber nicht anbietet.

§ 299. Ist die Leistungszeit nicht bestimmt oder ist der Schuldner berechtigt, vor der bestimmten Zeit zu leisten, so kommt der Gläubiger nicht dadurch in Verzug, daß er vorübergehend an der Annahme der angebotenen Leistung verhindert ist, es sei denn, daß der Schuldner ihm die Leistung eine angemessene Zeit vorher angekündigt hat.

Gegenseitiger Vertrag.

§ 306. Ein auf eine unmögliche Leistung gerichteter Vertrag ist nichtig.

§ 307 Abs. 1. Wer bei der Schließung eines Vertrags, der auf eine unmögliche Leistung gerichtet ist, die Unmöglichkeit der Leistung kennt oder kennen muß, ist zum Ersatze des Schadens verpflichtet, den der andere Teil dadurch erleidet, daß er auf die Gültigkeit des Vertrags vertraut, jedoch nicht über den Betrag des Interesses hinaus, welches der andere Teil an der Gültigkeit des Vertrags hat. Die Ersatzpflicht tritt nicht ein, wenn der andere Teil die Unmöglichkeit kennt oder kennen muß.[80, 80a)]

§ 308. Die Unmöglichkeit der Leistung steht der Gültigkeit des Vertrags nicht entgegen, wenn die Unmöglichkeit gehoben werden kann und der Vertrag für den Fall geschlossen ist, daß die Leistung möglich wird.

Wird eine unmögliche Leistung unter einer anderen aufschiebenden Bedingung oder unter Bestimmung eines Anfangstermins versprochen, so ist der Vertrag gültig, wenn die Unmöglichkeit vor dem Eintritte der Bedingung oder des Termins gehoben wird.

§ 309. Verstößt ein Vertrag gegen ein gesetzliches Verbot, so finden die Vorschriften der §§ 307, 308 entsprechende Anwendung.[80b)]

§ 320. Wer aus einem gegenseitigen Vertrage verpflichtet ist, kann die ihm obliegende Leistung bis zur Bewirkung der Gegenleistung verweigern, es sei denn, daß er vorzuleisten verpflichtet ist. Hat die Leistung an mehrere zu erfolgen, so kann dem Einzelnen der ihm gebührende Teil bis zur Bewirkung der ganzen Gegenleistung verweigert werden. Die Vorschrift des § 273 Abs. 3 findet keine Anwendung.

Ist von der einen Seite teilweise geleistet worden, so kann die Gegenleistung insoweit nicht verweigert werden, als die Verweigerung nach

---

80) Jede Vertragspartei muß sich über das Vorhandensein der Handelserlaubnis der Gegenpartei erkundigen. Bei Unterlassung keine Schadensersatzpflicht. RG 105 410.

80a) Fahrlässiges Nichtwissen schließt den Ersatzanspruch auch bei Kenntnis des anderen Teiles aus. JW 1925 S. 1272 Nr. 5.

80b) Die §§ 320ff. sind auch bei der offenen Handelsgesellschaft bis zum Beginn der Tätigkeit anwendbar. RG 112 283.

den Umständen, insbesondere wegen verhältnismäßiger Geringfügigkeit des rückständigen Teiles, gegen Treu und Glauben verstoßen würde.[81])

§ 321. Wer aus einem gegenseitigen Vertrage vorzuleisten verpflichtet ist, kann, wenn nach dem Abschlusse des Vertrags in den Vermögensverhältnissen des anderen Teiles eine wesentliche Verschlechterung eintritt, durch die der Anspruch auf die Gegenleistung gefährdet wird, die ihm obliegende Leistung verweigern, bis die Gegenleistung bewirkt oder Sicherheit für sie geleistet wird.[82])

Teilweise Unmöglichkeit der Erfüllung.

§ 325.[83]) Wird die aus einem gegenseitigen Vertrage dem einen Teile obliegende Leistung infolge eines Umstandes, den er zu vertreten hat, unmöglich, so kann der andere Teil Schadensersatz wegen Nichterfüllung verlangen oder von dem Vertrage zurücktreten. Bei teilweiser Unmöglichkeit ist er, wenn die teilweise[84]) Erfüllung des Vertrags für ihn kein Interesse hat, berechtigt, Schadensersatz wegen Nichterfüllung der ganzen Verbindlichkeit nach Maßgabe des § 280 Abs. 2 zu verlangen oder von dem ganzen Vertrage zurückzutreten. Statt des Anspruchs auf Schadensersatz und des Rücktrittsrechts kann er auch die für den Fall des § 323 bestimmten Rechte geltend machen.

Das gleiche gilt in dem Falle des § 283, wenn nicht die Leistung bis zum Ablaufe der Frist bewirkt wird oder wenn sie zu dieser Zeit teilweise nicht bewirkt ist.

Verzug.

§ 326.[85—87]) Ist bei einem gegenseitigen Vertrage der eine Teil mit der ihm obliegenden Leistung im Verzuge,[88—90]), so kann ihm der andere

---

81) Der Gedanke des § 320 Abs. 2 findet auch bei § 326 Anwendung. RG 76 153.

82) Dieses Recht kann gegenüber der auf Leistung gerichteten Klage durch Einrede des nicht erfüllten Vertrages zur Geltung gebracht werden. RG 51 170.

83) Zum Verhältnis von § 325 und § 326 vgl. RG 97 6.

84) Das heißt nicht, daß der Nichtsäumige an der Teilleistung kein Interesse hat, sondern: daß er kein Interesse an der teilweisen beiderseitigen Erfüllung des Vertrages hat. RG 50 138.

85) Bei Wandlung ist nicht § 326, sondern § 286 Abs. 2 anwendbar. RG 93 49. Beim Dienstvertrag ist wegen § 626 kein Raum für § 326. RG 92 158. § 326 ist regelmäßig auch auf den Vergleich — auch im Prozeß — anwendbar. RG 93 290 § 326 enthält nur nachgiebiges Recht. RG 126 69.

86) § 326 ist auch bei positiven Vertragsverletzungen anzuwenden, das sind alle vom Schuldner zu vertretenden positiven Zuwiderhandlungen gegen die Vertragspflichten, welche den Vertragszweck dergestalt gefährden, daß dem vertragstreuen Teil die Fortsetzung des Vertrages nach Treu und Glauben nicht zuzumuten ist. RG 54 98; 93 286. Das Recht zum Rücktritt steht dem anderen Teil nur zu, wenn er selbst den Vertrag getreu erfüllt hat und erfüllt. RG 109 55.

87) § 326 ist auch auf Fälle anwendbar, in denen der Leistungspflicht zwar eine gewisse Unbestimmtheit anhaftet, es aber lediglich von dem Willen des Schuldners ab-

Teil zur Bewirkung der Leistung eine angemessene Frist[91—95]) mit der Erklärung bestimmen, daß er die Annahme der Leistung nach dem Ablaufe der Frist ablehne.[96]) Nach dem Ablaufe der Frist ist er berechtigt, Schadensersatz[97],[98]) wegen Nichterfüllung zu verlangen oder von dem Vertrage zurückzutreten,[99]) wenn nicht die Leistung rechtzeitig erfolgt ist;

---

hängt, durch eine seinerseits vorzunehmende Handlung oder abzugebende Erklärung die Leistung zu einer bestimmten zu machen. RG 49 38.

88) D. h. Verzug mit der Leistung, welche die Hauptleistung ist oder doch zu der im übrigen noch nicht erfüllten Hauptleistung gehört. RG 53 164. Zum Begriff der Hauptleistung vgl. RG 101 429.

89) Angebot der Leistung durch den Schuldner während der Klage des Gläubigers auf Erfüllung läutert den Verzug nicht; der Gläubiger kann das Erfüllungsangebot zurückweisen, muß dies aber unverzüglich tun. RG 104 27.

90) Bei Verträgen auf Sukzessivlieferung hat Verzug mit einer Teillieferung in der Regel die gleiche Wirkung wie Verzug mit der ganzen Lieferung. RG 97 137.

91) Fristsetzung vor Verzug ist unwirksam, zulässig ist gleichzeitige Mahnung, die den Verzug herbeiführt und Fristsetzung. RG 50 255; 93 181; 106 90.

92) Die Nachfrist bezweckt nicht, den Schuldner in die Lage zu setzen, nun erst die Bewirkung seiner Leistung in die Wege zu leiten, sondern soll ihm nur noch eine letzte Gelegenheit geben, die begonnene Erfüllung zu vollenden. Bei Beurteilung der Angemessenheit der Frist ist vornehmlich auch das Interesse des Gläubigers zu berücksichtigen. RG 89 125.

93) Die Bestimmung einer zu kurz bemessenen Nachfrist setzt eine angemessene Frist in Lauf. RG 56 231; 106 90. Dies gilt aber dann nicht, wenn der Gläubiger zu erkennen gegeben hat, daß er die Lieferung, selbst wenn sie innerhalb angemessener Frist erfolgen sollte, dennoch keinesfalls annehmen werde. RG 91 207.

94) Der Verkäufer, der gemäß § 326 eine Frist setzt, muß nachweisen, daß er zur Zeit der Fristsetzung erfüllungsbereit war, es genügt, wenn er jederzeit zur Anschaffung der Ware in der Lage war. RG, K 3 165.

95) Fristbestimmung ist nicht erforderlich, wenn der im Verzuge befindliche Teil sich endgültig und ernstlich geweigert hat, den Vertrag zu erfüllen. RG 90 318; 91 31; 101 241; 102 266.

96) Die Erklärung bei Setzung der Nachfrist muß deutlich ersehen lassen, daß der Erklärende seinen Anspruch auf Erfüllung für den Fall nicht rechtzeitiger Lieferung endgültig aufgibt; die Erklärung „es sich vorbehalten zurückzutreten" genügt nicht. RG 91 165; auch nicht Aufforderung zur Erklärung über Bereitschaft zur Lieferung. RG 101 398. Vorsicht beim Ausdruck! RG 126 69.

97) Wird Schadensersatz wegen Nichterfüllung verlangt, so ist damit der Vertrag nicht aufgehoben, es tritt der einseitige Anspruch des nichtsäumigen Teiles auf Schadensersatz an die Stelle der beiderseitigen Leistungen; der säumige Teil verliert den Anspruch auf die Gegenleistung. RG 57 106.

98) Zur Berechnung des Schadensersatzes vgl. Note 50—54 zu § 242.

99) Der Rücktritt ist zulässig, auch wenn zuerst Schadensersatz wegen Nichterfüllung verlangt wurde, auch noch im Prozeß. RG 85 283. Die Entscheidung RG 102 265 läßt die Frage offen, bejaht aber jedenfalls die Zulässigkeit des Überganges vom Anspruch auf

der Anspruch auf Erfüllung ist ausgeschlossen.[100]) Wird die Leistung bis zum Ablaufe der Frist teilweise nicht[1]) bewirkt, so findet die Vorschrift des § 325 Abs. 1 Satz 2 entsprechende Anwendung.

Hat die Erfüllung des Vertrags infolge des Verzugs für den anderen Teil kein Interesse, so stehen ihm die im Abs. 1 bezeichneten Rechte zu, ohne daß es der Bestimmung einer Frist bedarf.[2—6])

Vertragsstrafe.

§ 339. Verspricht der Schuldner dem Gläubiger für den Fall, daß er seine Verbindlichkeit nicht oder nicht in gehöriger Weise erfüllt, die Zahlung einer Geldsumme als Strafe, so ist die Strafe verwirkt, wenn er in Verzug kommt. Besteht die geschuldete Leistung in einem Unterlassen, so tritt die Verwirkung mit der Zuwiderhandlung ein.

§ 340. Hat der Schuldner die Strafe für den Fall versprochen, daß er seine Verbindlichkeit nicht erfüllt, so kann der Gläubiger die verwirkte Strafe statt der Erfüllung verlangen. Erklärt der Gläubiger dem Schuldner, daß er die Strafe verlange, so ist der Anspruch auf Erfüllung ausgeschlossen.

Steht dem Gläubiger ein Anspruch auf Schadensersatz wegen Nichterfüllung zu, so kann er die verwirkte Strafe als Mindestbetrag des Schadens verlangen. Die Geltendmachung eines weiteren Schadens ist nicht ausgeschlossen.

Erfüllung zum Anspruch auf Schadensersatz wegen Nichterfüllung. Die Klage kann in erster Linie auf Selbsthilfeverkauf (§ 373 HGB) und in zweiter Linie auf Schadensersatz wegen Nichterfüllung nach § 326 BGB gestützt werden. RG **109** 137.

100) Hat der Verkäufer dem säumigen Käufer mitgeteilt, daß er Schadensersatz wegen Nichtannahme fordere, so kann er doch später Erfüllung fordern, wenn die Forderung auf Schadensersatz mangels Fristbestimmung unzulässig war. RG, K 3 161.

1) „Teilweise nicht" heißt: nur teilweise. RG **50** 138.

1a) Der Käufer kann teilweise Lieferung innerhalb der Nachfrist ablehnen. RG **106** 90.

2) Nicht erheblich ist es, ob der Säumige voraussehen konnte, daß infolge seines Verzuges die Erfüllung des Vertrages für den anderen Teil kein Interesse haben werde; es kommt aber die Anwendung von § 254 Abs. 2 in Betracht. RG **94** 326; JW **1919** 237.

3) Bei Geschäften des Großhandels mit Vereinbarung der Barzahlung oder der Stellung eines Akkreditivs gegen Duplikatfrachtbrief ist besonders pünktliche Vertragserfüllung erforderlich. Verzug auch nur mit einer Rate rechtfertigt Rücktritt ohne Fristsetzung. RG **104** 41.

4) Über Akkreditiv vgl. RG **102** 155; **103** 380; **104** 373; **105** 266; **106** 26.

5) Bei positiver Vertragsverletzung ist Fristsetzung nicht nötig. RG **96** 343; **104** 278. Vgl. Anm. 86, sowie § 286 Anm. 78. Bei positiver Vertragsverletzung verbleibt dem Berechtigten auch der Anspruch auf Erfüllung wahlweise neben dem auf Schadensersatz. Dies gilt überhaupt im Falle des § 326 Abs. 2 RG **106** 93

6) Rücktrittsrecht ohne Fristsetzung kann vertraglich eingeräumt werden. RG **96** 257; **104** 375. Vgl. § 376 HGB.

7) Auch während des Laufes der Frist kann das Interesse wegfallen. RG **89** 124.

§ 341. Hat der Schuldner die Strafe[8]) für den Fall versprochen, daß er seine Verbindlichkeit nicht in gehöriger Weise, insbesondere nicht zu der bestimmten Zeit erfüllt, so kann der Gläubiger die verwirkte Strafe neben der Erfüllung verlangen.

Steht dem Gläubiger ein Anspruch auf Schadensersatz wegen der nicht gehörigen Erfüllung zu, so finden die Vorschriften des § 340 Abs. 2 Anwendung.

Nimmt der Gläubiger die Erfüllung an, so kann er die Strafe nur verlangen, wenn er sich das Recht dazu bei der Annahme[9]) vorbehält.

§ 342. Wird als Strafe eine andere Leistung als die Zahlung einer Geldsumme versprochen, so finden die Vorschriften der §§ 339 bis 341 Anwendung; der Anspruch auf Schadensersatz ist ausgeschlossen, wenn der Gläubiger die Strafe verlangt.

§ 343. Ist eine verwirkte Strafe unverhältnismäßig hoch, so kann sie auf Antrag des Schuldners durch Urteil auf den angemessenen Betrag herabgesetzt werden.[10]) Bei der Beurteilung der Angemessenheit ist jedes berechtigte Interesse des Gläubigers, nicht bloß das Vermögensinteresse, in Betracht zu ziehen. Nach der Entrichtung der Strafe ist die Herabsetzung ausgeschlossen.

Das gleiche gilt auch außer den Fällen der §§ 339, 342, wenn jemand eine Strafe für den Fall verspricht, daß er eine Handlung vornimmt oder unterläßt.

§ 344. Erklärt das Gesetz das Versprechen einer Leistung für unwirksam, so ist auch die für den Fall der Nichterfüllung des Versprechens getroffene Vereinbarung einer Strafe unwirksam, selbst wenn die Parteien die Unwirksamkeit des Versprechens gekannt haben.

§ 345. Bestreitet der Schuldner die Verwirkung der Strafe, weil er seine Verbindlichkeit erfüllt habe, so hat er die Erfüllung zu beweisen, sofern nicht die geschuldete Leistung in einem Unterlassen besteht.

Öffentliche Versteigerung.

§ 383. Ist die geschuldete bewegliche Sache zur Hinterlegung nicht geeignet, so kann der Schuldner sie im Falle des Verzugs des Gläubigers

---

8) Der Anspruch auf Schadensersatz wird nicht dadurch ausgeschlossen, daß zunächst eine tatsächlich verwirkte Strafe gefordert wurde. RG 77 293.

9) Durch die Worte „bei der Annahme" hat der Gesetzgeber die Meinung ausgeschlossen, daß der Vorbehalt wirksam auch vor oder nach der Annahme erklärt werden dürfe. Bei der gleichlautenden Bestimmung des § 464 (Annahme mangelhafter Sachen): Zur Erhaltung des Rechtes auf Wandelung, Minderung oder Schadensersatz bei Lieferung einer mangelhaften Sache, deren Mängel dem Käufer bekannt sind, genügt ein Vorbehalt vor der Annahme, vorausgesetzt, daß der schon vorher erklärte Vorbehalt noch bei der nachfolgenden Annahme erkennbar aufrecht erhalten wird. RG, K 5 208.

10) Die bloße Behauptung des Schuldners, der dem Gläubiger durch die Vertragsverletzung verursachte Schaden erreiche die Höhe der Vertragsstrafe nicht, reicht als Unterlage für die Herabsetzung der Vertragsstrafe nicht aus. RG 103 99. Vgl. HGB §§ 74a, 348.

am Leistungsorte versteigern lassen und den Erlös hinterlegen. Das gleiche gilt in den Fällen des § 273 Satz 2, wenn der Verderb der Sache zu besorgen oder die Aufbewahrung mit unverhältnismäßigen Kosten verbunden ist.

Ist von der Versteigerung am Leistungsort ein angemessener Erfolg nicht zu erwarten, so ist die Sache an einem geeigneten anderen Orte zu versteigern.[11])

Die Versteigerung hat durch einen für den Versteigerungsort bestellten Gerichtsvollzieher oder zu Versteigerungen befugten anderen Beamten oder öffentlich angestellten Versteigerer öffentlich zu erfolgen (öffentliche Versteigerung). Zeit und Ort der Versteigerung sind unter allgemeiner Bezeichnung der Sache öffentlich bekannt zu machen.

Gesamtschuldner.

§ 421. Schulden mehrere eine Leistung in der Weise, daß jeder die ganze Leistung zu bewirken verpflichtet, der Gläubiger aber die Leistung nur einmal zu fordern berechtigt ist (Gesamtschuldner), so kann der Gläubiger die Leistung nach seinem Belieben von jedem Schuldner ganz oder zu einem Teile fordern. Bis zur Bewirkung der ganzen Leistung bleiben sämtliche Schuldner verpflichtet.

§ 422. Die Erfüllung durch einen Gesamtschuldner wirkt auch für die übrigen Schuldner. Das gleiche gilt von der Leistung an Erfüllungs Statt, der Hinterlegung und der Aufrechnung.

Eine Forderung, die einem Gesamtschuldner zusteht, kann nicht von den übrigen Schuldnern aufgerechnet werden.

§ 423. Ein zwischen dem Gläubiger und einem Gesamtschuldner vereinbarter Erlaß wirkt auch für die übrigen Schuldner, wenn die Vertragschließenden das ganze Schuldverhältnis aufheben wollten.

§ 424. Der Verzug des Gläubigers gegenüber einem Gesamtschuldner wirkt auch für die übrigen Schuldner.

§ 425. Andere als die in den §§ 422 bis 424 bezeichneten Tatsachen wirken, soweit sich nicht aus dem Schuldverhältnis ein anderes ergibt, nur für und gegen den Gesamtschuldner, in dessen Person sie eintreten.

Dies gilt insbesondere von der Kündigung, dem Verzuge, dem Verschulden, von der Unmöglichkeit der Leistung in der Person eines Gesamtschuldners, von der Verjährung, deren Unterbrechung und Hemmung, von der Vereinigung der Forderung mit der Schuld und von dem rechtskräftigen Urteile.

§ 427. Verpflichten sich mehrere durch Vertrag gemeinschaftlich zu einer teilbaren Leistung, so haften sie im Zweifel als Gesamtschuldner.

§ 431. Schulden mehrere eine unteilbare Leistung, so haften sie als Gesamtschuldner.

---

11) Verkauf am unrechten Ort ist gültig, verpflichtet aber zum Schadensersatz. RG 95 119. Der Schuldner muß beweisen, daß der Verkauf am rechten Orte nicht mehr erbracht haben würde. RG 104 422.

Kauf.

§ 433. Durch den Kaufvertrag wird der Verkäufer einer Sache verpflichtet, dem Käufer die Sache zu übergeben und das Eigentum an der Sache zu verschaffen.[12],[13]) Der Verkäufer eines Rechtes ist verpflichtet, dem Käufer das Recht zu verschaffen[13a]) und, wenn das Recht zum Besitz einer Sache berechtigt, die Sache zu übergeben.

Der Käufer ist verpflichtet, dem Verkäufer den vereinbarten Kaufpreis zu zahlen und die gekaufte Sache abzunehmen.[14])

Übergabe. Übergang der Gefahr.

§ 446 Abs. 1. Mit der Übergabe der verkauften Sache geht die Gefahr des zufälligen Unterganges und einer zufälligen Verschlechterung auf den Käufer über.[15]) Von der Übergabe an gebühren dem Käufer die Nutzungen und trägt er die Lasten der Sache.

Versendung der gekauften Sache.

§ 447. Versendet der Verkäufer auf Verlangen des Käufers die verkaufte Sache nach einem anderen Orte als dem Erfüllungsorte, so geht die Gefahr[16]) auf den Käufer über, sobald der Verkäufer die Sache dem

---

12) Der Verkäufer haftet für Beschlagnahme als Heeresgut auf Grund der Verordnung über Verwertung von Militärgut vom 23. Mai 1919. RG **105** 273; **106** 353.

13) Grundsätzlich hat der Verkäufer die der Lieferung entgegenstehenden Hindernisse zu beseitigen, der Käufer auf sein Verlangen dazu mitzuwirken soweit nötig. Aber auch Ausnahmen, z. B. hat die Einfuhrerlaubnis der inländische Käufer zu besorgen. RG **97** 258.

13a) Über Mängel im Recht bei Wertpapieren (Sperre) vgl. RG **109** 297. Verkauf aller Anteile einer Grundstücksgesellschaft m. b. H. steht dem Verkauf der Unternehmens selbst gleich. RG **120** 283.

14) In der Regel ist die Abnahme der gekauften Sache nicht Hauptleistung oder ein Teil der Hauptleistung; diese Verpflichtung ist durch die positive Gesetzesvorschrift in § 433 Abs. 2 lediglich als eine Wirkung des Kaufvertrages bestimmt, die ihm aber nicht wesentlich ist, so daß sie von den Parteien ausgeschlossen werden kann.

Allerdings wird sich in manchen Fällen unmittelbar aus der Natur und dem Gegenstande des Geschäfts, so im Großhandel bei Lieferung von Massenprodukten und Massenartikeln, oder aus besonderen Bestimmungen des Vertrages, so bei Verkäufen ab Schiff u. dgl. ergeben, daß die Abnahmeverpflichtung des Käufers ein Teil der ihm obliegenden Hauptleistung ist; in Fällen dieser Art steht der Anwendung des § 326 Abs. 1 bei Verzug des Käufers in Erfüllung der Abnahmeverpflichtung kein Bedenken entgegen. RG **57** 106.

15) Die Gefahr geht mit der körperlichen Übergabe auch dann auf den Käufer über, wenn sich der Verkäufer das Eigentum bis zur Zahlung des Kaufpreises vorbehalten hat. RG **85** 320.

16) Beschlagnahme ist nicht Transportgefahr, sondern bewirkt Unmöglichkeit der Leistung. Erfolgt sie zu Unrecht, so wird dem Verkäufer die Leistung nachträglich ohne sein Verschulden unmöglich. RG **106** 17. Vgl. RG **101** 415.

Spediteur, dem Frachtführer oder der sonst zur Ausführung der Versendung bestimmten Person oder Anstalt ausgeliefert hat.[17, 18]

Hat der Käufer eine besondere Anweisung über die Art der Versendung erteilt und weicht der Verkäufer ohne dringenden Grund von der Anweisung ab, so ist der Verkäufer dem Käufer für den daraus entstehenden Schaden verantwortlich.

Übergabekosten.

§ 448. Die Kosten der Übergabe der verkauften Sache, insbesondere die Kosten des Messens und Wägens, fallen dem Verkäufer, die Kosten der Abnahme und der Versendung der Sache nach einem anderen Orte als dem Erfüllungsorte fallen dem Käufer zur Last.

Ist ein Recht verkauft, so fallen die Kosten der Begründung oder Übertragung des Rechtes dem Verkäufer zur Last.

Marktpreis.

§ 453. Ist als Kaufpreis der Marktpreis bestimmt, so gilt im Zweifel der für den Erfüllungsort maßgebende Marktpreis als vereinbart.

Stundung des Kaufpreises.

§ 454.[19] Hat der Verkäufer den Vertrag erfüllt und den Kaufpreis gestundet, so steht ihm das im § 325 Abs. 2 und im § 326 bestimmte Rücktrittsrecht nicht zu.

Gewährleistung.

§ 459.[20] Der Verkäufer einer Sache haftet dem Käufer dafür, daß sie zu der Zeit, zu welcher die Gefahr auf den Käufer übergeht, nicht mit Fehlern behaftet ist, die den Wert oder die Tauglichkeit zu dem gewöhnlichen oder dem nach dem Vertrage vorausgesetzten Gebrauch aufheben oder mindern.[21] Eine unerhebliche Minderung des Wertes oder der Tauglichkeit kommt nicht in Betracht.

17) Regelmäßig darf der Käufer Zahlung des Kaufpreises und Abnahme nicht schon deshalb verweigern, weil der Verkäufer die Versendung nicht bewirken kann. Die Übernahme der Versendungspflicht kann aber auch eine weitergehende Bedeutung haben. RG 88 38. Beim Distanzkauf hat der Verkäufer nach Handelsbrauch die Ware dem Käufer zu übersenden, muß sich um einen Waggon bemühen, braucht aber nicht außergewöhnliche Anstrengungen zu machen. RG 103 130.

18) Auch wenn der Verkäufer die Ware durch seinen Angestellten auf eigenem Wagen an den Bestimmungsort bringen läßt, kann man von „Ausliefern" der Ware an die zur Ausführung bestimmte Person sprechen. Dies gilt auch beim Hinschaffen der Ware zum Versendungsbahnhof. RG 96 259.

19) Stundung liegt vor, wenn der Kaufpreis vereinbarungsgemäß erst nach Erfüllung des Verkäufers fällig sein soll; Bewilligung einer gewissen Frist zur Beschaffung des Geldes ist keine Stundung. RG 83 181.

20) Auch auf den Kauf gewisser Rechtsgüter, insbesondere eines Handelsgeschäftes im ganzen anwendbar. RG 98 289; 100 203.

21) Daß die Ware im Wege des Schmuggels eingeführt ist, stellt einen Sachmangel nicht dar, wenn der Verkäufer sie gutgläubig erworben hat. RG 101 417.

Der Verkäufer haftet auch dafür, daß die Sache zur Zeit des Überganges der Gefahr die zugesicherten Eigenschaften hat.[22], [23])

§ 462. Wegen eines Mangels, den der Verkäufer nach den Vorschriften der §§ 459, 460 zu vertreten hat, kann der Käufer Rückgängigmachung des Kaufes (Wandelung) oder Herabsetzung des Kaufpreises (Minderung) verlangen.[24], [25])

§ 463. Fehlt der verkauften Sache zur Zeit des Kaufes eine zugesicherte Eigenschaft, so kann der Käufer statt der Wandelung oder der Minderung Schadensersatz wegen Nichterfüllung verlange. Das gleiche gilt, wenn der Verkäufer einen Fehler arglistig verschwiegen hat.[26])

Vorbehaltlose Annahme.

§ 464. Nimmt der Käufer eine mangelhafte Sache an, obschon er den Mangel kennt, so stehen ihm die in den §§ 462, 463 bestimmten Ansprüche nur zu, wenn er sich seine Rechte wegen des Mangels bei der Annahme vorbehält.[27])

Verjährung der Ansprüche aus Mängeln beim Kauf.

§ 477. Der Anspruch auf Wandelung oder auf Minderung sowie der Anspruch auf Schadensersatz wegen Mangels einer zugesicherten Eigenschaft verjährt, sofern nicht der Verkäufer den Mangel arglistig verschwiegen hat, bei beweglichen Sachen in sechs Monaten von der Ablieferung, bei Grundstücken in einem Jahre von der Übergabe an. Die Verjährungsfrist kann durch Vertrag verlängert werden.[28—30])

---

22) Hat der Verkäufer das Vorhandensein von Eigenschaften betrüglich vorgespiegelt, so kann der Käufer das positive Erfüllungsinteresse fordern (Ersatz des entgangenen Gewinnes), nicht nur wie sonst bei Anfechtung das negative (Ersatz des entstandenen Schadens). RG 103 160.

23) Anfechtung aus § 123 ist neben Wandelung zulässig. RG 96 156.

24) Bei Wandelung und Minderung hat der Käufer zu beweisen, daß die Ware vertragswidrig ist. RG 95 119.

25) Weiterverkauf mit Gewinn schließt die Minderung nicht aus. RG, K 4 151.

26) Ein Gewährleistungsanspruch wegen Fehlens zugesicherter Eigenschaften ist nicht gegeben, wenn der Käufer überhaupt kein Gewicht auf sie gelegt hat. RG, K 4 153.

27) Vgl. Note 9 zu § 341.

28) Erhebung der Wandelungsklage wegen einzelner Mängel unterbricht nicht die Verjährung hinsichtlich anderer Mängel. RG 78 297.

29) Die Bestimmung einer Garantiefrist bei einem Handelskauf beseitigt die Verjährung nach § 447 BGB nur, wenn diese Absicht den Vertragschließenden nachweisbar ist, andernfalls können zwar alle während der Frist hervortretenden Mängel geltend gemacht, die Klage muß aber binnen sechs Monaten von der Kenntnisnahme der Mängel erhoben werden. RG, K 4 153.

30) Auch der Schadensersatzanspruch wegen schuldhafter Lieferung einer mangelhaften Sache unterliegt der kurzen Verjährung. RG 53 200.

Beantragt der Käufer gerichtliche Beweisaufnahme zur Sicherung des Beweises, so wird die Verjährung unterbrochen. Die Unterbrechung dauert bis zur Beendigung des Verfahrens fort. Die Vorschriften des § 211 Abs. 2 und des § 212 finden entsprechende Anwendung.

Die Hemmung oder Unterbrechung der Verjährung eines der im Abs. 1 bezeichneten Ansprüche bewirkt auch die Hemmung oder Unterbrechung der Verjährung der anderen Ansprüche.

§ 478. Hat der Käufer den Mangel dem Verkäufer angezeigt oder die Anzeige an ihn abgesendet, bevor der Anspruch auf Wandlung oder auf Minderung verjährt war, so kann er auch nach der Vollendung der Verjährung die Zahlung des Kaufpreises insoweit verweigern, als er auf Grund der Wandelung oder der Minderung dazu berechtigt sein würde. Das gleiche gilt, wenn der Käufer vor der Vollendung der Verjährung gerichtliche Beweisaufnahme zur Sicherung des Beweises beantragt oder in einem zwischen ihm und einem späteren Erwerber der Sache wegen des Mangels anhängigen Rechtsstreite dem Verkäufer den Streit verkündet hat.

Hat der Verkäufer den Mangel arglistig verschwiegen, so bedarf es der Anzeige oder einer ihr nach Abs. 1 gleichstehenden Handlung nicht.

§ 479. Der Anspruch auf Schadensersatz kann nach der Vollendung der Verjährung nur aufgerechnet werden, wenn der Käufer vorher eine der im § 478 bezeichneten Handlungen vorgenommen hat. Diese Beschränkung tritt nicht ein, wenn der Verkäufer den Mangel arglistig verschwiegen hat.

Gattungskauf.

§ 480. Der Käufer einer nur der Gattung nach bestimmten Sache kann statt der Wandelung oder der Minderung verlangen, daß ihm an Stelle der mangelhaften Sache eine mangelfreie geliefert wird.[31]) Auf diesen Anspruch finden die für die Wandelung geltenden §§ 464 bis 466, des § 467 Satz 1 und der §§ 469, 470, 474 bis 479 entsprechende Anwendung.

Fehlt der Sache zu der Zeit, zu welcher die Gefahr auf den Käufer übergeht, eine zugesicherte Eigenschaft oder hat der Verkäufer einen Fehler arglistig verschwiegen, so kann der Käufer statt der Wandelung, der Minderung oder der Lieferung einer mangelfreien Sache Schadensersatz wegen Nichterfüllung verlangen.

Kauf nach Probe.

§ 494. Bei einem Kaufe nach Probe oder nach Muster sind die Eigenschaften der Probe oder des Musters als zugesichert anzusehen.[32],[33])

---

31) Der Käufer ist dazu unbedingt berechtigt, nicht nur unter der Voraussetzung, daß er am Behalten der gelieferten mangelhaften Sache kein Interesse hat. RG 52 352.

32) Die Eigenschaften der Probe müssen sich in der Ware wiederfinden und zwar alle Eigenschaften, an sich also auch die Farbe. Dies würde nur dann eine Einschränkung

Kauf auf Probe.

§ 495. Bei einem Kaufe auf Probe oder auf Besicht steht die Billigung des gekauften Gegenstandes im Belieben des Käufers.[34]) Der Kauf ist im Zweifel unter der aufschiebenden Bedingung der Billigung geschlossen.

Der Verkäufer ist verpflichtet, dem Käufer die Untersuchung des Gegenstandes zu gestatten.[35])

§ 496. Die Billigung eines auf Probe oder auf Besicht gekauften Gegenstandes kann nur innerhalb der vereinbarten Frist und in Ermangelung einer solchen nur bis zum Ablauf einer dem Käufer von dem Verkäufer bestimmten angemessenen Frist erklärt werden. War die Sache dem Käufer zum Zwecke der Probe oder der Besichtigung übergeben, so gilt sein Schweigen als Billigung.

Dienstvertrag.

§ 611. Durch den Dienstvertrag wird derjenige, welcher Dienste zusagt, zur Leistung der versprochenen Dienste, der andere Teil zur Gewährung der vereinbarten Vergütung verpflichtet.[36])

Gegenstand des Dienstvertrags können Dienste jeder Art sein.

§ 612 Abs. 1. Eine Vergütung gilt als stillschweigend vereinbart, wenn die Dienstleistung den Umständen nach nur gegen eine Vergütung zu erwarten ist.

§ 613. Der zur Dienstleistung Verpflichtete hat die Dienste im Zweifel in Person zu leisten. Der Anspruch auf die Dienste ist im Zweifel nicht übertragbar.

---

erleiden, wenn es sich um eine Eigenschaft handeln sollte, die entweder nach der Verkehrssitte ganz allgemein bei der betreffenden Warengattung als bedeutungslos angesehen wird oder die doch im konkreten Falle von den Kontrahenten als gleichgültig betrachtet worden ist. RG **47** 136. Aus den Umständen kann sich ergeben, daß nicht eine vollkommene, sondern nur eine annähernde Übereinstimmung gemeint war. RG, K **4** 149.

33) Durch Übergabe einer Ausfallprobe erklärt der Verkäufer, daß die zur Vertragserfüllung ausgeschiedene Ware so ausfällt, wie die Probe darstellt. Der Käufer hat daher genug bewiesen, wenn er dartut, daß die ihm vom Verkäufer übersandte Ausfallprobe eine nicht vertragsmäßige Ware darstellt. Aufgabe des Verkäufers ist es alsdann darzulegen, daß gleichwohl die Ware selbst von besserer und dem Vertrage genügender Beschaffenheit sei. RG, K **2** 89.

34) Zum Unterschied zwischen Kauf auf Besicht und bindendem Angebot vgl. RG **104** 276.

35) Ist eine Gattungsware verkauft, so kann der Verkäufer sich nicht darauf berufen, die Ware sei so schlecht gewesen, daß sie nicht die Billigung des Käufers gefunden haben würde, er muß vielmehr Ware mittlerer Art und Güte zur Besichtigung stellen. RG **93** 254.

36) Der Dienstherr kann Vergütungen für außergewöhnliche Leistungen, deren Bewilligung in seinem Ermessen steht, nachträglich ohne Zustimmung der Angestellten nicht wieder entziehen oder herabsetzen. RG **90** 320.

§ 615. Kommt der Dienstberechtigte mit der Annahme der Dienste in Verzug, so kann der Verpflichtete für die infolge des Verzugs nicht geleisteten Dienste die vereinbarte Vergütung verlangen, ohne zur Nachleistung verpflichtet zu sein. Er muß sich jedoch den Wert desjenigen anrechnen lassen, was er infolge des Unterbleibens der Dienstleistung erspart oder durch anderweitige Verwendung seiner Dienste erwirbt oder zu erwerben böswillig unterläßt.

§ 616 Satz 1. Der zur Dienstleistung Verpflichtete wird des Anspruchs auf die Vergütung nicht dadurch verlustig, daß er für eine verhältnismäßig nicht erhebliche Zeit durch einen in seiner Person liegenden Grund ohne sein Verschulden an der Dienstleistung verhindert wird.

§ 620. Das Dienstverhältnis endigt mit dem Ablaufe der Zeit, für die es eingegangen ist.

Ist die Dauer des Dienstverhältnisses weder bestimmt noch aus der Beschaffenheit oder dem Zwecke der Dienste zu entnehmen, so kann jeder Teil das Dienstverhältnis nach §§ 621 bis 623 kündigen.

§ 621. Ist die Vergütung nach Tagen bemessen, so ist die Kündigung an jedem Tage für den folgenden Tag zulässig.

Ist die Vergütung nach Wochen bemessen, so ist die Kündigung nur für den Schluß einer Kalenderwoche zulässig; sie hat spätestens am 1. Werktage der Woche zu erfolgen.

Ist die Vergütung nach Monaten bemessen, so ist die Kündigung nur für den Schluß eines Kalendermonats zulässig; sie hat spätestens am 15. des Monats zu erfolgen.

Ist die Vergütung nach Vierteljahren oder längeren Zeitabschnitten bemessen, so ist die Kündigung nur für den Schluß eines Kalendervierteljahrs und nur unter Einhaltung einer Kündigungsfrist von 6 Wochen zulässig.

§ 625. Wird das Dienstverhältnis nach dem Ablaufe der Dienstzeit von dem Verpflichteten mit Wissen des anderen Teiles fortgesetzt, so gilt es als auf unbestimmte Zeit verlängert, sofern nicht der andere Teil unverzüglich widerspricht.

§ 626. Das Dienstverhältnis kann von jedem Teile ohne Einhaltung einer Kündigungsfrist gekündigt werden, wenn ein wichtiger Grund vorliegt.[37], [37a])

§ 629. Nach der Kündigung eines dauernden Dienstverhältnisses hat der Dienstberechtigte dem Verpflichteten auf Verlangen angemessene Zeit zum Aufsuchen eines anderen Dienstverhältnisses zu gewähren.

---

37) Die Vorschrift des § 626 ist zwingendes Recht. RG 75 238; 82 348.

37a) Der gleiche Gedanke gilt auch für Agentur oder gesellschaftsähnliche Verhältnisse. JW 1925 S. 945 Nr. 15.

Nachschieben eines Grundes ist zulässig. RG 56 372; 123 240.

Mäklervertrag.

§ 652. Wer für den Nachweis der Gelegenheit zum Abschluß eines Vertrags oder für die Vermittelung eines Vertrags einen Mäklerlohn verspricht, ist zur Entrichtung des Lohnes nur verpflichtet, wenn der Vertrag infolge des Nachweises oder infolge der Vermittelung des Mäklers zustande kommt.[38—41]) Wird der Vertrag unter einer aufschiebenden Bedingung geschlossen, so kann der Mäklerlohn erst verlangt werden, wenn die Bedingung eintritt.

Aufwendungen sind dem Mäkler nur zu ersetzen, wenn es vereinbart ist. Dies gilt auch dann, wenn ein Vertrag nicht zustande kommt.

§ 653. Ein Mäklerlohn gilt als stillschweigend vereinbart, wenn die dem Mäkler übertragene Leistung den Umständen nach nur gegen eine Vergütung zu erwarten ist.

Ist die Höhe der Vergütung nicht bestimmt, so ist bei dem Bestehen einer Taxe der taxmäßige Lohn, in Ermangelung einer Taxe der übliche Lohn als vereinbart anzusehen.

§ 654. Der Anspruch auf den Mäklerlohn und den Ersatz von Aufwendungen ist ausgeschlossen, wenn der Mäkler dem Inhalte des Vertrags zuwider auch für den anderen Teil tätig gewesen ist.

§ 655. Ist für den Nachweis der Gelegenheit zum Abschluß eines Dienstvertrags oder für die Vermittelung eines solchen Vertrags ein unverhältnismäßig hoher Mäklerlohn vereinbart worden, so kann er auf Antrag des Schuldners durch Urteil auf den angemessenen Betrag herabgesetzt werden. Nach der Entrichtung des Lohnes ist die Herabsetzung ausgeschlossen.

Pflicht zur Ablehnung von Aufträgen.

§ 662. Durch die Annahme eines Auftrags verpflichtet sich der Beauftragte, ein ihm von dem Auftraggeber übertragenes Geschäft für diesen unentgeltlich zu besorgen.

---

38) Wenn durch besondere Vereinbarung der Anspruch auf Provision von der Ausführung des Geschäftes abhängig gemacht ist, hat der Geschäftsherr freie Hand — anders § 88 Abs. 2 HGB — RG 95 136.

39) Der Mäkler hat keinen Anspruch auf Vergütung, wenn der Vertrag durch arglistige Täuschung seitens des Auftraggebers zustande gekommen und deshalb angefochten ist. RG 76 354.

40) Wer dem Mäkler das Geschäft auf bestimmte Zeit „fest an die Hand gibt", ist nicht schlechthin zur Zahlung des Mäklerlohnes verpflichtet, wenn er das Geschäft ohne Vermittlung des Mäklers abschließt. Der Mäkler genügt aber der ihm obliegenden Beweislast, wenn er nachweist, daß er innerhalb der Frist einen brauchbarem Käufer gestellt haben würde. RG 76 364.

41) Nicht erforderlich ist es, daß der Auftraggeber sich bewußt war, daß die Tätigkeit des Mäklers für den Abschluß des Vertrages ursächlich war; es genügt, daß er Kenntnis von der Tätigkeit des Mäklers hatte. RG 83 33.

§ 663. Wer zur Besorgung gewisser Geschäfte öffentlich bestellt ist oder sich öffentlich erboten hat, ist, wenn er einen auf solche Geschäfte gerichteten Auftrag nicht annimmt, verpflichtet, die Ablehnung dem Auftraggeber unverzüglich anzuzeigen. Das gleiche gilt, wenn sich jemand dem Auftraggeber gegenüber zur Besorgung gewisser Geschäfte erboten hat.

Rat und Empfehlung.

§ 676. Wer einem anderen einen Rat oder eine Empfehlung erteilt, ist, unbeschadet der sich aus einem Vertragsverhältnis oder einer unerlaubten Handlung ergebenden Verantwortlichkeit, zum Ersatze des aus der Befolgung des Rates oder der Empfehlung entstehenden Schadens nicht verpflichtet.[41a]

Gesellschaft.[42]

§ 705. Durch den Gesellschaftsvertrag verpflichten sich die Gesellschafter gegenseitig, die Erreichung eines gemeinsamen Zweckes in der durch den Vertrag bestimmten Weise zu fördern, insbesondere die vereinbarten Beiträge zu leisten.[43]

§ 706. Die Gesellschafter haben in Ermangelung einer anderen Vereinbarung gleiche Beiträge zu leisten.

Sind vertretbare oder verbrauchbare Sachen beizutragen, so ist im Zweifel anzunehmen, daß sie gemeinschaftliches Eigentum der Gesellschafter werden sollen.[45] Das gleiche gilt von nicht vertretbaren und nicht verbrauchbaren Sachen, wenn sie nach einer Schätzung beizutragen sind, die nicht bloß für die Gewinnverteilung bestimmt ist.[45a]

Der Beitrag eines Gesellschafters kann auch in der Leistung von Diensten bestehen.

41a) Über Haftung für Auskunft vgl. RG 126 50.

42) Nach § 105 Abs. 2 HGB finden diese Paragraphen auf die offene Handelsgesellschaft Anwendung, soweit nicht dort anderes vorgeschrieben ist; die danach nicht anwendbaren Vorschriften sind hier weggelassen.

43) Ein Vertrag, der die Anforderungen dieses Paragraphen nicht erfüllt, ist kein Gesellschaftsvertrag. RG 77 227.

44) Ein Gläubiger der Gesellschaft kann alle Gesellschafter als Gesamtschuldner in Anspruch nehmen, er braucht sich nicht, auch nicht vorläufig, auf ein aus ihrem Vermögen ausgeschiedenes Gesellschaftsvermögen verweisen zu lassen; dies gilt auch dann, wenn der Gläubiger selbst Gesellschafter ist — anders bei der offenen Handelsgesellschaft. RG 85 157.

45) Um den Gegenstand selbst gemeinschaftlich zu machen, bedarf es noch desjenigen Übertragungsaktes, der nach der Natur des Gegenstandes zur Rechtsübertragung erforderlich ist, also bei beweglichen Sachen der Übergabe, bei Grundstücken der Auflassung, auch wenn die mehreren Miteigentümer ihr Grundstück in eine von ihnen gebildete Gesellschaft einbringen. RG 55 99.

45a) Überlassung eines Grundstückes nur zur Benutzung bedarf nicht der Form des § 313 BGB. RG 109 383.

§ 707. Zur Erhöhung des vereinbarten Beitrags oder zur Ergänzung der durch Verlust verminderten Einlage ist ein Gesellschafter nicht verpflichtet.[46])

§ 708. Ein Gesellschafter hat bei der Erfüllung der ihm obliegenden Verpflichtungen nur für diejenige Sorgfalt einzustehen, welche er in eigenen Angelegenheiten anzuwenden pflegt.

Der Gesellschafter kann auch seinerseits die Geschäftsführung kündigen, wenn ein wichtiger Grund vorliegt; die für den Auftrag geltenden Vorschriften des § 671 Abs. 2, 3 finden entsprechende Anwendung.

§ 713. Die Rechte und Verpflichtungen der geschäftsführenden Gesellschafter bestimmen sich nach den für den Auftrag geltenden Vorschriften der §§ 664 bis 670, soweit sich nicht aus dem Gesellschaftsverhältnis ein anderes ergibt.[47])

§ 717. Die Ansprüche, die den Gesellschaftern aus dem Gesellschaftsverhältnisse gegeneinander zustehen, sind nicht übertragbar. Ausgenommen sind die einem Gesellschafter aus seiner Geschäftsführung zustehenden Ansprüche, soweit deren Befriedigung vor der Auseinandersetzung verlangt werden kann, sowie die Ansprüche auf den Gewinnanteil oder auf dasjenige, was dem Gesellschafter bei der Auseinandersetzung zukommt.[48])

§ 718. Die Beiträge der Gesellschafter und die durch die Geschäftsführung für die Gesellschaft erworbenen Gegenstände werden gemeinschaftliches Vermögen der Gesellschafter (Gesellschaftsvermögen).[49],[50])

Zu dem Gesellschaftsvermögen gehört auch, was auf Grund eines zu dem Gesellschaftsvermögen gehörenden Rechtes oder als Ersatz für die Zerstörung, Beschädigung oder Entziehung eines zu dem Gesellschaftsvermögen gehörenden Gegenstandes erworben wird.

---

46) Diese Vorschrift kann im Gesellschaftsvertrage wegbedungen werden; es genügt aber hierzu nicht, wenn im Vertrage Mehrheitsbeschlüsse über Abänderung des Gesellschaftsvertrages zugelassen werden. RG 91 168.

47) Der geschäftsführende Gesellschafter kann wegen seiner Aufwendungen vor Auflösung der Ges. die anderen Gesellschafter nur insoweit in Anspruch nehmen, als noch vereinbarte Beträge rückständig sind. RG 80 272.

48) Der Anspruch auf Rechnungslegung ist nicht übertragbar, auch nicht nach Beendigung der Gesellschaft. RG 52 35. Der Zessionar eines Gesellschafters kann nicht in die Liquidation eingreifen, nicht während ihr auf Zahlung klagen; ebensowenig ein Gläubiger, der die Ansprüche des Ges. gepfändet hat. RG 90 19; 95 232.

49) Diese Vorschrift ist nachgiebiges Recht; das Vorhandensein eines Gesellschaftsvermögens ist nicht wesentlich für den Begriff der Ges. RG 77 226; 80 271.

50) Die Forderung auf die noch nicht entrichteten Beiträge der Gesellschafter gehört zum Gesellschaftsvermögen, kann also von Gläubigern der Ges. gepfändet werden. RG 76 278.

§ 719. Ein Gesellschafter kann nicht über seinen Anteil an dem Gesellschaftsvermögen und an den einzelnen dazu gehörenden Gegenständen verfügen; er ist nicht berechtigt, Teilung zu verlangen.

Gegen eine Forderung, die zum Gesellschaftsvermögen gehört, kann der Schuldner nicht eine ihm gegen einen einzelnen Gesellschafter zustehende Forderung aufrechnen.

§ 720. Die Zugehörigkeit einer nach § 718 Abs. 1 erworbenen Forderung zum Gesellschaftsvermögen hat der Schuldner erst dann gegen sich gelten zu lassen, wenn er von der Zugehörigkeit Kenntnis erlangt; die Vorschriften der §§ 406 bis 408 finden entsprechende Anwendung.

§ 722 Abs. 2. Ist nur der Anteil am Gewinn oder am Verlust bestimmt, so gilt die Bestimmung im Zweifel für Gewinn und Verlust.

§ 723 Abs. 3. Eine Vereinbarung, durch welche das Kündigungsrecht ausgeschlossen oder diesen Vorschriften zuwider beschränkt wird, ist nichtig.[50a)]

§ 725 Abs. 2. Solange die Gesellschaft besteht, kann der Gläubiger die sich aus dem Gesellschaftsverhältnis ergebenden Rechte des Gesellschafters, mit Ausnahme des Anspruchs auf einen Gewinnanteil, nicht geltend machen.

§ 730 Abs. 1. Nach der Auflösung der Gesellschaft findet in Ansehung des Gesellschaftsvermögens die Auseinandersetzung unter den Gesellschaftern statt.[50b)]

§ 732. Gegenstände, die ein Gesellschafter der Gesellschaft zur Benutzung überlassen hat, sind ihm zurückzugeben. Für einen durch Zufall in Abgang gekommenen, oder verschlechterten Gegenstand kann er nicht Ersatz verlangen.

§ 735. Reicht das Gesellschaftsvermögen zur Berichtigung der gemeinschaftlichen Schulden und zur Rückerstattung der Einlagen nicht aus, so haben die Gesellschafter für den Fehlbetrag nach dem Verhältnis aufzukommen, nach welchem sie den Verlust zu tragen haben. Kann von einem Gesellschafter der auf ihn entfallende Beitrag nicht erlangt werden, so haben die übrigen Gesellschafter den Ausfall nach dem gleichen Verhältnisse zu tragen.

§ 738. Scheidet ein Gesellschafter aus der Gesellschaft aus, so wächst sein Anteil am Gesellschaftsvermögen den übrigen Gesellschaftern zu. Diese sind verpflichtet, dem Ausscheidenden die Gegenstände, die er der Gesellschaft zur Benutzung überlassen hat, nach Maßgabe des § 732

50a) Die Bestimmung, daß der Gekündigte die Wahl hat, welche von den beiden Abteilungen des Geschäftes er übernehmen und fortführen will, stellt keine unzulässige Beschränkung des Kündigungsrechtes dar. RG **106** 128.

50b) Klage auf Auseinandersetzung ist nicht erforderlich, wenn die Verhältnisse so einfach liegen, daß ohne Abrechnungsverfahren zu ermitteln ist, was jeder Gesellschafter zu erhalten hat. RG **123** 26.

zurückzugeben, ihn von den gemeinschaftlichen Schulden zu befreien und ihm dasjenige zu zahlen, was er bei der Auseinandersetzung erhalten würde, wenn die Gesellschaft zur Zeit seines Ausscheidens aufgelöst worden wäre. Sind gemeinschaftliche Schulden noch nicht fällig, so können die übrigen Gesellschafter dem Ausscheidenden statt ihn zu befreien, Sicherheit leisten.

Der Wert des Gesellschaftsvermögens ist, soweit erforderlich, im Wege der Schätzung zu ermitteln.[51])

§ 739. Reicht der Wert des Gesellschaftsvermögens zur Deckung der gemeinschaftlichen Schulden und der Einlagen nicht aus, so hat der Ausscheidende den übrigen Gesellschaftern für den Fehlbetrag nach dem Verhältnisse seines Anteils am Verlust aufzukommen.

§ 740. Der Ausgeschiedene nimmt an dem Gewinn und dem Verluste Teil, welcher sich aus den zur Zeit seines Ausscheidens schwebenden Geschäften ergibt. Die übrigen Gesellschafter sind berechtigt, diese Geschäfte so zu beendigen, wie es ihnen am vorteilhaftesten erscheint.

Der Ausgeschiedene kann am Schlusse jedes Geschäftsjahrs Rechenschaft über die inzwischen beendigten Geschäfte, Auszahlung des ihm gebührenden Betrags und Auskunft über den Stand der noch schwebenden Geschäfte verlangen.

Spiel und Wette.

§ 762. Durch Spiel oder durch Wette wird eine Verbindlichkeit nicht begründet. Das auf Grund des Spieles oder der Wette Geleistete kann nicht deshalb zurückgefordert werden, weil eine Verbindlichkeit nicht bestanden hat.

Diese Vorschriften gelten auch für eine Vereinbarung, durch die der verlierende Teil zum Zwecke der Erfüllung einer Spiel- oder einer Wettschuld dem gewinnenden Teile gegenüber eine Verbindlichkeit eingeht, insbesondere für ein Schuldanerkenntnis.

Differenzgeschäft.

§ 764.[51a]) Wird ein auf Lieferung von Waren oder Wertpapieren lautender Vertrag in der Absicht geschlossen, daß der Unterschied zwischen dem vereinbarten Preise und dem Börsen- oder Marktpreise der Lieferungszeit von dem verlierenden Teile an den gewinnenden gezahlt werden soll, so ist der Vertrag als Spiel anzusehen. Dies gilt auch dann, wenn nur die Absicht des einen Teiles auf die Zahlung des Unterschieds gerichtet ist, der andere Teil aber diese Absicht kennt oder kennen muß.

Bürgschaft.

§ 765. Durch den Bürgschaftsvertrag verpflichtet sich der Bürge gegenüber dem Gläubiger eines Dritten, für die Erfüllung der Verbindlichkeit des Dritten einzustehen.

---

51) Bei der Auseinandersetzungsbilanz ist der Geschäftswert (Kundschaft, Fasson) als Aktivposten einzusetzen, wenn er sich durch Schätzung feststellen läßt. RG **106** 132.

51a) Zur Anwendung des § 764 auf Börsentermingeschäfte siehe RG **117** 267.

Die Bürgschaft kann auch für eine künftige oder eine bedingte Verbindlichkeit übernommen werden.

§ 766. Zur Gültigkeit des Bürgschaftsvertrages ist schriftliche Erteilung[51b]) der Bürgschaftserklärung erforderlich.[52],[53]) Soweit der Bürge die Hauptverbindlichkeit erfüllt, wird der Mangel der Form geheilt.

Bürgschaft mehrerer.

§ 769. Verbürgen sich mehrere für dieselbe Verbindlichkeit, so haften sie als Gesamtschuldner, auch wenn sie die Bürgschaft nicht gemeinschaftlich übernehmen.

Befristete Bürgschaft.

§ 777. Hat sich der Bürge für eine bestehende Verbindlichkeit auf bestimmte Zeit[53a]) verbürgt, so wird er nach dem Ablauf der bestimmten Frist frei, wenn nicht der Gläubiger die Einziehung der Forderung unverzüglich nach Maßgabe des § 772 betreibt, das Verfahren ohne wesentliche Verzögerung fortsetzt und unverzüglich nach der Beendigung des Verfahrens dem Bürgen anzeigt, daß er ihn in Anspruch nehme. Steht dem Bürgen die Einrede der Vorausklage nicht zu, so wird er nach dem Ablaufe der bestimmten Zeit frei, wenn nicht der Gläubiger ihm unverzüglich diese Anzeige macht.[54])

Erfolgt die Anzeige rechtzeitig, so beschränkt sich die Haftung des Bürgen im Falle des Abs. 1 Satz 1 auf den Umfang, den die Hauptverbindlichkeit zur Zeit der Beendigung des Verfahrens hat, im Falle des Abs. 1 Satz 2 auf den Umfang, den die Hauptverbindlichkeit bei dem Ablaufe der bestimmten Zeit hat.

Kreditauftrag.

§ 778. Wer einen anderen beauftragt, im eigenen Namen und auf eigene Rechnung einem Dritten Kredit zu geben, haftet dem Beauftragten für die aus der Kreditgewährung entstehende Verbindlichkeit des Dritten als Bürge.

Anweisung.

§ 783. Händigt jemand eine Urkunde, in der er einen anderen anweist, Geld, Wertpapiere oder andere vertretbare Sachen an einen Dritten zu leisten, dem Dritten aus, so ist dieser ermächtigt, die Leistung

---

51b) Auch Abschriftserteilung kann genügen. RG 126 121.

52) Ist die Bürgschaft auf seiten des Bürgen ein Handelsgeschäft, so ist die Form nicht erforderlich, § 350 HGB.

53) Die bloße Namensunterzeichnung unter einem fremden Vertrage, der keine eigene Erklärung des Bürgen enthält, erfüllt die Form nicht. RG 77 379. Es kann aber eine Mitübernahme der Schuld (kumulative Schuldübernahme) vorliegen. RG 78 39.

53a) Die Bestimmung der Zeit braucht nicht unbedingt kalendermäßig erfolgt zu sein. RG 107 195.

54) Die Anzeige kann erst nach Ablauf der Zeit wirksam erfolgen. RG 96 133.

bei dem Angewiesenen im eigenen Namen zu erheben; der Angewiesene ist ermächtigt, für Rechnung des Anweisenden an den Anweisungsempfänger zu leisten.

§ 784. Nimmt der Angewiesene die Anweisung an, so ist er dem Anweisungsempfänger gegenüber zur Leistung verpflichtet; er kann ihm nur solche Einwendungen entgegensetzen, welche die Gültigkeit der Annahme betreffen oder sich aus dem Inhalte der Anweisung oder dem Inhalte der Annahme ergeben oder dem Angewiesenen unmittelbar gegen den Anweisungsempfänger zustehen.[55])

Die Annahme erfolgt durch einen schriftlichen Vermerk auf der Anweisung. Ist der Vermerk auf die Anweisung vor der Aushändigung an den Anweisungsempfänger gesetzt worden, so wird die Annahme diesem gegenüber erst mit der Aushändigung wirksam.

§ 785. Der Angewiesene ist nur gegen Aushändigung der Anweisung zur Leistung verpflichtet.

§ 786. Der Anspruch des Anweisungsempfängers gegen den Angewiesenen aus der Annahme verjährt in drei Jahren.

§ 790. Der Anwesende kann die Anweisung dem Angewiesenen gegenüber widerrufen, solange nicht der Angewiesene sie dem Anweisungsempfänger gegenüber angenommen oder die Leistung bewirkt hat. Dies gilt auch dann, wenn der Anweisende durch den Widerruf einer ihm gegen den Anweisungsempfänger obliegenden Verpflichtung zuwiderhandelt.

§ 791. Die Anweisung erlischt nicht durch den Tod oder den Eintritt der Geschäftsunfähigkeit eines der Beteiligten.

Inhaberpapier.

§ 808. Wird eine Urkunde, in welcher der Gläubiger benannt ist, mit der Bestimmung ausgegeben, daß die in der Urkunde versprochene Leistung an jeden Inhaber bewirkt werden kann, so wird der Schuldner durch die Leistung an den Inhaber der Urkunde befreit. Der Inhaber ist nicht berechtigt, die Leistung zu verlangen.

Der Schuldner ist nur gegen Aushändigung der Urkunde zur Leistung verpflichtet. Ist die Urkunde abhanden gekommen oder vernichtet, so kann sie, wenn nicht ein anderes bestimmt ist, im Wege des Aufgebotsverfahrens für kraftlos erklärt werden. Die im § 802 für die Verjährung gegebenen Vorschriften finden Anwendung.

Ungerechtfertigte Bereicherung.

§ 812. Wer durch die Leistung eines anderen oder in sonstiger Weise auf dessen Kosten etwas ohne rechtlichen Grund erlangt, ist ihm zur Herausgabe verpflichtet.[55a]) Diese Verpflichtung besteht auch dann,

55) Vgl. HGB § 346 Abs. 2 und WO Art. 82.

55a) Über Aufwertung siehe JW 1924 S. 1591 Nr. 7.

wenn der rechtliche Grund später wegfällt oder der mit einer Leistung nach dem Inhalte des Rechtsgeschäfts bezweckte Erfolg nicht eintritt.

Als Leistung gilt auch die durch Vertrag erfolgte Anerkennung des Bestehens oder des Nichtbestehens eines Schuldverhältnisses.

§ 817. War der Zweck einer Leistung in der Art bestimmt, daß der Empfänger durch die Annahme gegen ein gesetzliches Verbot oder gegen die guten Sitten verstoßen hat, so ist der Empfänger zur Herausgabe verpflichtet. Die Rückforderung ist ausgeschlossen, wenn dem Leistenden gleichfalls ein solcher Verstoß zur Last fällt,[56]) es sei denn, daß die Leistung in der Eingehung einer Verbindlichkeit bestand; das zur Erfüllung einer solchen Verbindlichkeit Geleistete kann nicht zurückgefordert werden.

Unerlaubte Handlungen.

§ 823. Wer vorsätzlich oder fahrlässig das Leben, den Körper, die Gesundheti, die Freiheit, das Eigentum oder ein sonstiges Recht[57]) eines anderen widerrechtlich verletzt, ist dem anderen zum Ersatze des daraus entstehenden Schadens verpflichtet.[57a])

Die gleiche Verpflichtung trifft denjenigen, welcher gegen ein den Schutz eines anderen bezweckenden Gesetz verstößt. Ist nach dem Inhalte des Gesetzes ein Verstoß gegen dieses auch ohne Verschulden möglich, so tritt die Ersatzpflicht nur im Falle des Verschuldens ein.

§ 826. Wer in einer gegen die guten Sitten verstoßenden Weise[58—61]) einem anderen vorsätzlich Schaden zufügt,[62]) ist dem anderen zum Ersatze des Schadens verpflichtet.

Eigentumsübertragung.

§ 929. Zur Übertragung des Eigentums an einer beweglichen Sache ist erforderlich, daß der Eigentümer die Sache dem Erwerber übergibt

---

56) Der in § 817 Satz 2 bestimmte Ausschluß des Rückforderungsrechtes bezweckt Strafe verwerflicher Gesinnung und trifft deshalb nicht immer schon bei unwissentlichem Verstoß gegen Verbotsvorschriften zu. RG 104 54.

57) Z. B. Gewerbebetrieb. RG 102 225.

57a) Die vorbeugende Unterlassungsklage ist auch zulässig, wenn die zu untersagende Handlung unter öffentliche Strafe gestellt ist. RG 116 152.

58) Verleitung zum Vertragsbruch fällt nicht stets hierunter. RG 103 421. Wegen Verrufserklärung von Arbeitgebern durch Arbeitnehmerorganisationen vgl. RG 105 7. Über Sittenwidrigkeit bei Streikunterstützung vgl. RG 119 291.

59) Eine Auskunftei muß Bestrafungen in schonender Form mitteilen. RG 115 417.

60) Lösen Gesellschafter eine Gesellschaft mit beschränkter Haftung auf, um einen ihnen lästigen Vertrag zu beseitigen, und gründen sie eine inhaltlich gleiche neue, so kann der Gegner die Fortdauer der alten Gesellschaft fordern. RG 114 71.

61) Verweigerung der Lieferung zum Vorzugspreise durch einen Verband ist nur unter besonderen Voraussetzungen ein unzulässiger Boykott. W 1924 S. 1592 Nr. 8.

62) Vorsatz der Schadenszufügung genügt, Bewußtsein der Sittenwidrigkeit ist nicht erforderlich. RG 123 278.

und beide darüber einig sind, daß das Eigentum übergehen soll. Ist der Erwerber im Besitze der Sache, so genügt die Einigung über den Übergang des Eigentums.

§ 930. Ist der Eigentümer im Besitze der Sache, so kann die Übergabe dadurch ersetzt werden, daß zwischen ihm und dem Erwerber ein Rechtsverhältnis vereinbart wird, vermöge dessen der Erwerber den mittelbaren Besitz erlangt.

§ 931. Ist ein Dritter im Besitze der Sache, so kann die Übergabe dadurch ersetzt werden, daß der Eigentümer dem Erwerber den Anspruch auf Herausgabe der Sache abtritt.

§ 932. Durch eine nach § 929 erfolgte Veräußerung wird der Erwerber auch dann Eigentümer, wenn die Sache nicht dem Veräußerer gehört, es sei denn, daß er zu der Zeit, zu der er nach diesen Vorschriften das Eigentum erwerben würde, nicht in gutem Glauben ist. In dem Falle des § 929 Satz 2 gilt dies jedoch nur dann, wenn der Erwerber den Besitz von dem Veräußerer erlangt hatte.

Der Erwerber ist nicht in gutem Glauben, wenn ihm bekannt oder infolge grober Fahrlässigkeit unbekannt ist, daß die Sache nicht dem Veräußerer gehört.

§ 933. Gehört eine nach § 930 veräußerte Sache nicht dem Veräußerer, so wird der Erwerber Eigentümer, wenn ihm die Sache von dem Veräußerer übergeben wird, es sei denn, daß er zu dieser nicht in gutem Glauben ist.

§ 934. Gehört eine nach § 931 veräußerte Sache nicht dem Veräußerer, so wird der Erwerber, wenn der Veräußerer mittelbarer Besitzer der Sache ist, mit der Abtretung des Anspruchs, anderenfalls dann Eigentümer, wenn er den Besitz der Sache von dem Dritten erlangt, es sei denn, daß er zur Zeit der Abtretung oder des Besitzerwerbes nicht in gutem Glauben ist.

§ 935. Der Erwerb des Eigentums auf Grund der §§ 932 bis 934 tritt nicht ein, wenn die Sache dem Eigentümer gestohlen worden, verloren gegangen oder sonst abhanden gekommen war.[63]) Das gleiche gilt, falls der Eigentümer nur mittelbarer Besitzer war, dann, wenn die Sache dem Besitzer abhanden gekommen war.[64])

Diese Vorschriften finden keine Anwendung auf Geld oder Inhaberpapiere, sowie auf Sachen, die im Wege öffentlicher Versteigerung veräußert werden.

§ 936. Ist eine veräußerte Sache mit dem Rechte eines Dritten belastet, so erlischt das Recht mit dem Erwerbe des Eigentums. In dem Falle des § 929 Satz 2 gilt dies jedoch nur dann, wenn der Erwerber

---

63) Vgl. §§ 366/67 HGB.

64) Wenn der unmittelbare Besitzer die Sache unterschlägt, gilt sie nicht als dem mittelbaren Besitzer abhanden gekommen. RG 54 68.

den Besitz von dem Veräußerer erlangt hatte. Erfolgt die Veräußerung nach § 930 oder war die nach § 931 veräußerte Sache nicht im mittelbaren Besitze des Veräußerers, so erlischt das Recht des Dritten erst dann, wenn der Erwerber auf Grund der Veräußerung den Besitz der Sache erlangt.

Das Recht des Dritten erlischt nicht, wenn der Erwerber zu der nach Abs. 1 maßgebenden Zeit in Ansehung des Rechtes nicht in gutem Glauben ist.

Steht im Falle des § 931 das Recht dem dritten Besitzer zu, so erlischt es auch dem gutgläubigen Erwerber gegenüber nicht.

Pfandrecht.

§ 1207. Gehört die Sache nicht dem Verpfänder, so finden auf die Verpfändung die für den Erwerb des Eigentums geltenden Vorschriften der §§ 932, 934, 935 entsprechende Anwendung.

§ 1208. Ist die Sache mit dem Rechte eines Dritten belastet, so geht das Pfandrecht dem Rechte vor, es sei denn, daß der Pfandgläubiger zur Zeit des Erwerbes des Pfandrechts in Ansehung des Rechtes nicht in gutem Glauben ist. Die Vorschriften des § 932 Abs. 1 Satz 2, des § 935 und des § 936 Abs. 3 finden entsprechende Anwendung.

Sachverzeichnis.

Die fetten Ziffern bezeichnen die Nummern der Gesetze, die gewöhnlichen die Paragraphen oder Artikel. Die Paragraphen des HGB sind aber ohne die Nummer 1 angeführt, sofern sie nicht hinter Gesetzen mit höherer Nummer stehen. (W bedeutet Wechsel, AG = Aktiengesellschaft, KommG = Kommanditgesellschaft, GmbH = Gesellschaft mit beschränkter Haftung.)

A.

B.

E.

F.

G.

J. (I.)

J. (j.)

K.

L.

M.

N.

Q.

R.

S.

T.

U.

W.

Z.

Kolibri 360 GmbH
Ferdinand-Jühlke-Straße 7
99095 Erfurt, Deutschland
produktsicherheit@kolibri360.de